Professor Dr.med. Georg Schmidt

Fortschritte der Rechtsmedizin

Festschrift für Georg Schmidt

Herausgegeben von
J. Barz J. Bösche H. Frohberg
H. Joachim R. Käppner R. Mattern

Mit 146 Abbildungen

Springer-Verlag
Berlin Heidelberg New York 1983

Professor Dr. med. Jürgen Barz
Diplomchemiker Dr. rer. nat. Johann Bösche
Professor Dr. med. Hans Joachim
MTA Rosemarie Käppner
Privatdozent Dr. med. Rainer Mattern

Institut für Rechtsmedizin im Klinikum der Universität Heidelberg
Voßstraße 2, D-6900 Heidelberg 1

Professor Dr. med. Harald Frohberg

E. Merck AG, Frankfurter Straße 250, D-6100 Darmstadt 1

CIP-Kurztitelaufnahme der Deutschen Bibliothek

Fortschritte der Rechtsmedizin: Festschr. für Georg Schmidt / hrsg. von J. Barz ... –
Berlin; Heidelberg; New York: Springer, 1983.

ISBN-13: 978-3-642-68931-4   e-ISBN-13: 978-3-642-68930-7
DOI: 10.1007/978-3-642-68930-7

NE: Barz, Jürgen [Hrsg.]; Schmidt, Georg: Festschrift

2119/3140-543210

Inhaltsverzeichnis

Rechtsmedizinische Untersuchungsmethoden

Verkehrsmedizin

Blutalkoholforschung

Forensische Toxikologie

Arztrecht und Versicherungsmedizin

Vorwort der Herausgeber

Mit dem vorliegenden Buch soll Prof. Dr. med. Georg Schmidt anläßlich
seines 60. Geburtstages geehrt werden.

Seit Beginn seiner Tätigkeit im Jahre 1950 in der Rechtsmedizin -
damals Gerichtliche Medizin und Kriminalistik - sind hier, wie in anderen Bereichen der medizinisch-naturwissenschaftlichen Forschung,
bedeutende Fortschritte zu verzeichnen. Die zahlreichen Publikationen
des Jubilars spiegeln diese Entwicklung wider und haben ebenso wie das
Format seiner Persönlichkeit als Forscher und Lehrer überaus fördernd
auf seine Schüler und Mitarbeiter gewirkt. So entstand diese "Festschrift" als Ausdruck der Dankbarkeit.

Die hier veröffentlichten Beiträge lassen erkennen, daß Georg Schmidt
auch weit über den Kreis seiner Mitarbeiter hinaus Anregungen und Impulse vermittelt hat. Dies zeigt sich in der großen Zahl und in der
wissenschaftlichen Qualität der eingesandten Arbeiten aus allen Bereichen unseres Fachs. Hierfür sei allen Autoren ganz besonders gedankt.

Ohne die großzügige finanzielle Unterstützung der Deutschen Gesellschaft für Rechtsmedizin, des Bundes gegen Alkohol im Straßenverkehr
e.V., der Gesellschaft für Toxikologische und Forensische Chemie, des
Verbandes der Automobilindustrie sowie der Firmen BASF, Biotest-Serum-
Institut GmbH, Boehringer Mannheim GmbH, E. Merck Darmstadt, Dr. Molter
GmbH, Organon GmbH und Volkswagenwerk AG wäre das Zustandekommen der
Festschrift nicht möglich gewesen. Wir dürfen uns herzlich dafür be-
danken. Ferner danken wir Herrn Prof. H. Hartmann, Zürich, der Mittel
aus dem "Legat Prof. H. Zangger" zur Verfügung gestellt hat.

Besonders hervorgehoben werden muß die vorzügliche Zusammenarbeit mit
dem Springer-Verlag Heidelberg, wir haben hier wesentliche biblio-
graphische und materielle Hilfe erhalten, wofür wir ebenfalls Dank
sagen.

J. Barz, J. Bösche, H. Frohberg
H. Joachim, R. Käppner, R. Mattern

Georg Schmidt zum 60. Geburtstag

Am 19. Januar 1983 feiert Georg Schmidt seinen 60. Geburtstag. Seine
Freunde und Kollegen haben das Bedürfnis, ihn an diesem Tage nach
alter akademischer Sitte zu ehren.

In unserer schnellebigen Zeit verliert sich die Jugend der heute
6ojährigen schon in der Geschichte. Geboren in Ochsenfurt am Main, in
die Schule gegangen in Landau in der Pfalz, war Georg Schmidt von
1940-1945 Soldat als Sanitätsoffiziersanwärter. Das trug ihm in Front-
einsätzen drei Verwundungen ein.

Damals war es noch üblich und möglich, die Universitäten während des
Studiums zu wechseln. So hat er in Berlin, Freiburg, Straßburg und
Tübingen Medizin studiert und 1947 das Medizinische Staatsexamen ab-
gelegt. Es schloß sich eine klinische Ausbildung an, bis er sich 1950
unserem, damals noch "Gerichtliche Medizin" benannten Fach zuwandte.
Sein Lehrer wurde Emil Weinig in Erlangen, dem er eine solide gerichts-
chemische Ausbildung verdankt. So wendet sich sein wissenschaftliches
Interesse von der zunächst betriebenen Morphologie der analytischen
Chemie zu, die unter seinen über 160 wissenschaftlichen Publikationen
einen breiten Raum einnimmt. Nach der Habilitation im Jahre 1957 erfolgte 1963 die Ernennung zum apl. Professor.

1964 erhielt Georg Schmidt - fast zu gleicher Zeit - einen Ruf auf
den Lehrstuhl für gerichtliche Medizin an den Universitäten Gießen und
Tübingen, wobei er sich für Tübingen entschied und dort bis 1968
lehrte. Es folgte die Annahme des Rufes auf den Lehrstuhl in Heidelberg als Nachfolger von Berthold Mueller. In zunehmendem Maße wandte
er sich dann in seinen wissenschaftlichen Arbeiten der Traumatologie
des Verkehrsunfalles, insbesondere seiner Biomechanik zu. Einfallsreichtum und eine glückliche Hand in der Wahl der richtigen Mitarbeiter
führen zu einer ungewöhnlich produktiven Periode seiner wissenschaftlichen Arbeit. Daneben verfolgt er die wissenschaftliche Entwicklung
des Faches mit regem Interesse, wie weitere Arbeiten aus fast allen
Gebieten der Rechtsmedizin belegen. Fast mit etwas Neid haben wir
Kollegen seine schier unerschöpfliche Arbeitskraft bewundert.

Georg Schmidt ist nicht nur ein engagierter Forscher und Hochschul-
lehrer, sondern auch ein stets präsenter Institutsdirektor. Daneben
Herausgeber des Zentralblattes Rechtsmedizin und Mitherausgeber der
Zeitschrift für Rechtsmedizin und des Archives of Toxicology. Hinzu
kommt die zeitaufwendige Arbeit in den Gremien der akademischen Selbst-
verwaltung. 1975-1976 war er der Dekan der Fakultät für Theoretische
Medizin und Dekan der Medizinischen Gesamtfakultät. Zur Zeit ist Georg
Schmidt Prorektor der Universität Heidelberg, darüber hinaus natürlich
Mitglied in zahlreichen Kommissionen, Ausschüssen und wissenschaft-
lichen Gesellschaften.

60 Jahre unermüdlicher Arbeit haben eine reiche Ernte gebracht. Diese Früchte hat nicht er allein, auch wir haben sie geerntet. Die Deutsche Gesellschaft für Rechtsmedizin und das Fach haben dem Jubilar sehr viel zu danken.

Ich wünsche meinem verehrten Kollegen und Freund Georg Schmidt Glück, Gesundheit und weitere erfolgreiche Arbeit.

Professor Dr. med. Horst Leithoff
Präsident der Deutschen Gesellschaft für Rechtsmedizin

Autorenverzeichnis

Aderjan, R., Dr. rer. nat. habil., Diplomchemiker
  Institut für Rechtsmedizin der Ruprecht-Karls-Universität, Voßstraße 2,
  D-6900 Heidelberg 1

Althoff, H., Professor Dr. med.
  Abteilung Rechtsmedizin der Medizinischen Fakultät der Rheinisch-Westfälischen
  Technischen Hochschule, Melatener Straße 25, D-5100 Aachen

Andrä, F., Dr. med.
  Institut für Rechtsmedizin der Universität, Butenfeld 34, D-2000 Hamburg 54

Barz, J., Professor Dr. med.
  Institut für Rechtsmedizin der Ruprecht-Karls-Universität, Voßstraße 2,
  D-6900 Heidelberg 1

Basler, M., Dr. rer. nat., Diplombiologin
  Institut für Rechtsmedizin der Universität, Moorenstraße 5, D-4000 Düsseldorf

Berghaus, G., Dr. rer. biol. hum., Diplommathematiker
  Institut für Rechtsmedizin der Universität zu Köln, Melatengürtel 60-62,
  D-5000 Köln 30

Bilzer, N.
  Abteilung Rechtsmedizin I im Zentrum Klinisch-Theoretische Medizin II im
  Klinikum der Christian-Albrechts-Universität, Hospitalstraße 17-19,
  D-2300 Kiel

Birk, K., Arzt
  Institut für Rechtsmedizin der Ruprecht-Karls-Universität, Voßstraße 2,
  D-6900 Heidelberg 1

Blazek, V., Dr.-Ing.
  Institut für Hochfrequenztechnik der Rheinisch-Westfälischen Technischen
  Hochschule, Melatener Straße 25, D-5100 Aachen

Böhm, E., Privatdozent Dr. med.
  Institut für Rechtsmedizin der Universität, Moorenstraße 5, D-4000 Düsseldorf

Bösche, J., Dr. rer. nat., Diplomchemiker
  Institut für Rechtsmedizin der Ruprecht-Karls-Universität, Voßstraße 2,
  D-6900 Heidelberg 1

Bogusz, M., Dozent Dr. habil. med.
  Institut für Gerichtliche Medizin, Medizinische Akademie, ul. Grzegórzecka 16,
  31-531 Krakow, Polen

Bonte, W., Privatdozent Dr. med.
  Institut für Rechtsmedizin der Georg-August-Universität, Windausweg 2,
  D-3400 Göttingen

Bratzke, H., Privatdozent Dr. med.
  Institut für Rechtsmedizin der Freien Universität, Hittorfstraße 18,
  D-1000 Berlin 33

Brinkmann, B., Professor Dr. med.
  Institut für Rechtsmedizin der Westfälischen Wilhelms-Universität,
  v. Esmarch-Straße 86, D-4400 Münster

Buhmann, D., Dr. med.
 Institut für Rechtsmedizin der Universität des Saarlandes, Fachbereich IV
 Klinische Medizin, Universitäts-Kliniken, D-6650 Homburg/Saar

Daldrup, T., Dr. rer. nat., Diplomchemiker
 Institut für Rechtsmedizin der Universität, Moorenstraße 5, D-4000 Düsseldorf

Diepgen, Th.
 Institut für Rechtsmedizin der Friedrich-Alexander-Universität Erlangen-Nürnberg,
 Universitätsstraße 22, D-8520 Erlangen

Erkens, M., Dr., Diplomchemiker
 Abteilung Rechtsmedizin der Medizinischen Fakultät der Rheinisch-Westfälischen
 Technischen Hochschule, Lochnerstraße 4-20, D-5100 Aachen

Fischer, H., Privatdozent Dr. med. Dr. phil.
 Abteilung Pathologie der Universität, Oberer Eselsberg, D-7900 Ulm

Fleig, H., Dr. rer. nat.
 Abteilung Toxikologie, BASF AG, D-6700 Ludwigshafen

Franke, H., Dr. med.
 Fachbereich IV Klinische Medizin, Hautklinik der Universität des Saarlandes,
 Universitätskliniken, D-6650 Homburg/Saar

Gelbke, H.P., Privatdozent Dr. med., Dr. rer. nat., Diplomchemiker
 Abteilung Toxikologie, BASF AG, D-6700 Ludwigshafen

Geldmacher-v. Mallinckrodt, M., Professor Dr. med. Dr. phil. nat. Dimplomchemikerin
 Institut für Rechtsmedizin der Friedrich-Alexander-Universität Erlangen-Nürnberg,
 Universitätsstraße 22, D-8520 Erlangen

Gerlach, D., Professor Dr. med.
 Institut für Rechtsmedizin der Westfälischen Wilhelms-Universität,
 v. Esmarch-Straße 86, D-4400 Münster

Gertler, A., Dr. med.
 Institut für Gerichtliche Medizin der Humboldt-Universität,
 Hannoversche Straße 6, DDR-1040 Berlin

Geserick, G., Dr. sc. med.
 Institut für Gerichtliche Medizin der Humboldt-Universität,
 Hannoversche Straße 6, DDR-1040 Berlin

Goebel, K.-J., Dr. rer. nat., Diplomchemiker
 Institut für Rechtsmedizin der Rheinischen Friedrich-Wilhelms-Universität,
 Stiftsplatz 12, D-5300 Bonn 1

Goenechea, S., Professor Dr. rer. nat., Diplomchemiker
 Institut für Rechtsmedizin der Rheinischen Friedrich-Wilhelms-Universität,
 Stiftsplatz 12, D-5300 Bonn 1

Grüner, O., Professor Dr. med.
 Abteilung Rechtsmedizin I im Zentrum Klinisch-Theoretische Medizin II im Klinikum
 der Christian-Albrechts-Universität, Hospitalstraße 17-19, D-2300 Kiel 1

Gundert-Remy, U., Privatdozentin Dr. med.
 Medizinische Universitätsklinik Heidelberg, Abt. Klinische Pharmakologie,
 D-6900 Heidelberg 1

Händel, K.
 Ltd. Oberstaatsanwalt a.D., Bergstraße 79, D-7890 Waldshut 1

Hänig, R., Dr. med.
 Institut für Rechtsmedizin der Rheinischen Friedrich-Wilhelms-Universität,
 Stiftsplatz 12, D-5300 Bonn 1

Härdle, W., Dr. rer. nat., Diplommathematiker
 Sonderforschungsbereich 123 "Stochastische Mathematische Modelle" der
 Ruprecht-Karls-Universität, Im Neuenheimer Feld 294, D-6900 Heidelberg

Hartmann, H., Professor Dr. med.
  Gerichtlich-medizinisches Institut der Universität Zürich, Zürichbergstraße 8,
  CH-8028 Zürich

Heifer, U., Professor Dr. med.
  Institut für Rechtsmedizin der Rheinischen Friedrich-Wilhelms-Universität,
  Stiftsplatz 12, D-5300 Bonn 1

Hein, M., Dr. med.
  Institut für Rechtsmedizin der Bayerischen Julius-Maximilians-Universität,
  Versbacher Straße 3, D-8700 Würzburg

Henke, J., Privatdozent Dr. rer. nat.
  Institut für Rechtsmedizin der Universität, Moorenstraße 5, D-4000 Düsseldorf

Henn, R., Professor Dr. med., Diplompsychologe
  Institut für gerichtliche Medizin der Leopold-Franzens-Universität,
  Müllerstraße 44/III, A-6020 Innsbruck

Hopfenmüller, W., Dr. rer. nat.
  Institut für Medizinische Statistik und Dokumentation der Freien Universität,
  Hindenburgdamm 30, D-1000 Berlin 45

Iffland, R., Dr. rer. nat., Diplomphysiker
  Institut für Rechtsmedizin der Universität zu Köln, Melatengürtel 60-62,
  D-5000 Köln 30

Ishiyama, I., Professor Dr. med. Dr. h.c.
  Dept. of Forensic Medicine, School of Medicine, 2-11-1, Kaga, Itabishi-ku,
  Tokyo 173, Japan

Jaegermann, K., Dozent Dr. med.
  Institut für Gerichtliche Medizin, Medizinische Akademie, ul. Grzegórzecka 16,
  31-531 Kraków, Polen

Joachim, H., Professor Dr. med.
  Abteilung Verkehrsmedizin im Institut für Rechtsmedizin der Ruprecht-Karls-
  sität, Bergheimer Straße 147, D-6900 Heidelberg

Käferstein, H., Privatdozent Dr. rer. nat.
  Institut für Rechtsmedizin der Universität, Melatengürtel 60-62,
  D-5000 Köln 30

Kallieris, D., Dr. rer. nat., Diplomphysiker
  Institut für Rechtsmedizin der Ruprecht-Karls-Universität, Voßstraße 2,
  D-6900 Heidelberg 1

Kamiyama, S., Professor Dr. med.
  Dept. of Legal Medicine, Dokkyo University School of Medicine, Mibu,
  Tochigi, 321-02 Japan

Keil, W., Dr. med.
  Institut für Gerichtliche Medizin der Humboldt-Universität,
  Hannoversche Straße 6, DDR-1040 Berlin

Kim-Berger, H.S., Dr. med.
  Institut für Rechtsmedizin der Friedrich-Alexander-Universität Erlangen-Nürnberg,
  Universitätsstraße 22, D-8520 Erlangen

Klug, E., Professor Dr. rer. nat., Diplomchemiker
  Institut für Rechtsmedizin der Freien Universität, Hittorfstraße 18,
  D-1000 Berlin 33

Koch, T., Professor Dr. med. vet.
  Institut für Veterinär-Anatomie der Humboldt-Universität,
  Reinhardtstraße 4, DDR-1040 Berlin

Kölsch, M.
  Richter am Landgericht Trier, Lehrbeauftragter an der Universität Trier,
  Juristisches Seminar der Universität, Gerichtsstraße, D-5500 Trier

Kömpf, J., Dr. med.
  Institut für Anthropologie und Humangenetik der Eberhard-Karls-Universität,
  Wilhelmstraße 27, D-7400 Tübingen

König, H.G., Dr. rer. nat., Diplomphysiker
  Institut für Gerichtliche Medizin der Eberhard-Karls-Universität,
  Nägelestraße 5, D-7400 Tübingen

Kühnholz, B., Dr. med.
  Abteilung Rechtsmedizin I im Zentrum Klinisch-Theoretische Medizin II im Klinikum
  der Christian-Albrechts-Universität, Hospitalstraße 17-19, D-2300 Kiel 1

Lins, G., Privatdozent Dr. med.
  Zentrum der Rechtsmedizin im Klinikum der Johann-Wolfgang-Goethe Universität,
  Kennedyallee 104, D-6000 Frankfurt a.M. 70

Löhle, U., Dr. rer. nat., Diplomphysiker
  Ingenieurbüro für das Kraftfahrzeugwesen, Hildastraße 55, D-7800 Freiburg

Lutze, H.-J., Dr. phil., Diplompsychologe
  Institut für Rechtsmedizin der Universität, Oberer Eselsberg, D-7900 Ulm

Machata, G., Professor Dr. phil.
  Institut für Gerichtliche Medizin der Universität, Sensengasse 2, A-1090 Wien

Magureanu, I., Diplomchemiker
  Institut für Rechtsmedizin der Ruprecht-Karls-Universität, Voßstraße 2,
  D-6900 Heidelberg 1

Mallach, H.J., Professor Dr. med.
  Institut für Gerichtliche Medizin der Eberhard-Karls-Universität, Nägelestraße 5,
  D-7400 Tübingen

Marek, Z., Professor Dr. med.
  Institut für Gerichtliche Medizin, Medizinische Akademie, ul. Grzegórzecka 16,
  31-531 Krakow, Polen

Mattern, R., Privatdozent Dr. med.
  Institut für Rechtsmedizin der Ruprecht-Karls-Universität, Voßstraße 2,
  D-6900 Heidelberg 1

Mattig, W., Dr. med.
  Institut für Gerichtliche Medizin der Humboldt-Universität,
  Hannoversche Straße 6, DDR-1040 Berlin

Maxeiner, H., Dr. med.
  Institut für Rechtsmedizin der Freien Universität, Hittorfstraße 18,
  D-1000 Berlin 33

Michalke, P., Dr. rer. nat., Diplomchemiker
  Institut für Rechtsmedizin der Universität, Moorenstraße 5, D-4000 Düsseldorf

Möller, M.R., Professor Dr. rer. nat., Diplomchemiker
  Institut für Rechtsmedizin der Universität des Saarlandes, Fachbereich IV
  klinische Medizin, Universitäts-Kliniken, D-6650 Homburg/Saar

Möllhoff, G., Professor Dr. med., Ltd. Reg.-Med.-Dir.
  Institut für Rechtsmedizin der Ruprecht-Karls-Universität, Voßstraße 2,
  D-6900 Heidelberg 1

Nagai, T., Dr. med., Assistant Professor
  Dept. of Forensic Medicine, School of Medicine, Teikyo University, Tokyo/Japan

Oehmichen, M., Professor Dr. med.
  Institut für Rechtsmedizin der Universität, Melatengürtel 60-62,
  D-5000 Köln 30

Oepen, I., Professor Dr. med.
  Institut für Rechtsmedizin der Philipps-Universität, Bahnhofstraße 7,
  D-3550 Marburg

Pasi, A., Privatdozent Dr. med.
  Gerichtlich-Medizinisches Institut der Universität, Zürichbergstraße 8,
  CH-8028 Zürich

Patscheider, H., Professor Dr. med.
  Institut für gerichtliche Medizin am Kantonsspital St. Gallen,
  Rorschacher Straße 95, CH-9006 St. Gallen

Pedal, I., Dr. med.
  Institut für Gerichtliche Medizin der Eberhard-Karls-Universität, Nägelestraße 5,
  D-7400 Tübingen

Penners, B.M., Dr. med.
  Abteilung Rechtsmedizin I im Zentrum Klinisch-Theoretische Medizin II im
  Klinikum der Christian-Albrechts-Universität, Hospitalstraße 17-19, D-2300 Kiel

Popczynska-Marek, M., Dozentin Dr. med.
  Institut für Gerichtliche Medizin, Medizinische Akademie, ul. Grzegórzecka 16,
  31-531 Krakow, Polen

Prokop, O., Professor Dr. sc. med.
  Institut für Gerichtliche Medizin der Humboldt-Universität,
  Hannoversche Straße 6, DDR-1040 Berlin

Püschel, K., Dr. med.
  Institut für Rechtsmedizin der Universität, Butenfeld 34, D-2000 Hamburg 54

Raszeja, S., Professor Dr. med.
  Institut für Gerichtliche Medizin der Medizinischen Akademie,
  ul. Curie-Sklodowkskiej 3a, 80-120 Gdánsk, Polen

Reinhardt, G., Professor Dr. med.
  Institut für Rechtsmedizin der Universität, Oberer Eselsberg, D-7900 Ulm

Rittner, C., Professor Dr. med.
  Institut für Rechtsmedizin der Rheinischen Friedrich-Wilhelms-Universität,
  Stiftsplatz 12, D-5300 Bonn

Rüdell, E., Dr. med.
  Institut für Rechtsmedizin der Georg-August-Universität, Windausweg 2,
  D-3400 Göttingen

Saternus, K.-S., Privatdozent Dr. med.
  Institut für Rechtsmedizin der Universität, Melatengürtel 60-62, D-5000 Köln 30

Schneider, V., Professor Dr. med.
  Institut für Rechtsmedizin der Freien Universität, Hittorfstraße 18,
  D-1000 Berlin 33

Schönemann, E.
  Institut für Rechtsmedizin der Universität, Moorenstraße 5, D-4000 Düsseldorf 1

Schroeder, G., Diplomingenieur
  Institut für Rechtsmedizin der Medizinischen Hochschule, Karl-Wiechert-Allee 9,
  D-3000 Hannover

Schütz, H., Privatdozent Dr. rer. nat., Diplomchemiker
  Institut für Rechtsmedizin der Justus-Liebig-Universität, Frankfurter Straße 58,
  D-6300 Giessen

Schütz, H.W., Dr. rer. nat., Apotheker
  Abteilung Rechtsmedizin I im Zentrum Klinisch-Theoretische Medizin II im
  Klinikum der Christian-Albrechts-Universität, Hospitalstraße 17-19, D-2300 Kiel 1

Schwerd, W., Professor Dr. med.
  Institut für Rechtsmedizin der Bayerischen Julius-Maximilians-Universität,
  Versbacher Straße 3, D-8700 Würzburg

Sellier, K., Professor Dr. med., Diplomphysiker
  Institut für Rechtsmedizin der Rheinischen Friedrich-Wilhelms-Universität,
  Stiftsplatz 12, D-5300 Bonn 1

Söhngen, A.
  Institut für Rechtsmedizin der Universität, Moorenstraße 5, D-4000 Düsseldorf

Sprung, R., Dr. med.
  Institut für Rechtsmedizin der Georg-August-Universität, Windausweg 2,
  D-3400 Göttingen

Staak, M., Professor Dr. med.
  Institut für Rechtsmedizin der Universität, Melatengürtel 60-62,
  D-5000 Köln 30

Sticht, G., Dr. rer. nat., Diplomchemiker
  Institut für Rechtsmedizin der Universität, Melatengürtel 60-62,
  D-5000 Köln 30

Szczerkowska, Z.
  Institut für Gerichtliche Medizin der Medizinischen Akademie,
  ul. Curie-Sklodowskiej 3a, 80-120 Gdânsk, Polen

Trube-Becker, E., Professor Dr. med.
  Institut für Rechtsmedizin der Universität, Moorenstraße 5, D-4000 Düsseldorf

Utsugi, S., Dr.
  Dept. of Legal Medicine, Dokkyo University School of Medicine, Mibu,
  Tochigi, 321-02 Japan

Wagner H.-J., Professor Dr. med.
  Institut für Rechtsmedizin der Universität des Saarlandes, Fachbereich IV
  Klinische Medizin, Universitäts-Kliniken, D-6650 Homburg/Saar

Walther, G., Professor Dr. med.
  Institut für Rechtsmedizin der Johannes-Gutenberg-Universität, Am Pulverturm 3,
  D-6500 Mainz 1

Walz, F.H., Privatdozent Dr. med.
  Gerichtlich-Medizinisches Institut der Universität, Zürichbergstraße 8,
  CH-8028 Zürich

Wehner, H.D., Dr. med., Diplomphysiker
  Institut für Rechtsmedizin der Rheinischen Friedrich-Wilhelms-Universität,
  Stiftsplatz 12, D-5300 Bonn 1

Wilske, J., Dr. med.
  Institut für gerichtliche Medizin der Leopold-Franzens-Universität,
  Müllerstraße 44/III, A-6020 Innsbruck

Wimmer, W.
  Vors. Richter am Landgericht Mannheim, Postfach 20, D-6800 Mannheim 1

Yoritaka, M.
  Dept. of Legal Medicine, Dokkyo University School of Medicine, Mibu, Tochigi,
  321-02 Japan

Zink, P., Professor Dr. med. Dr. rer. nat., Diplomphysiker
  Gerichtlich-Medizinisches Institut der Universität, Bühlstraße 20, CH-3012 Bern

Historisches

Mitteldeutsche Gerichtsmediziner des ausgehenden 17. und 18. Jahrhunderts – Biographische Notizen

K. Händel

Zusammenfassung

Der gerichtlichen Medizin wurde an den mitteldeutschen Universitäten Halle, Jena und
Leipzig im ausgehenden 17. und im 18. Jahrhundert große Aufmerksamkeit geschenkt.
Professoren dieser 3 Universitäten haben durch gerichtsmedizinische Veröffentlichun-
gen wesentlich zur Förderung des Faches beigetragen. Biographische Daten und Hinweise
auf das gerichtsmedizinische Wirken der Professoren P. Ammann, J. Bohn, M. Alberti,
H.F. Teichmeyer, J.E. Hebenstreit, Ch.G. Ludwig, Ch.F. Daniel (Vater), J.F. Fasel(ius),
E.G. Bose und Ch.F. Daniel (Sohn) werden mitgeteilt.

Summary

Forensic medicine was the object of the studies and publications of the medical
professors who worked at the universities of Halle, Jena, and Leipzig during the
last years of the seventeenth and eighteenth centuries. They furthered the development of forensic medicine considerably. Biographical facts and remarks on the works
of P. Ammann, J. Bohn, M. Alberti, H.F. Teichmeyer, J.E. Hebenstreit, Ch.G. Ludwig,
Ch.F. Daniel (Sr), J.F. Fasel(ius), E.G. Bose, and Ch.F. Daniel (Jr) are presented.

Einleitung

Die Bezeichnung der Wissenschaft, die heute Rechtsmedizin genannt wird,
hat sich vielfach gewandelt. Weit mehr als zwei Dutzend unterschiedliche lateinische und deutsche Synonyma wurden verwendet. Stehen am Anfang
Italiener wie Fortunatus Fidelis (1603) und Paolo Zacchia (1621), so folgen im ausgehenden 17. und vor allem im 18. Jahrhundert deutsche Ärzte,
besonders im mitteldeutschen Raum. Ihre Wirkungsstätten waren die Universitäten Leipzig (gegründet 1409), Jena (errichtet 1557/1558) und
Halle (eröffnet 1694). Das Arbeitsgebiet der hier erwähnten Wissenschaftler beschränkte sich nicht auf die forensische Medizin, es schloß nicht
nur Medizin, sondern auch Botanik, Physik und andere Fächer ein. Sie
hatten kaum Zugang zur Praxis, waren aber vielfach an der Erstellung von
Gutachten gerichtsmedizinischen Inhalts beteiligt und haben wertvolle
Impulse gegeben und Grundlagen für die weitere Entwicklung zum Fach geschaffen. Manche ihrer Gedanken sind geradezu modern, und ihre Äußerungen zum Arztrecht und zur Ethik des ärztlichen Berufes passen gut in
unsere Zeit.

Im folgenden soll in gebotener Kürze dargestellt werden, was wir von
den Gerichtsmedizinern wissen, die in Leipzig, Jena und Halle wirkten.
Das vorliegende biographische Material ist recht unterschiedlichen Um-
fangs. Sicher wird es möglich sein, noch eine Fülle von Daten, Lebens-
umständen und wissenschaftlichen Fakten ausfindig zu machen, und es wäre
eine dankbare Aufgabe für Doktoranden, sich dessen anzunehmen.

Hier soll sich die Darstellung im wesentlichen auf die biographischen
Umstände beschränken. Mende [32] und Janovsky [19] haben sich mit der
fachlichen Bedeutung der Gelehrten befaßt. Neuere Untersuchungen wären
aber sicher am Platze.

Paul Ammann

Der älteste unter den mitteldeutschen mit gerichtsmedizinischen Fragen
beschäftigten Forschern ist Paul Ammann [3,7a,18,20,32]. Ammann ist am
31.8.1634 in Breslau geboren, studierte in Leipzig Medizin und promovierte dort, nachdem er eine Reise nach Holland und England unternommen
hatte, zum Doktor der Medizin. Er wurde dann jedoch zunächst 1674 Professor der Botanik, erst 1682 Professor der Physiologie in Leipzig. Dieses Amt hatte er bis zu seinem Tod am 4.2.1691 inne. Als Botaniker war
er Direktor des Leipziger Botanischen Gartens, der sich eines großen
Rufes erfreute, und Autor geschätzter botanischer Werke. Die scharfe,
teils geradezu bissige Kritik wird hervorgehoben, mit der er die von
der medizinischen Fakultät Leipzig erstatteten Gutachten über medizinische Rechtsfälle bedachte [3,18]. Nicht minder kritisch sind seine
Äußerungen zu den Auffassungen des Hippokrates und anderer, die auf das
Corpus juris Einfluß gehabt haben. Ammann hat offenbar auch zu auswärti-
gen Fachgenossen gute Beziehungen unterhalten. So nennt ihn Georgius
Francus, Professor und Prokanzler der Universität Heidelberg, 1688 in
seiner Vorrede zu einer Zacchia-Ausgabe "excelentissimus Dn. D. Paulus
Ammannus, Prof. Lipsiens. celeberrissimus, Fautor et Amicus noster
honoratissimus" [45]. 1674 gab Ammann die Schrift des Fortunatus Fidelis
"De relationibus medicorum", die 1603 in Italien erschienen war, neu
heraus [9]; andernorts wird 1679 als Jahr der Herausgabe genannt, doch
bemerkt dazu Mende [32]: "Dasselbe Buch erschien hernach unter dem be-
trügerischen Titel "Thom. Reinselii schola jureconsultor. medica", Leipzig 1679". Daniel [7] schreibt Ammann ebenfalls nur die Ausgabe von 1674
zu.

Die wichtigste gerichtsmedizinische Schrift Ammanns erschien 1690 im
Verlag Johann Friedrich Gleditsch, Frankfurt, unter dem Titel "Praxis
Vulnerum Lethalium sex Decadibus Historiarum Rariorum, ut plurimum
Traumaticarum cum Cribationibus Singularibus adornata" [4]. Sie enthält
kritische Beurteilungen praktischer Fälle, anhand deren er die Ursäch-
lichkeit von Verletzungen für den Tod des Betroffenen analysiert. Nicht
minder kritisch war seine Schrift "Medicina critica, sive decisoria,
cum centuria casuum medicinalium in concilio facultatis medicae Lipsiensis ...", die erstmals 1670 in Erfurt erschien und 1677 und 1693 neu auf-
gelegt wurde.

Johannes Bohn

Recht gut sind wir über das Leben von Johannes Bohn unterrichtet. Der
bei seinem Tode erschienenen Leichenpredigt von Archidiakon Romanus
Teller [42] ist ein ausführlicher Lebenslauf beigegeben. Bohn ist am
20. Juli 1640 als Sohn des aus Nürnberg stammenden Kaufmanns Johann Bohn
und der Magdalena geb. Wurtzwalter in Leipzig geboren. Den ersten Unterricht erhielt er durch Hauslehrer. Im April 1658 bezog er als Student
der Philosophie die Universität seiner Heimatstadt, wechselte aber schon
im Juli nach Jena, wo er bei Weigel und Posner philosophische, bei Rol-
finck, Möbius und Schenck medizinische Vorlesungen besuchte. 1659 kam er
nach Leipzig zurück und hörte hier philosophische Vorlesungen bei Kühn,
Jacob Thomasius, Ittig und Schlüter, medizinische bei Ammann, Michaelis,
Welsch, Heyland, Ursinus und Lange, zudem chemische, ebenfalls bei
Michaelis. Im Juli 1660 disputierte er in der philosophischen Fakultät
unter dem Vorsitz von Thomasius und wurde 1661 Magister. Im Juli 1661
wurde er Baccalaureus der Medizin. Im August 1663 trat er eine lange
Bildungsreise durch Europa an, nachdem er noch drei Tage zuvor das medizinische Lizentiat erworben hatte. Seine Reise führte ihn durch Deutschland, Dänemark, die Niederlande, England, Frankreich und die Schweiz,
wobei er offenbar viele Beziehungen anknüpfte. Erst am 28. Dezember 1665
kam er zurück. Alsbald disputierte er unter dem Vorsitz von Ammann, wurde

am 5. April 1666 Doktor der Medizin und habilitierte sich noch im gleichen Monat. Er las Medizin und Anatomie und "administrierte zwey anatomias publicas" auf Verlangen der Fakultät. Das geschah ersichtlich zur Zufriedenheit, so daß er, als Michaelis starb, am 28. Februar 1668 in dessen Professur der Anatomie nachrücken konnte. Bis 1691 hat er dann Vorlesungen und Sektionen auf dem Gebiet der Anatomie und Chirurgie gehalten. 1690 wurde ihm das Amt des Stadtphysikus übertragen, 1691 übernahm er nach dem Tode von Welsch den Lehrstuhl für Therapie. In der Folge rückte er in eine Reihe von akademischen Ehrenämtern ein, wurde Dekan und Prokanzler und schließlich 1693 Rektor.

Abb. 1. Prof. Johannes Bohn, Leipzig (1640–1718). Foto: Herzog August Bibliothek Wolfenbüttel

Er führte eine ausgedehnte Korrespondenz mit Fachgenossen in ganz Europa, so in Kopenhagen, Bologna, Genf, Basel, Greifswald, Danzig, Leyden, Hannover, Padua, Venedig, Oxford, Kiel, Jena und Lyon. Rufe an andere Universitäten und Fürstenhöfe lehnte er ab; er war mit seinem Amt und seinen Aufgaben in Leipzig zufrieden.

Am 20. Januar 1668 heiratete Bohn die Tochter des Theologieprofessors Johann Hülsemann, Catharina Sabine. Die Ehe, die über ein halbes Jahr-

hundert bestand, war mit 17 Kindern - 9 Söhnen und 8 Töchtern - geseg-
net, aber nur 6 kamen über das Kindesalter hinaus, und lediglich zwei,
ein Sohn und eine verheiratete Tochter, überlebten den Vater. Im Jahr
seiner Goldenen Hochzeit beging er auch das Jubiläum als Professor.

Im Oktober 1718 litt er an einer schmerzhaften Vereiterung des Ballens
am rechten Fuß. Er ließ sich chirurgisch behandeln, so daß "der Schade
an sich selbst wieder geheilet wurde", aber von diesem Zeitpunkt an
siechte er dahin. Er starb am 19. Dezember 1718 im Alter von 78 Jahren.

Bohn hat sich in den langen Jahren seiner Tätigkeit in Leipzig einen
hervorragenden Ruf geschaffen. Rabl [36] nennt ihn einen Mann, der nicht
bloß als Anatom und Physiologe alle seine Vorgänger überragte, sondern
der zugleich zu den tüchtigsten und hervorragendsten Ärzten seiner Zeit
gerechnet werden müsse. Salomon [18] geht noch weiter und bezeichnet
ihn als einen der hervorragendsten Ärzte aller Zeiten, ausgezeichnet
durch vielseitige Kenntnisse, vortreffliches Judicium und liebenswürdige
Bescheidenheit. Er war keiner jener großen Geister, deren Entdeckungen
eine neue Epoche begründen halfen, seine Arbeit war eine ruhige, stetige, weiterbauende oder umbauende; das Fazit seines Tuns war der Fortschritt. Salomon hebt hervor, daß es charakteristisch für Bohns klaren
Blick und sein unbeirrtes Urteil sei, daß er die Wichtigkeit der Obduktionen erkannt, zugleich aber davor gewarnt hat, in dem Leichenbefund
stets auch die Krankheitsursache finden zu wollen. Rabl [36], Janovsky
[19], Mende [32] und Müller [33] sind sich in der Beurteilung Bohns
einig, der - so Rabl - "einer der Begründer der gerichtlichen Medizin
in Deutschland war und dessen Arbeiten auf diesem Gebiet durch lange
Zeit zu den grundlegenden der medizinisch-forensischen Literatur gezählt" wurden.

Die Anatomie war in Leipzig recht kümmerlich untergebracht. 1704 zog
sie in das Paulinum um, aber auch hier waren die Säle völlig unzurei-
chend, obwohl die Sektionen nunmehr in größerem Kreise gehalten wurden
[17] und dazu sogar öffentliche Einladungen an Mitglieder der Leipziger
Gesellschaft ergingen. Als Bohn 1710 die Bereitstellung eines Hörsaals
für chemische Vorlesungen wünschte, sprach sich der Theologe Olearius
dagegen mit der Begründung aus, daß "in dergleichen Laboratoriis nicht
nur Arsenicalia .. pflegen praepariret zu werden, sondern auch der Rauch
denen Gelehrten und allen studiosis, die mit dem Kopfe arbeiten sollen,
fast unerträglich ist" [17].

Zu Bohns Schülern gehörten die nachmaligen Professoren Pauli und Platner
sowie der Anatom Rivinus [36].

Bohns gerichtsmedizinisches Hauptwerk: "de Renunciatione vulnerum seu
vulnerum lethalium examen" [5], das erstmals 1689 und erneut 1755 bei
Fritsche in Leipzig erschien. Mende [32] lobt es als das "noch jetzt",
nämlich 1819, vollständigste über die Lehre von den tödlichen Wunden.
Bohn hebt die Notwendigkeit einer ordentlichen Sektion hervor; ohne eine
solche würden sich die Kriterien für die Tödlichkeit einer Verletzung
nicht feststellen lassen. Die Sektion dürfte aber nicht einem Wundarzt
allein überlassen werden, sondern es müßte ein wohlunterrichteter, geschickter, promovierter Arzt dabei zugegen sein, der oft gut daran täte,
bei der Sektion selbst Hand anzulegen und das Ganze sorgfältig zu leiten.
Bohn unterscheidet zwischen Verletzungen zu Lebzeiten und postmortalen
Verletzungen und teilt die tödlichen Wunden in an sich tödliche (per se
seu absolute lethalia) und zufällig tödliche (per accidens lethalia) ein.
Darüber hinaus gab Bohn noch eine Vielzahl medizinischer und anderer
Werke heraus. Aber sein für die Gerichtsmedizin wichtigstes Werk blieb
nicht erhalten. In der Befürchtung, nach seinem Tode könnte minder sorgfältig Bearbeitetes damit verknüpft werden, ließ er das Manuskript zu
einem groß angelegten Werk über die gerichtliche Medizin kurz vor seinem

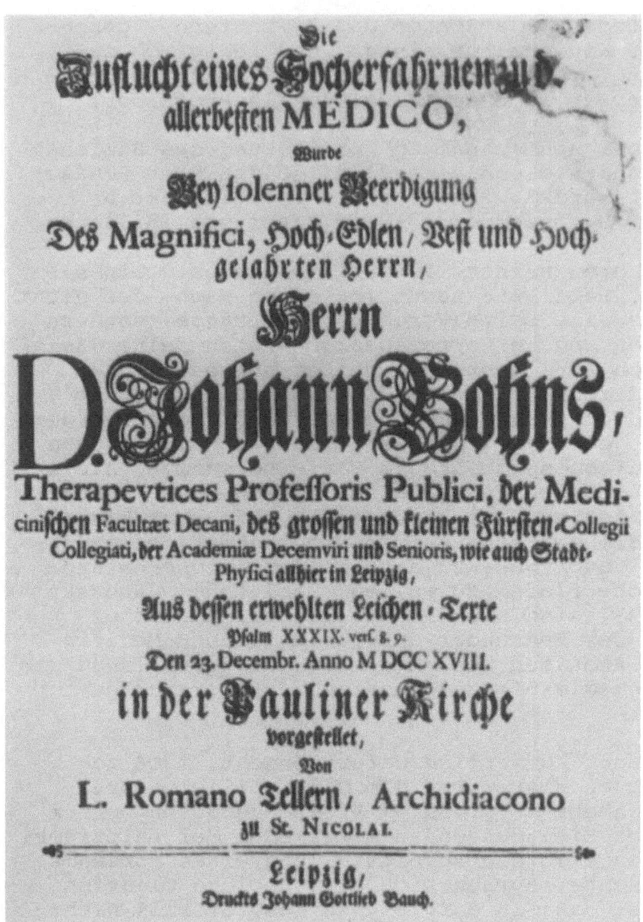

Abb. 2. Leichenpredigt auf Prof. Johannes Bohn, Leipzig. Foto: Herzog August Bibliothek, Wolfenbüttel

Tode verbrennen. Das gleiche Schicksal erlitt eine Collectio responsorum facultatis medicae Lipsiensis, die er gerade begonnen hatte. Die Universitätsbibliothek Erlangen besitzt eine Reihe von Handschriften, anscheinend Kollegnachschriften seiner Hörer aus den anatomischen und chirurgischen Vorlesungen [25].

Michael Alberti

Vor genau 300 Jahren, am 13. November 1682, ist Michael Alberti in Nürnberg geboren [3,18,21,22,23], wo sein Vater Geistlicher war. Auch seine Brüder Paul Martin und August studierten Theologie und wurden später Archidiaconi in Hersbruck und Nürnberg. Michael Alberti studierte ebenfalls Theologie in Altdorf und begleitete dann als Hofmeister einen jungen Mann nach Jena. Dort bekam er lebhaftes Interesse an der Medizin und wandte sich nun dem medizinischen Studium in Jena, dann in Halle zu. 1707 kam er auf Wunsch des Vaters nach Nürnberg zurück, hatte hier jedoch manchen Ärger mit seinen Fachkollegen, so daß er schließlich wieder nach Halle ging. Schon bei seinem ersten Aufenthalt in Halle hatte er sich an den Professor Georg Ernst Stahl angeschlossen; nach seiner Rückkehr wurde diese Verbindung noch enger. Stahl setzte sich dafür ein, daß Alberti 1710 zum außerordentlichen Professor ernannt wurde und 1716, als Stahl

nach Berlin berufen wurde, seine Nachfolge antrat. 1717 übernahm er auch
noch den Lehrstuhl für Physik, 1729 erhielt er die Aufsicht über den botanischen Garten. Zu den Schülern Albertis gehörte 1730 Gottlieb Heinrich Kannegießer, der später in Kiel Gerichtliche Medizin lehrte [43].

Es wäre vermessen, Albertis Leben und Lehren hier in Einzelheiten darzustellen, denn Kaiser/Simon [22] und Kaiser/Völker [23] haben dies, gestützt auf die ihnen örtlich zugänglichen Quellen, in aller Ausführlich-
keit getan.

Abb. 3. Prof. Michael Alberti,
Halle (1682-1757)

Alberti war ein ungemein fruchtbarer und vielseitig interessierter Lehrer und Autor, den Philosophie, Theologie, Rechtswissenschaft und Medizin gleichermaßen interessierten. Nicht weniger als 26 Druckseiten umfaßt sein Schriftenverzeichnis [18]. Darunter sind hunderte von akademischen Gelegenheitsschriften. Besondere Beachtung haben jedoch seine
gerichtsmedizinischen Schriften gefunden: Systema Jurisprudentiae
Medicae, 1725 im Verlag des Hallischen Waisenhauses erschienen, ein
dickleibiger, vorwiegend in deutscher Sprache geschriebener Band, und
das 1739 ebenfalls im Verlag des Waisenhauses erschienene Werk "Commentatio in Constitutionem Criminalem Carolinam Medica" [1,2], das er sei-

nem Freund Friedrich Hoffmann, seit 1693 Professor der Medizin in Halle, widmete.

Im ersten Teil des "Systema Jurisprudentiae Medicae" [1] befaßt sich Alberti, worauf schon Henke [17a] hingewiesen hat, im Kapitel XV mit dem ärztlichen Kunstfehler "De Homicidio artificioso sive medico". Er schließt sich der in Art.134 der Carolina [27] enthaltenen Forderung an, daß erfahrenen, gewissenhaften und vorsichtigen Männern und Kollegien die Beurteilung angeblicher ärztlicher Kunstfehler übertragen werden solle, und führt eine Reihe von Fällen an, in denen es um mögliche ärztliche Kunstfehler geht. Ein ausführliches Vorwort stammt von Christian Thomasius, dem bedeutendsten hallischen Juristen und Vorkämpfer der deutschen Aufklärung. Der umfangreichere zweite Teil des Werks ist der Kasuistik gewidmet und enthält aktengetreu die gerichtsmedizinische Begutachtung zahlreicher Fälle. Mit dem ärztlichen Kunstfehler setzt sich Alberti auch in dem anderen Werk "Commentatio in Constitutionem Criminalem Carolinam Medica" [2] im Kapitel "De Medicorum, Pharmacopoerum et Chirurgorum Erroribus et Delictis puniendis" gründlich auseinander.

In der Brief- und Handschriftensammlung des Nürnberger Arztes Jacob Trew [25,38] finden sich 4 Briefe Albertis, ein lateinischer an J.M. Hoffmann, datiert Halle, 9.12.1709, und 3 in deutscher Sprache vom 7.5.1738, 31.7.1738 und 29.4.1750. In diesen Briefen bittet Alberti, ihm bestimmte Bücher und Periodica zu besorgen oder die Lieferungen für ihn entgegenzunehmen und "mit dem Nürnberg. Sonnabends Bothen, der nach Leipzig gehet, oder durch die Post zu übersenden"; denn von seines verstorbenen Bruders Töchtern kann er "nicht viel Liebesdienste" erwarten. Gleichzeitig bittet er Trew, der doch in Nürnberg gute Beziehungen zu den Apothekern habe, einem Apothekergesellen eine Anstellung zu besorgen. Mit den Töchtern des verstorbenen Bruders hat es offenbar noch mehrmals Ärger gegeben, wie die Briefe durchblicken lassen. Der Apothekergeselle ist inzwischen nach Pommern vermittelt worden. Im letzten Brief von 1750 reklamiert er einige Teile der Periodica; er habe zwar einem Nürnberger Studenten 3 Dukaten gegeben, damit dieser für Lieferung des Fehlenden sorge, aber nichts mehr gehört. In diesem Brief fragt er Trew auch, ob wohl die Möglichkeit bestünde, seinen Sohn, der bereits ausserordentlicher Professor der Botanik und der Physiologie in Halle sei, als Ordinarius dieser Fächer nach Altdorf zu berufen; er möchte gern, daß dieser in die väterliche Heimat zurückkehre.

Alberti war mit Anna Magdalena Wendt, einer Tochter des Ratsmeisters Georg Wendt, verheiratet. Am 17. Mai 1757 starb Alberti im Alter von 74 Jahren. Die Leichenpredigt, die der Konsistorialrat Rambach hielt, wurde dem Brauch der Zeit gemäß gedruckt. Aus der Autobiographie Albertis geht hervor, daß er 34mal Dekan der medizinischen, 9mal der philosophischen Fakultät und 3mal Prorektor war. Seine Bibliothek wurde 1760 versteigert [23].

Albertis Sohn Heinrich Christian, dessentwegen er 1750 bei Trew angefragt hatte, machte sich nach dem Tode des Vaters Hoffnung, die Nachfolge antreten zu können. Daraus wurde jedoch nichts, und 1764 schied Heinrich Christian aus Halle. Er hat offenbar nicht wieder Fuß fassen können, denn 1782, vor nun 200 Jahren, starb er "in den elendsten und dürftigsten Umständen" in Adorf im Vogtland [23] .

Eine Fülle von Einzelheiten zum Leben und Wirken Albertis findet sich in der zitierten Arbeit von Kaiser/Völker [23].

Hermann Friedrich Teichmeyer

Nicht nur in Leipzig und Halle, sondern auch in Jena wurde im 18. Jahrhundert gerichtliche Medizin gelehrt. Hier ist besonders Hermann Friedrich Teichmeyer zu nennen, am 30. April 1685 als Sohn eines Arztes in
Hannoversch-Münden geboren und somit nur wenig jünger als Alberti.
Teichmeyer studierte in Leipzig und Jena Medizin, promovierte 1707 und
blieb in Jena. Seine erste Professur erlangte er jedoch nicht auf dem
Gebiet der Medizin, vielmehr wurde er 1717 Professor der Experimental-
physik und erst 1719 außerordentlicher Professor der Medizin. Zu diesem
Anlaß widmeten ihm 78 Hörer seiner Vorlesungen ein Glückwunschcarmen,
das als kennzeichnend für das Verhältnis zwischen akademischem Lehrer
und Studenten hier wiedergegeben sei:

"Vortrefflicher Patron und Lehrer, dessen Geist
Sich immer aufgeweckt, sich immer munter weist,
Erlaube, daß wir uns ietzund bey deinem Steigen
Nach unsrer Schuldigkeit nicht faul, noch schläffrig zeigen,
Weil hoher Fürsten Gunst dir nun ein neues Ammt
Im lehren anvertraut. Dergleichen Gnade flammt
Auch schwache Geister an; Wie wird nicht deiner brennen,
Der voller Feuer ist? diß glauben die dich kennen,
Ohn alle Schwierigkeit. Wir kennen Deinen Fleiß,
Und deine Wissenschaft; der ist ein kaltes Eiß
Den deiner Worte Krafft und Nachdruck nicht erwecket.
Dein Feuer hat in uns ein Feuer angestecket,
Das nicht verlöschen soll. Wir hören dich mit Lust:
Das, was das Alterthum uns dienliches gewust,
Das was die neue Zeit merckwürdiges erfunden,
Verbirgest Du uns nicht, in den gelehrten Stunden,
Die Du zu unsrem Nutz bißher gewiedmet hast.
Du trägst mit Anmuth vor, was manchen eine Last
Sonst anzuhören ist. Drum hören wir dich gerne.
Damit man die Natur mit Lust erkennen lerne,
So würtzest Du den Ernst mit angenehmen Schertz.
Deßwegen wiedmen Dir so viele Witz und Hertz,
Und lassen sich durch Dich, gelehrter Mann, erbauen,
Bißweilen lässest Du uns auch zur Warnung schauen,
Was uns zur Bessrung dient. Nun wird die Medicin
Nebst der Philosophie Dein ernstliches Bemühn.
Du hast ihr auch bißher schon deinen Fleiß geschencket.
Wer ist, den Du curirt, der Deiner nicht gedencket?
Denn Deine Medicin ist von bewehrter Krafft.
Dein Lehren hat auch hier gar vielen Nutz geschafft.
Nun wirst Du öffentlich auf dem Catheder weisen,
Was Wedel und Rivin nebst vielen andern preisen,
Und was Dein eigner Witz bewehrt gefunden hat.
Du achtest keinen Neid, und thust das in der That,
Was manche, die der Stoltz verblendet, nur versprechen.
Der enge Raum befiehlt Dein Lob jetzt abzubrechen,
Sonst schrieben wir noch mehr. Doch Du verlangst es nicht.
Weil was Du lehrst und schreibst, genugsam vor Dich spricht.
Weßwegen sollten wir Dich auch noch ferner loben?
Den, so ein Wedel rühmt, der ist genug erhoben."

Seit 1727 las Teichmeyer vorwiegend Anatomie, Chirurgie und Botanik. Zu
seinen Schülern gehörte der nachmalige Kieler Gerichtsmediziner Kannegießer [43], vor allem aber auch Albrecht von Haller, der 1708 in Bern
geborene Arzt und Dichter, der zudem Teichmeyers Schwiegersohn wurde.
Teichmeyer, der auch weimarischer Leibarzt wurde, starb am 5. Februar
1744.

<u>Abb. 4.</u> Prof. Hermann Friedrich Teichmeyer, Jena (1685-1746)

Er heiratete am 12.11.1705 in Jena Maria Sophia Schellhase, Tochter des Dr. jur., Hofgerichtsadvokaten und Bürgermeisters zu Jena Adolph Christian Schellhase, die erst 15 Jahre alt war. Aus dieser Ehe hatte Teichmeyer 10 Töchter und einen Sohn (August Heinrich Ludwig T., der als Dr. med. 1804 in Jena starb). Die Mehrzahl der Kinder starb sehr jung. Vier Töchter heirateten Professoren (Johann Andreas (von) Segner, Johann Christian Stock, Albrecht (von) Haller und Joachim Georg Darjes). 1742 starb Teichmeyers Frau, er heiratete noch im gleichen Jahr Anna Maria Müller, eine Kaufmannstochter aus Apolda; die einzige Tochter aus dieser Ehe starb als Kind.

Teichmeyer hat eine große Zahl akademischer Gelegenheitsschriften und medizinische Lehrbücher geschrieben [3,18]. Keines dieser Werke hat jedoch die Bedeutung seines gerichtsmedizinischen Lehrbuchs "Institutiones Medicinae Legalis vel Forensis"; die lateinische Ausgabe erschien in mehreren Auflagen 1722 [7], 1731, 1740 und in einer von Faselius besorgten Ausgabe 1762. In deutscher Fassung erschien das Lehrbuch 1761 bei Raspe in Nürnberg unter dem Titel "Anweisung zur gerichtlichen Arzneygelahrtheit". Beim gleichen Verleger erschien 1769 als vierter Band zu Christoph Heinrich Schwesers Werk "Der kluge Beamte" ein wortgetreuer Nachdruck der deutschen Ausgabe, jedoch ohne Nennung des Verfassers und ohne dessen Vorwort, aber bei gleicher Paginierung [39].

Das (ohne das ausführliche Sachregister) 240 Seiten umfassende Werk befaßt sich in 25 Kapiteln mit den "Materien, welche im bürgerlichen

Rechte, bey Schöppenstühlen und Consistorien vorkommen", "abgefaßt zum
Gebrauch meiner Zuhörer". "Was bloß juristisch ist, das habe ich den
Rechtsgelehrten überlassen und anheimgestellet; damit ich nicht unter
diejenigen gerechnet werde, welche aus allzugroßem Witze und Klugdünken
sich in andere Wissenschaften einmengen".

Das erste Kapitel behandelt die Einteilung der Altersstufen. Die Kapitel
2-16 erörtern Zeugung, Geburt und verwandte Fragen aus gerichtsmedizinischer Sicht. Kapitel 17 handelt "von erdichteten oder verstellten
Krankheiten", Kapitel 18 von "verhaltenen und verschwiegenen Krankheiten". Weitere Gebiete sind Gifte und Vergiftungen, Letalität von Verletzungen, Kindstötung und die Beurteilung von Folter und Körperstra-
fen. Teichmeyer hat zwar erhebliche Einwendungen gegen die Folter, aber
nachdem sie nun einmal gesetzlich vorgesehen ist, nimmt er Stellung
dazu, unter welchen medizinischen Voraussetzungen sie erlaubt oder zu
verhindern sei.

Besonders interessant ist Kapitel 21 "Von nothwendiger Besichtigung
der Leichnamen". Die Frage, "ob überhaupts die Besichtigung eines um-
gekommenen Leichnams nothwendig sei", beantwortet er mit einem glatten
Ja. "Sie ist allerdings nothwendig, damit erhelle, ob jemand von bekom-
menen Stößen oder Schlägen oder einer empfangenen Wunde oder von anderer Beschädigung, so ihme zugefügt worden, gestorben sey? oder nicht?".
Auch die zweite Frage, ob eine "Oeffnung des Cörpers zur Untersuchung
und Erklärung der Tödtlichkeit solcher Verwundung" notwendig sei, be-
jaht Teichmeyer, wobei er sich bewußt in Gegensatz zu denen stellt,
die eine Leichenöffnung für überflüssig halten, wenn jemand im unmittelbaren Anschluß an eine Verletzung gestorben ist. Die nachfolgenden
Sätze könnten auch heute noch manchen Justizbehörden, die nicht gern
eine Sektion anordnen, vorgehalten werden: "Der Verwundete stirbt manch-
mahlen an der empfangenen Wunde allein nicht, sondern zugleich aus anderer Ursache, z.E. von einer verborgen gesteckten Krankheit, und es
kann seyn, daß sein Lebens-Ziel und Ende eben mit der Zeit jener bekom-
menen Verwundung gerade übereintrifft oder in kurzen hernach erfolget.
.. Es ist daher am sichersten, ja absolut notwendig, die Öffnung der
entseelten Cörper anzustellen und vorzunehmen, damit die wahre Ursache
des Todes desto gewisser zum Vorschein und an den Tag komme". Im übrigen
erörtert Teichmeyer in diesem Kapitel, wem die Leichenöffnung anvertraut
werden solle (Medicus oder Chirurg), wie Leichenschau und Leichenöffnung
durchgeführt werden sollen und worauf besonders achtzuhaben sei [40,41].

Johann Ernst Hebenstreit

Johann Ernst Hebenstreit ist am 15. Januar 1702 als Sohn des Pfarrers
Johann David Hebenstreit und der aus einer Pfarrersfamilie stammenden
Esther Susanna geb. Güttner in Neustadt an der Orla geboren; er hatte
sieben Brüder [3,11,18,36]. Von 1716 an besuchte er das Gymnasium zu
Weimar. Schon in dieser Zeit war er an Botanik und Naturwissenschaften,
aber auch an der lateinischen und griechischen Sprache besonders interessiert. 1720 bezog er die Universität Jena, aber da hier keine Aussichten auf ein Stipendium bestanden, ließ er sich am 22. Juli 1720 in Leipzig immatrikulieren, wo er auch das ersehnte Stipendium bekam. Acht Jahre darauf wurde er Magister der Philosphie und am 5. Mai 1730 Doktor
medicinae. Dabei blieb sein Hauptinteresse immer der Botanik zugewandt.
Der Handelsherr Kaspar Bose übertrug ihm deshalb die wissenschaftliche
Leitung seines großen botanischen Gartens. Der königliche Leibarzt Hofrat von Heucher empfahl ihn dem Kurfürsten Friedrich August II. ("August
der Starke"), König von Polen, als dieser zum Ausbau seiner naturwissenschaftlichen Sammlungen eine Expedition nach Afrika entsenden wollte.
Noch vor Antritt dieser Reise wurde Hebenstreit zum Professor in Leipzig ernannt.

Nach der Rückkehr aus Afrika übernahm Hebenstreit die durch den Tod
Ettmüllers erledigte ordentliche Professur der Physiologie; in seiner
Antrittsrede vom 22. November 1733 berichtete er von seinen Erfahrungen während der Afrikaexpedition. Im weiteren Verlauf rückte er 1737
in die Lehrstühle für Anatomie und Chirurgie, 1747 in den Lehrstuhl
für Pathologie auf; 1748 wurde er beständiger Dekan der medizinischen
Fakultät. Ihm wurden zahlreiche akademische Ehrungen zuteil; so war
er Kollegiat des großen Fürstenkollegiums, Dezemvir der Universität
und Mitglied der Leopoldinisch-Karolinischen naturforschenden Gesellschaft sowie der Gesellschaft der Wissenschaften in Marseille.

Am 2. Februar 1739 hatte Hebenstreit Johanna Wilhelmina Junius, Tochter des ehemaligen Mathematikprofessors Ulrich Junius, geheiratet.
Der einzige Sohn aus dieser Ehe, Georg Ernst, wurde Pfarrer in Leipzig;
Hebenstreits Frau starb 7 Tage nach der Geburt des Sohnes. Am 16. Juli
1742 heiratete Hebenstreit zum zweiten Male. Mit der zweiten Frau,
Christiana Eugenie Bosseck, hatte er sechs Kinder, von denen das jüngste erst nach seinem Tode zur Welt kam. Unter den Kindern aus zweiter
Ehe war die 1756 geborene Benedicte, die in zweiter Ehe mit dem Kaufmann Naubert aus Naumburg verheiratet war und als Schriftstellerin
sich einen geachteten Namen machte. Sie schrieb neben anderem viele
historische Romane, darunter *Thekla von Thurn*, aus welchem Schiller
für seinen *Wallenstein* manche Anregung entnahm. Im Alter erblindete
Benedicte Naubert; sie starb 1819 in Leipzig [12].

Auch Hebenstreit war augenleidend und mußte chirurgisch behandelt werden. Er hat sich aber auch selbst ophthalmologisch betätigt, wie ein
6 Seiten langes lateinisches Schreiben aus der Trewschen Briefsammlung
erweist. Das an einen Ungenannten gerichtete Schreiben vom 9. Oktober
1744 ist von anderer Hand "D. Hebenstreitii consilium" überschrieben;
es gibt genaue Anweisungen diagnostischer und therapeutischer Art.

Nach der Schlacht bei Roßbach am 5. November 1757 wurden zahlreiche
verwundete Soldaten nach Leipzig gebracht. Hebenstreit beteiligte sich
emsig an deren ärztlicher Versorgung. Dabei infizierte er sich an Typhus. Er starb am 5. Dezember 1757. Ein großes Vermögen hat er ersichtlich nicht hinterlassen; denn seine Witwe bittet wegen "allergrößter
Dürftigkeit" um Fortgewährung der Pension von 200 Talern, die Hebenstreit bis dahin erhalten habe.

Von Hebenstreit stammt eine große Zahl akademischer Gelegenheitsschriften, darunter solche über die Durchführung von Sektionen. Bemerkenswert
ist das 1751 im Verlag der Friedrich Lanckischen Erben zu Leipzig erschienene Werk "Erklärung Griechischer Wörter von Kranckheiten des
menschlichen Cörpers" [14]. Sein hervorragendstes Werk ist jedoch seine
"Anthropologia Forensis" [15], das in erster Auflage 1751, in zweiter
1753 ebenfalls bei den Lancki-Erben erschien. Es ist Benjamin Gottlieb
Bosseck, seinem Schwiegervater, gewidmet. Einige Kupfertafeln zeigen
Mißbildungen "ex museo autoris". Im Kapitel "De Laesionibus mortis
causis" befaßt er sich mit dem Kunstfehler "De mala medicatione". Es
klingt recht aktuell, wenn Hebenstreit ausführt, nur zu oft würden
Menschen, die dem Arzt nicht danken mögen, diesen beschuldigen, die
Behandlung sei fehlerhaft gewesen, wenn keine Heilung erfolgt ist.
Solle aber ein Arzt angeklagt werden, weil er die Gesundheit nicht
wiederherstellte, dann müsse der Beweis erbracht werden, daß er entweder die Mittel zur Heilung nicht gekannt habe oder, obwohl ihm dies
möglich gewesen wäre, nicht helfen wollte oder sich vorsätzlich schädlicher Mittel bedient habe. Was die Krankheit mit sich bringe, was der
Zufall, den der Arzt nicht vorhersehen und nicht hindern konnte, bewir-
ke, hätten die Ärzte ebensowenig zu verantworten wie Fehler des Kranken
in der Diät oder in ihrem Verhalten. Die Natur lasse sich nicht mei-
stern und gehe ihren Gang. Habe allerdings eine ärztliche Behandlung

wirklich den Tod des Patienten verursacht, so treffe der Vorwurf der
Unwissenheit oder des Mangels an Erfahrung mit Recht den Urheber.
Selbst der Begriff des "Übernahmeverschuldens" ist Hebenstreit geläu-
fig. Denn nach seiner Ansicht werden mit Recht alle diejenigen verurteilt, die die Ausübung der ärztlichen Kunst sich anmaßen, ohne sie
erlernt zu haben, ferner alle, die nur für einen Zweig der ärztlichen
Kunst ausgebildet und berechtigt sind, jedoch in ein fremdes Gebiet
eingreifen, wie etwa Wundärzte und Hebammen, die sich auf das Gebiet
der inneren Medizin wagen und Arzneimittel verordnen. Nicht weniger
aber setzten sich Ärzte der Bestrafung aus, wenn sie gegen die Regeln
der ärztlichen Kunst gehandelt hätten [15,17a].

Christian Gottlieb Ludwig

Kockel [28] erwähnt, daß Ende des 18. Jahrhunderts "ein nicht näher
bekannter Prof. Ludwig" in Leipzig über gerichtliche Medizin las.
Prokop [35] zitiert aus einer Münchener Dissertation von Kleinknecht
[26], daß 1784 in Ingolstadt Stebler "Gerichtliche Arzneywissenschaft
nach Ludwig" las, wobei als Lehrbuch "der Ludwig" angegeben sei, "ein
Buch, das Kleinknecht trotz Bemühung nicht mehr auffinden konnte".
Das ist bei der Bedeutung, die dieser vielseitige Gelehrte hatte, ver-
wunderlich, ganz abgesehen davon, daß Ludwig in den üblichen biographischen Werken [3,18] hinreichend Erwähnung gefunden hat, liegt
reichhaltiges Material über ihn vor.

Ludwig ist am 30. April 1709 als Sohn des Schuhmachers und Bürgers
Georg Ludwig und der Anna Elisabeth geb. Körner in Brieg geboren.
Trotz der beschränkten Verhältnisse, in denen die Eltern lebten, nahmen sie, als Ludwig erst 3 Jahre alt war, einen jungen Gymnasiasten
als Hauslehrer zu sich, so daß Ludwig 1715 das Gymnasium seiner Vater-
stadt beziehen konnte. Zwar hatte der Vater daran gedacht, Ludwig ein
Handwerk lernen zu lassen, aber die Mutter träumte von einer höheren
Karriere ihres Sohnes. Die später verwirklichten Interessen Ludwigs
kamen schon in der Rede zum Ausdruck, die er 1728 beim Abschied vom
Gymnasium hielt: "Von dem vortrefflichen Nutzen der Reisen in der Arz-
neiwissenschaft".

Ludwig hätte sein Studium gern in Halle begonnen, aber der Vater riet
ihm zu Leipzig, weil er diese Stadt auf der Wanderschaft kennengelernt
hatte. Am 26. Oktober 1727 wurde Ludwig in Leipzig immatrikuliert. Anfangs hatte er unter großer Not zu leiden. Er versuchte, offenbar mit
einigem Erfolg, als Dichter seinen Unterhalt zu verdienen. So wurde
1730 ein Trauerspiel von ihm *Ulysses in Ithaca* aufgeführt, Gedichte
wurden gedruckt. Daneben vergaß er sein Studium nicht. 1730 disputierte er unter Hebenstreits Vorsitz über ein botanisches Thema. Die wirtschaftlichen Nöte veranlaßten ihn 1731, an die Auswanderung nach Holland oder Ostindien zu denken. Als er davon dem königlichen Leibarzt
Hofrat Walter erzählte, nahm dieser ihn mit nach Karlsbad, um die dortige Flora zu untersuchen. Auch Hebenstreit erkannte die Begabung Ludwigs für Botanik, und als Hebenstreit den Auftrag bekam, eine Forschungs-
expedition nach Afrika zu unternehmen, lud er Ludwig als Botaniker ein
[11].

Am 12. September 1733 kam die Expedition nach Dresden zurück. Ludwig
begab sich für einige Monate in seine Heimat und begann Anfang 1734 in
Leipzig mit der Fortsetzung seines medizinischen Studiums. Sein Ziel
war, nach gehöriger Ausbildung nach England zu gehen und von dort durch
Vermittlung von Freunden nach Amerika auszuwandern. In dieser Zeit erhielt er das Silverstein-Stipendium; damit konnte er weiter in Leipzig
bleiben. 1736 wurde er Magister der Philosphie und fing an, botanische

Vorlesungen, nach Hebenstreits Vorbild verbunden mit akademischen Exkursionen, zu halten. 1737 promovierte er zum Doktor der Medizin. Den Ruf als Physikprofessor nach Wittenberg lehnte er ab. Wirtschaftlich ging es ihm zu dieser Zeit immer noch schlecht; er bat deshalb 1738 um ein Gehalt ("Pension") aus der königlichen Kasse. Im Hinblick auf die afrikanische Reise wurde ihm 1740 nicht nur ein jährliches Gnadengehalt bewilligt, sondern er erhielt auch eine außerordentliche Professur der Medizin. Der Tod seiner Gönner von Heucher und Walther im Jahre 1746 brachte für ihn die große Wende. Walther hatte ihn zum Haupterben seines Grundbesitzes und Vermögens eingesetzt. Das Gnadengehalt von 200 Talern jährlich erhielt Ludwig noch bis 1748. Dann wurde er zum Professor der Physiologie ernannt, rückte 1754 in die Professur der Anatomie und Chirurgie und 1758 in die der Pathologie auf. In diese Jahre fallen auch die akademischen Ehrungen, die ihm zuteil wurden: Senior und Decemvir der Universität, Mitglied des großen Fürstenkollegs und des Frauenkollegs, der Königlich Preußischen Akademie der Wissenschaften, der botanischen Gesellschaft zu Florenz, der ökonomischen Gesellschaft zu Leipzig und Senior der Deutschen Gesellschaft zu Leipzig. Viermal war er Rektor (1750/51, 1754/55, 1762/63 und 1768/69), seit 1758 ständiger Dekan der medizinischen Fakultät. 1745 hatte Ludwig die Tochter des Advokaten Johann Gottlieb Reichel, Sophia Regina, geheiratet, die 1767 starb. Zwei Söhne überlebten den Vater, darunter Christian Friedrich Ludwig, geboren 1751, der später wie sein Vater Professor der Pathologie in Leipzig wurde, Mitglied zahlreicher Akademien und wissenschaftlicher Gesellschaften war und eine Vielzahl von Schriften hinterlassen hat [29]. Auch der Sohn Christian, 1749 geboren, wurde Mediziner und las in Leipzig Physik, starb aber schon 1784 [3].

Als Goethe, eben 16 Jahre alt, im Herbst 1765 als junger Student nach Leipzig kam, hatte er bei Ludwig seinen Mittagstisch. Darüber berichtet er [10]:

"In solcher vielfachen Zerstreuung, ja Zerstückelung meines Wesens und meiner Studien traf sich's, daß ich bei Hofrat Ludwig den Mittagstisch hatte. Er war Medikus, Botaniker, und die Gesellschaft bestand, außer Morus, in lauter angehenden oder der Vollendung näheren Ärzten. Ich hörte nun in diesen Stunden gar kein ander Gespräch als von Medizin oder Naturhistorie, und meine Einbildungskraft wurde in ein ganz ander Feld hinübergezogen. Die Namen Haller, Linné, Buffon hörte ich mit großer Verehrung nennen; und wenn auch manchmal wegen Irrtümer, in die sie gefallen sein sollten, ein Streit entstand, so kam doch zuletzt, dem anerkannten Übermaß ihrer Verdienste zu Ehren, alles wieder ins gleiche. Die Gegenstände waren unterhaltend und bedeutend und spannten meine Aufmerksamkeit. Viele Benennungen und eine weitläufige Terminologie wurden mir nach und nach bekannt."

Es ist keineswegs auszuschließen, daß Goethes spätere naturwissenschaftliche Studien vom Hause Ludwig ihren Ausgang genommen haben.

In den letzten Jahren seines Lebens litt Ludwig unter heftigem und andauerndem Husten, zeitweise mit Blutauswurf. In den letzten 12 Wochen seines Lebens wurde der Zustand immer bedrohlicher. Am 7. Mai 1773 starb Ludwig.

Mit dem Nürnberger Arzt und Büchersammler Jacob Trew unterhielt Ludwig einen lebhaften Briefwechsel [38]. Die Briefsammlung Trews enthält 42 Briefe Ludwigs an andere Adressaten, 80 Briefe an Trew selbst, beginnend mit einem Brief vom 26. März 1736, endend mit einem Brief vom 9. Mai 1768. Aus den Jahren 1750 - 1767 sind außerdem 43 Briefe Trews an Ludwig erhalten. Christoph Jacob Trew starb 1769. Seine Naturaliensammlung und seine Bibliothek, die unter Einbeziehung der Dissertationen mehr als 50000 Titel umfaßte, vermachte er der Universität Altdorf, von wo sie, allerdings nicht unerheblich gelichtet, 1818 der Universitätsbibliothek Erlangen zufloß [34]. Der Briefwechsel zwischen Ludwig und

Trew beginnt mit der Übersendung des Erstlingswerks von Ludwig "de vege-
tatione plantarum marinarum"; er bittet Trew um sein Urteil. Trew war im
weiteren erfreut, einen Vertrauens- und Mittelsmann in Leipzig zu haben,
der ihm bei den häufigen Bücherauktionen behilflich sein konnte. Die
Korrespondenz hat daher zu einem großen Teil den Ankauf von Büchern zum
Inhalt. Aber auch Persönliches kommt darin nicht selten zum Ausdruck,
kennzeichnend für Ludwig ist etwa der Satz: "Es scheint ein Schicksal
aller guten Arbeiter zu sein, daß sie, je mehr sie arbeiten, desto mehr
neue Arbeit finden".

In mehreren Briefen nahm Ludwig zu einem von Trew herausgegebenen Pflan-
zenbuch lobend Stellung. Ein Jahr nach Trews Tod hat Ludwig seinem Freund
in einem Nachruf Anerkennung für dessen Leistungen gezollt [34]. Zu Ludwigs engen Freunden gehörte Albrecht von Haller, der hier bereits als
Schwiegersohn Teichmeyers erwähnt worden ist. Im Jahre 1752 gründete
Ludwig zusammen mit anderen Leipziger Ärzten die Zeitschrift "Commen-
tarii de rebus in scientia naturali et medicina gestis", in der außer
den neuesten Entdeckungen auf dem Gebiet der Naturwissenschaften und
Medizin einschlägige Bücher besprochen und Lebensbeschreibungen berühm-
ter Vertreter dieser Wissenschaften gebracht wurden [3,36]. Die Zeitschrift erschien nach Ludwigs Tod noch bis 1806. Als einer der ersten
erkannte Ludwig die 1761 von Auenbrugger eingeführte Perkussion in ihrer
vollen Bedeutung [36].

Abb. 5. Prof. Christian Gottlieb
Ludwig, Leipzig (1709-1773)

Ludwig hat eine Vielzahl von Schriften botanischen und medizinischen Inhalts publiziert. Lag auch sein Hauptinteresse stets bei der Botanik, so zeigt doch die Tatsache, daß "der Ludwig" Grundlage der gerichtsmedizinischen Vorlesungen in Ingolstadt blieb [26,35], daß er auch auf diesem Gebiet volle Anerkennung fand. Seine "Institutiones medicinae forensis praelect. acad." wurden 1774 von Ernst Gottlieb Bose, der sich einer 30jährigen Freundschaft mit Ludwig rühmt, in zweiter Auflage herausgegeben. 1779 erschien das Werk unter dem Titel "Anleitung zur rechtlichen Arzeneikunde" bei Gleditsch in Leipzig, offenbar die in Ingolstadt verwendete Ausgabe. In 422 Paragraphen behandelt Ludwig die Grundzüge des Faches [30,31]. Auch Ludwig spricht sich entschieden für die Notwendigkeit gerichtlicher Leichenöffnungen aus, wenn die Todesursache nicht völlig klar ist. Ein Satz hieraus: "Das Naturrecht giebt einem jeden das Recht sein Leben zu vertheidigen und daher auch dem Verbrecher; dieser nun hat gar keine Gründe zu seiner Vertheidigung, wenn die Öffnung des Körpers vernachläßiget, und die Ursache des Todes nicht gehörig untersucht und bestimmt worden ist. Weder der Tod noch der Wille des Thäters noch das tödtliche Instrument sind hinreichend die That zu beweisen, wenn nicht selbst der Getödtete betrachtet wird."

Daß bei der Untersuchung tödlicher Verletzungen von den Obduzenten große Fehler begangen würden und dadurch das Urteil über die vorsätzliche oder zufällige Tötung "ungewiß gemacht" werde, komme nicht sehr selten vor [31]. Friedrich August Weiz hat dies 1787 in sehr scharfer Kritik an der Praxis mancher Ärzte ebenfalls gezeigt [44]. Besondere Schwierigkeiten, so wieder Ludwig, ergäben sich, wenn Verletzungen nicht sofort, sondern erst nach einiger Zeit zum Tode führen, "weil sehr oft von den Rechtsgelehrten alle Schuld auf die Aerzte geschoben wird". In dem Kapitel "Von der unrechten Art zu heilen" behandelt er daher auch den ärztlichen Kunstfehler.

Afrikaexpedition von Hebenstreit und Ludwig

Vor gerade 250 Jahren unternahmen Hebenstreit und Ludwig, über deren Leben oben berichtet worden ist, eine große Expedition nach Nordafrika, die allerdings keinen gerichtsmedizinischen Hintergrund hatte, sondern auf den naturwissenschaftlichen, insbesondere den botanischen Interessen der beiden Professoren beruhte. Erstaunlich ist, daß dieser Reise, obwohl sie zu jener Zeit etwas sehr Ungewöhnliches darstellte, wenig Beachtung geschenkt worden ist. Das mag zu einem großen Teil daran liegen, daß die handschriftlichen Berichte Hebenstreits und Ludwigs erst viele Jahre später auftauchten. Hebenstreits Berichte an den König wurden erst 1865 im Sächsischen Hautstaatsarchiv, ein umfangreicher Bericht von 412 Seiten aus der Feder Ludwigs sogar noch viel später in der Leipziger Universitätsbibliothek ausfindig gemacht. Grosse, dem das Auffinden von Ludwigs Bericht zu verdanken ist, hat 1902 ausführlich über dessen Inhalt berichtet [11]; eine kurze Zusammenfassung hat später Hahn [13] geliefert.

Christian Friedrich Daniel (Vater)

Christian Friedrich Daniel ist am 13. Dezember 1714 in Sondershausen geboren [3,18]. Er studierte zunächst in Jena, wo u.a. Teichmeyer sein Lehrer war, von 1735 an in Halle Medizin. Nachdem er 1742 promoviert hatte, ließ er sich als Arzt in Halle nieder, hielt auch Vorlesungen an der Universität und wurde zum Leibarzt des Fürsten von Schwarzburg-Sondershausen ernannt. Er starb 1771. Neben einer Reihe anderer medizinischer Schriften verfaßte er eine "Sammlung medicinischer Gutachten und Zeugnisse über Besichtigungen und Eröffnungen todter Körper", die jedoch erst 1776 von seinem Sohn herausgegeben wurde. Daniel war auch Stadtphysikus [22].

Johann Friedrich Fasel(ius)

Nur spärlich sind die Nachrichten über Johann Friedrich Fasel(ius), der
am 24. Juni 1721 in Berka geboren ist, in Jena Medizin studierte und
dort 1751 promovierte. 1758 wurde er in Jena zum außerordentlichen,
1761 zum ordentlichen Professor ernannt. Er starb in Jena am 16. Februar 1767 [3,18]. 1764 gab er Teichmeyers "Institutiones Medicinae Legalis" neu heraus. Sein eigenes Werk "Elementa medicinae forensis" kam
erst 1767 nach seinem Tode heraus. Deutsche Übersetzungen erschienen
1768 und 1770. Sie trugen den Titel "Gerichtliche Arzeneygelahrtheit,
worinnen die vornehmsten Materien des bürgerlichen, criminal- und geistlichen Rechts nach denen neuesten und besten medicinischen Grundsätzen
erläutert und erkläret werden" [8]. Herausgeber war Dr. med. Christian
Rickmann, Übersetzer ("seiner Vortreflichkeit wegen ins Deutsche übersetzet") Dr. med. Christian Gottfried Lange. Lange hebt in der Vorrede
hervor, daß er 1751/1752, als Fasel seine Vorlesungen begann, einer
seiner ersten Hörer gewesen sei. Rickmann erwähnt in seiner Vorrede,
daß Fasel sich zwar im wesentlichen den Lehren Teichmeyers angeschlossen, aber doch einiges geändert habe. Auch bei Fasel befaßt sich ein
wesentlicher Teil seiner Schrift mit Zeugung, Geburt und damit zusammenhängenden Fragen, weitere Kapitel erörtern "erdichtete und verstellte
Krankheiten", Vergiftung und tödliche Verletzungen. Im Ganzen handelt
es sich um eine stark gekürzte Wiedergabe dessen, was schon Teichmeyer
und andere geschrieben haben. Doch mag zitiert werden, worauf bei der
Prüfung eines Wundarztes vor seiner Verpflichtung zu achten ist:

"1. Er soll nüchtern, fromm, bescheiden, stark genug seyn, und gut sehen können;
 2. Er soll hinlänglich in der Zergliederungskunst erfahren seyn;
 3. Er soll eine hinlängliche Kenntniß aller äusserlichen Krankheiten, z.E. derer
    Verrenkungen, Brüche, Wunden, Geschwüre usw. besitzen, er soll nicht weniger
    die chirurgischen Operationes, die äußerlich zu applicierenden Arzeneymittel,
    die Anwendung der Bandagen und verschiedener chirurgischer Instrumente wohl
    verstehen".

Fasel heiratete am 8.6.1755 Johanna Friederike Dorothea, Tochter des
Erbherrn auf Schwarza, Landkammerrat und Amtmann zu Bürgel, Christian
Hochhauß. Er hatte eine Tochter, die einen Archivar heiratete, und zwei
Söhne, von denen einer Stadtkirchner in Jena, der andere Hofadvokat und
Amtmann zu Kapellendorf wurde.

Ernst Gottlob Bose

Ernst Gottlob Bose, als Sohn des Dr. jur. und Oberhofgerichtsadvokaten
Johann Jakob Bose am 30. April 1723 in Leipzig geboren, studierte in
Leipzig u.a. bei Hebenstreit und Ludwig. Neben der Medizin befaßte er
sich auch mit Philosophie, Mathematik, Physik und Geschichte [36]. Er
wurde 1745 Magister der Philosophie, 1748 Doktor der Medizin, 1755 Professor der Botanik, 1763 Professor der Physiologie und 1773 Professor
der Anatomie und der Chirurgie. 1773 war er Rektor. 1781 übernahm er
den Lehrstuhl der Pathologie, 1784 den der Therapie und damit das Dekanat
der Fakultät. Daneben war Bose Stadt- und Spitalsarzt und seit 1780
Mitglied des großen Fürstenkollegs. Er hat zahlreiche Arbeiten praktischmedizinischen Inhalts geschrieben. Auf dem Gebiet der Gerichtsmedizin ist er durch die Herausgabe der "Anleitung zur rechtlichen
Arzeneikunde" von Christian Gottlieb Ludwig tätig geworden. Bose starb
am 22. September 1788.

Christian Friedrich Daniel (Sohn)

Christian Friedrich Daniel ist am 30. November 1753 in Halle als Sohn
des gleichnamigen Vaters geboren. Er studierte in Halle, wo er sich
auch 1776 zum Examen meldete, aber nach dem Tentamen mußte er krank-
heitshalber zurücktreten [22]. Das hinderte ihn aber nicht, des Vaters
"Sammlungen medicinischer Gutachten und Zeugnisse welche über Besichtigungen und Eröffnungen todter Körper .. an verschiedene Gerichte er-
teilt worden sind" noch im gleichen Jahre herauszugeben. Erst am 15.
August 1782 holte Daniel die Promotion nach. In der Zwischenzeit hatte
Daniel sich bereits mit einer Schrift "Specimen de vulnerum letalitate"
zur Lehre von der Tödlichkeit von Verletzungen (1778) und einer weiteren, 1780 erschienenen Schrift "Commentatio de infantum nuper natorum
umbilico et pulmonibus" zur Lungenprobe auf das Gebiet der Gerichtsmedizin begeben. Als Doctor legens setzte er an der Universität das
Werk seines Vaters fort [22]. Im Sommersemester 1784 kündigte er an,
er werde "einige Kapitel aus der Staatsarzneikunde, besonders von der
Tödlichkeit der Wunden, der Lungenprobe, den Krankheiten der Künstler
und Handwerker erklären" [22]. Aber im gleichen Jahr bekam er Ärger
mit der Fakultät. In der Hemmerde-Buchhandlung in Halle war sein "Entwurf einer Bibliothek der Staatsarzneikunde oder der gerichtlichen Arzneikunde und medicinischen Polizey von ihrem Anfange bis auf das Jahr
1784" erschienen, und Daniel hatte es offenbar versäumt, sich der Ge-
nehmigung der Fakultät zu versichern [21]. Im Fakultätstagebuch hat der
Dekan Goldhagen vermerkt, daß das Buch "wahrscheinlich ohne Censur" gedruckt worden sei; deshalb sollten die Universitätsgerichte um nähere
Untersuchung ersucht werden [22].

Diese Bibliographie, von der Daniel in der Vorrede sagt, er habe sie
"für sich entworfen" und wolle sie nun dem Publikum mitteilen, ist ein
höchst beachtenswertes Werk, das von großem Fleiß und Sorgfältigkeit
zeugt. Auf 231 Seiten führt Daniel in einem ersten Teil "Hilfsschriften"
aus dem Gebiet der Rechtswissenschaft, der Theologie und der Medizin an,
um dann im Hauptteil die gerichtliche Arzneikunde im weitesten Sinne zu
behandeln. Dabei sind auch Fragen des Arztrechtes und des Standesrechtes
der Ärzte und Wundärzte, der allgemeinen und speziellen Hygiene nicht
ausgelassen, und selbst Begriffe wie "Erbkrankheiten" tauchen auf. Die
Bibliographie ist systematisch aufgebaut und mit einem ausführlichen
Namensregister ausgestattet. Mannigfache Vergleiche haben beim Gebrauch
des Buches gezeigt, daß die bibliographischen Angaben durchweg zutreffend wiedergegeben worden sind [7].

Daniel starb am 28. September 1798 in Halle.

Büchermarkt

Im Jahre 1812 waren noch etliche der hier besprochenen Schriften im
Buchhandel erhältlich [7a]. Die Preise waren bescheiden. So kosteten
Daniels Bibliographie [7] 14 Groschen, Hebenstreits Anthropologia forensis [15] 20 Groschen, Ludwigs Insitutiones [30] 8 Groschen, die deutsche Ausgabe [31] 10 Groschen, Teichmeyers Institutiones [40] 16 Groschen. Der Taler galt 24 Groschen. Zum Vergleich einige Ausgaben aus
der Gebührenordnung für Ärzte und Wundärzte in Sachsen bei medizinisch-
gerichtlichen Handlungen [37]: für die "Zergliederung der Leiche eines
Erwachsenen" standen einem Arzt 3 Taler, einem Wundarzt 2 Taler 16 Groschen zu, für den Bericht und das Gutachten über den Befund bei einer
Zergliederung 1 Taler, für die "Untersuchung des Gemüthszustandes einer
Person" 2 Taler.

Heute werden diese Bücher am Antiquariatsmarkt nur sehr selten angeboten. Es ist anzunehmen, daß die Auflagen niedrig waren. Was erhalten

geblieben ist, ist in Bibliotheken, Instituten und wenigen Privatbiblio-
theken in festen Händen. In den letzten 25 Jahren ist mir in den Anti-
quariatslager- und Auktionskatalogen kaum eines der Bücher dieser Autoren öfter als einmal vorgekommen. Es gehört schon viel Geduld und Glück
dazu, eine Sammlung dieser Bücher zuusammenzustellen.

Das gilt erst recht für Bilder der hier besprochenen Autoren. Zwar war
es im 18. Jahrhundert vielfach üblich, einem Buch das Bildnis des Verfassers beizufügen. Die mit forensischer Medizin befaßten Autoren haben
sich diesem Brauch anscheinend nicht angeschlossen. Immerhin tauchen
hie und da am Bilderantiquariatsmarkt [6] Kupferstiche von ihnen auf;
einige Bibliotheken besitzen entsprechende Sammlungen.

Handschriften sind in Universitätsarchiven und Bibliotheken weit verstreut und nicht immer vollständig und übersichtlich katalogisiert.
Entsprechende Bestandsverzeichnisse sind nicht sehr häufig; eine rühm-
liche Ausnahme macht hier die Universitätsbibliothek Erlangen [25,38].

Literatur

1. Alberti M (1725) Systema jurisprudentiae medicae. Halle
2. Alberti M (1739) Commentatio in constitutionem criminalem medica. Halle
3. Allgemeine Deutsche Biographie (ADB) (1875) Leipzig
4. Ammann P (1690) Praxis vulnerum lethalium sex decadibus historiarum rariorum.
   Frankfurt
5. Bohn J (1755) De renunciatone vulnerum seu vulnerum lethalium examen. Leipzig
6. Diepenbroick-Grüter HD von (1932) Allgemeiner Porträt-Katalog. Von Diepenbroick-
   Grüter & Schulz, Hamburg
7. Daniel CF (1784) Entwurf einer Bibliothek der Staatsarzneikunde oder der gerichtlichen Arzneikunde und medizinischen Polizey von ihrem Anfange bis auf das Jahr
   1784. Halle
7a. Ersch JS (1812) Literatur der Medicin seit der Mitte des achtzehnten Jahrhunderts
   bis auf die neueste Zeit. Amsterdam, Leipzig
8. Faselius JF (1768) Gerichtliche Arzeneygelahrtheit .., herausgegeben von C. Rickmann, ins Deutsche übersetzt von C.G. Langen. Leipzig Budißin
9. Fidelis F (1679) De relationibus medicorum. (neu herausgegeben von P. Ammann)
   Leipzig
10. Goethe JW von (um 1892) Aus meinem Leben - Dichtung und Wahrheit. Leipzig
11. Grosse M (1902) Die beiden Afrika-Forscher Johann Ernst Hebenstreit und Christian
   Gottlieb Ludwig, ihr Leben und ihre Reise. In: Mitteilungen des Vereins für Erd-
   kunde zu Leipzig 1901. Leipzig
12. Günther O (1878) Der Leipziger Aufenthalt deutscher Dichter und Denker im 18.
   Jahrhundert. In: Schriften des Vereins für die Geschichte Leipzigs, Zweite Sammlung. Leipzig
13. Hahn W (1942) Eine sächsische Afrika-Expedition vor 200 Jahren. Afrika-Nachrichten
   23 Folge 2
14. Hebenstreit JE (1751) Erklärung griechischer Wörter von Kranckheiten des menschlichen Cörpers. Leipzig
15. Hebenstreit JE (1753) Anthropologia forensis sistens medici circa rempublicam ...
   Editio altera. Leipzig
16. Hebenstreit JE (1779) Palaeologia Therapiae - De morbis curandis ordo morborum
   causalis. Halle (herausgegeben von C.G. Gruner)
17. Helbig H (1961) Universität Leipzig. Weidlich, Frankfurt a.M.
17a. Henke A (1820) Abhandlungen aus dem Gebiet der gerichtlichen Medicin, Bamberg
   4. Bd.
18. Hirsch A, Hübotter F et al. (1929) Biographisches Lexikon der hervorragenden
   Ärzte aller Zeiten und Völker, 2. Aufl. Urban & Schwarzenberg, Berlin Wien
19. Janovsky V (1881) Die geschichtliche Entwicklung der gerichtlichen Medicin.
   In: Maschka J (Hrsg) Handbuch der gerichtlichen Medicin, Bd. I. Tübingen
20. Jöcher CG (1750) Allgemeines Gelehrtenlexicon. Leipzig

21. Kaiser W, Krosch H (1968) Anfänge einer medizinischen Jurisprudenz an der Universität Halle. Med. Wochenschr 22:498-505
22. Kaiser W, Simon A (1978/12) Die Geschichte der Gerichtsmedizin an der Universität Halle-Wittenberg. Beiträge zur Universitätsgeschichte, Halle
23. Kaiser W, Völker A (1982/4) Michael Alberti (1682-1757). Beiträge zur Universitätsgeschichte, Halle
24. Karl-Marx-Universität Leipzig (1961) Bibliographie zur Universitätsgeschichte 1409-1759. Leipzig: Verl. f. Buch- u. Bibliothekswesen
25. (1936) Katalog der Handschriften der Universitätsbibliothek Erlangen, Bd. 2. Erlangen: Univ. Bibliothek
26. Kleinknecht M (1940) Die historische Entwicklung der gerichtlichen Medizin an der Universität Ingolstadt, Landshut und München. Dissertation, Universität München
27. Koch JC (1787) Hals oder peinliche Gerichtsordnung Kaiser Carls V. 4. vermehrte Aufl. Gießen
28. Kockel R (1905) Das Institut für gerichtliche Medizin der Universität Leipzig. Leipzig
29. Kreußler HG (1810) Beschreibung der Feierlichkeiten am Jubelfeste der Universität Leipzig den 4. Dezember 1809. Nebst kurzen Lebensbeschreibungen der Herren Professoren. Leipzig
30. Ludwig CG (1774) Institutiones medicinae forensis ... Editio secunda. Herausg. v. E.G. Bose. Leipzig
31. Ludwig CG (1779) Anleitung zur rechtlichen Arzneikunde. Nach der zwoten vermehrten Ausgabe des Herrn E.G. Bosens übersetzt. Leipzig
32. Mende LJC (1819) Ausführliches Handbuch der gerichtlichen Medizin. Leipzig
33. Müller G (1951) Über die Geschichte der gerichtlichen Medizin. Dissertation, Universität Heidelberg
34. Pirson J (1953) Der Nürnberger Arzt und Naturforscher Christoph Jakob Trew (1695-1769). (Mitteilungen des Vereins für Geschichte der Stadt Nürnberg, Bd 44). Nürnberg
35. Prokop O, Göhler W (1976) Forensische Medizin, 3. Aufl. Fischer, Stuttgart New York
36. Rabl C (1909) Geschichte der Anatomie an der Universität Leipzig. Leipzig
37. Schaffrath WM (1842) Codex Saxonicus. Leipzig
38. Schmidt-Herrling E (1940) Die Briefsammlung des Nürnberger Arztes Chr.J. Trew in der Universitätsbibliothek Erlangen. (Katalog der Erlanger Universitätsbibliothek, Handschriften. Bd 5). Erlangen
39. Schweser CH (1769) Kluger Beamter. 4. Bd: Anweisung zur gerichtlichen Arzneygelahrtheit. Nürnberg
40. Teichmeyer HF (1751) Institutiones medicinae legalis vel forensis. Jena
41. Teichmeyer HF (1761) Anweisung zur gerichtlichen Arzneygelahrtheit. Nürnberg
42. Teller R (1718) Die Zuflucht eines Hocherfahrnen zu d. allerbesten Medico... bey solenner Beerdigung des ... Herrn D. Johann Bohns. Leipzig
43. Utermann I (1967) Gottlieb Heinrich Kannegießer, ein Gelehrter des 18. Jahrhunderts an der Universität Kiel. Wachholtz, Neumünster
44. Weiz FA (1787) Vermischte Beyträge zur gerichtlichen Arzneygelahrtheit in verschiedenen vorgekommenen Fällen für Aerzte und Rechtsgelehrte. Frankenthal
45. Zacchia P (1688) Quaestionum Medico-Legalium Tomi Tres. Mit Vorrede von Georgius Francus. Frankfurt/M.

Zur Tätigkeit deutscher Gerichtsmediziner im 2. Weltkrieg (1939–1945)

H. Fischer

Zusammenfassung

Kurzer Bericht über die Tätigkeit deutscher Gerichtsmediziner im 2. Weltkrieg. Es
werden Einblicke in Aufgaben, Organisation sowie personelle Besetzung gegeben. Erst
1943 wurden Planstellen für Beratende Gerichtsmediziner bei jeder Heeresgruppe an
der Ostfront geschaffen. Ihre Arbeitsgebiete waren:
1. Begutachtung von Selbstverstümmelungen;
2. Obduktionen im Auftrag von Kriegsgerichten;
3. objektive Prüfung völkerrechtswidriger Vorfälle vom ärztlichen Standpunkt aus.

Summary

A short account of the activity of German medicolegal experts in the Second World War
is given. Insights into assignments, organization, and personal appointments are
given. Permanent appointments for consulting forensic experts for each army group
on the East front were created only in 1943. Their fields of activity were:
1. to give expert evidence on self-mutilation,
2. to perform autopsies by order of the court martials,
3. to investigate impartially, from a medical point of view, incidents against
   international law.

Bei Kriegsbeginn, am 1. September 1939, bestand an der Militärärztlichen Akademie in Berlin eine seit 1. Mai 1938 tätige gerichtlich-medizinische Untersuchungsstelle. Sie war der Pathologisch-anatomischen Abteilung angeschlossen, aus der dann das Institut für Allgemeine und
Wehrpathologie hervorging (Fischer 1975,1976).

Zum späteren Institut für Wehrgerichtliche Medizin gehörte die vom
Institut für Allgemeine und Wehrhygiene übernommene Blutalkoholunter-
suchungsstelle, welche zahlreiche Alkoholgutachten anfertigte.

Der Leiter des Instituts, Oberstabsarzt Dr.med.habil. G. Panning, übernahm bei Kriegsbeginn zugleich die Aufgaben eines Beratenden Gerichtsmediziners beim Heeressanitätsinspekteur.

Die gerichtsmedizinischen Obduktionen wurden in den ersten Kriegsjahren
von den Heeres- und Luftwaffenpathologen vorgenommen, die teilweise
auch über einschlägige Erfahrungen verfügten (Fischer 1980,1981). Trotz
zahlreicher notwendiger gerichtsmedizinischer Untersuchungen ist dieses
Fachgebiet nach Kriegsbeginn nicht ausgebaut worden.

In den 1939 von der Heeressanitätsinspektion herausgegebenen Richtlinien
für die Tätigkeit der Pathologen im Kriegsfall und für das Sammeln
kriegsärztlicher Erfahrungen war im Verzeichnis der wichtigsten wehr-
pathologischen Kapitel ein Abschnitt V vorgesehen: Gerichtlichmedizini-
sche Befunde. Es wurde weiterhin auf das Fehlen eindeutiger Beobachtungen von sog. kataleptischer Totenstarre hingewiesen sowie auf die Wich-

tigkeit jener Fälle, bei denen die behauptete blitzartige Muskelstarre
nicht nur aus der Innehaltung einer Bewegungsstellung erschlossen, sondern wirklich in kürzester Frist als eingetreten konstatiert wird. Ebenfalls sind Untersuchungen angeregt worden über Grad und Umfang der Fettembolie in ihrer Bedeutung für die Todesursache nach Verprügelung ohne
tiefgreifende Verletzungen sowie Berichte über die Handlungsfähigkeit
Schwerstverletzter, besonders bei Gehirn- und Herzschüssen.

In den Richtlinien für die im Befehlsbereich der Marinestationen (Nord-
see und Ostsee) tätigen Pathologen hieß es u.a.:

"7. Todesfälle, die durch schuldhaftes Verhalten eines anderen erfolgt sind, gehören
zum Aufgabenkreis der forensischen Medizin. In schwierigen Fällen ist nach Möglichkeit ein Gerichtsmediziner beizuziehen."

Zur Aufklärung von Völkerrechtsverletzungen versprach der Einsatz von
Gerichtsmedizinern Beweismaterial, das zwar eine gewisse Anzahl von
Zeugenaussagen widerlegte oder doch nicht bestätigte, das aber die wahren, erschütternden Tatsachen in verbürgter Form klar herausarbeiten
konnte. Zur protokollarischen Festlegung von Völkerrechtsverletzungen
und Greueltaten war die Mitwirkung eines Sanitätsoffiziers von großer
Wichtigkeit. Bei den Leichenuntersuchungen mußte vor allem klargestellt
werden, ob

- die Gefechtsverletzung bereits tödlich war
- die Verstümmelung durch Gefechtswaffen, durch andere Mittel wie
  stumpfe Gegenstände oder scharfe, z.B. Spaten, Taschenmesser hervor-
  gerufen und
- am Lebenden oder am Toten vorgenommen waren.

Eine gute Kenntnis der Waffenwirkungen bildete die dazu erforderliche
Voraussetzung. Auch an die Mitwirkung von Klimaeinflüssen, Tierfraß
und Fäulniserscheinungen mußte gedacht werden.

Als gerichtsärztlicher Gutachter des Oberkommandos der Wehrmacht (O.K.W.)
konnte Oberstabsarzt Dozent Dr. Panning im September 1939 in Polen bei
annähernd 250 stark gefaulten ausgegrabenen Mordleichen die Todesursache
stets feststellen (Panning 1940,1942).

Der Einsatz der Gerichtsmediziner erfolgte in den ersten Kriegsjahren
nur gelegentlich. Entsprechendes Untersuchungsmaterial ist von den
Kriegsgerichten und den Pathologen des Feld- und Ersatzheeres an das
Institut für Wehrgerichtliche Medizin der Militärärztlichen Akademie
oder an die gerichtsmedizinischen Institute der Universitäten gesandt
worden.

Zum Beratenden Gerichtsmediziner der Luftwaffe wurde 1940 Prof. Dr.
A. Ponsold ernannt, Lehrstuhlinhaber für Gerichtliche Medizin an der
Universität Posen (Ponsold 1980).

Die zur Wehrmacht eingezogenen Gerichtsmediziner wurden nebendienstlich
mit der Durchführung fachlicher Untersuchungen beauftragt, obgleich sie
zu anderen Aufgaben eingesetzt waren. So war Prof. Dr. Mueller zunächst
Truppenarzt, dann leitender Arzt einer Kriegsgefangenenweiterleitungs-
stelle zwecks Bekämpfung einer dort ausgebrochenen Ruhrepidemie, weiterhin medizinischer Sachbearbeiter am Wehrbezirkskommando seines zivilen
Dienstsitzes Heidelberg, Prosektor einer Kriegslazarettgruppe in War-
schau und schließlich Prosektor für eine Anzahl von Reservelazaretten
seines späteren zivilen Dienstsitzes Königsberg und im Wehrkreis Ost-
preußen.

Durch Verfügung des Oberkommandos des Heeres (O.K.H.) vom 27.8.1941 wurde bei den Armeen im Osten der Einsatz mehrerer Gerichtsmediziner befoh-
len, um etwaige Völkerrechtsverletzungen der Bolschewiken aufzuklären.

So kam zur 9. Armee Stabsarzt Prof. Dr. Schneider aus Wien mit einem
Unteroffizier als Obduktionsgehilfen und 3 Feldwebeln der 1. Studenten-
kompanie der Sanitätsabteilung Wien als Lichtbildner. Die Untersuchungen von Oberstabsarzt Prof. Dr. Siegmund an aufgefundenen Leichen bestätigten, daß mehrere deutsche Soldaten in einem NKWD-Gefängnis in
Lemberg ermordet und 3 deutsche Verwundete in einem Hospital vor Aufgabe der Stadt durch die Russen in ihren Betten erschossen worden sind.

Durch genaue Untersuchung der z.T. auch exhumierten Leichen konnten
gelegentlich vermutete Verstümmelungen nicht bestätigt werden. Neben
groben Fehldeutungen von Befunden durch Laien haben sich auch foto-
graphisch festgehaltene Fehldeutungen durch Ärzte ergeben.

Stabsarzt Prof. Dr. Buhtz, Inhaber des gerichtsmedizinischen Lehrstuhles
in Breslau, hat am 4. Dezember 1941 vorläufig über das Ergebnis der ge-
richtsärztlichkriminalistischen Untersuchungen bolschewistischer Völkerrechtsverletzungen im Bereich der Heeresgruppe Nord (Armee-Oberkommando
16 und 18) in der Zeit vom 28.8. - 21.11.1941 berichtet. Die Untersuchungen stützten sich auf 115 Leichenöffnungen (Exhumierungen), darunter 44 deutsche Soldaten, 18 Volksdeutsche und 52 Balten (Litauer,
Letten, Esten, Weißrussen).

Bis zum Jahre 1942 bestanden keine Planstellen für Fachvertreter der
gerichtlichen Medizin in den Operationsgebieten. Der Entwurf einer
Dienstanweisung für den Beratenden Gerichtsmediziner bei einer Heeresgruppe stammt vom 14. April 1942. Im Dezember dieses Jahres wurde
schließlich die Planung einer Ausrüstung für Beratende Gerichtsmediziner erstellt.

Am 21. Dezember 1942 wurde folgende Einsatzverteilung der Gerichtsmediziner vorgeschlagen:

Heeresgruppe Nord: Oberstabsarzt Prof. Dr. Mueller
Heeresgruppe Mitte: Stabsarzt Prof. Dr. Buhtz
Heeresgruppe Don: Oberarzt Dozent Dr. Elbel
Heeresgruppe B: Kriegsarzt Prof. Dr. Jungmichel
Heeresgruppe A: Medizinalrat Dr. Niedenthal

Ende 1942 arbeiteten am Institut für Wehrgerichtliche Medizin Oberarzt
Dr. Waechter und Assistenzarzt Dr. Huber.

Nachdem Anfang 1943 die Planstellen für Beratende Gerichtsmediziner ge-
schaffen worden waren, wurde in Rußland für jede Heeresgruppe ein Bera-
tender Gerichtsmediziner eingesetzt, und zwar für die
Heeresgruppe Nord: Prof. Dr. Mueller, Lehrstuhlinhaber in Königsberg;
Heeresgruppe Mitte: Prof. Dr. Buhtz, Inhaber des Breslauer Lehrstuhles;
Heeresgruppe Süd: Prof. Dr. W. Müller, Gerichtsmediziner in Berlin.

Nach Frankreich kam Prof. Dr. Jungmichel.

Eine "Gruppe Gerichtsmediziner" war der zuständigen Armeesanitätsabteilung der Heeresgruppe angegliedert und personell sowie materiell für
alle bei den betreffenden Heeresgruppen durchführbaren Sachverständigen-
leistungen eingerichtet. Die Gruppe bestand aus folgendem Personal:

- Beratender Gerichtsmediziner
- Hilfsarzt
- Sanitätsunteroffizier für Sektionsdienst
- Technische Assistentin
- Kraftwagenfahrer für einen leichten Pkw.

Der Beratende Gerichtsmediziner war dem Heeresgruppenarzt unmittelbar
unterstellt, wirtschaftlich der Armeesanitätsabteilung zugeteilt.

Die Mitarbeit eines im Mai 1943 bei einer Heeresgruppe eintreffenden
Gerichtsmediziners wurde sehr begrüßt, da die Überlastung der Feld-
prosekturen mit spezifisch gerichtsmedizinischen Fragen, insbesondere
der überlebenden Selbstverstümmelten, aber auch anderer Verbrechen,
ziemlich groß geworden war und die Prosektoren von ihren eigentlichen
Aufgaben ablenkte. Wegen der großen Entfernungen wurden jedoch die Sektionen mit rechtlicher Fragestellung nach wie vor von den Prosektoren
bearbeitet, gegebenenfalls an den Gerichtsmediziner weitergegeben.

Die Heranziehung der Gerichtsmediziner zur Sachverständigentätigkeit
erfolgte durch die Kriegsgerichte. Sie mußte im wesentlichen auf Fragen der somatischen gerichtlichen Medizin beschränkt werden. Zur Bearbeitung gerichtsärztlicher Aufgaben auch außerhalb der gerichtlich geforderten Sachverständigentätigkeit kamen vornehmlich die Sektionen
freigegebener oder aus besonderen Gründen nicht gerichtlich beschlag-
nahmter Leichen, z.B. bei Suizid oder Verkehrsunfall.

Dasselbe galt bei plötzlichem Tod, Ertrinken und Hitzschlag (Ponsold
1944). Wundballistisch von besonderer Bedeutung und nach Möglichkeit
vom Gerichtsmediziner zu obduzieren waren rasche Todesfälle infolge
Waffenwirkung und - im rückwärtigen Frontgebiet - Bombentote, Parti-
sanenopfer, gegnerische Leichen und Exekutionstote. Bei der Aufklärung
von Völkerrechtsverletzungen wurde eine enge Zusammenarbeit mit den
zuständigen Kriegsgerichten und Kommandobehörden (Abteilung Ic) notwendig.

Der bei der Heeresgruppe Nord tätige Oberstabsarzt Prof. Dr. Mueller
unterstand dem Heeresgruppenarzt, Generalstabsarzt Dr. Wagner. Sein
Hilfsarzt war Dr. H. Cortain. Je nach Arbeitsanfall konnten vom Kom-
mandeur der Armeesanitätsabteilung eine zweite technische Assistentin,
ein Chemiker oder eine Schreibhilfe zugeteilt werden. Die Dienststelle
führte die Bezeichnung: Gerichtsmedizinische Untersuchungsstelle der
Heeresgruppe.

Die instrumentelle Ausrüstung war damals ziemlich schwer zu beschaffen.
Sie wurde unter Mitwirkung von Prof. Mueller vom Institut für Wehrgerichtliche Medizin in Berlin zusammengestellt und enthielt Sektions-
bestecke, eine Leica mit Zubehör, ein Mikroskop, ferner die notwendig-
sten Chemikalien und Glaswaren zur Untersuchung von Blut und Sperma
sowie insbesondere von Pulverschmauch. Gelegentlich gelang es, Spezial-
gerät aus dem Königsberger Universitätsinstitut oder den Universitäts-
instituten des rückwärtigen Gebietes vorübergehend leihweise zu erhalten (z.B. Mikrotom oder Geräte zur Blutalkoholbestimmung).

Das von Prof. Dr. Mueller zu versorgende Gebiet reichte von Leningrad
über den Ilmensee bis in die Gegend von Newel. Zusätzlich gehörte zum
Dienstbereich auch das Gebiet des Wehrmachtbefehlshabers Ostland, praktisch allerdings nur Lettland, Estland und Teile von Litauen, während
Südlitauen und Weißrußland von der Gerichtsmedizinischen Untersuchungsstelle der Heeresgruppe Mitte fachlich versorgt wurden.

Als im Frühjahr 1943 im Wald von Katyn in der Nähe von Smolensk Massengräber mit erschossenen polnischen Offizieren aufgedeckt wurden, führten deutsche Gerichtsmediziner neben 12 ausländischen Gerichtsmedizinern
unter Vorsitz von Prof. Dr. Orsos aus Budapest Leichenschauen und Obduktionen durch. Die Leitung der Exhumierungen hatte Prof. Dr. Buhtz. Der
Beratende Gerichtsmediziner der Luftwaffe, Oberstabsarzt Prof. Dr. Ponsold, war ebenfalls anwesend.

Auch in Winniza wurden im Sommer 1943 Massengräber geöffnet und die
Leichen von einer internationalen Kommission ausländischer Gerichtsmediziner besichtigt. Gleichzeitig führte Prof. Dr. Schrader, Vorsitzen-

der der deutschen Gesellschaft für gerichtliche Medizin und Kriminalistik, Untersuchungen durch mit Unterstützung der Gerichtsmediziner Prof. Dr. Jungmichel, Dr. Timm und Prof. Dr. Weyrich.

In den Sommermonaten dieses Jahres mußten von den Gerichtsmedizinern viele Opfer der schweren Bombenangriffe auf deutsche Großstädte untersucht werden, so z.B. von Prof. Dr. Ponsold nach den Großangriffen auf Hamburg.

Gemäß einer anläßlich der Tagung der Beratenden Ärzte der Wehrmacht im Mai 1943 in Berlin erstellten Dienstvorschrift fielen den Beratenden Gerichtsmedizinern folgende Aufgaben zu:

1. Beobachtung und Begutachtung fraglicher Selbstverstümmelungen
2. Durchführung gerichtsmedizinischer Tätigkeit für Kriegsgerichte und Truppenteile (Durchführung militärgerichtlicher Sektionen mit nachfolgender Begutachtung, Beurteilung von fraglichen Kausalzusammenhängen, Beurteilung von Trunkenheitsgraden, besonders aufgrund der Blutalkoholbestimmung, Spurennachweis usw.)
3. Objektive Prüfung etwaiger völkerrechtswidriger Handlungen im Kriegsgebiet vom ärztlichen Standpunkt aus
4. Erweiterung der fachlichen Erkenntnisse durch Untersuchung geeigneten Beobachtungsgutes, insbesondere frischer Schußverletzungen
5. Zusammenarbeit mit dem Beratenden Pathologen, falls zweckmäßig, auch gegenseitige Vertretung in Einzelfällen.

Ein Entwurf über Richtlinien für das Sammeln kriegsärztlicher Erfahrungen aus dem Gebiet der gerichtlichen Medizin trägt das Datum vom 5.1.1943.

Auf der Arbeitstagung der Beratenden Fachärzte im Mai 1944 wurden zahlreiche Themen gemeinsam mit der Fachgruppe Gerichtsmediziner besprochen (Breitenecker, 1944; Buhtz, 1944). Dabei standen im Vordergrund der plötzliche Herztod, insbesondere die Veränderungen der Koronararterien bei den akuten Koronartodesfällen bis zum 45. Lebensjahr. Nach Untersuchungen wurden als Ursache des akuten Eintritts der Koronarinsuffizienz akute Quellungsveränderungen in der Intima der Koronararterien aufgedeckt.

In den letzten Kriegsjahren mußten einzelne Beratende Pathologen eine angestrengte Gutachtertätigkeit auf gerichtsmedizinischem Gebiet durchführen. Die Arbeitsüberhäufung trat teils durch den Ausfall der inzwischen zugeteilten Gerichtsmediziner, teils durch ihr Fehlen ein.

In seinem Kriegstagebuch vermerkte der Beratende Pathologe der Heeresgruppe Mitte, Oberfeldarzt Prof. Dr. Nordmann, unter dem 5.2.1943 das Eintreffen des Beratenden Gerichtsmediziners der Heeresgruppe, Stabsarzt Prof. Dr. Buhtz, mit dem am 11.2.1943 Richtlinien für die Pathologischen Anatomen der Heeresgruppe über die Zusammenarbeit mit dem Gerichtsmediziner erstellt wurden.

Am 26. Juni 1944 verunglückte Oberstabsarzt Prof. Dr. Buhtz tödlich. Sein Grab in Moledetschno besuchte am 30.6.1944 Prof. Dr. Nordmann in Begleitung von Dr. Kühn (Gerichtsmedizinisches Institut Breslau).

Prof. Dr. Nordmann hatte die Arbeit als Gerichtsmediziner übernommen, die durch die Abwesenheit von Prof. Dr. Buhtz seit dem 11.5.1944 ungewöhnlich groß geworden war. Am 15.11.1944 übergab Prof. Dr. Nordmann die Geschäfte der gerichtsmedizinischen Abteilung an Oberstabsarzt der Luftwaffe d.R., Prof. Dr. Ponsold.

Am 23. März 1944 verstarb Prof. Dr. med. habil. Panning an einer Sektionssepsis, bald nach seiner Berufung zum Ordinarius in Heidelberg. Sein Nachfolger wurde Oberfeldarzt Prof. Dr. Müller-Heß, Direktor des Gerichtsärztlichen Institutes der Berliner Universität.

Oberstabsarzt Dr. Rommeney am Institut für Wehrgerichtliche Medizin in Berlin schloß 1944 seine Arbeit ab: "Die Unterscheidung von Ein- und Ausschußwunden und ihre forensische Bedeutung!"

Nach dem Ableben von Prof. Dr. Buhtz kam Prof. Dr. Mueller am 1.1.1945 nach Breslau, und dann, bedingt durch den Verlust von Schlesien, zu einem pathologisch-anatomischen Einsatz für die Reservelazarette nach Halle und Umgebung, unter Anlehnung an das dortige Universitätsinstitut für Gerichtliche Medizin. Im März 1945 arbeitete Prof. Dr. Mueller noch als Beratender Gerichtsmediziner der Heeresgruppe Nordwest auf dem westlichen Kriegsschauplatz. Nach seiner Gefangennahme im nordwestdeutschen Raum hatte Mueller zusammen mit britischen Sanitätsoffizieren ein provisorisch eingerichtetes Konzentrationslager zwischen Hamburg und Bremen zu besichtigen.

Die *Begutachtung von Selbstverstümmelungen* stellte eine wichtige Aufgabe der Gerichtsmediziner dar. Bemerkenswert war, daß fast regelmäßig risikoarme Körpergegenden verletzt wurden, wie Hand, Fuß und Weichteile der Gliedmaßen (Seidler 1977). Die charakteristischen Zeichen des absoluten Nahschusses, die Platzwunde, die Schmauchablagerung ausschließlich im Schußkanal und die Stanzmarke waren nur in sehr seltenen Fällen vorhanden. Häufiger fanden sich Übergangsbilder, also Schmauchhofbildungen an der Haut und Schmauchablagerungen im Schußkanal. Meist waren die Nahschußzeichen auf der Haut wegen der Filterung durch die Bekleidung mehr oder weniger stark verwischt. Deshalb wurde die Notwendigkeit der Untersuchung der Bekleidung besonders betont. Mueller (1944) schilderte ausführlich seine Erfahrungen bei der Untersuchung fraglicher und tatsächlicher Selbstverstümmelungen.

Befehlsgemäß mußten Soldaten, bei denen der Verdacht einer Selbstverstümmelung oder Selbstbeschädigung bestand, auf dem schnellsten Wege in das Kriegslazarett verlegt werden, in dem die gerichtsmedizinische Untersuchungsstelle untergebracht war. Es sollte besonders darauf geachtet werden, daß die durchschossenen Uniform- und Ausrüstungsgegenstände, die fragliche Waffe und sonstige Beweisstücke vollständig mitkamen.

Das von der Heeressanitätsinspektion herausgegebene "Merkblatt über die Erkennung von Selbstverstümmelungen" vom 6. November 1942 faßte die bis dahin gesammelten Erkenntnisse auf diesem Gebiet zusammen. Als wichtige Aufgabe des Sanitätsoffiziers wurde neben der Diagnose der Selbstverstümmelung die Befundsicherung hingestellt. Während sich die Truppe um die Feststellung der Tatumstände durch Erhebungen am Tatort und die Vernehmung von Zeugen zu kümmern hatte, oblag den Ärzten die Aufnahme des klinischen Befundes und die medizinische Beweissicherung für das Gericht.

Eine Übersicht über abgeschlossene Strafverfahren wegen Selbstverstümmelung im Bereich der 16. Armee für August 1942 bis Januar 1943 einschließlich gibt die Zahl der abgeschlossenen Verfahren mit 146 an. Das Verfahren wurde bei 80 eingestellt, in 16 Fällen erfolgte Freispruch, in 32 wurde auf Todesstrafe erkannt, in 5 auf Zuchthaus, in 10 Fällen auf Gefängnis über einem Jahr und in 3 auf Gefängnis bis zu einem Jahr.

Bei Beurteilungen von Schußverletzungen durch die Ärzte auf den Verbandplätzen konnte es vorkommen, daß Schmutzringe mit einem Pulverschmauchsaum verwechselt wurden. Auch Verwechslungen zwischen Einschuß und Ausschuß waren möglich.

Die zum Nachweis von Nahschußzeichen angewandte Diphenylamin-Schwefel-
säureprobe war zwar einfach und auch unter primitiven Verhältnissen
möglich, jedoch nicht hinreichend spezifisch. Sie fiel an den ver-
schmutzten Uniformen der Feldsoldaten zu häufig auch an unbeschossenen
Stellen positiv aus. Bewährt hat sich der Bleinachweis im Pulverschmauch.

Die Nahschußzeichen der gebräuchlichen Militärwaffen wurden laufend
überprüft und diejenigen neueingeführter eigener oder ausländischer
Waffen erschossen.

Bei Schüssen auf feldgraues oder luftwaffenblaues Textilgewebe aus Ge-
wehren wurde ein neues Nahschußzeichen beobachtet. Die bräunlichen bis
gelblichen Verfärbungen beruhten nicht auf Brandspuren, sondern auf
einer unterschiedlichen Anfärbung der Textilfasern in verschiedenen
Tiefen des Gewebes.

Die *gerichtsmedizinische Tätigkeit für Kriegsgerichte* umfaßte auch die
Durchführung militärgerichtlicher Obduktionen. Dabei konnten die Ursachen zahlreicher unklarer Todesfälle von Soldaten und Zivilisten aufgedeckt werden. Gelegentlich mußten die Gerichtsmediziner auch bei
standrechtlichen Erschießungen anwesend sein.

Mit Beginn des Krieges sind die Leichen plötzlich oder unter besonderen
Umständen verstorbener Soldaten auf Anordnung der Kriegsgerichte von
Pathologen oder Gerichtsmedizinern obduziert worden. Die äußere und
innere Leichenschau wurde von eigens dazu bestellten Sanitätsoffizieren
im Rahmen einer gerichtlichen Obduktion vorgenommen. Gelegentlich mußten
auch Angehörige des Wehrmachtgefolges und Zivilisten obduziert werden.
Vorwiegend betrafen die Todesfälle Selbstmord, Mord, Körperverletzung
mit Todesfolge, Unfälle, Verkehrsunfälle, Ertrinken u.ä..

Bei Straftaten von Wehrmachtsangehörigen sind ebenfalls die Beratenden
Gerichtsmediziner zur Aufklärung eingeschaltet worden. So hat z.B. Oberstabsarzt Dozent Dr. Panning auf Ersuchen des Gerichtes der Feldkomman-
dantur 197 in der Strafsache gegen einen unbekannten Angehörigen der
deutschen Wehrmacht wegen Mordes an einer jungen ukrainischen Frau ein
umfangreiches begründetes Gutachten zum Sektionsergebnis erstellt.

Für gerichts-chemische Untersuchungen standen den Gerichten nach einer
Verfügung vom 17.2.1945 zur Verfügung:

1. Im Feldheer die Chemischen Untersuchungsstellen der Armee-Oberkomman-
   dos oder der Heeresgruppe bzw. des Wehrmacht- oder Militärbefehls-
   habers
2. Im Ersatzheer die Chemischen Untersuchungsstellen der Wehrkreissani-
   tätsparke und der Wehrkreise.

Die *objektive Prüfung etwaiger völkerrechtswidriger Handlungen im
Kriegsgebiet vom ärztlichen Standpunkt* aus führte in zahlreichen Fällen
zum Nachweis der Marterung von verwundeten oder unverwundet gefangenen
deutschen Soldaten des Heeres und der Luftwaffe. Der Zeitpunkt und die
Häufung der Greueltaten an einzelnen Stellen wie auch die Art der Marterung bewiesen, daß es sich um systematisches Vorgehen, nicht um Ex-
zesse einzelner untergeordneter Organe gehandelt hat. Die Wichtigkeit
der Tätigkeit der Gerichtsmediziner ergab sich nach Mueller gerade bei
der Untersuchung völkerrechtswidriger Handlungen. Die Wehrmachtunter-
suchungsstelle für Verletzungen des Völkerrechts hat sich zur Überprüfung von Aussageprotokollen ebenfalls an den Beratenden Gerichtsmediziner beim Heeressanitätsinspekteur gewandt. So wurde ihm am 22. Juni
1943 ein Band "Kriegsverbrechen der russischen Wehrmacht" übersandt.

Die *Erweiterung der fachlichen Erkenntnisse bezüglich Schußverletzungen*
diente auch der Abgrenzung von Waffenwirkungen gegenüber völkerrechts-
widrigen Handlungen. Immer wieder erwiesen sich Obduktionen als sehr
wertvoll zur Abklärung vermuteter Verbrechen. So konnte am 11.12.1942
der Verdacht einer Verstümmelung durch den Gegner ausgeschlossen werden. Ein Gefreiter hatte während einer Bandenbekämpfung bei Podubja
(Nordrußland) einen Oberschenkelschußbruch erlitten und mußte zurück-
gelassen werden. Als man ihn ohne Uniform wieder fand, wies er einen
Kopfschuß auf und ein Bein fehlte. Eine genaue Untersuchung ergab, daß
Tiere (Hunde, Wölfe oder Füchse) Weichteile an Oberschenkel und Gesäß
weggefressen und das Bein verschleppt hatten (Feldprosektur A beim
Armeepathologen 18; Armeefeldlazarett 609 in Lokotnia). Die Beurteilung
von Waffenwirkungen erstreckte sich in erster Linie auf die völkerrecht-
liche Zulässigkeit (Panning 1940,1942,1943; Rommeney 1941; Müller-Heß
1945). Das sowjetrussische Infanterie-Explosivgeschoß führte im Körper
zu umfangreichen Höhlenbildungen, und zwar nicht so sehr durch Geschoß-
teilung, wie dies für die gewöhnlichen Dumdumgeschosse zutraf, sondern
durch den Explosionsdruckstoß. Das Geschoß wurde durch die Explosion
aufgerissen oder in einige grobe Stücke zerteilt. Nach De Zayas (1979)
wurde Dr. Panning vorgeworfen, bei der Untersuchung von Völkerrechtsverletzungen in einem Fall selber rechtswidrige Methoden angewandt zu
haben. So soll er die Wirkung erbeuteter sowjetischer Infanteriesprengmunition an sowjetischen Kriegsgefangenen ausprobiert haben. Die Erschießungen sind von Angehörigen des SS-Sonderkommandos 4a vorgenommen
worden, und zwar im August 1941 bei Shitomir. Wer den Befehl dazu gegeben hat, ist nicht bekannt.

Andere Untersuchungen befaßten sich damit, ob bei ungeschicktem Öffnen
des Schädels Verletzungen entstehen konnten, die mit vital entstandenen
zu verwechseln waren. Beim ungeschickten Öffnen frischer Schädel sind
Absprengungen der Kortikalis möglich, die man kaum für vital entstanden
halten wird. Dagegen entstehen beim unvorsichtigen Öffnen mazerierter
Schädel ausgedehnte Sprünge, die von vital entstandenen nach ihrer morphologischen Beschaffenheit nicht abzutrennen sind. Größte Vorsicht
beim Öffnen der Schädel ausgegrabener Leichen ist daher erforderlich
(Panning 1940).

Berichte über die Tätigkeit der Beratenden Gerichtsmediziner finden
sich in den Bänden über die Arbeitstagungen der Beratenden Fachärzte
(1942 - 1944). Im Krankenbuchlager Berlin liegen 87 Mappen mit Proto-
kollen gerichtsmedizinischer Obduktionen, insgesamt 9570, sowie unter
VS gerichtsmedizinische Gutachten, 6 Mappen mit 506 Fällen.

Literatur

Bericht über die 1. Arbeitstagung Ost der Beratenden Fachärzte am 18. und 19. Mai
  1942 in der Militärärztlichen Akademie, Berlin. Bibliothek Sanitätsamt der Bundes-
  wehr; weitere Berichte ebendort
Breitenecker L (1944) Kohlenoxydnachweis. Bericht über die 4. Arbeitstagung der Be-
  ratenden Ärzte, 16./18. Mai 1944
Buhtz (1944) Über Kohlenoxydvergiftungen. Bericht über die 4. Arbeitstagung der Be-
  ratenden Ärzte, 16./18. Mai 1944
Fischer H (1975/76) Die Militärärztliche Akademie 1934-1945, Bd 1: Textband, Bd 2:
  Bildband. Gedon & Reuss, München
Fischer H (1980) Gerichtsmedizinische Obduktionen bei der deutschen Wehrmacht im
  Kriege. Wehrmed Monatsschr 24:149
Fischer H (1981) Erfahrungen deutscher Pathologen im Kriege 1939-1945. Thieme, Stutt-
  gart

Fischer H (1982) Der deutsche Sanitätsdienst 1921–1945. Organisation, Dokumente und persönliche Erfahrungen. Biblio, Osnabrück

Mueller B (1944) Selbstverstümmelungen. Bericht über die 4. Arbeitstagung der Beratenden Ärzte, 16./18. Mai 1944

Müller-Heß (1945) Über die Wirkungsweise verschiedener Geschoßarten auf den menschlichen Körper. Festschrift zum 60. Geburtstag des Generaloberstabsarztes Herrn Professor Dr. Handloser. Bibliothek der Akademie des Sanitäts- und Gesundheitswesens der Bundeswehr, München

Panning G (1940) Die vitale Reaktion am Knochen. Veröffentlichungen aus der Konstitutions- und Wehrpathologie, Heft 45. Fischer, Jena

Panning G (1940) Über den Nachweis der Wirkung von Kriegsfeuerwaffen an den volksdeutschen Mordopfern in Polen. Dtsch Militärarzt 5:89

Panning G (1942) Wirkung und Nachweis der sowjetischen Infanteriesprengmunition. Dtsch Militärarzt 7:20

Panning G (1942) Über völkerrechtswidrige Geschosse. Bericht über die 2. Arbeitstagung Ost der Beratenden Fachärzte, 30.11./3.12.1942

Panning G (1943) Die Kriegswaffen und ihre Wirkung. In: Käfer H (Hrsg) Feldchirurgie. Steinkopff, Dresden

Ponsold A (1944) Hitzetod. Bericht über die 4. Arbeitstagung der Beratenden Ärzte, 16./18. Mai 1944

Ponsold A (1980) Der Strom war die Newa. Aus dem Leben eines Gerichtsmediziners. Bläschke, St. Michael

Rommeney G (1941) Gerichtsärztliche Befunde bei Schußverletzungen. Dtsch Militärarzt 6:684

Seidler F (1977) Prostitution, Homosexualität, Selbstverstümmelung. Probleme der deutschen Sanitätsführung 1939–1945. Vowinkel, Neckargemünd

De Zayas AM (1979) Die Wehrmacht-Untersuchungsstelle. Deutsche Ermittlungen über alliierte Völkerrechtsverletzungen im Zweiten Weltkrieg. Universitas/Langen Müller, München

Rechtsmedizinischer Unterricht

Überlegungen zur Didaktik im Fach Rechtsmedizin

K.-S. Saternus, M. Staak und G. Berghaus

Zusammenfassung

Verbindliche Curricula für das Fach Rechtsmedizin werden abgelehnt, weil sie tief in
die Lehrfreiheit eingreifen würden. Andererseits sollte jeder Hochschullehrer für
seinen Unterricht Lernziele formulieren. Dadurch läßt sich sowohl der von der Vielfalt rechtsmedizinischer Probleme vorgegebenen Tendenz zur Stoffüberfrachtung begeg-
nen als auch das Wissen der Studenten verläßlicher überprüfen.

Allerdings sind Prüfungen im Multiple-Choice-Verfahren nur verläßlich auf Lernziele
im kognitiven Bereich anwendbar. Schwieriger zu überprüfen ist ein langfristiges
Ziel des rechtsmedizinischen Unterrichts, bestimmte Einstellungen dem späteren ärztlichen Handeln gegenüber mitzuprägen. Für die ökologischen Fächer wird auch aus lern-
psychologischen Gründen das kombinierte Vorlesungs-Kurs-System als sinnvoller Rahmen
angesehen.

Summary

Compulsory curricula for the specialty of forensic medicine are rejected because
they would constitute a major intervention in the freedom of teaching. On the other
hand, every university teacher should formulate learning goals for his instruction.
In this way, the tendency for an excessive amount of material to be learned resulting
from the multiplicity of forensic medical problems can be countered and the knowledge
of the students can also be tested more reliably.

However, tests in the multiple choice technique can only be reliably applied to
learning goals in the cognitive area. A long-term objective of forensic medical instruction, which is to establish certain attitudes toward later action as a physician,
is more difficult to test. For reasons of learning psychology, the combined lecture-
course system is regarded as a meaningful context for ecological disciplines.

Einleitung

Weil durch die Approbationsordnung die Unterrichtsform der ökologischen
Fächer als Kurssystem festgelegt worden ist und das rechtsmedizinische
Wissen der Studenten im zweiten medizinischen Staatsexamen nach dem
Multiple-Choice-System geprüft wird, stellt sich die Frage, ob damit
die Lernziele des rechtsmedizinischen Unterrichts bis in den kleinsten
Schritt operationalisiert sein müssen oder nicht.

Wir glauben, daß das weder praktikabel noch wünschenswert ist. Denn
eine solche Unterrichtsform würde zwingend für sämtliche Hochschullehrer nicht nur an einer Universität, sondern an allen Hochschulen
für das betreffende Fach ein verbindliches Vorgehen erfordern. Solche
Ansätze finden sich bei Sauerbrey (1974). Er postuliert unter Berufung
auf das Recht der Studenten, ihren Studienplatz wechseln zu können,
daß jede Hochschule die gleichen Lernziele anzustreben habe und identische Prüfungsanforderungen zu stellen seien.

Grundvoraussetzung für eine solche Hochschuldidaktik wäre es, den Gegenstandskatalog als verbindlich für Lehre und Prüfung anzuerkennen.

Auf dieser Vorstufe setzt aber bereits der Zweifel an diesem Konzept an. Es wäre die gesamte Stoffülle ohne Rücksicht auf die Forschungsschwerpunkte und die persönlichen Wertvorstellungen des einzelnen Hochschullehrers streng nach prüfbaren Lernzielen hierarchisiert zu vermitteln.

Auch wenn der Gegenstandskatalog Richtschnur für die Examensfragen ist, so meinen wir wie Schwerd (1981), daß jeder Hochschullehrer einen persönlichen Unterricht gestalten und natürlich auch Schwerpunkte setzen sollte. Jede andere Form würde ihn, den Lehrer, sonst nur noch für praktische Demonstrationen erforderlich machen. Alles andere könnte mit genormten Trainingsprogrammen, beispielsweise im Fernunterricht mit Versendung von Videokassetten gelehrt werden. Dem widersprechen jedoch lernpsychologische Untersuchungen. So hängt der Lernerfolg nicht nur bei Kindern, sondern auch beim Erwachsenen meßbar von der durch den Lehrer ausgelösten Einstellung beim Einprägen des Unterrichtsstoffes ab (Rubinstein 1958 Zit. nach Löwe 1976). Löwe nennt es die habituelle Motivation.

Sind Lernziele nötig?

Unsere Gegenvorstellungen sollen sich nicht grundsätzlich gegen das Formulieren von Lernzielen, d.h. einer Zielsetzung vor dem Unterricht mit einer Kontrolle des Erreichten durch den einzelnen Hochschullehrer richten, sondern gegen die allgemeine Verbindlichkeit derartiger Ziele. Es ist durchaus richtig, die eigenen didaktischen Bemühungen nicht nur auf eine interessante Gestaltung des Unterrichts zu konzentrieren, sondern auch danach zu fragen, was die Studenten von der Vorlesung behalten haben und überhaupt behalten können. Von dort her ist es für den einzelnen Lehrer schon wichtig, für sich die Ziele des eigenen Unterrichts zu definieren. Er sollte sich vorher überlegen, was die Studenten hinterher können sollen. Sehr vieles davon liegt für den rechtsmedizinischen Unterricht im kognitiven Bereich, ist also durchaus mit dem Multiple-Choice-System prüfbar.

Wie eine Hierarchisierung kognitiver Lernziele zu denken ist, soll am Beispiel der Stichverletzung erläutert werden. Dazu werden die Lernzielstufen von Roth (1957) benutzt.

1. (Wissen) Die Studenten sollen wissen, daß es Stichverletzungen gibt, sie erkennen und beschreiben können.

2. (Reorganisation) Die Studenten sollen die wichtigsten Entstehungsbedingungen für die Verletzungsschwere von Stichverletzungen eingrenzen können;
   sollen die Stichverletzung als Spur äußerer Gewalteinwirkung zuordnen können;
   sollen die Reaktion des Organismus auf ein spezifisches Trauma einschätzen können.

3. (Transfer) Die Studenten sollen den Begriffsapparat auf allgemein traumatologische Fragestellungen anwenden können; sollen allgemein traumatologische Probleme auf den Einzelfall anwenden können.

4. (Problemlösendes Denken) Die Studenten sollen eine bestimmte Verletzung in einer bestimmten äußeren Situation bewerten können (z.B. Suizid oder Fremdverschulden);
   sollen anhand der Stichverletzung zwischen einfacher, gefährlicher und schwerer Körperverletzung differenzieren können.

Derartige Lernziele sollen von jedem Außenstehenden wie von dem betreffenden Hochschullehrer selber in gleicher Weise prüfbar sein.

Die Überprüfung ist jedoch im affektiven Bereich nicht mehr sicher möglich (Meyer 1974,1975). Zwar kann man auch hier ein Grobziel wie "der
Student soll Entscheidungsfreiheit gewinnen" in weitere Feinziele unter-
teilen und danach unterrichten, doch läßt sich der Erfolg nicht sicher
messen.

Gerade aber die selbständige Entscheidung fällen zu lernen, und zwar
durchgehend durch alle Themen, ist ein erklärtes Ziel, allerdings zu-
gegebenermaßen ein langfristiges, von dem wir nicht wissen können, ob
wir ihm durch unseren Unterricht näherkommen.

Unterrichtsgliederung in Köln

In Köln gliedert sich der rechtsmedizinische Unterricht in 3 Stränge,
nämlich in die dem Kurs vorangehende rein theoretische Begleitvorlesung, in die erste theoretisch-praktische und in die zweite überwiegend
praktische Kursstunde. Die Themen sämtlicher Stunden werden vor Beginn
des Semesters festgelegt und den Studenten durch Aushang bekanntgegeben.
Sie sind also nicht direkt an der Stoffauswahl beteiligt und haben, anders als es Teige (1981) für Münster dargestellt hat, auch keine Wahl-
möglichkeit hinsichtlich der Gruppe im Kurs.

Nach einer allgemeinen Einführung zum ökologischen Kurs mit einer kurzen Vorstellung der einzelnen Fächer werden die Studenten in der ersten
Stunde mit einer Darstellung der Aufgaben der Rechtsmedizin in den Unterricht eingeführt. Da diese Aufgaben teils kontinuierlich, teils aber
durchaus ganz akut und auch regional erwachsen und sich zumindestens
in ihrer Gewichtung ändern, wäre es nur unter Verlust an Lebendigkeit
und Praxisnähe und, damit verbunden, intrinsischer Motivation[1] möglich,
für das Fach verbindliche Curricula zu schaffen.

Wie die gesamte Begleitvorlesung, so dient insbesondere deren erste
Stunde, die erste Unterrichtsstunde überhaupt, der theoretischen Einführung. Nach dieser Stunde sollen die Studenten wissen, daß die Rechtsmedizin andere Aufgaben als die Pathologie wahrzunehmen hat. Sie sollen
die wichtigsten Aufgaben und somit die Organisation des Fachs kennen.
An speziellen Problemen sei erwähnt, daß sie zwischen natürlichem und
unnatürlichem Tod definitorisch unterscheiden und die Grundzüge der
Regelung zur Schweigepflicht wiedergeben können sollen. Sie sollen wissen, welche Fragekomplexe im Laufe des rechtsmedizinischen Unterrichts
behandelt werden sollen.

Die theoretische Einführung in den Unterricht; Medien

Wie für den Gesamtrahmen, so hat auch jede Einzelstunde eine kurze theo-
retische Einführungsphase. Denn es erleichtert selbst eine weitgehend
abstrakte Vorbereitung das Erlernen und Behandeln des Stoffs (Flammann
und Schwittmann 1971). Wert wird auf eine Erläuterung der Begriffe und
Wirkungsprinzipien über möglichst viele auch im Kurs wiederkehrende
Assoziationen, also Beispiele gelegt. Dazu stehen als Medien Diapositiv-,
Overhead- und Filmprojektion zur Verfügung. Sehr viel seltener werden
Modelle oder Präparate im Hörsaal demonstriert. Dabei wird die direkte
Betrachtung und Untersuchung einer Projektion mit einem vorhandenen
Epidiaskop vorgezogen. Auch ist die Mikroprojektion histologischer

---

[1]Verschiedene Autoren verwenden auch das Synonym primäre Motivation

Schnitte weitgehend zugunsten der Diaprojektion wegen der bekannten erheblichen Schädigung der Präparate bei etwas längerer Projektion auf-
gegeben worden. Allerdings gibt man damit den Vorteil einer dynamischen
Darstellung mit einer breiten Demonstration des morphologischen Gesamt-
bildes zugunsten eines statischen Ausschnitts auf. Eine Annäherung an
die dynamische Darstellung läßt sich jedoch durch eine Bildfolge mit
unterschiedlichen Vergrößerungen erreichen, vergleichbar der Folien-
montage, die Sauerbrey (1974) für die Projektion von Regelkreisen empfiehlt.

Bei der Frage, wie morphologische Befunde am besten behalten und repro-
duziert werden können, stützt sich Sauerbrey (1974) auf Ryvan und
Schwartz (Zit. nach Sauerbrey 1974). Danach empfiehlt es sich, die bedeutsamen Details schematisch darzustellen und nicht den Gesamtbefund
in realistischer Form zu präsentieren. Auch wir bevorzugen dieses methodische Vorgehen, allerdings durchaus auch einen Wechsel in der Ab-
folge. So wird unseres Erachtens bereits dadurch eine größere Aufmerksamkeit erreicht, daß ein neu zu besprechender Befund zuerst einmal
den Studenten undeklariert zur differentialdiagnostischen Erwägung vorgestellt wird und erst anschließend eine Aufarbeitung auch unter Verwendung von Schemata erfolgt.

Großen Wert legen wir auf die direkte Untersuchung realer Befunde an
der Leiche im Kurs. Dafür gibt es zwei Gründe. Der erste liegt im Zeit-
rahmen des Kurses, nämlich zweimal wöchentlich 3 Stunden. Der zweite
ergibt sich aus lerntheoretischen Überlegungen. So kann man in 3 hin-
tereinanderliegenden Stunden den Spannungsbogen dadurch am leichtesten
halten, daß die Studenten zunehmend vom Rezipieren in der vorbereitenden Gesamt- oder Hauptvorlesung - an der sämtliche Studenten teilnehmen - zur aktiven Beteiligung mit rein praktischen Übungen in den Kur-
sen wie Untersuchen, Präparieren und Punktieren herangeführt werden;
d.h. daß wir bewußt die verschiedenen Formen der Unterrichtsgestaltung,
nämlich Hauptvorlesung und Kurs, integrieren.

Der zweite Grund für die Betonung des praktischen Teils mit etwa einem
Drittel der gesamten Unterrichtszeit liegt in der besonderen Behaltensleistung der Studenten, wenn sie am realen Gegenstand durch Untersuchen
lernen. Zur Erläuterung soll auf die Experimente von Düker und Tausch
(1957) zurückgegriffen werden. Sie setzten die Behaltensleistung einer
Versuchsperson, die über einen Bildeindruck lernte, gleich 1 und fanden
beim Lehren am Modell eine mehr als doppelt so gute und am realen Gegenstand eine über 4fache Behaltensleistung.

Stundenplanung (lernpsychologische Begründung)

Der Tatsache, daß man einen möglichst hohen Behaltenswert erzielen will,
ist auch durch die Gestaltung des Stundenplans Rechnung zu tragen. So
könnte man erwarten, daß die besten Ergebnisse dann zu erzielen wären,
wenn man verwandte oder ähnliche Themen kombinierte. Ein beliebiges Beispiel sei die Kopplung von allgemeiner Toxikologie in der vorbereitenden
Vorlesung und spezieller in den beiden folgenden Kursstunden. Diese
scheinbar so sinnvolle Gliederung hat sich jedoch nicht bewährt. Denn
der Vergleich mit anderen Gruppen, bei denen im Kurs ein morphologisches
oder medizinisch-rechtliches Thema dazwischengeschaltet war, die spezielle Toxikologie somit an einem anderen Tag unterrichtet wurde, ergab,
daß dort - so übereinstimmende Beobachtung der Toxikologen - die Leb-
haftigkeit der Mitarbeit ungleich viel besser war. Diese Feststellung
war keineswegs singulär, sondern durchgehend.

Eine lernpsychologische Erklärungsmöglichkeit biete sich über die retro-
aktive Hemmung an (Ausubel 1974; Correll 1974). Sie ist um so größer,

je ähnlicher sich die beiden Tätigkeiten des Lernens sind. So lassen
sich durch eine Folge ausgesprochen verschiedener Themen verwandte Gebiete trennen, mit dem Vorteil, daß das Interesse der Studenten jeweils
neu geweckt werden kann.

Das kombinierte Vorlesungs-Kurs-System

Es wurde gezeigt, wie wichtig im kognitiven Bereich für das Behalten
das Lernen am realen Objekt ist. Zweifellos sind damit bei den heutigen
Studentenzahlen organisatorische Probleme verbunden. Obwohl für den
Unterricht in den ökologischen Fächern die Kursform obligatorisch ist,
sind auch in Köln einzelne Fächer rein aus äußeren Gründen gezwungen,
ausschließlich im Sinne einer Hauptvorlesung zu unterrichten. Keineswegs sollte man, statt die Verantwortlichen darauf hinzuweisen, daß
hier Mitarbeiter und Räume fehlen, aus dieser Not eine Tugend machen.

Für den rechtsmedizinischen Unterricht bevorzugen wir das erwähnte kombinierte Vorlesungs-Kurs-System. Es bietet den Vorteil, theoretische
Grundzüge in der Frontalvorlesung vor allen Studenten erörtern und mehr
praxisbezogene Fragen in kleinen Gruppen mit den Studenten erarbeiten
zu können. Wollte man hingegen zweimal wöchtenlich 3 Stunden hinter-
einander im reinen Frontalstil die Studenten unterrichten, wäre wegen
deren passiver Teilnahme die Motivation nicht gesichert und damit der
Lernerfolg reduziert.

Nicht zu unterschätzen ist auch ein Verlust an Unmittelbarkeit durch
das Benutzen eines Mikrophons.

In der kleinen Gruppe besteht diese Barriere nicht. Natürlich sind auch
damit nicht sämtliche Ängste, wie sie im großen Auditorium aktiver Mitarbeit gegenüber bestehen, aufgehoben. Aber die Angst ist in der kleinen Gruppe geringer (Tausch und Tausch 1973; Sauerbrey 1974; Brocher
1976). Oder umgekehrt, die Sicherheit wird durch eine gesteigerte Eigen-
aktivität und Expressivität zum Beispiel im Dialog, und zwar in der
Diskussion der Gruppenmitglieder untereinander, aber auch in der praktischen Untersuchung am realen Gegenstand gefestigt. Weil sich im Grup-
penunterricht der Beitrag des einzelnen Studenten bei der Lösung der
aufgeworfenen Fragen vergrößert, erhöht sich auch der Lernerfolg. Denn
in kleineren Kreisen werden vom Lehrenden wesentlich mehr Teilnehmer
erreicht, und einmal von den Gruppenmitgliedern gefundene und verbali-
sierte Lösungen prägen sich besonders gut ein.

Damit stellt sich die Frage nach der Größe einer Gruppe. Als Zielvor-
stellung, von der wir mit teilweise über 50 Studenten pro Gruppe noch
weit entfernt sind, dienen die Relationen, die für die Klinik beim
bed-side-teaching gelten.

Diesem Wunsch liegen rein pragmatische Erwägungen zugrunde. So bestimmt
in der Klinik die Rücksichtnahme dem Kranken gegenüber auch die Gruppen-
größe. Denn einerseits sollen die Lernenden nicht zu häufig die Ruhe
des Kranken stören; von dort her müßten die Gruppen also möglichst groß
sein. Andererseits soll der einzelne Student am Gespräch teilnehmen, die
besprochenen Befunde selber feststellen und bis zum Begreifen und Behalten untersuchen können. Das trifft in gleicher Weise für den Unterricht
im Sektionssaal zu.

Zwar ließe sich einwenden, daß die Studenten, um Details betrachten zu
können, auch nacheinander an das reale Objekt (Leiche, Knochenpräparat,
Röntgenbild) herantreten könnten, doch hat sich, bis sich der letzte
von 50 Studenten mit dem Befund vertraut gemacht hat, das Unterrichts-
gespräch zwangsläufig weiterentwickelt. So bleiben nur die Studenten

informiert, die zuerst an der richtigen Stelle gestanden haben. Die
Folge ist ein Motivationsverlust bei den anderen und dadurch bedingte
Langeweile und Unruhe.

Nur teilweise läßt sich das durch vorherige Darstellung im vorangehenden theoretischen und theoretisch-praktischen Unterricht auffangen.

Langfristige Ziele des rechtsmedizinischen Unterrichts

Nicht nur Unterrichtsziele im kognitiven Bereich können innerhalb kleiner Gruppen besser erreicht werden, sondern v.a. auch im affektiven Bereich. Affektive Lernziele spielen besonders im ethisch-rechtlichen Rahmen eine Rolle. Auf einige Beispiele sei deshalb abschließend eingegangen.

Bereits erwähnt wurde ein Ziel unseres Unterrichts, nämlich daß der
Student Entscheidungsfreiheit und -freudigkeit bei der Bewältigung medizinischer Probleme gewinnen sollte. Das ist freilich nun ein sehr
hoch gestecktes Ziel und soll deshalb auch nur die Richtung unserer
Bestrebungen angeben. Dieses Thema wurde aber gewählt, weil bekanntlich die neue Approbationsordnung viele Studenten dazu verleitet, sich
ihr Wissen weitgehend unter dem Gesichtspunkt der Reproduzierbarkeit
in den zentralen Prüfungen anzueignen. Dem Vorbild dieser Prüfungen
sind viele Semesterabschlußklausuren gefolgt und haben in dem guten
Willen, dem Studenten Hilfe für die zentralen Prüfungen geben zu wollen, diesen Effekt verstärkt.

Das hat die Denkweise der Studenten geprägt. Sie werden dazu hinge-
führt, sich nur zwischen den festen umrissenen Antwortmöglichkeiten
des Multiple-Choice entscheiden zu müssen. Dadurch wird ihre Bereit-
schaft, Probleme zu erkennen und selbständig nach Lösungswegen zu suchen, nicht gerade gefördert.

Um die Zwangsläufigkeit zu durchbrechen, hat Schwerd (1981) den Weg
beschritten, Prüfungsaufgaben auch in Form eines Essays bearbeiten
zu lassen.

Unsere didaktischen Bemühungen zielen darauf ab, mit einfachen Beispielen diesen Prozeß einzuleiten und ihn im Verlauf des gesamten Unterrichts an zunehmend schwierigeren Entscheidungsprozessen einzuüben.

Der Einstieg gelingt am leichtesten bei der Besprechung der Todesbescheinigung. Hier findet sich bekanntlich eine Fülle von Attestierun-
gen, die der Abwägung bedürfen. Besonders einsichtig wird das bei der
Eintragung der Todeszeit durch den Arzt und selbstverständlich bei
der Beurteilung der Todesart.

So bereitet gerade die Tatsache Schwierigkeiten, daß neben der Ja-
oder Neinfestlegung auf natürlichen oder nichtnatürlichen Tod die
Möglichkeit zu dem sonst unüblichen Bekenntnis besteht, daß man die
Entscheidung nicht fällen konnte.

Ein weiteres langfristiges Ziel im affektiven Bereich besteht darin,
die Empfindlichkeit gegenüber situationsbedingten erschreckenden Ein-
drücken, die zu Denkhemmungen und Blockaden führen können, zu mindern.
Diese Desensibilisierung soll einer genaueren Detailbeachtung zugute
kommen. Umgekehrt ermöglicht den Studenten erst die Hinwendung zum
Detail, sich vom bedrückenden Gesamteindruck lösen zu können.

Gemeint ist nicht nur die bekannte Abwehr vieler Studenten gegen die
Leiche beim ersten Kontakt im Kurs, auf den auch Schulz (1981) besonders

hingewiesen hat, sondern Reaktionen selbst auf die bildhafte Wiedergabe
postmortaler Veränderungen und verstümmelnder Verletzungen.

Ohne die Erklärung, daß diese Bilder nicht als Horrorschau zur Befriedigung der Sensationslust, sondern zur gefühlsfreieren, also nüchter-
nen Orientierung beim Verletzten im Notfall und bei der Leichenschau
gezeigt werden, kann man bekanntlich bei der geringsten Auflockerung
des Unterrichts vehemente Heiterkeitsausbrüche erleben, in denen die
hoch aufgebauten Spannungen unkanalisiert abgebaut werden.

Am Ende des Kurses ist nach Aussage der meisten Studenten unser Ziel
erreicht. Nur können wir verständlicherweise die Langzeitwirkung weder
sicher beurteilen noch einschätzen, weil es unmöglich ist, dieses Lern-
ziel zu überprüfen.

Ein didaktischer Ansatz leitet sich indirekt von der zeitlichen Einordnung des ökologischen Kurses in den Studienablauf ab. Denn anders als
z.B. in Jugoslawien - Milčinski (1981) berichtete in Heidelberg darüber
- werden bei uns ja die Studenten erst sehr spät mit rechtlich-ethischen
Fragen intensiver vertraut gemacht. Ohne die Argumente, die für diesen
späten Zeitpunkt oder sogar für eine Verlegung des rechtsmedizinischen
Unterrichts in das praktische Jahr sprechen können, infrage stellen zu
wollen, kann doch nicht verkannt werden, daß damit auch gewisse Nachteile verbunden sind. Denn so ist das zukünftige Verhalten der werdenden Ärzte ihren Patienten gegenüber so sehr durch den klinischen Unterricht geprägt, daß die rechtlichen Aspekte von vielen Studenten als
aufgesetzt und weltfremd empfunden werden. In der jetzigen Form prägt
sich den Studenten in den verschiedensten klinischen Fächern die Für-
sorgepflicht des Arztes ein. Sie sehen, wie man das Modernste und Beste
zum Wohle des Kranken einfach anzuwenden hat, andernfalls den Anforderungen, die an einen guten Arzt gestellt werden, nicht genügt. Damit
ist ihnen aber die Sicht auf die Zweiseitigkeit des Arzt-Patienten-
Vertrags verstellt.

Gewiß wäre ein Austausch über diese Probleme mit den Klinikern sehr
sinnvoll. Wäre es dann doch für uns einfacher, den Studenten die
rechtlich-ethische Komponente ärztlichen Handelns zu vermitteln.

Literatur

Ausubel DP (1974) Psychologie des Unterrichts, Bd 1. Beltz, Weinheim Basel
Brocher T (1976) Gruppendynamik und Erwachsenenbildung. Westermann, Braunschweig
Correll W (1974) Lernpsychologie. Grundfragen und pädagogische Konsequenzen. Auer,
  Donauwörth
Düker H, Tausch R (1957) Über die Wirkung der Veranschaulichung von Unterrichts-
  stoffen und das Behalten. Z Exp Angew Psychol 4:384-400
Flammann K, Schwittmann D (1971) Effektives Lernen beim Studium im Medienverbund.
  In: Dohren G, Peters O (Hrsg) Lehren und Lernen im Medienverbund, Bd 3. Quelle
  & Meyer, Heidelberg, S 118-159
Löwe H (1976) Einführung in die Lernpsychologie des Erwachsenenalters. Kiepenheuer
  & Witsch, Köln
Meyer HL (1974) Einführung in die Curriculum-Methodologie. Kösel, München
Meyer HL (1975) Trainingsprogramm zur Lernzielanalyse. Fischer, Frankfurt
Milčinski J (1981) Unsere Erfahrungen beim Unterricht der medizinischen Deontologie.
  Beitr Gerichtl Med 39:209-212
Roth H (1957) Pädagogische Psychologie des Lernens und Lehrens. Schroedel, Hannover
  Berlin Darmstadt
Sauerbrey W (1974) Medizinische Didaktik. Springer, Berlin Heidelberg New York
Schulz E (1981) Die Rechtsmedizin im Spiegel der Beurteilung durch Studenten. Ergeb-
  nisse einer Befragung. Beitr Gerichtl Med 39:217-220

Schwerd W (1981) Der Unterricht in Rechtsmedizin nach der neuen Approbationsordnung. Beitr Gerichtl Med 39:189–193
Tausch R, Tausch AM (1973) Erziehungspsychologie. Hogrefe, Göttingen
Teige K (1981) Vom reglementierten Unterricht zum offenen Kursprinzip. Ein Vorschlag zur Lösung von Verschulungstendenzen am Unterrichtsbeispiel Rechtsmedizin. Beitr Gerichtl Med 39:227–231

Somatische Rechtsmedizin

Zur Handlungsfähigkeit und Todesursache bei mißglücktem Erhängen

H. Bratzke und H. Maxeiner

Zusammenfassung

Bericht über zwei mißglückte Erhängungsversuche mit protrahiertem Todeseintritt. Im ersten Fall war ein 41jähriger Mann nach Riß des Strickes noch 160 m weit gegangen, eine beidseitige Carotisruptur und Thrombose hatte zum Hirntod geführt. Im anderen Fall wies die leukozytäre Reaktion an der inneren Strangmarke bei einem 22 Jahre alten Drogensüchtigen darauf hin, daß der Erhängungsversuch mit einem Gürtel noch längere Zeit überlebt worden war. Die technischen Befunde am Tatwerkzeug sowie die morphologischen Veränderungen an der Strangmarke werden demonstriert und kurz erörtert.

Summary

This is a report on two unsuccessful suicidal hanging attempts with protracted deaths. In the first case a 41-year-old man walked 160 m after the cord had snapped; a carotis rupture on both sides and a thrombosis had already led to a cerebral death. In the second case the leukocyte reaction on the inside of the strangulation mark indicated that a 22-year-old drug addict had survived a long while after an attempted suicidal hanging with a belt. The technical findings from the cord as well as the morphological changes in the strangulation mark are presented and briefly discussed.

Reißt bei einem Erhängungsversuch das Strangwerkzeug, kann dennoch der Tod eintreten, wenn sich die Schlinge nicht lockert und die Blutzufuhr zum Gehirn gedrosselt bleibt (Schwartz 1970). Nicht selten bleibt dabei die Handlungsfähigkeit für kurze Zeit erhalten, so daß die Leiche in einiger Entfernung vom Erhängungsort aufgefunden wird und zunächst Zweifel an einer Selbsttötung entstehen (Reinstrup 1954; Holczabek 1964).

Wegen der Seltenheit derartiger Beobachtungen soll kurz auf zwei Fälle eingegangen werden, die kürzlich im Institut für Rechtsmedizin zur Sektion kamen und bei denen sich überraschende morphologische Befunde zeigten.

Fall 1

An einem Septembermorgen wurde von einem unbekannt gebliebenen Spaziergänger auf einem Waldweg eine hilflose Person aufgefunden. Die alarmierte Polizei traf kurze Zeit später ein und entdeckte rings um den Hals einen dünnen Perlonstrick, der hinten unter Einklemmung von Haaren fest verknotet war (Abb. 1a). Der Strick wurde vorne aufgeschnitten, der bewußtlose Mann in ein Krankenhaus gebracht, wo wenige Stunden später der Hirntod festgestellt wurde, so daß Vorbereitungen für eine Nierentransplantation getroffen wurden.

Von der Kriminalpolizei war mittlerweile bei der Absuche des Fundortes in einigem Umkreis eine Erhängungsmöglichkeit nicht gefunden worden, so daß Zweifel an einer Selbsttötung entstanden und ein Gerichtsmediziner zur Nierenentnahme, die 60 Stunden nach dem Auffinden erfolgte, beigezogen wurde.

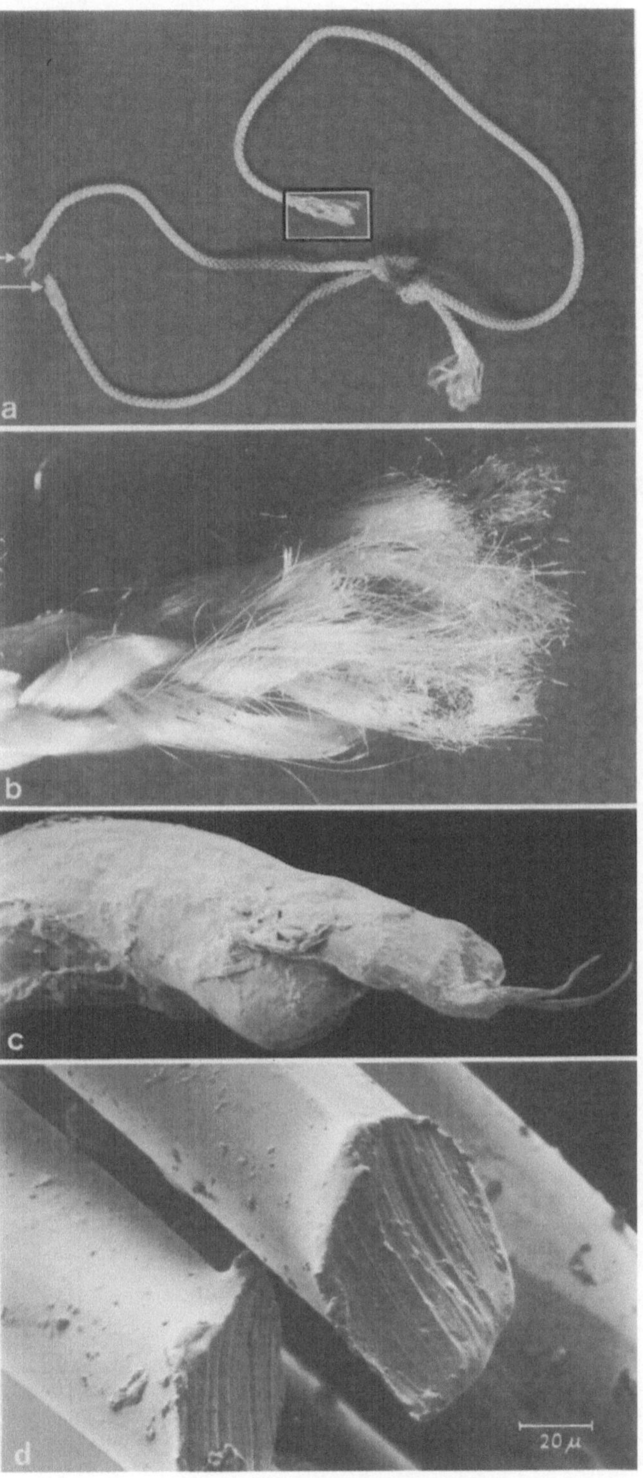

Abb. 1 a-d. Fall 1, 41 Jahre, m.; nach Riß des Strangwerkzeuges in ca. 160 m Entfernung aufgefunden, 60 h überlebt, Hirntod.
(a) Strangwerkzeug: ca. 4 mm dicke, geflochtene Wäscheleine aus Kunststoff. Schlinge vorne aufgeschnitten *(Pfeile)*, am Nacken mehrfache, feste Verknotung mit eingeklemmten Haaren. Ca. 36 cm langes freies Ende mit aufgefaserten, ungleich langen Spitzen;
(b) Detailvergrößerung;
(c) REM-Untersuchung: unregelmäßige Oberflächen mit langer Ausziehung des ca. 40 µ dicken Kunststofffadens. Im Gegensatz dazu
(d) durchgeschnittene Enden mit glatter Oberfläche und schräg abgesetzter Spitze

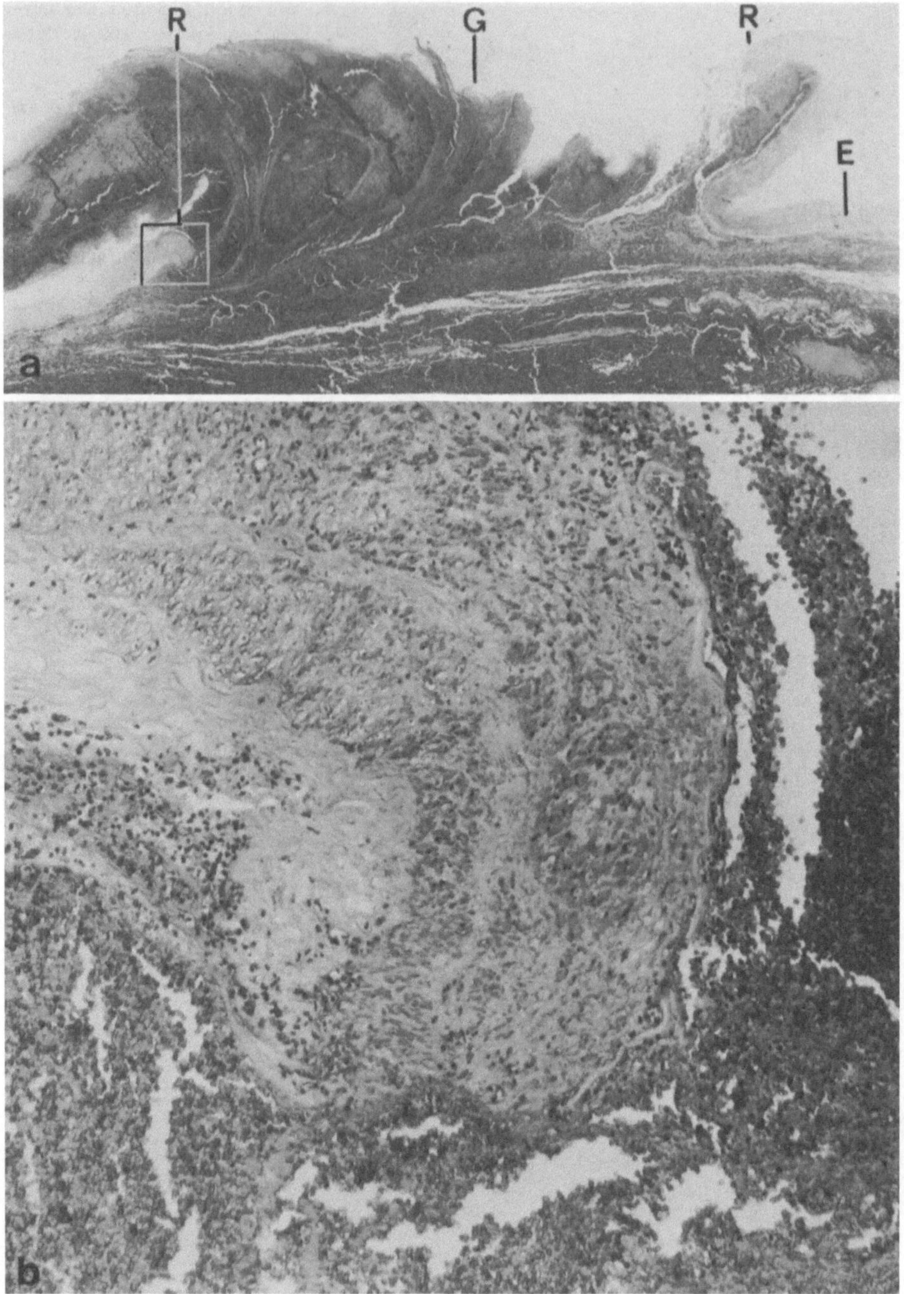

Abb. 2 a,b. Gleicher Fall wie Abb. 1. (a) Querschnitt durch die re. A. carotis interna, knapp oberhalb der Gabelungsstelle (Orcein, 8,5 x). Vollständige Wandruptur (*R*) mit nach innen geschlagener Elastica (*E*) und Gerinnselbildung (*G*). Intensive leukozytäre Reaktion, besonders auch am Rißende (b) (Detailvergrößerung, HE, 165 x)

Hier zeigte sich bei der äußeren Besichtigung am Hals eine annähernd waagerecht verlaufende, ca. 4 mm breite, tief eingeschnürte vertrocknete Strangmarke, die am Nacken schräg nach oben zur Hinterhauptsmitte anstieg. Die Strangmarke war von einzelnen Blutaustritten gesäumt, auch wiesen die Augenbindehäute flohstichartige Blutaustritte auf. Weiterhin fielen Vertrocknungen und streifenförmige Schürfungen an Gesicht und Händen sowie Blutunterlaufungen und oberflächliche strichförmige Wunden am Ellenbogen, an den Knien und an der rechten Brustseite auf.

Die gerichtliche Leichenöffnung (L438/81, Obd. Kr./Bra.) erfolgte einen Tag nach der Nierenentnahme, der Mann war mittlerweile identifiziert worden (41 Jahre, ohne Beruf).

Bei der Präparation der Halsweichteile zeigten sich beide inneren Kopfschlagadern im Bereich der Gabelungsstelle von einer intensiven Blutung eingehüllt, die Lichtung war durch Gerinnsel verlegt. Beide Kehlkopfhörner und das linke Zungenbeinhorn waren gebrochen, der Kehlkopfdeckel knapp oberhalb der Ansatzstelle nahezu vollständig abgerissen, HWS und Rückenmark unversehrt. Am Gehirn zeigten sich entsprechend der klinischen Diagnose Zeichen des Hirntodes mit allgemeiner Erweichung, Prolaps der Kleinhirntonsillen und sekundärer Hirnstammblutung.

Die histologische Untersuchung der Halsschlagadern (Paraffin) deckte rechts wie links eine vollständige Wandruptur mit einem Verschlußthrombus auf, die Elastica war nach innen geschlagen und die Adventitia blutunterlaufen (Abb. 2a). Im Bereich der Rupturstelle und an den Rißenden hatte sich eine intensive leukozytäre Reaktion ausgeprägt (Abb. 2b).

Nach dem Hinweis, daß der Erhängungsort auch in weiterer Entfernung liegen könnte, nahm die Kriminalpolizei eine erneute Absuche der Umgebung vor. Jetzt fand sich ca. 160 m vom Fundort entfernt an einem Baum das Paßstück zu dem am Hals vorgefundenen Seil. Es war in ca. 5,5 m Höhe an einer Baumgabel befestigt und ca. 3 m über dem Erdboden durchgerissen.

Bei dem Seil handelt es sich um eine ca. 4 mm dicke geflochtene Leine aus Kunststoffasern. Die technische Überprüfung ergab, daß es einer Belastung von 65 kg (Körpergewicht) und einer anzunehmenden Fallhöhe von ca. 2,5 m nicht standhält.

Die Untersuchung der Rißenden mit Hilfe der Rasterelektronenmikroskopie zeigte eine unregelmäßige Oberfläche mit langen Ausziehungen der dünnen Kunststoffäden (Abb. 1 b,c), die durchgeschnittenen Enden wiesen dagegen erwarteterweise glattrandige, schräge Flächen auf (Abb. 1d).

Die weiteren Ermittlungen ergaben, daß der Mann an einer Schizophrenie erkrankt war und mehrfach Selbsttötungsabsichten geäußert hatte. Das Todesermittlungsverfahren wurde später eingestellt.

Fall 2

An einem kalten Oktobermorgen (Außentemperatur -7° C) wurde die ausgekühlte Leiche eines 22 Jahre alten Arbeiters in seiner unbeheizten Wohnung auf dem Boden liegend aufgefunden, nachdem er 3 Tage nicht zur Arbeit gekommen war (Abb. 3a). Um den Hals lag ein ca. 2,5 cm breiter Gürtel, der bei den ersten Untersuchungen durch die Kriminalpolizei noch fest anlag, ohne daß die Schnalle geschlossen war.

Neben der Leiche lagen auf dem Tisch beblutete Taschentücher und Injektionsnadeln sowie mehrseitige Abschiedsbriefe mit Ankündigung eines Freitodes durch Drogenüberdosierung. Die Handschrift wurde unter Beschreibung der Intoxikationserscheinungen zunehmend unleserlicher.

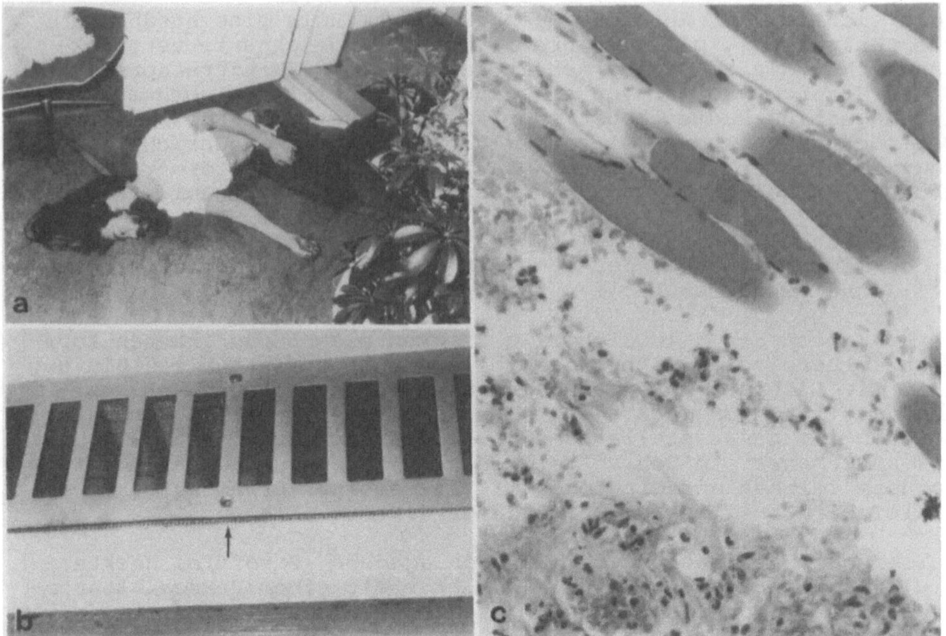

Abb. 3 a-c. Fall 2, 22 J., m.; (a) Auffindesituation. Rings um den Hals fest anlie-
gend ein ca. 2,5 cm breiter Ledergürtel. (b) Später entdeckte Aufhängung des Gürtels
an einem gelockerten Belüftungsgitter *(Pfeil)*. (c) Blutung und leukozytäre Reaktion
im Bereich der inneren Strangmarke (li. M. sternocleidomastoideus, HE, 185 x)

Da weder eine Injektionsspritze noch ein Aufhängeort in der Nähe der
Leiche vorzufinden waren, kam der Verdacht einer Strangulation durch
fremde Hand auf und es wurde eine rechtsmedizinische Untersuchung herbeigeführt.

Bei der gerichtlichen Leichenöffnung 6 Stunden später (L457/81, Obd.
Kr./Max.) fielen bei der äußeren Besichtigung frische und alte Nadel-
einstichstellen sowie Narben an den Unterarmen auf.
Die innerhalb der Totenflecke gelegene Strangmarke war ca. 2,3 cm breit
und abgeblaßt, sie war von Blutaustritten und Rötungen gesäumt. Augen-
lider und Augenbindehäute ohne Blutaustritte. Bei der Präparation der
Halsweichteile fiel eine intensive streifige Blutunterlaufung im linken
M. sternocleidomastoideus auf, das linke obere Kehlkopfhorn war ge-
knickt. Die Halsschlagadern elastisch, mit zarten Wandungen, ohne Ein-
risse oder Gerinnsel. An den inneren Organen ein ausgeprägtes Lungenödem mit weißlich feinblasigem Schaum in der Trachea, Hirnödem und
akuter Stauung.

Die feingewebliche Untersuchung der inneren Strangmarke zeigte eine leb-
hafte leukozytäre Reaktion innerhalb der Blutung (Abb. 3c). Die übrigen
Organbefunde waren unauffällig. Chemisch-toxikologische Untersuchungen
auf Drogen und stark wirksame Medikamente verliefen ebenso negativ wie
die Alkoholuntersuchungen.

Bei erneuter Überprüfung der Wohnung fand sich einige Meter vom Fundort
der Leiche entfernt, oberhalb einer Balkontür das Lüftungsgitter gelok-
kert (Abb. 3b), so daß durch den schmalen Spalt der Gürtel, der entsprechende Beschädigungen aufwies, hindurchgezogen worden sein konnte.

Das Verfahren wurde eingestellt, da eine Mitwirkung durch fremde Hand
nicht erkennbar war.

Diskussion

Die zellulären Reaktionen an den Strangmarken in den beiden Fällen mit
zunächst mißglücktem Erhängen sind als vitale Reaktion zu deuten, ihre
Intensität spricht jeweils für eine längerdauernde Überlebenszeit. Wird
durch diesen Befund die Aktionsfähigkeit erklärbar, so stellt sich andererseits die Frage nach der eigentlichen Todesursache.

Im ersten Fall war die Antwort leicht zu geben, weil durch den Sturz
in die Schlinge beide innere Kopfschlagadern im extrakraniellen Bereich,
knapp oberhalb der Gabelungsstelle gerissen, die Lichtung durch Gerinnsel verschlossen und letztlich der Hirntod eingetreten war. Offenkundig
war trotz der Ruptur die Blutzufuhr zum Gehirn zunächst nicht entscheidend gestört, so daß die Bewußtlosigkeit erst nach einiger Zeit eintrat.
Ihre Dauer läßt sich bei überschlagsmäßiger Berechnung bei einer zurück-
gelegten Strecke von ca. 160 m und einer Gehgeschwindigkeit von ca.
1 m/s auf mindestens knapp 3 min schätzen.

In dem zweiten Fall blieben dagegen einige Zweifel offen. Aufgrund der
Leichenöffnung und der Nachuntersuchungen mit Nachweis einer intensiven
Zellreaktion an der frischen Injektionsstelle war der Ablauf so zu rekonstruieren, daß der junge Drogensüchtige zunächst nach Zufuhr einer
vermeintlichen tödlichen Heroindosis ("Goldener Schuß") wieder erwacht
war, dann versucht hatte, sich mit dem Gürtel an einem Lüftungsgitter
zu erhängen, wobei die Befestigung nachgab und nach kurzer Gehstrecke
der Zusammenbruch erfolgte.

Die kurzdauernde Kompression des Halses beim Erhängungsversuch erscheint
nicht ausreichend, um eine zum Tode führende Hypoxie zu erklären. Nach
Untersuchungen von Rossen et al. (1943) werden beim Menschen bis zu
100 s dauernde Kompressionen (aufblasbare Halsmanschette mit Druckerhö-
hung auf 600 mm Hg innerhalb von 0,125 s) ertragen, mit ca. 30 bis 40 s
fortdauernder Bewußtlosigkeit. Auch bei Versuchen an Hunden (Srch et al.
1965) wurden intermittierende Drosselungen von 1 bis 2 min Dauer ertragen.

Es ist daher anzunehmen, daß der Gürtel nach dem Abgleiten noch so fest
angelegen hat, daß die Drosselung der cerebralen Blutung bestehen blieb,
wobei die leukozytäre Reaktion im Bereich der inneren Strangmarke darauf
hinwies, daß es erst nach einigen Stunden zur tödlichen Atem- und Kreis-
lauflähmung gekommen ist.
Theoretisch wäre bei den herrschenden Außentemperaturen (-7° C) auch an
eine Erfrierung zu denken, doch waren in dieser Richtung keinerlei "typische" Befunde zu erheben.

Auf die Bedeutung der technischen Untersuchung des Strangwerkzeuges ist
bereits in einem ähnlichen Fall hingewiesen worden, in dem ein Telefon-
kabel beim Aufhängeversuch gerissen war, der Tod war letztlich auf eine
Tablettenintoxikation zurückzuführen (Bratzke 1975).

Die Beispiele zeigen darüber hinaus, daß bei der Rekonstruktion eines
komplexen Sachverhaltes neben der Leichenuntersuchung vor allem auch
die systematische morphologische Überprüfung entscheidende Hinweise
liefern kann.

Literatur

Bratzke H (1975) Erhängen oder Drosseln – Tablettenvergiftung. Beitr Gerichtl Med 33: 320–325

Holczabek W (1964) Erstaunliche Aktionsfähigkeit nach Erhängungsversuch mit Reißen des Strickes. Der Tod trat erst ein, nachdem der Mann mit nicht gelockerter Halsschlinge noch 160 Meter weit gegangen war. Arch Kriminol 134:6–11

Reinstrup E (1954) Der Erhängte ging 9 Meter und starb. Nord Kriminal Tekn Tidsskr 24:97–99 (deutsch (1955/56) Ref Dtsch Z Ges Gerichtl Med 44:456)

Rossen R, Kabat H, Anderson JP (1943) Acute arrest of cerebral circulation in man Arch Neurol Psychiat 50:510–528

Schwartz F (1970) Der außergewöhnliche Todesfall. Enke, Stuttgart

Srch M, Havel V, Škranc O (1965) Beitrag zur intermittenten Erstickung der Hunde. Dtsch Z Ges Gerichtl Med 56:421–431

Das sogenannte Luftemboliezeichen beim Erhängen

B. Brinkmann, F. Andrä und K. Püschel

Zusammenfassung

Im frühpostmortalen Intervall wurden nach unterschiedlichen Präparationen unter Berücksichtigung von Standardmethoden Luftembolieproben an 64 Erhängten durchgeführt (Ganzkörperunterwassersektion, isolierte Unterwasserkopfsektion, Fensterung der Schädelkalotte, Luftembolieprobe am Herzen nach Richter). - In keinem Fall konnte ein positiver zerebraler oder kardialer Luftembolienachweis geführt werden. Die Ätiologie der arteriellen Luftembolie und die möglichen Irrtumsquellen werden diskutiert. Aufgrund der vorliegenden Ergebnisse ist - im Gegensatz zu verschiedenen Literaturangaben - eine arterielle Luftembolie bei Erhängten nicht bzw. keinesfalls häufig zu erwarten.

Summary

Sixty-four cases of suicidal hanging were investigated for cerebral or cardiac air embolism. Nearly all the tests were carried out during the early postmortem period of less than 24 h. Various techniques were applied to demonstrate air embolism: (1) submersion of the whole corpse before opening the skull or the heart, (2) submersion of the head before dissecting the skull, (3) covering of a circumscript area of the skull surface with a water-filled, bottomless glass cylinder before trepanation by a trepan or a chisel through the water layer, and (4) in a parallel series 26 corpses were exclusively tested for cardiac air embolism by the method of Richter. Only in cases where the whole body was submersed were both cerebral and cardiac air embolism tested.

The examination of all sites, i.e., the cavities of the heart, subdural spaces, brain ventricles, etc., and additional tests performed, such as floating tests of the plexus chorioideus and histological examination of various sections of different organs, yielded negative results in each case. The results of earlier investigations indicating a high frequency of air embolism in hanging were not confirmed by this investigation. Negative intracranial pressure could have been a source of error in these investigations if the dissecting procedures had not taken enough precautions to prevent the possibility of air aspiration.

Einleitung

Kritische Überprüfungen, die zum Teil noch aus dem letzten Jahrhundert stammen, haben ergeben, daß praktisch alle morphologischen Zeichen des Erhängens durch postmortale Einwirkung nachgeahmt werden können. Prokop (1975) beschreibt in seinem Lehrbuch als vitales Zeichen bei Erhängen auch das sog. Luftemboliezeichen. Er bezieht sich dabei insbesondere auf die Arbeiten von Schubert zu Beginn der 50er Jahre und ist der Auffassung, daß zu diesem Problem weitere Untersuchungen erforderlich seien. In der vorliegenden Untersuchung sollte die diagnostische Wertigkeit des sog. Luftemboliezeichens beim Erhängen überprüft werden. Dabei sollten im wesentlichen die von Schubert (1953) in Anlehnung an Löschke (1950) angegebenen Untersuchungsmethoden beibehalten werden.

<u>Literaturauszug</u>

Nach Frey (1929) besteht folgende (etwas gekürzte) Definition für Luftembolie: "Unter Luftembolie (Pneumathämie, Aerämie) versteht man das
Eindringen von Luft in den Blutkreislauf und die Verschleppung der Luftblasen mit dem Blutstrom". - Je nach der Eintrittspforte und dem Weg,
den die Luft nimmt, kann man eine venöse von einer arteriellen Luftembolie unterscheiden. Auch eine sog. gekreuzte Luftembolie ist möglich.
Eine Sonderstellung nimmt die Caisson-Krankheit ein, bei der die Gasblasen im Blut und Gewebe wegen des erhöhten Partialdruckes ausperlen
(z.B. Richter u. Löblich 1978). Verschiedene systematische Arbeiten zum
Komplex Luftembolie liegen aus neuerer Zeit vor (z.B. Pfeiffer 1977;
Mallach u. Pfeiffer 1978; Schmidt 1979; Andrä 1981).

Im Rahmen der vorliegenden Arbeit interessiert vor allem die arterielle
Luftembolie. Hierbei ist entweder eine Vene des kleinen Kreislaufs oder
das linke Herz selbst Ausgangsort und sind Arterien des großen Kreislaufs Ziel der Embolie. Die Luft kann von außen her durch ein offenes
Thoraxtrauma (evtl. auch operativer Eingriff) eindringen (Felix u.
Löschke 1950 a,b). Der Übertritt soll auch von den lufthaltigen Arealen
der Lungen über Alveolarrupturen möglich sein, insbesondere bei starken
intrapulmonalen Druckschwankungen, wie z.B. bei Explosionstrauma, Tauch-
unfällen, Ertrinken oder künstlicher Beatmung (Ipsen 1907 und 1914;
Walcher 1925; Seemann u. Wandel 1967; Mallach u. Pfeiffer 1978, dort
auch weitere Literatur).

Als erster Anstoß zur Überprüfung von Luftembolien beim Erhängen kann
der Bericht von Iversen (1862) gelten: "Luftblasen im Blute eines Erhängten". Bei einer Venaesectio, zur Wiederbelebung eines Erhängten
durchgeführt, seien aus der angeschnittenen Armvene größere und kleinere Luftblasen hervorgetreten. Nicht erwähnt ist das Luftemboliezeichen in alten Lehrbüchern der Gerichtsmedizin (z.B. v. Hofmann 1903;
Haberda 1927). Van Allen et al. (1929) beschreiben das Vorhandensein
von Luft im linken Ventrikel Ertrunkener und Erhängter, freigesetzt
aufgrund eines intrapulmonalen Druckanstiegs. Walcher (1943) und auch
Mueller (1953) erwähnen geringe Mengen von Luft im linken Ventrikel
bei verschiedenen Formen der Erstickung. Ursache seien lokale Lungen-
gewebseinreißungen bei forcierter Atmung. Schmidt (1979) fand 2 Fälle
(nicht näher beschrieben!) von arteriellen Luftembolien beim Erhängen
und empfiehlt bei Verdacht auf einen Erstickungstod allgemein die Luftembolieprobe mit dem Aspirometer. Eine Reihe von Arbeiten über arterielle Luftembolien entstand um 1950 (Rössle 1944,1947,1948; Felix 1949;
Felix u. Loeschke 1950 a,b; Schubert 1951, 1952 a,b,c, 1953; Scheil 1953;
Köhn 1952; Seyerlein 1952/53).

Schubert (1953) berichtete vom positiven arteriellen Luftembolienachweis bei 7 Fällen von atypischem Erhängen (sämtliche in diesem Zeitraum
obduzierte Erhängte!). Im einzelnen ergab sich folgendes Bild: 2 Sektionen wurden vollständig unter Wasser durchgeführt. In beiden Fällen
konnte subdural und in den Hirnventrikeln Luft nachgewiesen werden.
Zusätzlich fand sich in einem der beiden Fälle Luft im rechten Herzventrikel. Einmal wurde vor der Unterwassersektion der gesamten Leiche
die Schädelkalotte ohne Wasserbedeckung angesägt, ohne dabei die Dura
zu verletzen. Der subdurale Luftnachweis war positiv. Nach Entnahme
des Gehirns entwich zusätzlich Luft aus den Kleinhirnventrikeln und
dem Foramen magnum. Im Herzbeutel und in den beiden Herzventrikeln fand
sich reichlich Luft. In 2 Fällen wurde das Gehirn in üblicher Weise
entnommen, anschließend erfolgte die Hirnsektion unter Wasser. Der Nachweis von Luft in den Hirnventrikeln war in beiden Fällen positiv. Nach
der Entnahme des Gehirns wurde (entgegen der Regel!) noch eine Luftembolieprobe des Herzens durchgeführt, die in beiden Fällen negativ war.
Einmal wurde zuerst die Luftembolieprobe des Herzens durchgeführt, die

negativ ausfiel. Anschließend wurde nach dem Entfernen der Schädelkalotte eine Gummikappe aufgebunden und das Gehirn mit Wasser bedeckt. Bei Eröffnen der Ventrikelräume fand sich Luft im linken Hirnseitenventrikel. In einem Fall wurde das methodische Vorgehen nicht im einzelnen beschrieben. Es wurde lediglich erwähnt, daß der subdurale Luftnachweis positiv war.

Insgesamt soll also wechselweise, teils auch kombiniert, Luft im Herzbeutel, im rechten und im linken Herzventrikel, im Subduralspalt und in den Hirnseitenventrikeln nachgewiesen worden sein. Histologische Untersuchungen wurden nur einmal erwähnt. Es werden am Gehirn "kennzeichnende Befunde einer frischen Luftembolie mit Erweiterung der Virchow-Robin-Räume, Luftmäntel um Hirnzellen, blasige Abhebung der Pia und des Ependyms und stellenweise Zerreißung desselben" angegeben.

Die Luftembolieproben wurden in der "kühlen Jahreszeit" 18 - 31 h, einmal erst 53 h, postmortal vorgenommen. Die Analyse der aufgefangenen Gase ergab lediglich Sauerstoff, "Kohlensäure" und Stickstoff. Schubert (1952,1953) schlußfolgert, daß infolge der geringen zeitlichen Differenz zwischen Tod und Luftembolieprobe sowie aufgrund der Gasanalyse eine Verfälschung durch Fäulnisgase ausscheidet. Angaben zum prozentualen Verhältnis der nachgewiesenen Gasbestandteile finden sich nicht. In Anlehnung an Schuberts Untersuchungen an atypisch Erhängten teilte Scheil (1953) mit, daß er bei einem typisch (symmetrisch) Erhängten den zerebralen Luftnachweis führen konnte. Bei der Unterwassersektion seien reichlich Gasblasen aus dem rechten Subduralraum entwichen, einige Gasblasen aus dem linken Subduralraum und 2 mittelgroße Gasblasen aus dem rechten Hirnseitenventrikel. Scheil diskutiert beim symmetrischen Erhängen eine während des Krampfstadiums angenommene Lockerung der Schlinge mit zeitweiliger Durchgängigkeit der Halsgefäße. Gemäß Schubert soll auch eine zerebrale Embolisierung über offengebliebene Vertebralarterien möglich sein.

Als Nachtrag zu seiner Arbeit hält es Schubert in kritischer Wertung der erhobenen Befunde zusätzlich für möglich, daß beim Aufmeißeln der Schädelkalotte möglicherweise autochthon Gas entbunden werde (sog. Brauseflascheneffekt durch Druckentlastung), so daß eine eigentliche Embolisierung über den großen Körperkreislauf nicht stattgefunden hat. Eventuell sei auch das beobachtete Gas im Duralsack des Rückenmarks aufgestiegen. Angeführt wird eine vermehrte Gasabsorption durch Hyperventilation im Rahmen von Erregungszuständen vor dem Tod.

Eigene Untersuchungen

Die Untersuchungen wurden auf das frühpostmortale Intervall (weniger als 24 h bzw. in einzelnen Fällen weniger als 48 h Leichenliegezeit) beschränkt. Die Leichen unterlagen keinen weiteren Auswahlkriterien bezüglich Alter, Geschlecht, Hängesituation. Luftembolieproben wurden in Anlehnung an die bekannten Standardmethoden (Richter 1905, Dyrenfurth 1926, Rössle 1947, Felix 1950, Schubert 1952 a, Seyerlein 1952/53) durchgeführt (s. Tabelle 1).

Zum Nachweis der *zerebralen* Luftembolie erfolgte in 8 Fällen eine Ganzkörperunterwassersektion, in 11 Fällen eine Unterwasserkopfsektion, in 10 Fällen eine umgrenzte Aufmeißelung der Schädelkalotte und in 9 Fällen eine Bohrlochtrepanation des Schädeldaches. Bei der letzteren Technik wurde auf eine vollständige Wasserbedeckung des Kopfes vor Eröffnung des Subduralraumes und der Ventrikel verzichtet. Statt dessen wurde dem Schädel über der geplanten Perforation ein beidseits offener Glaszylinder mit einer sich der Kopfform anpassenden Gummidichtung aufgesetzt. Dieser Zylinder wurde dann vor der Eröffnung mit Wasser gefüllt. Auf-

Tabelle 1. Methodik der Luftembolieproben bei Erhängten (n = 64)

	n	Erhängen "typ."	"atyp."
Zerebrale Luftembolieproben			
Ganzkörperunterwassersektion	8	4	4
Unterwasserkopfsektion	11	6	5
Fensterung der Schädelkalotte	19	8	11
Aufmeißelung (einseitig) 6mal			
Aufmeißelung (doppelseitig) 4mal			
Bohrlochtrepanation 9mal			
Schwimmprobe des Plexus chorioideus			
Stereomikroskopie des Plexus			
Gehirnhistologie			
Kardiale Luftembolieproben			
Ganzkörperunterwassersektion (s.o.)			
Luftembolieprobe nach Richter	26	14	12
Myokardhistologie			
Gesamt	64	32	32

grund der stets negativen Luftembolieproben (s. unten) haben wir auf
die von Seyerlein (1952/53) und Mueller (1975) angeregte Festumschnü-
rung des Halses, Vernähung des Mundes und das Abklemmen der Nasenöff-
nungen verzichtet, zumal die Gefahr der Verfälschung lokaler Erhängungs-
befunde bestand und der Durchführung kosmetische Gründe entgegenstanden.
- Ebenfalls im Rahmen der zerebralen Luftembolieproben wurde stets eine
Schwimmprobe des Plexus chorioideus durchgeführt (positiver Ausfall bei
zerebraler Luftembolie durch Schmidt 1929 beschrieben).

Die Überprüfung auf eine *kardiale* Luftembolie wurde bei den bereits
oben genannten 8 Fällen von Ganzkörperunterwassersektion ebenfalls
durchgeführt. Bei 26 weiteren Erhängten wurde die Luftembolieprobe am
Herzen nach Richter (1905) durchgeführt - ohne zusätzliche Überprüfung
auf zerebrale Luftembolie. Stereomikroskopisch wurde regelmäßig der
Plexus chorioideus auf Luftblasen untersucht. Histologische Untersuchungen (HE-Färbung) erfolgten an zahlreichen Hirnschnitten (Rinde,
Leptomeninx, Hemisphärenmark, paraventrikuläre Bezirke einschließlich
Ependym, Kleinhirn) sowie jeweils mehreren Herzschnitten und Lungen-
schnitten.

Ergebnisse

Insgesamt wurden 64 Leichen untersucht. Je zur Hälfte handelte es sich
um "typisches" und "atypisches" Erhängen. Hierbei zählen wir zum typischen Erhängen diejenigen Fälle, bei denen der größte Teil des Körper-
gewichtes in der Schlinge hängt (bis zur Bodenberührung der Knie) und
der Aufhängepunkt am Nacken nicht mehr als 30° von der Nackenmitte abweicht.

Sämtliche Proben auf zerebrale und kardiale Luftembolie einschließlich
der Schwimmprobe des Plexus chorioideus, der stereomikroskopischen Untersuchung des Plexus, der histologischen Untersuchung von verschiedenen Hirnarealen und Herzbezirken *verliefen negativ*.

Einige diagnostische Schwierigkeiten sind zu berücksichtigen. Die Eröffnung des Schädels und des Thorax unter Wasserbedeckung ist technisch

schwierig. Insbesondere wird die freie Sicht durch blutige Verfärbung des Wassers erheblich behindert, teilweise sogar unmöglich. Eine Verletzung der Dura bei Aufsägung des Schädels ist nicht sicher zu vermeiden. - In einigen Fällen kamen unbedeutende kleine Gasperlen zur Beobachtung bei der Präparation an der Dura und am Gehirn. Jedoch war nicht zu klären, ob diese feinen Bläschen durch Turbulenzen bei der präparatorischen Arbeit unter Wasser entstanden waren, oder ob es sich um dem Schädelinneren entströmende geringe Gasmengen gehandelt hat. Größere Gasansammlungen an der Hirnoberfläche oder im Ventrikelsystem konnten ausgeschlossen werden. In keinem Fall waren größere Gasblasen - wie z.B. von Schubert oder Scheil beschrieben - feststellbar.

Um die Effektivität der angewandten Methoden zu prüfen, wurden zusätzlich bei einigen Leichen mit mehrtägiger Liegezeit (z.B. mit beginnender Grünfäulnis der Bauchdecken) Luftembolieproben am Herzen durchgeführt. Es konnten mehrfach und eindeutig (fäulnisbedingte) Gasblasen beobachtet werden. Für das Vorliegen einer Luftembolie ergaben die Vorgeschichte und der übrige Sektionsbefund ansonsten keinerlei Anhalt.

Diskussion

Durch die eigenen Untersuchungen auf das Vorkommen einer Luftembolie bei insgesamt 64 Erhängten konnte das in der Literatur mehrfach erwähnte sog. Luftemboliezeichen nicht bestätigt werden. (1) Unseres Erachtens ergeben sich gewisse *theoretische Zweifel* am Vorkommen einer arteriellen Luftembolie beim Erhängen. (2) Auch bedarf die speziell von Schubert mitgeteilte *Untersuchungsmethodik* einer *kritischen Überprüfung*.

Zu (1): Schuberts Hypothese einer arteriellen pulmogenen Aspirationsluftembolie beim Erhängen basiert in erster Linie auf dem Auftreten von "Saugkräften" im Lungenkreislauf, möglicherweise im Zusammenhang mit einer orthostatischen Komponente. Die Alveolarluft soll in rupturierte Lungengefäße aspiriert werden. Derartige Rupturen wurden wiederholt an der Lunge Erhängter gesehen, u.a. von Adebahr (1953), Brinkmann u. Püschel (1981) sowie auch im Rahmen der vorliegenden Untersuchungen.

Jedoch sprechen unseres Erachtens die folgenden Faktoren eher gegen das Auftreten von "Saugkräften" im venösen Schenkel des Lungenkreislaufes beim Erhängen: (a) die während der dyspnoischen Phase auftretende, durch intrathorakalen Sog bedingte Hyperämie der Lungen, (b) die heftigen dyspnoischen Atemexkursionen selbst und (c) ein erhöhter Blutdurchfluß des Lungengewebes zur Konstanthaltung des Pulmonalarteriendruckes während der ersten hypertonen Kreislaufphase der Strangulationsagonie (hierzu Brinkmann et al. 1981). (d) Durch den negativen alveolaren Druck im Rahmen der inspiratorisch betonten Dyspnoe und den erhöhten mikrovaskulären Filtrationsdruck (Brinkmann et al. 1981) dürfte ein Sog-Druckgradient entstehen, der einer pulmogenen Luftaspiration entgegengerichtet ist. (e) Weiterhin ist eine Erhöhung des pulmonalvenösen Druckes wahrscheinlich, einerseits in Fortsetzung der Erhöhung des pulmonalarteriellen Druckes, andererseits mit zunehmendem "Rückwärtsversagen" des linken Herzens.

Infolgedessen wäre eine pulmogene Luftembolisierung nur durch Einpressung von Luft in die eröffneten Blutgefäße während wechselnder lokalalevolärer Drucke infolge heftiger, insbesondere *expiratorischer* Atemexkursionen vorstellbar. Ob die dabei auftretenden Druckerhöhungen über den Pulmonalgefäßdrucken liegen und ob auf solche Art überhaupt nachweisbare Luftmengen embolisiert werden, vermögen wir nicht zu entscheiden; eine Reihe von Autoren (s.o.) vermuten dies. Unsere eigenen tierexperimentellen Versuchsergebnisse (Brinkmann et al. 1981) ergeben hierfür keinen Anhalt.

Schuberts Rückschluß vom Tierversuch auf den Menschen erscheint uns
nicht schlüssig: durch das Aufrichten der Tiere in eine senkrechte Körperhaltung kommt es nachgewiesenermaßen zu erheblichen orthostatischen
Blutverschiebungen, die sicherlich einen wesentlichen Faktor für die
hier beobachtete spontane Luftaspiration darstellten. Bei Menschen
spielen derartige Faktoren keine Rolle, denn die Kreislaufverhältnisse
sind der aufrechten Körperhaltung angepaßt und orthostatische Blutverschiebungen treten nach allgemeinen Erfahrungen erst im Gefolge
längerdauernder Inaktivität während des Stehens auf. Beim Erhängen
liegen somit grundlegend andere Verhältnisse vor als in der von Schubert tierexperimentell erzeugten Situation. Die von Schubert geäußer-
ten Vermutungen im Zusammenhang mit einer autochthonen Gasfreisetzung
erscheinen uns rein spekulativ. Die wesentliche Auswirkung von Erregungszuständen mit Hyperventilation ist eine Verminderung des alveolären Partialdruckes von Kohlendioxid. Verhältnisse, wie sie z.B. beim
Aufenthalt in einer Überdruckatmosphäre vorliegen, sind hierdurch keinesfalls gegeben. Diagnostisch wäre im übrigen eine autochthone Gasfreisetzung als vitales Zeichen nicht zu verwerten, da in keinem Fall eine
Abgrenzung von rein postmortalen Phänomenen möglich ist.

Zu (2): Gemäß Köhn (1952,1953) beruht die Aussage, daß die zerebrale
embolisierte Luft durch die Gefäßwände in die Virchow-Robin-Räume gelangt (Rössle 1944,1947,1948; Felix u. Loeschke 1950 a), auf einer
Fehldeutung der histologischen Bilder ebenso wie die Meinung, daß weiterhin das gesamte Hirngewebe auf dem Wege der zerebralen Liquorspalten
unter Auseinanderdrängung der Hirnsubstanz von Luft durchsetzt würde
und die Luft in die Ventrikel und Meningealräume gelange (Felix u.
Loeschke 1950 a). Nach Köhn, der sich zusätzlich auf eine Anzahl weiterer Autoren beruft, stellen Aussparungen in den Gefäßen selbst er-
weiterte Virchow-Robin-Räume und eine wabige Auflockerung der Hirn-
grundsubstanz Kunstprodukte dar, die durch Fixation entstehen und insbesondere bei Paraffineinbettungen, aber auch bei Gefrierschnitten beobachtet werden können. Außerdem soll beim Zustandekommen dieser Lücken-
bildungen (optisch leere Bezirke) die "ödematöse Durchtränkung der Hirnsubstanz" eine Rolle spielen. Bekanntlich treten ja beim Hirnödem
gleichartige Veränderungen auf.

Adebahr (1949,1952/53,1953,1954,1960), Adebahr u. Kupfer (1967), Adebahr u. Stark (1969) und Janssen (1967,1977) berichten von zahlreichen
histologischen Untersuchungen des Hirngewebes, Myokards, der Lungen
und des Blutes bei Luftembolie. Gemäß Janssen (1977) haben sämtliche
bei venöser und arterieller Luftembolie erfaßbaren histologischen Organveränderungen für sich allein unter forensischer Fragestellung keine
beweisende Bedeutung. Insbesondere gilt dies u.E. für Todesfälle mit
sehr kurzer Agonie im Minutenbereich, wie z.B. Erhängen. – Besondere
Bedeutung kommt dem Nachweis von Gasblasen mit zellulären Reaktionen
bei venöser Luftembolie im Blut des rechten Herzens zu (Adebahr 1949-
1969). Bei arterieller Luftembolie kommt es vor allen anderen Organen
offenbar speziell im Gehirn zu Störungen der Mikrozirkulation und zu
lokaler Verbrauchskoagulopathie mit der Folge von Ring- und Kugelblu-
tungen (Janssen 1967,1977). Derartige morphologische Vitalreaktionen
benötigen jedoch eine längerwährende Manifestationszeit.

Von Köhn (1953) wurden weitere grundsätzliche Bedenken an der Verwertbarkeit der Befunde von Felix u. Loeschke sowie Schubert geäußert. In
Übereinstimmung mit Walcher (1926) und Hoffheinz (1933) fand Köhn in
etwa 70% aller Hirnsektionen Luftfüllungen der Meningealgefäße als Kunstprodukte. Von Köhn wurden 300 Gehirne nach der von der Rostocker Arbeitsgruppe empfohlenen Methode untersucht. Neben den Luftbläschen in den
Meningealgefäßen bei 70% fand er Luft in Hirnventrikeln und Meningeal-
räumen bei 25%. Es handelte sich durchweg um Gehirne von Leichen, die
den Umständen nach auf Luftembolie unverdächtig waren.

Es wurde nachgewiesen, daß selbst beim Lebenden Unterdruck in den Hirnventrikeln besteht. Bei der geringsten Verletzung des Gefäß- oder Liquor-
raumsystems wird dieser Unterdruck durch Ansaugen äußerer Luft ausgeglichen. Köhn (1953) konnte das Einströmen äußerer Luft in das Gefäßsystem
während der Sektion manometrisch beweisen. Eine Entnahme des Gehirns
ohne Wasserbedeckung und nachfolgender Eröffnung der Ventrikelräume
unter Wasser wird somit zu Artefakten führen können; ganz besonders
gilt dieses für die von Schubert (1952 c) empfohlene Unterdruckfixie-
rung des Gehirns. Als weitere methodische Kritik an Schubert ist in
diesem Zusammenhang anzumerken, daß von ihm nur in einzelnen Fällen
eine vollständige Ganzkörperunterwassersektion durchgeführt wurde. In
jedem Fall wurde aber gleichzeitig - entgegen der Regel - auf zerebrale
und kardiale Luftembolie geprüft.

Für die praktische Tätigkeit im Sektionssaal sowie für die Beweisführung
beim Tod durch Erhängen ziehen wir die Schlußfolgerung, daß das sog.
Luftemboliezeichen beim Erhängen keinesfalls allzu häufig zu erwarten
ist (64 gezielt untersuchte eigene Fälle negativ); bezüglich der vitalen Entstehungsursachen müßten in jedem Fall zahlreiche Irrtumsquellen
sicher ausgeschlossen werden.

Literatur

Adebahr G (1949) Experimentelle Studien über Luftembolie unter Berücksichtigung der
  cerebralen Form. Med Dissertation, Universität Köln
Adebahr G (1952/53) Luftembolie im großen Kreislauf (Herz und Gehirn). Zentralbl Allg
  Pathol 89:216-222
Adebahr G (1953) Studien zum anatomischen Nachweis der Luftembolie unter besonderer
  Berücksichtigung der morphologischen Verhältnisse des Herzblutes. Virchows Arch
  Pathol Anat 323:155-173
Adebahr G (1954) Beobachtungen und experimentelle Untersuchungen zum anatomischen
  Nachweis von Luftembolie. Zentralbl Allg Pathol 92:53-58
Adebahr G (1960) Anatomischer Nachweis der Luftembolie im Herzblut. Zentralbl Allg
  Pathol 101:347-351
Adebahr G, Kupfer A (1967) Morphologischer Nachweis der Luftembolie im Herzblut.
  Abwandlung des Befundes in der Barbituratvergiftung beim Kaninchen. Dtsch Z Gerichtl
  Med 61:1-12
Adebahr G, Stark M (1969) Morphologischer Beitrag zur Frage der Verbrauchskoagulopathie
  bei Luftembolie. Virchows Arch Pathol Anat 346:224-238
Andrä F (1981) Untersuchungen zum sogenannten Luftemboliezeichen beim Erhängen. Med
  Dissertation, Universität Hamburg
Brinkmann B, Püschel K (1981) Die Lunge als Erfolgsorgan der Strangulationsagonie.
  Z Rechtsmed 86:175-194
Brinkmann B, Püschel K, Bause HW, Doehn M (1981) Zur Pathophysiologie der Atmung und
  des Kreislaufs bei Tod durch obstruktive Asphyxie. Z Rechtsmed 87:103-116
Dyrenfurth F (1926) Gerichtsärztliche Erfahrungen über klinische Erscheinungen und
  anatomische Befunde bei der Luftembolie und die Feststellung der letzteren. Med
  Klin 22:807-809
Felix W (1949) Über arterielle Luftembolie. Dtsch Gesundheitswesen 1:1-4
Felix W, Loeschke H (1950 a) Beitrag zur arteriellen Luftembolie des großen Kreis-
  laufs. Bruns Beitr 179:321-356
Felix W, Loeschke H (1950 b) Vorgänge in Lunge und Herz bei arterieller Luftembolie.
  Bruns Beitr 179:357-384
Frey S (1929) Die Luftembolie. Ergeb Chir Orthop 22:95-161
Haberda A (1927) Eduard R. von Hofmanns Lehrbuch der gerichtlichen Medizin, 11. Aufl.
  Urban & Schwarzenberg, Berlin Wien
Hoffheinz S (1933) Die Luft- und Fettembolie. Neue Deutsche Chirurgie, Bd 55. Enke,
  Stuttgart
v. Hofmann E (1903) Der Tod durch Erstickung. In: Kolisko (Hrsg) Lehrbuch der gericht-
  lichen Medizin. Urban & Schwarzenberg, Berlin Wien

Ipsen C (1907) Die Diagnose des Ertrinkungstodes (Diskussionsbeitrag). Vjschr Gerichtl
   Med (3. Folge) (Suppl) 33:61-62
Ipsen C (1914) Untersuchungen zum Tode durch Ertrinken. Vjschr Gerichtl Med (3. Folge)
   (Suppl) 47:167-180
Iversen (1862) Luftblasen im Blute eines Erhängten. Vjschr Gerichtl Med 22:226
Janssen W (1967) Zur Pathogenese und forensischen Bewertung von Hirnblutungen nach
   cerebraler Luftembolie. Dtsch Z Gerichtl Med 61:62-80
Janssen W (1977) Luftembolie. In: Janssen W (Hrsg) Forensische Histologie. Schmidt-
   Römhild, Lübeck, S 138-144
Köhn K (1952) Kritische Bemerkungen zur histologischen Diagnostik der arteriellen
   Luftembolie des Gehirns. Z Pathol 63:360-374
Koehn K (1953/54) Zum Nachweis der arteriellen Luftembolie des Gehirns. Dtsch Z
   Gerichtl Med 42:301-307
Loeschke H (1950) Über zerebrale Luftembolien und ihren Nachweis bei der Sektion.
   Z Inn Med 5:631-633
Mallach HJ, Pfeiffer KH (1978) Über die Bedeutung der Luftembolie als primäre und
   sekundäre Todesursache. Med Welt 29:1391-1396, 1475-1477
Mueller B (1953) Erstickung. In: Mueller B (Hrsg) Gerichtliche Medizin. Springer,
   Berlin Göttingen Heidelberg, S 380-422
Mueller B (1975) Luftembolie bzw. Gasembolie. In: Mueller B (Hrsg) Gerichtliche
   Medizin, 2. Aufl Bd I. Springer, Berlin Heidelberg New York, S 355-359
Pfeiffer KH (1977) Über Ursachen und Auswirkungen der Luftembolie aus gerichtsmedi-
   zinischer Sicht. Med Dissertation, Universität Tübingen
Prokop O (1975) Das Erhängen. In: Prokop O, Göhler W (Hrsg) Forensische Medizin,
   3. Aufl. VEB Verlag Volk und Gesundheit, Berlin, S 106-144
Richter M (1905) Gerichtsärztliche Diagnostik und Technik. Hirzel, Leipzig
Richter K, Löblich HJ (1978) Letale Dekompressionskrankheit nach therapeutischer Über-
   druckbehandlung. Z Rechtsmed 81:45-61
Rössle R (1944) Über die Luftembolie der Capillaren des großen und des kleinen
   Kreislaufs. Virchows Arch Pathol Anat 313:1-27
Rössle R (1947) Ursachen und Folgen der arteriellen Luftembolien des großen Kreis-
   laufs. Virchows Arch 314:511-533
Rössle R (1948) Über die ersten Veränderungen des menschlichen Gehirns nach arteri-
   eller Luftembolie. Virchows Arch 315:461-480
Scheil H (1953) Über die Durchgängigkeit der Halsgefäße für Luft beim Erhängen.
   Dtsch Z Gerichtl Med 42:294-300
Schmidt O (1929) Zum Nachweis cerebraler Fett- und Luftembolien. Dtsch Z Gerichtl
   Med 13:231-236
Schmidt WK (1979) Die Luftembolie bei gerichtlichen Obduktionen. Med Dissertation,
   Universität Tübingen
Schubert W (1951) Über Nachweis und Ursache der Aspirationsluftembolie aus der Lunge
   als bedeutsame Form der arteriellen Luftembolie des großen Kreislaufs. Virchows
   Arch (Pathol Anat) 321:77-87
Schubert W (1952 a) Über das Ergebnis einer Reihen- und Gruppenuntersuchung an 105
   Leichen zur Prüfung auf arterielle Luftembolie im großen Kreislauf. Virchows Arch
   (Pathol Anat) 322:472-487
Schubert W (1952 b) Über Lungenblutungen und Beziehungen zu arteriellen Luftembolien.
   Virchows Arch (Pathol Anat) 322:488-493
Schubert W (1952 c) Über einen makroskopischen Nachweis von Luftembolien im Organ-
   gewebe durch Fixierung im Unterdruckraum in Formalin im Anschluß an die Sektion.
   Virchows Arch (Pathol Anat) 322:494-502
Schubert W (1953) Luftembolien bei Erhängten. Dtsch Z Gerichtl Med 42:289-293
Seemann K, Wandel A (1967) Der Taucherunfall mit Überdehnung der Lunge und Luft-
   embolie. Münch Med Wochenschr 42:2168-2175
Seyerlein HF (1952/53) Technik der Unterwasser-Sektion des Schädels zum Nachweis
   intracranialer Gasansammlung. Zentralbl Pathol 89:258-261
Walcher K (1925) Über die gerichtlich-medizinische Beurteilung der Luftembolie im
   kleinen und großen Kreislauf mit besonderer Berücksichtigung der cerebralen Luft-
   embolie. Dtsch Z Gerichtl Med 5:561-573
Walcher K (1926) Über die Luftembolie. Mitt Grenzgeb Med Chir 39:314-352
Walcher K (1943) Über Erstickung. Ergeb Allg Pathol Anat 36:63-95

Selbstbeschädigungen an Gliedmaßen

D. Gerlach

Zusammenfassung

Die Untersuchung von Gliedmaßenverletzungen zur Feststellung einer freiwilligen Selbstbeschädigung oder eines unfallartigen Ereignisses wird von Gerichten und Unfallversicherern in letzter Zeit häufiger von Rechtsmedizinern als früher verlangt. In der neueren Literatur und in Gutachten über Selbstverstümmelungsfälle sind aus psychiatrischer
und psychologischer Sicht sowie durch physikalische und arbeitsmedizinische Berechnungen und Untersuchungen an den rechtsmedizinisch erarbeiteten, grundlegenden Erkenntnissen über die Bewertung von Selbstbeschädigungen Zweifel vorgetragen worden. Die Argumente und Ergebnisse können aus rechtsmedizinischer Sicht teils leicht entkräftet,
teils durch verbesserte und unter den Bedingungen des Schadenereignisses erhobene Befunde als theoretisch allenfalls möglich, in der Praxis aber nicht vorkommend widerlegt werden. Obwohl das neuerlich geschicktere Vorgehen und die Schilderungen der
Geschehensabläufe weniger offenkundige und schon nach wenigen Merkmalen bestimmbare
Indizien erkennen lassen und die ärztliche Befunddokumentation in den meisten Fällen
nicht die erforderlichen Informationen bietet, können durch sorgfältige Rekonstruktionen und individuelle Untersuchungen des Verletzungsfalles mit Versuchen am Werkzeug und Werkstück verläßliche Entscheidungen getroffen und Differenzierungen von Unfall und freiwilliger Selbstbeschädigung vorgenommen werden.

Summary

Nowadays legal physicians are called on more frequently than ever by courts and accident insurance companies to examine cases of injury to the limbs in order to ascertain
whether the injury is self-inflicted or accidental. In both the recent literature and
expert's opinions on cases of self-mutilation, doubts have been raised as to the assessment of self-inflicted injury, both from the psychiatric and psychological points of
view and on the basis of calculations in the fields of physics and industrial medicine
and tests on the fundamental findings of legal medicine. From the point of view of
legal medicine, and on the basis of improved findings from the scene of the injury,
these arguments can be partly watered down and partly refuted as being theoretically
possible but not occurring in practice.

Although the more skilful recent approach and the description of the course of events
provide fewer obvious criteria, which can be defined after fewer signs, and despite
the fact that in most cases documentation on medical findings does not furnish the
necessary information, reliable decisions can be made and cases of accidental and
self-inflicted injury differentiated on the basis of careful reconstruction and individual examination of the case of injury with tests on the instruments used.

Einleitung

Die Untersuchung von Gliedmaßenverletzungen zur Feststellung einer freiwilligen Selbstbeschädigung oder eines unfallartigen Ereignisses wird
von Gerichten und Unfallversicherern in letzter Zeit häufiger als früher
vom Rechtsmediziner verlangt. Fälle von Selbstbeschädigungen haben in
den letzten Jahren nicht nur in Deutschland, sondern auch in anderen
Ländern an Zahl zugenommen. Die Meinung, daß es psychologisch unwahr-

scheinlich sei, daß sich jemand für Geld einen oder mehrere Finger oder
gar eine ganze Hand abtrenne, wird in der Fachliteratur nicht mehr
ernsthaft vertreten. Im einschlägigen wissenschaftlichen Schrifttum
wird dagegen über Selbstbeschädigungen durch Abtrennen von Gliedmaßen
berichtet.

Auch Gerichte haben sich zunehmend mit strittigen Selbstbeschädigungen
zu befassen.

Definition

Selbstbeschädigung und Selbstverstümmelung sind Formen eines selbst-
tätigen oder von fremder Hand auf Verlangen vorgenommenen Eingriffs
gegen die Unversehrtheit des eigenen Körpers. Die Selbstbeschädigung
kann gegen den ganzen Körper oder gegen Teile des Körpers gerichtet
sein. Der übergeordnete Begriff ist die Selbstbeschädigung. Sie umfaßt
ein Ereignis, das einen vorübergehenden oder dauernden Körperschaden,
gleich welcher Art, herbeiführt, während als Selbstverstümmelung die
tatsächlich verstümmelnden Verletzungen verstanden werden (Dotzauer
u. Iffland 1976).

Motivationen der Selbstbeschädigungen

Unbeabsichtigte Selbstbeschädigungen sind weder psychiatrisch noch
rechtsmedizinisch interessant.

Bei psychisch Kranken kommen endogen oder auch exogen-toxisch bedingte
Psychosen und Neurosen vor, in denen Selbstbeschädigungen vorgenommen
werden (Bonte 1974; Gerlach 1974 a,b; Greiner 1974; Dotzauer u. Iffland
1976; Simpson 1976; Eckert 1977). Bekannt sind auch Selbstbeschädigungen
bei masochistischen und autoerotischen Handlungen und bei sexuellen Ab-
normitäten (Bonte 1974).

Bei Jugendlichen sind Selbstbeschädigungen durch spielerische Betäti-
gungen oder bei neurotischen Fehlhaltungen beschrieben worden (Dotzauer
u. Iffland 1976).

Neuerdings sind auch in Deutschland besondere Formen von Selbstbeschädigungen aus politischen oder religiösen Motiven bekannt geworden, die
vielfach in alten Überlieferungen schon ihre Vorgänger haben (Greiner
1974; Heun 1976; Bonte 1978), wie z.B. das Abschneiden von Fingern,
Ohren oder Nasen und die Selbstverbrennung.

Forensisch uninteressant sind auch billigend in Kauf genommene Selbstbeschädigungen wie z.B. die chronische Bronchitis des starken Rauchers,
die Hepatitis des Fixers oder die Alkoholleber des Trinkers. Hierhin
können auch eingeordnet werden die Sportverletzungen und die Verletzungen beim studentischen Mensurfechten, das keinen Straftatbestand darstellt, weil hier die Verletzungen mit Einwilligung geschehen und das
Verfahren nicht wider die guten Sitten verstößt.

Rechtsmedizinisch und rechtlich sind dagegen die vorsätzlich ausgeführten Selbstbeschädigungen von Bedeutung, wenn sie in der Absicht ausgeführt werden, durch Täuschung einen materiellen Vorteil zu erreichen.
Während früher das Motiv sich dem Wehr- oder Kriegsdienst zu entziehen
im Vordergrund stand (Bennecke 1911; Meixner 1919; Bonte 1974), werden
kriminelle Selbstbeschädigungen in Deutschland heute fast ausschließlich in der Absicht ausgeführt, Geld (von einer Versicherung) zu erhalten.

Rechtsvorschriften

Selbstbeschädigungen oder Selbstverstümmelungen sind an sich noch keine
strafbaren Handlungen. Wie der Suizid und Suizidversuch straflos sind,
kann auch das Abtrennen einer Hand straflos sein. Rechtliche Konsequenzen ergeben sich allerdings, wenn die Selbstbeschädigung in der Absicht
herbeigeführt wird, sich materielle Vorteile zu verschaffen. Dann kann
der Tatbestand des § 263 StGB (Betrug) erfüllt sein oder der des § 265
StGB (Versicherungsbetrug).

Ermittlungs- oder Strafverfahren wegen einer Selbstverstümmelung zur
Herbeiführung einer Untauglichkeit zur Wehrpflicht (§ 109 StGB) oder
zum zivilen Ersatzdienst sind selten. Für aktive Soldaten gilt der
gleiche Straftatbestand unter dem § 17 des Wehrstrafgesetzes.

Gemäß den Vorschriften der privaten Unfallversicherung entfällt nach
§ 5 der Allgemeinen Versicherungsbedingungen für die Unfallversicherung
(AUB) eine Leistungspflicht, wenn der Schaden durch auf Vorsatz beruhen-
de Krankheiten und Unfälle einschließlich deren Folgen entstanden ist.

Im Rahmen der Sozialversicherungen finden sich analoge Bestimmungen
im § 192 RVO für die Krankenversicherung, in den §§ 553 und 554 RVO
für die gesetzliche Unfallversicherung, im § 1277 RVO für die Arbei-
terrentenversicherung und im § 73 des Knappschaftsgesetzes sowie im
§ 54 des Angestelltenversicherungsgesetzes.

Häufigkeit von vorsätzlicher, betrügerischer Selbstbeschädigung

Genaue Angaben über die Häufigkeit von Selbstbeschädigungen sind weder
aus der Literatur (Mayr 1937; Isfort u. Ruland 1957; Bartsch 1959;
Dotzauer u. Iffland 1976) noch von Versicherungsgesellschaften zu erhalten, weil zum einen keine statistischen Erhebungen durchgeführt
wurden und zum anderen bei der Vielfältigkeit des Vorgehens und der
nicht einheitlichen Erfassung eine große Dunkelziffer besteht.

Allein für die Finger- und Handverletzungen ergeben sich aus dem Versi-
cherungsbestand einer großen privaten Unfallversicherungsgesellschaft
bei ca. 52 000 jährlich gemeldeten Unfallschadensfällen insgesamt etwa
16 bis 18 Fälle von Fingerverletzungen, die den Unfallsachbearbeitern
auffällig erscheinen und die dann anschließend ausführlich untersucht
werden. Dabei werden etwa 3 bis 5 Fälle von Selbstverstümmelung aufgedeckt. Das Verfahren, Fingerverletzungen zentral zu melden, wo dann erfahrene Sachbearbeiter diese Verletzungsfälle untersuchen und je nach
Lage einen Sachverständigen einschalten können, ist jedoch nicht bei
allen Versicherungsgesellschaften eingeführt.

Bei diesen Zahlenangaben sind Selbstbeschädigungen außerhalb von Finger-
und Handverletzungen nicht erfaßt. Vorgetäuschte, meist vorübergehende
und wieder abheilende Selbstbeschädigungen ohne Dauerschaden, die vielfach zur Erreichung von Krankengeldern auch früher schon ausgeführt
wurden (Reuter 1911; Mayr 1937; Isfort u. Ruland 1957), oft auch zur
vorzeitigen Erlangung einer Unfall- oder Invalidenrente, haben in den
letzten Jahren ebenfalls zugenommen. Sie sind aber in vielen Fällen
nicht eindeutig zu beweisen, was häufig, wie auch bei den Gliedmaßenverletzungen, auf falsch oder mangelnd sorgfältig ausgestellten ärztlichen Befunddokumentationen oder Attesten beruht (Heismann 1966;
Sachs 1967). Die Aufklärung solcher Fälle ist auch dadurch erschwert,
daß der Verdacht meist viel zu spät aufkommt, als daß noch sicher aus-
wertbare Untersuchungsergebnisse für den Beweis oder Ausschluß einer
Selbstbeschädigung zu erhalten sind.

Eigene Fälle

1. Aufträge für die Untersuchungen

Während früher überwiegend Unfallversicherungen Auftraggeber für Untersuchungen von traumatischen Gliemaßenamputationen waren (79 Fälle),
wurden in den letzten Jahren zunehmend mit der Prozeßfreudigkeit auch
Gutachten für Zivilgerichte in strittigen Fällen verlangt, wenn z.B.
die Versicherungsgesellschaft – meist aufgrund eines Gutachtens – die
Versicherungsleistungen verweigerte (41 Fälle). Eine Verletzung wurde
für eine Berufsgenossenschaft untersucht. Diese sind im übrigen in der
Ermittlung und in der Regulierung von Fingerverletzungen großzügig.
Ihre Untersuchungen beschränken sich meist nur auf die Einhaltung von
Unfallverhütungsvorschriften und auf eine technische Überprüfung des
Unfallwerkzeugs.

2. Methodik und Werkzeuge bei Selbstbeschädigungen

Bei den forensisch relevanten Fällen einer Selbstbeschädigung an Gliedmaßen werden weit überwiegend Einwirkungen mechanischer Gewalt beobachtet.

Es sind zumeist Äxte und Beile (Rauch 1918; Nippe 1938; Koopmann 1943;
Raestrup 1961), also schneidende Gewalt, oder maschinell betriebene
Sägen, Kreissägen der verschiedensten Arten, auch Kettensägen, Metall-
sägen und Metallschneidegeräte. Seltener werden Quetschverletzungen
beobachtet. Einige Schußverletzungen wurden untersucht. Im übrigen
sind vielfältige andere Einwirkungen angegeben worden wie Mähdrescher,
Eisenbahnüberfahrung, herabfallende oder durch die Luft fliegende
Eisenteile, Mixgeräte und gewerbliche Zerhackergeräte (Tabelle 1).

Die 121 eigenen Begutachtungsfälle zur Frage der Selbstbeschädigung
zeigen, daß überwiegend der linke Daumen und der linke Zeigefinger
betroffen waren. Hierbei handelte es sich in allen Fällen um Finger
der Nichtgebrauchshand.

Ein rechter Daumen war 6mal und ein rechter Zeigefinger 2mal traumatisch amputiert. Davon betrafen 2 Daumen und 1 Zeigefinger die Ge-
brauchshand. Die übrigen Verletzungen der rechten Hand traten bei
Linkshändern auf.

In 6 Fällen wurden Mehrfingerverletzungen beobachtet, sämtlich mit
vollständiger Amputation mehrerer Finger und immer an der linken Hand
eines Rechtshänders. Linke Hände waren 5mal traumatisch amputiert. In
einem Fall einer Eisenbahnüberfahrung waren gequetschte Haut- und Seh-
nenteile als Brückengewebe zwischen Unterarmstumpf und Hand vorhanden.
Diese Hand konnte wegen der ausgedehnten Quetschverletzungen nicht
replantiert werden. In einem anderen Fall wurde die glatt im Radio-
carpalgelenk ohne Knochenverletzung (abgesehen von den Styloidfort-
sätzen) amputierte Hand von der Feuerwehr auf ärztliche Veranlassung
gesucht und gefunden und in einer mehrere Stunden dauernden Operation
von einem Handchirurgen replantiert. Die Hand konnte mit Funktions-
einschränkungen erhalten werden.

In den meisten Fällen ist allerdings der abgetrennte Finger nicht mehr
auffindbar. Die Angabe, daß der Hund ihn möglicherweise gefressen
habe, wurde 14mal gemacht. Das ist sehr auffällig bei insgesamt 58
Fällen, in denen überhaupt ein Hund oder ein anderes Tier, das den
Finger hätte fressen oder verschleppen können, vorhanden war. 21mal
war der Finger spurlos verschwunden, 76mal war er mit den Blutspuren
beseitigt worden, meist in die Mülltonne geworfen.

Tabelle 1. Verletzungsarten nach Angaben der Verletzten bei 121 Begutachtungen von Gliedmaßenverletzungen zur Frage der Selbstbeschädigung

	Total	Linker Daumen	Linker Zeigefinger	Linker Daumen u. Zeigefinger	Rechter Daumen	Rechter Zeigefinger	Mehrfinger- verletzung	Hand
Axt/Beil	40	22	10	7	1			
Fleischerbeil	5	2	2	1				
Kreissäge	33	16	8	6	1		1	1
Metallsäge	6		1	1		1	2	1
Kettensäge	4	1	1	1	1			
Bandsäge	2	1	1					
Schuß	5	2	1				1	1
Fall. Eisenstück	4	1	1	1			1	
Flieg. Eisenstück	1							1
Blechschneider	3	1		2				
Mixgerät	3	1			1		1	
Fleischwolf	2	1	1					
Zerhacker (Holzspäne)	2			1				1
Strohschneider	3		1	1		1		
Elektr. Häckselmaschine	2		1	1				
Eisenbahnüberfahrung	2						1	1
Reißwolf	1							1
Autoventilator	1		1					
Tür	1	1						
Mähdrescher	1		1					
	121	49	30	22	4	2	7	7

Gleichartige oder ähnliche Angaben finden sich auch in früheren Analysen
und Fallbeschreibungen von Selbstbeschädigungen (Bach 1939; Jungmichel
1955; Heismann 1966; Sachs 1967; Gerlach 1974 a,b; Dotzauer u. Iffland
1976).

In einem Fall hatte ein praktischer Arzt mit unfallchirurgischer Ausbildung und betriebsärztlicher Tätigkeit den mit einer Kreissäge ab-
getrennten Finger nicht in das Krankenhaus mitgenommen. Als der Finger
zur Replantation gesucht wurde, hatte ihn schon der Hund gefressen.
Der mit dem Daumen abgeschnittene Handschuhdaumen wurde ebenfalls
nicht mehr gefunden.

3. Regionale Verteilung

Die Verteilung und Häufung von Selbstbeschädigungen in bestimmten Regionen Deutschlands (Sachs 1967; Dotzauer 1968; Gerlach 1974 a,b;
Dotzauer u. Iffland 1976) beruht zu einem Teil auf dem unterschiedlich
gestalteten Bestand der Versicherungen in den einzelnen Landstrichen
mit einer Häufung in ländlichen Gegenden, zum anderen aber auch auf
einer tatsächlichen endemischen Ausbreitung. Es ist deshalb bedeutsam,
in der Umgebung des Verletzten nach ähnlichen Fällen zu forschen und
den Verletzten danach zu befragen. Mein Lehrer H.W. Sachs schilderte
einen Fall, bei dessen Untersuchung er den Verletzten zu Hause nicht
antraf und von Nachbarn in einen Gasthof gewiesen wurde, wo der zu Un-
tersuchende sich aufhalten sollte. Dort traf er dann auch den Verletzten, der sich in Begleitung einer Frau befand, welcher ebenfalls ein
Daumen fehlte. Sie hatte kurze Zeit vorher eine hohe Entschädigungs-
summe erhalten.

Die Häufung von Selbstbeschädigungen im ländlichen Bereich ist in den
letzten Jahren im eigenen Untersuchungsgut im Gegensatz zu einer früheren Analyse (Gerlach 1974 a,b) nicht mehr erkennbar gewesen. Dafür
sind mehr Verletzungen im städtisch-häuslichen Bereich, oft in der Hob-
bywerkstatt aufgetreten.

4. Täterpersönlichkeit

Auch das Täterbild des Selbstbeschädigers hat sich in den letzten Jahren gewandelt. Während sich bis vor etwa 5 Jahren die Fälle meist auf
Arbeiter, stark verschuldete Landwirte, Nebenerwerbslandwirte oder
Inhaber kleinerer Handwerksbetriebe bezog, waren in der letzten Zeit
zunehmend auch Selbstbeschädigungen bei Akademikern und scheinbar wohl-
habenden Geschäftsleuten zu beurteilen.

Auffällige psychische Alterationen oder eine besondere Delinquenz sowie
auffällige Lebensumstände (außer Geldnot) sind meist nicht feststellbar.

5. Ausgang der Verfahren

Von den 121 Begutachtungen wurden 8 Verletzungen als unfalltypisch beurteilt, 6 Verletzungen waren nicht sicher einzuordnen. Bei den übrigen
Fällen nahmen die Versicherungsgesellschaften, soweit sie Auftraggeber
waren, aufgrund des Gutachtens eine Selbstbeschädigung an und verwei-
gerten die Versicherungsleistung.

In 72 Fällen war jetzt nachträglich der Verfahrensausgang noch zu ermitteln. Danach haben 31 Verletzte die Ablehnung der Versicherungsleistung hingenommen. In 9 Verletzungsfällen - meist die nicht sicher zu
entscheidenden - wurde ein außergerichtlicher Vergleich mit Auszahlung
einer reduzierten Versicherungssumme geschlossen. In 24 Fällen kam es
zum Rechtsstreit, in dessen Verlauf fast immer weitere Gutachter - zumeist Rechtsmediziner - eingeschaltet wurden.

7 Verfahren sind noch nicht abgeschlossen. Die 17 rechtskräftig ent-
schiedenen Zivilverfahren haben in 2 Fällen zu einem Vergleich geführt,
in 3 Fällen hat das Gericht trotz übereinstimmender Vor- oder Nachgut-
achten zugunsten der Verletzten auf ein unfallartiges Ereignis erkannt.

Die 8 als wirkliche Unfälle beurteilten Verletzungen wurden von den Versicherungsgesellschaften entschädigt.

Die rechtsmedizinische Untersuchung und Rekonstruktion von Gliedmaßenverletzungen

Die Unterscheidung von Unfallereignis und Selbstbeschädigung ist selten
schon an wenigen auffälligen Merkmalen zu treffen. Meist müssen viele
Indizien zusammengetragen und gemeinsam beurteilt werden (Reuter 1911;
Schnabelmaier u. Mika 1968; Dotzauer u. Iffland 1976).

Hierfür gibt es spezielle rechtsmedizinische Kennzeichen, die zu begut-
achten sind und allgemeine Kennzeichen, zu deren Beurteilung ein medizinisches Fachwissen nicht notwendig ist. Auf diese allgemeinen Kennzeichen soll hier nur hingewiesen werden. Sie sind bei Selbstbeschädigungen immer wieder in gleicher oder ähnlicher Weise erkennbar geworden:

- Abschluß der Versicherung kurze Zeit vor dem Schadenereignis
- hohe Versicherungssumme, dadurch
- hohe Prämie, die dem Einkommen des Verletzten nicht angepaßt ist
- Abschlüsse bei mehreren Versicherungsgesellschaften
- Verschweigen der anderen Versicherungen
- Wechsel in der Hergangsschilderung
- Vorbringen eines neuen Geschehensablaufs, wenn ein Gutachter die erste
  Hergangsschilderung für nicht vereinbar hält
- keine Zeugen des Verletzungsgeschehens
- rasche Beseitigung von Spuren (Werkzeug, Werkstück, amputierter Finger)
- und vieles andere mehr.

Mit rechtsmedizinischem Fachwissen sind dagegen zu beurteilen:

- der Ort des Verletzungsgeschehens
- die Lage der Verletzung
- die Art der Abgrenzung an Weichteilen und Knochen
- die Amputationshöhe
- die Amputationsrichtung
- das Verhältnis der Verletzung zur nicht verletzten Umgebung
- Spuren u.a.

Der Rechtsmediziner soll sich überwiegend auf rein medizinische Beurteilungen beschränken. Er muß auf jeden Fall die Verletzung analysieren, ihre Entstehungsursache bestimmen und prüfen, ob die Verletzung
so entstanden sein kann, wie der Versicherungsnehmer es schildert und
ob somit eine unfreiwillige Verletzung vorliegt, die durch ein unfallartiges Ereignis eingetreten ist.

Für die Untersuchung von Gliedmaßenverletzungen empfiehlt es sich, die
von Dotzauer u. Iffland (1976) erarbeitete Checkliste zu verwenden. Die
Autoren weisen mit Recht darauf hin, daß die Schilderung des Geschehensablaufs die Grundlage der Beurteilung sein muß. Es kann somit zum Vorgehen bei der Untersuchung angeraten werden, zunächst mit der Befragung
über den Geschehensablauf zu beginnen. Diese Befragung muß entsprechend
ausführlich sein und viele Einzelheiten, auch Angaben von Zeugen, soweit
sie vorliegen oder Zeugen vorhanden sind, berücksichtigen. Von besonderer Bedeutung sind die Auswertung der Arztberichte, der Röntgenbilder
und Fotos. Schließlich sind Spuren zu sichern und zu untersuchen. Gelegentlich müssen Gutachten über vorangegangene Untersuchungen bei der

eigenen Beurteilung kritisch oder als Beurteilungsgrundlage berücksichtigt werden.

Mit diesen Erkenntnissen muß geprüft werden, ob die Verletzung mit dem angegebenen Werkzeug in der angegebenen Haltung und Stellung entstanden sein kann, wie und unter welchen Voraussetzungen und Bedingungen sie sonst noch entstanden sein kann und ob das Verletzungsgeschehen mit der angegebenen Schilderung des Hergangs in Einklang zu bringen ist oder nicht, ob der Hergang zwanglos aus häufig geübten Gepflogenheiten oder nur mit Vorwand und nur aus gekünstelter Haltung oder gar in abnorm gelagerter Haltung entstanden sein kann.

Rekonstruktionsversuche

Hat sich der rechtsmedizinische Gutachter aus den Arztberichten und möglichst durch eigene Untersuchungen ein Bild von der Art und dem Ausmaß der Verletzung verschafft, dann muß er daraus ableiten, wie die Verletzung entstanden ist.

Für derartige Beurteilungen reichen selten die objektivierten Befunde allein aus. In den meisten Fällen ist eine Rekonstruktion mit dem Verletzten erforderlich, vielfach müssen auch Modellversuche angestellt werden, insbesondere dann, wenn zu prüfen ist, ob die Verletzung überhaupt durch das vorgewiesene Werkzeug bei dem geschilderten Vorgang erzeugt worden sein kann.

Die Rekonstruktion von Verletzungsvorgängen sollte möglichst kurze Zeit nach dem Schadenereignis stattfinden. Immer sollte dafür Sorge getragen werden, daß keine wertvollen Spuren verwischt werden. Die Rekonstruktion soll nach Möglichkeit mit dem Originalwerkzeug und -werkstück vorgenommen werden. Sind diese nicht mehr vorhanden oder nicht mehr geeignet, dann müssen gleichartige Teile beschafft werden.

Die Rekonstruktion sollte auch sonst unter vergleichbaren Bedingungen durchgeführt werden. Dabei soll der Verletzte seine Hand-, Finger- und Körperhaltung demonstrieren, die er eingenommen hatte, als die Verletzung geschah.

Für die Rekonstruktion und ihre Auswertung sind einige Fachkenntnisse im handwerklichen und technischen Bereich erforderlich. Die Untersuchungen gehören zum Aufgabengebiet des Rechtsmediziners und überschreiten keineswegs seine fachliche Kompetenz.

Wer Verletzungen zur Frage einer möglichen Selbstbeschädigung beurteilt, sollte Verrichtungen, die zu dem Schadenereignis geführt haben, schon einmal selbst ausgeführt haben. Bei außergewöhnlichen Vorfällen ist möglicherweise mit einer Reihe von Versuchspersonen zu prüfen, welche Hand- und Körperhaltungen zweckmäßig, unzweckmäßig, unsinnig und gekünstelt sind. In einigen Fällen müssen auch Modellversuche durchgeführt werden, um die Art und das Ausmaß einer Verletzung durch ein bestimmtes Werkstück zu prüfen.

Für Durchtrennungen mit schneidenden Werkzeugen, insbesondere durch Axt und Beil, aber auch durch maschinelle Sägen, sind Parameter erarbeitet worden, die eine bestimmte Verletzung oder typische Formen von Verletzungen in ein bestimmtes Geschehnis einordnen oder besondere Auffälligkeiten erkennen lassen (Böhni 1949; Stucke u. Bayreuther 1955; Schabelmaier u. Mika 1968; Richter 1972; Bonte u. Rüdell 1978). Diese Erkenntnisse und die Befunde der eigenen Versuche aus Anlaß von Begutachtungen zeigen, daß die rein technisch-physikalisch bestimmten Werte ohne Berücksichtigung medizinisch-naturwissenschaftlicher Vorgaben und Fakten leicht zu falschen Ergebnissen führen können. Die Durchtrennungszeiten für einen menschlichen Unterarm, die von Fritze et al. (1980) an fixiertem Leichengewebe auf einem Schneideschlitten mit 40 - 80 ms bestimmt wurden, sind am nicht fixierten Gewebe und unter realen Unfallbedingungen nicht reproduzierbar. Auch ist der Verletzungsbefund, der bei den Versuchen beobachtet wurde, auf lebendes und unfixiertes Gewebe nicht zu übertragen.

Freiwillige oder unfreiwillige Verletzung?

Bei der Überprüfung, ob die objektivierten Befunde mit der Schilderung des Verletzten im Einklang stehen oder nicht, können bestimmte Ereignisse und Abläufe vereinbar sein, andere auffällig oder unverständlich. Bei nicht zu vereinbarenden Geschehensabläufen oder bei sicher auszuschließenden oder als offensichtlich falsch erkennbaren Darstellungen, die sich auf wesentliche und entscheidende Anteile des Hergangs beziehen, ist eine Verletzung als nicht erklärbar zu beurteilen.

Die Schlußfolgerung, ob eine freiwillige oder unfreiwillige Verletzung vorliegt, darf vom Mediziner in letzter Konsequenz nicht gezogen werden, weil diese Beurteilung sich auf den Vorsatz bezieht und nur vom Juristen vorgenommen werden darf. Der Mediziner kann aber durch seine medizischen Fachkenntnisse bei der Entscheidung helfen. Wenn ernsthafte Bedenken gegen die Richtigkeit der Hergangsschilderung aus medizinischer Sicht bestehen, weil entscheidende Vorgänge mit dem Verletzungsbild und den Spuren nicht in Einklang zu bringen sind, dann bedeutet dies, daß die Verletzung nicht bei einem natürlichen, typischen Geschehensablauf wie bei einem Unfall geschehen sein kann.

Schluß

Die rechtsmedizinische Beurteilung von Selbstbeschädigungen an Gliedmaßen setzt eine besondere Einarbeitung und Erfahrung auf diesem speziellen Gebiet der Begutachtung von Verletzungen voraus. Da die Vorgänge bei Selbstbeschädigungen geschickter ausgeführt werden und der Täterkreis ausgedehnter als früher in Erscheinung tritt, sind sorgfältige Untersuchungen und Rekonstruktionen erforderlich, wobei in vielen Fällen Modellversuche unter Mitarbeit anderer Fachleute, insbesondere von Physikern und Chemikern, erforderlich werden.

Auch in diesem Rahmen ist es zweckmäßig, eine interdisziplinäre Unfallrekonstruktion zu betreiben, damit optimale Ergebnisse erzielt werden können.

Literatur

Bach G (1939) Versicherungsbetrug durch Selbstverstümmelung des linken Zeigefingers. Schweiz Med Wochenschr 69:224-225
Bartsch W (1959) Über Simulation und Selbstbeschädigung. Med Wochenschr 13:296-299
Bennecke J (1911) Simulation und Selbstverstümmelung in der Armee unter besonderer Berücksichtigung der forensischen Beziehungen. Arch Kriminol Anthrop 43:266-228
Böhni F (1949) Richtlinien für die Beurteilung von Fingerverletzungen beim Holzspalten. Z Unfallmed Berufskr 42:159-180
Bonte W (1974) Selbstverletzungen, ein vielschichtiges Problem. Nieders Ärztebl 47:699-703
Bonte W (1978) Rituelle Fingeramputationen. Arch Kriminol 162:17-22
Bonte W, Rüdell E (1978) Fehlschlag oder gezielte Selbstverstümmelung? Arch Kriminol 161:143-152
Dotzauer G (1968) Selbstbeschädigungen. Hefte Unfallheilkd 94:188-193

Dotzauer G, Iffland R (1976) Selbstverstümmelungen in der privaten Unfallversicherung.
  Z Rechtsmed 77:237-288
Eckert WG (1977) Self-inflicted wounds. Forensic medicine, vol I. Saunders, Phila-
  delphia London
Fritze A, Preuschaft H, Fritz M (1980) Neue Erkenntnisse zu Unfällen mit Tischkreis-
  sägen. Z Rechtsmed 85:107-118
Gerlach D (1974 a) Fingerverletzungen (Axt, Säge, Schuß). Arbeitstagung Norddtsch
  Rechtsmed, Duisburg
Gerlach D (1974 b) Selbstbeschädigungen an Gliedmaßen - Versicherungsbetrug -.
  Jahrestag. d. Dtsch Ges f. Rechtsmed, Göttingen
Greiner H (1974) Selbstmord kombiniert mit Selbstbeschädigung. Arch Kriminol 154:
  25-28
Heismann HW (1966) Unfall oder Versicherungsbetrug durch Selbstschädigung bei Finger-
  verletzungen. Med Dissertation, Universität Münster
Heun E (1976) Die Himmelsreisen der Schamanen. Dtsch Ärztebl 73/13:908-911
Isfort A, Ruland L (1957) Die ärztliche und versicherungsmedizinische Bedeutung des
  Artefaktes. Hefte Unfallheilkd 60:198-204
Jungmichel G (1955) Über Selbstbeschädigungen. Hefte Unfallheilkd 48:172-185
Koopmann H (1943) Unfall oder Selbstbeschädigung durch Abhacken von Fingergliedern.
  Hefte Unfallheilkd 50:249-257
Mayr J (1937) Handbuch der Artefakte. Fischer, Jena
Meixner K (1919) Gerichtsärztliche Erfahrungen über Selbstbeschädigung. Beitr Gerichtl
  Med 3:145-212
Nippe M (1938) Unfall oder Selbstverstümmelung durch Abhacken von Daumen oder Finger-
  gliedern. Neumanns Z Vers Wesen 61:499
Raestrup O (1961) Selbstverstümmelungen (Fingerverletzungen) und private Unfallver-
  sicherung. Hefte Unfallheilkd 64:245-255
Rauch R (1918) Methodik und Verfahren der Selbstverstümmler. Med Klin 3:349-440
Reuter F (1911) Die Selbstbeschädigung und ihre forensische Beurteilung. Beitr
  Gerichtl·Med 1:192-221
Richter O (1972) Versuche über Handhaltung und Fingerstellung bei Kreissägenverlet-
  zungen zur Beurteilung einer fraglichen Selbstverstümmelung. Med Sachverst 68:59-61
Sachs HW (1967) Abgetrennte Finger (Vortrag). Dtsch Z Gerichtl Med 59:195
Schnabelmaier HL, Mika C (1968) Die traumatische Fingeramputation als Selbstverstüm-
  melung und ihre chirurgische Begutachtung. Monatsschr Unfallheilkd 71:540-548
Simpson MA (1976) Self-mutilation and suicide. In: Sheidman ES (ed) Suicidology -
  current development. Grune & Stratton, New York
Stucke K, Bayreuther H (1955) Die Chirurgie des Sägeunfalles. Hefte Unfallheilkd
  49:1-73

Zur Zeitbestimmung der Lungenveränderungen im posttraumatischen Schock

H. Joachim

Zusammenfassung

Zur Altersbestimmung der Lungenveränderungen wurden die Lungen von 47 Fällen aus einem Sektionsmaterial von 137 Fällen organischen Versagens im posttraumatischen Schock mit einer Überlebenszeit bis zu zwei Wochen untersucht. 11 Fälle waren Soforttodesfälle infolge schweren Schädel-Hirn-Traumas und dienten als Kontrollen.

Es wurden untersucht: das Lungenfrischgewicht, das extravaskuläre Lungenwasser, morphologische Schockäquivalente wie Mikrothromben, Fettembolie, Lungenödem, hyaline Membranen, das Phänomen des sog. Granulozytensticking etc., Morphometrisch wurde die Breite des perivaskulären und septalen Interstitiums bestimmt.

Die untersuchten Kriterien lassen in ihrer Gesamtheit eine Altersbestimmung der Lungenveränderungen im posttraumatischen Schock zu und 4 Phasen in der Entwicklung des Schocklungensyndroms erkennen. Die forensisch-medizinische Bedeutung derartiger Untersuchungen wird erörtert.

Summary

In order to estimate the time between blunt or sharp trauma and the incidence of lung alterations in post-traumatic shock, systematic investigations in 47 out of a total of 137 cases with different survival times of up to 14 days after trauma were carried out. Eleven cases of immediate death after severe trauma of the brain were used as controls. The following were determined and used as criteria: the fresh weight of the lungs; the extravascular lung water (EVLW); and morphological equivalents of shock such as granulocyte sticking in the capillaries of the lungs, fat embolism, microthrombi, and hyaline membranes. The increase in width of the perivascular and septal interstitium was morphometrically evaluated to estimate lung edema.

By examining these criteria a determination of the time lapse after the trauma seems to be possible. Four phases in the development of the shock lung syndrome could be distinguished.

Einleitung

Methoden der Zeitbestimmung von Verletzungen zur Beurteilung der Überlebenszeit oder der Reihenfolge eines mehrzeitigen Verletzungsgeschehens sind häufig beschrieben worden; ihre forensische Bedeutung ist unbestritten. Hierbei wurden fast ausschließlich lokale Reaktionen verschiedener Gewebe auf die unmittelbare Läsion morphologisch, histochemisch oder biochemisch untersucht.

Die morphologischen Veränderungen ganzer Organe infolge einer Allgemeinschädigung des menschlichen Organismus nach schwerem tödlichem Trauma durch scharfe oder stumpfe Gewalt sind im Hinblick auf die Bestimmung der Überlebenszeit nur wenig systematisch und bezüglich der Lungen nie an einem größeren Material überprüft, sondern überwiegend unter dem

Aspekt des Gelebthabens bzw. als Kriterium einer vitalen Reaktion untersucht worden.

Bei kurzen Überlebenszeiten geht es hierbei häufig um die Beschreibung sogenannter morphologischer Schockäquivalente oder um den Nachweis unterschiedlicher Formen von Embolien.

Klinische und pathologisch-anatomische Untersuchungen haben zu einem sehr differenzierten Bild von den funktionellen und morphologischen Phänomenen des Schockes menschlicher Organe geführt. Wegen der besseren Überlebenschancen infolge der intensivmedizinischen Fortschritte rückte insbesondere die Lunge in den Mittelpunkt des Interesses, da sich an ihr ebenso wie an der Niere die frühesten Manifestationen des Schockes nachweisen lassen, gleichzeitig aber hier im Gegensatz zur Niere die Grenzen der therapeutischen Möglichkeiten endgültig erkennbar wurden.

Die zahlreichen Untersuchungen sind von großem klinischem Interesse und forensisch-medizinisch unter dem Teilaspekt der Begutachtung des ärztlichen Eingriffs bzw. Unterlassens von Bedeutung.

Es hat sich hierbei gezeigt, daß dem Pathologen ein größeres Untersuchungsmaterial insbesondere der frühen aber auch späteren Formen organischen Versagens im posttraumatischen Schock nicht zur Verfügung steht, da diese Fälle in der Regel im Rahmen einer gerichtlichen Obduktion zur Untersuchung kommen.

In diesem Zusammenhang darf an Roessle erinnert werden, der in seinem bekannten Werk über "Maß und Zahl in der Pathologie" (Roessle u. Roulet 1932) bemerkte, daß "normale Lungen zu den größten Seltenheiten am Sektionstisch gehören" und sich mehr als bisher auch die gerichtlich-medizinischen Institute bewußt werden sollten, "daß sie in dieser Beziehung die vielen wertvollen Sektionsfälle plötzlich umgekommener Personen nicht ungenützt lassen sollten".

In der vorliegenden Arbeit soll an einem größeren Material durch Untersuchung der morphologischen und morphometrischen Lungenveränderungen ein rechtsmedizinischer Beitrag zur Bestimmung der Überlebenszeit im Schock geleistet werden. Es wird damit an frühere Untersuchungen angeknüpft, in denen an kleineren Fallzahlen einige Teilaspekte des Schockgeschehens an der Lunge behandelt wurden (Mittermayer u. Joachim 1976 a, b,c); Joachim et al. 1976,1978,1980; Joachim u. Sturm 1982). Hierbei soll neben den oben dargelegten Gründen die Frühphase des Schockes auch deswegen besonders berücksichtigt werden, weil sie von großem forensischem Interesse ist. Nicht selten sieht sich der forensische Pathologe nämlich vor die Frage gestellt, wie lange eine Gewalttat von dem aufgefundenen Opfer überlebt wurde, oder ob nach einem Unfall durch rechtzeitigen ärztlichen Einsatz das Leben des Opfers noch zu retten oder noch längere Zeit zu erhalten gewesen wäre.

Bei den früh im posttraumatischen Schockgeschehen Verstorbenen handelt es sich ferner um Fälle, bei denen das Bild der organischen Schockmanifestationen häufig noch nicht iatrogen durch irgend eine therapeutische Maßnahme beeinflußt worden ist, so daß Untersuchungen wie die vorliegenden auch einen Beitrag zur Pathogenese des Schocklungensyndroms liefern können.

Bei mittelschweren Traumen kann die Kenntnis der morphologischen Schockäquivalente für die Klärung des Kausalzusammenhanges zwischen Trauma und Tod differentialdiagnostisch entscheidend sein. Auch können fehlerhafte Maßnahmen bei der Schockbehandlung durch derartige Untersuchungen eine Beurteilungsgrundlage erfahren (Mittermayer u. Riede 1978; Joachim u. Sturm 1982; Joachim et al. 1980).

Material und Methode

Für die Untersuchungen standen 137 Todesfälle nach stumpfer und scharfer Gewalteinwirkung zur Verfügung. Hiervon mußten die Fälle ausgeschieden werden, bei welchen es zu einer direkten, deutlich faßbaren bis schweren Verletzung der Lunge gekommen war, so daß nur unverletzte oder allenfalls leichtverletzte, bzw. durch ein indirektes Trauma peripher im Sinne von kleineren Kontusionsherden verletzte Lungen verwendet wurden. Von diesen verbleibenden Fällen wurden systematisch insgesamt 47 Fälle untersucht.

Hierbei wurden kleine Gewebsproben aus den apikalen, medialen und basalen Abschnitten von jeder Lunge entnommen und nach Formolfixierung in Paraffin eingebettet. Die Dünnschnitte wurden nach Masson-Goldner, HE, PAS und Sudan III gefärbt. Bei der mikroskopischen Untersuchung wurde besonders auf die Lokalisation und Verteilung des Ödems, auf Veränderungen im Alveolarraum und Atelektasen, auf intra- und extravasale Veränderungen, Embolien, Thrombosierungen, Infiltrate, hyaline Membranen etc. geachtet.

Die morphometrische Untersuchung erfolgte mit dem Bildanalysegerät Amop 02 der Firma Kontron. Bestimmt wurden das Volumen des perivaskulären Bindegewebes und die Stärke des septalen Interstitiums.

Ferner wurden sämtliche Lungen gewogen.

Das Lungenwasser wurde chemisch nach der Methode von Diemair (1963), später auch gravimetrisch nach der Methode von Pearce et al. (1965) bestimmt.

Die in vivo Messungen des Lungenwassers an schwer Traumatisierten erfolgte in der Abteilung für Unfallchirurgie der Medizinischen Hochschule Hannover nach der Thermo-green-dye-Methode (Sturm et al. 1982).

Bezüglich weiterer Einzelheiten des methodischen Vorgehens wird auf frühere Veröffentlichungen verwiesen (Riede et al. 1978; Joachim et al. 1978; Sturm et al. 1982).

Die mikroskopische Untersuchung der Präparate auf intravasale Neutralfettansammlungen erfolgte in Anlehnung an die von Brinkmann et al. (1976) modifizierte Fettemboliegraduierung von Falzi nach qualitativen und quantitativen Kriterien.

Ergebnisse

Die Bestimmung des Lungenfrischgewichtes ist eine am Sektionstisch einfach zu praktizierende Methode und gestattet eine erste grobe zeitliche Zuordnung (Abb. 1).

Von dem Gesamtkollektiv war in 65 Fällen das Lungengewicht verwertbar, weil mindestens eine der Lungen unverletzt war. Hiervon fanden sich 11 Fälle mit schwerem Schädeltrauma, die als Soforttodesfälle gelten konnten und somit als Kontrollen nicht nur für die Gewichtsbestimmung, sondern auch für alle anderen Untersuchungen Verwertung finden konnten.

Das durchschnittliche Gewicht dieser 11 Lungen betrug 243,08 g mit einer Standardabweichung (s) von ± 45 g.

Ein deutlicher Anstieg des Lungengewichtes war innerhalb der ersten Überlebensstunde, in der noch keine ärztliche Therapie stattgefunden hatte, überwiegend als Folge einer akuten Blutstauung zu verzeichnen. Für diese relativ kurze Zeitspanne ließ sich praktisch eine Verdoppelung des

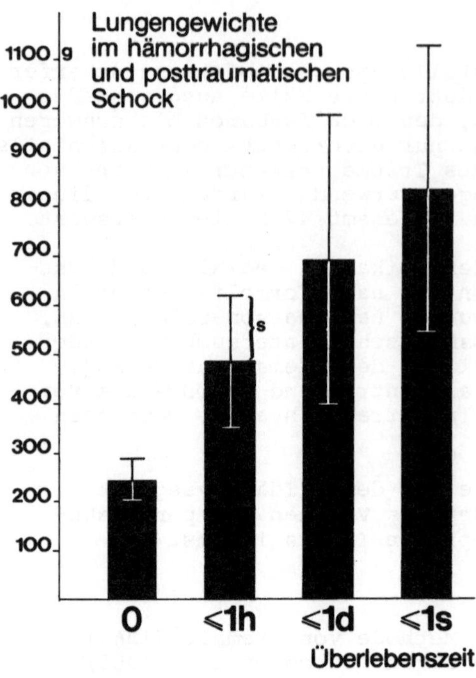

Abb. 1. Lungenfrischgewichte und Überlebenszeit im posttraumatischen Schock.
Die gewählte Zeiteinteilung berücksichtigt die phasenhafte Häufung der Sterb-
lichkeit.
0 = Soforttodesfälle, Anzahl (n) = 11;
2. Säule: n = 27; 3. Säule: n = 9;
4. Säule: n = 15. S = Standardabweichung

normalen Lungenfrischgewichtes mit einem durchschnittlichen Wert von
452,85 g (s + 193 g) nachweisen. Die Korrelation zwischen dem anhand
der Hämoglobinbestimmung errechenbaren Blutgehalt und dem Gewicht der
Lungen war mit einem r von 0,923 sehr straff und hochsignifikant
(p = 0,0005) (Joachim et al. 1978).

Innerhalb des ersten Tages kommt es zu einer weiteren Lungengewichts-
zunahme bis auf durchschnittlich 620 g (s + 305 g) und nach einer Woche
auf durchschnittlich etwa 800 g (s + 311 g) pro Lunge. Die Streuung der
Werte ist jedoch erheblich. Mit der weiteren Überlebenszeit steigt das
Gewicht stetig, wenngleich nicht mehr allzu stark an und erreicht Werte
um 1000 g pro Lunge, wobei die entzündlichen Veränderungen und der fibrotische Umbau des Organs ebenso wie das interstitielle Ödem gewichts-
bestimmend sind (Joachim et al. 1976,1978).

Bei septischen Fällen und im Verbrennungsschock ist die Gewichtszunahme
durch Ödem wesentlich rascher und mit Werten bis zu 2000 g pro Lunge
stärker ausgeprägt (Joachim et al. 1982; Joachim u. Sturm 1982).

Sofort nach dem Trauma ist auch eine Vermehrung des extravaskulären
Lungenwassers zu beobachten, welches sich als Ödem des perivaskulären
Bindegewebes manifestiert. Nach mehrstündiger Überlebenszeit ist die
Ausbreitung des Ödems im Bereich des perivaskulären und sodann des
septalen Interstitiums der entscheidende Vorgang, durch welchen im we-
sentlichen die stetige Zunahme des Lungengewichtes bedingt ist.

Die Korrelation zwischen extravaskulärem Lungenwasser und dem Frischgewicht der Lunge erwies sich in 36 Fällen, in denen das Lungenwasser
bestimmt werden konnte, mit einem r von 0,86 als sehr straff und hochsignifikant (p = 0,001) (Abb. 2).

Die Bestimmung des extravaskulären Lungenwassers in vivo mit der Thermo-
green-dye-Doppelindikatormethode ergab beim Vergleich mit der postmor-

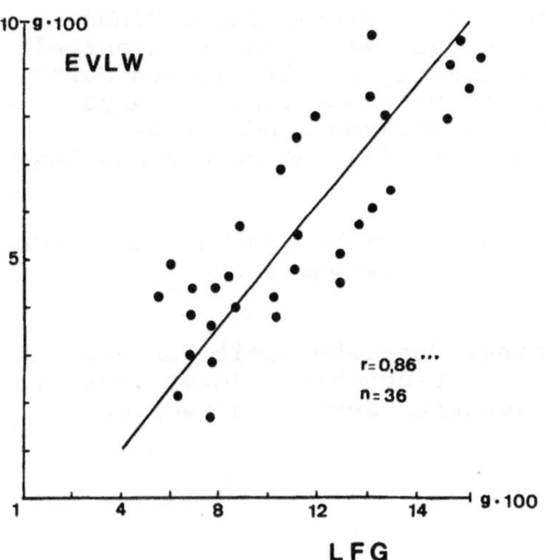

<u>Abb. 2.</u> Korrelation zwischen extravasku-
lärem Lungenwasser (EVLW) und Lungenfrischgewicht (LFG) im posttraumatischen
Schock

talen gravimetrischen Wasserbestimmung ebenfalls eine ausgezeichnete
Korrelation der Werte (r = 0,98), so daß davon ausgegangen werden kann,
daß bei der postmortalen Wasserbestimmung das häufig behauptete, nie
aber eindeutig nachgewiesene postmortale Lungenödem ohne Einfluß war,
bzw. in den von uns untersuchten Fällen ein solches Ödem praktisch
nicht vorlag (Abb. 3).

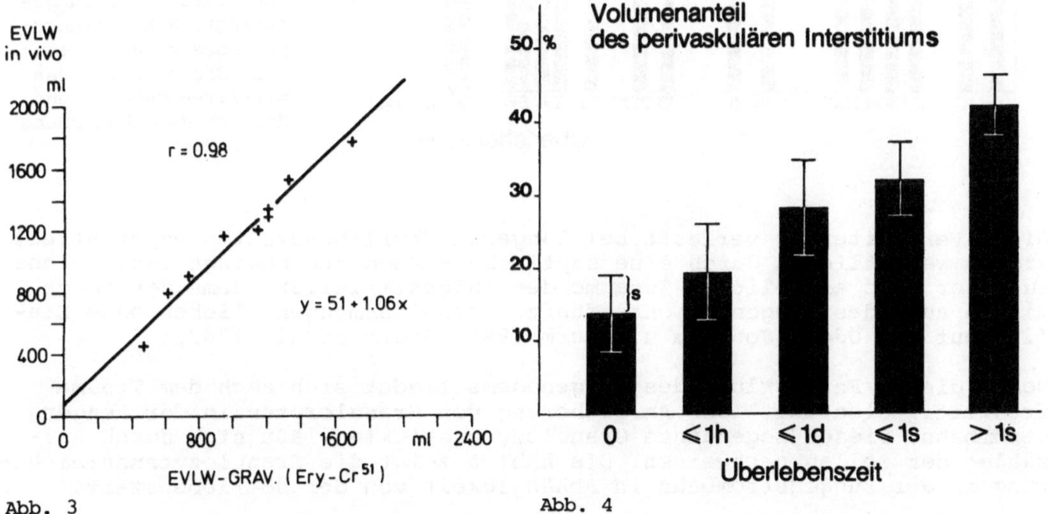

Abb. 3

Abb. 4

<u>Abb. 3.</u> Korrelation zwischen in vivo untersuchtem extravaskulärem Lungenwasser
(EVLW) und postmortal gravimetrisch bestimmtem Lungenwasser nach Sturm et al. (1982)

<u>Abb. 4.</u> Die relative Zunahme des Anteils des perivaskulären Interstitiums am Gefäß-
bett der Lunge beim posttraumatischen Schock in Abhängigkeit von der Überlebenszeit.
Zeiteinteilung wie auf Abb. 1. Anzahl (n) der Fälle je untersuchter Säule von links
nach rechts: n = 6; 7; 4; 4; 2. S = Standardabweichung

Die Abb. 4 zeigt die stetige Verbreiterung des perivaskulären Bindegewebes mit zunehmender Überlebenszeit. Das Ödem setzt sofort innerhalb
der ersten Stunde nach dem Trauma ein, unabhängig von ärztlichen Maßnahmen, wie z.B. einer Volumensubstitution. Die morphometrische Analyse
zeigt, daß sich der Volumenanteil des perivaskulären Bindegewebes
am gesamten Gefäßbett nach einer Stunde um etwa 25% und nach einem Tag
auf etwa das Doppelte vergrößert hat.

Ursächlich für diese starke Verbreiterung sind sowohl das Ödem als auch
eine erhebliche Ektasie der Lymphbahnen infolge Lymphstauung (Mittermayer u. Joachim 1976 a).

Dagegen ist erst später, und zwar nach einer Überlebenszeit von etwa
12 h, ein Ödem des septalen Interstitiums zu beobachten. Jetzt läßt
sich eine deutliche Verbreiterung der alveolären Septen nachweisen
(Abb. 5).

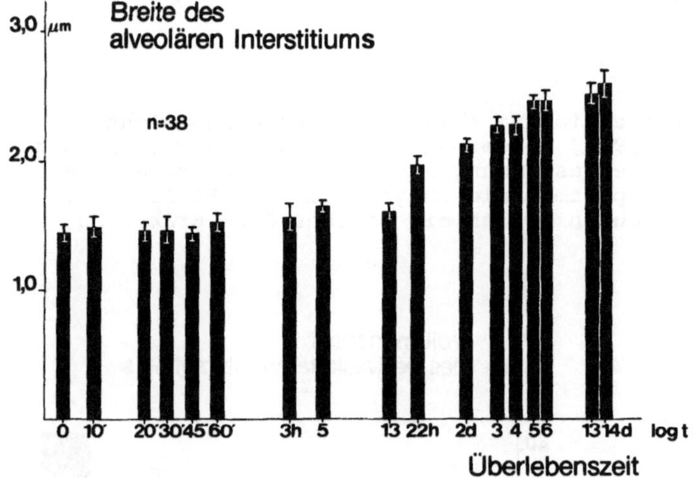

Abb. 5. Zunahme der Breite des septalen Interstitiums der Lunge in Abhängigkeit von der Überlebenszeit nach Trauma. Die relativ geringe Breite des septalen Bindegewebes ist im wesentlichen durch fixierungsbedingte Schrumpfungsprozesse zu erklären. Jede Säule stellt den mittleren Meßwert und die Standardabweichung eines Falles dar

Diese Verbreiterung verläuft bei längeren Überlebenszeiten exponentiell,
was im wesentlichen durch eine septische Komponente bedingt ist, welche
zu einer ganz erheblichen Zunahme des interstitiellen Ödems der Lunge,
mithin auch des Lungengewichts führt. Infusionsmengen blieben ohne Einfluß auf das Ödem (Joachim u. Sturm 1982; Sturm et al. 1982).

Neben dieser Entwicklung des Lungenödems findet sich nach dem Trauma
frühzeitig eine deutliche Anreicherung von Granulozyten in der Lungenstrombahn. Dieses sogenannte Granulozytensticking läßt sich durch Aus-
zählen der Zellen nachweisen. Die Abb. 6 zeigt die Granulozytenanreiche-
rung in der Lungenstrombahn in Abhängigkeit von der Überlebenszeit.

Es findet sich ein exponentieller Anstieg der Granulozytenanzahl. Dieses
Phänomen wird jedoch erst nach einer Stunde deutlich faßbar. Innerhalb
von 24 h kommt es bereits zu einer massiven Anreicherung der Leukozyten
in der Lungenstrombahn. Nach etwa einer Woche sind die Werte offenbar
durch eine entzündliche Komponente, bzw. durch das Einsetzen broncho-
pneumonischer Veränderungen mitbestimmt. Neben den reifen finden sich
auch unreife Formen der Leukozyten und vereinzelt Megakaryozyten.

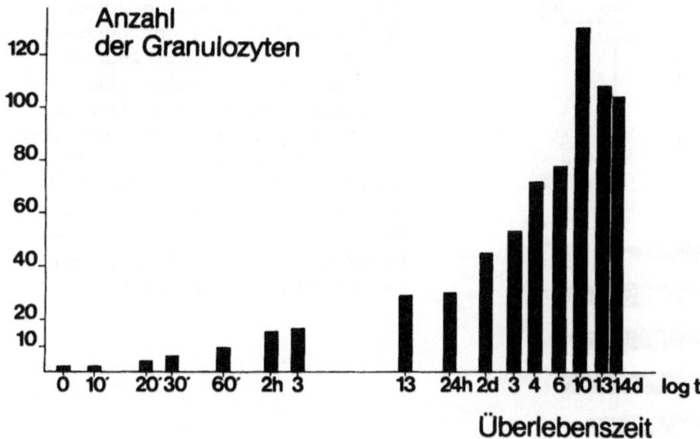

Abb. 6. Die Granulozytenansammlung in den Lungenkapillaren in Abhängigkeit von der Überlebenszeit. Die Anzahl der Granulozyten pro Gesichtsfeld bei 260facher Vergrößerung. Jede Säule repräsentiert den Mittelwert einer unterschiedlichen Anzahl von Fällen, weswegen die Angabe der Standardabweichungen unterblieb

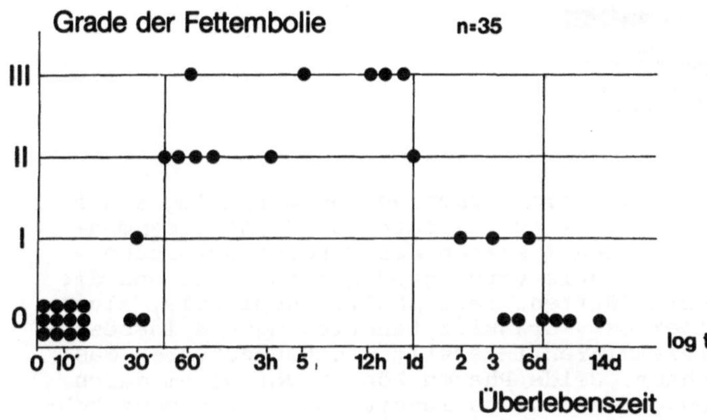

Abb. 7. Das Auftreten von Fettembolien in der Lungenstrombahn in Abhängigkeit von der Überlebenszeit nach Trauma

Als morphologisch gut quantifizierbar erweist sich das Ereignis der Fettembolie der Lunge (Abb. 7).

Bereits nach einer Überlebenszeit von 30 min ließen sich leichtere Grade der Fettembolie nachweisen. Nach 45 min fanden sich in allen Fällen Fettembolien II. bis III. Schweregrades. Dieses Bild herrscht bis zu einer Überlebenszeit von einem Tag vor. Anschließend waren bis zu 7 Tage nach dem Trauma allenfalls leichtere und nach einer Woche keine Fettembolien mehr nachweisbar.

Ausgeprägte bis massive Formen von Fettembolie gehören somit zum frühen Bild der Schockmanifestation an der Lunge nach schwerem Trauma. Sie sind fast ausschließlich bei einer Überlebenszeit von nur einem Tag zu finden, d.h. der Initialphase des posttraumatischen Schockes zuzuordnen.

Hyaline Membranen treten dagegen, wie auch erste bronchopneumonische Infiltrate, sehr viel später auf und waren erst nach einer Überlebenszeit von 3 Tagen nachzuweisen (Abb. 8). Sie sind zum Teil das Ergebnis gerinnungsphysiologischer Störungen im Schock und ein typisches morphologisches Schockäquivalent der Lunge (Bleyl 1978). Sie sind für die mittlere und spätere Schockphase kennzeichnend.

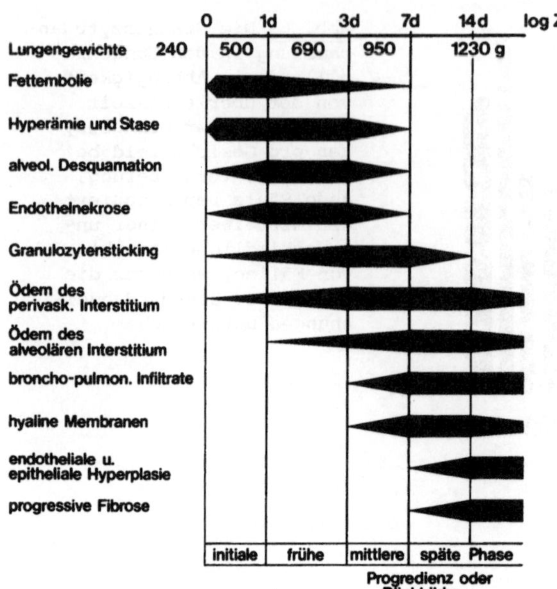

Abb. 8. Die morphologischen Schockäquivalente der Lunge in ihrer phasenspezifischen Ausprägung. Disseminierte Mikrothromben finden sich in allen Phasen des posttraumatischen Schocks und wurden deswegen nicht berücksichtigt. Die kritische Phase ist die Zeit vom 3. - 7. Tag, in der Progredienz oder Rückbildung der Erkrankung eintritt.

Auf Abb. 8 sind ferner noch einmal die verschiedenen morphologischen Schockäquivalente der Lungen in ihrer zeitlichen Zuordnung zusammenfassend dargestellt. Es lassen sich 4 Phasen des Schocks unterscheiden, wobei für die forensische Praxis vorwiegend die initiale und die frühe Phase von Bedeutung sein dürften. Fettembolie, Hyperämie, alveoläre Desquamation, Endothelnekrose, Granulozytensticking und insbesondere auch das Ödem des perivaskulären Interstitiums kennzeichnen das Bild von Initial- und Frühphase. Beide Phasen können vor allem durch die Bestimmung des Lungengewichtes und das massive Auftreten oder Fehlen einer Fettembolie unterschieden werden.

Die morphometrische Untersuchung des perivaskulären und des septalen Interstitiums liefert weitere Unterscheidungskriterien. Jedoch sind die Übergänge fließend. Erst die Untersuchung von mehreren Parametern gestattet eine annähernde zeitliche Zuordnung.

Eine relativ gute Zeitbestimmung ist durch das Auftreten von hyalinen Membranen möglich. Dieses Phänomen war im posttraumatischen Schock nie innerhalb der ersten 3 Tage zu beobachten.

Der beginnende fibrotische Umbau der Lunge, endotheliale und epitheliale Hyperplasien und massive bronchopneumonische Infiltrate bestimmen nach etwa einer Woche das Geschehen. Das Krankheitsbild entwickelt sich in voller Schwere zur progressiven Lungenfibrose. Es finden sich dann bisweilen Lungengewichte von 1500 bis 2000 g pro Lunge.

Diskussion

In zahlreichen Untersuchungen wurden die Lungenveränderungen im Schockgeschehen überprüft und die phasenhafte Entwicklung des Schocklungensyndroms anhand pathomorphologischer und klinisch-funktioneller Befunde beschrieben. Hierbei ist weitgehend auf eine Differenzierung der morphologischen Schockäquivalente der Lunge nach unterschiedlichen ätiologischen Gesichtspunkten verzichtet worden, da erfahrungsgemäß die verschiedenen Formen des Schocks morphologisch eine gemeinsame, ziemlich gleichförmige Endstrecke aufweisen (Sandritter u. Lasch 1967).

Eine größere Anzahl von posttraumatischen Schockfällen, insbesondere von früh im Trauma Verstorbenen, steht dem Pathologen nicht und somit auch nicht eine ausreichende Anzahl von Organkontrollen zur Verfügung. Diese Fälle sind typisches rechtsmedizinisches Obduktionsgut. In der vorliegenden Arbeit wurde deswegen versucht, an einem größeren Material posttraumatischer Todesfälle die zeitliche Entwicklung der Lungenveränderungen zu beschreiben, wobei früher bereits veröffentlichte Teilaspekte Berücksichtigung fanden (Joachim et al. 1976,1978,1980; Riede et al. 1978; Sturm et al. 1982; Joachim u. Sturm 1982).

Die Beschränkung auf die ätiologisch einheitliche Form des posttraumatischen Schocks ließ eine klare Einteilung in Schockphasen durch die morphologische und morphometrische Untersuchung der Schockäquivalente der Lunge zu. Hierbei erwies sich die Bestimmung des Lungengewichtes als ein wesentliches diagnostisches Hilfsmittel.

Es ließ sich eine Initialphase des Schocks mit einer Überlebenszeit bis zu einem Tag, eine frühe Schockphase als die Zeit vom ersten bis etwa dritten Tag, eine mittlere Phase vom dritten bis siebenten Tag und schließlich als späte Phase die Zeit jenseits der ersten Woche unterscheiden. Die phasentypischen morphologischen und morphometrischen Kriterien wurden im Ergebnisteil beschrieben.

Es fiel dabei auf, daß deutliche morphologische und morphometrische Veränderungen bereits in der Initialphase nachzuweisen sind. Für diese Initialphase wurde bisher angenommen, daß sie sich lediglich durch funktionelle und nur mit klinischen Untersuchungsmethoden faßbare Störungen der Hämodynamik und der Blutgerinnung auszeichnet (Sandritter u. Lasch 1967).

Ein deutliches Ödem des perivaskulären Interstitiums, eine Erhöhung des normalen Lungengewichtes von etwa 250 g auf das Doppelte durch Ödem und Blutstauung sind in der ersten Stunde des Überlebens zu beobachten und sodann nach etwa einem halben Tag ein Übergreifen des Ödems auf das septale Interstitium und intravasal eine starke Anreicherung der Granulozyten, wobei auch unreife Formen und Megakaryozyten zu finden sind.

Diese Ergebnisse stehen zum Teil im Widerspruch zu Untersuchungen wie die von Schlag et al. (1976), in denen als frühestes Phänomen des Schockgeschehens das gehäufte Auftreten der Granulozyten (sticking) in der Lungenstrombahn beschrieben wird. Von den Autoren ist jedoch die Frühphase des Schocks als ein Beobachtungszeitraum von mehreren Tagen nicht weiter differenziert worden. Andere, wie z.B. Riede et al. (1982) wollen erst bei Fällen mit einer Überlebenszeit von mehr als 1/2 Tag eine Verbreiterung des perivaskulären Bindegewebes durch Ödem gesehen haben, welches bei der vorliegenden Untersuchung bereits nach wenigen Minuten Überlebenszeit nachzuweisen war. Für diese Autoren ist das Auftreten von Mikrothromben in der Lungenstrombahn ein erstes typisches Phänomen des ganz frühen Schocks. Nach den eigenen Erfahrungen läßt es sich jedoch für eine Zeitbestimmung der Lungenveränderungen nicht verwerten, da es in allen Phasen der Schockentwicklung zu beobachten ist.

Andere Veränderungen wie die häufig beschriebenen Endothelschäden sind nur im Elektronenmikroskop, welches den rechtsmedizinischen Instituten i. allg. nicht zur Verfügung steht, zu beurteilen und dürften zu den frühesten Veränderungen an den Lungen im Schockgeschehen gehören.

Insgesamt läßt sich bei Beachtung mehrerer morphologischer Kriterien eine gute zeitliche Zuordnung der Lungenveränderung im posttraumatischen Schock durchführen. Auf die forensisch-medizinische Bedeutung solcher Untersuchungen wurde einleitend hingewiesen.

Literatur

Brinkmann B, Borgner M, Bülow M (1976) Die Fettembolie der Lungen als Todesursache. Z Rechtsmed 78:255-272

Bleyl U (1978) Hämostase und Schocklunge. Verh Dtsch Ges Pathol 62:39-54

Diemair W (1963) Allgemeine chemische Untersuchungsmethoden. In: Beythien A, Diemair W (Hrsg). Laboratoriumsbuch für den Lebensmittelchemiker. Steinkopff, Dresden Leipzig

Joachim H, Bode G, Köhler G (1982) Systematische morphologische und morphometrische Untersuchungen der Lunge bei Schockformen unterschiedlicher Ätiologie. Vortrag 61. Jahrestag Dtsch Ges Rechtsmedizin. Zentralbl Rechtsmed 24:651

Joachim H, Mittermayer C, Sandritter W (1980) Ärztlich-gutachterliche und -rechtliche Probleme des Schocklungensyndroms. Med Welt 31:735-738

Joachim H, Riede UN, Mittermayer C (1978) The weight of human lungs as a diagnostic criterium. (Distinction of normal lungs from shock lungs by histologic, morphometric and biochemical investigations). Pathol Res Pract 162:24-40

Joachim H, Sturm JA (1982) Histomorphometrische und klinische Untersuchungen zur Frage der sogenannten Infusionslunge. Tagungsbericht XII. Kongr. internat. Akad. gerichtl. soz. Med. Egermann, Wien, S 975-978

Joachim H, Vogel W, Mittermayer C (1976) Untersuchungen zum Phänomen der Schocklunge. Z Rechtsmed 78:13-23

Mittermayer C, Joachim H (1976a) Pathologie der Schocklunge und ihre versicherungsmedizinischen Aspekte. In: Hauptverband gewerbliche Berufsgenossenschaft (Hrsg) Unfallmed. Tagung der Landesverb. gewerbl. Berufsgenossensch., Bonn, S 61-69

Mittermayer C, Joachim H (1976b) Die Flüssigkeitslunge aus der Sicht des Pathologen. In: Eckert P (Hrsg) Volumenregulation und Flüssigkeitslunge. Thieme, Stuttgart, S 37-43

Mittermayer C, Joachim H (1976c) Zur Pathomorphologie der Intensivbehandlung. Z Rechtsmed 78:1-12

Mittermayer C, Riede U (1978) Spätphase der Schocklunge. Verh Dtsch Ges Pathol 62: 54-60

Pearce MD, Lamashita J, Beazell J (1965) Measurement of pulmonary edema. Circ Res 16:482-488

Riede UN, Joachim H, Cortabel U, Hassenstein J, Sandritter W, Augustin P, Mittermayer C (1978) The pulmonary air-blood barrier of human shock lungs. (Allinical, ultrastructural and morphometric study). Pathol Res Pract 162:41-72

Riede UN, Mittermayer C, Rohrbach R, Joh K, Vogel W, Fringes B (1982) Mikrothrombosierung der Endstrombahn als Ursache schockbedingter Organkomplikationen (unter besonderer Berücksichtigung der Schocklunge). Hämostaseologie 2:49-59

Roessle R, Roulet F (1932) Maß und Zahl in der Pathologie. Springer, Berlin

Sandritter W, Lasch HG (1967) Pathologic aspects of shock. Methods Achiev Exp Pathol 3:86-121

Schlag G, Voigt WH, Schnells G, Glatzel A (1976) Ultrastruktur der menschlichen Lunge im Schock. Anaesthesist 25:512-523

Sturm JA, Oestern HJ, Maghsudi M, Pfiffer O, Joachim H (1982) Die gravimetrische Überprüfung der klinischen Lungenwassermessungen (Thermo-green-dye). Langenbecks Archiv (Suppl) 49-53

Analyse eines Blitzunfalls[1]

H. G. König und I. Pedal

Zusammenfassung

Als kasuistischer Beitrag zur Erforschung des Blitzunfalls wird über einen Blitzschlag
in einen Aussichtspavillon berichtet, in dem 6 Personen Zuflucht vor einem aufziehenden Gewitter gesucht hatten. Nur 2 Personen überlebten das Unglück. Neben ihren Angaben zum Unfallhergang werden die medizinischen Befunde, die Blitzspuren am Ort und
die topographischen Verhältnisse detailliert dokumentiert und eine mögliche Erklärung für das Zustandekommen des Unfalls aus dem Vorliegen mehrerer ungünstiger Gegebenheiten abgeleitet.

Summary

As a casuistic contribution to research on accidents caused by lightning an account
is given of a lookout pavilion struck by lightning. Only two of the six persons who
had sought shelter in the pavilion from a brewing storm survived. A detailed account
is given of the survivor's statements on the course of events, the medical findings,
the traces of lightning on the scene of the accident, and the topographical conditions. A possible explanation for the occurrence of the accident is derived from the
presence of a number of unfavorable circumstances.

Am Nachmittag des 3. August 1981 wurde in einem Aussichtspavillon oberhalb des im Nagoldtal gelegenen Schwarzwaldortes Hirsau eine Wander-
gruppe von 6 Personen vom Blitz getroffen. Sie hatten dort vor dem aufziehenden Gewitter Schutz gesucht. Eine Frau, zwei Männer und ein Kind
wurden getötet, zwei Frauen überlebten das Unglück.

Auf Anregung von Prof. Gg. Schmidt wurde der Unfall ausführlich untersucht und dokumentiert. Der Unfallort wurde mit dem Theodoliten in Ho-
rizontal- und Vertikalebene vermessen und auf Blitzspuren und für Blitzschlag relevante Gegebenheiten hin untersucht. Die getöteten Personen
konnten lediglich äußerlich untersucht werden, da einer Sektion nicht
stattgegeben wurde.

Die beiden Überlebenden, Frau W. und Frau R., fanden sich bereit, trotz
der schweren Unfallfolgen mit dem Tod der nächsten Angehörigen und den
z.T. erheblichen physischen und psychischen Belastungen, die für die
Rekonstruktion des Unfalls so wesentlichen Beobachtungen detailliert
zu schildern und sich eingehend befragen und untersuchen zu lassen.
Ihnen gilt unser besonderer Dank.

Beschreibung der örtlichen Gegebenheiten

Am Rande des östlichen Talhangs liegt in exponierter Aussichtslage direkt über Hirsau, 40 m über der Talsohle, eine pavillonartige Schutzhütte, die von einer Gruppe hoher Bäume umstanden ist (Abb. 1). Der
höchste Baum dieser Gruppe, eine 28 m hohe Kiefer, wird von einer Fah-

---

[1]Auszugsweise vorgetragen auf dem 9. Treffen Süddeutscher Rechtsmediziner am 26.3.1982
 in Stuttgart

Abb. 1. Blick vom Tal auf den Standort des Aussichtspavillons. Man erkennt eine Gruppe hoher Bäume, in ihrer Mitte eine Kiefer, von einer Fahnenstange um 3 m überragt *(Pfeil)*

nenstange um 3 m überragt. Die Kiefer besitzt einen mittleren Stammdurchmesser von 80 cm und steht links des Hütteneingangs, wobei der Stamm nur 25 cm vom Dachrand entfernt ist. Rechts des Eingangs, in 30 cm Abstand vom Dachrand, steht eine 80 cm dicke, 25 m hohe Eiche (Abb. 2).

Der nach 3 1/2 Seiten offene Pavillon hat im Grundriß die Form eines regelmäßigen Fünfecks. Das pyramidenförmige, mit Teerpappe gedeckte Dach trägt ein nicht geerdetes Schlußblech mit einer 25 cm hoch gestielten Metallkugel von 10 cm Durchmesser. Die Kugel liegt 5 m, der Dachrand 3 m über dem Boden. Die Hütte ist eine auf einem 56 cm hohen, massiven Betonsockel ruhende, reine Holzkonstruktion. Der stahlarmierte Sockel ist ebenso wie das in der Mitte des Raumes stehende 70 cm hohe Betontischchen und die stahlarmierten Betonträger der 45 cm hohen Holzbank fest mit der armierten Betonbodenplatte vergossen. Diese wiederum ruht auf einem tiefgründenden, massigen, stahlarmierten Betonfundament.

Abb. 2a,b. Blick von der Bergseite her in Richtung Tal mit dem zwischen Eiche (rechts vom Eingang) und Kiefer (links vom Eingang) stehenden Pavillon (b). Der *Pfeil* weist auf die aus dem Gipfel der Kiefer herausragende Fahnenstange (a)

Abb. 3a,b. Maßstabgetreuer Aufriß (a) und Grundriß (b) des Pavillons und der näheren Umgebung. Die Überschläge des Blitzes zur Hütte sind als *Pfeile* eingezeichnet. Die Höhenkoordinate ist auf den Fußboden der Hütte bezogen und in Metern angegeben

Abb. 2a,b

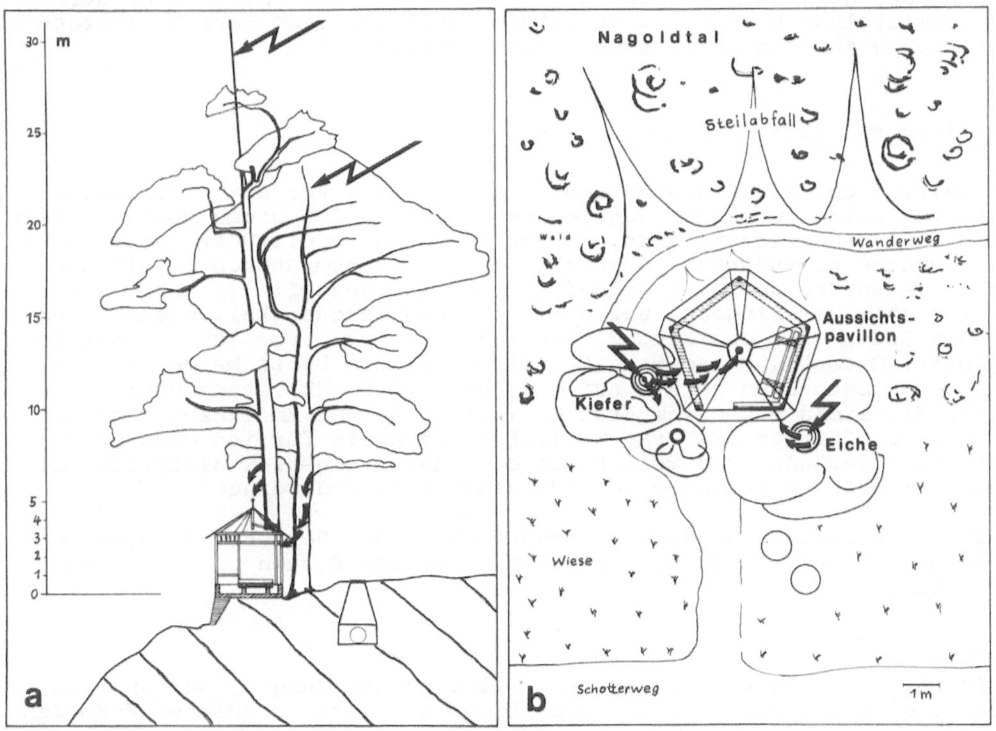

Abb. 3a,b

Spuren des Blitzeinschlags am Ort

Der Blitz schlug sowohl in die der Kiefer aufgesetzte Fahnenstange,
als auch in die Eiche, wobei es sich auch um eine Aufgabelung des
Hauptblitzkanals von der höher gelegenen Fahnenstange zur mittleren
Gipfelregion der Eiche hin handeln könnte, wo das Laub deutlich ver-
färbt war. An beiden Bäumen lief die Entladung zunächst zum Stamm hin
und dort hüttenseitig stammabwärts. Von beiden Bäumen fanden Überschläge
zur Hütte statt (Abb. 3), von der Kiefer auf die Metallkugel an der
Dachspitze, von der Eiche auf den Dachtrauf an der stammseitigen Ecke
des Daches.

An sichtbaren Blitzspuren fanden sich an der Kiefer eine Aufsplitterung
der Fahnenstange mit Abschmelzung des Fahnendrahtes, eine Darstellung
des Blitzkanals in Form einer bandartigen Rindenabsprengung stammabwärts
und eine Aufsprengung der Hohlkugel an der Dachspitze des Pavillons.
Eine Nebenentladung lief weiter am Kieferstamm abwärts bis zum Erdboden
und hinterließ eine schmale, mehrfach unterbrochene Blitzspur.

Ab der deutlich gelb bis braun verfärbten Gipfelregion der Eiche lief
eine bis zu 40 cm breite, durchgehende Rindenabsprengung stammabwärts
bis zur Überschlagsstelle am Dachtrauf. Die Rindenstücke lagen in einem
Umkreis von 15 m verstreut. Der Übertritt von der Eiche zur Hütte erfolgte hier mit ca. 30 cm Schlagweite auf einen radialen Traufbalken,
vollständig und ohne Restentladung stammabwärts in den Boden. Beim
Durchtritt der Entladung längs des Balkens durch die Hüttenwand wurde
ein Brett nach außen abgesprengt und brach quer durch.

Am Unterrand des Abschlußbleches an der Dachspitze erfolgte ein Durch-
schlag durch die Dachhaut nach innen, der anliegende (in Richtung Eiche
führende) Dachbalken war im oberen Teil weitgehend zersplittert, ebenso einer der gegenüber liegenden Eckpfeiler. Aus der Sitzfläche der
Bank, unmittelbar über dem talseitigen Banksockel, wo Herr W. gestanden hatte, waren einige Holzspäne ausgesprengt.

Auswirkung des Blitzschlags auf die Personen

Die Position der einzelnen Personen in der Hütte vor dem Blitzschlag
konnte vor allem durch die Angaben der Überlebenden genau rekonstruiert
werden. Die Gruppe hatte sich, um den vom Wind in die Hütte getriebenen
Regenschauern zu entgehen, möglichst dicht mit dem Rücken an die der
Eiche zugekehrte, über Eck gehende Schutzwand gestellt (s. Abb. 4).
Direkt rechts vom Eingang, auf dem halbhohen Betonsockel, stand 56 cm
über dem Boden (üB) das Kind W. (Abb. 4 Ziffer 1), vor ihm auf der Bodenplatte, 0 cm üB, stand Frau R. (Ziffer 2) und hatte beide Arme um
das Kind gelegt. Ganz rechts auf der Bank, 45 cm üB, stand Herr K.
(Ziffer 3), links neben ihm Frau K. (Ziffer 4) und am linken Ende der
Bank Herr W. (Ziffer 5). Frau W. (Ziffer 6) hatte für ihn eben eine
Zigarette angezündet und wollte auf die Bank steigen. Schließlich lag
hinter ihr auf dem Fußboden der Hütte ein Bernhardinerhund.

Bei dem Blitzschlag wurden alle erhöht stehenden Personen getötet, nur
die beiden direkt auf der Bodenplatte stehenden Frauen und der Hund
überlebten.

1. Kind W.

Die Leiche des 5 Jahre alten, etwa 1,20 m großen Jungen, der auf dem
Betonsockel gestanden hatte, lag nach dem Blitzschlag auf dem Fußboden

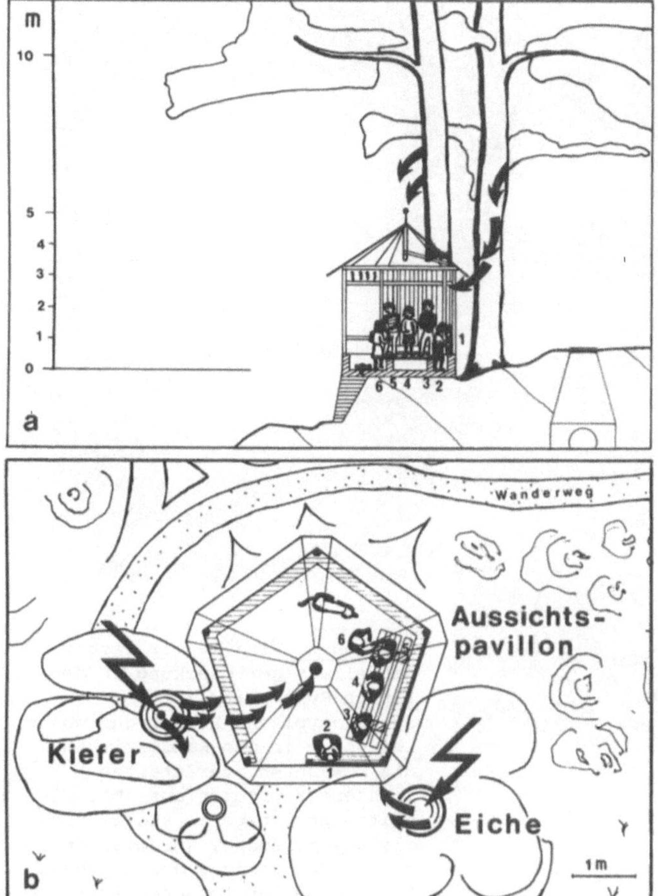

Abb. 4a,b. Position der Personen unmittelbar vor dem Blitzschlag, in den maßstabgetreuen (a) Aufriß (Schnittebene vom Eingang zum talseitigen Eckpfosten) und (b) Grundriß der Hütte eingezeichnet.

1 Kind W. *4* Frau K.
2 Frau R. *5* Herr W.
3 Herr K. *6* Frau W.

des Pavillons, rechts neben dem Eingang. Sie wies leichte Sturzverletzungen an der linken Stirnseite und am linken Knie auf. An Blitzspuren fanden sich eine umschriebene, tonsurartige Verbrennung der Haare und der Kopfhaut (Blitzeintrittstelle) im hinteren Scheitelbereich (Abb. 5c) und eine leopardenfellartige Fleckung an der linken Rumpfseite, über die Außenseite des linken Oberschenkels bis zum Knie reichend (Abb. 5a,b). Lediglich in den Randbezirken des Fleckenmusters fanden sich einige typische, verästelte Blitzfiguren. In der Ellenbeuge des linken Armes waren Hautoberfläche und Körperhärchen schwach angesengt.

2. Frau R.

Die Frau, die vor dem Kind auf der Bodenplatte des Pavillons gestanden hatte, überlebte den Unfall mit geringgradigen, zum Teil flächenhaften, zum Teil kleinfleckigen Verbrennungen an der rechten Schulter (Abb. 6a), am rechten Ellenbogen und am linken Handrücken (Abb. 6b).

Sie verlor bei dem Blitzschlag das Bewußtsein und nahm den Einschlag selbst nicht mehr wahr. Als sie nach 10 bis 20 min erwachte, verspürte sie einen "Kloß im Hals" und konnte anfangs gar nicht, später nur mühsam, mit tiefer Stimme sprechen. Ihre Füße und Unterschenkel waren gefühllos, der linke Arm und beide Beine wie gelähmt. Nach einigen Minuten konnte sie den linken Arm wieder bewegen. Erfolglos versuchte sie,

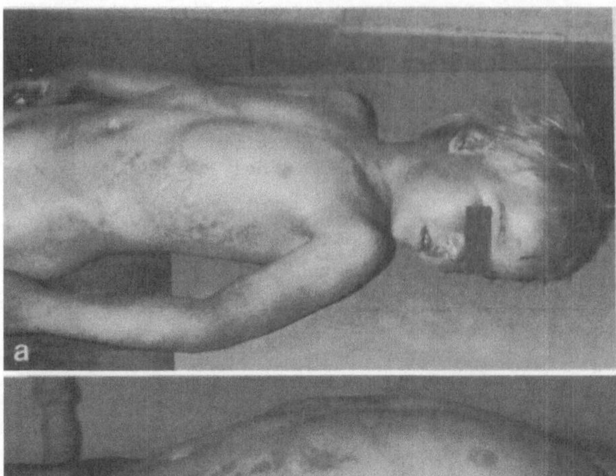

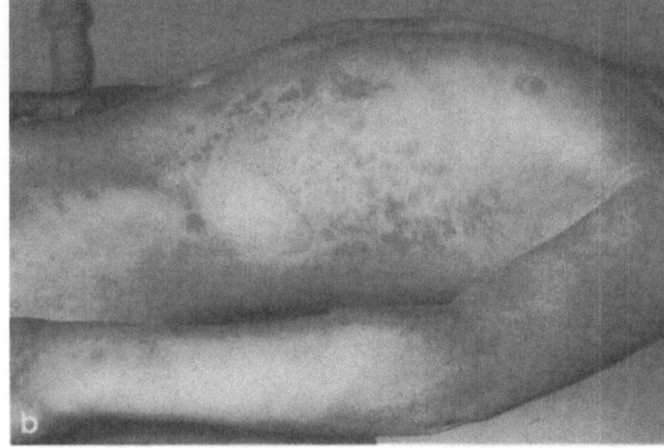

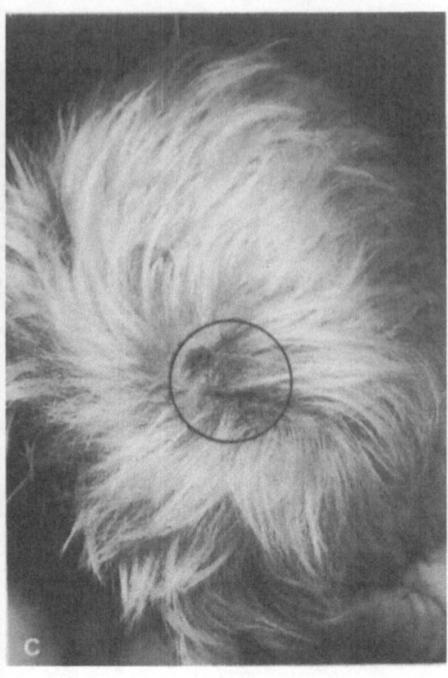

Abb. 5a-c. Kind W. mit leopardenfellartiger Fleckung an der linken Rumpfseite (a). Diese etwas atypische Blitzfigur weist lediglich in den Randbezirken die bekannten, verästelten Lichtenbergfiguren auf (b). Die Blitzeintrittstelle stellt sich als umschriebene, strommarkenartige Verbrennung der Kopfhaut mit umgebender tonsurartiger Versengung der Kopfhaare dar (c, *Kreis*)

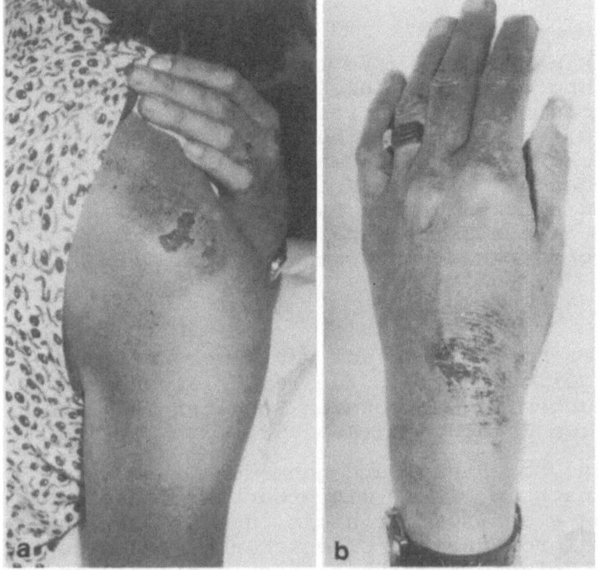

Abb. 6a,b. Frau R. mit flächenhaften und kleinfleckigen Verbrennungen auf der rechten Schulter (a) und am linken Handrücken (b)

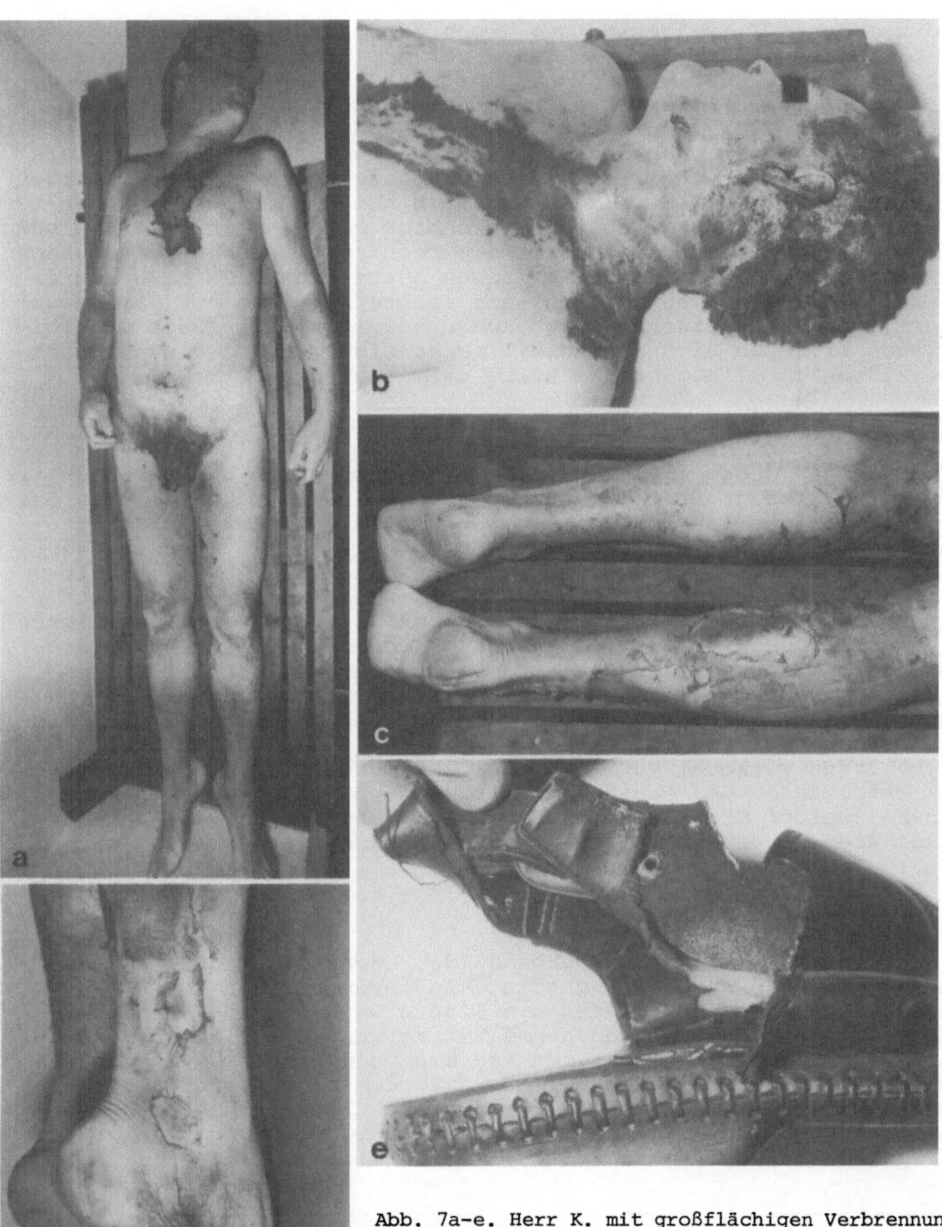

Abb. 7a-e

Abb. 7a-e. Herr K. mit großflächigen Verbrennungen an Kopf, Hals und Brust, kleinfleckigen, schrotschußartigen Verbrennungen an Bauch und Oberschenkeln und flächenhaft verkohlter Genitalregion (a). Blitzüberschlagstelle über dem linken Ohr mit vollständig verbranntem Kopfhaar und großflächig verkochter Kopfhaut (b). Flächenhafte Verbrennungsbahn entlang der Innenseite des linken, auf die Rückseite des rechten Unterschenkels und die Fußaußenseite übergreifend (c). Von dort aus Übertritt des Blitzes auf die Bank, wobei am Fuß eine zweitgradige Verbrennung mit Hautschwärzung (d), an der Sandale eine Verschmorung und Zerreißung des Fersenriemens zurückblieben (e)

das Kind und Herrn K. zu wecken und kroch dann auf allen Vieren zu der
etwa 20 m entfernten Straße und wieder zurück. Erst dann erfaßte sie,
was vorgefallen war, beriet sich kurz mit Frau W. und kroch dann berg-
auf in Richtung einer etwa 100 m entfernten Siedlung. Auf halbem Wege
dorthin wurden ihre Hilferufe von Anwohnern gehört. Beim Eintreffen der
Sanitäter, etwa 30 min nach dem Blitzschlag, und während der Einlieferung ins Krankenhaus, verstärkten sich die nadelstichartigen Schmerzen
in den gelähmten Extremitäten, die einige Minuten nach dem Erwachen begonnen hatten. Beim Eintreffen im Krankenhaus war das linke Bein wieder
in Ordnung, Sensibilität und Motorik des rechten Beines besserten sich
allmählich. Bis zum Abend des Unfalltages hörte Frau R. ein Surren im
linken Ohr. Beide Augen schmerzten, das rechte Auge sah nur verschwom-
men (thermische Hornhautschädigung, Konjunktivitis). Im Laufe des folgenden Tages bildeten sich die Ausfallserscheinungen und die aufgetre-
tene ödematöse Schwellung beider Beine völlig zurück.

3. Herr K.

Die Leiche des 43 Jahre alten Mannes, der rechts außen auf der Bank gestanden hatte, wies großflächige Verbrennungen zweiten und dritten Grades auf, die von der linken Kopfseite über Hals und linke Schulterregion nach vorne bis zur Brustmitte zogen (Abb. 7a). Das Oberhemd war
an den entsprechenden Stellen angesengt. An Bauch und Oberschenkeln
fanden sich kleinfleckige, schrotschußartige und auch großfleckige
Brandwunden, das Genitale war verkohlt, über die Innenseite des linken
Beines und die Rückseite des rechten Unterschenkels lief eine breite
Verbrennungszone bis zur Außenseite des rechten Fußes (Abb. 7c). An
beiden Hosenbeinen war die Innennaht vom Schritt her aufgerissen und
angebrannt. Die Blitzüberschlagstelle lag offensichtlich über dem linken Ohr, wo das Kopfhaar vollständig verbrannt und die Kopfhaut in
Handflächengröße verkocht war (Abb. 7b). Der Übertritt des Blitzes auf
die Bank erfolgte an der Außenkante des rechten Fußes, wo sich eine
Verbrennung zweiten Grades mit Hautschwärzung fand (Abb. 7d) und der
anliegende Riemen der Ledersandale eingerissen und angeschmort war
(Abb. 7e).

4. Frau K.

Die 42 Jahre alte Frau, die zwischen beiden Männern auf der Bank gestanden hatte, wurde ebenfalls getötet. An ihrer rechten Kopf- und
Halsseite und am rechten Ohr wies sie eine etwa handgroße Blitzübertrittstelle mit versengten Haaren und Verbrennungen zweiten Grades auf
(Abb. 8b). Das Plastikkopftuch, das sie umgebunden hatte, war an dieser Stelle vollständig weggeschmolzen. Außerdem fanden sich eine flächenhafte Verbrennung, die über die rechte Schulter nach hinten lief,
und kleinfleckige, zum Teil schrotschußartige Verbrennungen an der gesamten rechten Außenseite des Rückens (Abb. 8a).

---▷

Abb. 8a,b. Frau K. mit flächenhafter Verbrennung an der rechten Kopfseite, großflä-
chiger Verbrennung an der rechten Schulter und kleinfleckigen, schrotschußartigen
Verbrennungsspuren an der rechten Rückenseite (a). Die Blitzübertrittstelle ist von
versengten Haaren umgeben, am Hals finden sich Spuren vom getragenen Plastikkopftuch
(b)

Abb. 9a-c. Herr W. mit kleinfleckigen Verbrennungsspuren an der Außenseite der linken Schulter und am linken Ellenbogen (a), einer von einer Ansengstelle am Hemdkragen ausgehenden, verästelten Blitzfigur auf der linken Schulter (b) und ausgedehnten, verästelten Lichtenberg-Blitzfiguren an der rechten und linken Rumpfvorderseite
(c)

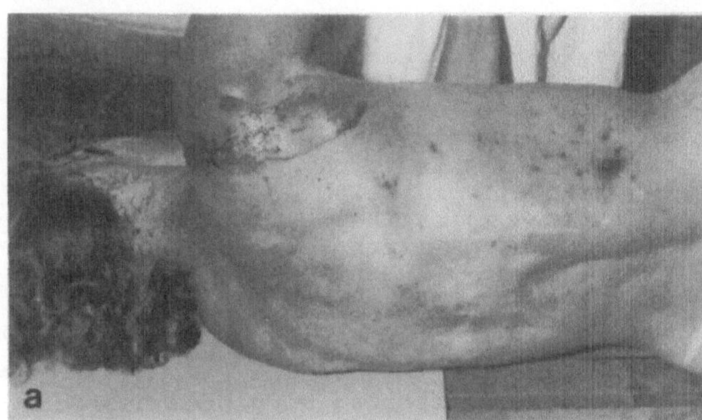

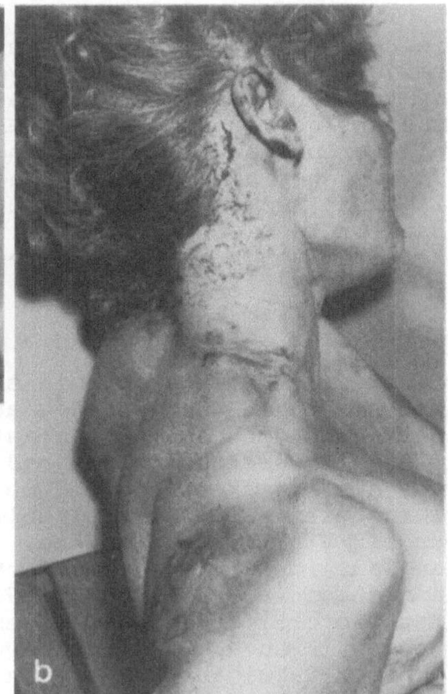

Abb. 8a,b

Abb. 9a-c

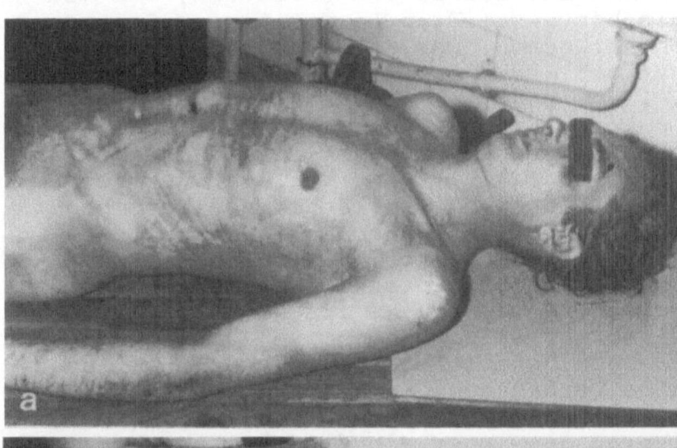

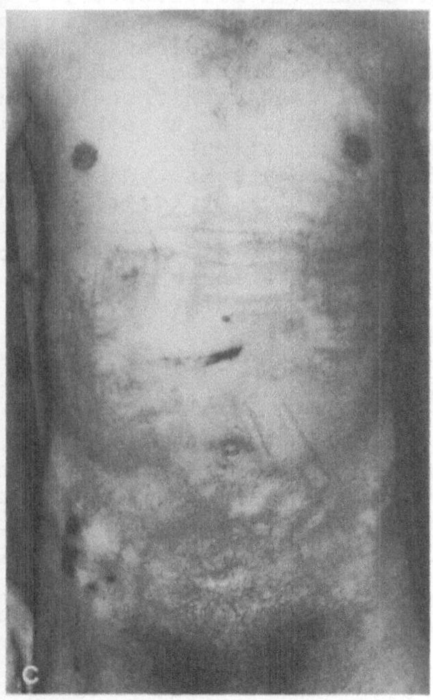

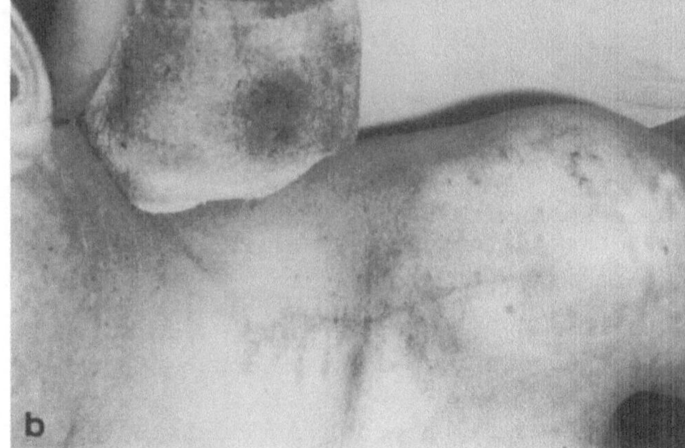

5. *Herr W.*

Die Leiche des 33 Jahre alten Mannes, der links außen auf der Bank gestanden hatte, wies nur einige wenige, fleckförmige Verbrennungen an
der rechten Hüft- und Oberschenkelaußenseite und kleinfleckige, schrotschußartige Verbrennungsspuren an der hinteren Außenseite der linken
Schulter und am linken Ellenbogen auf. Es fanden sich umfangreiche,
durchweg horizontal verlaufende, typische, verästelte Blitzfiguren
links und rechts an der Vorderseite des Rumpfes (Abb. 9a,c) und an der
Oberseite der linken Schulter, hier von einer markstückgroßen Ansengstelle am Hemdkragen begleitet (Abb. 9b).

6. *Frau W.*

Die zweite Überlebende, die sich bei dem Blitzschlag vor ihrem auf der
Bank stehenden Ehemann noch auf der Bodenplatte befand, hat den Einschlag und den gesamten Ablauf des Unglücks bewußt miterlebt. Sie hatte eben Zigaretten geholt und wollte zu ihrem Mann auf die Bank steigen, als sie akustisch und mechanisch einen "furchtbaren Schlag" und
gleichzeitig einen extrem hellen Lichtblitz wahrnahm und im ganzen Körper ein Vibrieren verspürte. Sie sah die anderen Personen "wie Puppen
langsam, im Zeitlupentempo, ohne Laut" von der Bank fallen und sank
dann selbst auf die Bank nieder, wo sie erst saß und dann lag. Sie erfaßte sofort, daß ein Blitzschlag erfolgte und die übrigen Gruppenmitglieder (Frau R. war noch bewußtlos) getötet worden waren. Sie fühlte
sich vom Nabel abwärts "gelähmt und wie abgestorben", meinte ihre untere Körperhälfte verloren zu haben und schrie vor Entsetzen, sie wolle auch sterben. Nach etwa 5 min hörte sie Frau R. mit tiefer Stimme
stöhnen und auf ihren Zuruf hin antworten. Der Hund jaulte während der
ganzen Zeit, war aber unverletzt geblieben und stand lediglich unter
Schockeinwirkung.

Frau W. erlitt eine flächenhafte Verbrennung an der linken Hüfte, die
offenbar dem Blitzübertritt entspricht (Abb. 10a). Von hier aus zog
sich eine bandförmige Blitzspur, die an die oberflächlichen Strombah-
nen von Blitzkanälen an Bäumen erinnert, über die linke Oberschenkelaußenseite und die linke Wade bis zur Ferse (Abb. 10d). Eine strommar-
kenähnliche Austrittstelle fand sich auch an der Außenseite der rechten Fußsohle, am Ansatz der kleinen Zehe. Frau W. trug um die Taille
ein Metallkettchen, das sich Glied für Glied rund um den ganzen Körper
formgetreu als Hautverschmorung abbildete (Abb. 10b,c). Außerdem fand
sich eine leichtere, flächenhafte Verbrennung in Höhe der Blitzübertrittstelle an der Außenseite des linken Unterarmes. Auch bei Frau W.
bildeten sich die Ausfallserscheinungen innerhalb des nächsten Tages
wieder vollständig zurück.

Diskussion

Blitzunfälle der vorliegenden Dimension sind sehr seltene Ereignisse.
Unserer Ansicht nach kann man den hier dargestellten Unfall auf einige
besondere Umstände zurückführen, die sein Zustandekommen begünstigten.

- Der Pavillon bietet sich gerade bei einem aufziehenden Gewitter als
  willkommener Unterstand an. Damit wird die Aufenthaltswahrscheinlich-
  keit von Personen in der Hütte ausgerechnet bei Gewittern besonders
  begünstigt.

- Die Hütte liegt an einem topographisch exponierten und deshalb für
  Blitzschlag prädisponierten Ort.

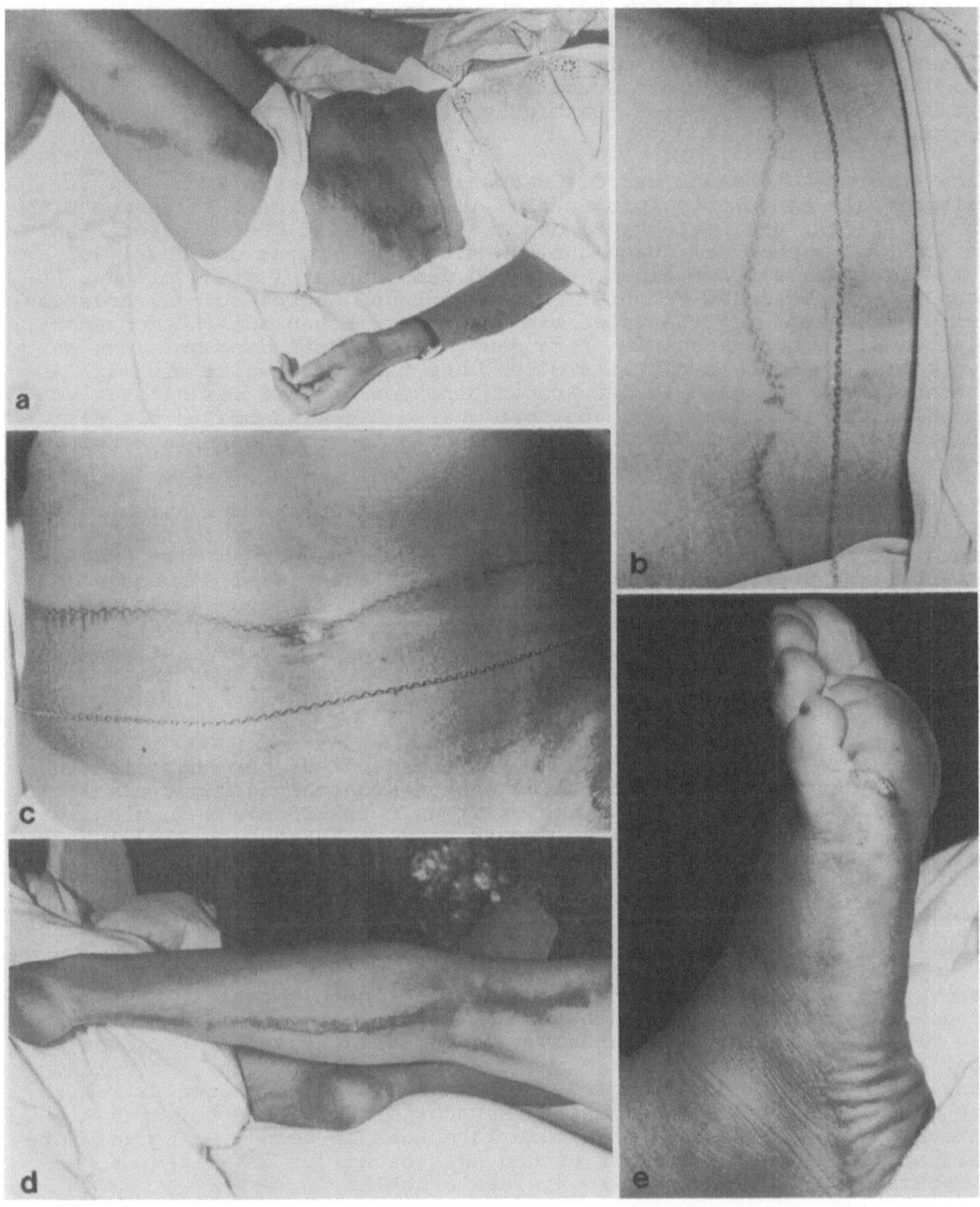

Abb. 10a–e. Frau W. mit einer flächenhaften Verbrennung an der linken Hüfte (a) und
einer von dort ausgehenden, bandförmigen Blitzfigur über linke Oberschenkelaußenseite
und linke Wade bis zur Ferse (d). Abbildung des um die Taille getragenen Metallkett-
chens an Rücken (b) und Bauch (c) in Form einer bräunlichen Hautverschmorung. Strommarkenartige Austrittstelle an der Außenkante der rechten Fußsohle, am Kleinzehen-
ansatz (e)

- In unmittelbarer Nähe der Hütte stehen hohe Bäume.

- Die Hütte selbst trägt einerseits auf ihrem höchsten Punkt ein nicht
  geerdetes Abschlußblech mit einer Metallspitze und einer Blechkugel,
  andererseits besteht die Grundplatte mit Sockel, Bank und Fundament
  aus stahlarmiertem Beton. Dazwischen ist nur leichtes, trockenes Holz-
  gebälk.

Nach unserer Auffassung war die Fahnenstange, die sich 70 m über der
Talsohle als exponierte Spitze anbot, Initiator für den Blitzeinschlag
in die Kiefer. Ein Seitenkanal des Blitzes verlief über die benachbar-
te Eiche. Zwischen dem Abschlußblech mit Metallspitze und Kugel auf
dem Hüttendach auf der einen Seite und den stahlarmierten, mit der Be-
tonplatte verbundenen Betonteilen von Bank und Sockel auf der anderen
Seite boten sich gewissermaßen wie Spitzen zwischen zwei Kondensator-
platten die erhöht stehenden Personen für eine Entladung geradezu an.
Man kann sich deshalb gut vorstellen, daß tückischerweise erst die Anwesenheit von Personen in der Schutzhütte den Verlauf des Blitzes von
der Eiche zum Dachtrauf und von dort über die gewissermaßen als Blitz-
ableiter fungierenden Personen zur Bodenplatte gegenüber einem reinen
Verlauf stammabwärts begünstigte.

Wir beobachteten an den Verunglückten die ganze Skala der bei Blitzun-
fällen auftretenden Hautläsionen (Karobath 1975). Sie reichten von be-
grenzten, singulären, stommarkenartigen Verbrennungen an Ein- und Aus-
trittstellen über großflächige Verbrennungen aller drei Schweregrade
und bandförmige Verbrennungsspuren entlang des Entladungsweges bis zu
den typischen verästelten, oberflächlichen Lichtenberg-Blitzfiguren und
leopardenfellartigen Fleckmustern. Auch fanden sich ganze Ansammlungen
von kleinfleckigen, umschriebenen, schrotschußartigen Verbrennungsde-
fekten, wie sie z.B. Pollak (1980) für Hochspannungsüberschläge beschreibt.

Das klinische Bild bei den beiden überlebenden Personen fügt sich in
die Reihe der aus dem Schrifttum bekannten Beobachtungen gut ein (Brinkmann u. Schaefer 1982). Bewußtlosigkeit galt früher als zwangsläufige
Konsequenz eines Blitzunfalles, jedoch sind nach Karobath (1975) unter
den Blitzunfallopfern in Österreich von 1965 bis 1974 immerhin etwa 14%
ohne Bewußtseinsverlust. Wie dies auch Frau W. berichtet, ist bei fehlender Bewußtlosigkeit die Wahrnehmung von Geräusch und Druckwelle die
Regel, meist wird auch eine grelle Lichterscheinung beschrieben (Karobath 1975).

Form, Ausbreitung und zeitlicher Verlauf der beobachteten Lähmungser-
scheinungen sind typisch: Karobath berichtet über derartige Lähmungen,
die meist mit Sensibilitätsstörungen oder Parästhesien einhergehen, in
über einem Drittel aller Fälle, wobei auch er eine rasche und vollkom-
mene Rückbildungstendenz angibt. Bevorzugt sind die unteren Extremitäten betroffen. Auch vorübergehende Sprachstörungen, wie bei Frau R.,
werden genannt. Offenbar stehen die Lähmungen in keinem Bezug zum Ver-
sorgungsgebiet bestimmter Nerven und auch nicht zur Lokalisation der
Verbrennungen. Ihre Genese ist bis heute unklar.

Literatur

Brinkmann K, Schaefer H (1982) Der Elektrounfall. Springer, Berlin Heidelberg New York
Karobath H (1975) Der Blitzunfall. Witzstrock, Baden-Baden Brüssel Köln
Pollak S (1980) Pathomorphologische Befundkonstellationen beim Tod durch hochgespannten
  elektrischen Strom. Arch Kriminol 165:1

Der Zerfall organischer Substanz als Problem der Gerichtlichen Medizin[1]

H.J.Mallach

Zusammenfassung

Wenn für ein Referat nur eine begrenzte Zeit zur Verfügung steht, muß der Referent Schwerpunkte setzen, - hier konzertieren, da nur Akkorde anschlagen. Er muß wichten, welchen Aspekten er den Vorrang einräumt. Im Hinblick auf die Archäochemie, die als Kernstück des Symposions über "Inhalte archäologischer Gefäße" anzusprechen ist, wurde der Thanatochemie die größte Bedeutung beigemessen. Daneben kamen Fragen der Moorgerbung und Mumifizierung zur Geltung. Gestreift wurde die Paläopathologie, nicht erwähnt die Brandkonservierung und der Tierfraß. Faßt man die Ausführungen zusammen, so ist der Versuch hoffentlich gelungen darzustellen, daß die Gerichtliche Medizin sui generis der geeignete Gesprächspartner der Ur-, Vor- und Frühgeschichte ist, daß sie aus ihrem Erfahrungsschatz mit vielen Details zu der Frage nach dem Zerfall organischer Substanz beitragen kann.[2]

Summary

When only a limited period of time is available for a report, its author has to filter out focal points, going into certain aspects in detail while barely touching upon others. He has to weigh up which aspects will be given priority. With respect to archeochemistry, which was the main theme of the *Symposium on the Contents of Archeological Vessels*, most emphasis was given to thanatochemistry. Questions concerning moorland tanning and mummification were also focused upon. Paleopathology but not fire preservation and animal fodder were mentioned. To summarize all the comments made, the attempt to illustrate that legal medicine is sui generis the appropriate partner for primeval, prehistoric, and early history and that with its wealth of experience it can contribute many details to the question of the decomposition of organic substances was - hopefully - a success.

Vorbemerkungen

Die Kenntnis über das Schicksal organischer Substanz post mortem ist für die Gerichtliche Medizin ebenso bedeutungsvoll wie für die Paläopathologie und damit für die Archäologie, Ur-, Vor- und Frühgeschichte. Nicht selten arbeiten Wissenschaftler dieser Disziplinen Hand in Hand, sei es auf Gräberfeldern oder sei es bei der Untersuchung von Überresten historisch hervorragender Persönlichkeiten. Als pars pro toto zitiert sind in den letzten Jahren meine polnischen Kollegen Marek u. Jaegermann (1978) zu erwähnen, die bei der Untersuchung der Krakauer

---

[1]Vorgetragen auf dem Symposion des Instituts für Urgeschichte der Universität Tübingen "Über Inhalte archäologischer Gefäße" am 10.7.1979

[2]Nach diesem Referat erschien die Monographie von Steffen P. Berg mit dem Titel "Der Archäologe und der Tod", gestaltete Oskar Grüner auf dem Kieler Kongreß der Deutschen Gesellschaft für Rechtsmedizin 1981 das Rahmenthema "Rechtsmedizin und Archäologie" mit Vorträgen von Berg, Gebühr und Helmer

Königsgräber aktiv beteiligt waren. Ich persönlich erinnere mich an den Versuch des Nachweises von Blutspuren an einem Kybele-Altar 1954 in Bonn oder an die Identifizierung eines Etruskerskeletts bei einer Grabung Alfieris 1961 in Spina.

Da lag in feuchtem Sand das Skelett, welches ich als dasjenige eines erwachsenen Mannes identifizierte. Die Form der Knochen war noch intakt, die Substanz dagegen weich und bröckelig, - also morsch. Nur mit Mühe konnte man die Knochen, - an der Luft getrocknet -, in ihrer Form erhalten und später mit Hilfe von Kunststoffilmen konservieren. Lediglich die Zähne erwiesen sich als unverändert haltbar. So taucht die Frage auf: Was geschieht mit der organischen Substanz, - und hier beschränke ich mich auf die organische Substanz von Mensch und Tier -, post mortem. Da sind zu nennen Fäulnis und Verwesung, heute eigentlich nur noch Autolyse genannt, die Thanatochemie darunter Proteolyse, Lipolyse und Glykolyse, sodann die Sonderformen der Thanatologie wie Mumifizierung, Moorgerbung und Fettwachsbildung, nicht zu vergessen die Zersetzungseinflüsse durch Tierfraß.

Fäulnis und Autolyse

Bereits Justus v. Liebig vertrat aus der Sicht des Chemikers anhand der Endprodukte die Meinung, daß die Leichenzersetzung durch zwei chemisch verschiedene Prozesse charakterisiert werde, nämlich einen Reduktionsvorgang, - die Fäulnis -, und einen Oxydationsvorgang, - die Autolyse. Fäulnis und Autolyse sind Vorgänge, die - der eine ohne den anderen et vice versa - nicht denkbar sind.

Die *Fäulnis* wird durch Bakterien bedingt, die sowohl auf der Haut als auch im Darm bereits zu Lebzeiten vorhanden sind, aber erst postmortal das organische Gewebe angreifen. Voraussetzung für die Fäulnis sind als äußere Faktoren Luft, Feuchtigkeit und Wärme, als innere Faktoren das Lebensalter, die Körperbeschaffenheit und die Todesursache; so schreitet die Fäulnis bei septischen oder toxischen Prozessen rasch voran.

Fäulnis zeichnet sich aus durch Grün- und Braunfärbung der Haut, durch Bildung von mißfarbiger Flüssigkeit, die die Haut in Blasen abhebt oder die Organe glitschig und brüchig macht, sowie durch eigentümlich süßlich riechendes Gas, welches die körperliche Hülle auftreibt und die Organe schaumig durchsetzt.

Die *Autolyse* beginnt in der Regel nach dem Sistieren des Kreislaufs mit der Zersetzung des Blutes, der Hämolyse. Sie wird enzymatisch gesteuert, wobei, - wie eigene Untersuchungen 1963/64 gezeigt haben -, die Aktivitäten einzelner Hauptkettenenzyme um ein Vielfaches gesteigert werden (Mallach u. Laudahn 1964; Laudahn u. Mallach 1965). Organe mit einem hohen Gehalt an proteolytischen Enzymen, die Bauchspeicheldrüse zum Beispiel, unterliegen daher ungemein rasch der Autolyse.

"Die Zersetzung der Leichen", schrieb Walter Specht (1937), "wird von chemischen Vorgängen beherrscht. Fortgesetzte Spaltungen der hochmolekularen Verbindungen in einfache Abbauprodukte finden statt. Als Endglieder erscheinen die sehr einfachen Wasserstoff- und Sauerstoffverbindungen der die organischen Moleküle zusammensetzenden wenigen Grundstoffe wie Ammoniak, Kohlenwasserstoffe, Schwefelwasserstoff im ersteren, Salpetersäure, Kohlensäure, Phosphorsäure im letzteren Falle". Specht schreibt sodann, daß dieses Thema wohl kaum erschöpfend behandelt werden könne.

Thanatochemie

Die Thanatochemie basiert auf den drei Grundbausteinen der organischen
Substanz: Eiweiß, Fett und Kohlenhydrat. Demnach kennen wir die katabole
Proteolyse, die Lipolyse und die Glykolyse.

1. *Die Proteolyse*

Mit dem Sistieren des Kreislaufes sinkt der Sauerstoff- und steigt der
Kohlendioxydgehalt des Blutes (Jetter 1959); gemeinsam mit der Bildung
von Milchsäure führt dies zu einem Abfall des pH, welcher jedoch durch
die bei der Proteolyse entstehenden Verbindungen, - Ammoniak und Amine -,
in das Gegenteil verwandelt wird (Mallach 1966).

Für den Proteinkatabolismus bedeutungsvoll ist post mortem die Blockierung energieübertragender Systeme (Netter 1959; Forster u. Schulz 1961),
so daß das Gleichgewicht zwischen Proteinsynthese und -abbau in Richtung
Proteolyse verschoben wird (Konikova et al. 1972). Die Existenz von Exo-
und Endopeptidasen läßt die These zu, daß die Proteolyse durch körpereigene Enzyme bestimmt wird (Zuber 1960; Bonte 1975). Zur Spaltung der
Proteinmoleküle in Aminosäuren sollen insbesondere die lysosomalen Kath-
epsine dienen (Betz et al. 1973), auch wenn Polypeptide als Zwischen-
produkte der Endopeptidaseaktivitäten nur in Spuren auftreten.

Andererseits wird die Proteolyse auch bakteriell gesteuert. Bakterien
benötigen nämlich Proteine und deren Kataboliten zum eigenen Zellauf-
bau, oder sie gewinnen durch die proteolytischen Prozesse Energie für
ihre eigene Lebensfunktion. So ist die Gewinnung von Stickstoff bei der
Desaminierung und die Gewinnung von Kohlenstoffketten für die Bildung
zelleigener Stoffe von Bedeutung. Weiterhin müssen hydrolytische Reaktionen bei Abwesenheit von Sauerstoff der Energiegewinnung dienen
(Specht 1937). Stark proteolytisch wirksame Bakterien sind zum Beispiel
Proteus vulgaris und Pseudomonas aeruginosa.

Die Proteine werden vermittels der Proteasen auf dem Weg über die Pep-
tone in Di- und Monoaminosäuren gespalten und diese desaminiert und de-
carboxyliert. Die Endstufen dieses Katabolismus sind sodann Ammoniak,
Kohlendioxyd und Wasser.

Bei der Decarboxylierung der Aminosäuren entstehen primäre Amine, -
nach Guggenheim (1924) *biogene Amine*, da viele von ihnen pharmakologisch stark wirksam sind. Die Geschwindigkeit der bakteriellen Desaminierung hängt nicht nur von der Art der Bakterien, sondern insbesondere
von der Art der Proteine ab; so wird Gliadin langsamer katabolisiert
als Casein. Da Kohlenhydrate die bakterielle Proteolyse hemmen, ist zu
schließen, daß Bakterien Proteine abbauen, um in den Genuß stickstoff-
freier Ketten zu gelangen.

Eine besondere Stoffklasse bei der Proteolyse bilden die von Francesco
Selmi (1878) in Bologna beschriebenen *Ptomaine*, die besonders in der
forensischen Toxikologie des vergangenen Jahrhunderts bei der Isolierung von Pflanzengiften aus Organmaterial mit diesen große analytische
Ähnlichkeit aufwiesen. Ptomaine sind nach ihrer chemischen Struktur organische Basen, und - da sie auch intra vitam im Urin nachgewiesen werden können - in drei Klassen zu gliedern:

1. Leichenalkaloide oder Ptomaine im engeren Sinne,
2. Pathologische Harnptomaine,
3. Normale Harnptomaine.

Nach den grundlegenden Untersuchungen von Brieger (1885-1887) und
Kijanizin (1892) ist die Natur der sich bildenden Ptomaine abhängig

von der Dauer der Fäulnis, von der An- oder Abwesenheit des Luftsauerstoffes und von der Temperatur. Bei Abwesenheit von Wasser werden keine
Ptomaine gebildet. Anfangs der Fäulnis findet man Cholin, später Cadaverin oder Putrescin. Anaerob entstehen qualitativ wie quantitativ weniger Ptomaine als aerob, dafür sagt man ihnen eine größere Beständigkeit und stärkere toxische Wirkung nach. Optimal für ihre Entstehung
sind Temperaturen von 20 bis 23° C.

2. *Lipolyse*

Neutralfette als leicht verfügbare Energiereserven und *Organfette*, vorwiegend Cholesterin und Phosphatide, als Bauelemente der Zellstrukturen
unterliegen in gleichem Maße katabolischen Prozessen. Neutralfette, die
Glycerinester höherer Fettsäuren, gliedern sich in Mono-, Di- und Triglyceride, deren Fettsäuren vorwiegend gesättigt, in bestimmtem Maß
aber auch ungesättigt sind. Die Lipolyse wird vorwiegend enzymatisch
mit Hilfe von Hydrolasen und Esterasen gesteuert, daneben werden Neutralfette photochemisch oder durch Einwirkung von Luft gespalten. Der
weitere Katabolismus erfolgt auf dem Wege der von Knoop (1904) in Tübingen entdeckten β-Oxydation zu Ketonen, wobei die stufenweise Oxydation
beispielsweise nacheinander von der C_{18}-Kette über C_{16}-, C_{14}-Ketten abwärts führt. Fettsäuren mit ungerader Anzahl von C-Atomen werden dagegen nur bakteriell katabolisiert, die Endprodukte sind Benzoesäure und
Phenylessigsäure.

Ketone mit endständiger Methylgruppe, wie sie beim Katabolismus auftreten, bedingen den widerlichen Geruch ranziger Fette. Es sei an dieser
Stelle bemerkt, daß zwar über den Katabolismus der Neutralfette einige
Kenntnisse vorliegen, daß diese Kenntnisse bezüglich der Organfette hingegen beschränkt sind.

Nach Untersuchungen von Döring et al. (1976) über die Postmortem-Lipolyse mit Hilfe der NMR-Spektroskopie wird neben der stufenweisen β-Oxydation ein zweiter Weg beschritten. "Dieser führt", so folgern die
Autoren, "wohl über die hydrolytische Abspaltung der Fettsäure am Kohlenstoff 2 des Glycerinrestes zunächst zu einem 1,3-Diglycerid, das dann
durch Reduktion der Alkoholgruppe in einen Propandiol-(1,3)-difettsäureester verwandelt wird. Theoretisch käme als erster Schritt auch eine Reduktion am C_2-Atom unter gleichzeitigem Verlust einer Fettsäurekette
in Betracht".

"Aus den Propandioldifettsäureestern entstehen durch weitere Abspaltung
einer Fettsäure Monoester, aus denen schließlich hydrolytisch Propandiol-(1,3) und freie Fettsäuren gebildet werden. Alle Glieder dieser
Abbaukette, - 1,3-Diglycerid, Propandiol-(1,3)-difettsäureester, Propandiol-(1,3)-monofettsäureester, Propandiol-(1,3) und freie Fettsäuren -, wurden aus zerfallendem Fettgewebe isoliert und einwandfrei
identifiziert".

Die Autoren berichten sodann, daß dieser Weg der Lipolyse durch Fremdenzyme gesteuert werde, da die Bildung von Propandiolestern mit einer
gewissen Latenz einsetze, alsdann rasch beschleunigt werde und schließlich wieder stagniere, also dem Bild der Wachstumskurve der Bakterien
entspreche. Bezogen auf den Zeitpunkt des Todes erstrecke sich die Anlaufphase bis zur dritten oder vierten Woche, die Phase der raschen
Bildung auf die vierte bis sechste Woche und die weitere, langdauernde
Phase auf Monate. "Nach etwa 270 Tagen", so schreiben die Verfasser,
"waren aber auch die Propandioldiester weitgehendst abgebaut. Übrig
blieben in der Neutralfraktion im wesentlichen geringe Mengen 1,3-Diglycerid und Propandiolmonoester".

3. Glykolyse

Beim Abbau der Kohlenhydrate werden die unter Energieaufwand gebildeten
Kohlenstoffketten gelöst und teilweise oder vollständig oxydiert. Endprodukte dieses katabolen Prozesses sind Kohlendioxyd und Wasser. Es
handelt sich dabei nicht um eine unmittelbare, sondern über zahlreiche
Zwischenstufen ablaufende Oxydation.

Abgesehen von der reinen Autolyse sind auch Mikroorganismen wie Essigbak-
terien, Hefe- und Schimmelpilze, Milchsäure- und Propionsäurebakterien,
Typhus- und Colibakterien geeignete Kohlenhydratspalter. Dennoch ist die
Glykolyse unter den katabolen Prozessen diejenige, die am raschesten abläuft, und zwar für das frühe postmortale Intervall bezüglich der Totenstarre von Bedeutung ist, nicht aber für die späten Stadien, die paläo-
pathologisch von Interesse sind.

Sonderformen der Thanatologie

Unter den Sonderformen der Thanatologie imponieren drei Umwandlungspro-
zesse, bei denen die Form der körperlichen Hülle wie auch der Weichteile mehr oder weniger unverändert bleiben; diese sind die

- Fettwachsbildung,
- Moorgerbung und
- Mumifizierung.

1. Fettwachs

Fettwachs wurde unter dem Namen Adipocire (Adeps = Fett; cera oder
cire = Wachs) von Fourcroy (1789) und von Thouret (1792) in Paris beschrieben: "An den Leichen, deren mehrere in eine gemeinschaftliche
Grube geworfen worden waren, war kein Fasergewebe mehr wahrzunehmen,
sondern alle weichen Teile zu einem meistens sehr festen mehr oder weniger weißen Mark geworden, das sich, - daher nannten es die Totengrä-
ber auch gras -, fett anfühlte, an trockener Luft hart und zuweilen
glänzend, beinahe wie Metall, wurde an feuchter Luft wieder aufgeweicht,
stank, schimmelte und mit den lebhaftesten und mannigfaltigsten Farben
anlief. Von außen war es von der Haut gebildet, die man noch an ihrem
körnigen Gewebe erkennt und die die ganze Dicke der Fetthaut einnimmt;
diese wird am weißesten und dichtesten. Weiter nach innen ist dieses
Mark zellicht, sehr los, sehr schwammig und leicht, fast wie das Zell-
gewebe. Hier unterscheidet man noch lange alle Lagen und Muskeln, alle
Verteilungen ihrer Bündel, den ganzen Lauf ihrer Fasern, sehr hell
braunrötlich leicht gezeichnet und schattiert" (Thouret 1792).

Fettwachs stellt nach Prokop u. Göhler (1976) "je nach Feuchtigkeits-
grad eine mehr halbweiche, schmierig fettige oder starr körnige, mör-
telartig brüchige, sich kreidig-fettig anfühlende Masse von grau-gelb-
lich-weißlicher oder mehr bräunlicher Farbe und ranzig käsigem, im trok-
kenen Zustand mehr modrigem Geruch dar. Die Oberfläche ist feingehöckert
und zeigt ein gekörntes Relief mit flachen, kaum pfefferkorngroßen dicht-
stehenden Einzeleffloreszenzen. Die lufttrockene Masse ist gipsartig,
tönt beim Anschlagen, schwimmt im Wasser, löst sich in Aether und Alkohol, schmilzt in der Flamme und brennt mit schwach leuchtender Flamme.
Sie ist sehr beständig und verändert sich nach ihrer Bildung nicht mehr".

Fettwachs bildet sich zunächst im Unterhautfettgewebe und greift mit
zunehmender Liegedauer auf die Muskulatur über, während die inneren
Organe nicht davon betroffen werden. Die Gelenke werden im Zuge der
Fettwachsbildung starr und brüchig, so daß sogenannte Autoamputationen
von Gliedmaßen die Folge sind. Im übrigen sind durch Schwund der Musku-

latur Bildungen von Hohlzylindern, in denen die isolierten Röhrenknochen liegen, zu beobachten.

Fettwachs entsteht, wenn Fäulnis und Autolyse nicht bis zum völligen Zerfall organischer Substanz fortschreiten, unter Mitwirkung von Wasser. Ausgangssubstanz ist vor allem das Depotfett. Die Muskulatur ist nur insofern beteiligt, als sie katabolisch zu Fett umgewandelt wird, also der postmortalen Fettphanerose unterliegt. Nach der chemischen Zusammensetzung handelt es sich um ein Gemisch aus freien, hochmolekularen Fettsäuren, - Palmitin-, Stearin- und in geringem Maße Ölsäure -, ferner aus Calcium-, Magnesium-, Kalium-, Natrium- und Ammoniumsalzen der Fettsäuren, den sog. Seifen. Ferner finden sich nicht verseifbare Bestandteile, vor allem Cholesterin. Smith u. Fiddes (1955) erwähnen zusätzlich die postmortale Härtung ungesättigter Fettsäuren nach dem Prinzip der Margarineherstellung.

2. *Moorgerbung*

Sie entsteht bei Leichen in Torfmooren durch Gerbung der Gewebe und Entkalkung der Knochen. Die Form des Körpers bleibt weitgehend erhalten, so daß nach Jahrzehnten noch Alter und Geschlecht, aber auch Spuren von Gewalteinwirkungen erkennbar sind. Indes ist der Erhaltungszustand nicht einheitlich. In der Regel handelt es sich um Körper, "die eine bis auf wenige Zentimeter zusammengedrückte platte Masse" darstellen, "offensichtlich durch den Druck der die Leiche überlagernden Moorschichten verursacht" (Merkel 1940).

Die Haut ist von dunkelbrauner Farbe. Im frischen Zustand feucht, wird sie an der Luft brüchig, schrumpft und wirkt wie gegerbtes Leder. Die Kopfhaare sind fast immer gut erhalten, teils braun-schwarz, teils fuchsrot gefärbt, offenbar durch die Einwirkung der Huminsäuren bedingt. Gelegentlich sind sogar Finger- und Zehennägel vorhanden, wenngleich auch geschrumpft. Die Knochen sind ebenfalls dunkelbraun, manchmal sogar schwarz gefärbt, biegsam und mit dem Messer schneidbar, dazu außerordentlich leicht. Deformierungen sind nicht selten erst postmortal entstanden. Die Entkalkung wird durch die in den Mooren vorkommenden Säuren verursacht. Der Knorpel ist gut konserviert und ebenfalls braun gefärbt. Die Zähne liegen - wie beispielsweise bei Wasser- oder Waldleichen - locker in den Zahnfächern; das Zahnbein ist ebenfalls braun gefärbt, nicht dagegen der Zahnschmelz.

Muskulatur und Fett sind in der Regel geschwunden, Sehnen und Faszien als platte Stränge erkennbar. Gehirn und innere Organe finden sich nur in Form von schmierig-klebrigen Massen, manchmal sind Teile des Darmtraktes erhalten. Soweit die Skelettmuskulatur noch vorhanden, ist - wie auch die eigene Erfahrung lehrt (Mallach 1963) - die Querstreifung, ebenso wie das Sarkolemm, mikroskopisch nachweisbar.

3. *Mumifizierung*

Auch wenn, wie Born (1959) schreibt, über die Vorgänge bei der Mumifizierung "noch weitgehend Unklarheit" herrscht, besteht unter den Autoren dennoch Einigkeit über die generellen Bedingungen, die Einfluß auf die Mumifizierung ausüben. Diese sind Lebensalter, Geschlecht und Beruf, Konstitution, Krankheit und Todesursache, Exposition in kalter oder warmer Luft bei guter Belüftung, bei begrabenen Leichen die Bodenbeschaffenheit, bei Gruftleichen die Radioaktivität oder aber auch die Bildung von Fettwachs.

Bezüglich des Lebensalters besteht Einigkeit, daß Tot- oder Neugeborene leicht mumifizieren, unreife noch rascher als reife. Bezüglich des Ge-

schlechtes sollen, so wird gelegentlich behauptet, die Frauen eher
mumifizieren als die Männer, bezüglich der Konstitution kleine, hagere
Körper eher als große fettleibige. Bezüglich der Krankheiten neigen die
Leichen solcher Personen, die an Auszehrung, Alkohol- oder Arsenvergif-
tung gestorben sind, zur Mumifizierung.

Einigkeit besteht darüber, daß ein trockener Windzug die Mumifizierung
fördert. Förderlich ist nach allgemeiner Anschauung auch eine hohe Temperatur des Milieus. Im Erdboden begrabene Leichen scheinen nur dann
vollständig zu mumifizieren, wenn der umgebende Boden heiß, trocken
und durchlässig ist. Über die Gruftleichen des Bremer Bleikellers
schreibt Sander (1918): ... "Es ist sehr wohl denkbar, daß bei geeigneter Versuchsanordnung intensive Bequerelstrahlung Gärungsprozesse
wie Fäulnis und Verwesung durch direkte Beeinflussung der betreffenden
Spaltpilze zu verzögern oder ganz zu unterdrücken vermag."

"Natürlich mumifizierte Leichen werden oft als spröde, brüchig und in
den Gelenken versteift beschrieben. Die Haut ist grau bis braun gefärbt
und wird als leder-, karton- oder pergamentähnlich geschildert. Die
Weichteile sind geschrumpft, jedoch kann der Grad ihrer Formänderung
wie auch ihr genereller Erhaltungszustand, - besonders der der inneren
Organe -, abhängig von den jeweiligen Umständen erheblich variieren ...
Neben dem ... geringen Wassergehalt, - nach Goy u. Wende (1922) zwischen 5 und 10% -, zeichnen sich vollständig mumifizierte Körper gegenüber Fettwachsleichen durch eine Gewichtsabnahme aus, die den Wassergehalt übersteigt. In einem von Toussaint (1857) untersuchten Fall betrug
der Gewichtsverlust 92%, in einem von Strauch (1928) beschriebenen 85%.
Mumien Erwachsener wiegen im allgemeinen zwischen 4 und 10 kg ..."
(Zielke-Temme 1976).

Paläopathologische Gesichtspunkte

Aus der Sicht der Paläopathologie - und damit aus der Sicht der Archäologie, der Ur-, Vor- und Frühgeschichte - interessiert die Frage, wann
hat wer wo und wie gelebt. Eine Antwort auf diese Frage werden wir teilweise erhalten, wenn Überreste der körperlichen Hülle vorhanden sind,
seien es Skelette, Fettwachs- oder Moorleichen und Mumien.

Entkalkte Knochen, wie bei Moorleichen, können postmortal wesentliche
Veränderungen erleiden. Die Entkalkung muß indes nicht erst unter besonderen Bedingungen nach dem Tode erfolgen, sie kann unter bestimmten
vitalen Prozessen, wie der Sudeck-Atrophie, auch schon zu Lebzeiten erfolgen. Ein Beispiel hierfür mag "Heinrich der Löwe" sein, dessen linkes
Hüftgelenk bei der Öffnung des Grabes 1935 eine Deformation aufwies, so
daß der unbefangene Betrachter auf eine angeborene Hüftgelenksverrenkung
schließen mußte. Dies hätte aber bedeutet, daß der "Löwe" zeit seines
Lebens gelahmt hätte und zur Überwindung der ungeheuer großen Strecken
im Sattel nicht in der Lage gewesen wäre.

Fischer (1959) war es, der aufgrund des "Löwen" Sturz vom Pferd im
Winter 1193/94 einen Bruch der Hüfte vermutete mit anschließendem
Sudeck. Experimentell bewies er, daß "sämtliche vorher entkalkten Knochen bei der Fäulnis beträchtlich schrumpften, so daß sie zwischen
5 und 10% dünner werden als die nicht entkalkten".

Die Unterscheidung, ob Knochen von Mensch oder Tier stammen, kann, wenn
die Form nicht eindeutige Schlüsse zuläßt, aufgrund von serologischen
Untersuchungen Schwierigkeiten bereiten. Gleiches gilt für Gewebe, so
besonders aus mumifizierten Leichen. So sind die aufsehenerregenden Ergebnisse der Blutgruppenbestimmungen an ägyptischen Mumien mit äußerster

Zurückhaltung zu werten. Wer will beweisen, daß das nachgewiesene Blutgruppenmerkmal A oder B, AB oder O auch tatsächlich zu Lebzeiten vorlag. Der Fortschritt der Technik und damit der Analytik hat nach etwa 20 Jahren Pause auf dem Sektor der thanatologischen Forschung in der Gerichtlichen Medizin zu neuen Impulsen geführt. Bonte (Bonte u. Kleinsorge 1977; Bonte u. Rustenmeyer 1975; Bonte et al. 1976a,b) in Göttingen, Daldrup (1979) in Düsseldorf und Mittmeyer (1978) in Tübingen haben sich dem Eiweißkatabolismus zugewandt, denn die Frage, wie lange zum Beispiel vital existente Blutgruppen mit Sicherheit post mortem nachweisbar sind, harrt der Antwort. Insbesondere die Untersuchungen von Mittmeyer (1978) zeigen schon jetzt sehr überzeugend, wie stabil oder auch labil Globuline unter bestimmten Bedingungen sein können.

Für histologische Untersuchungen eignet sich am sinnvollsten mumifiziertes Gewebe, erstmals von Czermak (1852) durchgeführt. Eine ausführliche Zusammenstellung der mitgeteilten Untersuchungen bis in die jüngste Gegenwart findet sich in der Dissertationsschrift von Zielke-Temme (1976) mit dem Titel "Natürliche und künstliche Mumifizierung und ihre Bewertung in der Gerichtlichen Medizin", in Tübingen 1976 publiziert. So darf ich darauf verweisen, mich kurzfassen und nur einen Fall erwähnen, den meine Kollegen aus Rom 1962 dargestellt haben. Beim Straßenbau nördlich von Rom war man auf ein römisches Grab aus dem zweiten nachchristlichen Jahrhundert gestoßen, das die mumifizierte Leiche einer jungen Frau barg. Nach entsprechender Quelltechnik fanden sich mikroskopisch in Haut und Muskulatur Strukturen, die - abgesehen von der mangelnden Darstellung der Zellkerne -, von regulären Strukturen nicht zu unterscheiden waren.

Literatur

Betz H, Gratzl M, Remmer H (1973) Inaktivierung mikrosomaler Proteine durch Lysosomen. Hoppe Seylers Z Physiol Chem 354:567-575

Bonte W (1975a) Der postmortale Eiweißkatabolismus. Beitr Gerichtl Med 33:57-75

Bonte W, Johannsson J, Garbe G, Berg S (1976a) Die Bestimmung des Aminosäure-Spektrums als Hilfsmittel bei der Datierung von Skelettfunden. Arch Kriminol 158: 163-174

Bonte W, Kleinsorge V (1977) Autolysebedingte Konzentrationsveränderungen der freien Aminosäuren im Glaskörper des Auges. Beitr Gerichtl Med 35:490-499

Bonte W, Pohlig K, Sprung R, Bleifuß J (1976b) Die mikrobielle Beeinflussung des Proteinkatabolismus im Fäulnisexperiment. Beitr Gerichtl Med 34:173-178

Bonte W, Rustenmeyer J (1975b) Qualitative Untersuchungen zur Entwicklung des Aminosäure-Spektrums in faulender Leber. Z Rechtsmed 76:293-306

Born E (1959) Über natürliche Mumifizierungen. Zentralbl Pathol Anat 99:490-499

Brieger L (1885/86) Über Ptomaine I, II, III. Hirschwald, Berlin

Brieger L (1887) Zur Kenntnis der Stoffwechselprodukte des Cholerabacillus. Berl Klin Wochenschr 24:817-820

Czermak J (1852) Beschreibung und mikroskopische Untersuchung zweier ägyptischer Mumien. Sitzungsberichte der Kaiserlichen Akademie der Wissenschaften. Math Naturwiss Klasse 427-448, Wien

Daldrup T (1979) Postmortaler Eiweißzerfall in menschlichen Organen. Reaktionen und zeitliche Zusammenhänge. Triltsch, Düsseldorf

Döring G, Lackner M, Mieskes G, Vogel R (1976) Propandiol-(1,3)-fettsäureester als Metaboliten der postmortalen Fettspaltung. Z Rechtsmed 78:285-296

Fischer E (1959) Begegnungen mit Toten. Schulz, Freiburg

Forster B, Schulz G (1961) Untersuchungen über das postmortale Verhalten des Diphosphopyridinnucleotids. Dtsch Z Ges Gerichtl Med 51:514-516

Fourcroy (1789) Mémoires sur les différents états des cadavres, trouvés dans les fouilles de cimitiere des innocents 1786 et 1787. Mém Acad Chir (Paris)

Goy S, Wende.E (1922) Zur Kenntnis des Mumifizierungsprozesses. Biochem Z 131/132:6-7

Guggenheim M (1924) Die biogene Amine, 2. Aufl. Springer, Berlin

Jetter WW (1959) Postmortem biochemical changes. J Forensic Sci 4:330-341

Kijanizin J (1892) Untersuchungen über den Einfluß der Temperatur, der Feuchtigkeit und des Luftzutritts auf die Bildung von Ptomainen. Vschr Gerichtl Med (III. Folge) 3:1-20

Knoop F (1904) Der Abbau aromatischer Fettsäuren im Tierkörper. Kuttruff, Freiburg

Konikova AS, Pogasova AV, Nikulin VI (1972) Restoration of prothein synthesis after death and the effect of postmortal cooling. Nature 235:83-85

Laudahn G, Mallach HJ (1965) Untersuchungen zur postmortalen Aktivität von Hauptkettenenzymen in menschlicher Skelettmuskulatur. Klin Wochenschr 43:959-960

Mallach HJ (1963) Über histochemisch nachweisbare Phosphatasen in den kontraktilen Elementen der Skelettmuskulatur und ihre Veränderungen nach dem Tode. Habilitationsschrift, Freie Universität Berlin

Mallach HJ, Laudahn G (1964) Vergleichende Untersuchungen mit enzymatischen Methoden an Vital- und Leichenblut im Hinblick auf die Todeszeit. Klin Wochenschr 42:693-699

Mallach HJ (1965) Über Hämatokrit und Wasserstoffionenaktivität des Leichenblutes. Blut 12:89-94

Marek Z, Jaegermann K (1978) Protokoll über die Skelettuntersuchungen aus dem Grab des Königs Kasimir Jagiellonczyk. In: Meterialy z Badań prowadzomych w Klaplicy swietokrzyskiej na Wawelu w Latach 1972 - 1973. Państwowe Zbiory sztuki na Wawelu, Kraków

Merkel H (1940) Moorleichen. In: Neureiter F von, Pietrusky F, Schütt E (Hrsg) Handwörterbuch der Gerichtlichen Medizin und Naturwissenschaftlichen Kriminalistik. Springer, Berlin

Mittmeyer HJ (1978) Elektrophoretische Untersuchungen über proteolytische Veränderungen an menschlichen Geweben. Ein Beitrag zur Eingrenzung der Todeszeit im späten postmortalen Intervall. Habilitationsschrift, Universität Tübingen

Netter H (1959) Theoretische Biochemie. Springer, Berlin Göttingen Heidelberg

Prokop O, Göhler W (1976) Forensische Medizin, 3. Aufl. Fischer, Stuttgart New York

Sander H (1918) Mumifikation und Radioaktivität. Naturw Wochenschr (NF) 17:593-596

Selmi F (1878) Sulle ptomaine of alcaloidi cadaverici. Zanichelli, Bologna

Smith S, Fiddes FS (1955) Forensic medicine. Churchill, London

Specht W (1937) Chemische Abbaureaktionen bei der Leichenzersetzung. Ergeb Allg Pathol Anat 33:138-180

Strauch K (1928) Beiträge zur natürlichen Mumifikation menschlicher Leichen. Dtsch Z Ges Gerichtl Med 12:218-269

Thouret (1792) Rapport sur les exhumers du cimitière et de l'église des saints-innocents. Histoire de la société royale de medécin à Paris pour 1786. (vergl. Crells Chemische Annalen)

Toussaint (1857) Die Mumifikation der Leichen. Vschr Gerichtl Med 11:203-233

Zielke-Temme B (1976) Natürliche und künstliche Mumifizierung und ihre Bewertung in der Gerichtlichen Medizin. Inaug. Dissertation, Universität Tübingen

Zuber H (1960) Die Verwendung enzymatischer Reaktionen für die Reinheitsprüfung und Strukturaufklärung von Peptiden und Proteinen. Chemia 14:405-418

Causes of Death in Children Dying at Home and While Being Treated in Hospital

Z. Marek and P. Popczyńska-Marek

Zusammenfassung

Die vorliegende Arbeit befaßt sich mit der vergleichenden Analyse der Todesursache
eines Kollektivs von 2872 Kindern bis zum 14. Lebensjahr, von denen 1559 plötzlich
zu Hause, 1313 während eines Krankenhausaufenthalts verstorben waren. Bis zum 1. Lebensjahr standen akute entzündliche Prozesse, vorwiegend Pneumonien, im Vordergrund.
Jenseits des 1. Lebensjahres waren die Mortalitätsrate und die Anzahl der plötzlichen
Todesfälle 5mal geringer als im 1. Lebensjahr. Die Autoren erörtern den Mechanismus
funktioneller Störungen des respiratorischen Systems als wichtigste Ursache des plötzlichen Kindstodes. Daneben wird besonders auf folgende andere wichtige Todesursachen
hingewiesen: angeborene Entwicklungsstörungen des Aortenbogens, primäre pulmonale
Hypertension und Hypoxie des Zentralnervensystems. Es wird unterstrichen, daß die
sorgfältige Obduktion bei der Klärung solcher Todesfälle entscheidende Bedeutung hat.

Summary

The causes of death were studied in a group of 2872 children up to 14 years of age.
Of these, 1559 infants and children died suddenly at home, and 1313 in the course of
hospitalization. The main causes of death in infants up to the 1st year of age were
inflammatory states and pneumonias. In the group older than 1 year old the mortality
rate and number of sudden deaths were five times lower than in infants.

Factors in functional insufficiency of the respiratory system were discussed, these
being the main cause of sudden death among infants. Apart from the factors described
attention should be paid to other factors: congenital malformations of the aortic
arch, primary pulmonary hypertension, and hypoxemic state of central nervous system.
Nontypical and nonevident clinical symptoms can be revealed by a thorough autopsy.

The present study on the problem of sudden and unexpected deaths among
infants and children up to the 14th year of life was based upon clinical
and postmortem findings from 2872 cases.

The material collected was divided into two study groups: group I comprised 1559 cases of children who died at home after short-term or nonevident symptoms of disease, and whose hospitalization had been found
unjustified. These cases were examined as unexpected or sudden deaths at
the Institute of Forensic Medicine. As comparison group II comprised
1313 children of the same age treated at the Institute of Pediatrics who
died during the course of hospitalization. Apart from nine cases of sudden death the children died from a gradual worsening of the clinical
state.

From the evaluation of the age, the mortality rate of possible causes
for sudden and unexpected deaths was significantly higher in infants
than in older children (Fig. 1).

Male cases were prevalent (59% boys and 41% girls).

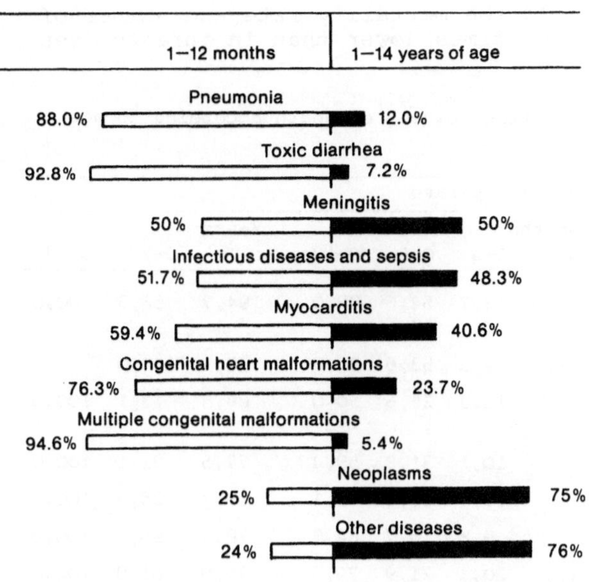

Fig. 1. Mortality rate of children in various diseases according to age

Causes of death in this age group were inflammatory states of the respiratory, circulatory, alimentary, and central nervous systems as well as septic diseases. The number of pneumonias was high. There were significant differences in the causes of death between the children in forensic autopsies and those who died in hospital (Fig. 2).

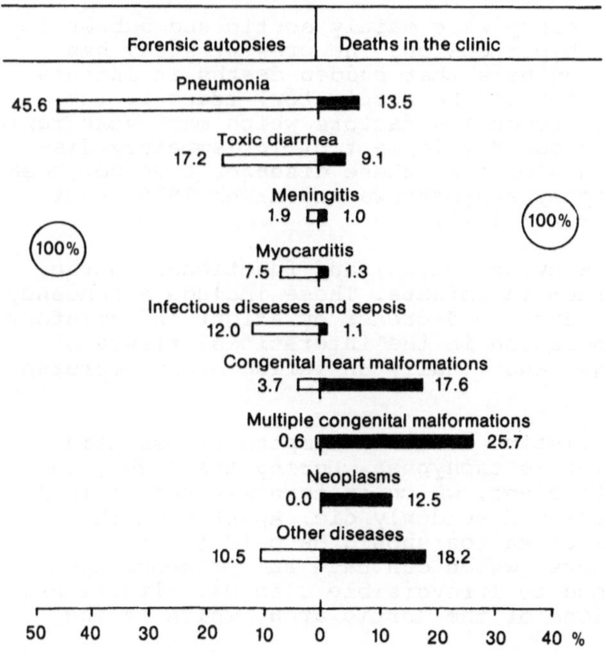

Fig. 2. Causes of death in children in forensic autopsies and in children who died in hospital

In the group more than one year old the mortality rate and number of
sudden, unexpected deaths were five times lower than in infants (see
Table 1).

Table 1. Mortality rate of children in various causes of death according to age
(in cumulative percentages)

Cause of death	Number of cases	Mortality rate						
		Months				Years		
		0–1	0–3	0–6	0–12	0–1	0–7	0–14
Pneumonia and bronchitis	952	1,8	18,7	54,6	88,0	94,7	96,9	100,0
Toxic diarrhea	364	9,0	39,5	53,6	92,8	98,9	100,0	
Meningitis and encephalitis	82		10,9	25,6	50,0	69,5	73,1	100,0
Myocarditis	138		10,1	31,9	59,4	77,5	81,1	100,0
Infectious diseases	185		19,4	30,8	48,1	69,7	85,9	100,0
Sepsis	51		9,8	15,7	64,7	78,4	96,0	100,0
Congenital heart malformations	283	16,2	20,1	21,9	76,3	79,8	81,9	100,0
Multiple congenital malformations	335	53,4	54,6	55,2	94,6	100,0		
Neoplasm	116				25,0			100,0
Other diseases (kidneys, liver etc.)	366	13,9	20,5	24,0	51,6	55,7	60,6	100,0
Total	2872	11,4	24,5	41,2	75,7	82,6	85,9	100,0

The cause of death in the older group were mainly aortic and subaortic
stenoses, and primary pulmonary hypertension. The present study has
confirmed observations of other authors that sudden deaths in infants
are caused by inflammatory diseases of the respiratory tract in the
majority of cases. Despite many recognized factors which may evoke rapid
and frequently difficult to diagnose development of inflammatory diseases such as pneumonia and bronchiolitis, these diseases have not been
fully explained (Marek 1976; Popczyńska-Markowa and Marek 1976; Kunz
and Gross 1976; Próchnicka and Marek 1976).

An essential role is played here by anatomical and functional characteristics of the respiratory tract in infants. These include a tendency
for the respiratory tract efficiency to decrease by slight inflammatory
changes, rapidly developing congestion in the interstitial tissue of
the lungs hindering gas exchange, and finally an inflammatory decrease
of surfactant activity.

Of the above-mentioned characteristics the only symptom of essential
value from the clinical viewpoint is tachypnea. During the night, when
breathing is additionally insufficient, which in turn may result in irreversible hypoxemia, the patient can suddenly die. Apart from the
above-mentioned characteristics attention should be paid to other factors, noted by the present authors, which can have an influence upon
respiratory disturbances and lead to irreversible clinical situations.
These are congenital malformations of the aortic arch, which in the

majority of cases occur as the only anatomical abnormality of the circulatory system. The anomalies known as vascular rings surrounding the esophagus and trachea may lead to diminution of respiratory tract patency by mechanical compression.

In such conditions rapid infections develop easily. When the clinical picture of vascular rings is not diagnosed and the possibility of occurrence of acute respiratory insufficiency is disregarded in this group of patients, clinical and morphological errors will frequently be made.

Only detailed postmortem examinations ensure the discovery of the aberrant origin of arteries from the aortic arch. If such analyses deviate from this principle the anomaly remains unrevealed; therefore vascular rings are seldom encountered (Freedom et al. 1972; Klinkhamer 1969; Shuford and Sybers).

Clinically, vascular rings can be easily detected by means of esophagoscopy (in X-ray esophagography, esophagus is compressed by the posterior part of the double aortic arch) and a quite safe surgical procedure makes complete removal of the lesion possible. All this lessens the number of sudden deaths in the course of the vascular rings syndrome.

Another condition which always leads to sudden deaths is primary pulmonary hypertension (Popczyńska-Markowa and Mierzyński 1978; Robertson 1971). The disease is seldom encountered, but recently more and more often in infants. The initial and critical symptoms of the disease are not characteristic of a pulmonary condition. The main clinical signs, such as dyspnea and cyanosis, suggest the occurrence of a congenital heart malformation. Sections of pulmonary tissue show thickening of the media with endothelial proliferation and narrowing of the arterial lumen.

An immediate cause of death in all the cases observed was acute hypoxemia on the CNS with accompanying convulsions and loss of consciousness. In the absence of anatomical changes in the heart and inflammatory lesions in the respiratory and central nervous system the cause of death remains unknown, even after autopsy. Only histological examination of lung specimens reveals the true cause of sudden death.

References

Freedom RM, Rosen FS, Nadas AS (1972) Congenital cardiovascular disease and anomalies of the third and fourth pharyngeal pouch. Circulation 46:165-172
Klinkhamer AC (1969) Esophagoscopy in anomalies of the aortic arch system. Williams & Wilkins, Baltimore
Kunz J, Gross A (1976) Zgony z przyczyn chorobowych u niemowlat i dzieci do 14 roku zycia, w latach 1950 - 1959 (Causes of death in infants and children up to 14th years of life, in the years 1950 - 1959 - in Polish). Arch Medycyny Sadowej 26: 77-82
Marek Z (1976) Nagła śmierć dzieci z przyczyn chorobowych (Sudden death in children - in Polish). Arch Medycyny Sadowej 26:37-47
Popczyńska-Markowa M, Marek Z (1976) O mechaniźmie nagłego zgonu u małych dzieci (On the mechanisms of the sudden death in infants - in Polish). Pat Polska 27:1-8
Popczyńska-Markowa M, Mierzyński W (1978) Nagły zgon w pierwotnym nadciśnieniu płucnym (Sudden death caused by primary pulmonary hypertension - in Polish). Arch Medycyny Sadowej 28:29-33
Próchnicka B, Marek Z (1976) Nagłe zgony z przyczyn chorobowych u niemowlat i dzieci (Sudden and unexpected death in infants and children - in Polish). Arch Medycyny Sadowej 26:71-76
Robertson B (1971) Idiopathic pulmonary hypertension in infancy and childhood. Acta Pathol Microbiol Scand (A) 79:217-227
Shuford WH, Sybers MD. The aortic arch and its malformations. Thomas, Springfield

Zur Leichenschau bei außergewöhnlichen Todesfällen

H. Patscheider

Zusammenfassung

Alle plötzlich und unerwartet eintretenden, sowie alle gewaltsam verursachten und auf
Gewalteinwirkung verdächtigen Todesfälle werden unter dem Begriff des "außergewöhnlichen Todesfalls" zusammengefaßt. Es wird über die Erfahrungen bei seiner Anwendung
in der Praxis der Leichenschau berichtet.

Summary

All cases of death which occurred suddenly and unexpectedly as well as all those
caused violently and those suspected to be due to violence are united under the term
of "unusual events of death." An account is given of the accumulated experience of
the use of this term at the coroner's inquest.

In den letzten Jahren ist die Diskussion um Probleme bei der Leichenschau sehr lebhaft geworden, wie die Literatur zeigt (Schmidt 1970;
Mallach et al. 1977,1978; Maetzler 1978; Spengler 1978; Janssen 1978;
Schneider 1981; Spann et al. 1979; Eisenmenger et al. 1982). Besonders
entzündet sich das Interesse an den bei der Leichenschau begangenen Fehlern, weil sich hier die medizinischen und kriminalistischen Folgen
meist rasch und mitunter auch drastisch zeigen. Solche Vorkommnisse sind
wohl nicht allein auf mangelhafte Kenntnisse und ungenügende Sorgfalt
der Leichenschauer zurückzuführen, sondern offensichtlich auch auf unzulängliche gesetzliche Regelungen, weshalb zahlreiche Vorschläge, Veränderungen und Verbesserungen gemacht worden sind. Hierzu Stellung nehmen
zu wollen, verbietet sich für den im Ausland Tätigen und daher mit den
einzelnen Besonderheiten zu wenig Vertrauten von selbst. Im folgenden
sollen deshalb lediglich einige allgemeine Überlegungen zur Leichenschau
bei möglicherweise rechtlich relevant werdenden Fällen, also bei unklaren und verdächtigen Todesfällen angestellt werden.

Im Schrifttum aus der Bundesrepublik kreisen die Betrachtungen immer
wieder um den von der StPO in § 159 umrissenen Punkt einer Unterscheidung zwischen einem "natürlichen" und "nicht natürlichen" Todesfall,
eine sprachliche Fassung, die auch maßgeblich für die außerhalb straf-
rechtlicher Belange liegenden Regelungen geworden ist, wie die entsprechenden Gesetze der Länder zur Leichenschau zeigen (Spengler 1978). Aus
ärztlicher Sicht stellt sich aber die vordringliche Frage, ob diese so
formulierte Bestimmung überhaupt den Zweck zu erfüllen vermag, den man
von ihr erwartet. Denn sie hat die Annahme zur Voraussetzung, daß bei
der Leichenschau die Feststellung der Todesursache und die daraus abge-
leitete Todesart auch in jedem Falle einwandfrei erkannt werden könne.
Zwar mag eine solche Meinung noch bis zu einem gewissen Grade berechtigt
sein, wenn der Tod nach einem längeren Krankenlager, gründlicher diagnostischer Abklärung und ärztlicher Behandlung eingetreten ist. Aber selbst
unter diesen, für eine Leichenschau optimalen Voraussetzungen, muß immer
noch mit einer erheblichen Zahl von Fehldiagnosen gerechnet werden, wie

jeder erfahrene Obduzent weiß, und die Untersuchungen von Schleyer (1968),
Harsányi u. Szuchovszky (1975) und neuerdings auch von Drexler et al.
(1980) zeigen. Schon vor 60 Jahren schrieb dazu Zangger: "Daß die etwas
rudimentäre und willkürliche Diagnose der Todesursache früher dem Zweck
genügte, wenn wirklich kein Verbrechen übersehen wurde, hat die heutige
Auffassung ihrer Aufgabe in den Kreisen der Ärzte derart einwurzeln lassen, daß sogar heute noch medizinisch und rechtlich nichtssagende Diagnosen in die Totenscheine eingetragen werden, trotz der bestehenden gesetzlichen Anforderungen. Man wird aber nicht darüber im Zweifel sein,
daß die Stellung solcher Diagnosen von inneren Krankheiten und inneren
Todesursachen, die man ohne Sektion unter keinen Umständen machen kann,
einen Mißbrauch der ärztlichen Autorität bezeichnet, einem gewissen
Leichtsinn in der Diagnose der Todesursache Vorschub leistet und so der
Grund werden kann, daß Verbrechen auch vom Arzt übersehen werden und un-
erkannt und ungesühnt bleiben, abgesehen vom Ausbleiben anderer rechtlicher Sanktionen".

Daß aber erst recht beim Fehlen einer verläßlichen Vorgeschichte oder
gar bei der Untersuchung tot Aufgefundener allein durch äußere Besichtigung die Wahrscheinlichkeit einer Fehlbeurteilung steigen muß, liegt
auf der Hand, worauf Rechtsmediziner, Kriminalisten und Pathologen seit
langem immer wieder hingewiesen haben. Trotz solcher Stimmen wird aber
von seiten des Gesetzgebers die Fiktion, die Leichenschau sei ein ex-
aktes Untersuchungsverfahren, und daher auch die Qualität ihrer Ergebnisse völlig ausreichend, hartnäckig aufrecht erhalten, wie deren Verwendung als Basis rechtlicher und gesundheitspolitischer Entscheidungen
zeigt. In einzelnen Gesetzestexten, wie z.B. in § 7 des Landesgesetzes
über das Leichen- und Bestattungswesen des Landes Vorarlberg, wird sogar
expressis verbis ausgeführt, daß "die Totenbeschau ..... nach den Erkenntnissen der medizinischen Wissenschaft festzustellen hat ....., welche Ursache für den Todeseintritt maßgebend war". Daß aber das Verfahren
der Leichenschau seiner Natur nach keine wissenschaftlich einwandfreie
Methode sein kann, braucht nicht eigens betont zu werden. Sie stellt
vielmehr immer nur einen Kompromiß dar zwischen der Forderung, den Eintritt des Todes, die Todesursache, Todesart und -zeit feststellen und
dem Zwang, dies aus ökonomischen Gründen mit unzulänglichen Mitteln tun
zu müssen.

Darum ist es notwendig, gegenüber denjenigen, die auf diesem Gebiet Gesetze erlassen, ebenso wie denjenigen, die mit den Ergebnissen der Leichenschau umgehen müssen - Strafjuristen, Polizei- und Standesbeamte,
Versicherungen und weitere daran Interessierte - immer wieder darauf
hinzuweisen, daß diese Art der Diagnostik ihrem Wesen nach nur eine
sehr eingeschränkte Befunderhebung zuläßt und deshalb auch lediglich
die Stellung einer Vermutungsdiagnose erlaubt. Bei den gewöhnlichen
alltäglichen Fällen mit glaubhafter Vorgeschichte wird man solche Un-
sicherheiten wohl in Kauf nehmen müssen und auch dürfen. Mit Hilfe
eines solchen Verfahrens aber einen "natürlichen" von einem "nicht natürlichen" Tod sicher unterscheiden zu wollen - wenn nicht grobe, äußerlich erkennbare Anzeichen bestehen - ist wohl eine Überforderung ärztlichen Wissens und Könnens, zumal auch die Frage, was natürlich und was
nicht natürlich sei, trotz vielfacher Bemühungen (Spann 1979; Spann u.
Liebhardt; Janssen 1978; Spengler 1978; Strubel u. Schwerd 1977) noch
nicht endgültig verbindlich gelöst erscheint. Deshalb kann nur die
schon sehr alte Forderung wiederholt werden, für Fälle, bei welchen
die Leichenschau keine Klärung zu bringen vermag, die Möglichkeit einer
Ergänzung durch die Leichenöffnung zu schaffen, auch wenn primär keine
strafrechtlichen Implikationen bestehen, wie dies in Österreich durch
die sanitätspolizeiliche Obduktion und - anscheinend eher selten - in
der Bundesrepublik durch die "Verwaltungssektion" geschieht. Eine ähnliche Regelung wie in Österreich besteht auch in der DDR, in deren StPO

Todesfälle, bei welchen "Anhaltspunkte für einen nicht natürlichen Tod
bestehen, die Todesart nicht aufgeklärt ist oder es sich um einen unbekannten Toten handelt" unter dem Begriff "Tod unter verdächtigen Umständen", für welchen Anzeigepflicht besteht, zusammengefaßt werden (Leopold
u. Hunger 1979).

Hier könnte eine kurze Erörterung des außerhalb der Schweiz kaum bekannten Begriffes des "außergewöhnlichen Todesfalles" und seiner Anwendung
von Interesse sein. Er steht seit vielen Jahrzehnten im Gebrauch und
bietet für die Praxis der Leichenschau manche Vorteile. Schon die Bezeichnung besagt, daß man es mit Todesfällen zu tun hat, die sich vom
Alltäglichen, Gewöhnlichen abheben, wobei diese Unterscheidung aus der
von F. Schwarz (1962,1970) - der sich wiederholt mit den damit verbundenen Fragen auseinandergesetzt hat - formulierten Definition hervorgeht:
"Außergewöhnliche Todesfälle sind alle gewaltsam oder auf Gewalteinwirkung verdächtigen, sowie alle plötzlich und unerwartet eintretenden Todesfälle". Mit dieser Umschreibung wird ganz bewußt von der differentialdiagnostisch und rechtlich so schwierigen Abgrenzung zwischen einem
natürlichen und nicht natürlichen Tod durch die Leichenschau zugunsten
einer rein phänomenologischen Unterscheidung Abstand genommen. Somit
bilden allein die Umstände, unter welchen der Tod eintrat oder eine Leiche gefunden wurde, und nicht die Todesursache, das primär entscheidende Kriterium für die Einordnung solcher Ereignisse unter die Kategorie
der "Normaltodesfälle" oder der "außergewöhnlichen Todesfälle" (a.g.T.).
Diese Eigentümlichkeiten sind im Einzelfall für den zur Leichenschau
gerufenen Arzt ebenso einfach erkennbar wie auch für einen medizinischen
Laien, sei es durch direkte Wahrnehmungen am Fundort oder die Angaben
anderer Personen. Weiter kommt aber den Besonderheiten des Sterbevor-
ganges oder der Eigenart der Auffindung eine Appellfunktion zu, die Anlaß zu besonderer Aufmerksamkeit und Vorsicht bei der Behandlung solcher
Todesfälle gibt, wie dies Schwarz und in jüngster Zeit auch Metter (1978)
hervorgehoben haben. Weil aber gerade hier höchste Sorgfalt und Genauigkeit bei der Untersuchung und eine kritische Abwägung ihrer Ergebnisse erforderlich ist, erhält dieser letztgenannte Umstand für die Praxis eine große Bedeutung. Aus diesen Gründen hat der Begriff des a.g.T.
in der Schweiz auch Eingang in die gesetzlichen Vorschriften über die
Leichenschau gefunden, die zu erlassen Sache der einzelnen Kantone ist.
Wie eine Umfrage ergab, bestehen in 22 Kantonen diesbezüglich entsprechende Verordnungen oder Gesetze (aus 4 Kantonen ist keine Antwort eingegangen), die ausnahmslos Bezug auf den Begriff des a.g.T. nehmen. Als
Beispiel sei hier die für den Kanton St. Gallen gültige Vorschrift, Art.
10 der Vollzugsverordnung zum Gesetz über die Friedhöfe und Bestattun-
gen, wiedergegeben:

"Wer beim Tod einer unbekannten Person zugegen war, eine Leiche gefunden hat, vom
Tod einer unbekannten Person oder von einem außergewöhnlichen Todesfall Kenntnis erhalten hat, ist verpflichtet, dem Bezirksammann (Untersuchungsrichter), dem Gemeinde-
ammann (Bürgermeister) oder der Polizei sofort Anzeige zu erstatten ..... Stellt ein
Arzt bei der Leichenschau fest, daß eine außergewöhnliche Todesursache vorliegt oder
daß beim Tod eine Einwirkung Dritter nicht ausgeschlossen werden kann, so hat er sofort den Bezirksammann zu benachrichtigen. Der Bezirksammann nimmt unter Beizug des
Bezirksarztes (Amtsarztes) eine amtliche Besichtigung des Leichnams vor und bestimmt
über die Mitwirkung der Polizei".

Obwohl die Verwendung des Begriffes des a.g.T. die Schwierigkeiten einer
brauchbaren und verläßlichen Diagnosestellung nicht behebt, sondern sie
gewissermaßen zunächst nur umgeht, um erst später - angereichert mit
weiteren Informationen - nähere differentialdiagnostische Überlegungen
zu gestatten, liegt der entscheidende Vorteil seiner Anwendung darin,
dem Leichenschauer von Anbeginn an die Problematik seiner Aufgabe und
die damit verbundene Verantwortung bewußt zu machen und klar vor Augen

zu führen. Der Begriff des a.g.T. umfaßt ein sehr breites Spektrum verschiedener Todesursachen und -arten. Nach Schwarz fallen darunter:

a) plötzlich und unerwartet eintretende Todesfälle aus natürlicher Ursache
b) tödlich endende Unfälle (Verkehr, Arbeit, Haushalt, Sport)
c) Suizide und Tötungen durch fremde Hand
d) Tod nach diagnostischen und therapeutischen Eingriffen
e) Leichenfunde.

Nimmt man diese Einteilung als Grundlage, erweisen sich in der Schweiz etwa 9 - 10% sämtlicher Todesfälle als a.g.T. Über die Erfahrungen bei ihrer Untersuchung haben Schwarz (1962), Sigrist (1972) und Hartmann (1978) aus Zürich berichtet. Wie die einschlägige Gesetzgebung auch anderer Kantone zeigt, hat sich die Anwendung des Begriffes des a.g.T. offensichtlich auch in ihrem Bereich bewährt. Für die Praxis der Leichenschau und der Rechtspflege ergibt sich aus diesen Vorschriften als sehr wichtige Konsequenz, daß allein der Umstand des Vorliegens eines a.g.T., und somit unabhängig von einer späteren Leichenschaudiagnose, den Arzt - in verschiedenen Kantonen darüberhinaus sogar "jedermann" - verpflichtet, den Fall unverzüglich den Untersuchungsbehörden zu melden. Grundsätzlich ist jeder Arzt berechtigt, eine Leichenschau vorzunehmen. Hier bestehen nun gewisse Bedenken, wenn es sich um a.g.T. handelt und der dazu gerufene Arzt nur wenig oder kaum Erfahrung auf diesem Gebiet besitzt, weil es ja von seiner Beurteilung abhängt, ob er glaubt, den Einzelfall sicher beurteilen zu können oder nicht. Daß dieser Umstand aber im Einzugsbereich unseres Institutes in der Praxis kaum Schwierigkeiten bereitet, zeigt sich in der verständlichen Neigung der Ärzte, sich eher zu oft als zu selten durch die Anzeige einschlägiger Fälle von der Verantwortung zu entlasten, die damit auf den jeweils zuständigen Untersuchungsrichter überwälzt wird. Ob dieser nach einer solchen Meldung auch eine Strafuntersuchung einleitet, entscheidet sich bei der im Kanton St. Gallen geübten Praxis sehr häufig erst beim zweiten Schritt der Untersuchung, der in der Vornahme der "Legalinspektion" besteht. Dies ist eine am Fund- oder Liegeort einer Leiche vorzunehmende gemeinsame Untersuchung durch den Untersuchungsrichter, den Amtsarzt und nach Anordnung des Ersteren auch durch die Polizei. Damit ist gewährleistet, daß eine sachkundige Beurteilung nicht nur der Befunde und Veränderungen an der Leiche selbst, sondern auch in ihrer Umgebung durch den für solche Aufgaben jeweils speziell Ausgebildeten erfolgen kann. Gleichzeitig erlaubt diese Regelung auch ein abgestuftes Vorgehen, so daß z.B. in geeigneten Fällen - wie etwa bei einem Suizid mit klarer Auffindungssituation, entsprechender Vorgeschichte und vielleicht einem Abschiedsbrief - der Untersuchungsrichter allein in Zusammenarbeit mit dem Amtsarzt die Legalinspektion vornehmen kann. Damit läßt sich ein unnötiger Aufwand, ebenso wie ein unerwünschtes Aufsehen vermeiden. Ähnlich wird bei den sog. Selbstunfällen vorgegangen, wenn also ein Kraftfahrzeuglenker allein im Fahrzeug über die Fahrbahn geriet, gegen ein Hindernis prallte und verstarb, so läßt sich dies häufig bereits an Ort und Stelle erledigen und die Leiche wird frei gegeben, selbstverständlich nur dann, wenn dem keine versicherungsrechtlichen Fragen, wie etwa der Verdacht einer möglichen Alkoholisierung oder Krankheit als Unfallursache entgegenstehen. Umgekehrt wird aber bei einer unklaren Situation von allem Anbeginn an der Fachmann des Erkennungsdienstes für die aus polizeilicher Sicht wichtige Spurensicherung sorgen können und auch die übrigen Organe der Kriminalpolizei erhalten unmittelbar für ihre Arbeit wichtige Informationen und übermitteln solche umgekehrt an die anderen Teilnehmer der Legalinspektion.

Diese enge Zusammenarbeit an Ort und Stelle beschleunigt die Untersuchung eines a.g.T. außerordentlich und erleichtert es dem Untersuchungs-

richter, sich rasch für oder gegen eine Leichenöffnung und die Eröffnung
eines Strafverfahrens zu entscheiden. Sie stellt somit ein personell,
materiell und finanziell nicht aufwendiges Verfahren dar, das in vielen
Fällen eine rasche Klärung straf- und zivilrechtlicher Fragen erlaubt
und darüberhinaus auch den Anforderungen der öffentlichen Gesundheits-
pflege gerecht wird. Daß im Einzelfalle eine Entscheidung gelegentlich
erst nach entsprechenden Erhebungen möglich ist - wie das Einholen der
Angaben eines behandelnden Arztes, Feststellung örtlicher Besonderheiten durch die Polizei oder technische Sachverständige - ändert nichts
daran, daß nach der Legalinspektion in fraglichen Fällen spätestens
nach wenigen Stunden eine Obduktion durchgeführt werden kann. Damit aber
lassen sich unliebsame Verzögerungen bei der Einleitung einer Fahndung,
unnötige Absperrmaßnahmen an einem Fundort u.ä. vermeiden.

Bei der gesamten Untersuchung von a.g.T. bleibt aber dem Arzt die wichtigste Aufgabe übertragen, die Weichen für das weitere Vorgehen zu stellen. Von seiner sachkundigen Beratung des Untersuchungsrichters und seinem Engagement hängt es daher weitgehend ab, ob der Einzelfall kurz er-
ledigt werden kann oder ob zusätzliche Untersuchungen erforderlich sind.
Hat der Arzt wiederholt die Bedeutung der gerichtlichen Leichenöffnung
als souveräne Methode zur Abklärung unklarer Fälle kennen gelernt, so
wird er eine Leichenöffnung empfehlen und seine Überzeugungskraft wird
ungleich größer sein, als wenn ihm diese Dinge lediglich aus dem Unterricht oder gar nur aus dem Studium für das Examen in Rechtsmedizin bekannt sind. Der Untersuchungsrichter ist bei a.g.T. weitgehend auf die
Beurteilung der jeweiligen Situation durch den Arzt angewiesen, und wenn
dieser eine Leichenöffnung empfiehlt, wird eine solche auch in der Regel
angeordnet, wie die alltägliche Praxis zeigt. Dem kommt zusätzlich noch
der Umstand sehr entgegen, daß die frühere obduktionsfeindliche Einstellung der Bevölkerung, die noch Schwarz (1961) hervorgehoben hatte, im
Einzugsbereich unseres Institutes durch stetige vernünftige Aufklärung
von seiten der Ärzteschaft und der Justizbehörden einem weitgehenden
Verständnis für ihre Notwendigkeit gewichen ist.

Wir hatten Gelegenheit, einen solchen Umschwung der Auffassungen und
Meinungen unmittelbar selbst mitzuerleben, als vor 13 Jahren das Institut für gerichtliche Medizin in St. Gallen gegründet wurde. Bis dahin
waren lediglich vereinzelt Leichenöffnungen unter ohnehin schon weitgehend klaren Umständen durch den Pathologen vorgenommen worden. Es bedurfte einiger Zeit, um die zuständigen Behörden mit den Beweismöglich-
keiten vertraut zu machen, die eine exakt durchgeführte Leichenschau
bietet und sie davon zu überzeugen, daß die gerichtliche Leichenöffnung
- im Falle der Unmöglichkeit einer Entscheidung durch die Leichenschau
allein - eine Klärung zu erbringen vermag. Es war eindrücklich zu erleben, wie die anfänglich vorhandene Skepsis der Untersuchungsbeamten
unter dem Eindruck der Ergebnisse schwand, wie sich dies in einer auch
heute noch stets zunehmenden Obduktionsfrequenz äußert. So wurden z.B.
im Jahre 1979 27% aller a.g.T. im Kanton St. Gallen gerichtlich obduziert. Die dabei erworbenen Erfahrungen haben sich auch auf die Qualität
der Leichenschau bei den sonst als Praktikern tätigen Ärzten ausgewirkt,
die unter dem Zwang stehen, ihre Befunde sorgfältig zu erheben und vorsichtig zu interpretieren, weil sie durch die Obduktion kontrolliert
werden können. Andererseits ist aber gerade der damit verbundene Lern-
effekt und die Schärfung des Problembewußtseins für sie und ihre Leistungen als Leichenschauer von großem Wert. Daß sich dies auch auf die
Arbeit der Polizei und der Justizbehörden erstreckt, versteht sich von
selbst. Im Kanton St. Gallen gehört zur Untersuchung der a.g.T. auch die
Verpflichtung des bei solchen Gelegenheiten tätig werdenden Arztes,
einen meist ein bis zwei Schreibmaschinenseiten umfassenden Bericht über
die Legalinspektion an den Untersuchungsrichter zu erstatten, der - sofern der Fall nicht strafrechtlich verfolgt werden muß - nach Abschluß

der Legalinspektion die gesamten Akten darüber der Gesundheitsdirektion
des Kantons übersendet. Hier stehen sie der Überprüfung durch den Ge-
sundheitsrat, einem Aufsichtsorgan der Gesundheitsverwaltung zur Verfügung, womit sich eine weitere Kontrollmöglichkeit für die Leistungsfähigkeit des Leichenschauverfahrens und der ausübenden Ärzte ergibt.
Nach Abschluß der Leichenschau hat der Beschauerarzt noch den ärztlichen Totenschein auszufüllen, auf welchem der eingetretene Tod bestätigt
und die Frage beantwortet werden muß, ob Zweifel über die Todesursache
bestehen, und wenn dies zutreffen sollte, ob deshalb der Untersuchungsrichter benachrichtigt wurde. Nach Abschluß der Untersuchung, meist
erst nach Tagen, muß auch noch ein für statistische Zwecke angelegtes
Blatt, getrennt von der Todesbescheinigung, ausgefüllt werden. Es enthält Angaben über die Todesursache (Grundkrankheit, primäre Ursache und
bei gewaltsamem Tod auch Angaben über Art und Veranlassung), über Fol-
gekrankheiten und die unmittelbare Todesursache und schließlich noch
über konkomitierende Krankheiten oder Zustände. Auch ist noch einzutra-
gen, ob die genannten Todesursachen durch die Obduktion bestätigt wurden.

Insgesamt sind unsere Erfahrungen mit der Regelung der Untersuchung von
a.g.T. gut. Es darf jedoch nicht verschwiegen werden, daß das skizzierte
Vorgehen nur dann brauchbare Ergebnisse liefern kann, wenn weder büro-
kratische Hemmnisse noch Kompetenzstreitigkeiten mit im Spiel sind,
sondern von allen Beteiligten vorurteilslos zusammengearbeitet wird.
Bei der vorgegebenen Struktur des Untersuchungsverfahrens bei a.g.T.
im Kanton St. Gallen kommt dem Arzt und seinem Können eine entscheidende Bedeutung zu, denn wie Dettling (1951) sagt, ist "seine Unterschrift
auf dem Leichenschauschein im Prinzip die schwerwiegendste, die er zu
geben hat". Deshalb bildet die Thanatologie im Unterricht über gerichtliche Medizin sowohl bei den Studenten der Medizin wie auch der angehenden Juristen einen besonderen Schwerpunkt in Theorie und Praxis.
Das allein genügt aber nicht, um eine qualitativ hochstehende Leichenschau zu gewährleisten. Dazu sind auch entsprechende Erfahrungen, die
laufend ergänzt werden müssen, notwendig. Deshalb ist die Leichenschau
bei a.g.T. im Kanton St. Gallen, wie der Wortlaut der gesetzlichen Bestimmung zeigt, auch ausdrücklich dem Bezirksarzt (Amtsarzt) vorbehalten, der - obwohl in der Praxis stehend und diese Tätigkeit nur neben-
amtlich wahrnehmend - damit Gelegenheit hat, sich ständig neu zu üben.
Darüberhinaus aber werden die Amtsärzte durch spezielle Fortbildungsveranstaltungen besonders geschult. Hierfür werden permanent wiederkehrende Kurse abgehalten und Fälle aus der Praxis der Leichenschau in
kleinen Gruppen von daran interessierten Ärzten mit den Mitarbeitern
unseres Institutes besprochen. In gleicher Weise wird das Interesse
an solchen Fragen auch bei den entsprechenden Diensten der Polizei und
Justiz durch Fortbildungsveranstaltungen wachgehalten und vertieft.
Dadurch ist zu hoffen, daß auch in Zukunft eine geordnete und effiziente Behandlung von a.g.T. gesichert sein wird.

Literatur

Dettling J (1951) In: Legale ärztliche Zeugnisse. Dettling J, Schönberg, Schwarz F
  (Hrsg) Lehrbuch der gerichtlichen Medizin. Karger, Basel New York S 32
Drexler H, Staeudinger W, Sandritter W (1980) Autopsie und klinische Diagnose. Pathol
  Res Pract 168:107-114
Eisenmenger W, Spann W, Liebhardt E (1982) Bestattungsgesetze und Praxis der Leichen-
  schau - eine kritische Bestandsaufnahme. Beitr Gerichtl Med 40:49-53
Harsányi L, Szuchovszky G (1975) Klinische Fehldiagnosen im gerichtlichen Sektions-
  material. Kriminal Forens Wiss 16:103-121
Hartmann H (1978) Der Tod in der ärztlichen Praxis. Inform Arzt 6:42-57
Janssen W (1978) Rechtsmedizinische Probleme bei der diagnostischen Tätigkeit des
  Pathologen. Kunstfehler - nicht natürlicher Tod. Kriminalistik 32:5-10

Leopold D, Hunger H (1979) Die ärztliche Leichenschau. Barth, Leipzig
Mallach HJ, Barz J, Mattern R (1977) Bemerkungen zum Bestattungsgesetz von Baden-
   Württemberg. Med Welt 28:1905-1908
Mallach HJ, Spengler B, Spengler H (1978) Vorschläge zur Novellierung der Leichen-
   schaubestimmungen. Med Welt 29:548-551
Mätzler A (1978) Ärztliche Todesbescheinigungen für Lebende. Kriminalistik 32:157-159
Mätzler A (1978) Über Schwachstellen im Leichenwesen. Kriminalistik 32:205-208
Metter D (1978) Ärztliche Leichenschau und Dunkelziffer bei unnatürlichen Todesfällen.
   Kriminalistik 32:155-157
Schleyer F (1968) Aktuelle Fragen der Leichenschau und Leichenöffnung. Dtsch Z Ges
   Gerichtl Med 62:55-65
Schmidt G (1970) Die ärztliche Leichenschau. Therapiewoche 20:3424-2428
Sigrist H (1972) Der außergewöhnliche Todesfall. Kriminalistik 26:13-16
Schneider V (1981) Leichenschau und Meldepflicht nicht-natürlicher Todesfälle.
   Kriminalistik 35:282-289
Spann W (1979) Die ärztliche Leichenschau, Notfallmedizin in Stichworten. Schriften-
   reihe der Bayerischen Landesärztekammer 47:136-139
Spengler B (1978) Über die ärztliche Leichenschau. Dissertation, Universität Tübingen
Schwarz F (1962) Grundsätzliches zum außergewöhnlichen Todesfall. Beitr Gerichtl
   Med 22:298-306
Schwarz F (1961) Die sozialmedizinische Bedeutung des außergewöhnlichen Todesfalles.
   Schweiz Z Sozialvers 4:249
Schwarz F (1970) Der außergewöhnliche Todesfall. Enke, Stuttgart
Strubel BJ, Schwerd W (1977) Probleme der Schweigepflicht des Obduzenten. Beitr
   Gerichtl Med 35:103-108
Zangger H (1920) Medizin und Recht. Orell-Füssli, Zürich, S 128

Altersabhängige Modifizierung der kardiopulmonalen Reanimation unter Notfallbedingungen?[1]

K.-S. Saternus

Zusammenfassung

Eine an das Lebensalter des Hilfsbedürftigen gekoppelte Abkürzung der Notfallreanimation läßt sich weder aus ethischen noch aus rechtlichen Gründen vertreten. Grundlage für die Beendigung der Reanimationsmaßnahmen ist die Feststellung, daß im Individualfall die vitale Dekompensation irreversibel ist und therapeutisch unbeeinflußbar bleibt.

Die vorliegende Bestimmung der Komplikationsdichte bei 30 atraumatischen Todesfällen über 60 Jahre alt gewordener Menschen, bei denen unter Notfallbedingungen reanimiert worden war, rechtfertigt es nicht, wegen des Alters des Patienten auf eine künstliche Beatmung nach Intubation, auf die Anwendung der extrathorakalen Herzmassage oder gar auf den Einsatz weniger aggressiver Reanimationsmaßnahmen zu verzichten.

Summary

A shortening of emergency reanimation on the basis of the age of the person in need can be justified neither on ethical nor on legal grounds. The basis for the discontinuation of reanimation measures is the observation that the vital decompensation is irreversible in the individual case and that it cannot be influenced therapeutically.

The present study reports on the complication frequency in 30 atraumatic mortalities of persons over 60 years old who had been reanimated under emergency conditions. The results do not justify dispensing with artificial respiration after intubation, application of extrathoracic cardiac massage, or use of less aggressive reanimation measures because of the age of the patient.

Einleitung

Das Lebensalter der Patienten gilt für die Prognose bei der kardiopulmonalen Reanimation als ein wichtiges Kriterium. So betonen Thimme et al. (1979), daß die kardiopulmonale Reanimation bei über 70jährigen nur selten erfolgreich sei. Unter Berücksichtigung einer Erhebung von Füsgen u. Summa (1976), wonach ein Großteil der erfolgreichen reanimierten über 60jährigen bei erneutem kardialen Versagen keine weitere Reanimation wünschte, kommen sie zu einer gestaffelten Indikation für alte Menschen. Sie empfehlen, bei Patienten, deren Gesundheitszustand, Lebensumstände und Einstellung zum Tod bekannt sind, gegebenenfalls auf Reanimationsmaßnahmen zu verzichten.

---

[1] Auszugsweise vorgetragen auf dem Symposium der Sektion klinische Geriatrie der Deutschen Gesellschaft für Gerontologie und der Abteilung für theoretische und klinische Medizin der Ruhr-Universität, Bochum 9. - 10.7.1982

Generell erwägen sie, auch bei unbekannten älteren Menschen ein abgekürztes Reanimationsverfahren zu wählen.

Mit diesem Postulat werden prinzipielle ethische und rechtliche Fragen
angesprochen. Indirekt wird auch das Problem aufgeworfen, ob bei der
Reanimation des älteren Menschen die zu erwartenden Komplikationen den
möglichen Reanimationserfolg aufheben, wodurch dann der den jüngeren
gegenüber frühere Abbruch zu rechtfertigen wäre.

Zu diesen angesprochenen Fragen sollen im folgenden zuerst grundsätzliche ethische und rechtliche Aspekte erörtert und anschließend eine
Art Güterabwägung zwischen zu erwartendem Reanimationserfolg und zu be-
fürchtenden Komplikationen anhand eigener postmortaler Untersuchungen
durchgeführt werden.

Ethische und rechtliche Aspekte

Mit der Forderung nach einer altersabhängigen Verkürzung eines Reanimationsverfahrens wird die Basis des ärztlichen Selbstverständnisses,
nämlich jedem Menschen voraussetzungslos die gleiche, und zwar die volle
ärztliche Hilfe zukommen zu lassen, in Frage gestellt. Zu verwandten
Problemen, nämlich zu den Grenzen der Intensivmedizin und der Reanimation existiert ein breites und durchaus nicht völlig einheitliches
Schrifttum. Zu verweisen wäre auf Spann u. Liebhardt (1966), Lukl (1970),
Wiemers (1973), Holczabek (1973), Samson (1974), Schara (1975), McCarthy
(1975), Bockelmann (1976), Dotzauer (1978), Steinbereithner (1978),
Neuhaus (1978), Mettler (1980) u.a..

Anders als bei der stationären intensivmedizinischen Betreuung, bei der
es um die Entscheidung zwischen Maximal- und Minimaltherapie mit flies-
senden Übergängen gehen kann, stellt sich bei der Notfallreanimation
nur eine Ja- oder Nein-Entscheidung, nämlich ob der Tod irreversibel
eingetreten ist oder nicht.

Dabei hängt es von zahlreichen individuellen Parametern und nicht ausschließlich von der Variablen Lebensalter ab, ob die vitalen Funktions-
störungen beseitigt werden können. Auch Wiemers (1973) betont, daß das
Alter "ein sehr relativer Begriff" sei, fordert deshalb in Zweifelsfäl-
len, den Versuch einer Reanimation durchzuführen, "sie aber bei negativem Ergebnis ohne Skrupel früher abzubrechen".

Auch dieser Anschauung kann nicht im vollen Umfang gefolgt werden, zeigen doch schon die alten Untersuchungen von Horatz u. Spindler (1966),
daß weitaus bedeutungsvoller als das Lebensalter für eine erfolgreiche
Reanimation die Länge des Intervalls bis zu ersten Nothilfemaßnahmen
ist. Wichtig ist die Mitteilung, daß nicht bei den jüngeren, sondern
bei den über 60jährigen Patienten die besten Ergebnisse nach einer Notfallreanimation gefunden worden sind. Und dieses Ergebnis wird keineswegs dadurch eingeschränkt, daß von den Älteren im Gegensatz zu den
Jüngeren nur wenige noch ein Jahr überlebt haben.

Denn wollte man die Intensität der lebensrettenden Maßnahmen an einer
fraglich zu bestimmenden Lebenserwartung bemessen wollen, so wären die
rechts- und sozialpolitischen Folgen kaum abzusehen. Ohnehin ist durch
die intensive Diskussion über die Triage und die Katastrophenmedizin
die ärztliche Unvoreingenommenheit dem Kranken gegenüber in der Öffentlichkeit demontiert. So nötig eine Orientierung bei der Versorgung mehrerer akut Hilfsbedürftiger darüber ist, welchem überhaupt noch geholfen werden kann, so entschieden muß bei der Reihenfolge der anschlies-
senden Versorgung eine soziale Auslese abgelehnt werden. Zu dieser gehört auch eine Altersdiskriminierung.

Und deshalb kann auch Bockelmann (1976) in seiner kompromißlosen Feststellung nur gefolgt werden, wenn er vor der Gefahr warnt, "daß der
erste Schritt auf dem Wege zur Diskriminierung bestimmter Arten menschlichen Lebens weitere nach sich zieht".

Maßgeblich kann doch nur die Dringlichkeit der benötigten Hilfeleistung
für das Setzen von Prioritäten und bei gleicher medizinischer Indikation
die zufällige Reihenfolge sein, nämlich wie der Arzt seine Patienten
erreicht. Alles andere stände im Gegensatz zu der ehrwürdigen Überlie-
ferung des Hippokratischen Eides, wie er in der Präambel zur Berufsord-
nung (BOÄ) fixiert worden ist.

Grundsätzlich richten sich die Anforderungen an die ärztliche Sorgfaltspflicht nicht nach für eine Gruppe typischen Oberbegriffen – wie im
speziellen Fall das Lebensalter –, sondern sowohl bei der straf- als
auch der zivilrechtlichen Beurteilung nach den konkreten Umständen des
einzelnen Falles, hier des Hilfsbedürftigen (Kohlhaas 1966; Weissauer
1980; Narr 1981; Lippert 1982). Dabei werden durchaus auch die extremen
Situationen der Notfallversorgung berücksichtigt.

Die mit dem Begriff Triage aufgeworfenen Probleme betreffen bekanntermaßen zuvorderst die Versorgung mehrerer Verletzter (Contzen 1978; Muhr
1980; Suren u. Tscherne 1980; Lanz u. Rossetti 1980; Gorgasz 1982;
Biesing 1982 u.a.), auch Verbrennungen oder Chemieunfälle (Engelhardt
u. Struck 1982; Scherz 1982). Bei internistischen Notfällen, die zur
Reanimation zwingen, steht die ärztliche Versorgung Einzelner typischerweise im Vordergrund. Nur in seltenen Fällen, wie bei dem plötzlichen
Tod am Steuer, kommt es in einem relativ kleinen Prozentsatz (8%, Saternus et al. 1973) auch zu gleichzeitig chirurgisch bedeutsamen Verletzungen Dritter.

Es wurde bereits betont, daß für die dem Einzelnen zuteilwerdende Nothilfe sich hinsichtlich der kardiopulmonalen Reanimation ausschließlich
eine Ja- oder Nein-Entscheidung stellt. Jede Zwischenform als altersabhängige Vorgabe erscheint ethisch und rechtlich nicht vertretbar. Es
sei nur ein Beispiel herausgegriffen. So fänden sich bereits keine sau-
beren Kriterien für eine begründbare Altersgrenzziehung. Auf den Unterschied zwischen numerischem und biologischem Alter ist speziell im ge-
riatrischen, anthropologischen und rechtsmedizinischen Schrifttum breit
eingegangen worden. Allein von diesem Ansatz her erscheint es äußerst
problematisch, in einer akuten Notfallsituation eine Hilfeleistung nur
auf Grund des Lebensalters des Hilfsbedürftigen zu verweigern. Eine solche Haltung würde unser gesamtes Rechtssystem in Frage stellen. Denn
die Hilfeleistungspflicht (§ 323 c StGB) verlangt von jedermann, bei
Unglücksfällen oder gemeiner Gefahr oder Not die Hilfe dann zu leisten,
wenn sie erforderlich und den Umständen nach zuzumuten ist. Von dieser
Hilfeleistung kann nur dann abgesehen werden, wenn sich der Hilfspflich-
tige selber in erhebliche Gefahr begeben müßte oder ihn andere wichtige
Pflichten hinderten, tätig zu werden.

Der Ansatz der vorliegenden Erörterungen war jedoch, daß es dem Arzt
physisch und technisch möglich ist, diese Hilfe zu leisten.

Bei den betrachteten internistischen Notfällen stellen unter den eigenen ausgewerteten Todesfällen mit vergeblichen Reanimationsbemühungen
die über 60jährigen einen sehr großen Anteil. So war das 6. Dezennium
nach dem 5. am zweithäufigsten betroffen. Die typische Situation für
den Notarzt stellt sich darin, daß er einen Bewußtlosen antrifft. So
muß der Arzt für sich eine am Schwerebild der akuten Symptomatik orien-
tierte Entscheidung im wohlverstandenen Sinne des Patienten treffen und
im Rahmen einer Geschäftsführung ohne Auftrag tätig werden. Allerdings

dürfte er nicht nur auf Fremdangaben und auf die Altersangabe gestützt
durch Unterlassen seine Nothilfe so deuten, daß er aus eigener Kompetenz auf die Möglichkeit der Verlängerung des Lebens seines willenlo-
sen Patienten verzichtete (Saternus 1982a). Denn er kann die letzte
Willensentscheidung des Kranken nicht kennen und beurteilen können.
Deshalb darf mit Bockelmann (1976) zusammengefaßt werden, daß das Ver-
säumen einer möglichen Verlängerung des Lebens eine vorsätzliche Tötung,
begangen durch Unterlassen, darstellt und deshalb strafbar ist.

Komplikationsdichte bei über 60-jährigen durch die notfallmäßige Reanimation

Aus den bereits erwähnten Gründen soll bei der Betrachtung von Komplikationen in einem Kollektiv von 77 atraumatischen Todesfällen auf die
Gruppe der über 60jährigen (n = 30) eingegangen werden.

Dabei setzt sich das Gesamtkollektiv aus 30 unselektionierten Fällen
einer Basisuntersuchung (Saternus 1981) und einer das Restkollektiv umfassenden Gruppe von 37 Fällen, die als Folgeprogramm bezeichnet werden
(Saternus u. Staak 1982), zusammen.

In der Basisuntersuchung wurden die Verletzungsschwerpunkte erfaßt, wobei durch eine systematische Untersuchung der Halsweichteile und eine
weiterführende präparative Aufarbeitung der Halswirbelsäule ein zweiter Verletzungsschwerpunkt in dieser Region erfaßt werden konnte. Bei
den vorliegenden Untersuchungen erwiesen sich der Thorax durch die äußere Herzmassage und die HWS durch die Lagerung zur Intubation als besonders häufig traumatisiert.

Nach Rückkopplung und intensiver Beratung mit den Kölner Notärzten wurde das Folgeprogramm zur Minderung der Komplikationsrate begonnen und
soll unbefristet fortgesetzt werden.

Insgesamt konnte dabei die Gesamtzahl der Verletzungen - nicht zuletzt
durch ein geändertes methodisches Vorgehen und eine Neueinweisung der
Rettungssanitäter - deutlich gemindert werden. Auf Einzelheiten ist an
anderer Stelle ausführlich eingegangen worden (Saternus 1982b; Saternus
u. Fuchs 1982; Staak u. Saternus 1982; Saternus u. Staak 1982).

Während sich bei elastischem Thorax die Verletzungsfrequenz auf etwa
ein Viertel des Ausgangswerts senken ließ, war sie beim starren unela-
stischen praktisch unbeeinflußbar. Danach ist eine Rippenfraktur bei
der Notfallreanimation bei dieser Thoraxform kaum vermeidbar. Das wird
auch verständlich, wenn man die ausgedehnten Ossifikationen und Verkalkungen des Rippenknorpels berücksichtigt und auf der anderen Seite davon
ausgehen muß, daß ein suffizienter Druckpuls erreicht werden muß.

Betrachtet man unter diesem Blickwinkel die anatomischen Verhältnisse
bei den über 60jährigen, die 39% des Gesamtkollektivs ausmachten, so
war 4mal, d.h. in 13% der Fälle, der Thorax noch elastisch.

Wichtig erscheint in diesem Zusammenhang die Relation von schweren zu
fehlenden oder leichten knöchernen Verletzungen. Als leicht wurden bis
zu 2 Rippenfrakturen oder eine isolierte Sternumfraktur bezeichnet,
schwer hingegen Rippenserienfrakturen oder kombinierte Rippen-Sternum-
Brüche.

Bei 13% der über 60jährigen war der knöcherne Thorax intakt geblieben
und in 23% nur leicht verletzt worden; d.h. daß die Relation von fehlender oder leichter zu nennenswerter unabdingbarer Traumatisierung
2 : 3 beträgt.

Damit wäre es in keinem Fall gerechtfertigt, wegen möglicher Komplikationen bei über 60jährigen auf die extrathorakale Herzmassage zu verzichten.

Für die Betrachtung der Intubationsverletzung muß zwischen den lokalen Läsionen, wie Unterblutungen und Schürfungen des Zungengrundes sowie des Rachenrings, aber auch des Kehlkopfeingangs, und den fortgeleiteten unterschieden werden.

In der Basisuntersuchung überwogen bei diesen indirekten Verletzungen die der HWS mit 66%. Sie ließen sich im Folgeprogramm auf 42% reduzieren und lagen in der Untergruppe der über 60jährigen bei 47%.

Damit besteht von der Verletzungsfrequenz her weder ein Hinderungsgrund für eine ausgiebige künstliche Beatmung nach Intubation noch ein Grund für deren vorzeitige Beendigung; zumal auch die Topographie der Verletzung derjenigen der jüngeren Altersklasse entsprach. So war jeweils das Bewegungssegment C 5/6 am häufigsten verletzt. In keinem Fall lag eine Rückenmarksverletzung vor, typischerweise waren hingegen Bandscheiben und/oder Wirbelbogengelenke betroffen.

Speziell bei der Bandscheibenverletzung gilt es, den Alterswandel zu berücksichtigen. Grundlegende Untersuchungen stammen dazu von Töndury (1958), Doerr (1958), Schlüter (1965), Ecklin (1960) sowie Schmorl u. Junghanns (1968).

Danach ist nach dem zwanzigsten Lebensjahr, ausgehend von den Uncovertebralgelenken, mit kommunizierenden Spalten zu rechnen. Keineswegs muß jedoch zu diesem Zeitpunkt die symphyseale Junktur mit der Bandscheibe in ein komplettes Gelenk umgewandelt worden sein. Auch bei über 60jährigen sind die Bandscheiben durchaus nicht konstant unter Aufbrauchung des N. pulposus von diesen Spalten durchsetzt.

Die Frage nach dem Funktionszustand des einzelnen Bewegungssegmentes ist wichtig, weil bei der zu erwartenden Beanspruchung sowohl die Osteochondrose, als auch eine noch nicht ankylosierende Spondylosis deformans einen Locus minoris resistentiae darstellt (Saternus 1979).

Die Art der äußeren Gewalteinwirkung bei Lagerung zur Reanimation ergibt sich einmal in Form einer Traktion beim Einpassen des Kopfes in die dafür vorgesehene Mulde des Reanimationsbretts und in einer Hyperlordosierung bei der Intubation durch den helfenden Rettungssanitäter.

Typische Verletzungen dabei sind Unterblutungen der Bandscheibe in den ventralen Partien des Faserrings, häufig dorsale Ablösungen des Faserrings vom hinteren Längsband und insbesondere das Weiterreißen vorbestehender degenerativer Spalten. Daneben treten Unterblutungen in den Wirbelbogengelenken und epidurale Blutungen auf.

Wenngleich diese gefundenen Verletzungen der HWS und in den Halsweichteilen zu durchaus unangenehmen Sensationen führen können, so stellt ihr Auftreten doch keineswegs eine Kontraindikation für eine intensive Reanimation dar. In diesem Zusammenhang ist erwähnenswert, daß praktisch in gleicher Häufigkeit stark degenerativ veränderte Bewegungssegmente und nur gering befallene verletzt worden sind.

Damit läßt sich zusammenfassen, daß es weder aus ethischen und rechtlichen Gründen noch von der Komplikationsdichte her gerechtfertigt erscheint, eine altersabhängige Abkürzung des Reanimationsverfahrens zu wählen. Man kann nur auf die Resolution zur Behandlung Todkranker und Sterbender der Deutschen Gesellschaft für Chirurgie (1979) zurückgreifen

und feststellen, daß die Art der Hilfeleistung nur am Grundleiden ori-
entiert sein kann und alles zur Lebenserhaltung und Leidminderung zu
tun ist. Lebenserhaltende - und man muß hinzufügen lebensrettende -
Maßnahmen können nur dann eingestellt werden, wenn die vorliegende vitale Dekompensation therapeutisch unbeeinflußbar bleibt.

Literatur

Biesing C (1982) Aufgaben des Arztes bei der katastrophenmedizinischen Versorgung der
   Bevölkerung. In: Medizinische Katastrophenhilfe. Schriftenreihe der Akademie für
   ärztliche Fortbildung, Bd 1. Ärztekammer Nordrhein, Kassenärztliche Vereinigung
   Nordrhein (Hrsg). Akademie f ärztl Fortbildung, Düsseldorf, S 79-84
Bockelmann P (1976) Verlängertes Leben - verkürztes Sterben. Wien Med Wochenschr 126:
   145-151
Contzen H (1978) Vorbereitungen im Krankenhaus für den Massenanfall von Verletzten.
   4. Rettungskongreß DRK, Wiesbaden. Schriftenreihe 55:155-158
Doerr W (1958) Über die Anatomie der Wirbelgelenke. Arch Orthop Unfallchir 20:222-234
Dotzauer G (1978) Ärztliche Ethik und Recht. In: Gross R, Hilger HH, Kaufmann W (Hrsg)
   Ärztliche Ethik. Schattauer, Stuttgart New York
Ecklin U (1960) Die Altersveränderungen der Halswirbelsäule. Springer, Berlin Göttingen
   Heidelberg
Engelhardt GH, Struck H (1982) Therapie des Elektrounfalls. Die Therapie elektrother-
   mischer Verletzungen. In: Brinkmann K, Schaefer H (Hrsg) Der Elektrounfall. Springer,
   Berlin Heidelberg New York
Füsgen I, Summa JD (1976) Reanimation im Alter. Z ges Inn Med 3:95-101
Füsgen I, Summa JD (1978) How much sense is there in an attempt to resuscitate on aged
   person? Gerontology 24:37-45
Gorgasz B (1982) Katastrophenbewältigung aus ärztlicher Sicht. In: Ärztekammer Nord-
   rhein, Kassenärztliche Vereinigung Nordrhein (Hrsg) Medizinische Katastrophenhilfe.
   Schriftenreihe d. Akademie f ärztliche Fortbildung, Bd 1. Akademie f ärztliche Fort-
   bildung, Düsseldorf, S 47-77
Holczabek W (1973) Gerichtsmedizinische Aspekte des dissoziierten Hirntodes. In:
   Krösl W, Scherzer E (Hrsg) Die Bestimmung des Todeszeitpunktes. Maudrich, Wien,
   S 267-270
Horatz K, Spindler R (1966) Erfolge und Mißerfolge der Wiederbelebung. Münch Med
   Wochenschr 14:783-787
Lanz R, Rossetti M (1980) Katastrophenmedizin. Enke, Stuttgart
Lippert HD (1982) Juristische Aspekte der Reanimation. In: Sefrin P (Hrsg) Reanima-
   tion - Aspekte der modernen Wiederbelebung. Stumpf & Kossendey, Edewecht, S 107-112
Lukl P (1970) Medizinisch-ethische Probleme der Reanimation. Z Gesamte Inn Med 25:
   958-961
Kohlhaas M (1966) Medizin und Recht. Urban & Schwarzenberg, München Berlin Wien
McCarthy E (1975) The use and abuse of cardiopulmonary resuscitation. Hosp Prog
   56:64-68
Mettler FA (1980) Relife and death. Bull NY Acad Med 56:513-538
Muhr G (1980) III. Der Schwerverletzte. Erstbehandlung am Unfallort und Transport.
   Hefte Unfallheilkd 148:160-168
Narr H (1981) Ärztliches Berufsrecht. Ausbildung, Weiterbildung, Berufsausübung.
   Deutscher Ärzteverlag, Köln 1977. 3. Ergänzungslieferung
Neuhaus GA (1978) Die Ethik in der Intensivtherapie. In: Gross R, Hilger H, Kaufmann W,
   Scheurlen PG (Hrsg) Ärztliche Ethik. Schattauer, Stuttgart New York, S 113-125
Samson D (1974) Rechtsfragen beim Einsatz von Reanimatoren. Internist, Berlin 15:
   546-550
Saternus KS (1979) Die Verletzungen von Halswirbelsäule und von Halsweichteilen.
   Hippokrates, Stuttgart
Saternus KS (1981) Direkte und indirekte Traumatisierung bei der Reanimation. Z Rechts-
   med 86:161-174
Saternus KS (1982a) Reanimation: Unvermeidliche Gefahren - vermeidbare Fehler. Monats-
   kurse Ärztl Fortbild 32:15, 21-30

Saternus KS (1982b) Folgen der Reanimation aus rechtsmedizinischer Sicht. In: Sefrin
P (Hrsg) Reanimation – Aspekte der modernen Wiederbelebung. Stumpf & Kossendey,
S 87–104

Saternus KS, Fuchs V (1982) Verletzungen der A. carotis communis durch Reanimationsmaßnahmen. Z Rechtsmed 88:305–311

Saternus KS, Staak M (1982) Qualitätssicherung in der Notfallmedizin – Eine Aufgabe
auch der Rechtsmedizin. Proc XII. Kongr Internat Akad Gerichtl und Soz Med I.
Egermann, Wien, S 307–312

Saternus KS, Dotzauer G, Berghaus G, Bergs W (1973) Zur Problematik des plötzlichen
Todes am Lenker. Arbeitsmed Sozialmed Präventivmed 8:193–199

Schara J (1975) Die Grenzen der Behandlungspflicht in der Intensivmedizin. Münch
Med Wochenschr 117:1429–1434

Scherz E (1982) Störfall im Chemiebetrieb. In: Ärztekammer Nordrhein, Kassenärztliche
Vereinigung Nordrhein (Hrsg) Medizinische Katastrophenhilfe. Schriftenreihe der
Akademie f. ärztliche Fortbildung, Bd 1. Akademie für ärztliche Fortbildung,
Düsseldorf, S 47–77

Schlüter K (1965) Form und Struktur des normalen und des pathologisch veränderten
Wirbels. Hippokrates, Stuttgart

Schmorl G, Junghanns H (1968) Die gesunde und die kranke Wirbelsäule in Röntgenbild
und Klinik. Thieme, Stuttgart

Spann W, Liebhardt E (1966) Reanimation und Feststellung des Todeszeitpunktes. Münch
Med Wochenschr 27:1410–1414

Staak M, Saternus KS (1982) Ärztliche Sorgfaltspflicht bei der Reanimation. Proc XII.
Kongr Internat Akad gerichtl und soz Med I. Egermann, Wien, S 253–260

Steinbereithner K (1978) Grenzen der Wiederbelebung und Intensivtherapie. Wien Med
Wochenschr 128:753–761

Suren EG, Tscherne H (1980) Ärztlich-organisatorische Aufgaben zur Bewältigung zivi-
ler Katastrophen. Unfallheilkunde 83:260–269

Thimme W, Geerken S, Nötges A, Schäfer JH, Tönnesmann U (1979) Wiederbelebung nach
akutem Myokardinfarkt. Intensivmed Prax 16:16–22

Töndury G (1958) Entwicklungsgeschichte und Fehlbildungen der Wirbelsäule. Hippokrates, Stuttgart

Wachsmuth W, Schreiber HL (Hrsg) (1979) Resolution zur Behandlung Todkranker und
Sterbender. Ärztliche und rechtliche Hinweise. Med Welt 30:1379–1382

Weißauer W (1980) Rettungswesen: Juristische Aspekte. Intensivmed Prax 17:144–147

Wiemers K (1973) Zur Beendigung der Reanimation, aus der Sicht des Anästhesiologen.
In: Krösl W, Scherzer E (Hrsg) Die Bestimmung des Todeszeitpunktes. Maudrich, Wien,
S 45–48

Herzbeuteltamponade durch zentralen Venenkatheter

V. Schneider und H. Maxeiner

Zusammenfassung

Es wird über eine zum Tode führende Herzbeuteltamponade bei einer 17 Jahre alten
Schülerin berichtet, ausgelöst durch einen zentralen Venenkatheter zur parenteralen
Ernährung (Anorexia nervosa), der die Vorderwand der rechten Herzkammer perforiert
hatte. Auf Grund ihres Fettsäuremusters war die Herzbeutelflüssigkeit (300 ml) als
die zuvor applizierte Infusionslösung (Sojaölpräparat) zu identifizieren. Nach den
histologischen und klinischen Befunden war die Perforation langsam erfolgt. Es war
anzunehmen, daß die Spitze des Armvenenkatheters durch die Bewegungen des nichtfixier-
ten Armes bis in den Herzbeutel vorgedrungen war trotz zunächst richtiger Position
des Katheters. Der Zwischenfall wird unter Hinweis auf das Schrifttum zum Anlaß für
kritische Überlegungen zum Hohlvenenkatheterismus genommen, ohne daß damit allerdings der Wert dieser "Routinemaßnahme" in Frage gestellt werden soll.

Summary

An account is given of a case of heart tamponade leading to the death of a 17-year-
old schoolgirl and caused by a central catheter for the purpose of parenteral feeding
(anorexia nervosa). The catheter had penetrated the anterior wall of the right ventri-
cle. On account of the fatty acid pattern, the fluid in the pericardium was identified
as that which had been administered beforehand as an infusion solution of soja oil
preparation. According to the histological and clinical findings the perforation occurred slowly. It was to be assumed that the tip of the catheter of the arm vein,
through the movements of the unfixed arm, made its way as far as the pericardium, although to begin with the catheter was correctly placed. With reference to the literature this event is taken as reason to consider the catheterization of venae cavae
critically, but without the value of this "routine measure" being called into question.

Der Hohlvenenkatheterismus hat sich im Laufe der Jahre zu einer Routinemaßnahme in der klinischen Praxis entwickelt und dient insbesondere zur
Schockprophylaxe und -therapie, sowie zur Infusionsbehandlung und parenteralen Ernährung. Er ist jedoch nicht nur mit großen Vorzügen verbunden, sondern auch mit einer Reihe von Komplikationsmöglichkeiten behaf-
tet (Hutschenreuter 1978). Als häufigste Komplikation gilt die Katheter-
fehllage, als schwerste Komplikation die Perforation des Herzens mit
Herzbeuteltamponade. Nach einer Arbeit von Frei u. Bussmann (1981) sind
seit 1968 35 derartige Zwischenfälle beschrieben worden, wovon 75% der
Fälle tödlich endeten. Kommt es zu einem tödlichen Zwischenfall, wird
nicht selten die Frage gestellt, ob mangelnde ärztliche Sorgfalt ursächlich für den Verlauf gewesen ist.

Im folgenden soll über einen Fall berichtet werden, den wir kürzlich
zu untersuchen Gelegenheit hatten und der auch unter klinischen Aspekten eine Reihe von Besonderheiten aufwies.

Am 2.10.1981 wurde eine 17 Jahre alte Schülerin (L-Nr. 460/81) mit der
Verdachtsdiagnose einer Anorexia nervosa stationär aufgenommen. Auf
Grund ihrer körperlichen Schwäche war es nicht möglich, die Eigenanam-

nese zu erheben. Von den Eltern (beide Ärzte) konnte aber in Erfahrung
gebracht werden, daß das Mädchen bis zum Ende der großen Ferien gern
gegessen habe, danach zwar normale Portionen, diese aber nur mit Wider-
willen, seit Ende August habe sie nur noch sehr wenig gegessen, sie
habe aber reichlich getrunken, gleichzeitig habe ein Kochsalzhunger
bestanden. Schon bald nach der Geburt sollen sich multiple Allergien
eingestellt haben, so u.a. gegenüber Hühnereiweiß, Honig, Haselnüssen,
Sojapräparaten, Obstsorten, die Apfelsäure enthalten, Petersilie,
Sulfonamide, Milch, sowie Chrom und Nickel. Hierdurch sei die Ernährung kompliziert gewesen. Der Körperbau wird von den Eltern mit "sehr
leptosom" angegeben. Bis zur Krankenhausaufnahme soll sich das Körpergewicht von 40 auf 25 kg verringert haben. Schulische Schwierigkeiten
sollen nicht bestanden haben, wegen besonderer Leistungen habe das
Kind sogar zwei Klassen übersprungen und stand jetzt kurz vor Ablegung
der Reifeprüfung. Zwischen der Patientin und ihrer ein Jahr älteren
Schwester sollen Spannungen bestanden haben. Vor der jetzigen Krankenhausaufnahme ist die Patientin drei verschiedenen Ärzten vorgestellt
worden, so auch einem Arzt für Jugendpsychiatrie.

Am Aufnahmetag bestanden ungestörte Vitalfunktionen, die Herzfrequenz
lag bei 80/min. Zur parenteralen Ernährung wurde ein zentraler Venenkatheter von der rechten Armbeuge her gelegt. Eine Röntgenüberprüfung
ergab, daß die Katheterspitze weit in die rechte V. jugularis interna
hinaufreichte. Daraufhin ist der Venenkatheter um etwa 9 cm gezogen
worden. Auf der Kontrollaufnahme erkannte man die Katheterspitze aber
weiterhin in der rechten Halsvene. Die Lage des Katheters sei dann erneut korrigiert worden, wie es heißt, unter Durchleuchtungskontrolle,
ohne allerdings ein Röntgenbild zu fertigen, so daß die endgültige
Position der Katheterspitze lediglich durch einen handschriftlichen
Vermerk im Krankenblatt dokumentiert ist: "zentral unter Röntgenkontrolle".

Im Vordergrund der therapeutischen Bemühungen stand eine bilanzierte
Infusionsbehandlung über den zentralen Venenkatheter. Die Infusionslösungen wurden täglich neu zusammengestellt. Die Patientin erhielt
mitunter bis zu 2 l Flüssigkeit parenteral, u.a. auch Intralipid, ein
Sojaöl in feinemulgierter Form (10%ig). Die zu verabreichende Fett-
menge soll nach Empfehlung des Herstellers 1 - 2 g/kg Körpergewicht
betragen. Da nach Angaben der Eltern bei der Patientin eine Allergie
u.a. auch gegenüber Sojapräparaten vorlag, wurden die ersten Intra-
lipidinfusionen unter besonderer klinischer Kontrolle durchgeführt.
Auffällige Reaktionen traten dabei nicht auf. Zwischenzeitlich soll es
der Patientin langsam besser gegangen sein, so daß sie auch schon das
Bett verlassen konnte, auch soll sie bereits wieder kleine Portionen
gegessen haben. Am 13.10. erhielt sie erneut 150 ml Intralipid, ebenso
auch am 14.10.; hierzu findet sich allerdings der Vermerk im Krankenblatt "Infusion läuft schlecht", ferner fiel eine Pulsbeschleunigung
auf 120/min auf. Dieser Befund wurde jedoch damit in Zusammenhang gebracht, daß die Patientin an diesem Tage mehrfach aufgestanden und
zur Toilette gelaufen sei ("Patientin hat sich heute übernommen"). In
der Nacht zum 15.10. wurde das Mädchen regungslos neben ihrem Bett liegend aufgefunden, Reanimationsmaßnahmen blieben ohne Erfolg.

Von den behandelnden Ärzten wurde eine klinische Obduktion erbeten, der
Leichenschauschein enthielt die Eintragung "natürlicher Tod, Mager-
sucht". Bei der Obduktion fanden sich dann aber die Zeichen für einen
nicht natürlichen Tod, und zwar enthielt der Herzbeutel 300 ml einer
leicht trüben, weißlichen und geruchlosen Flüssigkeit. In der Vorderwand der rechten Herzkammer fand sich eine etwa linsengroße Blutunterlaufung. Diese Befunde veranlaßten den Pathologen nach Abschluß der
Obduktion über das gerichtsmedizinische Institut den zuständigen Staats-

anwalt zu informieren, der dann die Beschlagnahme der Leiche veranlaßt und die Durchführung einer gerichtlichen Nachobduktion beantragt hat.

Dabei (4 Tage nach dem Tode) waren gröbere krankhafte Veränderungen an den inneren Organen nicht festzustellen. Das Körpergewicht betrug 26 kg, bei einer Körpergröße von 163 cm. Auffallend waren die tiefliegenden Bulbi, die Haut über beiden Wangen war tief eingesunken, das Bauchdeckenfett hatte nur noch eine Dicke von 1 bis 2 mm. In der rechten Armbeuge fand sich eine Lücke, von dem zentralen Venenkatheter herrührend. Dieser war bereits gezogen, und zwar schon auf der Station zur Vorbereitung der Leiche für die klinische Obduktion (!). Herzgewicht 110 g. Die Blutunterlaufung in der Vorderwand der rechten Herzkammer lag 4,5 cm oberhalb der Herzspitze knapp neben dem Septum. Bei Lupenbetrachtung war innerhalb dieser Blutunterlaufung eine stecknadelkopfgroße Lücke auszumachen. Darüberhinaus waren noch zwei weitere kleinere Blutungen etwas darüber im Trabekelsystem, knapp unterhalb der Taschenklappe festzustellen. Die dem Herzbeutel entnommene Flüssigkeit war der Leiche beigegeben, sie enthielt kein Blut. Eine Glukosetestuntersuchung hatte ein positives Ergebnis (0,25%), die Analyse im Labor ergab einen Glukose-Wert von 137 mmol/l. Der pH-Wert lag bei 7.

Bei der mikroskopischen Untersuchung der Perforationsstelle (Vorderwand rechte Herzkammer) fiel zunächst auf, daß die Kammerwand sehr muskeldünn war (Anorexia nervosa), die Muskelbündel schienen stellenweise stark auseinandergedrängt, dazwischen fanden sich Leukozyten und vermehrt große Zellen, die in ihren Zelleibern bei der HE-Färbung eine Vielzahl optisch leerer rundlicher Einschlüsse aufwiesen (Abb. 1).

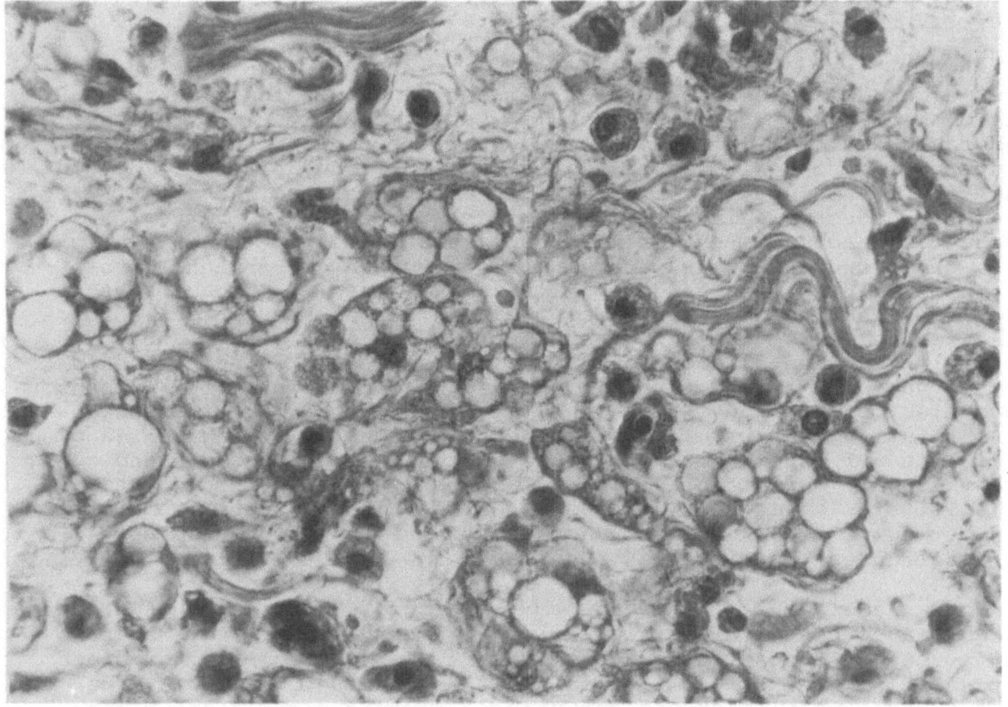

Abb. 1. Microphotogramm der rechten Herzvorderwand im Bereich der Katheterperforationsstelle. Zwischen auseinandergedrängten Herzmuskelfasern Makrophagen mit phagozytierten Fettröpfchen. HE 276x

Darüberhinaus waren intramuskulär auch kleine Blutungen zu erkennen,
ferner wenn auch nur vereinzelt Zellen, deren Zelleiber bei der Eisen-
färbung wie ganz schwach blau bestäubt erschienen. Subendokardial zeigten die Muskelfasern eine geringfügige feintropfige Zellverfettung, im
Bereich der Perforationsstelle erschien das Epikard etwas verdickt. An
den übrigen Organen waren auffällige Befunde nicht zu erheben, insbesondere fanden sich auch keine Hinweise für embolisiertes Fett, weder
in der Lunge noch in den Organen des großen Kreislaufs.

Die chemisch-toxische Untersuchung hatte ein negatives Ergebnis im Hinblick auf stark wirkende Medikamente und Schlafmittel. Ein Ausstrich-
präparat der Herzbeutelflüssigkeit zeigte bei der Sudanfärbung eine
Vielzahl dichtliegender kleiner schwach rot angefärbter Kügelchen (emul-
giertes Fett), wobei die größten von ihnen einen Durchmesser von bis zu
0,004 mm aufwiesen, überwiegend waren sie allerdings sehr viel kleiner.
Bei diesem Sachverhalt lag es nahe, das Fettsäuremuster der Herzbeutelflüssigkeit zu bestimmen. Diese Untersuchungen sind dankenswerterweise
von der Herstellerfirma (KabiVitrum AB, Research Department, Stockholm,
Schweden) durchgeführt worden. Dabei fand sich eine Fettsäurezusammensetzung, die vergleichbar war der aus einer Originalintralipidprobe.
Die quantitative Fettbestimmung ergab 2 - 4 µg/ml (Tabelle 1).

Tabelle 1. Fettsäure-Zusammensetzung (Gewichtsprozent) der Herzbeutelflüssigkeit
(L-Nr. 460/81) und einer Original-Intralipidprobe

Fettsäuren			L-Nr. 460/81	Intralipid
gesättigte:	Myristinsäure	C 14:0	0,2	0,1
	Palmitinsäure	C 16:0	12,0	10,2
	Stearinsäure	C 18:0	4,1	3,6
	Arachinsäure	C 20:0	0,1	
einfach ungesättigte:	Palmitoleinsäure	C 16:1	0,7	0,1
	Ölsäure	C 18:1	24,6	23,4
zweifach ungesättigte:	Linolsäure	C 18:2	48,2	51,7
dreifach ungesättigte:	Linolensäure	C 18:3	7,8	8,9
vierfach ungesättigte:	Arachidonsäure	C 20:4	0,4	
Rest nicht identifiziert				

Diskussion

Nach den erhobenen Befunden bestand kein Zweifel daran, daß die 17 Jahre
alte Schülerin an einer Herzbeuteltamponade gestorben war, ausgelöst
durch eine Perforation an der Vorderwand der rechten Herzkammer durch
einen zentralen Venenkatheter. Dieser ist zur parenteralen Ernährung
(Grundkrankheit: Anorexia nervosa) noch am Aufnahmetag, d.h. 13 Tage
vor dem Tode von der rechten Armbeuge aus geschoben worden.

Bei diesem Sachverhalt stellte sich die Frage, ob die Perforation bereits beim Vorschieben des Katheters gesetzt worden ist, zumal mehrfache
Fehllagen korrigiert werden mußten, ob die Patientin möglicherweise
selbst später im Rahmen einer Selbstbeschädigungshandlung den Katheter weiter vorgeschoben haben kann, oder ob die Perforation trotz richtiger Lage entstanden sein konnte. Von richtiger Lage spricht man, wenn
die Katheterspitze in die obere Hohlvene vor der Einmündung in den rechten Vorhof zu liegen kommt (Klose 1978). Nur bei begründeter Indikation
darf der Venenkatheter weiter vorgeschoben werden (Müller u. Hartmann
1978). Die endgültige Position ist röntgenologisch zu dokumentieren,
worauf im Schrifttum immer wieder nachdrücklich hingewiesen wird (Bone
et al. 1973; Dane u. King 1975; Hartung u. Osswald 1979; Hutschenreuter
1978; Klose 1978; Malatinsky et al. 1976; Marquort u. Feigel 1979;
Mathias 1976). Röntgenaufnahmen können bei der rechtsmedizinischen Be-

urteilung eines Zwischenfalls von großer Bedeutung sein. Liegen sie
nicht vor und wird der Venenkatheter noch vor der Obduktion gezogen,
wie im vorliegenden Fall, so sind die tatsächlichen Verhältnisse kaum
mehr zu rekonstruieren. Hier fand sich lediglich ein handschriftlicher
Vermerk im Krankenblatt, wonach die endgültige Korrektur unter Durchleuchtungskontrolle erfolgt sei.

Die Annahme, daß beim Vorschieben der Katheterspitze die Wand der rechten Herzkammer perforiert worden ist, war durch die erhobenen Befunde
nicht zu bestätigen, insbesondere sprach auch der gesamte klinische Verlauf gegen eine solche Vermutung. Die Frage eines eigenmächtigen Vor-
schiebens des Katheters durch die Patientin selbst wurde ernsthaft diskutiert, zumal Selbstbeschädigungstendenzen im Rahmen einer Anorexia
nervosa durchaus möglich erscheinen und gewisse Spannungen zwischen
der Patientin und ihrer älteren Schwester bestanden haben sollen, die
möglicherweise auf eine Mitpatientin übertragen worden sind. Andererseits war der Katheter am Austritt im Bereich der rechten Armbeuge fixiert, dem Pflegepersonal sind Veränderungen in diesem Bereich nicht
aufgefallen. Von den Eltern, die beide Ärzte sind, wurde eine derartige
Erklärung für ganz unwahrscheinlich gehalten, zumal auch bei der Patientin in den letzten Tagen vor dem Tode eine deutliche Besserung in ihrem Allgemeinbefinden zu verzeichnen war. Ferner erscheint in diesem
Zusammenhang von Bedeutung, daß nach den histologischen Befunden die
Perforation offensichtlich nicht abrupt erfolgt ist.

Es blieb schließlich noch die Möglichkeit einer Herzwandperforation
trotz richtig liegender Katheterspitze; hierauf ist im klinischen
Schrifttum bereits hingewiesen worden. So studierten Dijk u. Bakker
(1977) die Verschiebung von peripher und infraklavikulär eingebrachten
Kathetern bei Arm- und Schulterbewegungen an der Leiche. Sie konnten
zeigen, daß die größte Verschiebung - bis zu 8 cm - bei den Kathetern
stattfand, die durch die V. basilica eingebracht waren. Die Katheter-
spitzen der infraklavikulär eingeführten Katheter zeigten demgegenüber
keine nennenswerte Änderung ihrer Lage während der Armbewegung. Nur bei
extremen Schulterbewegungen stellten die Untersucher eine Verschiebung
um bis zu 2 cm fest. Sie empfahlen daher auch die Verwendung des sub-
klavikulären Zugangs, der ohnehin durch eine geringere Komplikationsdichte belastet ist im Vergleich zu dem Zugang über periphere Venen.
Auf das Vordringen der Katheterspitze beim Anheben des Armes ist auch
von Kuiper (1974) anhand eines konkreten Falles hingewiesen worden.

Bei den hier in Betracht kommenden Abmessungen und im Hinblick auf das
ohnehin wandgeschwächte Herz infolge der Anorexia nervosa war ein derartiger Mechanismus im vorliegenden Fall durchaus zu diskutieren, zumal
die Patientin in den letzten Tagen mit liegendem Armvenenkatheter herum-
gelaufen ist. Zwei kleine Blutunterlaufungen oberhalb der Perforationsstelle innerhalb der Trabekel markierten offensichtlich weitere Stellen,
an denen die Katheterspitze von innen gegen die Kammerwand gestoßen ist,
ohne diese allerdings ernsthaft zu verletzen. Wie auch bei vergleichbaren Fällen, über die im Schrifttum bereits berichtet worden ist, war im
Herzbeutel die zuvor über den zentralen Venenkatheter eingegebene Infusionslösung wiederzufinden (Bone et al. 1973; Dane u. King 1975; Frei
u. Bussmann 1981). Im vorliegenden Fall war es ein Sojaölpräparat in
fein emulgierter Form (Intralipid 10%ig). Insgesamt waren es 300 ml.
In den 12 von Bone et al. (1973) zusammengestellten Fällen lag die
Flüssigkeitsmenge im Herzbeutel zwischen 200 und 1000 ml, nur in einem
Fall war sie blutig. In vier Fällen war die Perforationsstelle nicht
festzustellen. Nach den Aufzeichnungen im Infusionsplan erhielt die Patientin an den beiden Tagen vor ihrem Tode jeweils 150 ml Intralipid.
Die Fettsäurezusammensetzung entsprach in etwa der einer Originalintra-
lipidprobe. Darüberhinaus war in der Herzbeutelflüssigkeit auch noch
Glukose festzustellen. Die Fettröpfchen hatten überwiegend einen Durch-

messer von weniger als 0,004 mm. Ein Zusammenfließen der Fettröpfchen
war nicht zu beobachten, zumindest fanden sich weder in der Lunge noch
in den Organen des großen Kreislaufs Hinweise für embolisiertes Fett,
auch erschien der Gefäßinhalt nicht auffallend sudanophil.

Im Hinblick auf die erhobenen Befunde wird man ein langsames Perforieren
der Herzwand anzunehmen haben. Hierfür sprach auch das Ergebnis der
mikroskopischen Untersuchung, so waren die Muskelfasern im Bereich der
Perforationsstelle stark auseinandergewichen, dazwischen fanden sich
reichlich Zellen mit phagozytierten Fettröpfchen. Die Angabe im Krankenblatt "Infusion läuft schlecht" ließe sich mit dieser Annahme auch in
Einklang bringen. Andererseits hätte diese Beobachtung eigentlich zur
Vorsicht mahnen müssen, ebenso auch der Pulsanstieg, der im nachhinein
durch die Herzbeuteltamponade seine Erklärung findet, klinischerseits
aber in Zusammenhang mit einer Überanstrengung der Patientin gebracht
wurde.

Die Aspiration klarer Flüssigkeit aus dem Venenkatheter hätte möglicherweise leicht die Klärung bringen können. Eine rasche Entlastung des Herzens durch Eröffnung des Herzbeutels hätte vielleicht dem Verlauf eine
andere Wende geben können. Warum an diese Möglichkeit nicht gedacht wurde, ist nicht ganz nachzuvollziehen; möglicherweise ist unter klinisch
tätigen Kollegen die Meinung weit verbreitet, daß ein zentraler Venenkatheter eine Routinemaßnahme ohne Gefahr ernsterer Komplikationen darstellt. Eine Fehllage der Katheterspitze - in einer Untersuchung von
Mathias (1976) war die Katheterlage in 22,5% der Fälle korrekturbedürf-
tig - ist oft leicht zu beheben, Infektionen und Thrombosen sind meist
zu beherrschen. Nach einer Zusammenstellung von Burri u. Gasser (1971)
war nur in einem von 80 Fällen die Thrombose nach Ansicht der Pathologen am Exitus beteiligt. An anderer Stelle haben wir schon einmal darauf
hingewiesen, daß mangelnde Routine des behandelnden Arztes häufiger zu
Komplikationen führt (Bratzke u. Schneider 1979). Dies gilt gleichermaßen für die Punktion der V. subclavia wie auch für den Vena-cava-Ka-
theter. Es geht nicht nur um optimales technisches Material (Schlichting
u. Schneider 1981), es geht gleichermaßen auch darum, daß der Eingriff
technisch beherrscht wird unter Kenntnis der möglichen Komplikationen.
Wenn auch tödliche Herzbeuteltamponaden nach Herzwandperforationen
durch Venenkatheter selten beschrieben werden, so ist daraus nicht
zwingend der Schluß abzuleiten, daß derartige Zwischenfälle tatsächlich
auch nur selten vorkommen. Es wäre denkbar, daß nicht alle Zwischenfälle
dieser Art auch mitgeteilt werden. Zum anderen können sich derartige
Komplikationen möglicherweise hinter einem "natürlichen Tod" verbergen.
Immerhin werden zentrale Venenkatheter nicht selten bei schwerkranken
Patienten geschoben, deren Grundkrankheiten leicht ausreichen, den tödlichen Ausgang zu erklären. Ohne Obduktion wird man Fälle dieser Art
wohl kaum aufklären können.

Und auch im vorliegenden Fall ist der Leichenschauschein zunächst mit
dem Vermerk "natürlicher Tod, Anorexia nervosa" ausgestellt worden.
Nach Abschluß der Obduktion hat dann aber der Pathologe die Staatsanwaltschaft über die Gerichtsmedizin informiert, ein Weg, zu dem er nach
dem Berliner Bestattungsgesetz nicht verpflichtet gewesen wäre, der
aber dennoch geboten erscheint. Die Frage eines ärztlichen Behandlungs-
fehlers ist damit ja in keiner Weise entschieden. Im vorliegenden Fall
ist das Vorgehen des Pathologen von allen Beteiligten einschließlich
der Eltern der Verstorbenen, die selbst keinen Strafantrag gestellt haben, gutgeheißen worden. Die Annahme eines Verschuldens Dritter war
nach Diskussion der verschiedenen Entstehungsmöglichkeiten hinsichtlich
der tödlichen Herzbeuteltamponade nicht zu begründen. Das Todesermittlungsverfahren ist daraufhin eingestellt worden.

Abschließend sei noch auf eine Arbeit von Fleming et al. (1980) hingewiesen, in der über Komplikationen bei HPN-Patienten (Home Parenteral
Nutrition) berichtet wird. Der Katheter lag in dieser Studie in einem
subcutanen Tunnel, ausgehend von einer Incision zwischen Brustwarze
und Brustbein. Die Verweildauer betrug im Durchschnitt 25 Monate. Tödliche Zwischenfälle sind nicht beobachtet worden.

Die Konsequenzen, die aus dem vorgetragenen Fall zu ziehen sind, lassen
sich folgendermaßen zusammenfassen:

1. Ein Arzt, der einen zentralen Venenkatheter schiebt, muß die Technik
   gründlich beherrschen, er muß aber auch um die möglichen Zwischenfälle wissen.

2. Die korrekte Lage der Katheterspitze ist in jedem Fall durch Röntgenbilder zu dokumentieren.

3. An die Möglichkeit der späteren Wandperforation mit der Ausbildung
   einer Herzbeuteltamponade ist zu denken, insbesondere wenn der Zugang über eine Armbeugevene gewählt wird und der Arm nicht fixiert
   ist.

4. Veränderungen der Kreislaufverhältnisse sollten sehr ernst genommen
   werden, ebenso auch der Hinweis, daß die Infusion möglicherweise
   schlecht läuft.

5. In jedem Fall sollte der Nutzen eines zentralen Venenkatheters gegenüber den möglichen Risiken sorgfältig abgewogen werden.

Literatur

Bone DK, Maddrey WC, Eagan J, Cameron JL (1973) Cardiac tamponade. A fatal complication of central venous catheterization. Arch Surg 106:868
Bratzke H, Schneider V (1979) Zwischenfälle nach Punktion der V. subclavia. Intensivmed 16:326
Burri C, Gasser D (1971) Der Vena Cava-Katheter. Springer, Berlin Heidelberg New York
Dane TEB, King EG (1975) Fatal cardiac tamponade and other mechanical complications
of central venous catheters. Br J Surg 62:6
Dijk van B, Bakker PM (1977) Appraisal of the dislocation of central venous catheter
tips using subclavian and arm veins. Anäthesist 26:138
Fleming CR, Witzke DJ, Beart RW (1980) Catheter-related complications in patients
receiving home parenteral nutrition. Ann Surg 192:593
Frei U, Bussmann WD (1981) Die Herzbeuteltamponade, eine meist tödliche Komplikation
zentraler Venenkatheter. Dtsch Med Wochenschr 106:835
Hartung HJ, Osswald PM (1979) Seltene Komplikation der Hohlvenenkatheterisierung.
Prakt Anästh 14:450
Hutschenreuter K (1978) Komplikationen der Hohlvenenkatheterisierung. Prakt Anästh
13:211
Klose R (1978) Punktion zentraler Venen beim Erwachsenen. Prakt Anästh 13:81
Kuiper DH (1974) Cardiac tamponade and death in a patient receiving total parenteral
nutrition. JAMA 230:877
Malatinsky J, Kadlic T, Majek M, Samel M (1976) Misplacement and loop formation of
central venous catheters. Acta Anaesthesiol Scand 20:237
Marquort H, Feigel M (1979) Infusionsthorax nach V. Jugularis-interna-Katheterisation.
Prakt Anästh 14:437
Mathias K (1976) Fehllagen von Venenkathetern. Ihre Vermeidung und Korrektur. Dtsch
Med Wochenschr 101:612
Müller KM, Hartmann N (1978) Herzverletzungen durch zentrale Venenkatheter. Dtsch
Med Wochenschr 103:349
Schlichting K, Schneider V (1981) Venenkatheter und Verweilkanülen. Hygieneplan,
Berlin

Zentrale pontine Myelinolyse – Ursache unklarer Todesfälle

J. Wilske und R. Henn

Zusammenfassung

Die zentrale pontine Myelinolyse stellt eine v.a. im Hirnstamm lokalisierte akute
Entmarkungskrankheit dar, die geeignet ist, akut, subakut oder auch erst nach län-
gerem Verlauf den Tod herbeizuführen. Bei unklaren Auffindungsverhältnissen läßt sich
vielfach auch klinisch die Diagnose nicht stellen und es entstehen Abgrenzungsschwie-
rigkeiten gegenüber Vergiftungen. Die Kenntnis dieses Krankheitsbildes hilft vor dem
Einsatz umfangreicher und aufwendiger chemisch-toxikologischer Verfahren, frühzeitig
die Diagnose zu stellen. Lokalisation und typische morphologische Merkmale werden
beschrieben.

Summary

Central pontine myelinolysis is a demyelinating disease found mainly in the brain stem
that causes death after an acute or subacute course, or not until after some months
or years. If an unconscious person is found in inexplicable circumstances, correct
diagnosis by clinical investigation is very difficult, especially since differentia-
tion from poisoning is not always easy. Knowledge of this disease aids early confirmation of the diagnosis and avoids a lot of expensive and time-intensive toxicological
examinations. Localization, typical morphology, and history are described in five
cases.

Die Aufklärung unklarer Todesfälle obliegt in vielen Fällen dem gerichts-
medizinisch tätigen Arzt. In erster Linie müssen dabei natürliche gegen
unnatürliche Todesursachen abgegrenzt werden. Wenn der Tod nicht plötzlich, sondern nach einem vieldeutigen Verlauf unter einem unklaren Zu-
standsbild eingetreten ist, ergeben sich jedoch erhebliche differentialdiagnostische Schwierigkeiten, insbesondere in der Abgrenzung gegenüber
subakuten und chronischen Vergiftungen. Die Kenntnis solcher Erkrankungen und das Erkennen auf Grund des morphologischen Bildes kann in solchen Fällen zur Abklärung und damit zur richtigen Einschätzung beitragen. Im folgenden soll ein Krankheitsbild vorgestellt werden, bei dem
nach unseren Erfahrungen weder auf Grund der Umstände noch durch den
Verlauf aus klinischer Sicht eine sichere Diagnose gestellt wird und
damit entsprechende Rückschlüsse auf die Ursachen möglich sind. Die
Kenntnis des morphologischen Bildes setzt uns jedoch in die Lage, im
nachhinein Umstände und Verlauf zu erklären.

Beobachtungsgut

Fall 1 (Prot: 890/79, H.C.)

Eine 76 Jahre alt gewordene Engländerin, deren Abwesenheit während
eines programmfreien Tages ihrer Reisegruppe zunächst nicht aufgefallen
war, wurde erst gegen Abend nach einer Suchaktion bewußtlos auf einer
Toilette aufgefunden. Nachdem in ihrem Hotelzimmer Packungen von Beru-

124

higungs- und Schlafmitteln sichergestellt werden konnten, war der Verdacht auf eine Medikamentenintoxikation naheliegend. Nach Aufnahme in
die Klinik wurde deshalb eine Diurese durchgeführt. Während dieser klar-
te die Frau kurzzeitig etwas auf, wurde jedoch nach wenigen Stunden wieder komatös und erwachte nicht mehr aus ihrer Bewußtlosigkeit bis zum
Tode 9 Tage später. Ein sofort durchgeführtes Computertomogramm des
Schädels erbrachte zunächst keine auffälligen Veränderungen, zwei Tage
später fanden sich jedoch Herde verminderter Dichte im Hirnstamm sowie
linksseitig im Kleinhirn und Hinterhauptlappen. Eine chemisch-toxikologische Untersuchung des Harns der Frau ergab keinerlei Hinweise für
eine Medikamenteneinnahme. Da die weiteren Umstände der Auffindungssituation unklar waren und anamnestische Anknüpfungspunkte fehlten, blieb
im Dunkeln, wie die Frau in den letal endenden Zustand gekommen war.
Da auch die noch in der Klinik erhobenen Befunde nicht ausreichten, um
eine Diagnose zu erstellen, die das beschriebene Bild und den Verlauf
hätte erklären können, wurde eine Obduktion veranlaßt.

Abgesehen von einer beginnenden hypostatischen Pneumonie in den abhän-
gigen Lungenpartien ergaben sich im Rahmen der *Obduktion* zunächst keine
für das Krankheitsbild wesentlichen Organveränderungen. Die entscheidenden Befunde zeigten sich erst nach Formalinfixierung des Gehirns und
hier vor allem am Hirnstamm. Dieser war von der mittleren Brückenregion
über das Mittelhirn bis in den Thalamus beidseits aufsteigend unter Be-
vorzugung des Übergangsbereiches zwischen Hauben- und Fußregion der
Brücke von einem grau-glasigen Gewebe eingenommen. Im Bereich des Mittel-
hirnes waren große Anteile des Querschnitts betroffen unter Einbeziehung
nahezu der gesamten Fußregion. Die Veränderung erschien linksseitig
stärker ausgeprägt als rechts mit einer wesentlich größeren Ausdehnung
im Bereich des linken Thalamus gegenüber der rechten Seite. Ein weiterer
ähnlicher Herd konnte im Bereich des linken Hinterhauptlappens, jedoch
nicht im Kleinhirn gefunden werden. Hinweise auf eine Raumforderung ergaben sich an keiner Stelle, wenngleich der makroskopische Aspekt differentialdiagnostisch zunächst auch an das Vorliegen eines langsam
wachsenden hirneigenen Tumors denken lassen konnte. Sowohl im Bereich
der Arterien wie auch an den abführenden Venen bestanden keine wertbaren
krankhaften Veränderungen, insbesondere konnte keine Gefäßthrombose oder
Thrombembolie nachgewiesen werden, was bei dem Verteilungsmuster der
Veränderungen auch nicht zu erwarten war.

Bei der *mikroskopischen Untersuchung* der inneren Organe fand sich neben
einer beginnenden hypostatischen Pneumonie eine mitteltropfige, mäßig
ausgeprägte Verfettung der Leber mit Zeichen einer verstärkten metabolischen Aktivitätssteigerung der Hepatozyten. Die übrigen Organveränderungen waren als altersentsprechend und für die Erkrankung bzw. den klinischen Verlauf nicht relevant einzustufen.

Die *neurohistopathologische Untersuchung* der bereits makroskopisch abgrenzbaren Veränderungen im ZNS ergab eine ausgedehnte unsystematische
Entmarkung in den betroffenen Bezirken, wobei jedoch mit Ausnahme von
wenigen umschriebenen Arealen das Hirngewebe seine ursprüngliche Struktur bewahrt hatte. Der selektive Ausfall der Markscheiden konnte durch
eine Bodian-Versilberung mit Darstellung der vollständig erhaltenen
Achsenzylinder nachgewiesen werden. Nur in den Randbezirken der Veränderungen fand sich herdförmig eine ödematöse Auflockerung des Gewebes mit
umschriebenen Achsenzylinderschwellungen als Ausdruck einer sekundären
Schädigung dieser Strukturen. Fettkörnchenzellen waren nur ganz vereinzelt abgrenzbar. Eine wertbare entzündliche Infiltration fehlte. Das
Bild glich dem eines reaktionslosen Entmarkungsprozesses, wobei insbesondere die in der Hinterhauptsregion gelegenen Herde im Markscheiden-
bild von ihrer Verteilung her eine gewisse Ähnlichkeit mit Veränderungen
aufwiesen, wie sie von der multiplen Sklerose bekannt sind (Abb. 1).

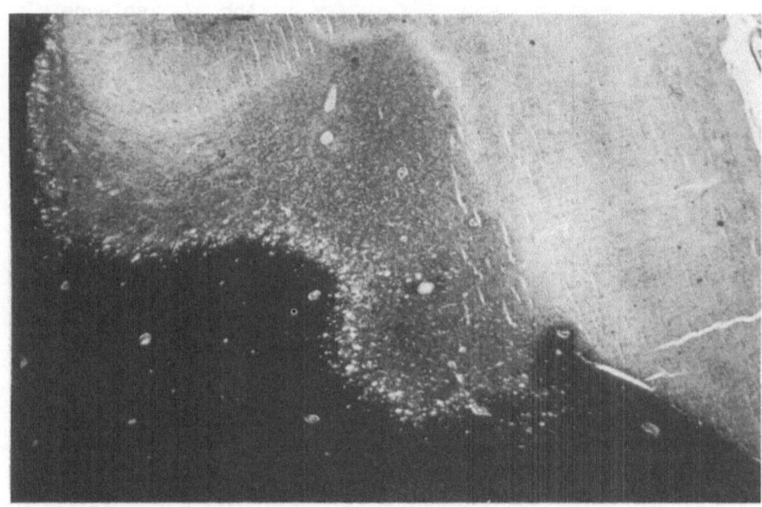

Abb. 1. Teilweise in die Rinde hineinreichende Entmarkung in der linken Hinterhauptregion bei zentraler pontiner Myelinose. Fall 1, Markscheidenfärbung, 18:1

Hinweise für primär kreislaufbedingte Gewebsnekrosen waren an keiner Stelle gegeben. Gegen die Annahme eines ausgedehnten Hirnstamminfarktes sprach auch, daß die Veränderungen an keiner Stelle die Organoberfläche erreichten. In den histologischen Präparaten konnten über die bereits makroskopisch abgrenzbaren Herde hinaus weitere multiple kleinere insbesondere im Bereich des Hirnstammes nachgewiesen werden. Ein im Computertomogramm beschriebener Herd in der linken Kleinhirnhemisphäre war weder makroskopisch noch histologisch abzugrenzen.

Fall 2 (Prot: 219/80 G.P.)

Eine 56 Jahre alt gewordene Frau, die wegen chronischen Alkoholismus in einem Landesnervenkrankenhaus stationär aufgenommen worden war, zeigte in den letzten Tagen vor dem Tode eine Verschlechterung des Allgemeinzustandes. Klinisch standen dabei im Vordergrund häufiges Erbrechen, Schluckstörungen, eine allgemeine motorische Unsicherheit und weitere unterschiedliche Hirnstammzeichen. Auf Grund der klinischen Befunde konnte die Todesursache nicht angegeben werden, weshalb die Durchführung einer Obduktion veranlaßt wurde.

Bei der *Leichenöffnung* fand sich zunächst am Übergang von Brückenhaube zu Brückenfuß ein in seiner Form typischer, teils zystischer Defekt im Sinne einer zentralen pontinen Myelinolyse (Abb. 2) mit den im Fall 1 geschilderten histologischen Kriterien. Darüberhinaus bestand eine ältere Wernicke-Enzephalopathie im Bereich beider Corpora mamillaria ohne frische Blutungen. An weiteren Befunden, die jedoch nicht als Todesursache in Anspruch genommen werden konnten, ergab sich noch eine Fettleber mit beginnendem zirrhotischem Umbau sowie eine chronische eitrige Pyelonephritis.

Fall 3 (Prot: 388/81, R.A.)

Ein 42 Jahre alt gewordener Mann wurde wegen eines angeblichen cerebralen Krampfanfalles unter unklaren Umständen durch seine Lebensgefährtin in eine Klinik eingeliefert. Dort wurde neben einer hochgradigen Alkoholisierung ein rechtsseitiges Herdgeschehen diagnostiziert. Wegen Aspiration erfolgte Intubation, bei deren Durchführung es jedoch zu einem akuten Herzstillstand kam. Eine sofort eingeleitete Reanimation brachte nur zwischenzeitlich Erfolg.

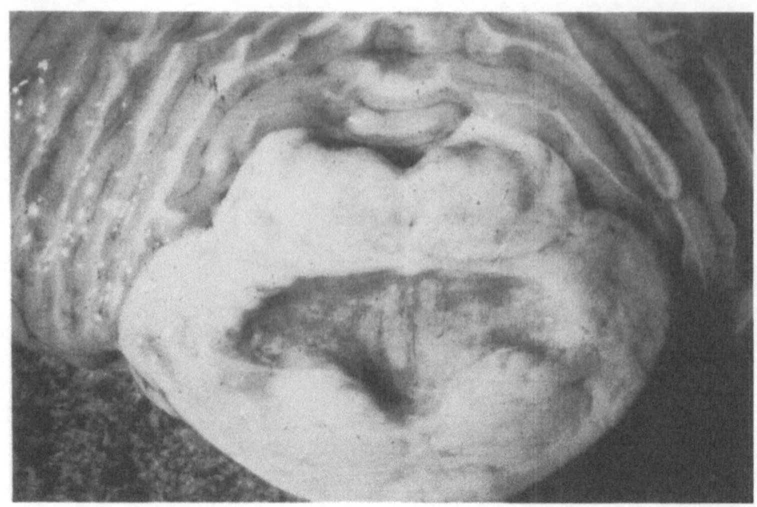

Abb. 2. Typische Lokalisation einer älteren zentralen pontinen Myelinolyse mit zystischer Defektbildung im zentralen Anteil der Brücke (Fall 2)

Bei der *Obduktion* fand sich ein geringes subdurales Hämatom beiderseits ohne nachweisbare Blutungsquelle. Weiterhin bestand an typischer Lokalisation in der Brücke an der Grenze zwischen Hauben- und Fußregion ein umschriebener Entmarkungsbezirk, der histologisch als zentrale pontine Myelinolyse eingeordnet werden konnte. Die Leber war im Sinne einer Fettleber verändert.

Fall 4 (Prot: 664/81, E.G.)

Eine 49 Jahre alt gewordene Frau wurde durch die Rettung in die Klinik eingeliefert, wo nur noch der bereits eingetretene Tod festgestellt werden konnte. Es wurde der Verdacht auf Verbluten geäußert, nachdem bei der Frau einige Jahre zuvor eine kavernöse Oberlappentuberkulose festgestellt worden war. Eine Leberzirrhose sowie der Zustand nach Delirium tremens waren ebenfalls bekannt.

Die zur Klärung der Todesursache veranlaßte *Obduktion* erbrachte eine frische zentrale Myelinolyse typischer Lokalisation sowie eine rezidivierte Wernicke-Enzephalopathie mit teils frischen Einblutungen neben bräunlichen Pigmentablagerungen in beiden Corpora mamillaria. Weiterhin fanden sich frische Einblutungen entlang des gesamten zentralen Höhlengraues. Neben einer kleinknotigen Zirrhose und Verfettung der Leber bestand ein Aszites bei gleichzeitig hochgradigem Lungenödem. Eine frische Lungentuberkulose konnte nicht nachgewiesen werden, auf eine alte Oberlappentuberkulose wiesen jedoch ausgedehnte Narben und Verkalkungen hin. Weiterhin fanden sich am Kopf Blutunterlaufungen als Folge eines agonalen Sturzgeschehens.

Fall 5 (Prot: 14/81, W.W.)

Ein 54 Jahre alt gewordener Mann soll in Begleitung seiner Frau bei einem Spaziergang aus unklarer Ursache gestolpert sein, wobei er sich durch Sturz im steileren Gelände eine Oberschenkelfraktur zuzog. Nach der Einlieferung in ein Krankenhaus entwickelte sich am nächsten Tag ein Delirium tremens. Nach allmählicher Besserung trat im Beisein der Frau 6 Tage nach dem Vorfall bei dem Mann plötzlich Bewußtseinsverlust und Schnappatmung auf. Sofort eingeleitete Reanimationsmaßnahmen blieben ohne Erfolg. Von seiten der Klinik wurde die Möglichkeit nicht ausgeschlossen, daß die Ehefrau sowohl beim Sturz wie auch jetzt bei dem plötzlichen und unerwarteten Todeseintritt im Krankenhaus beteiligt gewesen sein konnte. Aus diesem Grund wurde zur weiteren Klärung die Durchführung einer *Obduktion* beantragt.

Auch in diesem Fall konnte eine zentrale pontine Myelinolyse typischer Lokalisation mit zentraler Defektbildung und peripheren frischeren Veränderungen nachgewiesen werden. Eine Abblassung der Herzmuskulatur im Bereich der Hinterwand der linken Kammer ließ zwar an eine regionale kardiale Durchblutungsstörung wie bei einem Myokardinfarkt denken. Die nur wenig veränderten Herzkranzarterien konnten jedoch diese Interpretation nicht stützen. Die Myelinolyse kam daher sowohl als Todesursache wie auch als mögliche Sturzursache in Betracht.

Diskussion

Die hier besprochene Erkrankung wurde erst 1959 auf Grund des morphologischen Bildes als einheitliches Krankheitsbild herausgestellt (Adams et al. 1959). Bereits von den Erstbeschreibern wie auch von späteren Untersuchern wird angegeben, daß die Veränderungen keineswegs - wie die Bezeichnung der Erkrankung vermuten läßt - auf die Region der Brücke beschränkt sein muß. Es gibt in der Zwischenzeit mehrere Berichte über multifokal ausgedehnte Veränderungen (Mathieson u. Olszewski 1960; Ule u. Jakob 1978). Auch unser Fall 1 ist diesem Typ mit Ausdehnung in Mittelhirn, Hypothalamus und Thalamus sowie linkem Hinterhauptlappen zuzurechnen.

Der klinische Verlauf der Erkrankung ist nicht einheitlich. Zumeist beginnt der Prozeß mit einem Koma, das von einer progressiv verlaufenden Quadriplegie und entsprechend der unterschiedlichen Hirnstammbeteiligung auch unterschiedlichsten Hirnstammzeichen begleitet wird. Die Erkrankung führt in der Regel innerhalb weniger Tage, seltener auch innerhalb von 2 bis 3 Monaten zum Tod (Ule u. Jakob 1978). Ein typisches Erkrankungsalter wird nicht angegeben. Man fand diese Erkrankung sowohl bei Kleinkindern als auch bei Patienten höheren Alters. Die Ätiologie ist bis heute nicht sicher geklärt. Bei etwa 60% der Fälle liegt jedoch eine Alkoholanamnese vor. In den anderen Fällen werden Elektrolytstörungen, Dehydration sowie eine häufige Kombination mit Infekten angegeben (Blackwood u. Corsellis 1976). Viele Fälle lassen sich jedoch in diese anamnestischen und klinischen Kategorien nicht einordnen und es werden weitere mögliche Ursachen wie Fehl- oder Mangelernährung, Vitaminmangel, Enzymstörungen oder biochemische Veränderungen angenommen. Ähnlich wie bei der Wernicke-Enzephalopathie und beim Marchiafava-Bignami-Syndrom - einer meist kleinfleckigen Entmarkung der mittleren Balkenstrukturen bei Rotweintrinkern - wird auch bei der pontinen Myelinolyse angenommen, daß nicht der Alkohol selbst die schädigende Wirkung ausübt. Wodurch im einzelnen die sehr typischen, jedoch unterschiedlichen Verteilungsmuster bedingt sind, läßt sich heute noch nicht beantworten.

In unseren Fällen findet sich meist ein erheblicher Alkoholabusus in der Vorgeschichte. Nur für Fall 1 erscheint eine ätiologische Zuordnung schwierig, weil keinerlei anamnestische Angaben bekannt waren. Darüberhinaus ergab sich auch bei der feingeweblichen Untersuchung der inneren Organe kein Hinweis auf eine alkoholbedingte Schädigung. Eine Leberverfettung sowie eine erhebliche Aktivitätssteigerung der Leberzellen können als Folge der im Rahmen einer Intensivtherapie einwirkenden Stoffwechselbelastung aufgefaßt werden. Eindeutige, auf eine Alkoholanamnese hinweisende Veränderungen an Leber, Pankreas oder auch Gehirn im Sinne einer Wernicke-Enzephalopathie waren nicht zu erheben.

Die Abgrenzung dieser Erkrankung gegenüber anderen demyelinisierenden
Prozessen ist möglich zunächst durch die in typischen Fällen ausgesprochen pontine Hauptlokalisation (Blackwood u. Corsellis 1976). Nach allgemein neuropathologischen Erfahrungen sind gerade Entmarkungen der zur
Frage stehenden Art häufig besser oder überhaupt erst am formalinfixier-
ten Gehirn feststellbar. Es wird daher vorgeschlagen, bei entsprechendem Verdacht das Gehirn und den Hirnstamm zunächst unzerlegt zu fixieren und dann erst zu zergliedern, um auch die Zusammenhänge nicht zu
zerstören, wie dies etwa bei dem von Virchow angegebenen Verfahren der
Fall ist. Histologisch fällt eine nur sehr geringe oder fehlende Gewebs-
bzw. Zellreaktion bei scharfer Begrenzung der Herde und gut erhaltenen
Achsenzylindern auf. Auch die Nervenzellen sind durchweg gut erhalten,
wenngleich in den Randbezirken häufiger Axonschwellungen beboachtet
werden können. Der Gewebsverband ist bei häufigem Randödem intakt, die
Oligodendroglia erscheint meist erheblich vermindert und degenerativ
verändert. Astrozytenproliferation sowie Mikroglia- und Makrophagen-
reaktion ist meist nur gering ausgeprägt. Entzündliche Veränderungen,
insbesondere wie sie bei der multiplen Sklerose gefunden werden, fehlen
nahezu völlig (Adams et al. 1959; Blackwood u. Corsellis 1976). Abgesehen von der atypischen und multifokalen Lokalisation wie bei unserem
ersten Fall zeigen somit alle Beobachtungen die für die pontine Myelinolyse angegebenen makroskopischen und feingeweblichen Kriterien und
können mit Sicherheit diesem Syndrom zugerechnet werden.

Diese dargestellten Fälle, die wir innerhalb von 2 Jahren beobachten
konnten, zeigen, daß die zentrale pontine Myelinolyse zwar nicht häufig
vorkommt, jedoch nach unseren Erfahrungen mit relativer Regelmäßigkeit
in einem gerichtsmedizinischen Untersuchungsgut vertreten ist. Wir rechnen mit einer Häufigkeit von etwa einem Fall auf 300 bis 400 Obduktionen.
Dabei ist anzunehmen, daß diese Hirnveränderungen bei geringerer Ausprägung besonders am unfixierten Gehirn leicht übersehen werden können und
die zystischen Defekte als Nekrosen im 3. Stadium vor allem vaskulärer
Ursache fehlinterpretiert werden. Als mögliche Todesursache - ähnlich
wie die weit bekanntere Wernicke-Enzephalopathie - vermag sie jedoch
manchen, sonst auch noch nach der Obduktion unklaren Todesfall zu klären. Darüberhinaus bringt die Kenntnis dieser Befunde auch die Möglichkeit, unklare Umstände, die zu einem bestimmten Ereignis geführt haben,
rückblickend besser bzw. überhaupt einordnen zu können. Durch die Kenntnis dieser besonderen Form eines Entmarkungsprozesses sollte diese
Chance wahrgenommen werden.

Literatur

Adams RD, Victor M, Mancall EL (1959) Central pontine myelinolysis. Arch Neurol
    Psychiat 81:154-172
Blackwood W, Corsellis JAN (1976) Greenfield's neuropathology, Arnold, Edinburgh,
    3rd edn
Mathieson G, Olszewski J (1960) Central pontine myelinolysis with other cerebral
    changes. Neurology (Minneap) 10:345-354
Ule G, Jakob H (1978) Chronische infantile zentrale pontine Myelinolyse vom multi-
    fokalen Typ mit sekundären Capillarcalcinosen und Hypoxieschäden. Acta Neuropathol
    (Berl) 42:43-45

Rechtsmedizinische Untersuchungsmethoden

Zum Einsatz der Videotechnik bei rechtsmedizinischen Leichenuntersuchungen [1]

E. Böhm und A. Söhngen

Zusammenfassung

Die hohe Speicherkapazität der Videotechnik bietet günstige Voraussetzungen für die
einfache Dokumentation umfangreicher Leichenbefunde im Rahmen rechtsmedizinischer
Leichenuntersuchungen. Voraussetzung ist die optimale aufnahmetechnische Ausnutzung
des Verfahrens, gute Vorbereitung der Befunddokumentation durch den Obduzenten und
entsprechende Zusammenarbeit mit dem "Kameramann". Optimierungsmöglichkeiten und
Probleme werden im einzelnen abgehandelt, auch die Dokumentation weiterer Befund-
techniken im Rahmen von Leichenuntersuchung und Zusatzbefundung mit Röntgentechnik
und mikroskopischen Methoden. Auf die einfache Erlernbarkeit der Aufnahmetechnik
durch einen geschulten Institutsphotographen wird hingewiesen.

Summary

The high storage capacity of the video technique makes it suitable for easy documentation of comprehensive findings from corpses in the course of medicolegal autopsies.
For this, it is essential that the technical capability of the recording technique
is well prepared by the physician carrying out the autopsy, and that there is good
cooperation with the "cameraman". Possible improvements and problems and the documentation of further diagnostic techniques for examination of corpses, as well as additional findings provided by X-ray examinations and microscopic methods are discussed in detail. The ease with which the recording technique can be learned from a
trained institute photographer is also emphasized.

Einführung

Mit den klassischen Dokumentationstechniken - Beschreibung, Zeichnung,
fotographische Darstellung - lassen sich Befunde an Leichen nur unvoll-
ständig und mit großem Aufwand dokumentieren, speichern, gutachtlich
weiter aufarbeiten und in foro demonstrieren.

Wir haben deshalb im Rahmen einer Pilotstudie versucht, die Videotechnik
von (v. a. speziell rechtsmedizinischen) Leichenuntersuchungen auf ihre
Zweckmäßigkeit im einzelnen zu überprüfen.

Es war uns bekannt, daß ähnliche Versuche auch von anderen Anwendern
durchgeführt wurden. Publikationen hierüber - insbesondere systematische Abhandlungen - waren jedoch in der Literatur nicht auffindbar.

Während die Videodokumentation von Körperbefunden bei Lebenden (z.B.
Täteruntersuchung/Tötungsdelikte) bei guter Kooperation des Probanden
unproblematisch ist (aufrechte Position der Person - horizontale Kame-
raführung), bereitet die Leichenuntersuchung erhebliche Probleme.

---

[1] Auszugsweise vorgetragen anläßlich der 61. Jahrestagung der Deutschen Gesellschaft
für Rechtsmedizin in Würzburg, September 1982

Diese treten bereits in massivem Umfang bei der Dokumentation von Bekleidung und Körperoberfläche in der Totalen auf. Bisherige Techniken
der Ganzkörperfotographie von Leichen wurden über spezielle Aufbauten
durchgeführt, die es erlaubten, über der Leiche einen großen Arbeitsabstand einzuhalten (z.B. Leiterstativ). Derartige Einrichtungen sind
für Leichenuntersuchungen auf dem Boden eingerichtet - eine Ausgangs-
position, die wir für ungünstig halten.

Wir haben zunächst versucht, für die Videotechnik Übersichtsaufnahmen
mit dem auf einer Höhe von ca. 75 cm abgesenkten Röntgentisch durchzuführen. Für Ganzkörperaufnahmen mußten wir hierbei die Videokamera durch
Verlängerung unseres Galgengerätes unter der Decke des Sektionssaales
(Geschoßhöhe 3 m) anbringen. Bei Verwendung handelsüblicher Zoom-Objek-
tive war die Totale auf dem Sektionstisch bei gleicher Kameraposition
nicht herstellbar. Erst die Anwendung eines speziellen Weitwinkelobjek-
tives (6,5 mm Brennweite) brachte den Durchbruch auch für die weitere
Handhabung der Kamera im Verlauf z.B. der Obduktion bei vertretbarem
Arbeitsabstand. Anstelle der Zoom-Technik haben wir die Kamera für die
verschiedenen Anforderungen manuell abgesenkt und konnten dabei unter
stetiger Erhaltung hoher Schärfentiefe arbeiten.

Die geometrische Verzeichnung hielt sich dabei u.E. in vertretbaren
Grenzen. Die Benutzung eines optisch hochwertigen Objektivs ist auch
hier Voraussetzung für qualitativ ausreichende Ergebnisse.

Anstelle einer zusätzlichen Stereolupe für stärkere Auflösung - im Sektionssaal steht uns hier ein derartiges Gerät bedauerlicherweise nicht
zur Verfügung - haben wir ein Lupenobjektiv am Balgengerät (Leitz) benutzt (Kameraadapter im Eigenbau).

In der Schemazeichnung ist die Instrumentierung für die verschiedenen
Arbeitsabstände angegeben (Abb. 1).

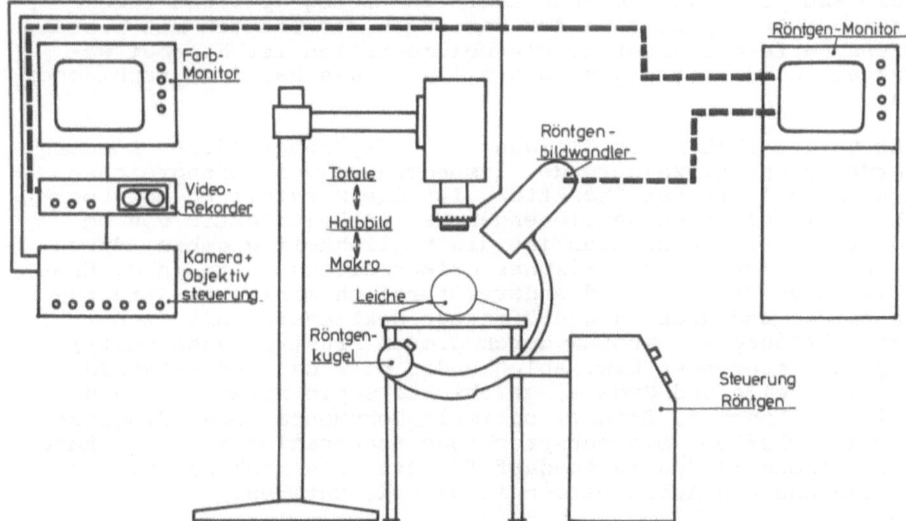

Abb. 1. Kameraposition am Galgen unter Demonstration der Arbeitsabstände bei Verwendung eines Weitwinkelobjektivs (6,5 mm Brennweite). Kombinierte Anwendung der Videotechnik für lichtoptische und röntgenologische Untersuchungen. Meßtechnisches Bezugs-
system bei Anwendung beider Verfahren ist eine Rasterplatte mit 2,5 mal 2,5 cm gros-
sen Rasterquadraten. Vergleichsuntersuchungen bei vertikaler Position der Durchleuch-
tungseinrichtung, Kippung im Bild aus technischen Gründen

In der von uns angefertigten und auf der 61. Jahrestagung der Deutschen
Gesellschaft für Rechtsmedizin dargebotenen Videoaufzeichnung wurden
die im einzelnen erzielbaren Resultate an einer Reihe beispielhafter
Bildfolgen aufgezeigt.

Ausgangspunkt war auch hier die Herstellung von Übersichtsaufnahmen
und die stufenlose Abbildung der Körperoberfläche bis zum Lupenbereich.

Das besonders für die Untersuchung von Verkehrsunfalleichen und Opfern
von Kapitalstraftaten geeignete Verfahren erlaubt mit der angegebenen
Instrumentierung bei Einsatz eines hochwertigen Videosystems (semipro-
fessionell) die Leichen zuerst in Gesamtheit auf Obduktionstisch und
Leichenwagen im bekleideten Zustand abzubilden. Danach erfolgt die systematische Detailuntersuchung unter Dokumentation der für die Entklei-
dung erforderlichen Schnittführungen unter Herstellung eines Bezuges
zwischen Spurenbildern an Bekleidung und Körperoberfläche.

Bei der Dokumentation der Befunde kann es sinnvoll sein, neben den an
der Bekleidung und an der Körperoberfläche dokumentierten Einzelbefun-
den auch gleichzeitig unter Aufzeichnung eines Maßstabsystems die in
den verschiedenen Gewebstiefen an umschriebenen Stellen präparatorisch
darstellbaren Schichtbefunde im Zusammenhang aufzuzeichnen (z.B. Kleidung, Hautoberfläche, subkutanes Fettgewebe, Muskelschichten, Knochen
nach Traumatisierung - z.B.: Anfahrverletzung eines Fußgängers).

Anstelle und in Ergänzung von Aufnahmen in der Totalen haben wir auch
versucht, bei laufender Videobandaufzeichnung die auf dem Wagen liegende Leiche im Detail unter der fixierten Kamera durchzufahren. Dies ist
nicht nur technisch möglich, sondern liefert auch relativ gute Resultate, erscheint aber aufwendig.

Die systematische Untersuchung von vorderer, seitlicher und hinterer
Körperoberfläche läßt sich durch seitliche Kippung der Leiche aus der
Rücken- in die Bauchlage und umgekehrt wie für fotographische Zwecke
bei entsprechendem Arbeitsabstand der Kamera in der Totalen mit ausreichender Tiefenschärfe durchführen. Die Dokumentation ist hierbei wesentlich exakter, eindeutiger und auch billiger als bei fotographischer
Aufzeichnung.

Nicht nur für Befunderhebung an Kleidung und Körperoberfläche, sondern
auch die Zuordnung der Einzelbefunde, insbesondere von umfangreichen
Befundmustern im Verlaufe der Obduktion, ist die Herstellung von Übersichtsaufnahmen mit einem hochauflösenden Weitwinkelobjektiv von besonderer Bedeutung. Dem Obduzenten ist die Möglichkeit gegeben, durch
Präparation entsprechender anatomischer Orientierungspunkte (z.B. Kno-
chenansatzstellen von Muskeln und anderer farblich markanter Strukturen) übersichtliche und großzügig eröffnende Sektionstechnik (z.B.
breitflächige Eröffnung des Thorax durch großen Brustkorbausschnitt),
Entfernung optisch störender bzw. ablenkender oder das Gesichtsfeld
einengender Gewebsteile und Organe, geschickte Schichtpräparation u.a.
(Haut, Muskulatur, Knochen, Organe) optimale Dokumentationsbedingungen
an der Leiche zu schaffen. Die entsprechende Kooperation mit dem "Kameramann" muß insbesondere den Zeitbedarf für die entsprechende Einrich-
tung von Beleuchtung und Aufnahmetechnik berücksichtigen.

Die Bildkontrolle sollte an Ort und Stelle über einen jederzeit und
blendfrei einsehbaren Monitor erfolgen. Die Mitführung eines entsprechenden Maßstabsystems bei der Leichenuntersuchung muß zur Selbstverständlichkeit werden, für korrespondierende Röntgenuntersuchungen am
gleichen Ort (z.B. Fraktur einer Extremität) haben wir ein Rastersystem
auf einer Acrylharzplatte mit röntgenschattengebender Bariumsulfatein-

schwemmung hergestellt, die einen Anschluß an die übliche lichtoptische Aufzeichnungstechnik liefert.

Speicherung von Röntgenbefunden - kombinierte Untersuchungstechnik

Die Aufzeichnung von Röntgendurchleuchtungsbefunden nach Verstärkung
durch den Bildwandler bereitet keinerlei Schwierigkeiten und hat sich
für die Perfusionstechnik (Angiographie) ganz besonders bewährt. Insbesondere große Leckstellen von Gefäßen sind bei langsamer Perfusion
(geringer Druck) nach Bandrücklauf eindeutig zu lokalisieren, abnorme
Perfusionsmuster - z.B. Stealsyndrome - lassen sich hierdurch leicht
identifizieren.

Neben der groben Abschätzung des Perfusionsflusses können auch bei de-
finierter Strecke Flußmessungen in exakter Weise durchgeführt werden.

Die von uns zuerst zur Darstellung von Brückenvenenabrissen entwickelte
Einschwemmtechnik scheint nach den bisherigen Feststellungen für zahlreiche Fragestellungen zweckmäßig. Ein besonderer Aspekt für die Lokalisation von Kontrastmittelextravasaten ist durch Änderung der geome-
trischen Bezüge zwischen z.B. isoliertem Organ und Röntgenapparatur in
Durchleuchtung erzielbar.

Ähnlich wie durch Stereoaufnahmen läßt sich die betreffende "Schicht-
tiefe" identifizieren, in der beispielsweise eine Verletzung gelegen ist.
Wir haben dies am isolierten Herzen durch Rotation in Längsachse bei
feststehender Röntgeneinrichtung und in situ durch Kippung des Röntgen-
systems bei feststehendem Herzen demonstrieren können (Kontusion der
Vorder- und Hinterwand in situ voneinander abgrenzbar).

Die Vorteile der hohen Speicherkapazität der Videotechnik bei geringen
Kosten lassen sich besonders zur Befundspeicherung bei ausgedehnten
Perfusionen sinnvoll einsetzen. Ungünstig ist der kleine Bildausschnitt.

Aufarbeitung und Speicherung von Zusatzbefunden

Stereolupenbefunde an Körperoberfläche und Kleidung von Leichen (z.B.
Verkehrsunfallopfer) können über einen speziellen Ausgang über die Kamera auf Videoband gespeichert werden. Sogar an Raster- und Transmis-
sionselektronenmikroskopen können über entsprechende Anschlüsse Direkt-
aufzeichnungen erfolgen, so daß sich auch entsprechende Befunde belie-
big speichern lassen.

Einen Überblick über die entsprechende Aufzeichnungsmöglichkeit unterschiedlicher Art gibt Abb. 2.

Anzumerken ist, daß sich auf dem Bildschirm abgebildete Strukturen
außerdem morphometrisch analysieren lassen. Hierfür stehen teilweise
Computerprogramme zur Verfügung. Da die erforderliche Lichtmenge für
die Videoübertragung relativ niedrig ist, kann eine Langzeituntersu-
chung auch an wärmeempfindlichen mikroskopischen Präparaten durchgeführt werden.

Als einfaches Modell haben wir in unserem Film die Querstreifung der
Myocardfasern über ein festinstalliertes Mikroskop aufgezeichnet und
als Maßstab zur Vermessung der Sarkomerenlänge ein Objektivmikrometer
(zum Vergleich unter sonst identischen optischen Bedingungen) abgebil-
det. Mit einem entsprechend nachgearbeiteten Maßstab aus transparentem
Material lassen sich leicht 10 Sarkomeren ausmessen, die Durchschnitts-

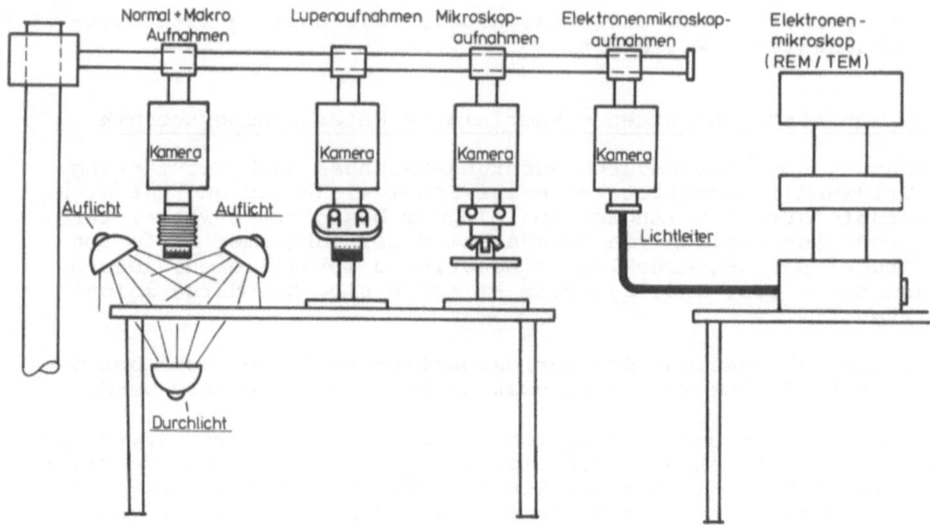

Abb. 2. Spektrum einspielbarer morphologischer Zusatzbefunde vom Normal-Makro-Lupen-Mikro- bis zum elektronenmikroskopischen Bereich unter Verwendung eines Medienein-spieltisches für die Speicherung von Texten, Filmausschnitten, graphischen Darstel-lungen u.a. auch von Diapositiven, Photos etc.; technische Einzelheiten siehe Köhler (1982), auch Kügelgen (1982) und Lanzendorf (1981)

länge eines Sarkomers wird durch Verschiebung der Kommastelle um eine Einheit nach links erhalten.

Dieses Beispiel soll für die zahlreichen Möglichkeiten der meßtechni-schen Aufarbeitung von Videobefunden stehen.

Nachträgliche Bildbeeinflussung

Die elektronischen Möglichkeiten hierzu sind sehr umfangreich, jedoch auch apparativ aufwendig und nur durch den Einsatz speziell geschulten Personals möglich. Für Leichenuntersuchungen kommen derartige Techniken weniger in Betracht, allenfalls für die Zusammenstellung von Lehrfilmen. Entsprechendes gilt für die Vertonung.

Forensische Präsentation von Leichenbefunden

Für die Wiedergabe einer Bandaufzeichnung vor Gericht kann jeder han-delsübliche Fernseher Anwendung finden, ansonsten ist nur noch ein Recorder ausreichender Qualität erforderlich. Derartige Recorder sind bereits als Portables im Handel, so daß sich Transportprobleme nicht ergeben. Installation und Bedienung sind einfach, der Gerichtssaal braucht nicht wie bei einer Filmvorführung abgedunkelt zu werden.

Die Anwendung der Technik erscheint zur Erklärung und Verständlichma-chung' von Befunden auch unter Berücksichtigung der Tatsache sinnvoll, daß über die rechtlichen Fragen der Zulässigkeit als Dokumentationsmit-tel verbindliche Entscheidungen nicht vorliegen.

Wörtliche Befundprotokollierung und Fotodokumentation bleiben nach wie
vor unverzichtbare Dokumentationstechniken, die durch die Videotechnik
in sinnvoller Weise ergänzt werden können.

Abschließende Bemerkungen

Es wurde versucht, wesentliche Aspekte des Themas in kurzer Form darzustellen.

Auf Mitteilung und Diskussion technischer Einzelheiten haben wir aus
Gründen der Übersichtlichkeit des Ganzen bewußt verzichtet. Gerade hier
liegen jedoch zahlreiche Artefaktquellen, wobei wir insbesondere auf
die Bedeutung sachgerechter Beleuchtung unter Herstellung eines sogenannten Weißabgleiches bei der Durchführung von Videoaufnahmen hinweisen müssen.

Von der Gerätequalität her sind semiprofessionelle Ausstattungen nach
unseren Erfahrungen erforderlich und ausreichend.

Die Personalfrage ist unserer Meinung nach lösbar, sofern auf einen
wissenschaftlichen Fotographen zurückgegriffen werden kann, der die
Fototechnik beherrscht.

Die anfallenden Probleme liegen vom aufnahmetechnischen her fast ausschließlich im klassischen fotographischen Bereich.

Die Videotechnik selbst ist weitgehend automatisiert, die manuelle Bedienung der Geräte ist einfach und leicht erlernbar. Es ist deshalb
zu erwarten, daß die Anwendung der Videotechnik auch bei rechtsmedizinischen Leichenuntersuchungen in Zukunft zunehmende Bedeutung erlangen
wird.

Literatur

Köhler HW (1982) Bedeutung der Videotechnik in der Medizin. In: Kügelgen B (Hrsg)
  Video und Medizin. Perimed, Erlangen, S 106–113
Kügelgen B (1982) Video und Medizin. Perimed, Erlangen
Lanzendorf P (1981) Videofilmen: Systeme, Kameras, Aufnahme, Ton und Schnitt. Falken,
  Niedernhausen
Video- und Fernsehtechnik in der Medizin (1981) Videographie 4:224–225

Biegebelastungstests und Mineralgehaltsbestimmung an menschlichen Knochen

D. Kallieris

Zusammenfassung

Mit einer Universalprüfmaschine wurden Biegebelastungen an 108 frischen, menschlichen, isolierten 6. und 7. Rippen durchgeführt. Nach der Belastung wurde bei den Rippen der Mineralanteil durch Veraschung bei 700° C bestimmt. Die Rippen stammten aus Testobjekten im Altersbereich zwischen 14 und 72 Jahren.

Es wurde festgestellt, daß die Bruchkraft mit dem Alter abnimmt. Der Korrelationskoeffizient betrug -0,45. Im gleichen Altersbereich waren jedoch große Streuungen der Bruchkräfte zu erkennen. Der Bruchkraftmittelwert der 6. Rippe betrug 217 N (Min. 58 N, Max. 412 N), bei der 7. Rippe 226 N (Min. 51, Max. 458 N). Der Mineralanteil zeigte in dem untersuchten Kollektiv keine nennenswerte Korrelation.

Summary

Bending tests of 108 fresh, human isolated 6th and 7th ribs were conducted on an universal strength testing machine. After the loading, the ribs were reduced to ash at 700°C to determine the mineral content. The ribs were taken from test subjects in the age range 14 - 72 years.

We observed a decreasing breaking force with age. The correlation coefficient was -0.45. In the same age range, however, there were large scatters in the breaking forces. The mean value of the breaking force of the 6th rib was 217 N (min, 58 N; max, 412 N) and of the 7th rib 226 N (min, 51 N; max, 458 N). The mineral content showed no appreciable correlation in the investigated group.

Einleitung

Mit der Untersuchung von Materialkennwerten isolierter Knochen hat man bereits im letzten Jahrhundert begonnen (Wertheim 1847; Messerer 1880). Seit einigen Jahren werden von den verschiedenen biomechanischen Gruppen zusätzlich zu den Verkehrsunfallsimulationen bzw. Rekonstruktionen mit Leichen u. a. Untersuchungen an isolierten Rippen empfohlen. Dadurch werden weitere Materialkennwerte der Knochen des Testobjektes ermittelt.

Um die Vergleichbarkeit der Ergebnisse zwischen den verschiedenen Biomechanikgruppen zu ermöglichen, werden ferner standardisierte Methoden vorgeschlagen (Walsh 1976).

Aus Biegetestbelastungen und Mineralanteilbestimmungen der 6. und 7. Rippe rechts sollte geprüft werden, durch welche Rippenparameter Aussagen über den Knochenzustand des menschlichen Skeletts gemacht werden können.

Material

Bei der Obduktion wurde die 6. und 7. Rippe rechts zwischen hinterer Axillarlinie und Medioclavicularlinie vom Testobjekt entnommen. Zur Vorbereitung des Belastungstests wurde die Muskulatur und die Knochenhaut der Rippe entfernt. Insgesamt standen 108 Rippenpaare zur Verfügung.

Methode

1. Biegebelastung der 6. und 7. Rippe

Die Biegungstests wurden mit einer Universalprüfmaschine durchgeführt. Es wurde die konvexe Seite der Rippe belastet. Die Stützweite betrug 10 cm, die Belastungsgeschwindigkeit 2,5 mm/min, wie von Walsh (1976) empfohlen (Abb. 1).

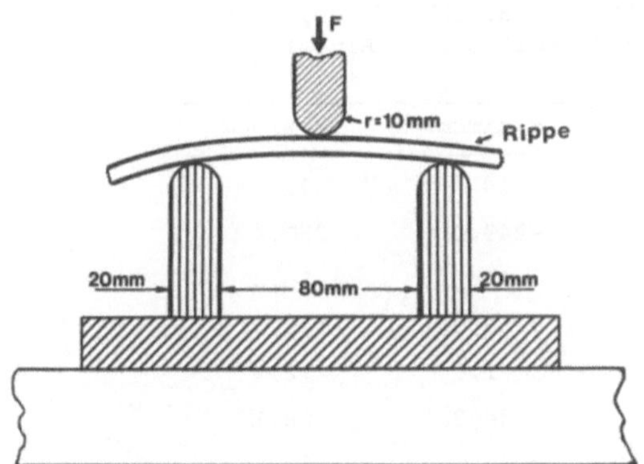

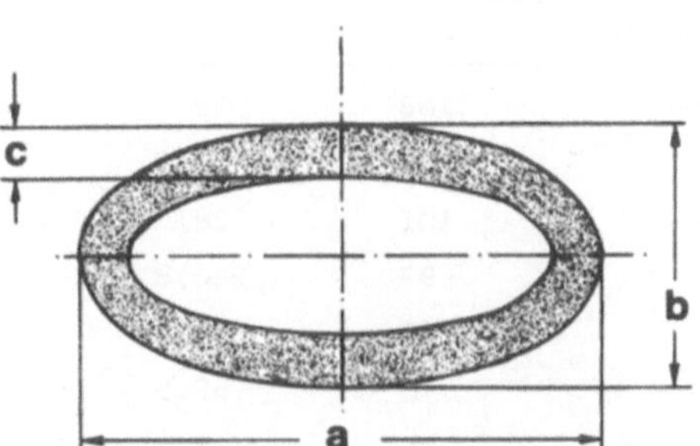

Abb. 1. Schematische Darstellung der Biegebelastung

Abb. 2. Schematische Darstellung des Rippenquerschnittes

Vor der Belastung erfolgten bei der noch feuchten Rippe die Messungen der Breite (a) und der Höhe (b) der Rippe, sowie die Messung zur Bestimmung des Biegeradius der Rippen. Die Rippe wurde soweit belastet, bis es zu einem Materialversagen und somit zu einem Kraftabfall kam. Nach der Belastung wurde die mittlere Kompaktadicke (c) durch 4 Messungen mit einer geeigneten Schieblehre ermittelt.

Für die Ermittlung des Rippenquerschnittes im Frakturbereich wurde der Querschnitt vereinfacht als eine Ellipse angenommen (Abb. 2). Der Deformationsweg der Rippe, der dem Kräftemaximum entspricht, wurde aus der Kraft-Weg-Aufzeichnung bestimmt.

2. Mineralanteilbestimmungen

Die nach dem Belastungstest jeweils aus zwei Bruchstücken bestehende 6. und 7. Rippe wurde zunächst in einem Vakuumtrockenschrank bei 180° C und -1 bar 8 h lang getrocknet. Das Gewicht der danach erhaltenen Probe betrug pro Rippe, je nach Quantität des Knochens, 10 - 15 g. Die trockene Probe wurde danach gewogen und in einem Brennofen bei 700° C 8 h

lang zum Austreiben der organischen Substanz verascht; anschließend
wurde das Restgewicht der jeweiligen Probe bestimmt. Dieses Restgewicht stellt den nicht brennbaren Mineralanteil der Rippe dar.

Ergebnisse - Diskussion

Eine zusammengefaßte Übersicht der gemessenen und errechneten Daten,
nach 6. und 7. Rippe spezifiziert, ist aus Tabelle 1 zu entnehmen. Die
Anzahl der untersuchten Rippen variiert, je nachdem, wie komplett die
Messungen bei den einzelnen Variablen sind, zwischen 70 und 108. Die
Kräftemaxima liegen im Mittel für die 6. und 7. Rippe mit 217 N und
226 N relativ nahe zusammen. Etwa im gleichen Bereich liegen auch die
Maxima und Minima beider untersuchten Rippen. Ferner ist aus der Ta-
belle zu entnehmen, daß die restlichen Variablen gut verlgeichbare
Werte zwischen 6. und 7. Rippe aufweisen. An einigen Rippen wurde auf
Grund der Rippenform ein negativer Radius errechnet.

Tabelle 1. Zusammengefaßte Übersicht der gemessenen und errechneten Daten der
6. und 7. Rippe (R6, R7: Radius 6., 7. Rippe; F6, F7: Bruchkraft 6., 7. Rippe;
S6, S7: Deform.-Weg 6., 7. Rippe; M6, M7: Mineralanteil 6., 7. Rippe)

Variable	N	Mean	STD DEV	Minimum	Maximum
Alter	108	38	14,6	14	72
R 6	96	18,7	40,4	-249,0	250,4
A 6	101	28,6	8,4	12,6	56,8
F 6	99	216,8	82,3	58,0	412,0
S 6	91	4,7	1,8	1,9	12,2
M 6	70	52,5	6,4	34,2	66,1
R 7	96	11,9	39,5	-249,0	83,8
A 7	102	29,4	7,1	15,0	55,4
F 7	101	225,6	83,9	51,0	458,0
S 7	92	4,5	1,6	1,4	11,8
M 7	72	53,2	5,6	34,7	61,7

Betrachtet man die Altersabhängigkeit der Bruchkraft, so ist festzustellen, wie bereits aus früheren Publikationen bekannt (Theis 1975),
daß die Rippenbruchkraft mit zunehmendem Alter abnimmt. Dabei zeigen
beide untersuchten Rippen ein ähnliches Bild. Als Beispiel wird hier
die Bruchkraft über dem Alter für die 7. Rippe dargestellt (Abb. 3).
Auffallend bei der Abbildung ist die große Streuung der Bruchkräfte
im gleichen Altersbereich; dies bestätigt die Feststellung von
Sacreste et al. (1981). Es ist jedoch eine abfallende Tendenz der
Bruchkraft mit dem Alter zu erkennen. Der Korrelationskoeffizient
beträgt -0,389; es handelt sich dabei um eine signifikante Korrelation.

Die Rippenbruchkraft streut mehr über dem Alter als die Anzahl der Rippenbrüche über dem Alter bei der Simulation des angegurteten Insassen
unter konstanter Kollisionsgeschwindigkeit und Schlittenverzögerung
(Schmidt et al. 1978).

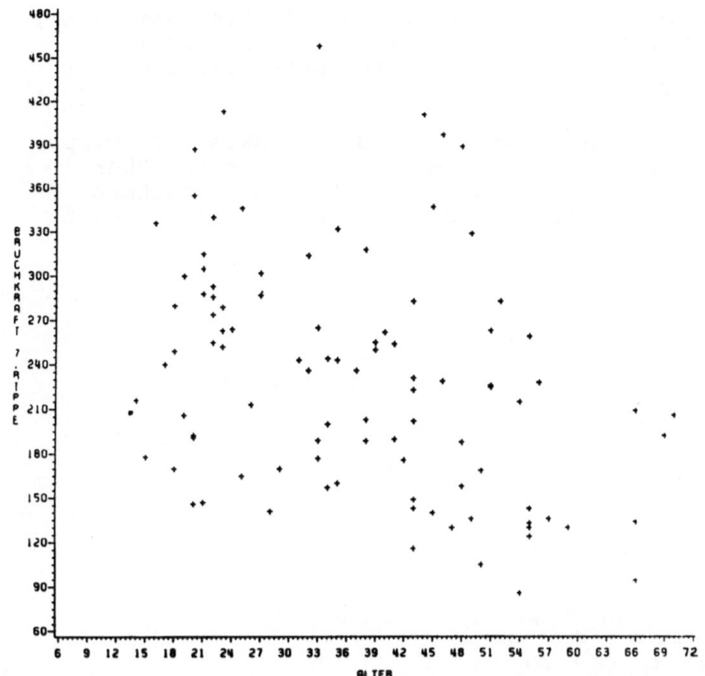

Abb. 3. Bruchkraft der 7. Rippe über dem Alter (Originaldaten)

Um eine bessere Korrelation zwischen Rippenbruchkraft und Alter zu erzielen, wurden die Daten transformiert; dabei wurde angenommen, daß im untersuchten Kollektiv der Kraft-Alter-Verlauf zuerst ein Plateau besitzt, dann abnimmt und anschließend konstant bleibt (Abb. 4).

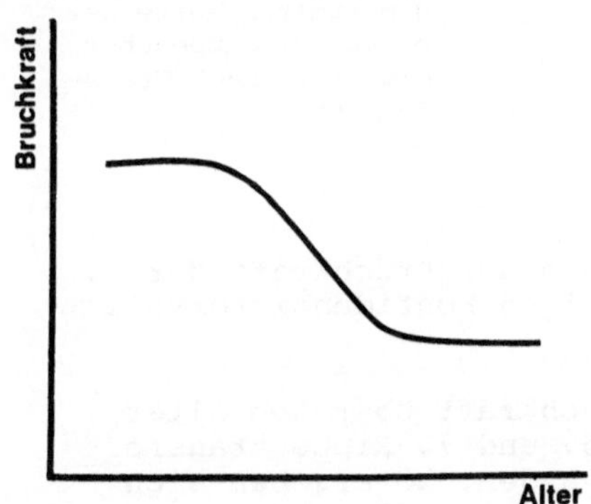

Abb. 4. Annahme des Kraft-Alter-Verlaufes für die Transformation

Zur Linearisierung der Daten wurde wegen der eben erwähnten Annahme die Transformation

$$\text{tg}\ (\frac{\pi}{2}\ (f - 250)/200)$$

angewandt (f = Kraft).

Dabei bedeutet die Zahl 250 den Mittelwert der Bruchkraft der 6. und 7. Rippe, die Zahl 200 das Maß für die Streuung der Bruchkraftwerte.

Vergleicht man den Korrelationskoeffizienten Bruchkraft über dem Alter,
so beträgt er bei den gemittelten (Bruchkraft 6. und 7. Rippe/2) Roh-
daten -0,4537, bei den gemittelten transformierten Daten liegt er mit
-0,4548 nicht nennenswert höher.

Zur Verdeutlichung der Transformation soll Abb. 3 (Bruchkraft 7. Rippe
- Alter) mit Abb. 5 (aus 6. und 7. Rippe gemittelte Bruchkraft über
dem Alter) nach Transformation verglichen werden. Man kann annehmen,
daß nach der Transformation der Daten die Punkte mehr zusammengezogen
sind.

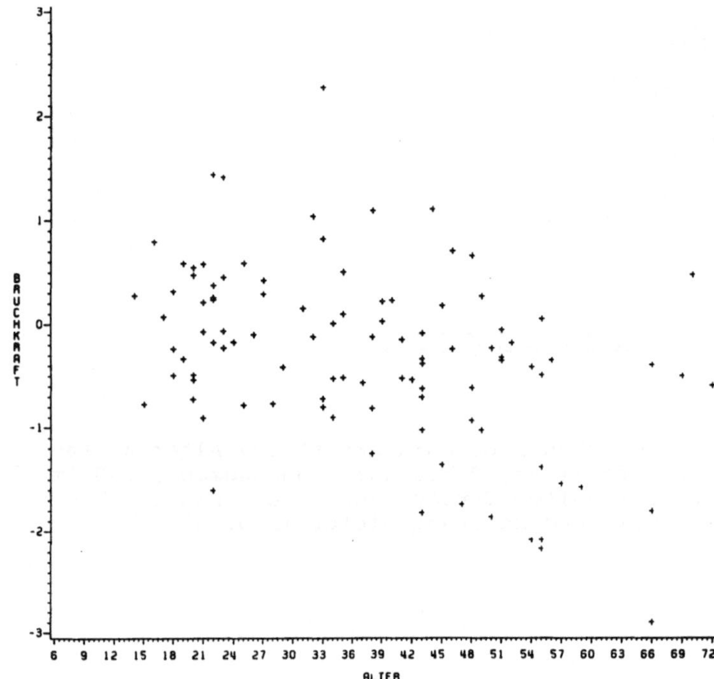

Abb. 5. Bruchkraft der
gemittelten Werte der
6. und 7. Rippe über
dem Alter nach Trans-
formation

In den Abb. 6 und 7 sind die Regressionsgeraden der Bruchkraft der 6.
und 7. Rippe über dem Alter mit dem dazugehörigen Konfidenzintervall
dargestellt.

Betrachtet man die Regressionsgeraden der Bruchkraft über dem Alter,
nachdem die gemittelten Bruchkraftwerte der 6. und 7. Rippe transformiert und zu einem Kollektiv zusammengefaßt wurden, so ergeben sich
deutlich kleinere Konfidenzintervalle (Abb. 8).

Zwischen Mineralanteil und Alter fand sich in dem untersuchten Kollektiv (14 - 72 Jahre) bei der 6. Rippe keine signifikante Korrelation,
bei der 7. Rippe betrug der Korrelationskoeffizient -0,338. Schon früher (Schmidt et al. 1980) wurde bei einem Teilkollektiv der hier untersuchten Rippen eine leichte Abnahme des Mineralgehaltes mit steigendem
Alter festgestellt. Bei beiden Rippen, der 6. und der 7., sind jedoch
große Streubreiten der Mineralanteile zu beobachten, wie auch Got et al.
(1975) berichteten. Infolge der großen Streubreite des Mineralanteiles
über dem Alter und der geringen Korrelation wird hier auf eine Abbildung verzichtet.

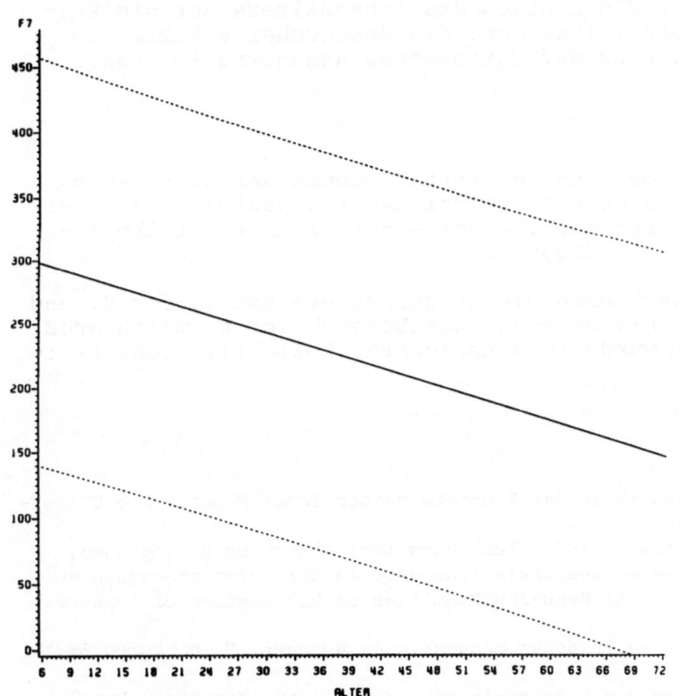

Abb. 6. Bruchkraft der 6. Rippe über dem Alter (Originaldaten)

Abb. 7. Bruchkraft der 7. Rippe über dem Alter (Originaldaten)

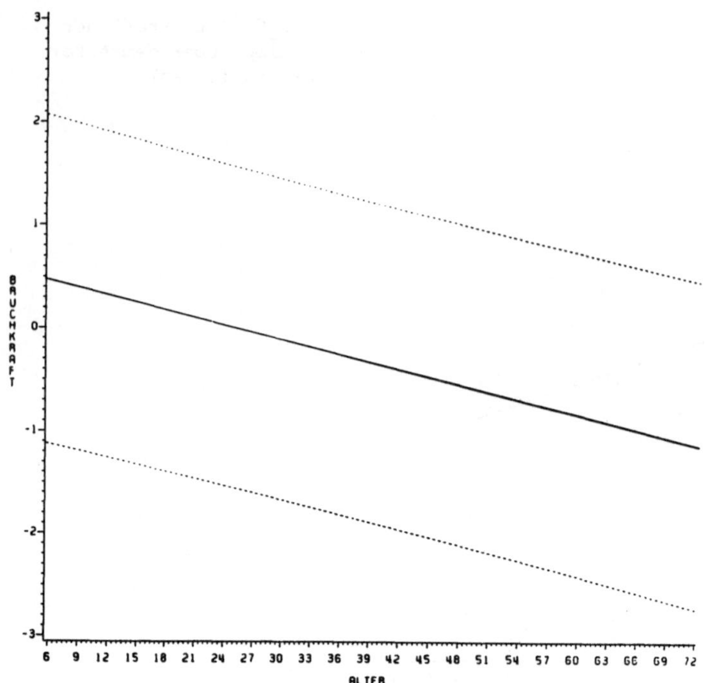

Abb. 8. Bruchkraft der gemittelten Werte der 6. und 7. Rippe über dem Alter nach Transformation

Aus früheren Arbeiten ist auch bekannt (Kallieris 1971; Genser 1972), daß die Knochenhärte, die vorwiegend vom Mineralanteil bestimmt wird, große Schwankungen aufweist. Ein Einfluß des Lebensalters auf die Knochenhärte konnte nicht beobachtet werden; die Knochenhärte bleibt ab einem Sättigungswert am Abschluß der Osteogenese annähernd konstant.

Schlußfolgerungen

1. Bei Biegebelastungsmessungen von isolierten Rippen werden zwischen Alter und Bruchkraft keine höheren Korrelationen festgestellt, als zwischen Alter und Anzahl der Rippenbrüche bei simulierten Frontalkollisionen unter gleichen Aufprallbedingungen.

2. Im Altersbereich der Erwachsenen bleibt der Mineralanteil der 6. und 7. Rippe etwa konstant. Der biologische Streubereich ist ziemlich groß, eine Änderung mit dem Alter wurde im untersuchten Kollektiv nicht festgestellt.

Literatur

Genser J (1972) Knochenhärtemessungen an der Kompakta menschlicher Femora, Med Dissertation, Universität Heidelberg

Got C, Walfish G, Fayon A, Faverjon G (1975) Les characteristiques morphologiques, chimiques et physiques des cotes et leur relations avec la deflexion provoquee du thorax. Proceedings of International Research Committee on Biokinetics of Impacts, Bron/France, pp 220-228

Kallieris D (1971) Härtemessungen an frischen menschlichen Knochen. Z Rechtsmed 68: 164-170

Messerer O (1880) Über Elastizität und Festigkeit des menschlichen Knochens. Engelmann, Leipzig

Sacreste J, Fayon A, Walfish G, Tarriere C, Got G, Patel A (1981) Rib characterisation of human subjects. Intern workshop on human subjects for biomechanical research, 9th annual meeting, San Francisco
Schmidt G, Kallieris D, Barz J, Mattern R, Schulz F (1978) Belastbarkeitsgrenze und Verletzungsmechanik des angegurteten Fahrzeuginsassen. FAT Schriftenreihe Nr. 6 (Copyright: Forschungsvereinigung Automobiltechnik eV (FAT), Frankfurt/M.)
Schmidt G, Kallieris D, Barz J, Mattern R, Schulz F, Schüler F (1980) Belastbarkeitsgrenzen des angegurteten Fahrzeuginsassen bei der Frontalkollision. FAT Schriftenreihe Nr. 15 (Copyright: Forschungsvereinigung Automobiltechnik eV (FAT), Frankfurt/M.)
Theis M (1975) Untersuchungen der dynamischen und statischen Biegebelastung frischer menschlicher Rippen in Abhängigkeit zu Alter und Geschlecht. Med Dissertation, Universität Heidelberg
Walsh M (1976) Special report on osteologic studies. Contract No. DOT-HS-5-01017
Wertheim G (1847) Mémoire sur l'elasticitê et la cohêsion des principaux tissus du corps humain. Ann Chem Chir Physiol 21:385-414

Über die strafrechtliche Beweiskraft der sauren Phosphatase für den Nachweis von Spermaspuren

M. Kölsch und G. Walther

Zusammenfassung

Der in § 261 StPO zum Ausdruck kommende Grundsatz der freien Beweisführung bleibt
bestehen, weil der Phosphatasenachweis nicht zu den "gesicherten wissenschaftlichen
Erkenntnissen" im Sinne der Rechtsprechung gezählt werden kann. Sein Ergebnis folgt
weder aus naturwissenschaftlicher Gesetzmäßigkeit, noch ist er empirisch abgesichert.
Eine "positive qualitative Reaktion" soll für die Ermittlungsbehörden aber Ausgangspunkt und Anlaß zu weiteren Ermittlungen sein, um einen Verdacht zu widerlegen oder
zu erhärten. Dem Richter kann allenfalls eine quantitative Bestimmung mit dem Ergeb-
nis·extrem hoher Aktivität höchstens einen bereits durch andere Indizien gegebenen
Verdacht bekräftigen helfen.

Summary

The principles of free estimation of evidence which can be seen in paragraph 261 of
the German Criminal Procedure Code remain because the estimation of acid phosphatase
does not belong to "proved scientific knowledge" in the sense of jurisdiction. Its
result is not a consequence of scientific regularity nor is it obtained empirically.
But for the investigation authorities a positive reaction of a qualitative test of
the estimation of acid phosphatase has to be starting-point and motive for further
inquiries, just to dispel or to confirm suspicion. For the judge a quantitative
measurement of a very high rate at best can help to confirm a suspicion that has
already been given by other indications.

Zum Tode von Frau Meinhof (ein prominentes Mitglied der sog. Baader-
Meinhof-Bande) in einer Justizvollzugsanstalt äußerte die angesehene
britische Zeitung "Observer", an der Unterwäsche von Frau Meinhof habe
man Spermaspuren nachgewiesen, was aufgrund eines Phosphatasetestes
feststehe [43]. Überhaupt scheinen sich die Stimmen mit gleicher Interpretation eines solchen Schnelltestes im angelsächsischen Schrifttum
zu häufen [1,8,19]. Genannt seien hier nur beispielhaft Autoren wie
Davies [6], Schiff [52] und Schumann [54]. Dies ist insofern verwunder-
lich, als insbesondere Davies [6] und Schiff [51] forensisch tätig
sind [39].

Für den Strafrichter der Bundesrepublik Deutschland ist die Frage, inwieweit das Ergebnis eines Phosphatasetests ihn bei seiner Entscheidung
(Urteil) binden kann, an den im Gesetz - Strafprozeßordnung (StPO) -
zum Ausdruck gekommenen Grundsätzen zu messen. Einschlägig ist insoweit
§ 261 StPO: "Über das Ergebnis der Beweisaufnahme *entscheidet* das Gericht *nach seiner freien*, aus dem Inbegriff der Verhandlung geschöpf-
ten Überzeugung." Die in dieser Vorschrift betonte Freiheit in der rich-
terlichen Überzeugungsbildung bedeutet zunächst, daß der Richter nicht,
wie früher, nach der sog. formellen Beweismethode an gesetzliche Beweis-
regeln gebunden ist.

Das hat zum anderen zur Folge, daß der Richter zu einer "inneren" Stellungnahme zum Gegenstand der Untersuchung aufgerufen ist [36,37]. Nach

unserer heutigen Kenntnis vom Wesen psychischer Vorgänge ist die Ver-
lagerung der Entscheidungsfindung auf die Richterperson - seine "innere Stellungnahme" - als eines der wesentlichsten Mittel zur Durchführung des in der deutschen Strafprozeßordnung geltenden Prinzips der
restlosen Wahrheitserforschung anzusehen. Der Richter muß überzeugt
sein, d.h. bei ihm muß der psychische Vorgang ablaufen, wonach die
Überwindung von Zweifeln an einer Tatsache zum Bewußtsein kommt, zum
Erlebnis wird.

Was nun als richterliche Überzeugung zu gelten hat, dazu gibt die
höchstrichterliche Rechtsprechung ganz mannigfaltige Auskunft. Entsprechend der Auffassung des Bundesgerichtshofes [60] genüge ein nach der
Lebenserfahrung ausreichendes Maß an Sicherheit, demgegenüber vernünftige Zweifel nicht mehr aufkommen. Ein "mathematischer" Beweis sei nicht
erforderlich [17], sondern nur eine "praktische Gewißheit", nur eine
der menschlichen Erkenntniskraft mögliche, dagegen keine gedanklich
unumstößliche Gewißheit [10], ein bloß theoretischer Zweifel müsse unberücksichtigt bleiben [16].

Diese Stellungnahmen der Rechtsprechung lassen durchblicken, daß der
richterliche Überzeugungsvorgang nur zu einer subjektiven Gewißheit
führt, wir es dabei niemals mit einer quantitativen Wahrscheinlichkeit
[67] zu tun haben. Die Gewißheit des Rechts ist eine Überzeugung, die
hinsichtlich des sie begleitenden Wahrheitsbewußtseins verschieden
(qualitative Wahrscheinlichkeit) ist. Demgegenüber ist die quantitative
Wahrscheinlichkeit niemals Bezugsobjekt von verschieden starken Bedenken, da bei ihr der Grad statistischer Wahrscheinlichkeit einer ziffer-
mäßig festlegbaren Einsicht entspricht. Wann das Gewißheitsbewußtsein
des Richters sich einem Punkte nähert, der ausreicht, zunächst bestehende Zweifel zu überwinden, hängt von den konstitutiven Elementen der
Persönlichkeit des Urteilenden ab.

Die aus dem dargelegten Erkenntnis- bzw. Überzeugungsvorgang deutlich
gewordene Freiheit des Richters gegenüber dem Erkenntnisgegenstand gilt
grundsätzlich auch gegenüber dem Sachverständigengutachten [14,22,41].
Die Rechtsprechung hat hier nur insoweit eine Grenze gezogen, als der
Richter sich über "gesicherte wissenschaftliche Erkenntnisse" bei der
Beweiswürdigung nicht hinwegsetzen darf [11,13,36,53].

Die eingangs allgemein gestellte Frage ist aus der Sicht der maßgebenden
Rechtsprechung demnach dann zu bejahen, wenn dem Phosphatasetest das
Attribut "gesicherte wissenschaftliche Erkenntnis" im Sinne der Recht-
sprechung zukommt.

Versteht die Rechtsprechung unter "gesicherter wissenschaftlicher Erkenntnis" Forschungsergebnisse, die auf den Gesetzen des Denkens (sofern man darunter die Gesetze der Logik versteht) oder naturwissenschaftlichen Gesetzen beruhen, so versteht sich die Bindung des Richters
von selbst. Beiden ist das Merkmal der Unausweichlichkeit gemeinsam;
der Richter kann sich nicht davon lösen.

Solche naturgesetzlichen Notwendigkeiten sind z.B. der Ausschluß einer
Parthenogenese beim Menschen oder der klassische gemischterbige Vater-
schaftsausschluß, z.B. im MN-System. Im folgenden soll gezeigt werden,
daß Untersuchungen zum quantitativen oder qualitativen Nachweis der
sauren Phosphataseaktivität in diese Gruppe "gesicherter wissenschaftlicher Erkenntnisse" nicht eingeordnet werden können.

Zunächst einmal ist festzustellen, daß die Eigenschaft, im sauren
Milieu Phosphatester zu spalten, im Pflanzen- und Tierreich ubiquitär
und nicht nur im menschlichen Ejakulat festzustellen ist. Eine quali-

tative oder quantitative Bestimmungsmethode kann grundsätzlich nicht zwischen den sauren Phosphatasen verschiedener Herkunft differenzieren. So enthält auch das Vaginalsmear saure Phosphatase in unterschiedlicher Aktitivät, auch wenn keine Deponierung von Ejakulatspuren stattgefunden hat [20,54,64].

Der Phosphatasenachweis kann auch dann nicht zu den "gesicherten wissenschaftlichen Erkenntnissen" gezählt werden, wenn man darunter bereits durch große Versuchsreihen, Massenbeobachtungen und Vergleiche gewonnene Forschungsergebnisse versteht [12,15]. Umfangreiche aussage- und beweiskräftige Untersuchungsreihen über die Höhe der Aktivität der sauren Phosphatase im normalen Ejakulat des gesunden Mannes sind ohne Zweifel durchgeführt. Aber auch hier bestehen erhebliche Abweichungen. Handelt es sich um das zweite oder dritte Ejakulat innerhalb einer halben Stunde, so sinkt die Aktivität um zwei bis drei Zehnerpotenzen des ursprünglichen Wertes und bei vollständiger Entleerung der Vorsteherdrüse kann sie praktisch auf Null abfallen. Allerdings werden in diesen Fällen auch Samenzellen nicht mehr nachweisbar sein. Untersuchungen über die Höhe der Aktivität in der weiblichen Scheide ohne und mit Spermaspuren sind durchgeführt, auch solche über die Stabilität und den Schwund der sauren Phosphatase in der Scheide der lebenden oder toten Frau [2,3,4,6,7,20,24,27,31,33,38,44,45,46,51,52,54,55,57,58, 65 u.a.].

Über die Aktivität der sauren Phosphatase (qualitativ und quantitativ) in Spermaflecken auf der Haut oder anderen Spurenträgern sind gleichfalls zahlreiche Untersuchungen durchgeführt worden [9,18,28,42,48,49, 59,61,62,64]. Diese wurden im allgemeinen auf der Basis des Vorhandenseins von Spermaspuren durchgeführt. Man muß hier die fragliche Spur menschlichen Ejakulats gleichwertig neben unzählige andere Spuren biologischer Herkunft stellen. So ist die Abgrenzung gegenüber anderen Spuren menschlicher Herkunft (Speichel, Urin[1]), Nasensekret, Schweiß, Kot etc.) und solchen animalischer oder botanischer Herkunft notwendig. Aber auch andere Möglichkeiten aus dem technisch-zivilisatorischen Umfeld des Menschen müssen einbezogen werden (Nahrungsmittel, chemische Stoffe; [5,21,35]).

Große Versuchsreihen, Massenbeobachtungen und Vergleiche aller anderen möglichen Spuren - nicht des menschlichen Ejakulats - sind keinesfalls bisher durchgeführt. Vielmehr lassen die wenigen Einzelbeschreibungen [23,24,25,26,29,30,47] und die kleineren Serienuntersuchungen [21,39, 40,42,59] erkennen, daß besonders im botanischen Bereich bei der qualitativen und quantitativen Bestimmungsmethode Werte bzw. Ergebnisse gefunden werden, die in der Höhe von älteren oder verdünnten Spermaspuren liegen. So konnte Meyerhoff [39] beim völlig ziel- und systemlosen Einsammeln von etwa 90 Pflanzenarten 20 festellen, die mit der von Gomez [20] angegebenen Methode die Diagnose Spermaspur zulassen. Von Sivaram u. Bami [56] sowie Acherkan u. Zaretskaya [1] wird die Tartrathemmung der menschlichen sauren Spermaphosphatase als Absicherung des Beweises empfohlen. Meyerhoff [39] konnte diese Eigenschaft bei der sauren Phosphatase bei 53 der untersuchten Pflanzen gleichfalls feststellen.

Unter anderem wegen der Schwäche der Methodik und dem Mangel an aussagekräftigen Untersuchungen wird die qualitative und quantitative Untersuchung auf saure Phosphatase im deutschsprachigen Schrifttum seit etwa 20 Jahren als Beweis für Spermaspuren abgelehnt [24,30,32,34,39,50,63, 66]. Über die saure Phosphatase wird im Rahmen der Spermaspurendiagnostik immer wieder publiziert. Beim kritischen Studium dieser Arbeiten

---

[1]In wenigen Tropfen Urin eines Mannes, die unmittelbar nach einer Ejakulation abgelaufen sind, ist eine sehr hohe saure Phosphaseaktivität vorhanden [23]

und auch von Lehrbüchern für das Fach Rechtsmedizin ist aber gelegentlich die klare Aussage der Ablehnung als Beweis expressis verbis nicht
zu finden. Anhand dieser Tatsachen entfällt ein weiteres Kriterium der
Rechtsprechung [12,15] für eine den Richter bindende "gesicherte wissenschaftliche Erkenntnis".

Die Rechtsprechung ist auch dann von einer "gesicherten wissenschaftlichen Erkenntnis" ausgegangen, wenn ein theoretischer Rest von Unwäg-
barkeit im Ergebnis enthalten ist, der von der das Testverfahren und
Testergebnis beeinflussenden persönlichen Wertung des Gutachters her-
rührt.

Beim Phosphatasenachweis läßt sich jedoch zeigen, daß der Wertung des
Gutachters, über das aus dem vorher Gesagtem sich ergebende Maß hinaus,
eine ausschlaggebende Bedeutung zukommt, die über das in der Rechtsprechung zulässige weit hinausgeht.

So kommt es u.a. nicht nur darauf an, wie (z.B. Aspirationsverfahren
oder andere), sondern auch wann das Spurenmaterial asserviert wird.
Spermaspuren an der Kleidung können bis zu 20% ihrer Phosphataseaktivität beim Eintrocknen verlieren, während sie anschließend über einen
längeren Zeitraum eine konstante Aktivität aufweisen können [28], die
sich jedoch dann von der Aktivität anderer Substanzen nicht ausreichend
abgrenzt. Demgegenüber ist die Phosphataseaktivität im Vaginalsmear
nach Inkorporation eines vollständigen Ejakulats eines gesunden Mannes
ohne Zweifel sehr hoch, verringert sich aber in der Scheide der lebenden oder toten Frau sehr schnell [4,44,45,48,49,65], so daß nach einem
nicht sicher festliegenden Zeitablauf eine Aktivität nicht mehr meßbar
ist, obgleich eine Ejakulation in die Scheide stattgefunden hat. Wertungen des Sachverständigen können auch dadurch notwendig werden, weil
sich die Phosphataseaktivität des Ejakulats und die vaginaleigene über-
lappen können. Das ist dann der Fall, wenn die Phosphatasebestimmung zu
einem Zeitpunkt durchgeführt wird, in dem die Aktivität des Ejakulats
lediglich noch die Stärke erreicht, die sich in den Grenzen der vagi-
naleigenen Aktivität hält. Daraus folgt: Setzt man die Höhe der Aktivität für eine positive Bewertung niedrig an, wird bei einer Bindungs-
wirkung des Richters an das Sachverständigengutachten eine signifikant
hohe Zahl von Fehlurteilen die Folge sein. Setzt man umgekehrt den Grad
für ein positives Ergebnis der gewünschten Aktivität hoch an, werden
eine nicht unbeträchtliche und für die Rechtsprechung unerträgliche
Zahl von Schuldigen freigesprochen.

<u>Literatur</u>

1. Acherkan NN, Zaretskaya EF (1979) Effect of some inhibitors upon acid phosphatase of
   human organism. Sud Med Ekspert 22/3:35
2. Allard J, Davies A (1979) Further information on the use of p-nitrophenyl phosphate
   to quantitative acid phosphatase on vaginal swabs examined in cases of sexual assault. Med Sci Law 19:170
3. Berg SP (1954) Neue Methoden für die Beweismitteluntersuchung bei Sittlichkeitsde-
   likten. Kriminalistik 8:25
4. Boltz W, Ploberger U (1956) Der enzymatische Nachweis kleinster Mengen menschlichen
   Ejakulats in der forensischen Praxis. Arch Kriminol 117:17
5. Brackett JW (1956) The acid phosphatase test for seminal stains. The importance of
   proper control tests. J Crim Law Criminol Pol Sci 47:717
6. Davies A (1978) A prelim investigation using p-nitrophenyl phosphate to quantitate
   acid phosphatase on swabs examined in cases of sexual assault. Med Sci Law 18:174
7. Duenhoelter JH, Stone IC, Santos-Ramos R (1979) Klinische und forensische Untersuchungen bei angeblich vergewaltigten Frauen. Arch Gynaekol 228:648
8. Enos WF, Beyer JC (1980) Prostatic acid phosphatase aspermia and alcoholism in rape
   cases. J Forensic Sci 25:353

148

9. Enos WF, Mann GT, Dolan WD (1963) A laboratory procedure for the identification of semen. Am J Clin Pathol 39:316
10. Entscheidungen des Bundesgerichtshofes in Strafsachen Bd 11,4
11. Entscheidungen des Bundesgerichtshofes in Strafsachen Bd 5,34; Bd 6,70; Bd 13,279; Bd 21,159
12. Entscheidungen des Bundesgerichtshofes in Strafsachen Bd 5,34; (für das anthropologisch-erbbiologische Gutachten)
13. Entscheidungen des Bundesgerichtshofes in Strafsachen Bd 6,70
14. Entscheidungen des Bundesgerichtshofes in Strafsachen Bd 12,311
15. Entscheidungen des Bundesgerichtshofes in Strafsachen Bd 13,278 (für die Festlegung der Grenze absoluter Fahruntüchtigkeit bei 1,3%o Blutalkohol)
16. (1951) Entscheidungen des Bundesgerichtshofes. Neue Jurist Wochenschr 4:83
17. (1967) Entscheidungen des Bundesgerichtshofes. Neue Jurist Wochenschr 20:360
18. Ferrari F De, Mangili E (1975) Identificazione dello sperma su tracce; uso di um metodo semiquaitativo di determinazione delle fosfatasi acide. Minerva Med 95:54
19. Findely TP (1977) Quantitation of vaginal acid phosphatase and its relationship to time of coitus. Am J Clin Pathol 68:38
20. Gomez RR, Wunsch CD, Davis JH, Hicks DJ (1975) Qualitative and quantitative determinations of acid phosphatase activity in vaginal washings. Am J Clin Pathol 64:423
21. Hagelbauer F (1980) Methodische Überprüfung eines Spermasuchtestes. Untersuchungen an über 300 frischen und 2 Jahre alten Spuren aus dem Umfeld des Menschen. Med Dissertation, Universität Mainz
22. Hanack EW (1972) Die Rechtsprechung des Bundesgerichtshofes zum Strafverfahrensrecht. Juristen Z 27:314
23. Hauck G, Leithoff H (1958) Unterschiede zwischen den Phosphatasen des Menschen- und Tierspermas. Dtsch Z Ges Gerichtl Med 47:77
24. Hauck G, Leithoff H (1959) Phosphatasebestimmung als gerichtsmedizinischer Spermanachweis. Dtsch Z Ges Gerichtl Med 49:5
25. Hauck G, Leithoff H (1959) Beobachtungen über das Vorkommen von Phosphatasen in Gartenpflanzen. Dtsch Apoth Z 99:351
26. Hauck G, Karle L, Leithoff H (1959) Beitrag zur Kenntnis der Phosphatasen im Ejakulat von Haustieren. Zuchthygiene 3:144
27. Jathar VS, Hirwe R, Desai S, Satcykar RS (1977) Seminal fructose, citric and phosphatase levels and their relation to the sperm count in man. Indian J Physiol Pharmacol 21:186
28. Kaye S (1951) The acid phosphatase test for seminal stains. A study of reliability of aged stains. J Pol Lab Sci 41:834
29. Kutscher W (1935) Über Harnphosphatase. Hoppe Seylers Z Physiol Chem 235:62
30. Leithoff H (1962) Der gerichtsmedizinische Spermanachweis. Habilitationsschrift, Universität Freiburg
31. Leithoff H, Kuzias G (1957) Der forensische Spermanachweis in verdächtigen Flecken mittels der sauren Phosphomonoesterase. Arch Kriminol 120:9
32. Leithoff H, Kuzias GA (1957) Über den Beweiswert des Nachweises saurer Phosphatase bei der forensischen Spermaspurenuntersuchung. Dtsch Z Ges Gerichtl Med 46:26
33. Leithoff H, Leithoff J (1965) Verteilung der sauren Phosphatase und der Spermien im Spermafleck. Acta Med Leg Soc (Liege) 18:47
34. Lietz S (1954) Untersuchungen über den qualitativen Nachweis der sauren Phosphatase in Spermaflecken. Med Dissertation, Universität Bonn
35. Lötterle J (1982) Saure Phosphatase im Rektum. Zum Aussagewert beim Spermanachweis. 61. Jahrestagung Dtsch. Gesellschaft Rechtsmed. Würzburg. Zentralbl Rechtsmed 24:643
36. Löwe-Rosenberg (1973) Strafprozeßordnung aaO, § 337 Anmerkung V2, S 1812, 22. Aufl. Walter de Gruyter, Berlin New York
37. Löwe-Rosenberg (1973) Strafprozeßordnung aaO, § 261 Anmerkung 2, S 1417, 22. Aufl. Walter de Gruyter, Berlin New York
38. McCloskey GC, Muscillo GC, Noordewier B (1975) Prostatic acid phosphatase activity in the postcoital vagina. J Forensic Sci 20:630
39. Meyerhoff M (1978) Experimentelle Untersuchungen zur Beweiskraft der sauren Phosphatase unter dem Aspekt der in Amerika praktizierten Begutachtung. Med Dissertation, Universität Mainz

40. Meyerhoff M, Walther G (1980) Experimentelle Untersuchungen zur Beweiskraft der sauren Phosphatase unter dem Aspekt der in Amerika praktizierten Begutachtung. Zacchia 55:131
41. Mösl A (1970) Sachverständigengutachten und freie Beweiswürdigung. Dtsch Richter Z 48:110
42. Pfaff WC (1976) Methodische Überprüfung eines Sperma-Spuren-Testes. Untersuchungen mit kurzfristig gelagerten Ejakulatspuren. Med Dissertation, Universität Mainz
43. Phillips M (1976) Was Ulrike Meinhoff raped and strangled. Observer 654/9:4
44. Ploberger U (1959) Der Nachweis von Samenzellen in der Scheide post coitum. Arch Kriminol 124:1
45. Ploberger U, Sokoloff D (1957) Der enzymatische Nachweis von Ejakulatspuren im weiblichen Geschlechtsteil. Arch Kriminol 119:20
46. Ploberger U, Schneider W, Stiglbauer M (1960) Die enzymatische Nachweismöglichheit von Ejakulatspuren in der Scheide. Arch Kriminol 125:36
47. Prokop O (1966) Saure Phosphatase in Sekret von Helix pomatia (Weinbergschnecke). Forum Kriminol 3:33
48. Riisfeldt O (1946) Acid phosphatase employed as a new method of demonstrating seminal spots in forensic medicine. Acta Pathol Microbiol Scand (Suppl) 58:1
49. Rupp JC (1969) Sperm survival and prostatic acid phosphatase activity in victims of sexual assault. J Forensic Sci 14:177
50. Schaidt G (1975) Spurenuntersuchung und andere rechtsmedizinische Technik. In: Mueller B (Hrsg) Gerichtl Medizin, Bd I, 2. Aufl. Springer, Berlin Heidelberg New York
51. Schiff AF (1969) Examining the sexual assault victim. Fla Med Assoc 56:731
52. Schiff AF (1975) Sperm identification. Acid phosphatase test. Med Trial Techn Q 21:467
53. Schmidt E (1970) § 261 StPO in der neueren höchstrichterlichen Rechtsprechung. Juristen Z 25:337
54. Schumann GB, Badawy S, Peglow A, Henry JB (1976) Prostatic acid phosphatase. Current assessment in vaginal fluid of alleged rape victim.
55. Sensabaugh GF (1979) The quantative acid phosphatase test. A statistical analyses of endogenous and postcoital acid phosphatase levels in the vagina. J Forensic Sci 24:346
56. Sivaram SA, Bami HL (1971) Identification of seminal stains by the inhibition of acid phosphatase by L(+)-tartrat. J Forensic Sci Soc 11:187
57. Soules MR, Pollard AA, Brown KM, Verma M (1978) The forensic laboratory evaluation of evidence in alleged rape. Am J Obstet Gynecol 130:142
58. Standefer JC, Street EW (1977) Postmortem stability of prostatic acid phosphatase. J Forensic Sci 22:165
59. Stein W (1976) Mikroskopische, enzymatische und kristallchemische Untersuchungen an länger gelagerten Sperma- und Urinspuren nach Anwendung eines Schnelltestes. Med Dissertation, Universität Mainz
60. (1963) Verkehrsrechtssammlung. 24:207
61. Walther G (1967) Die Beeinflussung des Spermanachweises durch einige moderne Waschmittel. Arch Kriminol 140:163
62. Walther G (1968) Die Beeinflussung der sauren Phosphatase in Spermaflecken durch Detachieren. Arch Kriminol 142:96
63. Walther G (1975) Acid phosphatase in forensic semen investigation. J Forensic Sci 5:176
64. Walther G, Höhn P (1971) Aktivitätsbestimmungen der sauren Phosphatase in verschiedenen biologischen Medien unter Verwendung von o-Carboxyphenylphosphat. Z Rechtsmed 69:259
65. Walker J (1950) A new test for seminal stains. N Engl J Med 242:110
66. Weyrich G (1956) Spermanachweis. Arch Kriminol 118:154
67. Wundt W (1919) Allgemeine Logik und Erkenntnistheorie, 4. Aufl. Enke, Stuttgart

Ein handliches digitales Zweifühlerthermometer für postmortale Temperaturdifferenzmessung

G. Lins und V. Blazek

Zusammenfassung

In der vorliegenden Arbeit werden die Entwicklung eines digitalen Temperaturmeßgerätes für den Bereich von 0 bis 50° C und die Durchführung der ersten Tests am Tatort beschrieben. Das tragbare, für den Tatortkoffer entwickelte Meßgerät verfügt über zwei voneinander unabhängige Meßfühler und gestattet neben der Anzeige der von ihnen gemessenen Temperaturen, z.B. an der Leiche, Umgebungstemperatur, wahlweise auch eine Anzeige der Temperaturdifferenz auf einem 3 1/2-stelligen LCD-Display.

Summary

This article describes the development of digital devices for measuring temperatures in the range 0° - 50° C as well as some tests for use at scenes of crime. This handy measuring device can be placed inside a suitcase; it has two independent attachments for contact with the body and registers the temperatures, e.g., of a corpse, of the environment, and also, if desired, the difference in temperatures on a LCD display with 3 1/2 positions.

Einleitung

Wird der Rechtsmediziner bei Verbrechen wider das Leben oder bei der Aufklärung unklarer Todesursachen von der Kriminalpolizei oder der Staatsanwaltschaft an den Tatort oder Fundort zu einer Leiche gerufen, so wird ihm in der Regel als erstes die Aufgabe, den Zeitpunkt des eingetretenen Todes zu ermitteln, gestellt. Spann (1971) hat bereits darauf hingewiesen, daß es sich bei diesem Unterfangen überwiegend um eine Schätzung handelt, der mehrere Bezugsgrößen zugeordnet sind, und daß deshalb unter Berücksichtigung der Schwankungsbreiten exakte Angaben auf Minuten nicht möglich sind. Man wird davon ausgehen können, daß die klassischen Parameter im Rahmen der frühen Leichenerscheinungen, wie Totenflecken, Totenstarre und Auskühlung - letztere durch exakte Messung der Körpertemperatur der Leiche - die zuverlässigsten Anhaltspunkte für die Abschätzung der Todeszeit bieten.

Über Temperaturmessungen an der Leiche unter labormäßigen Bedingungen ist ein umfangreiches Schrifttum vorhanden, das hier nur auszugsweise, soweit es die Anwendung elektrischer Thermometer betrifft, zitiert werden kann. Nasilowski (1971) beschreibt ein elektrisches Thermometer der Firma Ellab in Dänemark, an dem 6 Endthermoelemente angebracht werden können, deren Meßbereich zwischen 16 und 46° C liegt und deren Meßgenauigkeit 0,1° C beträgt. Naeve u. Apel (1973) verwendeten für ihre Untersuchungen einen Punktschreiber der Firma Hartmann u. Braun, als Meßsonden dienten Platinwiderstände von 100 Ohm. Die Meßanordnung ermöglichte fortlaufende Messungen in einem Bereich von 16 bis 37° C. Auch Brinkmann et al. (1976,1978) verwendeten bei ihren Untersuchungen elektrische Thermosonden, bei denen die Ableitung der Temperatur durch Chromal-Alumel-Mantelthermoelemente erfolgte. Die Sonden waren mit einem 6-Kanal-YT-Kompensationsschreiber über eine Ausgleichsleitung

verbunden. Der geeichte Meßbereich lag zwischen O und 40° C, der Meßfehler der Meßanordnung war kleiner als O,1° C.

Die hier genannten elektronischen Thermometer sind unter experimentellen Laborbedingungen sicher vorzüglich geeignet, exakte Meßergebnisse
für den Auskühlungsgrad einer Leiche zu liefern. Für den Einsatz am
Tatort sind sie jedoch wegen der Kompliziertheit der Konstruktion, der
Größe, des Gewichtes oder der Netzabhängigkeit nur begrenzt anwendbar.

Meßmethodik und Konstruktion

Unser Anliegen war es, für den praktisch tätigen Rechtsmediziner am
Tatort ein tragbares Temperaturmeßgerät zu entwickeln, das folgenden
Ansprüchen genügt:

1. Unabhängigkeit von der Netzspannung

2. Zwei unabhängige robuste Meßfühler für den Bereich O bis 50° C (z.B. Rektaltempe-
   ratur, Umgebungstemperatur)

3. Schnelle Verfügbarkeit der Meßergebnisse (wahlweise Temperatur der einzelnen Fühler
   oder direkt die Temperaturdifferenz)

4. Handlichkeit (kleine Abmessungen und Gewicht durch einen kompakten Schaltungs-
   aufbau) und einfache Bedienung

5. Einfache und genaue Ablesung des Meßergebnisses durch große digitale LCD-Anzeige
   (Flüssigkeitskristallanzeige) mit Auflösung O,1° C

6. Eingebaute Batteriekontrolle (2 Trockenbatterien 9 V oder 2 aufladbare NC-Akkus).
   Die Leistungsaufnahme des realisierten Gerätes beträgt ca. 7O mW.

Die dieser Arbeit zugrundeliegende Konzeption geht anschaulich aus dem
Blockschaltbild (Abb. 1) hervor. Die Meßfühler sind jeweils Glied einer
Wheatstone-Brücke, deren Brückenspannung von einem nachgeschalteten Verstärkerteil ausgewertet wird. An dessen Ausgang soll sich eine linear
mit der Temperatur ändernde Spannung U_1 bzw. U_2 einstellen. In einem
dritten Verstärkerteil erfolgt die Differenzbildung (ΔU). Damit stehen
am Ausgang des Meßteils drei Signale zur Verfügung, die wahlweise an
den Anzeigenteil geschaltet werden können, der aus einem Analogdigital-
umsetzer und der 3 1/2-stelligen digitalen Anzeige besteht. Die Analog-
digitalwandlung der Meßsignale erfolgt nach dem Dual-Slope-Verfahren,
das vom System her eine hohe Genauigkeit besitzt, die nur von der Genauigkeit der Referenzspannung abhängt. Außerdem ist über einen analogen
Datenausgang ein Anschluß eines tragbaren netzunabhängigen Ein- oder
Zweikanal-YT-Schreibers (Firma Laumann, 8672 Selb/Bayern) möglich.

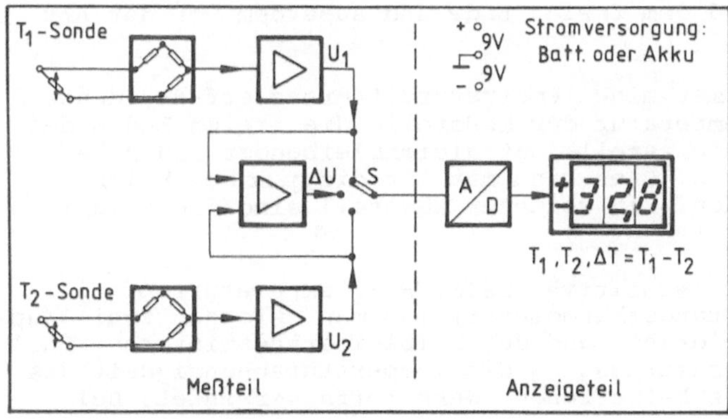

Abb. 1. Blockschaltbild

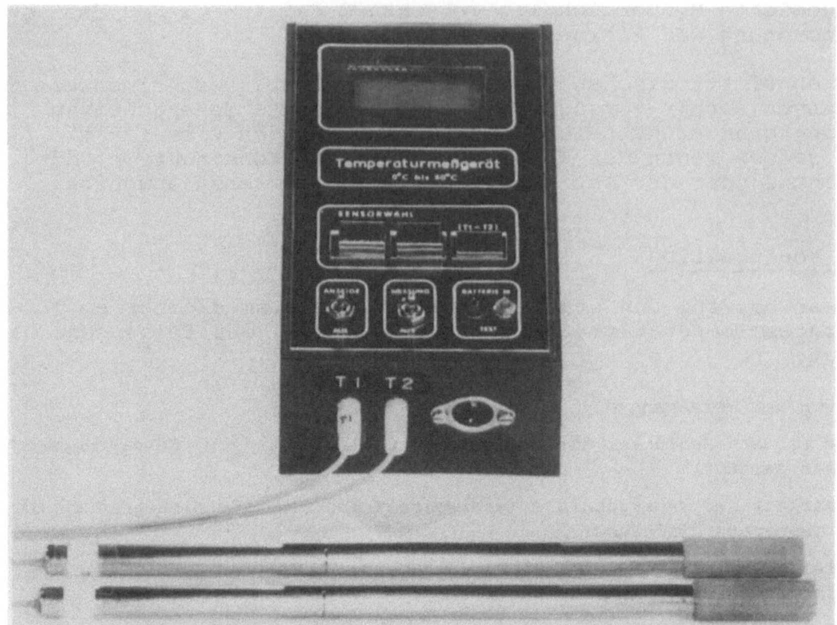

Abb. 2. Der realisierte Prototyp eines Temperaturmeßgerätes für den Tatortkoffer

Das realisierte Gerät (Abb. 2) hat die Abmessungen 160 · 95 · 60 mm und ein Gewicht von 470 g. Die beiden Meßfühler sind in ein 240 mm langes Fühlergehäuse mit spezieller Teflonspitze und Transportschutzkappe eingebaut.

Temperaturfühler

Temperaturen können - abgesehen von Flüssigkeitsthermometern - mit Thermoelementen und mit Thermistoren gemessen werden. Ein Thermoelement braucht als Meßfühler ein Thermopaar, das aus zwei Drähten aus verschiedenen Metallen gebildet wird, die an einem Ende miteinander verlötet oder verschweißt sind. Dieses Ende ist die Meßstelle. Wird sie einer anderen Temperatur als der an dem freien Ende des Thermopaares ausgesetzt, so entsteht an diesem eine Spannung, die Thermospannung (Seeteck-Effekt, 1822). Die Thermospannung hängt ab von der Temperaturdifferenz zwischen Meßstelle und dem freien Ende und außerdem von der Art der verwendeten Werkstoffe.

Mit einem Thermopaar wird immer eine Temperaturdifferenz erfaßt, daher müssen zur Bestimmung der Temperatur der Meßstelle die freien Enden des Thermopaares an einer Vergleichsstelle auf gleichbleibender und bekannter Temperatur gehalten werden. Dies kann man für die hier beschriebene Anwendung als Nachteil ansehen. Ein weiterer Nachteil sind die niedrigen Meßspannungen.

Bei den Thermistoren (*THERMal* sensitive *resISTOR* - temperaturempfindlicher Widerstand, auch Widerstandsthermometer) muß man zwischen zwei Gruppen unterscheiden, den Metalldraht- und den Halbleiterthermistoren. In beiden Fällen wird zur Temperaturmessung die Temperaturabhängigkeit des elektrischen Widerstandes des betreffenden Werkstoffs verwendet. Bei

Metalldraht-Thermistoren nimmt der elektrische Widerstand mit steigender Temperatur zu (PTC-Widerstände). Das bekannteste (und teuerste) Meßelement dieser Gruppe ist der Platinwiderstand. Bei Halbleiterthermistoren (Si-Planar-Transistoren und Dioden) und bei NTC-Widerständen fällt der elektrische Widerstand mit steigender Temperatur.

Als Temperaturfühler für unser Thermometer verwenden wir die NTC-Thermistoren der Firma Siemens mit der Typenbezeichnung K 17/10 kOhm. Der K 17 besitzt als Temperatursensor eine Halbleiterperle, die in einem Glasgehäuse eingeschmolzen ist. Das Glasgehäuse garantiert eine gute Langzeitstabilität, seine Form ermöglicht einen leichten Einbau in ein Fühlergehäuse. Aus der geringen Baugröße resultiert eine kleine thermische Abkühlkonstante (typisch τ_{th} = 3 sec) und somit ein schnelles Ansprechen des Fühlers auf Temperaturänderungen. Aufgrund des hohen Nennwiderstandes (1 kOhm $\pm$ 10%) wird der Einfluß der Zuleitungen vernachlässigbar. Der sog. B-Wert (Regelkonstante, s. Gl. 1) wird mit 3420 K $\pm$ 5% angegeben. Die NTC-Widerstände besitzen, wie der Name schon sagt, einen negativen Temperaturkoeffizienten und werden daher oft auch als Heißleiter bezeichnet.

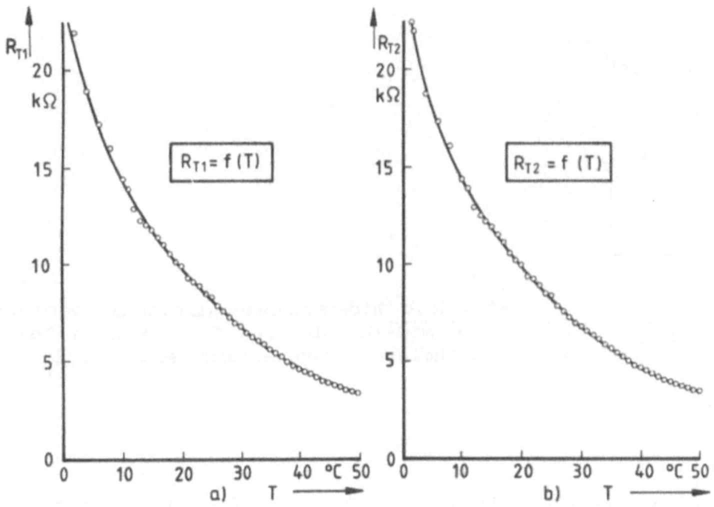

Abb. 3a,b. Widerstands-Temperaturkennlinien der verwendeten NTC-Thermistoren K 17 (Siemens)

Die experimentell ermittelten Widerstandskennlinien der beiden verwendeten Thermistoren sind in Abb. 3 graphisch dargestellt. Sie geben den exponentiellen Verlauf des Widerstandes über der Temperatur gemäß der Gleichung an:

$$R_T = A \cdot e^{B/T} \qquad\qquad\qquad (\text{Gl. 1})$$

R_T ... Widerstand des Thermistors bei der Temperatur T

A ... sog. "Mengenkonstante" mit der Dimension Ohm

B ... sog. "Regelkonstante" mit der Dimension K

T ... absolute Temperatur in Kelvin (K)

Aus den aufgenommenen Widerstands-Temperaturkennlinien lassen sich die
zugehörigen Regelkonstanten B des Fühlerpaares mit Hilfe der Gl. 2 bzw.
der Abb. 4 bestimmen. Die Logarithmierung der Gl. 1 führt auf:

$$\ln R_T = \ln A + B \frac{1}{T} \qquad\qquad (Gl. 2)$$

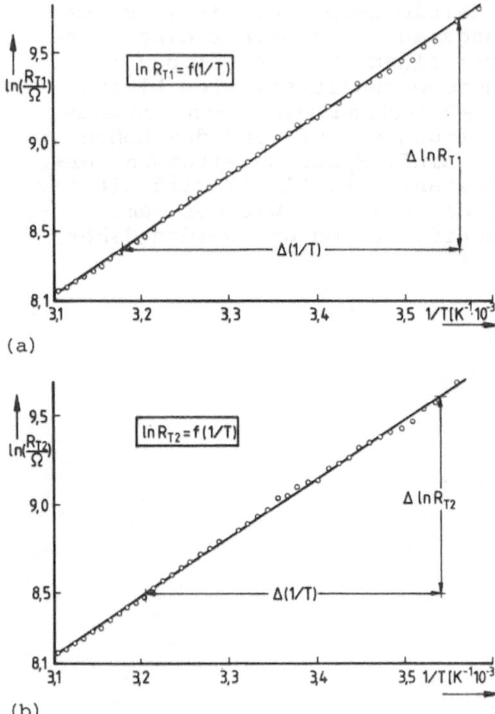

Abb. 4a,b. Widerstandskennlinien der verwendeten NTC-Thermistoren K 17 in einer lo-
garithmischen Darstellung gemäß Gl. 2

In dieser linearen Beziehung zwischen $\ln R_T$ und 1/T ist B die Steigung.
Aus den beiden graphischen Darstellungen a) und b) in Abb. 4 liest man
für die Regelkonstanten ab:

$$B_1 = \frac{\Delta \ln R_{T1}}{\Delta (1/T)} = 3377 \ K$$

$$B_2 = \frac{\Delta \ln R_{T2}}{\Delta (1/T)} = 3490 \ K$$

Ein Vergleich dieser Werte mit den vom Hersteller für die beste Paarung
garantierten zeigt, daß nach einer Linearisierung der Kennlinien des
K 17 Thermoelementes (Kompromiß zwischen maximaler Temperatursteilheit
und optimaler Linearität im interessierenden Temperaturintervall 0° C
- T - 50° C) eine hohe Meßgenauigkeit im gesamten Meßbereich zu erzielen ist.

Die ersten Tests und erzielte Ergebnisse

Das nach dem beschriebenen Prinzip konzipierte und als Prototyp aufgebaute Zweifühlerthermometer wurde bislang im Rahmen von 8 Tatortbesichtigungen eingesetzt und auf seine Handlichkeit, Bedienbarkeit, Aussagekraft und Eignung bei unterschiedlichen Umweltbedingungen getestet. Die erzielten Erfahrungen haben gezeigt, daß das Temperaturmeßgerät den Anforderungen des praktisch tätigen Rechtsmediziners am Tatort in vollem Umfang genügt. Die Auswertung der erzielten Meßergebnisse bzw. deren Streubreite und Aussagekraft für die Bestimmung des Zeitpunktes des eingetretenen Todes soll erst nach weiteren Untersuchungen und deren statistischen Beurteilung einer folgenden Veröffentlichung vorbehalten werden. Gleichwohl zeigt sich schon jetzt, daß insbesondere die einfach meßbare und schnell ablesbare Temperaturdifferenz zwischen der Umgebungstemperatur am Tatort und der rektalen Leichentemperatur eine wesentliche Hilfe für die Schätzung des Todeszeitpunktes darstellt. An weiteren technischen Verbesserungen des Gerätes wird z. Zt. gearbeitet. Insbesondere wird die Tauglichkeit eines PTC-Siliziumsensors mit hoher Genauigkeit als Temperaturfühler untersucht.

Ob eine aktuelle Temperaturmessung an der Leiche mit anschließender Interpolation der Meßwerte zu den Temperaturausgangswerten unmittelbar post mortem je eine hinreichend genaue Bestimmung des Todeszeitpunktes, auch bei bekannten Umweltbedingungen, ermöglichen wird, bleibt weiterhin fraglich.

Literatur

Brinkmann B, May D, Riemann U (1976) Postmortaler Temperaturausgleich im Bereich des Kopfes. Z Rechtsmed 78:69-82
Brinkmann B, Menzel G, Riemann U (1978) Postmortale Organtemperaturen unter verschiedenen Umweltbedingungen. Z Rechtsmed 81:207-216
Naeve W, Apel D (1973) Hirntemperatur der Leiche und Todeszeit. Z Rechtsmed 73:159-169
Nasilowski W (1971) Anwendung des elektrischen Thermometers zur Todeszeitbestimmung. Kriminal Forens Wiss 4:181-184
Spann W (1971) Vorgehen bei Kapitalverbrechen. Med M-Spiegel 4:82-84

Die Enzymaktivität weißer Blutzellen nach unterschiedlicher Lagerzeit und -temperatur [1]

M. Oehmichen und J. Kömpf

Zusammenfassung

Enzymaktivität und die Reagibilität weißer Blutzellen sollte nach Lagerung von Blutkonserven unter verschiedenen Bedingungen bzw. in postmortal entnommenem Blut zyto-
chemisch und zymographisch untersucht werden. Die Ergebnisse dreier, anderweitig
publizierter Untersuchungsserien werden in Kürze wiedergegeben, erörtert und verglichen.

Es zeigte sich, daß der Prozentsatz enzympositiver Zellen in Abhängigkeit von der
Lagerungszeit und Lagerungstemperatur abnahm. Ferner konnte festgestellt werden, daß
der Prozentsatz deutlicher abnahm, wenn die Untersuchungen an Zellisolaten (Granulozyten oder Lymphozyten) vorgenommen wurde. Für unterschiedliche Enzymsysteme erwies
sich die Stabilität als unterschiedlich. – Eine ausreichende Isolierung von Granulozyten war über die untersuchten 7 Tage aus Blutkonserven sowie über 120 h aus Leichenblut erfolgreich; Lymphozyten konnten ausschließlich innerhalb der ersten 24 h isoliert werden. Ein Großteil der untersuchten Enzyme war in den Granulozyten nahezu regelmäßig nachzuweisen (Ausnahme: GPT und GLO), jedoch nicht in den Lymphozyten (in
frischen Lymphozytenisolaten waren nachweisbar: PGM_1 und GOT_M). Der Enzymnachweis in
Granulozyten war während des gesamten Untersuchungszeitraumes (Lagerung der Blutkonserven über 7 Tage; postmortales Intervall 120 h) möglich.

Summary

The aim of this study was to examine the enzymic activity and sensitivity of white
blood cells after the storage of preserved blood under different conditions and in
blood drawn in the postmortem using cytochemical and cymographical methods. A synopsis,
discussion, and comparison of the results of three research series published elsewhere
are given:

It was shown that the percentage of enzyme positive cells decreased in relation to storage
time and storage temperature. It was also ascertained that the percentage dropped more
sharply when the tests were conducted on cellular isolates (granulocytes or lymphocytes). Stability differed in the various enzymic systems. A sufficient isolation of
granulocytes from preserved blood was achieved for the 7 test days and for 120 h in
the case of cadaver blood; lymphocytes could only be isolated within the first 24 h.
Most of the enzymes examined were almost regularly detectable in the granulocytes
(exceptions: GPT and GLO) but not in the lymphocytes (in fresh lymphocyte isolates
PGM_1 and GOT_M were detectable). Throughout the whole of the test period (storage of
preserved blood over a period of 7 days, postmortem interval 120 h) enzymes could
be detected in granulocytes.

Einleitung

Bisher liegen nur wenige Untersuchungen über die Enzymaktivität weißer
Blutzellen in Abhängigkeit von der Lagerzeit bzw. vom postmortalen Intervall vor. Demgegenüber ist das Schrifttum über enzymzytochemische

[1] Die Ergebnisse wurden auszugsweise auf der 61. Jahrestagung der Deutschen Gesellschaft für Rechtsmedizin, September 1982, in Würzburg vorgetragen

Untersuchungen im Rahmen klinisch-hämatologischer Fragestellungen unübersehbar.

Im rechtsmedizinischen Schrifttum wurden den Autoren ausschließlich drei wesentliche Untersuchungen bekannt. Berg (1961) untersuchte die Peroxidase und alkalische Phosphatase in Granulozyten aus angetrockneten, resuspendierten Blutproben. Die Aktivitätsbestimmung erfolgte semiquantitiv. Die Peroxidase-Reaktion nimmt in Abhängigkeit vom Spurenalter ab, wobei eine Reaktion in Monozyten noch nach 4 Monaten, in Granulozyten noch nach 1 Jahr nachweisbar war (vgl auch Undritz u. Hegg 1959,1960; Kempen 1961; Marigo 1962). Die alkalische Phosphatase konnte innerhalb von 7 Monaten in den Granulozyten noch nachgewiesen werden, nach einem Jahr jedoch nicht mehr. - Auch Findlay (1977) stellte die Peroxidase und alkalische Phosphatase, allerdings in postmortal entnommenem Knochenmark, dar und stellte fest, daß mit zunehmendem Verlust der Zellstruktur auch der Enzymbesatz bzw. die Reagibilität verloren ging. - Schließlich wurde die Aktivität der Bernsteinsäure-Dehydrogenase in Leukozyten von Leichen untersucht (Nanikawa u. Janssen 1965); die Autoren stellten eine direkte Beziehung zwischen postmortalem Intervall, Lagertemperatur und Aktivitätsverlust fest.

In gleicher Weise selten wurden bisher Zymogrammbefunde von Granulozyten und Lymphozyten beschrieben. Eine Übersicht über Untersuchungen an Granulozyten liegt aus dem Jahre 1965 vor (Dausset u. Tangün 1965); im übrigen Schrifttum werden ausschließlich Leukozyten angegeben, wobei Lymphozyten und Granulozyten gemeinsam erfaßt werden. Ferner geht ein Großteil des Schrifttums davon aus, daß die Enzyme, die in Geweben nachweisbar werden, auch in Leukozyten zu erwarten sind.

Im Rahmen zahlreicher forensischer Fragestellungen, die unter Anwendung enzymatischer Methoden beantwortet werden könnten und müssen, stellt sich zunächst das Problem, ob und in welchem Ausmaß Enzyme in weißen Blutzellen unter variierten Bedingungen auftreten und nachgewiesen werden können. Zur Klärung dieser Frage wurden in eigenen Laboratorien Untersuchungen vorgenommen, die im einzelnen an anderer Stelle publiziert wurden (Siebert et al. 1982; Kömpf et al. 1983; Oehmichen u. Kömpf 1983; Oehmichen u. Pedal 1983). Hier sollen die Befunde verglichen und in ihrer Bedeutung für forensische Fragen gewertet werden.

<u>Materialien und Methoden</u>

Die Einzelheiten zu Fragen der Materialien und Methoden sollen den Originalarbeiten entnommen werden. In Übersicht ergeben sich folgende, unterschiedliche Ausgangspunkte: Blutkonserven, durch Heparin ungerinnbar gemacht, wurden über 7 bzw. 18 Tage bei unterschiedlichen Temperaturen (4° C, 20° C, und 37° C) steril gelagert. Nach unterschiedlichen Intervallen wurden einerseits Granulozyten und Lymphozyten isoliert, andererseits Blutausstriche angefertigt. Von Leichen unterschiedlichen postmortalen Intervalles wurde Femoralvenenblut gewonnen und eine Isolation von Granulozyten und Lymphozyten vorgenommen. Die Zellisolation erfolgte entsprechend bekannten Routinemethoden. Ausstrichpräparate wurden nach Pappenheim gefärbt und entsprechend hämatologisch-zytomorphologischen Kriterien differenziert. Auf Ausstrichpräparaten erfolgte ferner - in unterschiedlichem Ausmaß - die zytochemische Darstellung verschiedener Enzyme bzw. Reaktionen:

Alkalische und saure Phosphatase (alkalische P'tase; saure P'tase), neutrale und saure alpha-Naphthyl-Azetat-Esterase (neutrale a-NEA, saure a-NAE), Naphthol-AS-D-Chlorazetat-Esterase (NAS-D-CAE), Peroxidase, PAS.

Die zunächst in gefrorenem Zustand bei -70° C aufbewahrten Sedimente
weißer Blutzellisolate wurden lysiert. Die Enzymdarstellung erfolgte
mittels horizontaler Stärkegelelektrophorese und spezifischem Zymogrammnachweis entsprechend Methoden, die in den oben zitierten Arbeiten
wiedergegeben sind. Folgende Enzyme wurden auf diese Weise untersucht:

Phosphoglucomutase 1 (PGM_1), Phosphoglucomutase 3 (PGM_3), Phosphogluco-
se-Isomerase (PGI), mitochondriale Glutamat-Oxalazetat-Transaminase
(GOT_M), 6-Phosphogluconat-Dehydrogenase (6-PGD), Adenosin-Deaminase
(ADA), mitchondriales Malic-Enzym - NADP-abhängig (ME_M), zytoplasmati-
sches Malic-Enzym - NADP-abhängig (ME_S), Phosphoglycolat-Phosphatase
(PGP), Adenylat-Kinase (AK), Glutamat-Pyruvat-Transaminase (GPT),
Glyoxalase 1 (GLO), alpha-L-Fucosidase (FUCA), Malat-Dehydrogenase -
NAD-abhängig (MDH), Peptidase A (PEPA).

Ergebnisse

1. Zelldifferenzierung

Werden die Mittelwerte des Differentialblutbildes erfaßt, die aus der
Untersuchung von 3 Blutkonserven über einen Zeitraum von 18 Tagen erfolgte, dann ergeben sich die Verhältnisse der Abb. 1. In Abhängigkeit
von der Lagerzeit nimmt der Relativprozentsatz an Granulozyten deutlich
ab, bei gleichzeitiger Zunahme des Lymphozytenanteiles. Der Monozyten-
anteil ist demgegenüber vergleichsweise gleichbleibend. Mit höherer
Temperatur ist der Verlust der Granulozyten noch auffälliger.

Nach Isolation der Granulozyten (Abb. 2) während einer Lagerzeit von
7 Tagen zeigt sich im Zellisolat ein gleichbleibender Prozentsatz poly-
morphkerniger Leukozyten, ohne daß es zu einer wesentlichen Kontamina-
tion mit Lymphozyten kommt. Demgegenüber läßt sich nur innerhalb der
ersten 24 h aus Blutkonserven ein ausreichend hoher Prozentsatz an
Lymphozyten isolieren (Abb. 3); nach längerer Lagerzeit finden sich
in den Zellisolaten mehr als 50% Granulozyten. Dabei fällt auf, daß
der Relativprozentsatz an Lymphozyten nach einer 5tägigen Lagerung
wieder leicht zunimmt, offenbar als Folge einer absoluten Abnahme der
Granulozytenzahl.

Bei postmortaler Leukozytenisolation aus Venenblut (Abb. 4) zeigen sich
nahezu identische Verhältnisse, wie nach Isolation aus Blutkonserven.
Der Prozentsatz isolierter Granulozyten bleibt vergleichsweise hoch und
identisch während des gesamten untersuchten postmortalen Intervalles
von 120 h; demgegenüber nimmt der im Isolat nachgewiesene Prozentsatz
an Lymphozyten nach Lymphozytenisolation deutlich ab.

2. Zytochemie

Durch unterschiedliche zytochemische Methoden lassen sich isoliert differente weiße Blutzellen darstellen; insofern können bestimmte Enzyme
bzw. Reaktionen auch als Markerenzyme bzw. Markerreaktionen bezeichnet
werden (vgl. Tabelle 1). Die Mehrzahl der in Tabelle 1 erwähnten Enzyme/
Reaktionen wurden in den eigenen Untersuchungen ausschließlich auf Blutausstrichen dargestellt, die aus Blutkonserven unterschiedlichen Alters
gewonnen worden waren. Es zeigte sich, daß sich der Prozentsatz enzymaktiver bzw. reagibler Zellen in Abhängigkeit von der 18tätigen Lagerzeit und von der Höhe der Temperatur veränderte. Die Verminderung des
Zellanteiles mit positivem Farbniederschlag war in gewissem Ausmaß ab-

<u>Tabelle 1</u>. Wiedergabe der Enzyme und Reaktionen, die in unterschiedlichen weißen Blutzellen nachweisbar sind und daher als sog. "marker" bezeichnet werden können

ENZYME/ REAKTIONEN	WEISSE BLUTZELLEN		
	GRANULO- ZYTEN	MONO- ZYTEN	LYMPHO- ZYTEN
A.P'TASE	+		
S.P'TASE	+	+	+
NAS-D-CAE	+		
N.A-NAE		+	
S.A-NAE		+	+
PEROXIDASE	+	+	
PAS	+		

<u>Tabelle 2</u>. Abhängigkeit der Enzym-/Reaktion-Darstellung in weißen Blutzellen von der Lagerzeit und Lagertemperatur. Schematisch wiedergegeben wurde die unterschiedliche Stabilität der Nachweisbarkeit, wobei das Symbol (+) eine besonders geringe, das Symbol (++++) eine besonders große Stabilität wiedergeben soll

VERLUST DER REAGIBILITÄT IN ABHÄNGIGKEIT VON		STABILITÄT
DER ZEIT	DER TEMPERATUR	
PAS	S.P'TASE	+
PEROXIDASE	A.P'TASE	+
N.A-NAE	S.A-NAE	+++
S.A-NAE	N.A-NAE	+++
S.P'TASE	NAS-D-CAE	+++++
NAS-D-CAE	PEROXIDASE	+++++
A.P'TASE	PAS	+++++++

hängig von dem Enzym bzw. der Art der Reaktion (Tabelle 2). So z.B.: der Prozentsatz PAS-positiv reagierender Zellen (Abb. 5) nahm in Abhängigkeit von der Lagerzeit stärker ab als die Aktivität der alkalischen Phosphatase (Abb. 6). Andererseits war die PAS-Reaktion gegenüber hohen Temperaturen vergleichsweise stabil (Abb. 5), während die saure Phosphatase (Abb. 7) die stärkste Abhängigkeit von der Lagertemperatur aufwies. – Setzt man die Enzyme und Reaktionen in eine Beziehung zu den Zelltypen, die sie markieren, dann resultieren hieraus die Ergebnisse, die in Tabelle 3 zusammengestellt wurden. Zusammenfassend sollte jedoch darauf

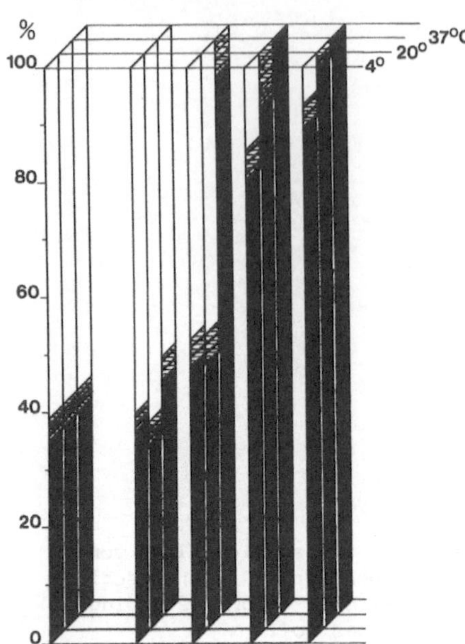

Abb. 1

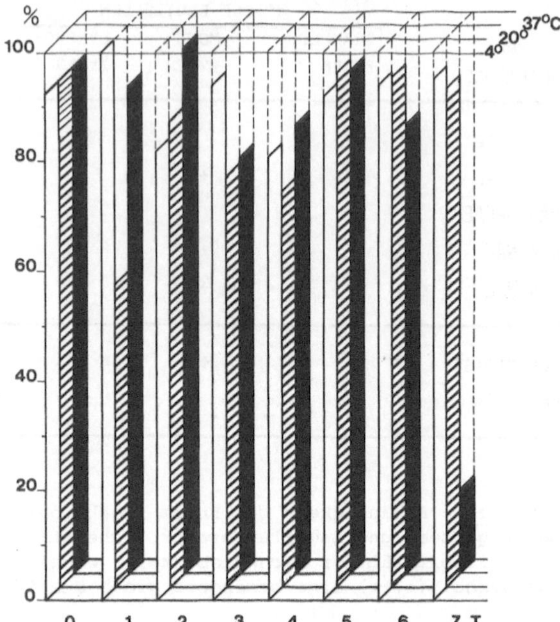

Abb. 2

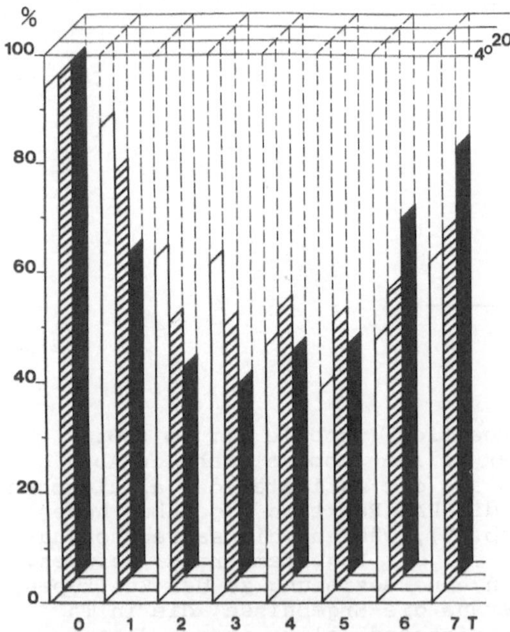

Abb. 3

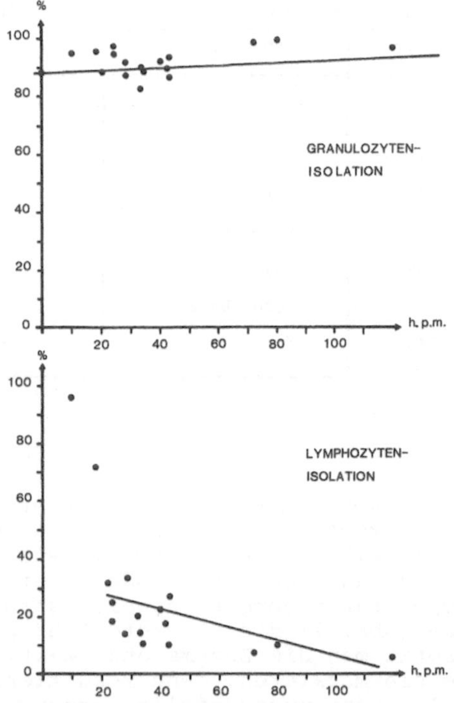

Abb. 4

Tabelle 3. Zusammenfassung der zytochemischen Befunde auf Blutausstrichen aus Vollblutkonserven unter Berücksichtigung des Zelltyps, der Lagerzeit und der Lagertemperatur. Das Symbol (+) gibt eine geringe, das Symbol (+++++) eine große Stabilität gegenüber äußeren Einflüssen wieder

	GRANULOZYT	MONOZYT	LYMPHOZYT	STABILITÄT
ZEITAB-HÄNGIG-KEIT	PAS	PEROXIDASE	S.A.-NAE	+
	PEROXIDASE			+++
	S.P'TASE	N.A.-NAE		+++
	NAS-D-CAE			+++++
	A.P'TASE	S.P'TASE	S.P'TASE	+++++++
TEMPE-RATUR-ABHÄN-GIGKEIT	S.P'TASE	S.P'TASE	S.P'TASE	+
	A.P'TASE			+++
	NAS-D-CAE	N.A-NAE		+++
	PEROXIDASE			+++++
	PAS	PEROXIDASE	S.A-NAE	+++++++

hingewiesen werden, daß die unterschiedliche Abhängigkeit von der Lagerzeit und von den Lagertemperaturen eher diskret sind.

Wenn man speziell die Aktivitätsänderung der NAS-D-CAE in den Granulozytenpopulationen nach unterschiedlicher Lagerung vergleicht (Abb. 8 und 9), dann zeigt sich ein deutlicher Aktivitätsverlust der Zellen nach Zellisolation. Noch deutlicher wird der Aktivitätsverlust, wenn man ihn mit den postmortal gewonnenen Zellisolaten vergleicht (Abb. 10). Ähnlich erwiesen sich die Ergebnisse nach Darstellung der sauren a-NAE in Lymphozyten der Blutausstriche sowie nach Zellisolation (Abb. 11 und 12): Nach Zellisolation war ein leicht beschleunigter Aktivitätsverlust feststellbar.

◁──

Abb. 1. Mittelwerte des Differentialblutbildes nach Auszählung von 100 weißen Blutzellen aus je 3 Blutkonserven unterschiedlicher Lagerungsbedingungen, nach Anfertigung von Blutausstrichen

Abb. 2. Mittelwerte des Prozentsatzes ausgezählter Granulozyten nach Isolation aus gelagerten Blutkonserven. Der Granulozyten-Prozentsatz liegt bis zum 6. Tag unter allen Temperaturbedingungen über 70; erst am 7. Tag liegt der Prozentsatz nach einer Lagerung der Konserve bei 37° C weit unter 5%

Abb. 3. Mittelwerte des Prozentsatzes ausgezählter Lymphozyten nach Isolation aus gelagerten Blutkonserven

Abb. 4. Prozentsatz ausgezählter Granulozyten und Lymphozyten nach Isolation aus Leichenblut, mit Darstellung einer Regressionsgraden. Erkennbar wird, daß der Prozentsatz isolierter Granulozyten unter allen hier gegebenen Bedingungen unter 80 liegt, während der Prozentsatz isolierter Lymphozyten nach 20 Stunden Liegezeit der Leiche unter 50 gelegen ist

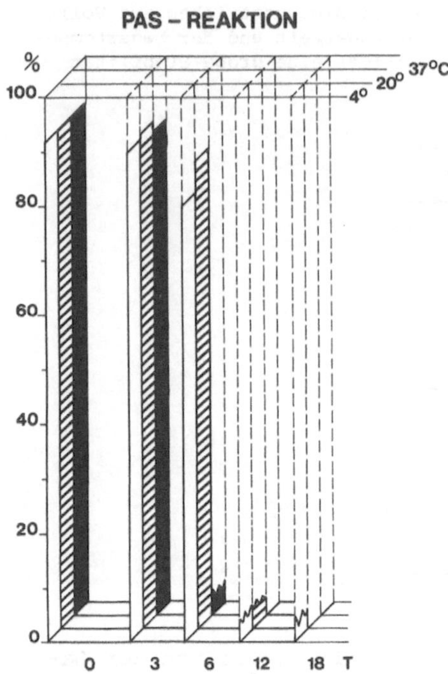

Abb. 5

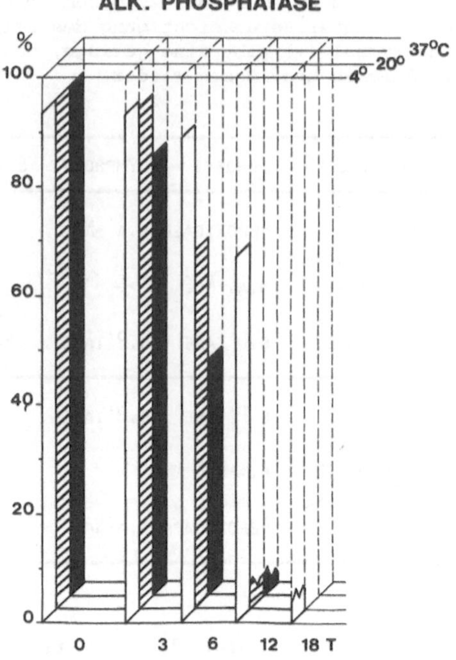

Abb. 6

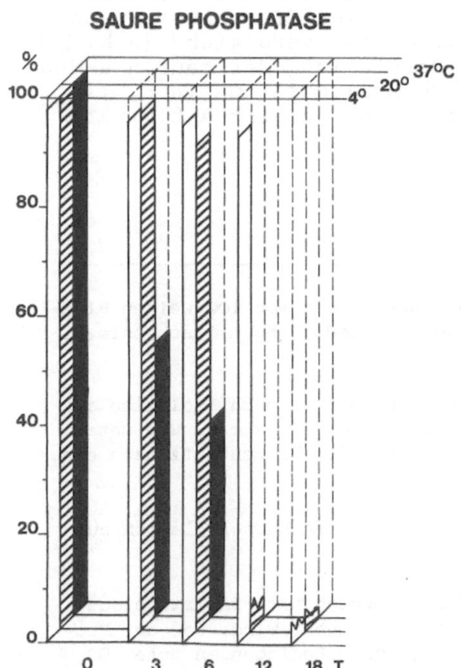

Abb. 7

Abb. 5. Darstellung des Prozentsatzes PAS-positiver Granulozyten in Blutausstrichen von Konserven unterschiedlicher Lagerungsbedingungen. Erkennbar wird eine – vergleichsweise (siehe alkalische Phosphatase P'tase, Abb. 6) – deutliche Abnahme positiv-reagierender Zellen in Abhängigkeit von der Lagerzeit bei (saure P'tase, Abb. 7) – großer Stabilität gegenüber Temperatureinflüssen

Abb. 6. Darstellung des Prozentsatzes enzymaktiver Granulozyten in Blutausstrichen von Konserven unterschiedlicher Lagerungsbedingungen nach Darstellung der alkalischen Phosphatase. Eine – vergleichsweise (PAS-Reaktion, Abb. 5) – geringere Abhängigkeit der Abnahme enzymaktiver Zellen von der Lagerzeit

Abb. 7. Darstellung des Prozentsatzes enzymaktiver Granulozyten in Blutausstrichen von Konserven unterschiedlicher Lagerungsbedingungen nach Darstellung der sauren Phosphatase. Eine – vergleichsweise (PAS-Reaktion, Abb. 5) – geringere Stabilität gegenüber Temperatureinflüssen besteht

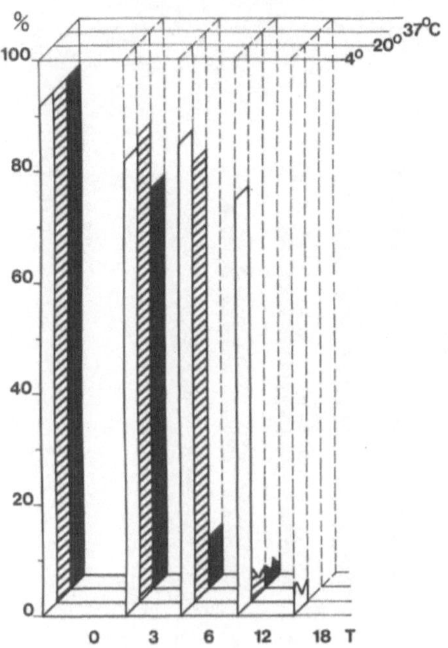

Abb. 8

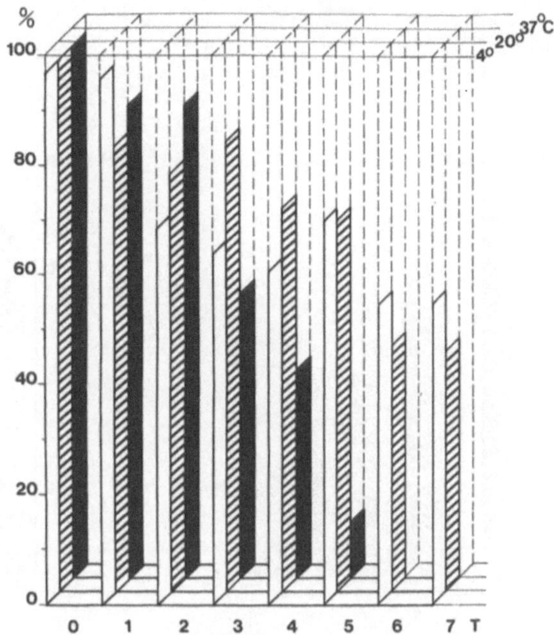

Abb. 9

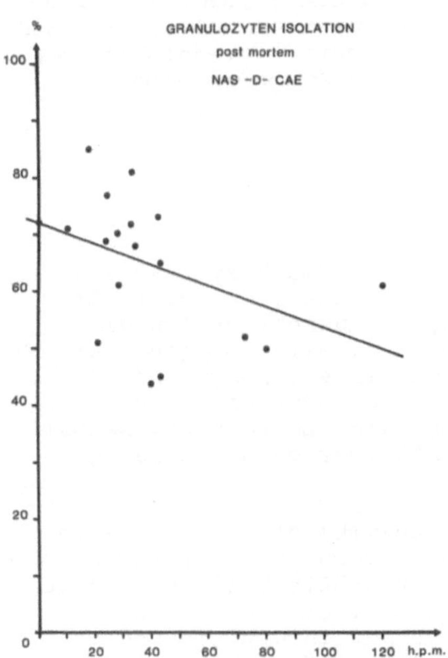

Abb. 10

<u>Abb. 8</u>. Darstellung des Prozentsatzes enzym-
aktiver (Naphthol-AS-D-Chlorazetat-Esterase)
Granulozyten auf Blutausstrichen aus Vollblutkonserven. Beim Vergleich mit dem Prozentsatz enzymaktiver Granulozyten nach
Granulozytenisolation aus Blutkonserven
(Abb. 9) bzw. aus Leichenblut (Abb. 10)
nimmt die Anzahl enzymaktiver Zellen gering
ab

<u>Abb. 9</u>. Darstellung des Prozentsatzes enzym-
aktiver (Naphthol-AS-D-Chlorazetat-Esterase)
Granulozyten auf Ausstrichen nach Zellisolation aus Blutkonserven. Auffällig starke Abnahme der enzymaktiven Zellen in Abhängigkeit
von der Lagerzeit. Höhere Temperaturen lassen
offenbar zeitweise einen höheren Prozentsatz
enzympositiver Zellen erfassen

<u>Abb. 10</u>. Darstellung des Prozentsatzes enzym-
positiver (Naphthol-AS-D-Chlorazetat-Esterase)
Granulozyten auf Ausstrichen nach Zellisolation aus Leichenblut. Eine deutliche Abnahme
des Prozentsatzes enzymaktiver Zellen in Abhängigkeit von der Lagerzeit der Leichen
wird erkennbar

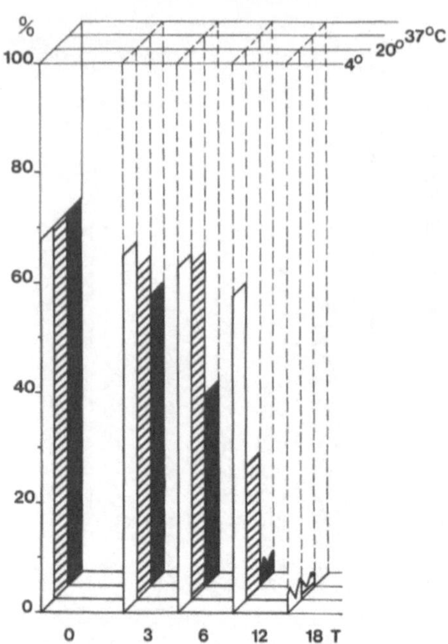

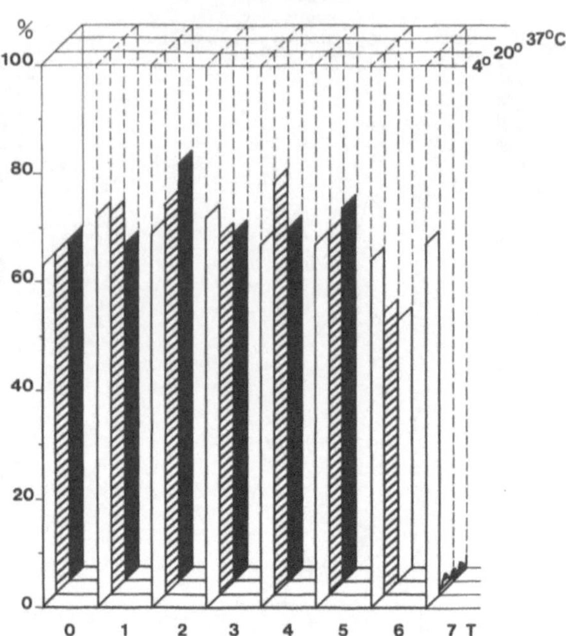

Abb. 11. Darstellung des Prozentsatzes enzymaktiver (saure alpha-Naphthylazetat-Esterase) Lymphozyten auf
Blutausstrichen aus Vollblutkonserven. Erkennbar wird eine über lange
Zeit bestehende Stabilität des Enzyms

Abb. 12. Darstellung des Prozentsatzes enzymaktiver (saure alpha-Naphthylazetat-Esterase)
Lymphozyten auf Zellausstrichen nach Zellisolation aus Blutkonserven. In Abhängigkeit von
hohen Temperaturen zeigt sich eine deutliche
Abnahme enzymaktiver Zellen besonders am
7. Tag

3. Zymogrammnachweis

Das Ziel der Untersuchung war, zunächst ein Muster des Enzymbesatzes
von Lymphozyten und Granulozyten zu erfassen. Es konnte festgestellt
werden, daß in den frisch isolierten Lymphozyten ausschließlich die
Enzyme PGM_1 und GOT_M eindeutig nachweisbar wurden; alle übrigen hier
untersuchten Enzyme konnten nicht nachgewiesen werden. Demgegenüber
waren nahezu alle untersuchten Enzyme in den Granulozytenisolaten
vorhanden (vgl. Tabellen 4 und 5). Nur die GPT und GLO konnten, selbst
aus frischen, nicht gelagerten, isolierten Granulozyten nicht nachgewiesen werden.

Die zweite, sich stellende Frage war, ob der Enzymbesatz sich qualitativ in Abhängigkeit von der Lagerungszeit und Lagerungstemperatur ändert. Entsprechend den Tabellen 4 und 5 war der größte Teil der Enzyme
während des Untersuchungszeitraumes von 7 Tagen immer bzw. oft nachweisbar. Ausschließlich die AK und FUCA konnten nur in wenigen Proben
während des Untersuchungszeitraumes nachgewiesen werden, wobei sich
jedoch keine Abhängigkeit von der Temperatur oder Zeit ergab.

Tabelle 4. Zymogrammnachweis in isolierten Granulozyten aus gelagerten Blutkonserven in Abhängigkeit von den Lagerungsbedingungen. Regelmäßig wurde der Großteil untersuchter Enzymsysteme nachgewiesen; unregelmäßig - ohne Abhängigkeit von Lagerzeit und Lagertemperatur - bzw. überhaupt nicht wurden nur wenige Systeme nachweisbar

ENZYMSYSTEME	NACHWEIS-REGELMASS	LAGERUNGSBEDINGUNGEN	
		ZEIT (TAGE)	TEMP. (^{0}C)
PGM_1, PGI, MDH	IMMER	7	37
PGM_3, GOT_M, 6-PGD, ADA	IMMER	7	20
ME_M, ME_S, PGP	OFT	7	20/4
AK, FUCA	SELTEN		
GPT, GLO	NIE		

Tabelle 5. Zymogrammnachweis in isolierten Granulozyten aus Leichenblut. Während des Untersuchungszeitraumes von 120 h konnte die Hälfte der untersuchten Enzyme regelmäßig, die andere Hälfte zumeist nachgewiesen werden

ENZYMSYSTEM	NACHWEIS-REGELMASS	MAX. LAGERUNGSZEIT (H)
PGM_1, ME_M, FUCA	IMMER	120
PGM_3, GOT_M, PEPA	OFT	120

Diskussion

Die Differenzierung des weißen Blutbildes nach unterschiedlichen Lagerungsbedingungen konnte ein Phänomen wiedergeben, das im wesentlichen durch die relative Zunahme der Lymphozyten bei gleichzeitiger Abnahme der Granulozyten gekennzeichnet war. Dieser Befund wurde ebenso von Kolmer (1939) als auch von Drew u. Scudder (1940) - s. auch Ricci (1957) - beobachtet, wonach der Prozentsatz an Granulozyten - im Vergleich mit den Lymphozyten - deutlich, in Abhängigkeit von den Lagerungsbedingungen, abnahm.

Die Granulozyten selber wurden bezüglich ihrer Viabilität von unterschiedlichen Autoren untersucht. Schiffer et al. (1974) konnten innerhalb der ersten 24 h keine wesentliche Abnahme des Prozentsatzes viabler Granulozyten feststellen. Demgegenüber fand Hurn (1968) nur noch 50% der in vitro aufbewahrten Leukozyten nach 6 h viabel. Shikata (1958) stellte fest, daß die meisten menschlichen Leukozyten ihre Viabilität innerhalb von 72 h post mortem verlieren. Laiho u. Penttilä (1981) stellen eine direkte Korrelation zwischen postmortalem Intervall und Viabilität aller Leukozyten fest.

Die eigenen Untersuchungen geben die vergleichsweise lange strukturelle Integrität von Granulozyten - und besonders von Lymphozyten - wieder, wobei der Prozentsatz enzympositiver bzw. positiv reagierender Zellen jedoch in Abhängigkeit von der Lagerungszeit und -temperatur deutlich abnimmt. Diese Beobachtung läßt sich gut mit den Befunden von Berg (1965) und Nanikawa u. Janssen (1965) vergleichen, auch wenn man erhebliche methodische Unterschiede berücksichtigt. Die Beobachtungen stehen jedoch im Gegensatz zu den Befunden von Findlay (1977), der zugleich mit dem Enzymverlust einen Verlust der strukturellen Integrität beobachtete.

Als wesentlich für forensische Fragen scheint aus diesen Beobachtungen die Schlußfolgerung zu sein, daß bestimmte Darstellungsmethoden für differente Zelltypen existieren (sog. zytochemische Marker), die unterschiedlich stabil gegenüber Lagerung und Temperatur sind. Diese Befunde könnten einerseits für Fragen der Lagerungszeit von Blut, andererseits aber auch für Fragen der Wundalterbestimmung von Bedeutung sein.

Die eigenen Befunde zeigen ferner, daß der Prozentsatz positiv reagierender Zellen nach Zellisolation aus Blutkonserven niedriger war als in Blutausstrichen, am niedrigsten jedoch nach einer Isolation aus Leichenblut. Wie sich dieses Phänomen erklären läßt, ist bisher unklar. Wird möglicherweise durch die Isolation eine bestimmte, ausgewählte (negativ reagierende) Population bevorzugt erfaßt? Führt evtl. der Vorgang der Waschung zu einem Enzymverlust?

Durch spezifischen Zymogrammnachweis konnten in den Granulozyten zahlreiche Enzyme nachgewiesen werden, die bisher teils nur in Leukozyten, also in allen weißen Blutzellen zusammen - ohne Zelldifferenzierung - nachgewiesen wurden (GOT_M - Davidson et al. 1970; ME_S - Cohen u. Omenn 1972; Povey et al. 1978; ME_M - Siebert et al. 1979; PGP - Amorim et al. 1980). Andererseits liegen Untersuchungen über einen Teil der hier berücksichtigten Enzyme vor, die an Gewebsbestandteilen unterschiedlicher Art nachgewiesen wurden, woraus geschlossen wurde, daß die Enzyme auch in Leukozyten nachweisbar sein dürften (6-PGD - Fildes u. Parr 1963; PGI - Detter et al. 1968; PGM_1 - McAlpine et al. 1970; PGM_3 - McAlpine et al. 1970; ADA - Edwards et al. 1971; FUCA - Turner et al. 1974). Nur wenige Enzyme wurden in Granulozyten tatsächlich nachgewiesen (vgl. Dausset u. Tangün 1965), nahezu keine Enzyme in Lymphozyten. Die hier vorgelegten Befunde sind insofern nicht nur von Bedeutung für die Nachweisbarkeit von Granulozyten-Enzymsystemen während der Lagerung von Blutkonserven und Leichen, sondern auch für die Frage, welche Enzyme können in bestimmten weißen Blutzellen erwartet werden. Dies gilt selbstverständlich besonders für Systeme, die nicht in roten Blutzellen (GOT_M, ME_M, ME_S, FUCA, PEPA) bzw. nicht im Serum (PGM_3, GOT_M, ME_M, ME_S, PGP, 6-PGD, ADA, AK, PEPA) nachgewiesen werden können.

Schließlich stellt sich die Frage nach der allgemeinen Bedeutung eines positiven Enzym- bzw. Reaktionsbefundes an Zellen. Da es sich bei Enzymen chemisch um Makromoleküle handelt, deren wesentlicher Bestandteil Proteine sind, können aktive Zentren über lange Zeiten - unabhängig von einer Zellviabilität - zur Katalyse fähig sein. Ebenso können, unabhängig von der Viabilität einer Zelle, Reaktionsprodukte nachweisbar sein. Dieses Phänomen erlaubt unter anderem, Enzyme auch dann darzustellen, wenn eine Fixation des Gewebes erfolgte. Insofern ist der Nachweis von Enzymen und Reaktionen in Zellen auch nach langer Lagerung in sterilen Blutkonserven und Leichen verständlich.

Literatur

Amorim A, Siebert G, Ritter H, Kömpf J (1980) Formal genetics of phosphoglycolate phosphatase (PGP): Investigation on 272 mother-child pairs. Hum Genet 53:419

Berg S (1965) Die Bedeutung cytochemischer Methoden für die Auswertung von Blutspuren, insbesondere deren Altersbestimmung. Arch Kriminol 136:14

Cohen PTW, Omenn GS (1972) Human malic enzyme: high frequency polymorphism of the mitochondrial form. Biochem Genet 7:303

Dausset J, Tangün Y (1965) Leucocyte and platelet groups and their practical significance. Vox Sang 10:641

Davidson RG, Cortner JA, Rattazzi MC, Ruddle FH, Lubbs HA (1970) Genetic polymorphism of human mitochondrial glutamic oxaloacetic transaminase. Science 169:391

Detter JC, Ways PO, Giblett ER, Baughan MA, Hopkinson DA, Povey S, Harris H (1968) Inherited variations in human phosphohexose isomerase. Ann Hum Genet 31:329

Drew CR, Scudder I (1940) Studies in blood preservation. Fate of cellular elements and prothrombin in citrated blood. J Lab Clin Med 26:1473

Edwards YH, Hopkinson DA, Harris H (1971) Adenosine deaminase isozymes in human tissues. Ann Hum Genet 35:207

Fildes RA, Parr CW (1963) Human red cell phosphogluconate dehydrogenase. Acta Genet Basel 18:109

Findlay AB (1977) Bone marrow changes in the post mortem interval. J Forens Sci Soc 16:213

Hurn BAL (1968) Storage of blood. Academic Press, London New York

Kempen P (1961) Untersuchungen zur Blutalters- und Geschlechtsbestimmung an Blutschüppchen. Inaug. Dissertation, Universtität Bonn

Kömpf J, Oehmichen M, Schmidt V (1983) Enzymaktivität isolierter Leukozyten. I. Untersuchungen an Blutkonserven bei verschiedenen Lagerungsbedingungen. Z Rechtsmed (im Druck)

Kolmer JA (1939) Reserved citrated blood "banks" in relation to transfusion in tne treatment of disease with special reference to the immunologic aspects. Am J Med Sci 197:442

Laiho K, Penttilä A (1981) Autolytic changes in blood cells and other tissue cells of human cadavers. I. Viability and ion studies. Forensic Sci Int 17:109

Marigo M (1962) Sulla validità di alcuni metodi istologici istochemici e citolici nell' identificazine delle tracce di sangue. Riv Med Leg Legisl Sanit 4:11

McAlipine PJ, Hopinson DA, Harris H (1970) The relative activities attributable to the three phosphoglucomutase loci (PGM_1, PGM_3) in human tissues. Ann Hum Genet 34:169

Nanikawa R, Janssen W (1965) Über das postmortale Verhalten der Succino-dehydrogenase-Aktivität in Geweben und Leukozyten. Dtsch Z Gerichtl Med 56:44

Oehmichen M, Kömpf J (1983) Enzymaktivität isolierter Leukozyten. II. Untersuchungen an Leichenblut. Z Rechtsmed (im Druck)

Oehmichen M, Pedal I (1983) Zytochemie weißer Blutzellen unter verschiedenen Lagerungsbedingungen. Beitr Gerichtl Med (im Druck)

Povey S, Wilson DE Jr, Harris H, Gormley JP, Parry P, Buckton E (1978) Subunit structure of soluble and mitochondrial malic enzyme. Demonstration of human mitochondrial enzyme in human-mouse hybrids. Ann Hum Genet 39:203

Ricci R (1957) Ulteriori osservazioni sulle modificazioni putrefattive degli elementi figurati del sangue periferico. Med Leg (Genova) 5:63

Schiffer C, Buchholz DH, Wiernik PH (1974) Transfusion of granulocytes (GR) obtained by filtration leukophoresis (FL). Proc Am Assoc Cancer Res 15:26

Shikata I (1958) On the mortality of the leukocyte and the time lapse after death. Jpn J Leg Med 12.:227

Siebert G, Ritter H, Kömpf J (1979) Mitochondrial malic enzyme (E.C.1.1.1.40) in human leukocytes: formal genetics and population genetics. Hum Genet 51:319

Siebert G, Oehmichen M, Kömpf J (1982) Enzyme activity in human mononuclear blood cells. Z Rechtsmed 88:75

Turner BM, Beratis NG, Turner VS, Hirschorn K (1974) Isozymes of human α-L-fucosidase detectable by starch gel electrophoresis. Clin Chim Acta 57:29

Undritz E, Hegg P (1959) Die morphologisch-hämatologische und cytologische Untersuchung eingetrockneter Blutflecken. Schweiz Med Wochenschr 89:1088

Undritz E, Hegg P (1960) Die morphologische Untersuchung eingetrockneter Blutflecken. II. Teil: Anwendung an einem Beispiel. Schweiz Med Wochenschr 90:1223

Identifizierung von Tätern durch Ohrabdruckspuren[1]

E. Trube-Becker

Zusammenfassung

Die Kenntnis der Identifizierungsmöglichkeit aufgrund von Fingerabdruckspuren veranlaßt Täter, solche Spuren am Tatort nicht zu hinterlassen. Ohrabdruckspuren, beim Lauschen an einer Tür erzeugt, könnten geeignet sein, zur Identifizierung eines Verdächtigen als Täter beizutragen. Es wird über einen einschlägigen Fall berichtet.

Summary

The knowledge that they can be identified from their fingerprints causes perpetrators not to leave such traces at the place of action. Ear prints, produced when listening at the door, may be suitable for identification of a suspected person as perpetrator. A report has been made on such a case.

Seit jeher wird fast überall in der Welt eine Person anhand ihrer Fingerabdrücke identifiziert. Auch bei Gewalttaten oder bei einem Einbruch wird am Tatort nach Fingerabdruckspuren gesucht, um so den Täter überführen zu können.

Inzwischen ist diese Möglichkeit der Identifizierung so bekannt geworden, daß Täter bedacht sind, keine Fingerabdruckspuren zu hinterlassen.

Jeder Mensch ist ein Individuum und hat - wenn auch familiäre Übereinstimmungen nachzuweisen sind - nicht nur im Bereich des Papillarleistensystems seine für ihn spezifischen Merkmale, sondern auch andere Merkmalkomplexe zeigen individuelle Eigenheiten.

Die erbbedingten Übereinstimmungen im Papillarleistensystem sind im übrigen schon seit Anfang dieses Jahrhunderts bekannt und werden bei Vaterschaftsbestimmungen berücksichtigt.

Auf der Suche nach einer anderen oder einer zusätzlichen Identifizierungsmethode ist das Ohr als geeignet angesehen worden (Iannarelli 1979).

Schon Reiss hat das Ohr als das entscheidende Organ für das Signalement bezeichnet. Niceforo und Locard halten das Ohr, falls eine genaue Beschreibung mit allen seinen Kennzeichen erfolgt, zur Feststellung der Identität für ausreichend.

Hirschi (1970) hat sich zum ersten Mal nach einer Einbruchserie in der Schweiz mit der Möglichkeit der Täteridentifizierung aufgrund von Abdruckspuren der Ohren befaßt. Seit dem Jahre 1965 sind in der Schweiz ca. 35 Ohrabdruckspuren gesichert und 25 davon erkennungsdienstlich verwertet worden. In einigen Fällen deckten sich die Ergebnisse der

---

[1]Auszugsweise vorgetragen auf der 61. Jahrestagung der Deutschen Gesellschaft für Rechtsmedizin, 21. - 25. September 1982, Würzburg

Ohrabdruckvergleiche mit dem Geständnis der Täter, die wegen typischer Merkmale als Verursacher der Spuren zu identifizieren waren.

Im Jahre 1969 hatten auch wir erstmals Gelegenheit, nachdem bei 10 Wohnungseinbrüchen am Tatort Ohrabdruckspuren gesichert worden waren, vergleichende Untersuchungen vorzunehmen und den Täter zu identifizieren.

Dabei ist zu beachten, daß Ohrgröße und Ohrbreite nicht in Relation mit der Körpergröße stehen. Auch der Ohransatz kann ganz erheblich variieren, so daß der Abstand zwischen der Ohrmitte und dem Scheitel ebenfalls nicht mit der Größe der untersuchten Person korreliert.

Bei manchen Menschen sind, abgesehen von Mißbildungen und Erbkrankheiten oder auch intrauterin erworbenen Veränderungen, die Ohren auffallend tief angesetzt. Deshalb lassen sich aus der Höhe eines Abdrucks an Türpfosten oder an einer Wand nicht ohne weiteres Schlüsse auf die Körpergröße des Täters folgern. Zudem wird beim Lauschen der Kopf tiefer geneigt.

Die Variationsbreite der Merkmale der Ohren kann fast mit derjenigen des Papillarleistensystems verglichen werden. Nicht blutsverwandte Personen haben verschiedenartige Ohren, die nie identisch sind. Deshalb können gute, unter gleichen Bedingungen angefertigte fotographische Aufnahmen für die Identifizierung einer Person durchaus brauchbar sein.

Entsprechend könnten Ohrabdruckspuren am Tatort auch zur Identifizierung eines Täters führen.

Zu dieser Möglichkeit soll ein interessanter Fall, mit dem wir befaßt worden sind, mitgeteilt werden.

Als Tatverdächtiger für mehrere Büroeinbrüche wurde der 43jährige C. ermittelt. An den aufgebrochenen Bürotüren und Türpfosten wurden von der Polizei Ohrabdruckspuren gesichert, die sich in einer Höhe von ca. 150 cm bis zur Oberkante des Ohrabdrucks bzw. 140 - 145 cm bis zum unteren Ohrläppchenrand befanden.

Von dem Verdächtigen und anderen Personen verschiedenen Alters und unterschiedlicher Größe wurden zum Vergleich unter tatrelevanten Umständen Abdrücke beider Ohren gefertigt.

Wir hatten den Auftrag, die gesicherten Spuren und die Vergleichsabdrücke zu untersuchen und uns über die Möglichkeit der Identität zu äußern.

Zunächst sei festgehalten, daß die beiden Ohren des Verdächtigen C. untereinander differieren (Abb. 1). Die Helix des rechten Ohres ist stärker gebogen und breiter als diejenige des linken. Ihr Anfangteil verläuft schräger und ist stärker gebogen als derjenige des linken Ohres. Der obere Abschnitt der Helix des linken Ohres ist dagegen im Bereich der Innenseite relativ gerade.

Die Anthelix des rechten Ohres ist stärker gewölbt als links. Das rechte Ohrläppchen erscheint etwas stärker gerafft, breiter und kürzer als links.

Außerdem befindet sich fast in der Mitte des rechten Ohrläppchens ein Nodulus, der auf dem linken Ohr nicht erkennbar ist. Der Antitragus des rechten Ohres scheint etwas größer und stärker abgesetzt zu sein, die Incisura intertragica ist breiter als links.

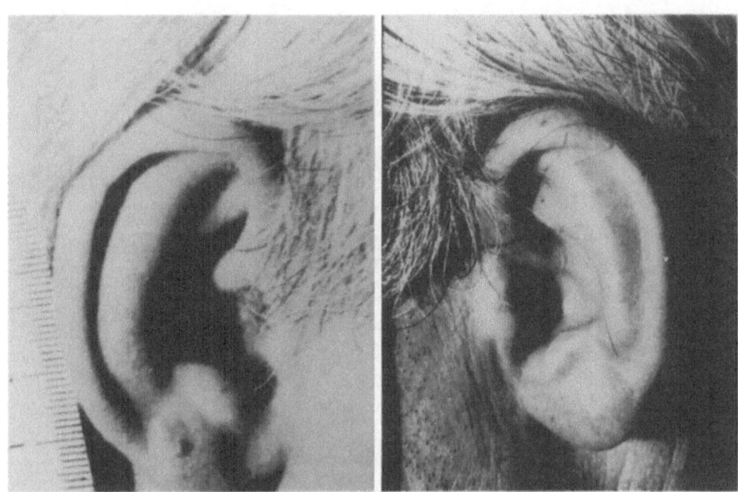

Abb. 1. Rechtes und linkes Ohr des fraglichen Täters

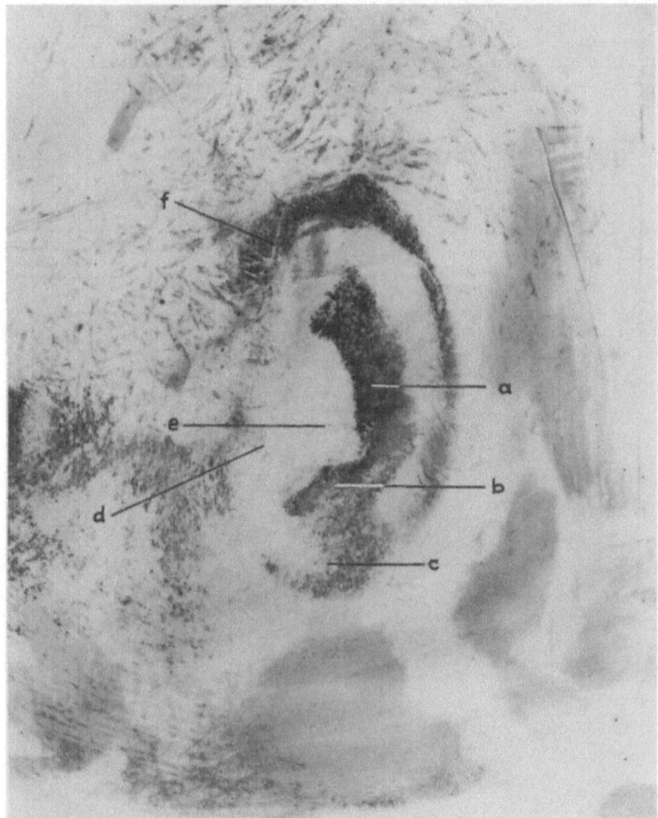

Abb. 2a-f. Vergleichsabdruck des fraglichen Täters auf Kachel

a Anthelix e Concha
b Antitragus f Oberer
c Ohrläppchen Teil der
d Tragus Helix

Bei einem Abdruck eines Ohres handelt es sich nicht um eine fotographische Aufnahme. Beim Lauschen wird das Ohr an den Türpfosten oder die Tür angedrückt, wodurch die Proportionen verändert werden. Die Ohrkrempe wird breiter, und die verschiedenen Ohrabschnitte können anders als bei einer Fotografie projiziert werden (Abb. 2).

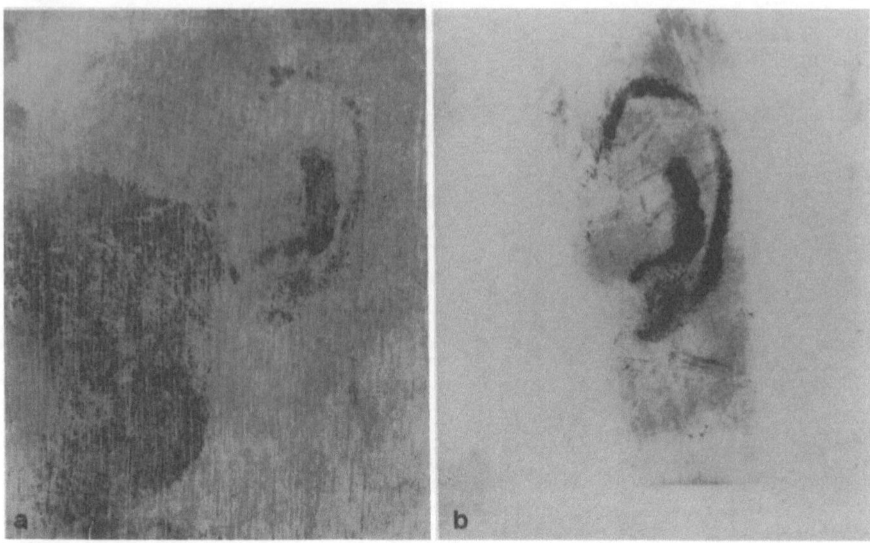

Abb. 3. (a) Ohrabdruck bei einem Einbruch erzeugt, (b) Vergleichsabdruck des fraglichen Täters (rechtes Ohr)

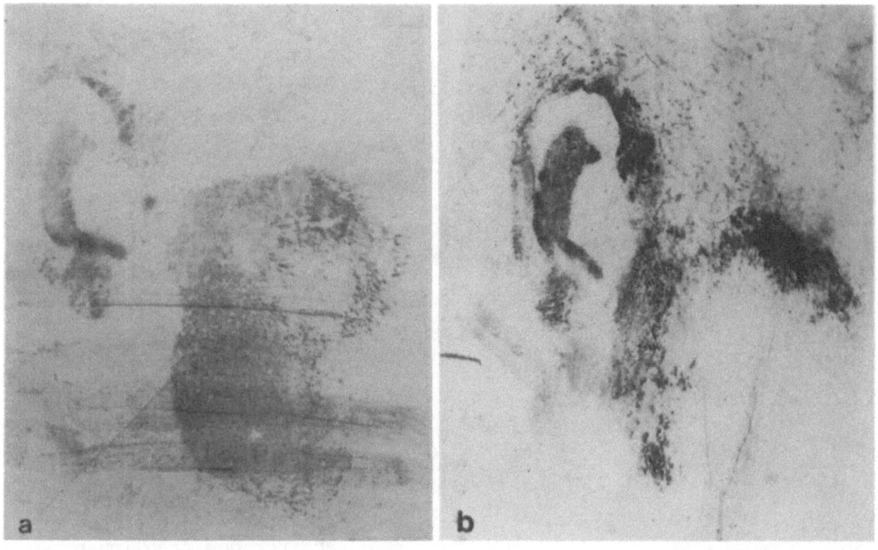

Abb. 4. (a) Abdruck an einer aufgebrochenen Tür, (b) Vergleichsabdruck des fraglichen Täters (linkes Ohr)

Viele der in unserem Fall an den verschiedenen Türen gesicherten Spuren ließen sich gut als Abdruckspuren menschlicher Ohren identifizieren. Einige davon wurden mit solchen des Verdächtigen verglichen (Abb. 3).

Beim linken Abdruck (Abb. 3) handelt es sich um denjenigen, der an einer aufgebrochenen Tür gesichert wurde; beim rechten um einen Vergleichsabdruck des rechten Ohres des fraglichen Täters.

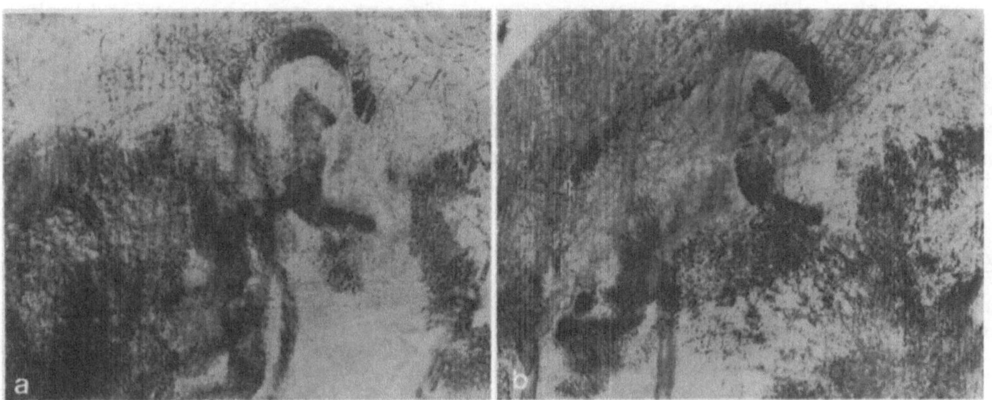

Abb. 5a,b. Zwei von verschiedenen Einbrüchen am gleichen Tag stammende Ohrabdruck-spuren

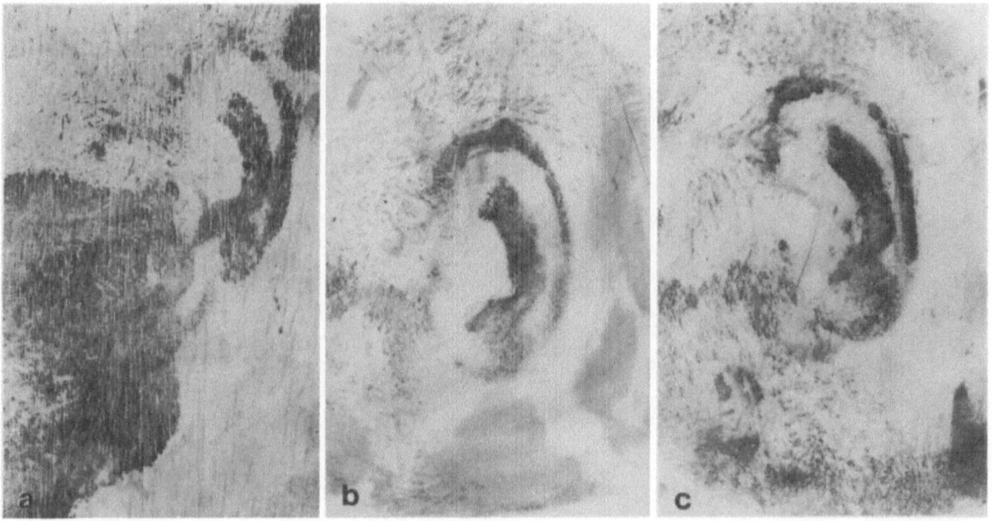

Abb. 6. (a) Ohrabdruck am Tatort, (b) rechtes Ohr des fraglichen Täters auf Kachel, (c) rechtes Ohr des fraglichen Täters auf Türpfosten

Übereinstimmungen lassen sich vor allem in der Form der Anthelix, der Concha, dem Tragus und auch in allen Abschnitten der Helix erkennen.

In Abb. 4 ist ebenfalls links ein am Tatort gesicherter Abdruck und rechts der Vergleichsabdruck vom linken Ohr des Tatverdächtigen ge-zeigt. Beide Abdruckspuren weisen weitgehende Übereinstimmungen auf.

In Abb. 5 sind zwei von verschiedenen Einbrüchen am gleichen Tag her-rührende Abdruckspuren wiedergegeben, die weitgehend identisch sind, und auf Abb. 6 ist ein am Tatort gesicherter Ohrabdruck (a) einem Ver-gleichsabdruck auf einer Kachel (b) und auf einem Türpfosten (c) gegen-übergestellt.

Wenn auch nicht alle an den verschiedenen Tatorten gesicherten Abdruckspuren mit denjenigen vom Tatverdächtigen identisch sind, so lassen
sich doch weitgehende Übereinstimmungen bei mehreren am Tatort gesicherten Spuren mit denjenigen des fraglichen Täters feststellen und berechtigen u.a. dazu, den Verdächtigen als Täter zu identifizieren. Die Abdruckspuren von fremden Personen verschiedener Körperhöhe und Ohrgröße
waren dagegen in keiner Weise mit den an den Tatorten gesicherten Spuren in Einklang zu bringen.

Literatur

Hirschi F (1970) Identifizierung von Ohrabdrücken. Kriminalistik 24:75-79
Iannarelli AV (1979) Ohr- statt Fingerabdruck. Praxis Kurier

Verkehrsmedizin

Reaktionsdauer bei Kraftfahrern

U.Löhle

Zusammenfassung

Die Untersuchung von Verkehrsunfällen zeigt, daß die Reaktionsdauer eines Kraftfahrers neben der persönlichen Leistungsfähigkeit sehr wesentlich von der konkreten Verkehrssituation abhängt. Auch fahrzeugspezifische Größen haben Einfluß auf die Reaktionsdauer. Als Mittelwert für die Reaktionsdauer kann ein Wert von 1,0 s angesehen werden; Abweichungen von $\pm$ 0,25 s sind als normale Toleranzspanne anzusehen; in Ausnahmefällen können die Abweichungen vom Mittelwert sowohl nach oben als auch nach unten hin mehr als 0,5 s betragen. Wahlreaktionen verlängern die Reaktionsdauer. Die Reaktionsgüte wird i. allg. der Reaktionsschnelligkeit untergeordnet.

Summary

The investigation of traffic accidents shows that the reaction time of a car driver depends not only on personal efficiency but mainly on the actual traffic situation. Moreover, specific dimensions of the car influence the reaction time. A value of 1,0 s can be taken to be the mean value of the reaction time; deviations of $\pm$ 0,25 s are a normal tolerance range; in exceptional cases deviations above or below the mean value may amount to more than 0,5 s. A choice of reactions prolongs the reaction time. The reaction efficiency is generally subordinate to the reaction speed.

In der Verkehrsrechtssprechung wurde bislang für das System Fahrer/ Fahrzeug unabhängig von der unterschiedlichen Leistungsfähigkeit der einzelnen Individuen, insbesondere aber auch unabhängig von der konkreten Verkehrssituation, ein fester Wert von 1 s für die Reaktionsdauer, definiert als Zeitdauer zwischen Reaktionsbeginn bis zum Einsetzen der vollen Bremswirkung des Fahrzeuges, angenommen.

Untersuchungen von Verkehrsunfällen zeigen jedoch, daß die Annahme einer festen Reaktionsdauer eine nur bedingt richtige Vereinfachung darstellt.

Bereits die Art der Reaktionsaufforderung bewirkt unterschiedlich lange Reaktionszeiten; das Hineinrennen eines Kindes in die Fahrbahn stellt beispielsweise eine eindeutige Gefahr dar, die eine sofortige, instinktiv und damit sehr schnell ablaufende Reaktion nach sich zieht. Steht dagegen ein Fußgänger auf Fahrbahnmitte, so stellt dies zunächst ein indifferentes Verhalten des möglichen Unfallgegners dar, das eine Beobachtung und Entscheidung darüber notwendig macht, ob Reaktionsanlaß besteht oder nicht.

Neben der Art der Reaktionsaufforderung bestimmt auch die Anzahl der sich anbietenden Wahlreaktionen die Reaktionsdauer. Eine Wahlreaktion zwischen zwei Alternativen dauert in der Regel um etwa 0,2 - 0,3 s länger als eine Einfachreaktion.

Bei normalen Verkehrssituationen stehen folgende Wahlreaktionen zur Verfügung: Bremsen, Lenken, Bremsen und Lenken. Die letztere Doppelreaktion erfordert allerdings Überlegungen dahingehend, wie stark gebremst werden kann, um die Lenkfähigkeit nicht zu beeinträchtigen oder um eine mögliche Schleudergefahr des Fahrzeuges auszuschließen.

Bei sehr leistungsstarken Krafträdern ist auch an die Wahlreaktion Beschleunigung zu denken.

Für jede Verkehrssituation läßt sich im Nachhinein die beste Reaktion berechnen. Bei einer akuten Reaktionsaufforderung wird allerdings i. allg. die Reaktionsgüte der Reaktionsgeschwindigkeit untergeordnet, d.h. der schnelleren, weil instinktiven Reaktion, gegenüber der im Nachhinein gesehen möglicherweise besseren (Wahl-)Reaktion der Vorzug gegeben.

Quantifizierung der Reaktionsdauer des Systems Fahrer/Fahrzeug in einer konkreten Verkehrssituation

Zur exakten Quantifizierung der für eine konkrete Verkehrssituation erforderlichen Reaktionsdauer ist es notwendig, den Begriff "Reaktionsdauer" aufzugliedern.

Eine erste grobe Einteilung unterscheidet den am Beginn liegenden psychophysischen Teil der Reaktion, den sich daran anschließenden muskulären Teil der Reaktion und schließlich die mehr fahrzeugabhängige Bremsanlege- und Bremsschwelldauer.

Die psychophysische Reaktionsdauer wird von der Leistungsfähigkeit des Fahrers sowie der konkreten Verkehrssituation bestimmt. Sie ist für jeden einzelnen Fall festzulegen. Der muskuläre Teil der Reaktion, beim Bremsen also beispielsweise die Fußumsetzzeit vom Gaspedal auf das Bremspedal, hängt im wesentlichen von der konstruktiven Gestaltung der entsprechenden Bedienungseinrichtung ab. Auch die Bremsanlege- und Bremsschwelldauer sind konstruktiv bedingte feste Größen, die von der jeweiligen Fahrzeug- bzw. Bremsenkonstruktion sowie deren Erhaltungszustand abhängig sind.

Die Zeitdauern für die einzelnen Phasen des Reaktionsablaufs eines Notbremsvorgangs sind in Tabelle 1 dargestellt. Die dort angegebenen Zeiten sind auf Hundertstelsekunden genau wiedergegeben. Dies sollte jedoch nicht darüber hinwegtäuschen, daß es sich hierbei, bezogen auf die Probleme des täglichen Lebens, um eine Pseudogenauigkeit handelt. Die Rekonstruktion von Verkehrsunfällen zeigt, daß man bei der Festlegung von Reaktionsdauern bzw. deren einzelnen Phasen allenfalls mit kleinsten Zeiteinheiten von etwa einer Viertelsekunde rechnen kann.

In der Praxis genügt es, mit den - entsprechend ab- oder aufgerundeten - unteren und oberen Grenzen der in der Tabelle 1 angegebenen statistischen Streubreiten zu arbeiten; als unterer und oberer Grenzwert haben sich die Wahrscheinlichkeit 2% und 98% bewährt. Der untere Grenzwert (2%) ist dadurch bestimmt, daß er nur von 2% aller Kraftfahrer unterschritten wird, der obere Grenzwert (98%) dadurch, daß ihn nur 2% aller Kraftfahrer überschreiten.

Die Tabelle enthält des weiteren die wahrscheinlichen Werte für die einzelnen Phasen der Reaktionsdauer, errechnet aus der sogenannten Weibull-Verteilung.

Es gibt nur wenige Unfalltypen, die zur rechnerischen Ermittlung von Reaktionszeiten aus realen Verkehrsunfällen geeignet sind. Ein solcher Unfalltyp ist beispielsweise der Zusammenstoß zweier einander entgegenkommender Fahrzeuge in einer unübersichtlichen Kurve. Aus der objektiv

Tabelle 1. Quantifizierung der einzelnen Phasen eines Notbremsvorganges mit PKW in einfachstrukturierten Fällen

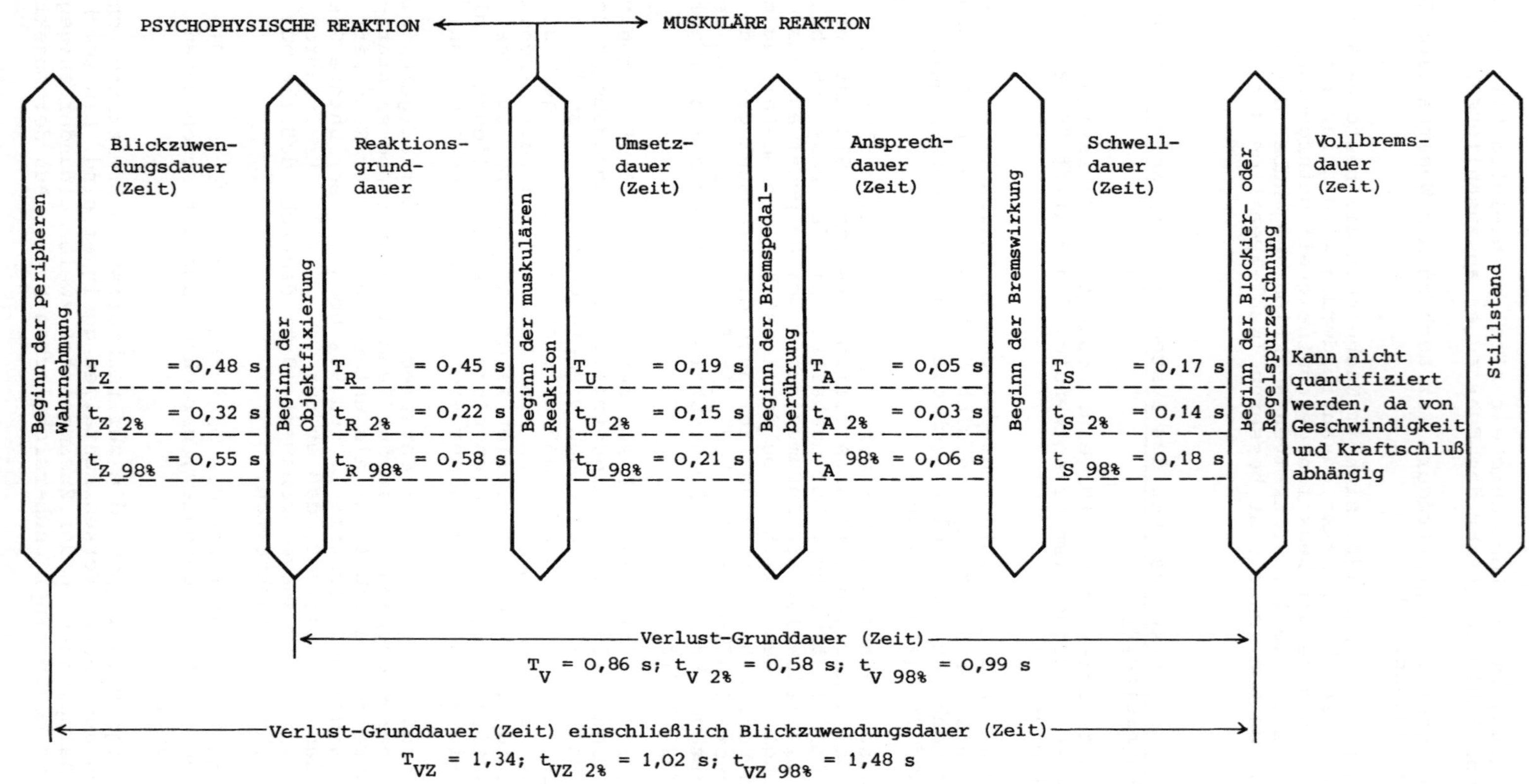

T: Charakteristischer Merkmalswert der Weibull-Verteilung (wahrscheinlichster Wert)

$t_{2\%}$ bzw. $t_{98\%}$: Die angegebenen Werte markieren die Grenzen des Gültigkeitsbereiches und gehören selbst noch dazu

festzustellenden gegenseitigen Erkennbarkeitsentfernung läßt sich im
Nachhinein unter der Annahme, daß beide Unfallbeteiligten zum frühest-
möglichen Zeitpunkt reagiert haben, anhand der errechenbaren Ausgangs-
geschwindigkeiten der Fahrzeugführer auf die im konkreten Fall gegebenen Reaktionszeiten schließen. Ähnliche geeignete Unfalltypen sind Zu-
sammenstöße von Fahrzeugen an unübersichtlichen Kreuzungen und Überhol-
vorgänge.

Die Auswertung der Verkehrsunfälle zeigt, daß die bislang in Ansatz gebrachte Gesamtreaktionsdauer von 1 s zwar einen guten Mittelwert darstellt, die Annahme einer festen, für jeden Fahrer in jeder Verkehrssituation gültigen Gesamtreaktionsdauer von 1 s jedoch nicht richtig
ist.

Ähnlich wie bei der Beurteilung der relativen Fahruntüchtigkeit eines
Kraftfahrers bei einer Blutalkoholkonzentration zwischen 0,8 % und
1,3 % wird es dem Tatrichter obliegen, aufgrund des Beweisergebnisses
in der Hauptverhandlung die für einen konkreten Verkehrsunfall erforderliche Gesamtreaktionsdauer des Fahrers festzusetzen.

Der medizinische oder technische Sachverständige kann dabei bei der
Festlegung der Anknüpfungstatsachen, beispielsweise der Bestimmung des
"Beginns der objektiven Reaktionsaufforderung" sowie des "Beginns der
Vollverzögerung", d. h. bei der Festlegung der beiden Grenzpunkte, zwi-
schen denen die Gesamtreaktionsdauer abläuft, behilflich sein.

Der Beginn des Reaktionsablaufs muß juristisch und naturwissenschaftlich
definiert werden. Für jede Verkehrssituation gilt es, den "Beginn der
objektiven Reaktionsaufforderung" normativ zu bestimmen. Die "objektive
Reaktionsaufforderung" muß vom subjektiven Erleben einer bestimmten Verkehrssituation durch den Einzelnen losgelöst werden, da es aus Gründen
der Verkehrssicherheit nicht dem Einzelnen überlassen werden kann, ob,
wann und wie er reagieren soll. Der "Beginn der objektiven Reaktionsaufforderung" wird als derjenige Zeitpunkt definiert, zu dem ein durchschnittlicher Kraftfahrer erkennen kann, daß eine Gefahr vorhanden ist,
die ein unverzügliches Reagieren erforderlich macht.

Der zweite Grenzpunkt der Gesamtreaktionsdauer, nämlich deren Ende, ist
durch den Beginn der Vollverzögerung des Fahrzeuges definiert. In der
Regel wird der Beginn der Vollverzögerung und damit das Ende der Gesamtreaktionsdauer mit dem Beginn der sichtbaren Bremsblockierspurenzeichnung
eines Fahrzeuges gleichgesetzt.

Diese Annahme ist nicht immer richtig. Es gibt durchaus Bremsvorgänge,
bei denen die sichtbare Bremsblockierspurenzeichnung nicht sofort,
sondern erst nach dem Beginn der Vollverzögerung einsetzt (Problem
des sogenannten "ungezeichneten" Vollbremsweges).

Ungezeichnete Vollbremswege sind insbesondere bei folgenden Ausgangs-
bedingungen wahrscheinlich:

- geringe Betätigungskraft des Bremspedals (Frauen am Steuer);
- starke Ausladung der Fahrzeuge;
- nasse Fahrbahn;
- dosiertes Abbremsen in Kurven (Gefahr des Verlustes der Steuerungs-
  fähigkeit des Fahrzeuges bei sofortiger maximaler Bremspedalbetäti-
  gung);
- zugleich mit einer Ausweichbewegung eingeleitete dosierte Bremsung.

Da ein Kraftfahrer bei einer in einem konkreten Fall festliegenden Kollisionsgeschwindigkeit um so früher reagiert hat, je höher seine Aus-

gangsgeschwindigkeit war, ist es im Hinblick auf die Frage einer rechtzeitigen oder nicht rechtzeitigen Reaktion für den Kraftfahrer günstig,
von einer möglichst hohen - allerdings für die konkrete Verkehrssituation noch zulässigen - Ausgangsgeschwindigkeit auszugehen. Liegt beispielsweise die anhand der sichtbaren Bremsblockierspurenzeichnung er-
rechnete Ausgangsgeschwindigkeit unter der juristisch für die konkrete
Verkehrssituation zulässigen Ausgangsgeschwindigkeit, so führt die Annahme eines ungezeichneten Vollbremsweges und damit einer - bis zur
zulässigen Grenze - höheren Ausgangsgeschwindigkeit des Kraftfahrers
zu einem für ihn günstigeren Ergebnis im Hinblick auf die Frage einer
rechtzeitigen Reaktion.

Nach Festlegung der Grenzpunkte der Gesamtreaktionsdauer gilt es, deren
Einzelphasen zu bestimmen.

1. Psychophysische Reaktionsdauer

Unter der psychophysischen Reaktionsdauer wird derjenige Teil der Gesamtreaktionsdauer verstanden, der vom "Beginn der objektiven Reaktionsaufforderung" bis zu dem Zeitpunkt vergeht, zu dem der Fahrer mit einer
zweckgerichteten muskulären Bewegung beginnt. Sie unterteilt sich in
folgende Abschnitte:

a) *Blickzuwendungsdauer*. Liegt die Gefahr außerhalb des fovealen Bereichs, d.h. außerhalb des zentralen Sehens, so muß der Kraftfahrer
erst eine Blickzuwendung zu der Gefahr vornehmen, um sie wahrzunehmen.
Erst dann kann er reagieren. Der zentrale Sehbereich ist außerordentlich klein und hat in der Regel eine Öffnung von ca. 1^O. Liegt die Gefahr um mehr als $0,5^O$ von der ursprünglichen Blickrichtung des Kraftfahrers nach rechts oder links versetzt, so wird sie im Gesichtsfeld zwar
wahrgenommen, nicht jedoch erkannt. In diesen Fällen wird eine Blickzuwendung ausgelöst, die eine gewisse Zeit dauert. Erst nach Ablauf der
Blickzuwendungsdauer, d.h. nach Erkennen der Gefahr, können die weiteren Phasen der Reaktionsdauer ablaufen. Wichtig für die Bemessung der
Blickzuwendungsdauer sind in diesem Zusammenhang die medizinischen optischen Untersuchungsergebnisse, wonach ein Kraftfahrer nur in der Lage
ist, pro Sekunde maximal zwei Objekte zu fixieren und wonach für eine
Nah-Fernadaption (beispielsweise Blick auf den Tachometer) etwa eine
Zeitdauer von 2 s erforderlich ist.

b) *Korrektursaccadendauer*. Die Blickzuwendung erfolgt nur dann in
"einem Anlauf", wenn der notwendige Blickzuwendungswinkel nicht größer
als 5° ist. Oberhalb eines Winkels von 5° ist das menschliche Auge
nicht mehr in der Lage, die Gefahr sofort im fovealen Bereich zu fixieren; es wird die sogenannte "Korrektursaccade" erforderlich. Bild-
lich ist dies so zu verstehen, daß die Blickzuwendung des fovealen Sehens zunächst über das anzufixierende Objekt hinausschwingt und zur
eindeutigen Fixierung eine Rückwendung vorgenommen werden muß. Bei
Blickzuwendungen von mehr als 5° kommt es in ca. 30% aller Fälle zu
sogenannten Korrektursaccaden. Die Korrektursaccadendauer hängt nicht
vom Aufmerksamkeitsgrad des jeweiligen Kraftfahrers ab.

c) *Informationsverarbeitungsdauer*. Ist die Gefahr im zentralen Bereich
des Sehens fixiert, kann die damit verbundene Information im Gehirn des
Fahrers weiterverarbeitet werden. In der Informationsverarbeitungsdauer
wird entschieden, ob und wie reagiert wird. Zu dieser Phase gehört auch
die sogenannte "Reizleitungsdauer"; der Reiz, der die zweckgerichtete
Reaktionsbewegung des Fahrers auslöst, muß von dessen Gehirn noch zu
dessen Füßen oder Händen weitergeleitet werden. Die Informationsverar-

beitungsdauer hängt zum einen von der Entschlußfreudigkeit des Fahrers,
zum anderen aber auch von der Eindeutigkeit bzw. Zwangsläufigkeit der
Verkehrssituation ab. Auch die Routine spielt eine große Rolle. Ein
Fahrer mit jahrelanger Fahrpraxis wird sich in einem konkreten Fall
sowohl schneller als auch richtiger entscheiden als ein Anfänger, da
bei ersterem Konstellationen, die bereits einmal vorgekommen waren,
besser gemeistert werden; diese Feststellung gilt um so mehr, als in
normalen Verkehrssituationen in der Regel ein eingeprägtes Reaktions-
verhaltensmuster abläuft.

2. *Muskuläre Reaktionsdauer*

Die muskuläre Reaktionsdauer umfaßt bei einem Notbremsvorgang im wesentlichen die sogenannte "Fußumsetzzeit" vom Gaspedal auf das Bremspedal. Sie entfällt, wenn der Fahrer seinen Fuß zu Beginn der muskulären Reaktionsphase aus irgendwelchen Gründen nicht mehr auf dem Gaspedal, sondern bereits auf dem Bremspedal hat, oder wenn der Fahrer
bei einem Fahrzeug mit automatischem Getriebe von vornherein mit dem
rechten Fuß nur Gas gibt und mit dem linken Fuß bremst.

3. *Bremsanlege- und Bremsschwelldauer*

Die Bremsanlegedauer wird zur Überwindung der Spiele und Elastizitäten
im mechanischen Teil einer Bremsanlage benötigt. Sie endet mit dem
Zeitpunkt, zu dem die Bremsbeläge die Bremstrommeln bzw. Bremsscheiben
berühren. Die Anlegezeit ist allein durch die mechanischen Eigenschaften des Bremssystems bedingt. Als Bremsschwelldauer versteht man die
Phase, die vom Ende der Bremsanlegedauer bis zum Erreichen der vollen
Verzögerung des Fahrzeuges vergeht. Sie endet mit dem Vollverzögerungs-
beginn.

Wegen der Kürze der Bremsanlegedauer wird sie in der Regel mit in die
Bremsschwelldauer aufgenommen. Die Bremsanlege- und Bremsschwelldauer
kann durch entsprechende Messungen - beispielsweise mit Hilfe eines
schreibenden Verzögerungsmeßgerätes - mit ausreichender Genauigkeit
bestimmt werden. Bei mittleren Fahrzeuggeschwindigkeiten (bis zu
100 km/h) und normalen äußeren Witterungs- bzw. Fahrbahnbedingungen
sowie bei technisch mängelfreiem Fahrzeugzustand können mit folgenden
Bremsanlege- und Bremsschwelldauern gerechnet werden:

Pkw	0,1 - 0,3 s
Lkw	0,2 - 0,4 s
Lastzug/Sattelzug	0,4 - 1,0 s
Kraftrad (Fußbremse)	0,1 - 0,3 s
Kraftrad (Handbremse)	0,2 - 0,3 s

Bei Notbremsungen aus sehr hohen Geschwindigkeiten (über 100 km/h),
aber auch bei kritischen Witterungs- bzw. Fahrbahnbedingungen (Nässe,
Glätte usw.) ist die Annahme doppelt so langer Bremsanlege- und Bremsschwelldauern durchaus realistisch. In diesen Fällen bestünde bei zu
abruptem Betätigen der Bremse die Gefahr, daß der Fahrer durch den
Notbremsvorgang die Herrschaft über sein Fahrzeug verliert, d.h. ins
Schleudern kommt.

4. *"Schrecksekunde"*

Der bislang beschriebene zeitliche Ablauf eines Notbremsvorgangs hat
nichts mit dem Begriff der "Schrecksekunde" zu tun.

Die "Schrecksekunde" ist eine Ausnahmezeit. Sie kommt nur in Ausnahmesituationen zum Tragen. Solche Ausnahmesituationen können bei einem Fahrer trotz Erkennen der Gefahr ein derartiges Erschrecken (Totstellreflex) bewirken, daß er innerhalb einer gewissen Zeitspanne ab Erkennen der Gefahr zu keiner zweckgerichteten Reaktion fähig ist. Die "Schrecksekunde" liegt - falls überhaupt vorhanden - mithin zwischen dem Ende der Gefahrenerkennung und dem Beginn der Informations- bzw. Verarbeitungsdauer.

Die Länge der "Schrecksekunde" ist personen- und situationsabhängig; sie muß nicht notwendigerweise - in Anlehnung an den Begriff "Schreck*sekunde*" - exakt eine Sekunde dauern; sie kann sowohl kürzer als auch länger sein.

Ob und ggf. in welcher Länge einem Kraftfahrer in einer bestimmten Verkehrssituation eine "Schrecksekunde" oder besser ausgedrückt, eine "Schreckzeit" zuzubilligen ist, ist ausschließlich Entscheidung des erkennenden Gerichtes. Der medizinische und technische Sachverständige kann diesbezüglich dem Gericht allenfalls den Grad der "Ausnahme"-Situation verdeutlichen, falls es sich nicht um eine auch von Juristen nachvollziehbare "Ausnahmesituation" des täglichen Lebens handelt (beispielsweise Fußgänger bei Dunkelheit auf der Autobahn), sondern um eine mehr medizinisch oder technisch bedingte Ausnahmesituation (beispielsweise aus technischer Sicht: Ausfall der Bremsen; Hängenbleiben des Gaszuges; plötzlicher Luftverlust eines Reifens etc.).

Eignungsuntersuchungen bei ausländischen Kraftfahrern

H.-J. Lutze

Zusammenfassung

Es wurden 55 in der Bundesrepublik lebende Ausländer im Hinblick auf ihre Eignung zum
Führen von Kraftfahrzeugen untersucht. Anlaß der Untersuchung war mehrfaches Versagen
in der Führerscheinprüfung oder wiederholtes verkehrswidriges Verhalten am Steuer
eines Kraftfahrzeugs. Von den Prüfungsversagern wurden etwas über die Hälfte negativ
beurteilt, es handelte sich dabei im wesentlichen um Personen mit einem niedrigen Lei-
stungsniveau und mit geringen deutschen Sprachkenntnissen. Unter den Kraftfahrern, die
aufgrund von Trunkenheitsdelikten zur Untersuchung kamen, waren vor allem Personen
jugoslawischer Nationalität vertreten. Bei den Kraftfahrern mit alkoholunabhängigen
Verkehrsdelikten und auch bei Prüfungsversagern überwogen Türken. Diese Befunde werden
mit dem Grad der Ähnlichkeit zwischen den Heimatländern und der Bundesrepublik erklärt.

Summary

A group of foreign employees living in the Federal Republic of Germany were examined
to assess their ability to drive. More than 50% failed the medicopsychological test,
mainly those with a low efficiency level and those with little knowledge of the German
language.

Driving offenses with alcohol were committed mainly by Yugoslavians while the majority
of other traffic delicts were committed by Turks, who also repeatedly failed to pass
the driving test. These differences are possibly dependent on the degree of similarity of the sociocultural conditions in the native countries of these people to those
in Germany.

In der Bundesrepublik leben gegenwärtig etwa 4,6 Millionen Ausländer,
davon sind rund ein Drittel Kinder und Jugendliche. Von den 3 Millionen
Ausländern mit einem Lebensalter von 18 Jahren und darüber besitzen über
1,1 Millionen eine Fahrerlaubnis (Hautzinger et al. 1980). Die größte
Gruppe unter den hier lebenden Ausländern bilden Personen türkischer
Nationalität mit etwa 33%, während die Gruppe der Jugoslawen mit 14%
vertreten ist. Der Anteil der Führerscheininhaber ist in diesen Gruppen
unterschiedlich groß. Er beträgt etwa 28% bei den Erwachsenen türkischer
Nationalität und 41% bei den hier lebenden Jugoslawen. Nach Schätzungen
von Hautzinger et al. (1980), die sich auf Umfrageergebnisse aus dem
Jahre 1976 stützen, sind in der Bundesrepublik etwa 240 000 Türken und
rund 230 000 Jugoslawen im Besitz einer Fahrerlaubnis. Auch wenn genauere Angaben über Art und Umfang der Fahrpraxis fehlen, lassen die genannten Zahlen die Größenordnung erkennen, in der hier lebende Ausländer am motorisierten Straßenverkehr teilnehmen.

Unter diesen Voraussetzungen ist zu erwarten, daß ein quantitativ nicht
unbeträchtlicher Teil dieser Kraftfahrer mindestens gelegentlich mit
den Anforderungen des hiesigen Straßenverkehrs in Konflikt gerät. Bei
wiederholten Auffälligkeiten kann die Verkehrsbehörde diesen Kraftfahrern - ebenso wie deutschen Fahrern - die Beibringung eines Eignungs-

gutachtens zur Auflage machen. In der vorliegenden Arbeit sollen Beobachtungen bei Eignungsuntersuchungen ausländischer Kraftfahrer dargestellt werden. Zunächst soll jedoch auf besondere Probleme bei der Untersuchung ausländischer Probanden eingegangen werden.

Besonderheiten bei der Eignungsprüfung von Ausländern

Während die Schaffung normaler Testbedingungen bei Eignungsuntersuchungen in der Regel keine Schwierigkeiten bereitet, ist dies bei ausländischen Kraftfahrern aufgrund der eingeschränkten Verständigungsmöglichkeiten schwieriger zu erreichen. Große Bedeutung kommt im Hinblick auf die Frage der Eignung zum Führen von Kraftfahrzeugen den Sprachkenntnissen zu, vor allem bei Prüfungsversagern. Jeder Lernprozeß setzt, wenn er erfolgreich sein soll, ein Mindestmaß an Verständigungsmöglichkeiten voraus. Wenn diese Grundvoraussetzungen nicht erfüllt sind, führen auch zusätzliche Fahrstunden nicht viel weiter. Die vorhandenen Sprachkenntnisse können ferner als Anzeichen für das Ausmaß der erreichten soziokulturellen Integration aufgefaßt werden, die für die Verkehrsanpassung sehr wichtig ist. Von Bedeutung ist jedoch nicht nur das verbale Ausdrucksvermögen, sondern auch die Fähigkeit, nichtverbale Hinweise zu erfassen und zu beantworten. Diese Fähigkeit kann in der Untersuchungssituation beim Verhalten an Prüfgeräten und Testapparaturen erfaßt werden. Es ist ohne Schwierigkeiten möglich, die Bedienung des Reaktionsgerätes durch Demonstrieren und Zeichensprache zu erläutern.

Bei eingeschränkten sprachlichen Verständigungsmöglichkeiten ist natürlich die Durchführung einer Exploration und die Erhebung von Leistungsbefunden erheblich erschwert. Viele Testverfahren, z.B. Fragebögen, können überhaupt nicht angewendet werden. Bei den Verfahren, die von den Probanden trotz eingeschränkter Kommunikationsmöglichkeiten richtig aufgefaßt und bearbeitet werden können, ergeben sich Schwierigkeiten bei der Interpretation der Befunde, da die üblichen Normwerte der Testverfahren auf diese Untersuchungsgruppe nicht oder nur begrenzt anwendbar sind.

Die bei der Leistungsbeurteilung bestehenden Schwierigkeiten werden durch Anwendung "kulturfreier" Meßverfahren, sog. culture-free-tests, nur unwesentlich verringert. Derartige Verfahren sind keineswegs so kulturunabhängig, wie das in der Bezeichnung zum Ausdruck kommt. Relativ einfach ist die Interpretation sprachunabhängig gewonnener Untersuchungsbefunde bei Personen aus Ländern mit vergleichbaren Lebens- und Ausbildungsbedingungen, z.B. wenn Engländer, Franzosen und Deutsche miteinander verglichen werden. Bei Türken und teilweise auch bei Italienern, die - wenn überhaupt - mitunter nur etwa 4 Jahre eine Schule besucht haben, ist es sehr schwer, einen adäquaten Maßstab zur Beurteilung der Leistungsergebnisse zu finden.

In Anbetracht der genannten Schwierigkeiten ist bei ausländischen Kraftfahrern die Verwendung gesonderter Normwerte unumgänglich. Die Erstellung solcher spezieller Normwerte bringt bei ausreichend großen Untersuchungskollektiven keine besonderen Schwierigkeiten mit sich. Als Maßstab kann der Durchschnittswert der entsprechenden Normstichprobe herangezogen werden. Dieser liegt bei der hier zu betrachtenden Gruppe von Ausländern aufgrund unterschiedlicher sprachlicher, kultureller und bildungsmäßiger Voraussetzungen in der Regel niedriger als bei deutschen Kraftfahrern. Der Einwand, es würde bei dieser Art des Vorgehens gewissermaßen ein "Ausländerbonus" berücksichtigt, ist nicht gerechtfertigt. Es kann natürlich kein Zweifel bestehen, daß die Anforderungen des Straßenverkehrs für deutsche und ausländische Kraftfahrer identisch sind. Das bedeutet jedoch nicht, daß die zu fordernden Testleistungen

ebenfalls identisch sein müssen. Die Anwendung der unter andersartigen
Voraussetzungen gewonnenen deutschen Normwerte würde zweifellos eine
Benachteiligung ausländischer Kraftfahrer bedeuten. Es ergeben sich
also ähnliche Probleme, wie bei der Beurteilung der Leistungsfähigkeit
deutscher Kraftfahrer in verschiedenen Altersgruppen. Auch bei diesen
Gruppen würde das Anlegen eines absoluten Maßstabs, sowohl bei jungen
Erwachsenen als auch bei Kraftfahrern eines mittleren und höheren Lebensalters, zu einer Benachteiligung der zuletzt genannten Altersgruppen führen. Notwendig erscheint vielmehr die Verwendung gruppenspezi-
fischer Normwerte in Verbindung mit bestimmten unteren Grenzwerten,
die als unverzichtbar bezeichnet werden müssen.

Eigene Untersuchungen

Von 1978 bis 1980 wurden insgesamt 55 Ausländer im Hinblick auf ihre
Eignung zum Führen von Kraftfahrzeugen begutachtet. Zur Untersuchung
kamen vor allem Prüfungsversager und verkehrsauffällige Kraftfahrer.
Die Daten dieser beiden Gruppen sind in Tabelle 1 zusammengefaßt. Von
den Prüfungsversagern wurden 10 befürwortet und 13 negativ beurteilt.
Es handelt sich bei den abgelehnten Probanden um Personen, deren
Sprachkenntnisse auffallend schlecht waren, und die darüber hinaus
auch sehr geringe Leistungsergebnisse erzielten. Während normalerweise
in der Gruppe der Prüfungsversager Frauen stärker vertreten sind als
Männer, bilden Frauen bei ausländischen Prüfungsversagern eine kleine
Minderheit. Der Grund dafür ist sicherlich in der geringen Zahl ausländischer Führerscheinbewerberinnen zu suchen.

Tabelle 1. Ergebnisse der Eignungsuntersuchungen bei 55 ausländischen Kraftfahrern

	Prüfungsversager n = 23 (17 Männer, 6 Frauen)		Verkehrsauffällige Kraft- fahrer n = 32 (ausschließlich Männer)	
Nationalität	Türkei	11	Jugoslawien	13
	Jugoslawien	5	Türkei	10
	Griechenland	4	Italien	3
	Italien	2	Ungarn	2
	Spanien	1	Andere Länder	4
Ergebnis	10+	13-	18+	14-
Sprache auffallend schlecht	13	(12-)	3	(1-)
Leistungen auffallend schlecht	12	(10-)	6	(5-)

Den Prüfungsversagern stehen die Personen gegenüber, die schon einmal
im Besitz einer Fahrerlaubnis waren und durch Verkehrsdelikte Zweifel
an ihrer Eignung zum Führen von Kraftfahrzeugen haben aufkommen lassen.
Das sind vor allem Probanden mit Trunkenheitsfahrten oder Kraftfahrer,
die durch eine hohe Punktebelastung beim Kraftfahrtbundesamt aufgefallen sind. In dieser Gruppe finden sich mehr jugoslawische Kraftfahrer
als Personen türkischer Nationalität. Es handelt sich ausschließlich
um Männer. Die verkehrsauffälligen Fahrer waren sprachlich und leistungsmäßig deutlich besser als die Prüfungsversager. Von 32 Probanden hatten

lediglich 6 auffallend schlechte Leistungen aufzuweisen, während bei
3 Probanden die sprachlichen Verständigungsmöglichkeiten ausgesprochen
gering waren. Es wurden von dieser Gruppe über die Hälfte positiv oder
bedingt positiv beurteilt.

Eine Aufschlüsselung des Kollektivs der verkehrsauffälligen Kraftfahrer
unter Berücksichtigung der beiden größten Nationalitätengruppen zeigt
Tabelle 2.

Tabelle 2. Verkehrsauffällige Kraftfahrer

	Alkohol	Verkehrsdelikte (Punkte KBA)	Gesamt
Türken	2	8	10
Jugoslawen	8	5	13

Diskussion

Obwohl über die Größe und über die Zusammensetzung des jeweiligen Aus-
länderkollektivs, aus dem die untersuchten Kraftfahrer bzw. Führerscheinbewerber stammen, keine Angaben gemacht werden können, ergeben sich bei
der Analyse der durchgeführten Untersuchungen interessante Hinweise.

Bei den Prüfungsversagern dominieren Personen türkischer Nationalität.
Erst mit großem Abstand folgen jugoslawische Führerscheinbewerber. Bei
der Gruppe der verkehrsauffälligen Kraftfahrer sind dagegen Jugoslawen
stärker vertreten als Türken. Während Türken in ihrem Fahrverhalten
eher durch alkoholunabhängige Delikte auffallen, werden Jugoslawen häufiger durch Fahrten unter Alkoholeinfluß verkehrsauffällig.

Diese Ergebnisse sind mit dem Grad der soziokulturellen Ähnlichkeit
der Heimatländer zu unseren Lebensbedingungen zu erklären. Türken sind
nicht nur räumlich, sondern auch von den Ausbildungsbedingungen und
der Mentalität her relativ weit von uns entfernt. Sie fallen durch
Prüfungsversagen auf und durch unangepaßtes Fahrverhalten, trinken aber
offenbar weniger Alkohol, vorwiegend wohl religiös bedingt. Andererseits
stehen uns Jugoslawen kulturell sowie bildungsmäßig und von der Mentalität her wesentlich näher. Sie fallen in geringerem Maße durch die Führerscheinprüfung, haben andererseits aber mehr Alkoholdelikte aufzuweisen. Mit anderen Worten: Jugoslawen stehen uns nicht nur räumlich und
kulturell näher, sondern sind uns auch im Hinblick auf die Art der Verkehrsdelikte wesentlich ähnlicher als z.B. Türken.

Literatur

Hautzinger H, Hunger W, Frey I (1980) Zahl und Struktur der Führerscheininhaber in
    der Bundesrepublik Deutschland. Bericht zum Forschungsprojekt 7752 im Auftrag der
    Bundesanstalt für Straßenwesen, Köln
Kraftfahrt-Bundesamt (Hrsg) (1982) Entziehung und Versagung von Fahr- und Fahrlehrer-
    erlaubnissen. Statistische Mitteilungen, Heft 4, Flensburg
Lienert GA (1967) Testaufbau und Testanalyse. Beltz, Weinheim
Senator für Bau- und Wohnungswesen (Hrsg) (1976) Haushaltsbefragung zum Verkehrsver-
    halten von Ausländern, Berlin

Untersuchungen der Gamma-Glutamyltransferase und des Leistungsverhaltens bei verkehrsauffälligen Kraftfahrern

G. Reinhardt und H.-J. Lutze

Zusammenfassung

33 männliche Probanden im Durchschnittsalter von 38 Jahren unterzogen sich im Abstand von 12 - 18 Monaten 2mal einer medizinisch-psychologischen Untersuchung zur Prüfung der Kraftfahrtauglichkeit. Bei allen Probanden lag zum Zeitpunkt der ersten Untersuchung eine pathologische Erhöhung der Gamma-GT-Werte über einen Wert von 28 U/1 vor. Die psychoexperimentelle Prüfung von Aufmerksamkeitsspannung und Belastbarkeit ergab eine Tendenz zur Leistungsverbesserung bei Absinken der erhöhten Gamma-GT-Werte. Dieses Phänomen war bei einer Vergleichsgruppe mit gleichbleibend hohen Gamma-GT-Werten bzw. einer Verschlechterung des Gamma-GT-Wertes bei der zweiten Untersuchung deutlich geringer. Ein Zusammenhang zwischen einer Leistungsverbesserung und einer Korrektur des Trinkverhaltens, die auch zu einer Normalisierung erhöhter Gamma-GT-Werte führt, liegt nahe.

Summary

In West Germany persons who lose their driving license have the chance of regaining the document by passing a medical-psychological test. Thirty-three male drivers with a mean age of 38 years who had lost their licenses due to alcohol were examined twice at intervals of 12 - 18 months. In the first examination all these persons showed pathological signs of gamma-GT higher than 28 U/liter. When the pathological values reduced, better results were often found in the psychological examination. It can be assumed that there is a correlation between mental efficiency and duration of alcohol abuse.

Seit den Arbeiten von Hanes et al. (1952) sowie Orlowski u. Szewczuk (1962) Anfang der 50er Jahre, die auf die Bedeutung der Bestimmung der Gamma-Glutamyltransferase (Gamma-GT) hinwiesen, sind zahlreiche Veröffentlichungen zum Aussagewert einer Gamma-GT-Bestimmung erschienen. Aus neuerer Zeit erwähnt seien die Untersuchungen von Koch et al. (1980) über das Langzeitverhalten der Enzymaktivitäten im Serum bei gesunden Probanden und von Kristenson et al. (1980), die in Schweden im Rahmen von Vorsorgeuntersuchungen Männer der Geburtsjahrgänge 1926 und 1927 untersuchen konnten. Letztere Autoren führten aus, daß trotz Fehlens einer konstanten Beziehung zwischen Gamma-GT-Wert im Blut und Alkoholkonsum sich bei erhöhten Gamma-GT-Werten in einer großen Population meist der Verdacht auf einen erhöhten Alkoholkonsum bestätigen ließ. Signifikante Korrelationen zwischen täglichem Alkoholkonsum und Gamma-GT-Werten ergaben Untersuchungen von Papoz et al. (1981). Über den Einsatz der Gamma-GT-Bestimmung als Diagnostikum bei Eignungsuntersuchungen alkoholauffälliger Kraftfahrer berichteten 1978 Geiselbrecht et al. Erwähnt sei hier auch noch eine Untersuchung von Möller et al. (1982).

Ziel der vorliegenden Arbeit war es, der Frage einer Beziehung zwischen Leistungsverhalten bei psychologisch-experimentellen Prüfungen und Gamma-GT-Werten nachzugehen. Ausgangspunkt war die Überlegung, daß bei länger dauerndem abnormen Trinkverhalten neben einer Erhöhung der Ak-

tivität der Gamma-GT eine psychologisch faßbare Leistungseinbuße resultieren kann, daß andererseits möglicherweise bei einer Rückbildung
pathologisch erhöhter Gamma-GT-Werte unter Änderung der Trinkgewohnheiten, insbesondere bei Abstinenz, das Leistungsverhalten sich bes-
sern kann. Für die Untersuchung standen Befunde zur Verfügung, die von
den Autoren an der Abteilung Verkehrsmedizin des Instituts für Rechtsmedizin der Universität Heidelberg erhoben werden konnten.[1]

Ergebnisse und Diskussion der Ergebnisse

Die folgende Untersuchung stützt sich auf ein Kollektiv ausschließlich
männlicher Probanden, da Frauen sehr viel seltener durch Alkoholdelikte
im Straßenverkehr auffällig werden, noch seltener durch eine Wiederho-
lung dieses Delikts. Bei der Beurteilung des Gamma-GT-Wertes wurde ein
oberer Grenzwert von 28 U/l zugrunde gelegt. Die Bestimmung der Gamma-
GT-Aktivität erfolgte nach den Angaben von Szasz (1970) unter Verwendung von Reagenzien der Firma Böhringer, Mannheim. Einbezogen in die
Untersuchung wurden nur solche Probanden, die bei der ersten Untersuchung eine Erhöhung des Gamma-GT-Wertes aufwiesen und die sich im Laufe
von 12 - 18 Monaten einer erneuten Eignungsprüfung mit Kontrollbestim-
mungen der Gamma-GT an der gleichen Untersuchungsstelle unterzogen
hatten. Eine weitere Auswahl wurde nicht getroffen.

Da von den untersuchten, durch Alkoholdelikte auffälligen Kraftfahrern
nur etwa ein Drittel erhöhte Gamma-GT-Werte bei der Erstuntersuchung
zeigte, ist das untersuchte Kollektiv zahlenmäßig nicht sehr groß. Es
umfaßt 33 Personen, die in den Jahren 1977 - 1982 untersucht wurden.
Bei etwa zwei Drittel der untersuchten Probanden hatte sich der Wert
der Gamma-GT bei der zweiten Untersuchung deutlich gebessert. Dies ist
u.a. darauf zurückzuführen, daß die Probanden bei der ersten Untersuchung unter Hinweis auf die Erhöhung des Gamma-GT-Wertes auf die Notwendigkeit einer Korrektur der Trinkgewohnheiten hingewiesen wurden.
10 Personen zeigten bei der Nachuntersuchung erneut hohe Gamma-GT-
Werte wie bei der Erstuntersuchung.

In Abb. 1 sind die beiden Gruppen von Probanden dargestellt, jene, bei
denen ein erhöhter Gamma-GT-Wert sich von der ersten zur zweiten Untersuchung hin gebessert hatte (A) und jene, bei denen keine Veränderung
oder sogar eine Verschlechterung erfolgt war (B). Stellt man das mittlere Lebensalter und die Gamma-GT-Werte gegenüber, so sieht man keine
deutlichen Unterschiede im Altersaufbau; alle Probanden hatten das 25.
Lebensjahr bereits überschritten. Beide Gruppen befanden sich in einem
Lebensabschnitt, in dem über einen kurzen Zeitraum von 1 bis 1 1/2 Jahren, altersbedingte Leistungsänderungen in geringerem Maße zu erwarten
sind als bei deutlich jüngeren und vor allem auch wesentlich älteren
Personen. Das Kollektiv A, bei dem der Gamma-GT-Wert in der zweiten
Untersuchung sich zurückbildete, ist größer. Es ist dies wohl darauf
zurückzuführen, daß sich Probanden mit gleichbleibend pathologisch
verändertem oder sogar noch schlechterwerdendem Gamma-GT-Wert meist
keiner erneuten Untersuchung stellten.

Die psychologisch-experimentelle Prüfung der Leistungsfähigkeit umfaßte
den Bereich der Reaktionsfähigkeit, der Konzentrationsfähigkeit, der
Belastbarkeit, der Intelligenz und der Orientierungsfähigkeit. Zwar un-

---

[1]Die von den Autoren während ihrer Tätigkeit in Heidelberg erhobenen Befunde wurden
durch Daten ergänzt, für deren freundliche Überlassung Herrn Prof. Dr. med. Joachim
und Frau Dipl.-Psych. Thieme gedankt sei

Versuchs-gruppe	Werte der Gamma-GT (U/l)		Lebensalter bei der ersten Untersuchung
	1. Untersuchung	2. Untersuchung	
A N = 23	65.9 ⟨ 156 / 28	21.5 ⟨ 48 / 6	39.7 ⟨ 56 / 28
B N = 10	49.4 ⟨ 138 / 28	61.8 ⟨ 200 / 28	35.0 ⟨ 43 / 25

Abb. 1. Gamma-GT-Werte (Mittelwerte) bei der ersten und zweiten Untersuchung mit jeweils höchstem und niedrigstem Wert. (Gruppe A mit Besserung pathologisch veränderter Werte. Gruppe B ohne Besserungstendenz). Altersverteilung

terliegt der Ablauf der Untersuchungen und die Auswahl der angewandten Verfahren gewissen Wandlungen und Veränderungen, in den ausgewerteten Fällen standen jedoch auf gleichem Wege gewonnene Daten zur Verfügung. Bei den Leistungsprüfungen handelt es sich um Befunde des Konzentrationsverlaufstests (KVT) nach Abels (1974) und des Aufmerksamkeitsbelastungstests (Test d2) nach Brickenkamp (1978) (Abb. 2). Beim KVT wird neben der Tempoleistung auch über die Fehlerzahl die Konzentrationsleistung erfaßt. Beim Test d2 werden Quantität und Qualität der Leistung, prozentualer Anteil der Fehler, sowie die Schwankungsbreite der Leistung ausgewertet. Der Test d2 scheint in stärkerem Maße übungsabhängig zu sein als der KVT, bei wiederholter Durchführung müssen deshalb Leistungsverbesserungen zum Teil durch Lern- und Übungseffekte erklärt werden. Bezüglich einer Verbesserung der Leistungsfähigkeit sollte auch beachtet werden, daß mit Veränderung der Trinkgewohnheit eine größere Selbstsicherheit sich ausbilden kann, die eine günstige Voraussetzung für die Absolvierung einer Prüfungssituation darstellt.

Untersuchungs-verfahren	Auswertungs-aspekte
KVT (ABELS)	Tempoleistung Konzentrationsleistung komb. Sorgfaltsleistung
Test d$_2$ (BRICKENKAMP)	Qualitätsleistung Fehlerprozentsatz Schwankungsbreite

Abb. 2. Auswertungsaspekte bei 2 angewandten psychoexperimentellen Testverfahren (KVT-Test, Test d2)

Die Leistungsänderungen bei Versuchswiederholung nach einem Jahr sind in Abb. 3 - 5 dargestellt, aufgeschlüsselt nach Tempoleistung, konzentrativer Leistung und kombinierter Sorgfaltsleistung. Es ist jeweils die Gruppe A mit gebessertem Wert der Gamma-GT der Gruppe B mit nicht gebessertem Gamma-GT gegenübergestellt. Abbildung 4 enthält die Gegenüberstellung für den KVT-Test, Abb. 5 für den Test d2.

Versuchs-gruppe	Durchschnittliche Rangplatzveränderung bei Versuchswiederholung nach einem Jahr					
	KVT			Test d$_2$		
	Tempo	Konzentr.	komb. Sorgfalt	Qualität	Fehler %	Schwankungs-breite
A (verbessert)	+4.9	+4.2	+5.1	+12.1	+12.2	+2.5
B (nicht verbessert)	+17.9	−5.0	−0.9	+10.6	+3.9	+4.1

<u>Abb. 3.</u> Rangplatzveränderungen (Prozent) bei Vergleich der Ergebnisse der Kontrolluntersuchung mit dem Erstbefund (Gruppe A mit Besserung pathologischer Enzymwerte, Gruppe B ohne Besserungstendenz)

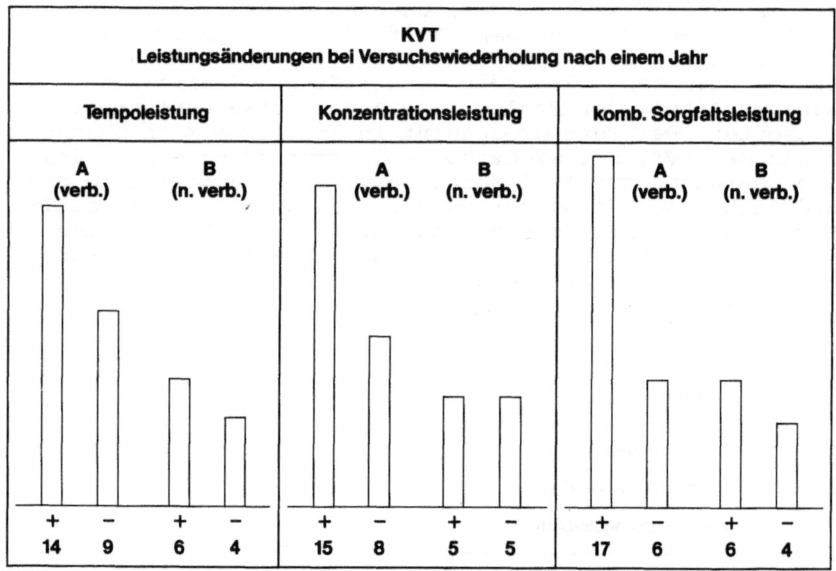

<u>Abb. 4.</u> Leistungsänderungen im KVT-Test. Die Anzahl der Probanden bestimmt die Säulenhöhe (verb = Verbesserung der Enzymwerte, n. verb = keine Verbesserung)

Es ist zu erkennen, daß sich die Personen mit einem bei der zweiten Untersuchung besseren Gamma-GT-Wert auch im Leistungsbereich verbessern konnten. Bei Personen mit unverändert hoher Gamma-GT war diese Tendenz nicht in gleicher Weise zu bestätigen. Es kam teilweise sogar zu Leistungsverschlechterungen. Soweit aber Leistungsverbesserungen beobachtet wurden, waren sie weniger deutlich ausgeprägt. Diese Tendenz ist auch bei einer Auszählung zu erkennen, bei der erfaßt wird, wieviele Personen sich bei einer Zweituntersuchung leistungsmäßig verbessert bzw. verschlechtert hatten. Ein Vergleich der Leistungen der

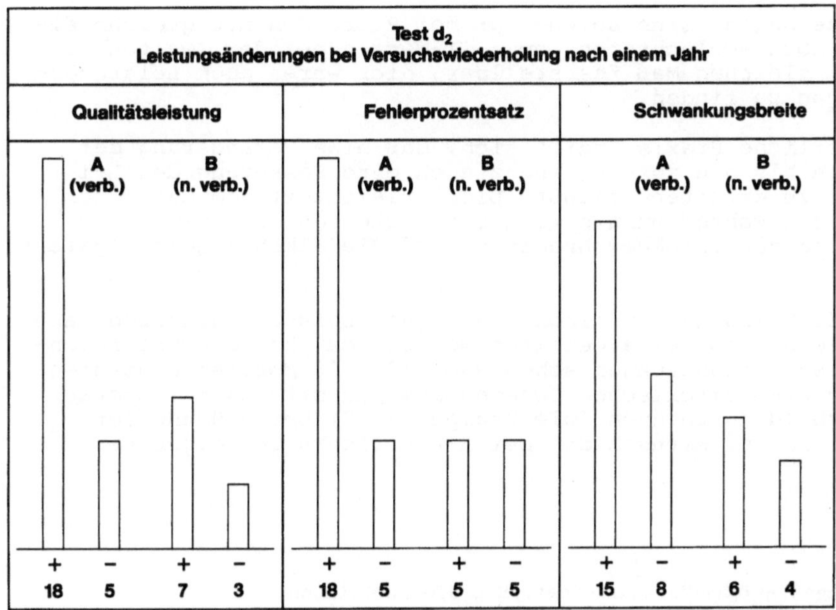

Abb. 5. Leistungsänderung im Test d2. Die Anzahl der Probanden bestimmt die Säulen-
höhe. (verb = Verbesserung der Enzymwerte, n. verb = keine Verbesserung)

beiden untersuchten Kollektive A und B mit denen anderer im Auswertungs-
zeitraum untersuchter Probanden zeigte, daß die Leistung i. allg. bei
dieser Gruppe von Kraftfahrern etwas geringer war.

Die bei unseren Untersuchungen mituntersuchten Enzymaktivitäten der
GOT und GPT waren selten miterhöht, was der Beobachtung entspricht,
daß bei leichteren alkoholtoxisch bedingten Begleitreaktionen der Leber die Gamma-GT häufig das einzige im Serum erhöhte Enzym ist (Schmidt
E u. Schmidt FW 1973).

Diskussion

Bei Verkehrsstraftätern, die durch wiederholte Trunkenheitsdelikte auffallen, ist mit einem über längere Zeit bestehenden übermäßigen Alkoholkonsum zu rechnen, der aufgrund der Lebertoxizität von Alkohol auch die
Enzymaktivitäten im Serum zu verändern vermag. Neben Alkohol kann chronischer Mißbrauch von Arzneimitteln, insbesondere Schlafmitteln (Poser
et al. 1978), die Gamma-GT-Aktivität im Serum erhöhen.

Bei vermehrtem Alkoholkonsum muß nicht immer eine Erhöhung des Gamma-
GT-Wertes resultieren. So berichteten Horner et al. (1979), daß nur bei
29% der von ihnen untersuchten 155 chronischen Alkoholiker erhöhte
Serum-Gamma-GT-Werte gefunden wurden.

In der vorliegenden Studie wurden die Ergebnisse bei Probanden ausgewertet, die bei einer ersten Untersuchung erhöhte Gamma-GT-Werte aufwiesen. Veränderungen der Gamma-GT-Werte bei einer zweiten Untersuchung
im Abstand von 12 - 18 Monaten wurden in Beziehung zu Veränderungen des
Leistungsverhaltens gesetzt. Bei den Probanden mit einer Besserung des
Gamma-GT-Wertes bei der Zweituntersuchung zeigten sich durchgehend auch

Leistungsverbesserungen. Eine solche war bei Probanden mit gleichbleibend hohen oder noch schlechteren Gamma-GT-Werten bei der Zweituntersuchung nicht im gleichen Maß feststellbar, hier waren auch Leistungsverschlechterungen zu finden.

Für die gutachterliche Praxis ergibt sich, daß eine Veränderung der Trinkgewohnheiten bis hin zur Abstinenz auch eine Besserung des Leistungsverhaltens zu erwarten erlaubt. Dies erleichtert dem Gutachter die Empfehlung, die Fahrerlaubnis wieder zu erteilen. Bei einer dauerhaften Veränderung der Trinkgewohnheiten wird die Alkoholrückfallgefahr gesenkt.

Zur Frage der Rückbildungszeit alkoholbedingter Leistungseinbußen kann aus dieser Studie nur soviel abgeleitet werden, daß bei den untersuchten Fällen gewisse Veränderungen schon nach 12 - 18 Monaten eintraten. Bei ausgeprägten alkoholtoxischen Schäden muß man mit einem längeren Verlauf der Rückbildung rechnen, wie Krampe (1979) bei Prüfung der Rückbildung organischer Hirnschäden bei Alkoholikern zu zeigen vermochte.

Literatur

Abels D (1974) Konzentrations-Verlaufs-Test. Hogräfe, Göttingen

Brickenkamp R (1978) Aufmerksamkeits-Belastungs-Test (d2). Hogräfe, Göttingen

Geiselbrecht W, Krüger D, Winkel M (1978) Die Gamma-Glutamyl-Transferase als Diagnostikum im forensischen Bereich am Beispiel der Eignungsuntersuchung alkoholauffälliger Kraftfahrer. Blutalkohol 15:370

Hanes CS, Hird FJR, Isherwood FA (1952) Enzymic transpeptidation reactions involving gamma glutamyl peptides and alpha amino-acyl peptides. Biochem J 51:25

Horner F, Kellen JA, Kingstone E, Maharaj M, Malkin A (1979) Dynamic changes of serum gamma-glutamyl transferase in chronic alcoholism. Enzyme 24:217

Koch CD, Arnst E, Rommel K (1980) Langzeitverhalten von Enzymaktivitäten. Zentralbl Arbeitsmed Arbeitsschutz Prophyl Ergonomie 30:166

Krampe M (1979) Rückbildung der organischen Hirnschädigung bei Alkoholikern gemessen mit dem Benton-Test. Suchtgefahren 2:57

Kristenson H, Trell E, Fex G, Hood B (1980) Serum gamma-glutamyltransferase: Statistical distribution in a middle-aged population and evaluation of alcohol habits in individuals with elevated levels. Prev Med 9:108

Möller MR, Buhmann D, Franke H, Wagner HJ (1983) Blutalkoholkonzentration und Gamma-Glutamyltransferase bei verkehrsauffälligen Kraftfahrern. In: Barz J (Hrsg) Fortschritte der Rechtsmedizin, Springer, Berlin Heidelberg New York

Orlowski M, Szewczuk A (1962) Determination of gamma-glutamyl transpeptidase activity in human serum and urine. Clin Chim Acta 7:755

Papoz L, Warnet JM, Pequinot G, Eschwege E, Claude JR, Schwartz D (1981) Alcohol Consumption in a healthy population. JAMA 245:1748

Poser W, Krauss B, Poser S, Eickhoff K (1978) Erhöhung der Gamma-GT-Aktivität im Serum bei Alkoholismus und chronischem Mißbrauch von Schlafmitteln. Nervenarzt 49:181

Schmidt E, Schmidt FW (1973) Gamma-Glutamyl-Transpeptidase. Dtsch Med Wochenschr 98:1572

Szasz G (1970) Gamma-Glutamyl-Transpeptidase. In: Bergmeyer HV (Hrsg) Methoden der enzymatischen Analyse, 2. Aufl. Verlag Chemie, Weinheim

Die Biomechanik von Verkehrsunfällen – Forschung und Prophylaxe

F. H. Walz

Zusammenfassung

In der vorliegenden Arbeit werden Untersuchungsergebnisse von Verkehrsunfällen in
der Schweiz aus den Jahren 1945 bis 1981 vorgestellt und diskutiert. Die Zahl der
Verkehrsopfer in der Schweiz stieg von 396 im Jahre 1945 auf 1773 im Jahre 1971, um
bis 1981 auf 1165 abzufallen. Dieser Rückgang ist wahrscheinlich auf die Wirkung
von Geschwindigkeitsbeschränkungen, das Tragen von Gurten und Schutzhelmen, vermehrte Sicherheitsvorkehrungen in den Kraftfahrzeugen und ein wachsendes Energiebewußt-
sein der Fahrer zurückzuführen.

Unsere Untersuchungen von 410 bei Verkehrsunfällen schwer oder tödlich verletzten
Gurtträgern zeigen, daß bei Frontalzusammenstößen auch bei angelegten Gurten ernsthafte Verletzungen von Schädel, Thorax und inneren Organen auftreten können, jedoch
wesentlich seltener und von geringerem Ausmaß als bei Verunfallten ohne Gurt. Die
Wahrscheinlichkeit, daß Unfallopfer durch den angelegten Gurt schwerere Verletzungen
erleiden als Autoinsassen, die keine Gurte tragen, wurde auf weniger als 0,65% berechnet. Der Gebrauch eines Gurtes auf den Rücksitzen vermindert die Verletzungsgefahr
um 20–50%. Für Fahrer von Kraft- und Fahrrädern besteht im Vergleich zu Autoinsassen
ein bis zu 10faches Todesrisiko bei Unfällen. Durch das Tragen von Schutzhelmen wird
die Häufigkeit von Schädelverletzungen um 20–50% reduziert, ohne ein zusätzliches
Risiko von HWS-Verletzungen, wie es in der Vergangenheit angenommen wurde. Möglichkeiten, Fußgänger zu schützen, bestehen u.a. in der Einführung von Geschwindigkeits-
begrenzungen, kollisionskompatiblen Fahrzeugfronten und getrennten Verkehrswegen.

Summary

This paper reviews data collected from traffic accidents in Switzerland from 1945 to
1981. The number of deaths from traffic accidents in Switzerland increased from 396
in 1945 to 1773 in 1971 and then decreased to 1165 in 1981. This decrease was probably due to the joint effectiveness of speed limits, seat belts, better cars, safety
helmets, and energy consciousness of drivers.

Our investigation of 410 severely and fatally injured seat belt wearers involved in
car accidents showed that seat belt wearers may exhibit serious head, thorax, and
abdominal injuries in very severe collisions, but that these injuries are greatly
reduced in frequency and severity compared with non-seat-belt wearers. The probabili-
ty of receiving injuries which were more severe as a result of wearing the seat belt
than injuries in similar accidents without a seat belt was calculated to be less than
0.65%. Data from the use of rear seat belts showed these to have an injury-reducing
potential of 20%–50%.

Users of motor cycles and bicycles undergo an up to tenfold risk of death compared
with car occupants. Crash helmets reduce the incidence of head injuries by 20%–50%
and do not introduce the additional risk of injury to the cervical spine which has
been assumed in the past. Pedestrians can be protected by means of active measures
such as speed limits or separation of traffic ways as well as by passive pedestrian-
compatible car front structures.

Historische Zusammenhänge

Ein wichtiger Zweig der Wissenschaft zur Beurteilung von Verkehrsunfällen ist die Biomechanik. Bereits Mitte des letzten Jahrhunderts wurde erkannt, daß systematische Untersuchungen im Hinblick auf die Frage des Belastungsvorganges bei realen Unfällen nützlich sein können (Wertheim 1847, Baum 1876, Rauber 1876, Messerer 1880).

1925 erfolgte der Schritt von der quasistatischen zur dynamischen Prüfung von Gewebeteilen (Göcke 1925). Leider bedurfte es des 2. Weltkriegs, um die wirklich angewandten biomechanischen Forschungen v. a. in Deutschland (Kummer 1970) und den USA voranzutreiben. Die eigentliche Geburt der Unfallbiomechanik ist 1942 anzusetzen, als Hugh DeHaven in der Zeitschrift "War Medinice" die Arbeit mit dem Titel "Mechanical Analysis of Survival in Falls from Heights of 50-150 Feet" veröffentlichte. DeHaven hatte bei vielen Unfällen von Flugzeugen oder Automobilen Verletzungen beobachtet, die nach seiner Beurteilung bei entsprechenden konstruktiven Maßnahmen nicht hätten entstehen müssen. Die primäre Motivation der Unfallbiomechanik war also schon damals die Hoffnung auf eine später realisierbare Prophylaxe.

Der Mediziner Oberst John P. Stapp ließ sich Ende der 40er Jahre mehrmals mit Spezialgurten auf einen Raketenschlitten schnallen und diesen Schlitten von 130 km/h innerhalb kurzer Distanz abbremsen. Die dabei erzielten mittleren Verzögerungen von 45 g lagen über den Werten, die man heute mit gefährlichen Verletzungen in Verbindung bringt. Oberst Stapp erfreut sich aber heute noch guter Gesundheit; zu seinen Ehren findet seit 1956 in den USA jedes Jahr die "Stapp Car Crash Conference" als bedeutendste Tagung auf dem Gebiet der Unfallbiomechanik statt.

Die zunehmende Motorisierung in den letzten 3 Jahrzehnten hat v. a. in den 60er Jahren zu einem beängstigenden Anwachsen der Zahl der Straßenverkehrsopfer geführt. Die Bemühungen um die Reduktion der Unfälle und deren Folgen einerseits und die Notwendigkeit einer zuverlässigen Beurteilung der Unfallabläufe andererseits erforderten ein interdisziplinäres Angehen der Probleme. Allein ist weder der Mediziner, noch der Physiker oder Ingenieur in der Lage, die Zusammenhänge bei komplexen, mehrphasigen Unfallabläufen zu erkennen.

1952 wurden erste Patente zur passiven Sicherheit für Autoinsassen registriert (Barenyi) und schon 1960 war die vorteilhafte Wirkung von Sicherheitsgurten bekannt; in Ländern ohne Tragpflicht kümmern sich aber fast ein Vierteljahrhundert später 60 - 99% der Autoinsassen nicht um diese erwiesene Tatsache. Wußte man schon im 18. Jahrhundert nach Isaac Newton um die Zusammenhänge von Kraft, Masse und Geschwindigkeit, so wurde beispielsweise in der Schweiz in geschlossenen Ortschaften erst 1959 und auf der Landstraße erst 1973 eine Geschwindigkeitsbegrenzung eingeführt. Aus politischen oder wirtschaftlichen Gründen bzw. aus Nachlässigkeit folgt die praktische Realisation den Resultaten der Forschung erst mit jahre- oder jahrzehntelanger Verzögerung.

Die konstruktiven Maßnahmen an Personenwagen haben in den letzten Jahren trotzdem eine spürbare Verminderung des Risikos gebracht, bei einem bestimmten Unfall schwere Verletzungen zu erleiden. Nicht von der Hand zu weisen ist allerdings der Einwand, daß diese konstruktiven Verbesserungen aufgrund der v. a. in den 60er und 70er Jahren angestiegenen Geschwindigkeiten sich nicht im maximal möglichen Ausmaß auswirken konnten.

Dem Zweiradlenker stehen seit Jahrzehnten in Form des Schutzhelmes und entsprechender Kleidung bis zu einem gewissen Grade Schutzvorrichtungen

zur Verfügung. Der Fußgänger hingegen kann bis heute lediglich darauf
hoffen, daß bei einer Kollision die Umstände für ihn zufällig günstig
ausfallen (Geschwindigkeit und Form des kollidierenden Fahrzeuges, Struktur der Aufprallfläche auf der Straße). Die sehr komplexen und nur
schwer vorhersehbaren biomechanischen Abläufe bei Fußgängerunfällen
erschweren leider Maßnahmen des passiven Fußgängerschutzes in bedeu-
tendem Ausmaß. Deshalb haben heute Forschungen zum Schutz von Fußgängern Priorität vor denjenigen von Insassen in Personenwagen erlangt.

Entwicklung der Unfallzahlen

In der Schweiz

Die Zahl der bei Straßenverkehrsunfällen getöteten Personen erfuhr nach
dem Krieg eine praktisch ununterbrochene Zunahme von 396 (1945) bis
1773 (1971) und wieder eine fast kontinuierliche Abnahme bis zum Jahre
1981 auf 1165. Anders sieht es bei der Gesamtzahl der Getöteten und
Verletzten aus: bei den Autoinsassen schwankte die Anzahl in den letzten 10 Jahren stark - u.a. wegen der Einführung und Wiederaufhebung
der Gurttragepflicht - während bei den Fußgängern und den Zweiradfah-
rern keine wesentlichen Änderungen zu registrieren sind.

.Im Ausland

Vergleiche über die Todesraten in verschiedenen Ländern müssen mit Vorsicht interpretiert werden, weil nicht überall für den "Verkehrstod"
die gleiche Definition gilt (Tod am Unfallplatz, nach 3 Tagen, nach
einem Jahr etc.). Schweden, Großbritannien und die USA zeichnen sich
durch besonders niedrige Todesraten aus. Aus den USA sind seit 1923
Zahlen über die Todesrate pro gefahrene 100 Millionen Meilen erhältlich.
Auf dieser Basis läßt sich die zahlenmäßige Entwicklung der Verkehrsopfer am zuverlässigsten verfolgen. Für 1923 werden 18,2 Tote pro 100
Millionen Meilen angegeben, während es bei praktisch kontinuierlicher
Verminderung 1977 noch 3,4 waren, was einer Reduktion um 80% entspricht.
Die absolute Zahl der Verkehrsopfer hatte sich im selben Zeitraum al-
lerdings von 22000 auf 49000 erhöhte. Die sachliche Diskussion über
Verkehrsunfälle wird durch solche scheinbar gegenläufigen Entwicklungen
stark erschwert, da je nach Standpunkt vom einen oder anderen Wert ausgegangen wird.

Unfallrekonstruktion

Detaillierte Unfallrekonstruktionen sind aus zwei Gründen sinnvoll und
notwendig:

1. Unfallforschung im Hinblick auf die Vorbeugung
2. Beurteilung des Einzelfalles.

Häufig wird die richterliche Urteilsbildung durch das Ergebnis der medizinischen und unfalldynamischen Rekonstruktion beeinflußt. Unfallrekonstruktionen erfordern ein interdisziplinäres Vorgehen, wobei - chronolo-
gisch gesehen - folgende Bereiche wichtig sind:

- Detaillierte Unfallaufnahme durch die Polizei (die schweizerischen
  Polizeistellen leisten international gesehen hervorragende Arbeit)
- Genaue Beschreibung der Verletzung durch einen spezialisierten Mediziner (Rückfragen beim Hausarzt und bei der behandelnden Klinik sind
  wichtig)

- Rekonstruktion des Unfallablaufes zusammen mit einem spezifisch ausgebildeten Physiker oder Ingenieur.

Die Beachtung der forensisch relevanten Kriterien eines Verletzungs-
bildes können dazu beitragen, die rechtliche Stellung eines Verunfallten zu verbessern. Liegen nämlich keine sehr detaillierten Verletzungs-
beschreibungen vor, besteht die Gefahr, daß ein Unschuldiger sich aufgrund fehlender Unterlagen nicht entsprechend verteidigen kann.

Autoinsassen

Im Jahr 1971 verloren 668 Autoinsassen in der Schweiz das Leben; 10 Jah-
re später waren es noch 483, was einer Reduktion von 28% entspricht.
Akzentuierte Abnahmen der Opfer waren jeweils nach der Einführung der
Gurttragepflicht 1976 und erneut 1981 zu verzeichnen.

Für den forensisch tätigen Mediziner können die Fragen der Untersuchungsbehörden nach einer Autokollision bezüglich der Rekonstruktion unter anderem lauten:

a) Ist der Tod vor der aufgrund des Unfalles eingetreten?

b) Liegt ein Einfluß vorbestehender Krankheiten auf den Todeseintritt
   nach dem Unfall vor?

c) Welcher Insasse war der Lenker?

d) Wurden Sicherheitsgurte getragen?

Es soll kurz auf einige dieser Fragen eingegangen werden. Bei der Frage
"Welcher Insasse war Lenker des Personenwagens?" können aufgrund der Beachtung der Kollisionsrichtung, der daraus folgenden Bewegungen der Insassen und der Beschädigungen bzw. Spurenbildung im Fahrzeuginnenraum
Zuordnungen von Verletzungen zu bestimmten Strukturen des Fahrgastraumes
vorgenommen werden. Bei der Frage "Wurden Sicherheitsgurte getragen?",
ist die jeweilige Verletzungskombination im Hinblick auf den Unfallab-
lauf und den Fahrzeugschaden entscheidend. Oft gibt erst die minutiöse
Untersuchung des Fahrzeuges durch den entsprechend geschulten Fachmann
ausreichende Anhaltspunkte. Medizinische Hinweise allein genügen in der
Regel nicht. Die exakte Kenntnis der unfall- und fahrzeugtechnischen Umstände ist unabdingbar.

Technische Hinweise zur Frage, ob Gurte getragen wurden, sind in vielen
Fällen aussagekräftiger als die medizinischen, so unter anderem ange-
rissene oder vollständig zerrissene Gurte und Materialübertragungen
zwischen dem Gurtband und den Kontaktzonen wie Kleidern, Gurtbeschlägen
oder Sitzen.

Verletzungsarten und Schutzmöglichkeiten

Bei frontalem Aufprall sind bereits ab ETS-Werten[1] von 20 km/h tödliche
Kopfverletzungen ohne Gurte vorgekommen, v. a., wenn der Kopf gegen den
Fensterrahmen oder das Dach prallte. Bei Kollisionen bei 40 km/h gegen
ein festes Objekt oder ein entgegenkommendes, gleich schnelles und
gleich schweres Fahrzeug wirken für das Fahrzeug maximale Beschleuni-
gungen im Bereich der 20fachen Erdbeschleunigung; dies entspricht dem
freien Fall eines Autos aus 6,3 m Höhe.

---

[1]ETS = Equivalent Test Speed; entspricht der Kollisionsschwere eines Wandaufpralls
mit dieser Geschwindigkeit; nicht zu verwechseln mit der meist wesentlich höheren
Fahr- oder der nicht klar definierten "Unfallgeschwindigkeit"

Sind die Insassen nun nicht mittels Gurten oder ähnlichen Rückhaltevorrichtungen mit dem Fahrzeug verbunden, bewegen sie sich mit unverminderter Vorunfallgeschwindigkeit nach vorne, bis sie durch die Begrenzung des Fahrgastraumes abgebremst werden und dabei neben Kopfverletzungen vor allem schwere Brustkorbverletzungen mit Frakturen, Organanspießungen und Organrissen erleiden. Sowohl Lenker wie Mitfahrer ohne Sicherheitsgurte sind im Bereich des Knies gefährdet, wobei sich die Kraft längs des Oberschenkels fortpflanzt, so daß auch Oberschenkel- oder Beckenfrakturen entstehen können.

Bei Kollisionen mit einer ETS von über 15 km/h sind nur noch Rückhaltevorrichtungen in der Lage, den Körper zurückzuhalten, die Abstützkräfte eines noch so kräftigen Mannes sind es hingegen nicht mehr.

Die Schutzwirkung von korrekt getragenen Sicherheitsgurten ist heute wissenschaftlich gesichert. Bei Frontalkollisionen und beim Hinausgeschleudertwerden, beides außerordentlich gefährliche Unfallsituationen, können Gurte ihre Schutzfunktion am wirksamsten erfüllen. Bei Seitenkollisionen und Überschlägen verhindern sie unter anderem, daß die Insaßen gegeneinander geschleudert werden und sich auf diese Weise gegenseitig verletzen (Partnerschutz durch Gurte). Bei sehr schweren Kollisionen kann aber nicht erwartet werden, daß Rückhaltevorrichtungen die Insassen vor jeglicher Verletzung schützen können. Unsere Untersuchungen über 410 schwer und tödlich verletzte Gurtträger haben gezeigt, daß in solchen Fällen immer noch Kopf-, Brustkorb- und Bauchverletzungen (beim Untertauchen = Submarining) entstehen können, allerdings an Häufigkeit und Schwere stark vermindert. Die Art der Verletzungen und deren Entstehungsmechanismus sind heute unter anderem dank der Untersuchungen von Schmidt et al. gut bekannt (Schmidt et al. 1975,1978a,b, 1980). Die Wahrscheinlichkeit, infolge der Gurtwirkung schwerer verletzt zu werden als in einer vergleichbaren Unfallsituation ohne Gurt, betrug nach unseren Berechnungen im Jahr 1976 weniger als O.65% (Walz et al. 1977; Zollinger 1978).

Sowohl die Automobilisten wie auch die Fahrzeugkonstrukteure können zur Reduktion der Verletzungen beitragen:

- Anpassung der Fahrgeschwindigkeit (die Verletzungsschwere nahm sowohl mit zunehmender Fahr- wie Kollisionsgeschwindigkeit zu)

- Straffes Tragen des Gurtes

- Gurte auf den Rücksitzen zur Verhinderung der Überlastung des Vordermanns durch den Rücksitzpassagier

- Befestigung der Beckengurte am Sitzkasten (steiler Gurtwinkel) und festes Sitzpolster als Maßnahmen gegen das Submarining

- 30° (= Schrägfrontal-) und Off-set-Crashtest zusätzlich zum reinen Frontaltest, da diese Aufprallkonfigurationen in Wirklichkeit häufiger sind als der reine Frontalaufprall (12 Uhr Aufprallrichtung)

- Elimination von harten oder splitternden Lenkradkränzen und Metallspeichenlenkrädern zur Verhinderung von Gesichts- und Kopfverletzungen

- Kleiner Luftsack (air bag) im Lenkrad als Zusatz zum Gurt zur Verhinderung des Kopfanpralles gegen das Lenkrad

Rücksitzpassagiere und Kinder im Auto

Die Untersuchung der Unfallumstände von 371 schwer und tödlich verletzten Rücksitzpassagieren (alle ohne Gurte) im Jahr 1976 in der Schweiz zeigte eine Häufung von Kopf- und Oberschenkelverletzungen (Sprenger

1977). Jeder achte Rücksitzpassagier wurde aus dem Fahrzeug hinausge-
schleudert und zwar durch die hinteren Türen, die Heckscheibe oder ein
offenes Dach. Der Sitz in der Mitte erwies sich als der sicherste. Ein
Aufprall gegen den hinteren Teil (Heck oder Seite) eines Autos ist seltener und meist weniger energiereich. Ferner bleibt auch bei massiven
Frontalkollisionen der hintere Bereich der Fahrgastzelle oft intakt.

Unter Einbeziehung der von Verunfallten beantworteten Fragebogen, der
Literatur und unfallmechanischer Überlegungen kamen wir zu dem Schluß,
daß Sicherheitsgurte hinten eine ähnliche individuelle Schutzwirkung
wie für Frontpassagiere entwickeln; in absoluten Zahlen könnte dies
bei einer Tragquote von 80% auf freiwilliger Basis eine Reduktion der
schwerverletzten und getöteten Rücksitzpassagiere von ca. 100 pro Jahr
im Vergleich zum Jahr 1976 ergeben. Nicht zuletzt aufgrund des Part-
nerschutzes (keine Überlastung des vorne Sitzenden) sind Sicherheitsgurte hinten zu empfehlen.

Nur 6% der registrierten verletzten Kinder waren auf dem Vordersitz
mitgefahren, was dahingehend zu interpretieren ist, daß die Vorschrift
für Kinder unter 12 Jahren, nur auf dem Rücksitz mitzufahren, gut be-
folgt wurde. Kopfverletzungen waren bei Kindern etwas häufiger als bei
Erwachsenen, hingegen erlitten die Kinder 2-3mal seltener Hals-, Tho-
rax- und Beckenverletzungen. Bis zum Alter von ca. 6 Jahren sind nur
spezielle, auf biomechanischen Grundlagen basierende Rückhaltevorrichtungen (z.B. Kindersitze) in der Lage, ausreichenden Schutz zu gewährleisten (siehe Empfehlungen der BfU). Vorrichtungen, die sich direkt
in die bei neuen Wagen (ab. 1.1.1981) vorhandenen hinteren Gurte ein-
schlaufen lassen, sind besonders benutzerfreundlich, was indirekt
ebenfalls der Sicherheit zugute kommt.

Zweiradlenker

Gemessen am Fahrzeugbestand beträgt das Todesrisiko beim Motorradlenker
das 7-10fache desjenigen des Autolenkers. Wie beim Autolenker soll beim
Zweiradlenker nicht nur auf passiven Unfallschutz (Schutzhelme, Schutz-
kleidung), sondern auch auf aktive Sicherheit Wert gelegt werden (Verhütung von Unfällen). Dabei erweist sich neben altbekannten Verhaltens-
fehlern (Alkohol, Müdigkeit, kein Licht, wenig Fahrpraxis) u.a. die
fehlende optische Kontaktnahme mit dem potentiellen Kollisionspartner
als bedeutungsvoll.

Immerhin nahm die Anzahl der getöteten Zweiradbenützer vom Jahre 1971
bis 1981 von 471 auf 351 ab, also um 25%. Nach unserer Untersuchung
über 450 Motorradunfälle im Kanton Zürich waren die Verletzungen v. a.
auf Kopf (23%), Unterschenkel und Fuß (15%), Knie (12%) und Unterarm
(10%) konzentriert (Jundt 1980). Bei den tödlich Verletzten gewinnt
die Kopfverletzung an Bedeutung: 12 der 15 Getöteten hatten eine schwere Kopfverletzung; nur 4 dieser 15 erlitten aber eine schwere innere
Verletzung der Brust- oder Bauchorgane. Diese Zahlen haben weitgehend
auch bei verletzten Lenkern von Motorfahrrädern und Fahrrädern Gültigkeit.

Hochwertige Schutzhelme reduzieren die Anzahl der Kopfverletzungen um
20-50%, je nach Helmtyp und Schweregrad der Kopfverletzung. Nach neuen
Untersuchungen mit sehr großem Zahlenmaterial (900 sehr detailliert
analysierte Motorradunfälle in Kalifornien, Hurt 1981) erweist sich
der Helm *nicht* als Gefahr für die Halswirbelsäule, wie dies vielfach
aufgrund einzelner Beobachtungen vermutet wurde. Gleiche Ergebnisse
erbrachte eine Arbeit aus dem Raum München (Schuller 1982).

Mit 96 Verletzungen war der Kopf in unserer Untersuchung über 134 Fahrradunfälle in der Stadt Zürich ebenfalls der am meisten betroffene Kör-
perteil, gefolgt von den unteren Extremitäten mit 48 und den oberen Extremitäten mit 36 Verletzungen (Walz u. Burkart 1982). Betrachtet man
die Verletzungshäufigkeit der einzelnen Kopfregionen, so kann man feststellen, daß sich 80% aller Kopfverletzungen im Gesicht lokalisieren
ließen. Dabei waren die Bereiche der Nase, des Mundes, des Kinns, des
rechten Backenknochens und der rechten Augenregion am meisten betroffen. Die rechte Kopfhälfte war mit 40% der Verletzungen deutlich stärker betroffen als die linke mit 10%. Am Hinterkopf wurden nur 6% der
Verletzungen gefunden, was sich auch mit den Resultaten anderer Autoren vergleichen läßt. Es ist auffallend, daß die oberste Kopfregion
keine Verletzungen aufwies. Auch andere Untersuchungen fanden mit 1%
bzw. 3% der Verletzungen ebenfalls eine sehr geringe Verletzungshäufigkeit im Scheitelbereich.

Bei Fahrradunfällen ist v. a. die Geschwindigkeit des kollidierenden
Fahrzeuges für die Gefährlichkeit des Unfalls maßgebend. Aus diesem
Grunde und wegen der häufigen Beteiligung des Kopfes an den Unfall-
verletzungen ist ein wirksamer Kopfschutz auf freiwilliger Basis für
den Radfahrer genauso empfehlenswert und sinnvoll wie für den motorisierten Zweiradfahrer. Bisher ist in der Schweiz aber leider kein mit
dem BfU-EMPA-Gütezeichen versehener Radfahrerhelm auf dem Markt. Die
altbekannten Lederhelme bieten keinerlei Schutz.

Anhand der hier festgestellten Lokalisation der Kopfverletzungen und
allgemeinen Überlegungen müssen folgende Forderungen an einen Fahrrad-
helm gestellt werden:

1. Der Helm darf nur geringes Gewicht haben (maximal ca. 500 g), um
   den körperlich aktiven Radfahrer möglichst wenig zu stören.

2. Die Luftzirkulation über der Kopfoberfläche muß gewährleistet sein,
   um einen Wärmestau zu vermeiden.

3. Da die Scheitelregion keine Verletzungen aufweist, könnten dort Be-
   lüftungsvorrichtungen für die Kopfoberfläche vorgesehen werden.

4. Vor allem die Gesichtsregionen und die seitlichen Partien des Kopfes
   müssen vor Verletzungen geschützt werden.

5. Da die meisten Kopfverletzungen bei 10-14jährigen festgestellt wurden, sind auch entsprechende Helmgrößen vorzusehen.

6. Wie Helme für motorisierte Zweiradfahrer sollten Fahrradhelme eine
   attraktive Form und Farbe aufweisen.

Fußgänger

1971, im Jahr mit den meisten Verkehrsunfällen, kamen in der Schweiz
537 Fußgänger ums Leben; 1981 waren es noch 265, was einer Abnahme von
50% entspricht. Noch erfreulicher ist die Abnahme bei den Kindern unter
12 Jahren: hier war eine Reduktion der getöteten Fußgänger in diesem
Zeitraum um 66% zu verzeichnen. Ein besonders großer Rückgang war nach
Einführung von Tempo 50 km/h in gewissen Teilen der Schweiz festzustellen.

Die bekannte Übervertretung der jüngsten und ältesten Verkehrsteilnehmer unter den verletzten und getöteten Fußgängern ist auch in der
Schweiz nachweisbar. Von Bedeutung ist die Tatsache, daß die Getöteten
im Verhältnis zu den Verletzten mit zunehmendem Alter zahlreicher werden. Dies ist in erster Linie auf die im Alter veränderte biomechanische

Konstitution, möglicherweise auch auf ein anderes Verhalten im Verkehr zurückzuführen. Die besondere Gefährlichkeit von Fußgängerunfällen wird dadurch unterstrichen, daß die Wahrscheinlichkeit, bei einem verletzungsinduzierenden Unfall getötet zu werden, für Fußgänger etwa 3mal größer ist als für Autoinsaßen. Die Verteilung der Verletzungen auf die Körperteile der Fußgänger zeigt eine Konzentration auf Kopf-, Unterschenkel- und Oberschenkelverletzungen.

Bei der forensisch-medizinischen Rekonstruktion von Fußgängerunfällen stellen sich folgende Fragen:

a) *In welcher Unfallphase entstanden die Verletzungen?*

   - Primär- oder Sekundärkollision?

Bei Forschungen im Hinblick auf die fußgängerkompatible Modifikation der Fahrzeugfront gewinnt diese meist sehr schwierige Differenzierung eine zentrale Bedeutung. In der Regel geht man davon aus, daß - im besonderen bei höheren Kollisionsgeschwindigkeiten, wie 20-30 km/h - die Primärkollision, also die Kollision mit dem Fahrzeug, die schwereren Verletzungen verursacht als der sekundäre Aufprall auf die Straße. Die Faustregel lautet also, daß die primär vom Fahrzeug getroffene Körperseite schwerer verletzt wird, als die dem Fahrzeug abgewandte. Einige Autoren lasten 80% der Gesamtverletzungsschwere der Primärkollision an (Ashton 1980; Stürtz et al. 1974). Ob dies aber tatsächlich im spezifischen Fall der Wahrheit entspricht, ist oft nicht mit ausreichender Sicherheit bestimmbar. Nur wenn Verletzungen eindeutig gewissen beschädigten oder sonstwie veränderten Fahrzeugkonstrukturen zugeordnet werden können oder im verletzten Gewebe Spuren der traumatisierenden Autoteile gefunden werden, ist eine saubere Differenzierung möglich.

b) *Liegt ein Überrollen vor?*

Falls mehr als ein Fahrzeug an einem Fußgängerunfall beteiligt ist, handelt es sich meist um ein Anfahren durch das eine und ein Überrollen durch das andere Fahrzeug. Liegt nicht eine außerordentlich schwere Primärkollision (über 40-50 km/h) vor, führt das Überrollen meistens zu schwereren Verletzungen, so z.B. beidseitige Rippen- und Beckenfrakturen, Zwerchfell- und Leberrisse mit den entsprechenden Komplikationen.

c) *Kam der Fußgänger von links oder von rechts ("Gehrichtung")?*

Ist die Front eines Autos rechts beschädigt, kann der Fahrzeuglenker geltend machen, daß der Fußgänger plötzlich von rechts her auf die Fahrbahn getreten sei. Kam der Fußgänger in Wirklichkeit aber von links, mußte dieser die ganze Gegenfahrbahn und zusätzlich praktisch die ganze Fahrbahnbreite des beteiligten Autos überqueren, um überhaupt mit der rechten vorderen Ecke des Autos kollidieren zu können. Im letzteren Fall wäre der Vorwurf an den Automobilisten naheliegender als im ersteren, daß er den Fußgänger hätte rechtzeitig sehen müssen und entsprechend reagiert haben müßte. Die Beantwortung dieser Frage erfordert neben der Untersuchung von unfalldynamischen Kriterien eine sorgfältige Aufnahme der Verletzungen.

d) *Wie hoch war die Kollisionsgeschwindigkeit?*

Es muß klar unterschieden werden zwischen der Fahr- und der Kollisionsgeschwindigkeit. Für biomechanische Überlegungen ist bei Fußgängerunfällen natürlich allein die Kollisionsgeschwindigkeit von Bedeutung.

Neuere biomechanische Untersuchungen haben gezeigt, daß schon wegen
der unterschiedlichen Belastungsgrenzen von älteren bzw. jungen Personen allgemeine Richtwerte für die Belastungsgrenze im Einzelfall
eher mehr Verwirrung stiften, als von Nutzen sind. Wird nämlich nur
dieses Kriterium beachtet, sind große Fehlbeurteilungen unvermeidlich.
Eigene Untersuchungen von Verletzungen bei Fußgängerunfällen haben gezeigt, daß Becken- und Beinfrakturen bereits ab 5 km/h Kollisionsgeschwindigkeit entstehen können (Interdisziplinäre Arbeitsgruppe,
Zürich 1981).

```
 km/h                                                    n    n-kumulativ

          I
   0 -  5  I**********                                   2       2
          I
  11 - 15  I**********                                   2       4
          I
  16 - 20  I*****                                        1       5
          I
  21 - 25  I********************************             6      11
          I
  26 - 30  I********************************             6      17
          I
  31 - 35  I****************                             3      20
          I
  41 - 45  I*****                                        1      21
          I
  46 - 50  I*****                                        1      22
          I
  51 - 55  I*****                                        1      23
          I
          ----+----+----+----+----+----+
              1    2    3    4    5    6
```

Abb. 1. Verteilung der Kollisionsgeschwindigkeiten, Unfälle mit Becken- und Beinfrakturen

In unserem Kollektiv traten 4/5 der Frakturen der unteren Extremitäten
ab 20 km/h Kollisionsgeschwindigkeit auf, tödliche Verletzungen sahen
wir schon bei 25 km/h (und weniger). Bei jungen Fußgängern liegt die
Bruchgrenze mit Einschränkungen gemäß Barz et al. (1981) bei Kollisionen mit 20 km/h. In der Regel lagen die tödlichen Kollisionsgeschwindigkeiten bei uns über 45 km/h. Die Kopfverletzungen waren meist für
schwere oder tödliche Folgen verantwortlich.

Vorgehen bei der Konstruktion fußgängerkollisionskompatibler Fahrzeugfronten

So wirksam aktive prophylaktische Vorkehrungen wie Geschwindigkeitsbeschränkungen, Sicherung der Übergänge und verkehrspsychologische Informationen sind, so sollte auch für Fußgänger (und Zweiradbenützer)
zusätzlich ein passiver Kollisionsschutz gefunden werden - "weiche
Autofront" -, der weniger schwere Verletzungen entstehen läßt, falls
es trotz allem doch zur Kollision mit einem Auto kommt. Es zeigt sich
deutlich, daß nur mit der Kombination von aktiver Unfallprophylaxe
und passiver Unfallfolgenverhütung ein Optimum erreicht werden kann;
passive Maßnahmen sind aufgrund der relativ geringen biomechanischen
Toleranzen des älteren Menschen nur in Geschwindigkeitsbereichen wirksam, die viel niedriger sind, als allgemein angenommen wird.

Anforderungen, die sich aus einer möglichen Kollision mit einem Fußgänger ergeben, wurden bisher bei der Konstruktion von Fronten für
Serienfahrzeuge nicht genügend berücksichtigt. Nach einem Vorschlag
des Institutes für Leichtbau an der ETHZ, das an unserem Unfallfor-
schungsteam beteiligt ist, könnte das Lastenheft für eine fußgänger-
kollisionskompatible Fahrzeugfront unter anderem lauten:

- Bei einem Aufprall mit 30 km/h dürfen die zulässigen biomechanischen
  Grenzwerte beim Fußgänger nicht überschritten werden; da es sich bei
  Fußgängeropfern in der Regel um ältere Personen handelt, sind die
  Werte entsprechend tief anzusetzen: ca. 50 g für den Kopf, ca. 350 kp
  für Beine und Thorax

- Der 1. Stoß soll unter dem Knie liegen (30 cm über Boden)

- Der 2. Stoß soll gegen hochbelastbare Körperteile erfolgen (Becken)

- Er soll zwar unter dem Schwerpunkt, aber trotzdem

- möglichst hoch liegen, um den Drall im Hinblick auf den Kopfaufschlag
  gering zu halten

- Kinder dürfen nicht unter das Fahrzeug geraten

- Der Aufprall auf die Straße soll nicht kopfüber geschehen

- Die Konstruktion soll den normalen Belastungen im Verkehr gewachsen
  sein: Parkschäden, Witterungsbeständigkeit etc.

- Der Insassenschutz darf nicht verschlechtert werden

- Die Aerodynamik soll günstig bleiben

- Das Fahrzeug soll ästhetisch befriedigen

- Die Serienfabrikation muß technisch und kostenmäßig möglich sein.

Alle diese Anforderungen in einer Fahrzeugfront zu integrieren, ist
ein sehr komplexes Unterfangen. Bisher ist eine praktikable Lösung
trotz internationaler Zusammenarbeit allerdings noch nicht in Reich-
weite.

Literatur

Ashton S (1980) A preliminary assessment of the potential for pedestrian injury
  reduction through vehicle design. Proceedings 24th Stapp Car Crash Conference,
  Society of Automotive Engineers, Warrendale/Penns., pp 607-635
Barenyi B (1952) Patentschrift 854157. Deutsches Patentamt (30.10.1952)
Barz J, Schmidt G, Kallieris D (1981) Rechtsmedizinische Untersuchungen bei Verkehrs-
  unfällen. Unfall- und Sicherheitsforschung, BASt, Köln 31:27-31
Baum W (1876) Beitrag zur Lehre von den indirekten Schädelfrakturen. Arch Klin Chir
  119:381-399
Göcke C (1925) Das Verhalten spongiöser Knochen im Druck- und Schlagversuch. Verh
  Dtsch Orthop Ges 20:114-129
Haven H, de (1942) Mechanical analysis of survival in falls from heights of fifty
  to onehundredfifty feet. War Med 2:586-596
Hurt HH, Ouellet JV, Wagar I (1981) Effectiveness of motorcycle safety helmets and
  protective clothing. Proceedings 25th AAAM-Conference, San Francicso, CA. Am Assoc
  for Automotive Medicine, Morton Grove, Illinois/USA, pp 223-235
Interdisziplinäre Arbeitsgruppe für Unfallmechanik, Universität und ETH Zürich (1981)
  Das Fußgängerunfallgeschehen in der Stadt Zürich 1978/79
Jundt I (1980) Ursachen und Verletzungsmuster beim Motorradunfall. Dissertation,
  Universität Zürich
Kummer B (1970) Die Entwicklung der Biomechanik in Deutschland in den letzten 40
  Jahren. Dtsch Med Wochenschr 34:1735-1738

Messerer O (1880) Über die Elastizität und Festigkeit des menschlichen Knochens.
  Engelmann, Leipzig
Rauber A (1876) Elastizität und Festigkeit der Knochen. Engelmann, Leipzig
Schmidt G, Kallieris D, Barz J, Mattern R, Klaiber J (1975) Neck and thorax tolerance
  levels of belt-protected occupants in head-on collisions. Proceedings of 19th Stapp
  Car Crash Conference. Society of Automotive Engineers, Warrendale/Penns., pp 225-257
Schmidt G (1978) Verletzungsschwere und Aufprallgeschwindigkeit. Hefte Unfallheilkd
  132:24-29
Schmidt G, Kallieris D, Barz J, Mattern R, Schulz F (1978) Belastungsgrenze und Ver-
  letzungsmechanik der angegurteten Autoinsassen. FAT Schriftenreihe Nr. 6, Verband
  der Deutschen Automobilindustrie, Frankfurt
Schmidt G, Barz J, Kallieris D, Mattern R, Schüler F (1980) Verkehrsmedizinische
  Aspekte der Belastbarkeit des menschlichen Organismus. Unfallheilkunde 83:284-287
Schuller E, Beier G, Spann W (1982) Verletzungen des Kopfes und der Halswirbelsäule
  bei Schutzhelmträgern. Proceedings of the XIIth Congress of the International
  Academy of Forensic and Social Medicine 1982. Egermann, Wien, vol I, pp 507-510
Sprenger HJ, Walz F (1977) Unfalluntersuchung Rücksitzpassagiere und Kinder. EJPD,
  Bern
Stürtz G, Suren E, Gotzen L, Richter K (1974) Analyse von Bewegungsablauf, Verlet-
  zungsursache, -schwere und -folge bei Fußgängerunfällen mit Kindern durch Unfall-
  forschung am Unfallort. Proceedings IRCOBI Conference, pp 1-19
Walz F, Burkart F (1982) Fahrradunfälle; Kopfanprallstellen und Implikationen für
  die Schutzhelmentwicklung. Dtsch Ges. Verkehrsmed, Jahrestagung, 25-27.3.82,
  Berlin. Unfall- und Sicherheitsforschung im Straßenverkehr, BASt 36:143-47
Walz F, Zollinger U, Renfer A, Wegmann R, Meier M, Niederer P, Rudin H (1977) Unfalluntersuchung Sicherheitsgurte, Einjahresstudie (1976) über schwere und tödliche
  Verletzungen bei angegurteten Autoinsassen. EJPD, Bern
Wertheim MG (1847) Mémoire sur l'elasticité et la cohésion des principaux tissus
  du corps humain. Ann Chim Phys 21:385-414
Zollinger U (1978) Häufigkeit und Umstände nachteiliger Auswirkungen von Sicherheits-
  gurten. Verkehrsunfall 4:67-76

Mechanische Belastung im Bereich des Halses beim Fußgängerunfall – Ergebnisse von Crash-Versuchen [1]

P. Zink und G. Schroeder

Zusammenfassung

Versuche mit Leichen zur Simulation von Fußgänger-Pkw-Unfällen ergaben, daß es bei seitlichem Anstoß im Beckenbereich infolge indirekten Zugs der nach unten beschleunigten Wirbelsäule zu einer Längsdehnung der Halswirbelsäule kommt. Bei Anstoßgeschwindigkeiten um 40 km/h beträgt die am Hals in Längsrichtung angreifende Kraft etwa 250 kp.

Summary

Experiments with corpses to simulate pedestrian-automobile accidents demonstrated that when an automobile hits the pelvic area from the side, the cervical column is overextended along its longitudinal axis as a result of indirect traction of the lower vertebral column. With contact velocities of 40 km/h the resulting force acting on the longitudinal axis of the neck amounts to about 2500 N.

Aus Arbeiten von Appel et al. (1976), Fiala et al. (1968), Kallieris et al. (1976), Riggings et al. (1976), Schmidt (1973,1978) und Stürtz (1975) ist bekannt, daß es bei Unfällen bereits infolge des primären Anstoßes zu indirekten Traumata im Hals- und Schädelbereich kommen kann.

In Crashversuchen mit Leichen wurde deutlich, daß es beim Fußgängerunfall mit seitlichem Anstoß des Pkw an den Körper u.a. zu einer erheblichen Streckung des Halses kam. Diesem Phänomen sind wir in gezielten Versuchen nachgegangen.

Versuchsanordnung

12 Leichen unterschiedlichen Geschlechts mit einer Körperlänge zwischen 159 und 187 cm und einem erreichten Lebensalter von 20 bis 82 Jahren wurden für die Untersuchung verwendet. Die Zeit zwischen Tod und Versuch lag zwischen 2 und 7 Tagen. Vor den Versuchen wurde, soweit noch deutliche Totenstarre vorhanden war, diese durch Einlegen des Körpers für 1 h in 40° C warmes Wasser gelöst. Die Achillessehne wurde durchtrennt, um ein volles Aufliegen der Fußsohlen am Boden zu gewährleisten. Die Befestigung erfolgte durch eine Knochenschraube, die in die Schädelkalotte eingeschraubt wurde und an der eine Verbindung angebracht war, die automatisch etwa 70 ms vor der ersten Berührung zwischen Pkw und Körper freigegeben wurde. Damit war erreicht, daß im Moment des Anstoßes der Körper aufrecht und frei von Halterungen stand. Der Anstoß erfolgte an der linken Körperseite, die linke Hand wurde an der rechten Hüfte mit Pflaster fixiert, um einen direkten Anstoß im Beckenbereich zu gewährleisten und zu vermeiden, daß die Hand zwischen Fahrzeugfrontpartie und Becken zu liegen kam.

---

[1] Auszugsweise als Vortrag gehalten auf der 61. Jahrestagung der Deutschen Gesellschaft für Rechtsmedizin in Würzburg 1982

Die Beleuchtung erfolgte über 60 kW Halogenleuchten in 3-Phasen-Schaltung, die etwa 10 s vor dem Crash eingeschaltet wurden. Das Crashfahrzeug, ein Opel Kadett B älterer Bauart, wurde mit 2 Hydromotoren mit zusammen 1500 kW über ein Stahlseil auf einer Strecke von 14 m auf die gewünschte Geschwindigkeit gebracht (Zink u. Schroeder 1982), die Geschwindigkeit wurde unmittelbar vor dem Anstoß mit einer Lichtschranke gemessen. Etwa 2 m nach dem Anstoß wurde der Schlitten über Zangenbremsen automatisch innerhalb von ca. 3 m abgebremst, als Notbremse standen die Verformung eines Blechstreifens nach Kallieris (1974) und zuletzt eine Sicherheitsprallwand bereit.

Die Geschwindigkeit des Pkw betrug im Moment des Anstoßes ca. 40 km/h. Der Anstoß führte dazu, daß entsprechend den Untersuchungen von Fiala (1969) sowie Kamiyama u. Schmidt (1970) die Leiche in weitem Bogen weggeschleudert wurde, sie wurde ca. 5 m nach dem Anstoßpunkt in einem Netz (Maschengröße 8 mal 8 cm, 3 mm Seilstärke) aufgefangen, das doppelt gelegt war, 4 mal 4 m maß und schräg in einem Winkel von 45° vom Boden aus aufgespannt war. Während des Versuches wurden die Körper von der Rückseite gefilmt, und zwar als Übersicht mit einer Bildfrequenz von 500 Bildern/s (Locam) und als Ausschnitt die Rückseite von Thorax und Kopf mit 3000 Bildern/s (Hycam). Zur besseren Auswertbarkeit wurden auf dem Rücken der Leiche mit Filzstift Markierungen angebracht. Um zu vermeiden, daß lediglich Hautverschiebungen für die Messungen zugrunde gelegt wurden, haben wir bei einzelnen Versuchen zusätzlich im knöchernen Skelett sichtbare Orientierungspunkte in Form von Drahtstiften (2 mm dicke, 85 mm lange Metallbohrer) eingebracht, und zwar in der Schädelkalotte in der Protuberantia occipitalis und in der Wirbelsäule in Höhe der unteren Halswirbelkörper.

Versuchsergebnisse und Schlußfolgerungen

Die Filmauswertungen haben ergeben, daß es tatsächlich zu einer erheblichen Längsdehnung der Halswirbelsäule kommt, wenn ein Fußgänger seitlich von einem Pkw angestoßen wird. Der Kopf bleibt zunächst wegen seiner Massenträgheit an Ort und Stelle, während der Rumpf im Beckenbereich infolge des Anstoßes rasch nach seitwärts bewegt wird. Erst wenn das Becken bereits etwa 0,5 m in der Horizontalen vom Fahrzeug mitgenommen worden ist (Abb. 1a-d), kommt es zu einer rasch an Geschwindigkeit zunehmenden senkrechten Abwärtsbewegung des Kopfes, die zunächst praktisch frei von Biegungskomponenten des Halses ist. Der Hals wird dabei deutlich länger, die Verlängerung der Halswirbelsäule beträgt durchschnittlich etwa 3 cm, sie wird innerhalb 50 ms erreicht. Die Beschleunigung des Kopfes ist dabei zunächst nach unten gerichtet und beträgt bei diesem Vorgang bis zu etwa 40 g, die innerhalb 20 bis 30 ms erreicht werden, was einer Längsbelastung der Halswirbelsäule von etwa 250 kp entspricht. Erst im späteren Verlauf kommt es zu einer starken Seitenbeugung des Halses mit zunehmender Rotation des Kopfes. Der Bewegungsablauf wird unterbrochen durch ein Aufschlagen des Kopfes auf der Motorhaube.

Sämtliche Leichen wurden nach den Versuchen seziert. Wir fanden Frakturen im Hals- und oberen Brustwirbelsäulenbereich, Lockerungen von Bändern und Quereinrisse in der Intima der Halsgefäße, auch der Aorta im Bogenansatz. Die Brüche lagen nicht im Bereich der als Markierungspunkte eingebrachten Drahtstifte. Regelmäßig fanden sich Becken- und Oberschenkelfrakturen. Es ist für die Unfallrekonstruktion derartiger Fälle am Sektionstisch zu diskutieren, ob Verletzungen im Halsbereich auf diese indirekte Beanspruchung während des Anfahrvorganges zurückzuführen sind.

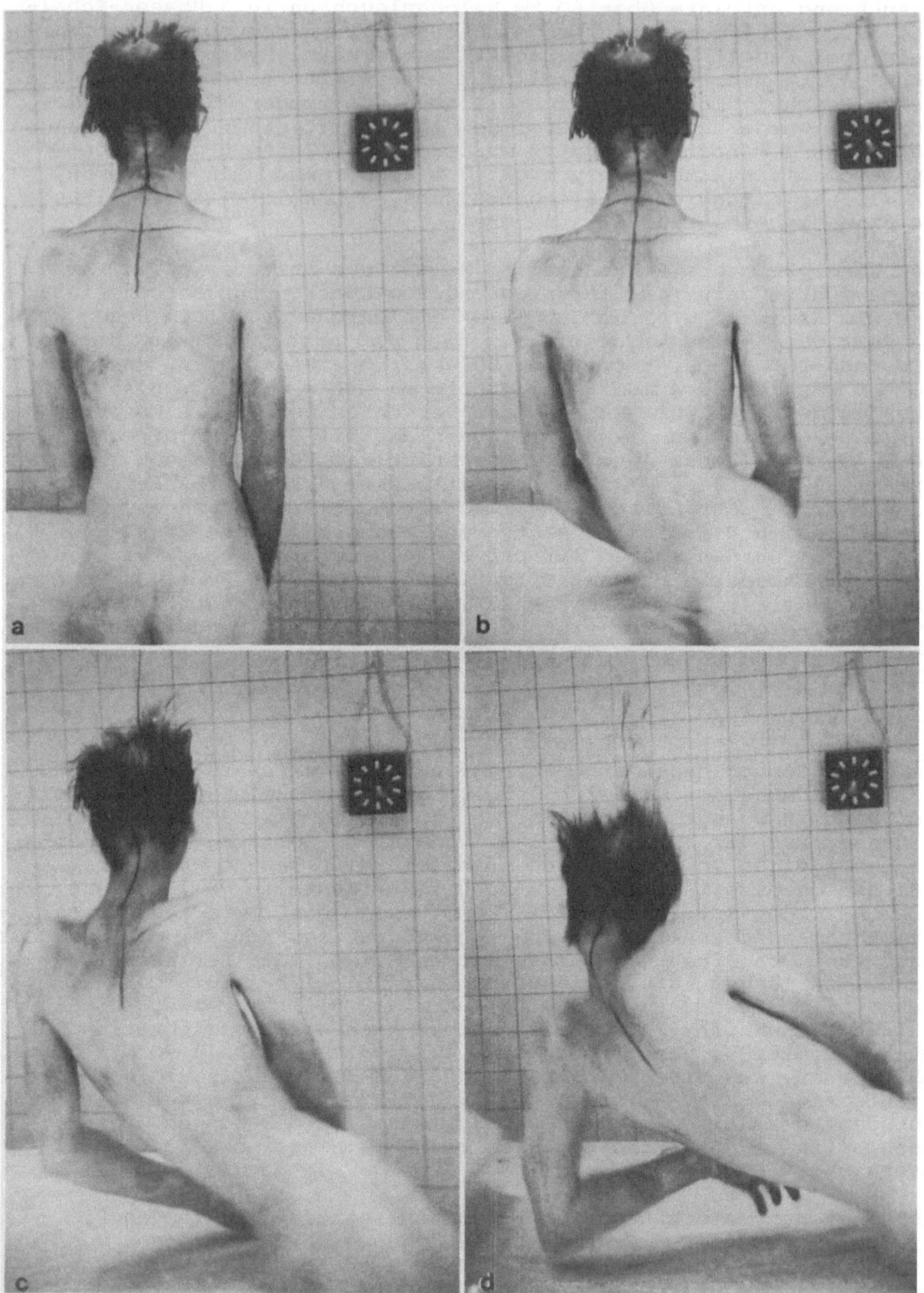

Abb. 1a-d. Anstoß von links bei einer Geschwindigkeit von 39,7 km/h (a) 10, (b) 30, (c) 50 und (d) 70 ms nach der ersten Berührung. Belichtungszeit ca. 1 ms

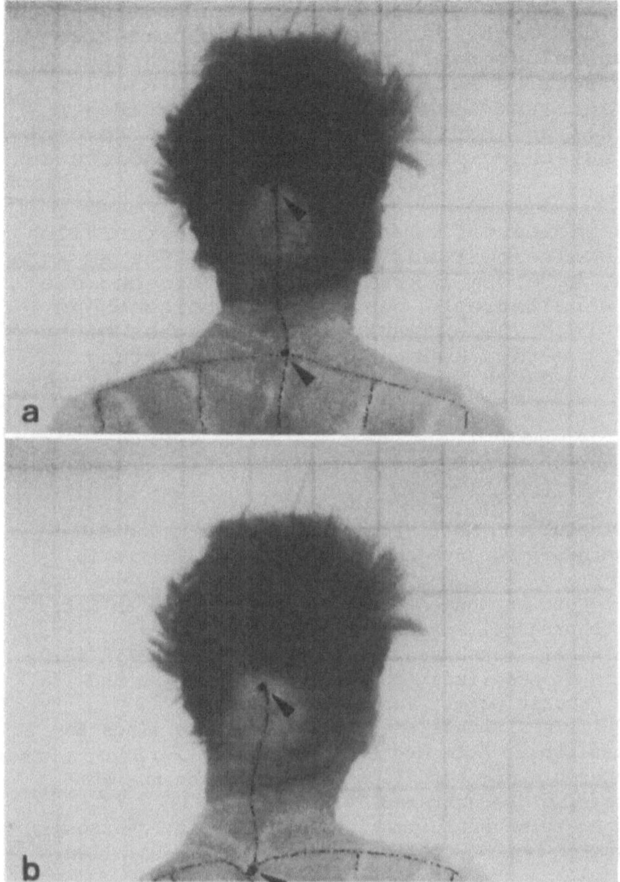

Abb. 2. Zustand (a) vor und (b) 60 ms nach dem Anstoß bei einer Geschwindigkeit von 37,9 km/h. Die im Knochen fixierten Drahtstifte sind durch Pfeile markiert; (b) zeigt, daß der in der Wirbelsäule fixierte Drahtstift die Haut nach unten zieht

Die Versuche haben ergeben, daß die Haut die dynamische Verlängerung der Wirbelsäule überdeckt, die diese während des Versuches erleidet (Abb. 2,ab). Erst durch die Ausmessung von im Skelett verankerten Markierungspunkten ließ sich die tatsächliche Dehnung der Halswirbelsäule abschätzen. Legt man für die Auswertung der Dehnung der Halswirbelsäule Markierungslinien (Filzschreiber) auf der Haut zugrunde, ergeben sich je nach Erschlaffungszustand der Haut (erreichtes Lebensalter) und Straffheit des subcutanen Gewebes (Lebens- und Leichenalter) unterschiedliche Dehnungsmeßwerte. Markierungen, die auf der Haut angebracht sind, erlauben somit keinen sicheren Rückschluß über die Verformung des darunterliegenden Skeletts.

Aus diesen Gründen scheint es für die wissenschaftliche Auswertung von Bewegungsabläufen aus Hochgeschwindigkeitsfilmaufnahmen nicht zweckmäßig, die Leichname zu bekleiden.

Für weitere Versuche mit derartigen Fragestellungen ist vielmehr sogar geplant, die interessierenden Knochenpartien vor dem Versuch freizupräparieren, soweit dies ohne wesentliche Beeinträchtigung der Haltefunktion bindegewebiger Elemente möglich erscheint.

Als Nebenbefund hat sich bei unseren Versuchen ergeben, daß bei Geschwindigkeiten von 40 km/h in der Regel der Kopf der Leichname ziemlich weit vorne am Fahrzeug aufschlug, nämlich je nach Körpergröße 20 bis 40 cm vor der Windschutzscheibe auf der Motorhaube. Dies läßt sich durch die relativ ausgeprägte und hohe Haubenvorderkante (Heger u. Appel 1980; Kühnel 1980) erklären. Lediglich in einem Fall (Körperlänge 187 cm) kam es zu einem Aufschlag des Kopfes auf die Windschutzscheibe.

Die Untersuchungen geben ein Beispiel dafür, daß bei Fußgängerunfällen auch fernab von der direkten Gewalteinwirkung erhebliche Kräfte am Körper des Unfallopfers auftreten. Außerdem bekräftigen die Versuche die von Schmidt (1978) und seiner Arbeitsgruppe besonders hervorgehobene Feststellung, daß die biomechanische Belastbarkeit des Menschen nicht nur durch Dummyversuche studiert werden kann. Neben der Auswertung von tatsächlichen Unfällen ergeben erst Versuche an Leichen realitätsnahe Resultate.

Literatur

Appel H, Stürtz G, Gotzen L (1976) Einfluß von Kollisionsgeschwindigkeit und Fahrzeugparametern auf die Verletzungsschwere von Fußgängerunfällen. FISITA, Tokio, Kap 4,2

Fiala E, Fabricius B, Niklas I (1968) Untersuchungen von Fußgängerunfällen am Katapult. TU Berlin, Institut für Kraftfahrzeuge, Forschungsbericht Nr. 40

Fiala E (1969) Zur Verletzungsmechanik bei Verkehrsunfällen. Hefte Unfallheilk 98:31

Heger A, Appel H (1980) Reconstruction of pedestrian accidents with dummies and cadavers. 8th Intern Techn Conf on Experim Safety Vehicle, Wolfsburg

Kallieris D, Schmidt G, Heess G (1976) Die Kinematik der Halswirbelsäule eines angeschnallten Insassen beim Frontalaufprall. Acta Med Leg Soc (Liege) 27:207

Kallieris D (1974) Eine Fallgewichtsbeschleunigungsanlage zur Simulation von Aufprallunfällen - Prinzip und Arbeitsweise. Z Rechtsmed 74:25

Kamiyama S, Schmidt G (1970) Beziehungen zwischen Aufprallgeschwindigkeit, Fahrzeugbeschädigung, Frakturen und "Wurfweite" bei 50 tödlichen Fußgänger-Pkw-Unfällen. Z Rechtsmed 67:282

Kühnel A (1980) Der Fahrzeug-Fußgänger-Unfall und seine Rekonstruktion. Ing Dissertation, Berlin

Riggings RS, Kraus JF, Franti CE, Borhani NO (1976) Epidemiological and clinical features of spinal-cord injured pedestrians. University of California, Davis (USA) IRCOBI 76

Schmidt G (1973) Die Belastbarkeit des Halses und der Schädelbasis bei indirektem Trauma. Proc Intern Conf Biokin Impacts, Amsterdam, S 339

Schmidt G (1978) Verletzungsschwere und Aufprallgeschwindigkeit. Hefte Unfallheilkd 132:24

Stürtz G, Suren EG, Gotzen L, Behrens S, Richter K (1975) Kopf-, Hals- und Wirbelsäulenverletzungen und Todesursachen bei äußeren Verkehrsteilnehmern. 2nd Intern Conf IRCOBI, Birmingham

Zink P, Schroeder G (1982) Planung und Aufbau einer 30 m langen Crashanlage für Geschwindigkeiten bis zu 100 km/h. Beitr Gerichtl Med 40:283

Blutalkoholforschung

Möglichkeiten und Grenzen des Begleitstoffverfahrens bei der Beurteilung von Nachtrunkbehauptungen[1]

W. Bonte und B. Kühnholz

Zusammenfassung

Die derzeitige Methode der forensischen Begleitstoffanalyse erlaubt nicht, anhand eines Analysenergebnisses ohne Vorlage von Anknüpfungstatsachen Auskunft über die Art des konsumierten Getränks und die Trinkzeit zu geben. Möglich hingegen ist die Überprüfung konkreter Nachtrunkbehauptungen, sofern diese sich in einem Rahmen von wenigstens 60 ml Spirituose oder einer entsprechend größeren Menge Bier oder Wein bewegt und wenn die Blutprobe innerhalb der ersten 3 h nach Trinkende entnommen wurde. Neuere experimentelle Untersuchungen lassen eine wesentliche Verbesserung der Rückschlußmöglichkeiten erwarten. Schon jetzt kann die zusätzliche Analyse einer Urinprobe einen ganz erheblichen Zuwachs an Information bringen.

Summary

With present method of forensic congener analysis the kind of the consumed beverage or the consumption time cannot be determined from blood data only. But it is possible to judge statements by accused persons about their drinking behavior on the assumption that at least 60 or 80 ml of spirits or a proportionate volume of beer or wine is under discussion, and the blood sample is taken within 3 h after the drinking stopped. An additional urine analysis can provide considerably more information. The latest experimental investigations promise significant improvements for conclusions on the basis of metabolite tracing.

Seit alters her wird die Beliebtheit alkoholischer Getränke durch ihren Wohlgeschmack und ihre euphorisierende Wirkung erklärt. Während die pharmakologische Wirkung zumindest in der Akutphase im wesentlichen dem Äthylalkohol zugeschrieben wird (Rüdell et al. 1981a, Rüdell et al. 1981b), ist der Geschmack dieser Getränke auf ihren Gehalt an Aromakomponenten zurückzuführen, die im deutschen Sprachgebrauch - auch amtlich (vgl. Bundesgesetzblatt I, S 1678) meist als Begleitstoffe bezeichnet werden. Inzwischen sind einige hundert solcher Substanzen chemisch identifiziert worden. Die am häufigsten genannten sind in Tabelle 1 zusammengestellt. Die Tabelle verdeutlicht, mit welchem Ausschnitt dieses umfangreichen Aromaspektrums sich die rechtsmedizinische Forschung zur Zeit beschäftigt; er ist durch Umrandung hervorgehoben. Der optische Eindruck entspricht der Tatsache: wir stehen noch ganz am Anfang.

Daß wir uns zur Zeit noch auf die kurzkettigen aliphatischen Alkohole beschränken müssen, wird verständlich, wenn man sich vor Augen hält, in welchen Konzentrationen die Begleitstoffe in alkoholischen Getränken auftreten. In Tabelle 2 ist zuoberst der Äthylalkohol angeführt, dessen Gehalt in den alkoholischen Getränken gewöhnlich in Volumen-Prozent, also ml pro 100 ml angegeben wird. Der übliche Konzentrationsbereich

---

[1] Auszugweise vorgetragen auf der 61. Jahrestagung der Deutschen Gesellschaft für Rechtsmedizin in Würzburg, 21.-25. September 1982

Tabelle 1. Flüchtige Aromastoffe in Branntweinen nach Kahn et al. (1969) und Rapp et al. (1973)

Alkohole

Methanol
Äthanol
Propanol-1
Butanol-1
Butanol-2
Isobutanol
2-Methylbutanol-1
3-Methylbutanol-1
Pentanol-1
Pentanol-2
3-Methylpentanol-1
Hexanol-1
Hexanol-2
Heptanol-1
Heptanol-2
Octanol-1
Octanol-2
Octanol-3
Nonanol-1
Nonanol-2
Decanol-1
Decanol-2
Decanol-3
Undecanol-1
Undecanol-2
Dodecanol-2
Benzylalkohol
ß-Phenyläthylalkohol
Allylalkohol

Aldehyde

Acetaldehyd
Valeraldehyd
Isovaleraldehyd
Isocapronaldehyd
Önanthaldehyd
Caprylaldehyd
Pelargonaldehyd
Caprinaldehyd
Undecylaldehyd
Benzaldehyd
Furfurol
5-Methylfurfurol
Acrolein

Carbonsäuren

Essigsäure
Propionsäure
Buttersäure
Isobuttersäure
Valeriansäure
Isovaleriansäure
Capronsäure
Önanthsäure

Caprylsäure
Pelargonsäure
Caprinsäure
Undecansäure
Laurinsäure

Ester

Ameisensäureäthylester
Ameisensäure-ß-phenyläthyl-
  ester
Essigsäuremethylester
Essigsäureäthylester
Essigsäurepropylester
Essigsäurebutylester
Essigsäureisobutylester
Essigsäureamylester
Essigsäureisoamylester
Essigsäurehexylester
Essigsäureheptylester
Essigsäureoctylester
Essigsäuredecylester
Essigsäureundecylester
Essigsäurebenzylester
Essigsäurephenylester
Essigsäure-ß-phenyläthylester
Propionsäureäthylester
Propionsäureamylester
Propionsäurehexylester
Buttersäureäthylester
Buttersäurepropylester
Buttersäureisocamylester
Buttersäureheptylester
Buttersäureoctylester
Buttersäurenonylester
Isobuttersäureäthylester
Isobuttersäureisoamylester
Isobuttersäureheptylester
Isobuttersäuredecylester
Isobuttersäureundecylester
Valeriansäureäthylester
Valeriansäurebutylester
Valeriansäureisobutylester
Valeriansäureamylester
Valeriansäurehexylester
Valeriansäureheptylester
Valeriansäurenonylester
Isovaleriansäureäthylester
Isovaleriansäurebutylester
Isovaleriansäureisoamylester
Isovaleriansäureoctylester
Isovaleriansäurenonylester
Isovaleriansäuredecylester
Capronsäureäthylester
Capronsäurebutylester
Capronsäureisobutylester
Capronsäureamylester
Capronsäureisoamylester

Capronsäureheptylester
Önanthsäuremethylester
Önanthsäureäthylester
Önanthsäurebutylester
Önanthsäureamylester
Önanthsäureisoamylester
Caprylsäuremethylester
Caprylsäureäthylester
Caprylsäureisobutylester
Caprylsäureamylester
Caprylsäureisoamylester
Pelargonsäuremethylester
Pelargonsäureäthylester
Pelargonsäurebutylester
Pelargonsäureisobutylester
Pelargonsäureisoamylester
Pelargonsäurehexylester
Caprinsäureäthylester
Caprinsäurepropylester
Caprinsäureisobutylester
Caprinsäureamylester
Caprinsäureisoamylester
Undecansäureäthylester
Undecansäureisobutylester
Laurinsäuremethylester
Laurinsäureäthylester
Myristinsäureäthylester
Palmitinsäureäthylester
Ölsäureäthylester
Linolsäureäthylester
D-Milchsäureäthylester
D-Milchsäurebutylester
D-Milchsäureamylester
Bernsteinsäurediäthylester
Benzoesäureäthylester
Phthalsäurediäthylester

Acetylverbindungen

Acetoin
Diacetyl

Acetate

Diäthoxymethan
1-Äthoxy-1-propoxyäthan
1,1-Diäthoxypropan
1,1-Diäthoxy-2-propan
1,1-Diäthoxy-2-methylpropan
1,1,3-Triäthoxypropan
1-Äthoxy-1-isopentoxy-3-hydroxy-
  propan
3-Äthoxypropionaldehyd
3-Äthoxypropionsäureäthylester
Vanillin

Lactone

4-Nonalacton
5-Nonalacton

Tabelle 2. Begleitstoffe in alkoholischen Getränken. Vergleich der Konzentrations-
angaben in den verschiedenen gebräuchlichen Dimensionen

	Vol ^{o}/o	^{o}/oo = g/l	mg/l
Äthanol	5 - 50	40 - 400	40000 - 400000
Methanol, C_3-C_5-Alkohole	./.	0,02 - 2,0	20 - 2000
Höh. Alkohole, Carbonyl-verbindungen	./.	0,0002 - 0,002	0,02 - 2,0
Ester außer Äthylacetat	./.	./.	< 0,001

von etwa 5 bis 50 Vol.% ist in der mittleren Spalte in eine weitere
geläufige Dimension, nämlich %o oder g/l umgerechnet; in der rechten
Spalte wurde eine weitere Umrechnung in die beim Begleitstoffnachweis
bisher übliche Dimension mg/l vorgenommen. Die Tabelle zeigt, daß die
Konzentration der kurzkettigen aliphatischen Alkohole etwa um den Faktor 100 bis 10000 unter der des Äthylalkohols liegt; die Konzentration
der meisten übrigen Begleitstoffe liegt noch einmal um denselben Faktor darunter, die vieler Ester noch niedriger. Stellt man dem die apparativ determinierte Nachweisgrenze des bisher üblichen Analysenver-
fahrens gegenüber (bestenfalls 0,001 mg/l), dann wird deutlich, daß
viele Aromastoffe mit der Head-space-Gaschromatographie nicht einmal
in den Getränken erfaßt werden können. Hierzu sind komplizierte Anreicherungsverfahren erforderlich, für welche man große Materialvolu-
mina benötigt (oft 100 ml) und die bei der Analyse von Körperflüssigkeiten naturgemäß nicht zur Verfügung stehen.

Seit den Untersuchungen von Machata u. Prokop (1971), Prokop u. Machata
(1974) ist bekannt, daß die höherkonzentrierten Begleitstoffe der alkoholischen Getränke nach dem Konsum in das Blut übergehen und sich hier
demnach auch prinzipiell analytisch wiederfinden lassen. Bedenkt man
aber, daß sie sich - wie ja auch der Äthylalkohol - im Körperwasser
und wahrscheinlich auch anderen Kompartimenten verteilen, dann ist notwendigerweise mit Konzentrationen zu rechnen, die noch einmal um mindestens Faktor 50 bis 100 unter den in der Tabelle enthaltenen Geträn-
kedaten liegen. Zudem hat man es in der Regel mit geringeren Trinkmengen
zu tun, wie z.B. 3 oder 4 Schnapsgläsern (= 60 oder 80 ml). Die gezeigten Daten beziehen sich aber auf 1000 ml. Mit anderen Worten: Im Rahmen
forensischer Fragestellunen bewegt man sich immer in der Nähe der Nachweisgrenze des derzeitigen analytischen Verfahrens.

Muß man sich auf die kurzkettigen aliphatischen Alkohole beschränken,
dann fragt sich zunächst, ob sich im Gehalt der verschiedenen alkoholischen Getränke an diesen Begleitstoffen überhaupt charakteristische
Unterschiede feststellen lassen. Das ist der Fall, wie wir bereits
früher nachgewiesen haben (Bonte et al. 1978; Bonte 1978, 1979). Allerdings ist einschränkend darauf zu verweisen, daß es alkoholische Getränke gibt, welche aus hochrektifiziertem Äthylalkohol hergestellt werden,
vornehmlich klare Schnäpse, Liköre etc. und die daher außer Äthanol zumeist nur geringe Mengen von Methanol enthalten. Sie lassen sich voneinander analytisch praktisch nicht unterscheiden und würden auch bei Blut-
oder Urinanalysen keine positiven Anzeigen erwarten lassen.

Der einzige quasi selektiv auftretende aliphatische Alkohol ist Butanol
-2, der fast ausschließlich in Obstbranntweinen festzustellen ist. Alle
übrigen alkoholischen Getränke aber - und hierzu gehören sämtliche ver-
gorenen Getränke, wie Bier, Wein und die im traditionellen Verfahren

hergestellten sog. Edelbranntweine - enthalten qualitativ dieselben aliphatischen Alkohole, nämlich Methanol, Propanol-1, Isobutanol und 2- und 3-Methylbutanol-1. Zwischen den einzelnen Getränkeklassen lassen sich dabei aber quantitative Differenzen ausmachen.

Entsprechend ist bei der Analyse von Blutproben selten damit zu rechnen, daß der bloße qualitative Nachweis von aliphatischen Alkoholen eine Zuordnung zu einer bestimmten Getränkeklasse gestattet. Hierzu müssen auch die quantitativen Relativverhältnisse einbezogen werden. Wie schwierig dieses ist, wird in Abb. 1 ersichtlich. Verabreicht man nämlich im Trinkversuch gleiche Mengen von einzelnen aliphatischen Alkoholen, dann wird man finden, daß die erreichten Blutspiegel mit zunehmender Kohlenstoffkettenlänge geringer werden. In der Tabelle ist aus den Konsummengen mit Hilfe der Widmark-Formel der C_O-Wert errechnet worden. Eine halbe Stunde nach Trinkende liegt der Blutmethanolspiegel etwa 1/3 unter dem Widmark-Wert; Propanol-1 erreicht nur etwa 1/5, Butanol-2 und Isobutanol 1/15 des Widmark-Werts. 2- und 3-Methylbutanol-1 lassen sich in der Regel überhaupt nicht im Blut erfassen. Nach einer Reihe von experimentellen Untersuchungen sind wir zu der Auffassung gekommen, daß vornehmlich unterschiedliche Metabolisierungsgeschwindigkeiten hierfür verantwortlich zu machen sind (Rüdell et al. 1982). In der praktischen Konsequenz bedeutet das jedenfalls, daß im Rahmen von Blutanalysen nur mit positiven Anzeigen von Methanol, Propanol-1 und Isobutanol, gelegentlich vielleicht noch Butanol-2 gerechnet werden kann. Das außerordentlich vielfältige Aromaspektrum eines Getränks reduziert sich also auf gerade 3 oder 4 Begleitstoffe. Wir meinen, daß es schon von daher unmöglich ist, mit dem bisherigen Verfahren aus dem bloßen Ergebnis einer Blutanalyse etwas annähernd Fundiertes über die Art des aufgenommenen alkoholischen Getränks sagen zu können.

Ein weiteres Problem beim forensischen Einsatz des Begleitstoffverfahrens ist der Zeitabstand zwischen Konsum und Blutentnahme. Die Begleitstoffe unterliegen im Körper einer noch komplizierteren Elimination als der Äthylalkohol. Versuche von Grüner u. Bilzer (1982) und eigene Versuche (Sprung et al. 1982) haben die schon lange bekannte Annahme bestätigt, daß der Abbau von Methanol durch Äthylalkohol inhibiert wird und daher stark verzögert verläuft. Die längerkettigen aliphatischen

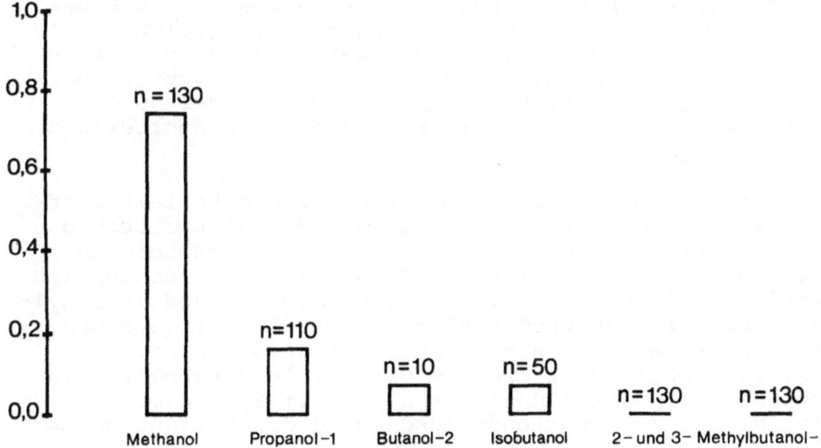

<u>Abb. 1.</u> Begleitstoffspiegel im Blut 30 min nach Trinkende als Bruchteile des C_O-Werts nach Widmark. Mittelwerte aus n Trinkversuchen

Alkohole werden hingegen schneller eliminiert als Äthanol. Wird also eine Blutprobe erst einige Stunden nach dem Trinkende entnommen, dann kann der Gehalt an höheren Alkoholen je nach Trinkmenge und Getränk bereits stark abgesunken sein, womöglich bis unter die Nachweisgrenze. Der Informationsgehalt des Analysenergebnisses einer zu spät entnommenen Blutprobe wird dadurch weiter verringert.

Aus der Biochemie ist bekannt, daß die höheren Alkohole, anders als Äthanol, exponentiell aus dem Blut eliminiert werden. Unsere bisherigen Versuchsergebnisse, bei denen die Blutproben in einstündigem Abstand entnommen wurden, erlauben noch keine Berechnung der Halbwertzeit. Zur Klärung dieses Problems werden zur Zeit weitere Trinkversuche mit frequenteren Blutentnahmen durchgeführt. Parallel hierzu haben wir Tierversuche begonnen, die vor allem die komplizierten Verhältnisse im Bereich des Übergangs von der Resorptions- zur postresorptiven Phase besser aufhellen sollen. Im Augenblick sind jedenfalls Rückrechnungen noch nicht möglich. Aufschluß über die Trinkzeit könnte die Miterfassung der Abbauprodukte bringen, worüber wir unlängst berichteten (Rüdell et al. 1982). Diese Untersuchungen sind aber noch in der experimentellen Phase; Rückschlüsse daraus können forensisch noch nicht eingesetzt werden.

Wo also überhaupt liegen die Möglichkeiten des Begleitstoffverfahrens? Der Anlaß für einen Gutachtenauftrag ist gewöhnlich eine Nachtrunkbehauptung. Jemand behauptet, zu einer ganz bestimmten Zeit zum Beispiel nach einem Unfall eine einigermaßen genau bezifferte Menge eines bestimmten alkoholischen Getränks zu sich genommen zu haben. Es geht also gar nicht so sehr um die Frage nach dem was und wann, sondern um die Überprüfung einer konkreten Trinkmengenangabe. Hier nun erlauben die Ergebnisse unserer experimentellen Untersuchungen einigermaßen genaue Rückschlüsse. Wenn die Art oder womöglich die Marke eines Getränks und die Konsummenge bekannt sind, lassen sich hieraus die jeweils aufgenommenen Mengen an aliphatischen Alkoholen berechnen. Ermittelt man nach der Widmark-Formel die C_0-Werte, dann müßten sie sich in empirisch ermittelte Regressionsbereiche einfügen, die in Tabelle 3 wiedergegeben sind. Zwischen Konsummenge und erreichtem Blutspiegel besteht bei den kurzkettigen aliphatischen Alkoholen eine relativ enge Korrelation. Der Korrelationsfaktor r liegt bei Methanol und Propanol-1 über 0,9, bei Isobutanol über 0,7. Da sich die Blutspiegel mit der Zeit ändern, sind je nach Zeitabstand zwischen Nachtrunkende und Blutentnahme etwas differierende Regressionsformeln zu verwenden. Im konkreten Fall wird man also aus den Nachtrunkangaben zugehörige Erwartungswerte berechnen und diese dann mit dem tatsächlichen Analysenergebnis vergleichen. Die Formeln geben am Schluß die Standardabweichung der Regressionsgeraden wieder; sie limitiert die Trinkmengenberechnungen. Vereinfacht kann man sagen, daß sich geringe Nachtrunkmengen von z.B. 60 oder 80 ml selbst begleitstoffreicher Spirituosen einer vernünftigen Beurteilung entziehen.

Empfehlenswert ist die Beiziehung von Urinproben für die Begleitstoffanalyse. Wir hatten schon früher festgestellt, daß die aliphatischen Alkohole im Urin in wesentlich höherer Konzentration in Erscheinung treten, als im Blut (Bonte u. Busse 1980) und daß sie hier vornehmlich als Glucuronide vorliegen (Bonte et al. 1981). Da auch 2- und 3-Methylbutanol-1 im Urin wiedergefunden werden können (Abb. 2), ist aus dem Ergebnis einer Urinanalyse erheblich mehr an Information zu gewinnen, als aus der Blutanalyse. Überdies treten im Urin viele Metaboliten in gut erfaßbarer Konzentration auf (Rüdell et al. 1982; Sprung et al. 1982), so daß auch für die zu erwartende Ausdehnung des Verfahrens auf Abbauprodukte sehr gute Aussichten bestehen.

Tabelle 3. Berechnung der Erwartungswerte nach Trinkmengenangaben. (TE= Trinkende)

---

1. Methanol

Blutspiegel 30 min nach TE = 0,79 . $(\dfrac{\text{Trinkmenge in } \mu\text{Mol}}{\text{KG} \cdot \text{r}})$ + 0,29 ± 18,22

Blutspiegel 90 min nach TE = 0,89 . ("   ) + 2,62 ± 13,71

Blutspiegel 150 min nach TE = 0,95 . ("   ) + 5,14 ± 8,71

2. Propanol-1

Blutspiegel 30 min nach TE = 0,16 . $(\dfrac{\text{Trinkmenge in } \mu\text{Mol}}{\text{KG} \cdot \text{r}})$ − 0,10 ± 0,84

Blutspiegel 90 min nach TE = 0,13 . ("   ) + 0,19 ± 0,83

Blutspiegel 150 min nach TE = 0,10 . ("   ) + 0,23 ± 1,17

3. Isobutanol

Blutspiegel 30 min nach TE = 0,07 . $(\dfrac{\text{Trinkmenge in } \mu\text{Mol}}{\text{KG} \cdot \text{r}})$ − 0,20 ± 0,51

Blutspiegel 90 min nach TE = 0,07 . ("   ) − 0,48 ± 0,42

Blutspiegel 150 min nach TE = 0,03 . ("   ) − 0,12 ± 0,38

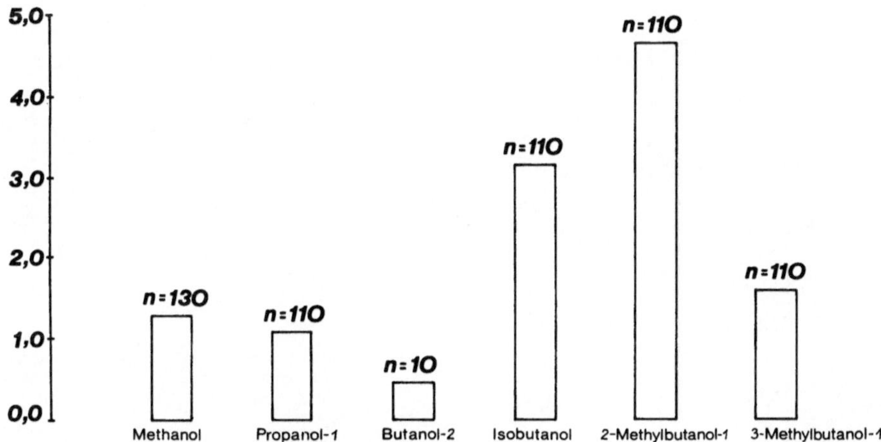

Abb. 2. Freie und gebundene aliphatische Alkohole im Urin 30 min nach Trinkende im Verhältnis zum Blut-C_O-Wert nach Widmark. Mittelwerte aus n Trinkversuchen

Literatur

Bonte W (1978) Begleitsubstanzen in Wein und weinähnlichen Getränken. Blutalkohol 15:392–404

Bonte W (1979) Begleitsubstanzen deutscher und ausländischer Biere. Blutalkohol 16: 108–124

Bonte W, Busse J (1980) Möglichkeiten einer blut- und urinanalytischen Getränkeart-bestimmung. Blutalkohol 17:49–57

Bonte W, Decker J, Busse J (1978) Begleitsubstanzen hochprozentiger alkoholischer Getränke. Blutalkohol 15:323–338

Bonte W, Sprung R, Rüdell E et al. (1981) Experimentelle Untersuchungen zum Nachweis geringer Dosen höherer aliphatischer Alkohole im Urin von Versuchsteilnehmern. Blutalkohol 18:412–426

Bundesgesetzblatt (1971) Verordnung über den Gehalt an charakterisierenden Begleit-stoffen bei Rum, Taffia, Arrak und Branntweinen aus Obststoffen. S 1678

Grüner O, Bilzer N (1982) Blut-Methanolkonzentrationen nach Genuß von Wodka. Blutalkohol 19:459–464

Kahn JH, Shipley PA, Laroe EG, Conner HA (1969) Whiskey composition: Identification of additional components by gas chromatography - mass spectrometry. J Food Sci 34:587–591

Machata G, Prokop L (1971) Über Begleitsubstanzen alkoholischer Getränke im Blut. Blutalkohol 8:349–353

Prokop L, Machata G (1974) Höhere Alkohole und Äthanolwirkung beim Menschen. Blutalkohol 11:80–87

Rapp A, Hövermann W, Jecht U, Franck H, Ullmeyer H (1973) Gaschromatographische Untersuchungen an Aromastoffen von Traubenmosten, Weinen und Branntweinen. Chemikerz 97:29–36

Rüdell E, Bonte W, Sprung R, Frauenrath C (1981a) Pharmacological actions of higher aliphatic alcohols. In: Goldberg L (ed) Alcohol, drugs and traffic safety. Almqvist & Wiksell, Stockholm, pp 1082–1086

Rüdell E, Bonte W, Sprung R et al. (1981b) Pharmakologische Wirkungen geringer Dosen höherer aliphatischer Alkohole. Blutalkohol 18:315–325

Rüdell E, Bonte W, Sprung R (1982) Die Metabolisierung der höheren aliphatischen Alkohole. Vortrag auf der 61. Jahrestagung der Deutschen Gesellschaft für Rechtsmedizin in Würzburg, 21.-25. September 1982. Zusammenfassung. Zentralbl Rechtsmed 24:645

Begleitstoffgutachten und Gerichtsentscheide bei Nachtrunkbehauptungen[1]

B. Kühnholz, N. Bilzer, W. Bonte, E. Rüdell und R. Sprung

Zusammenfassung

Es wurden 120 rechtskräftige Urteile ausgewertet, bei denen im Rahmen von Nachtrunk-
behauptungen Begleitstoffgutachten erstattet wurden. Die Ergebnisse zeigen, welchen
Einfluß ein begleitstoffanalytisches Gutachten insbesondere dann auf den Ausgang des
Verfahrens hat, wenn es die Nachtrunkbehauptung widerlegt. Es wird auf die Gefahr
aufmerksam gemacht, daß die Gutachtenergebnisse von den Gerichten bei zunehmender
Gewöhnung kritik- und kommentarlos übernommen werden könnten.

Summary

One hundred and twenty valid judgments based on congener analysis were evaluated.
The results show a great influence of the expert opinion on the legal proceedings,
especially when the statement of the accused person, to have consumed alcoholic be-
verages after a road accident, is disproved. The authors draw the conclusion that
the uncritical trust in expert opinions might affect the free estimation of evidence
of the judge.

Einleitung

Der *Nachtrunk* gehört seit Jahren zu einer der häufigsten Schutzbehaup-
tungen vor Gericht und führt nicht selten zu einer negativen emotionel-
len Einstellung gegenüber dem Angeklagten, insbesondere dann, wenn er
bereits vom Trinkverhalten her unglaubwürdig erscheint, ein Nachtrunk
aber aus medizinischer Sicht nicht mit der erforderlichen Sicherheit
ausgeschlossen werden kann. Diese negative emotionelle Resonanz gegenüber einer Nachtrunkbehauptung stellte unseres Erachtens die psychologische Ausgangssituation bei der Einführung der Begleitstoffanalyse dar,
einer Methode, mit welcher erstmals durch die biochemische Untersuchung
der jeweiligen Blutprobe eine fundierte sachverständige Stellungnahme
möglich wurde.

Dieser psychologische Hintergrund könnte die - gerade in letzter Zeit
auch in der Presse (ADAC-Motorwelt 1982; Quick 1982) in überspitzter
Form deutlich gewordene - Erwartungshaltung erklären, endlich ein Instrument in der Hand zu haben, mit welchem das Problem unglaubwürdiger
Nachtrunkbehauptungen von Grund auf beseitigt werden kann. Eine solche
Erwartungshaltung ist im Hinblick auf die Rechtssprechung nicht ganz
unbedenklich, da sie sowohl für den Richter als auch für den Sachverständigen eine Verführung bedeuten könnte, für den Sachverständigen,
sich der Faszination des sicheren Ausschlusses eher hinzugeben, als
es nach sorgfältigem Abwägen der Beurteilungsgrundlagen zu rechtfertigen wäre, für den Richter, die Beurteilung der Glaubwürdigkeit von
Nachtrunkbehauptungen ausschließlich auf das Ergebnis eines Begleitstoffgutachtens abzustellen.

---

[1] Auszugweise vorgetragen auf der 61. Jahrestagung der Deutschen Gesellschaft für
Rechtsmedizin in Würzburg, 1982

Ausgangspunkt der Untersuchung
____

Aus den eben genannten Erwägungen heraus schien es uns von Anfang an
sinnvoll und notwendig, anhand der rechtskräftig gewordenen Urteile
zu überprüfen, welchen Einfluß das begleitstoffanalytische Untersu-
chungsergebnis auf den Ausgang des Verfahrens hatte. Dabei ergab eine
erste Aufarbeitung von 56 Gerichtsverfahren, welche bis zum Ende des
Jahres 1981 durch rechtskräftiges Urteil abgeschlossen worden waren,
daß die Gerichte in allen Fällen, in denen die Nachtrunkbehauptung mit
an Sicherheit grenzender Wahrscheinlichkeit oder mit großer Wahrscheinlichkeit ausgeschlossen wurde, den Gutachten folgten und in 30 Fällen
auf §§315c bzw. 316 StGB, in 3 Fällen auf § 24a StVG sowie in einem
Fall auf § 323 a StGB erkannten.

Diese Vorergebnisse, welche kürzlich bereits u.a. mitgeteilt wurden
(Bonte et al. 1982), waren in ihrer Tendenz so eindeutig, daß wir sie
anhand weiterer, bis zum August 1982 rechtskräftig gewordener Urteile
verfolgten und dabei die Urteile unter erweiterter Fragestellung auf-
arbeiteten. Insbesondere schien es uns von Bedeutung, welchen Stellenwert das begleitstoffanalytische Gutachten bei der Urteilsfindung eingenommen hatte, soweit dieses aus der schriftlichen Urteilsbegründung
zu entnehmen war.

Insgesamt liegen der jetzigen Untersuchung 120 rechtskräftig abgeschlossene Verfahren in Niedersachsen und Schleswig-Holstein zugrunde, in
welchen Begleitstoffgutachten erstattet wurden.

Ergebnisse
____

Tabelle 1 zeigt eine Gegenüberstellung von Gutachtenergebnis und Ausgang des Verfahrens. Die Zahlen sprechen für sich und bestätigen die
genannten Vorergebnisse. War die Nachtrunkbehauptung mit an Sicherheit
grenzender Wahrscheinlichkeit (a) oder mit großer Wahrscheinlichkeit
(b) auszuschließen, kam es bis auf zwei Ausnahmen zu einer Verurteilung.

Ein Angeklagter der Gruppe a wurde freigesprochen, nachdem er seine
Einlassung zur Getränkeart in der Hauptverhandlung nach der Erstellung
eines schriftlichen Gutachtens so abänderte, daß die neue Nachtrunk-
version nach dem Ergebnis der Begleitstoffanalyse nicht mehr auszuschließen war (Blutalkoholkonzentration 2,08‰, ursprüngliche Nachtrunkbehauptung: 1/4-1/2 Flasche Springer Urvater, 2-3 Glas Bier, ab-
geänderte Nachtrunkangabe: 6 Flaschen Bier).

Bei einem weiteren Angeklagten der Gruppe b erfolgte ein Freispruch,
da eine geringere Nachtrunkmenge als ursprünglich angegeben, nicht ausgeschlossen werden konnte (Blutalkoholkonzentration: 1,27‰, ursprüngliche Nachtrunkbehauptung: 1/2 Flasche Mariacron).

War nach dem Gutachtenergebnis der Nachtrunk nicht sicher zu beurteilen
(c) oder sogar möglich bzw. nicht auszuschließen (d), kam es dennoch
nur in zwei Dritteln der Fälle zu einem Freispruch bzw. zu einer Einstellung des Verfahrens. In mehr als einem Drittel der Verfahren wurden die Angeklagten trotz des Gutachtenergebnisses - aufgrund anderer
Argumente - wegen Trunkenheit verurteilt. Noch häufiger, aber durchaus
nicht immer, erfolgte eine Verurteilung dann, wenn der Nachtrunk zwar
nicht auszuschließen war, die Trinkangaben insgesamt, d.h. in diesen
Fällen zum Vortrunk, nicht stimmen konnten (e).

Nur 2mal konnte bei den vorliegenden 120 Gutachten die Nachtrunkbehauptung durch das Vorliegen getränkespezifischer Besonderheiten positiv
bestätigt werden (f).

Tabelle 1. Gegenüberstellung von Gutachtenergebnis und Ausgang des Verfahrens

Gutachtenergebnis (NT= Nachtrunk)

	Verurteilung (§§315c, 316, 323 StGB, §24 StVG) oder Rücknahme von Einspruch, bzw. Berufung	Freispruch oder Einstellung	Gesamtzahl
a) NT auszuschließen	37	1	} 69
b) NT unwahrscheinlich	30	1	
c) NT nicht sicher zu beurteilten	7	6	
d) NT möglich, bzw. nicht auszuschließen	8	17	} 51
e) NT möglich aber Trinkangaben insgesamt stimmen nicht	6	5	
f) NT wahrscheinlich	-	2	
n	88	32	120

Als nächster Punkt war von Interesse, welchen Stellenwert die Gutachten der entsprechend dem Ergebnis verurteilten Fälle aus den Gruppen a und b der Tabelle 1 bei der Urteilsbegründung einnahmen.

Tabelle 2 zeigt eine Aufschlüsselung der Urteilsbegründungen dieser Fälle, bezogen auf die Jahre 1979-1982 sowie getrennt angeführt für Niedersachsen und Schleswig-Holstein.

Die Tendenz, die in Niedersachsen deutlich wird, ist interessant und sollte zu denken geben. Während sich die Urteilsbegründungen in den ersten 3 Jahren vorwiegend auf die Gutachtenergebnisse stützten und diese in erster Linie oder unter anderem berücksichtigten, wurde 1982 in 16 von 20 Fällen der Nachtrunk ohne Angabe von Gründen - sozusagen wortlos - fallengelassen. Wer diese Urteilsbegründung liest, könnte nicht erkennen, daß während des Verfahrens ein Nachtrunk behauptet wurde. Tatsächlich wurde aber nur 4mal die Nachtrunkbehauptung in der Verhandlung zurückgenommen. In den übrigen 12 Fällen spielte das Gutachtenergebnis für die Urteilsfindung eine wesentliche Rolle.

Schlußfolgerungen

Faßt man die aufgezeigten Ergebnisse zusammen, so machen sie einmal deutlich, welchen Einfluß ein begleitstoffanalytisches Gutachten insbesondere dann auf den Ausgang des Verfahrens hat, wenn es die Nachtrunkbehauptung widerlegt. Gleichzeitig besteht hier ganz offensichtlich die Gefahr, daß mit zunehmender Gewöhnung an diese Möglichkeit der Gutachtenerstattung die Gutachtenergebnisse in zunehmendem Maße kritik- und kommentarlos übernommen werden könnten.

Diese Tendenzen geben reichlich Anlaß, neben den Möglichkeiten auch die Grenzen einer begleitstoffanalytischen Beurteilung von Nachtrunk-

Tabelle 2. Zusammenhang zwischen Gutachen und Urteilsbegründung

	Die Urteilsbegründung stützt sich bei der Würdigung des Nachtrunks wie folgt auf das Ergebnis des Begleitstoffgutachtens			Keine wesentliche Begründung, weshalb der NT-behauptung nicht geglaubt wurde
	ausschließlich	unter anderem	gar nicht	
Niedersachsen				
1979	2	1	–	3
1980	2	1	1	3
1981	6	4	3	–
1982	1	2	1	16
Schleswig-Holstein				
1981	2	6	2	3
1982	1	1	1	3

behauptungen zu beleuchten. Beide sind – wie in der vorangehenden Arbeit bereits angeführt wurde – entscheidend durch den Informationsgehalt der Gutachtenaufträge geprägt. Tabelle 3 soll dieses an dem vorliegenden Material noch einmal verdeutlichen.

Gegenübergestellt wurden Begutachtungsgrundlagen und Gutachtenergebnis. Die Wahrscheinlichkeit einer praktisch sicheren Beurteilung ist hiernach am größten, wenn zwischen Nachtrunkende und Blutentnahme nicht mehr als 2 h vergingen, vergleichsweise große Nachtrunkmengen behauptet wurden und zusätzlich exakte Angaben zur Getränkeart vorlagen (Gruppe I). In diesen Fällen lag der Anteil der praktisch sicheren Ausschlüsse (a und b) bei 72%, der Anteil der Fälle, bei denen die Trinkangaben insgesamt nicht mit dem Ergebnis der Begleitstoffanalyse in Einklang gebracht werden konnten (a,b und e), sogar bei 87%. In allen übrigen Fällen kann es vorkommen, daß die Gutachten zu keinem eindeutigen Ergebnis kommen (c) oder der Nachtrunk aufgrund des unzureichenden Informationsgehaltes bzw. der zu geringen Konsummenge nicht sicher ausgeschlossen, aber auch nicht positiv bestätigt werden kann.

Gerade der letzte Punkt – die zu geringe Konsummenge – stellt eine entscheidende Grenze für die begleitstoffanalytische Beurteilung dar, bedingt durch Schätzungenauigkeiten bei der Trinkmengenberechnung.

Für die forensische Beurteilung bedeutet dies einmal, daß die Begleitstoffanalyse für die Überprüfung geringer Nachtrunkmengen zur Zeit noch wenig geeignet ist. Aus dem hier untersuchten Material wird deutlich, daß die Nachtrunkbehauptung bei Trinkmengen unter 150 ml Spirituose oder einer entsprechenden Menge Bier oder Wein kein einziges Mal mit der für die forensische Praxis erforderlichen Sicherheit ausgeschlossen wurde.

Die geringe Aussagekraft eines Begleitstoffgutachtens bei zu kleinen Nachtrunkmengen hat aber auch noch eine andere Konsequenz, die in den meisten Fällen erst bei der mündlichen Vertretung des Gutachtens vor Gericht offenbar wird. Hier geschieht es nicht selten, daß – nach der Erstattung des Gutachtens, bei dem z.B. ein Nachtrunk in der behaupte-

Tabelle 3. Abhängigkeit der Gutachtenaussage von der vorliegenden Information

Begutachtungsgrundlagen	*Gutachtenergebnis* (vgl. Tabelle 1)			
	a+b	c	d+f	e
Zeit zwischen NT-Ende und Blutentnahme *nicht länger* als 2 h				
NT-Menge *größer als 150 ml* Spirituose oder eine entsprechende Menge Bier oder Wein				
I bei genauer Angabe der Getränkemarke (z.B. "Mariacron")	49	–	9	10
II bei Angabe lediglich der Getränkeart (z.B. "Weinbrand")	19	2	8	–
NT-Menge *kleiner als 150 ml* Spirituose oder eine entsprechende Menge Bier oder Wein				
III bei genauer Angabe der Getränkemarke	–	–	5	1
IV bei Angabe lediglich der Getränkeart	–	1	2	–
V Zeit zwischen NT-Ende und Blutnentnahme *länger* als 2 h	1	10	3	–

ten Höhe ausgeschlossen werden konnte - danach gefragt wird, ob auch eine geringere Nachtrunkmenge, die gerade ausreichen würde, um den Tatzeitwert unter 1,3% zu bringen, ebenfalls ausgeschlossen werden kann. Je nach Höhe der festgestellten Blutalkoholkonzentration ist ein solcher Ausschluß aus den eben genannten Erwägungen heraus in vielen Fällen nicht möglich, weil die nun zur Diskussion stehenden Trinkmengen zu gering sind.

Nicht der Sachverständige, sondern das Gericht hat hier zu ermessen, ob in Anbetracht der ursprünglichen Aussage eine sozusagen nach Maß reduzierte Nachtrunkmenge glaubwürdig ist und bei der Urteilsfindung als wahr unterstellt werden kann.

In den beiden Fällen, die entgegen dem Ergebnis des begleitstoffanalytischen Gutachtens freigesprochen wurden (vgl. hierzu Tabelle 1), folgte das Gericht den entsprechend dem Gutachtenergebnis veränderten Aussagen des Angeklagten. In allen anderen Fällen trug eine Änderung der Einlassung nur dazu bei, die Nachtrunkbehauptung insgesamt als unglaubwürdig erscheinen zu lassen.

Unsere Erfahrungen vor Gericht zeigen weiterhin, daß es Aufgabe des Sachverständigen sein sollte, die Prozeßbeteiligten nicht nur auf die Möglichkeiten, sondern auch auf die genannten Grenzen der Begleitstoffbegutachtung hinzuweisen und deutlich zu machen, daß die Begleitstoffanalyse sicher ein wertvolles Hilfsmittel bei der Überprüfung von Nachtrunkbehauptungen darstellt, auf der anderen Seite aber nicht die letzte und einzige Entscheidungshilfe bei der Urteilsfindung sein sollte. Die

"konventionelle" Überprüfung der Nachtrunkbehauptungen sollte auch in
Zukunft nicht in einer sachverständigen Nachtrunkbegutachtung vor Gericht fehlen. Die Ergebnisse in Tabelle 1 zeigen im übrigen, daß der
Sachverständige sich davor hüten sollte, in die Rolle des Staatsan-
waltes zu schlüpfen. Die Anzahl der Verurteilungen ist ohnedies größer,
als es nach den Gutachtenergebnissen zu erwarten gewesen war.

Literatur

Bonte W, Rüdell E, Sprung R, Bilzer N, Kühnholz B (1982) Die Begleitstoffanalyse.
  Neue Jur Wochenschr 35:2109-2110
Goblirsch R (1982) War's Cognac? Obstler? Wein? Oder...?. ADAC-Motorwelt 2:16-22
Scharnigg G, Doenke U (1982) Die neuen Tricks der Polizei. Quick 15:130

Mathematische Modellierung der Eliminationsphase des Äthanols

W. Härdle und R. Mattern

Zusammenfassung

Es werden verschiedene Methoden zur mathematischen Modellierung der Blutalkoholkon-
zentration-Elimination vorgestellt. Die modellspezifischen Eigenschaften werden diskutiert und ihre Relevanz in der rechtsmedizinischen Praxis geprüft. An einem bisher
in der Literatur nicht genannten Modell, einer nichtlinearen Extension der von
Widmark (1932) postulierten linearen Elimination, werden die Tatzeit-BAK-Schätzungen
a posteriori und ihre statistisch erfaßbaren Fehler beschrieben. Das vorgeschlagene
nichtlineare Modell ist durch die geringe Anzahl zu bestimmender Parameter praktikabel und erlaubt damit eine einfache Abgrenzung der linearen von der nichtlinearen
Eliminationsphase.

Summary

Various methods for mathematical modeling of blood alcohol concentration (BAC) elimination are presented. The characteristics of the models are discussed and their rele-
vance examined in medicolegal practice. With a model which has so far not been described in the literature, a nonlinear extension of the linear elimination postulated
by Widmark (1932), the time of action BAC-estimations a posteriori, and statistically
recorded failures are described. The proposed nonlinear model is practicable because
of the low number of determinative parameters, therefore allowing a simple differen-
tiation of the linear from the nonlinear elimination phase.

Einleitung

Der Pharmakokinetik des Äthanols im Menschen kommt in der rechtsmedizinischen Praxis große Bedeutung zu. Die Kenntnis der Eliminationskinetik
des oral eingenommenen Alkohols ermöglicht bereits aus einer einzigen
Alkoholbestimmung Schätzungen von zeitlich vor der Beobachtung liegenden Blutalkoholkonzentrationen - Verfahren, die als "Rückrechnung" in
die Rechtsprechung Eingang gefunden haben.

In den 30er Jahren begann Widmark, die Elimination des Äthanols im
menschlichen Körper mathematisch zu beschreiben, indem er eine konstante Eliminationsrate annahm (Abb. 32 Widmark 1932).

$$(1.1) \qquad A(t) = -\beta t + C_O \qquad O \le t \le T, \quad \beta > O$$

Hierbei bezeichnen $A(t)$ die momentane Alkoholkonzentration zur Zeit t,
β und C_O die zu bestimmenden Parameter, die natürlich einer interindi-
viduellen Variation unterliegen. C_O beschreibt den Konzentrationswert
zur Zeit $t = O$. β ist die instantane Abbaurate, in (1.1) konstant und
proportional zu dem in der Literatur bekannten β_{60}, welches den mittleren Abbau über 1 h angibt.

Aufgrund der Linearität des Modells (1.1) ist es evident, daß über die
Zeit $t = C_O/\beta$ hinaus unsinnige, negative Konzentrationswerte von dem

Modell (1.1) prädiziert würden. Eine Extension des Widmark-Modells
(1.1) über $t=C_O/\beta$ hinaus ist also nicht möglich. Wir werden in diesem
Papier mehrere mathematische Methoden und Modelle vorstellen, die

1. den Konzentrationsverlauf in der späten Eliminationsphase erkennen,
   und
2. eine BAK-Schätzung a posteriori aus dieser Phase heraus

erlauben.

Methoden, Modelle

Wir nehmen vorerst keinen bestimmten funktionalen Zusammenhang zwischen
der Zeit t und der Konzentration A an, d.h., wir lassen jede beliebige
Art von Konzentrationszeitverlauf zu und spezifizieren schrittweise.
Wir nehmen weiterhin an, daß wir mehrere Messungen Y_i des BAK in einem
Versuchskollektiv gemacht haben:

$$(2.1) \qquad Y_i = A(t_i) + \varepsilon_i , \qquad i = 1, \ldots, n$$

d.h., es wurden n Messungen vorgenommen zu den Zeitpunkten t_1, t_2,
...., t_n. A(t) bezeichnet wieder die tatsächlich vorliegende Alkoholkonzentration und die ε_i, i= 1, ..., n repräsentieren den Meßfehler, von
dem wir annehmen, daß zu verschiedenen Messungen zu Zeiten $t_i \neq t_j$ unabhängige Fehler ε_i, ε_j vorliegen.

Das Ziel der Analyse der vorliegenden Werte Y_1, ..., Y_n ist es, die
Kurve A(t), die die gesamte Information über den BAK-Abbau in der Eliminationsphase enthält, zu bestimmen. Um die in der Einleitung angeschnittenen Fragen nach der funktionellen Form von A(t) in der späten
Eliminationsphase beantworten zu können, müssen wir natürlich annehmen,
daß einige der Konzentrationswerte Y_i in der späten Eliminationsphase
gemessen wurden. Wir stellen zuerst nichtparametrische Methoden vor,
die keine spezifische funktionale, von Parametern abhängige Form (z.B.
A(t) = $-\beta t + C_O$ wie bei Widmark) voraussetzen.

Nichtparametrische Methoden

Es wird von der Funktion A(t) lediglich ein gewisser Grad von Glattheit vorausgesetzt, d.h. ein Vorrücken um eine kleine Zeiteinheit Δt
sollte den BAK-Wert nicht abrupt verändern. Eine nichtparametrische
Schätzung, die die Existenz der zweiten Ableitung A''(t) voraussetzt,
ist der Glättungsspline (De Boor 1978). Die Schätzkurve Â(t) ist durch
Lösung des folgenden Minimisierungsproblems

$$(2.2) \qquad p \sum_{i=1}^{n} \left(\frac{Y_i - A(t_i)}{\delta_i} \right)^2 + (1-p) \int_{t_1}^{t_n} (A''(t))^2 \, dt \overset{!}{=} \min$$

bestimmt. Der erste Term dieser Gleichung stellt ein Maß für die Datentreue dar, der zweite Term ist ein Maß für die Glattheit der Funktion.
Hierbei ist δ_i proportional zur Varianz des Fehlers ε_i zu wählen. Unter der Annahme, daß alle Fehler ε_i gleich verteilt sind, kann $\delta_i = 1$
gesetzt werden. Der Parameter p balanciert das Verhältnis zwischen
Glattheit und Datentreue aus, d.h. wenn wir den Glättungsparameter p
nahe bei Null wählen, wird eine sehr glatte, nahezu lineare Funktion
entstehen. Ist umgekehrt p nahe bei 1, wird eine sehr wellige Kurve
entstehen, da wir zuviel Datentreue verlangen. Eine Einstellung von p
muß nach Erfahrungswerten unter Berücksichtigung der physiologischen
Zusammenhänge und Beobachtungen geschehen.

Eine weitere nichtparametrische Methode zur Kurvenschätzung ist die
Kernschätzung (Gasser u. Rosenblatt 1979). Hierbei wird $A(t)$ durch
den folgenden Ausdruck geschätzt:

$$(2.3) \qquad A(t) = \sum_{i=1}^{n} K((t-t_i)/h_n) \ Y_i / \sum_{i=1}^{n} K((t-t_i)/h_n), \ h_n > 0$$

K bezeichnet hier einen "Kern", eine symmetrische, stetige Funktion
mit $\int K^2(t) \, dt < \infty$. h_n spielt in (2.3) dieselbe Rolle wie p in (2.2),
nämlich die Rolle des Austarierens zwischen Datentreue und Glattheit
von $A(t)$. Ein h_n zu nahe bei 0 führt zu welligen Funktionen, wählt
man hingegen h_n zu groß, ergäbe sich eine nahezu konstante Funktion.

Die Anwendung der Methode (2.2) auf reale BAK-Daten führt zu einer
klaren Ablehnung des Widmark-Modells (1.1) über einen gewissen Zeitpunkt in der späten Eliminationsphase hinaus (Abb. 1).

Parametrische Methoden

In diesen Methoden wird eine festgelegte funktionale Form von $A(t)$,
abhängig von einem (evtl. mehrdimensionalen) Parameter Θ angenommen:

$$(2.4) \qquad A(t) = f(t; \Theta)$$

wobei Θ der zu schätzende Parameter ist und $f(t; \Theta)$ eine feste Modell-
funktion bezeichnet. Der Widmark-Ansatz ist z.B. parametrisch, hier
ist $\Theta = (-\beta, C_0)$ ein zweidimensionaler Parameter und $f(t; \Theta) = -\beta t + C_0$.

Ebenso ist die Beschreibung der Pharmakokinetik durch die Michaelis-
Menten-Enzymkinetik von parametrischer Form (Wilkinson 1980, Formel (4)):

$$(2.5) \qquad C_0 - A(t) + K \log(C_0/A(t)) = V \cdot t,$$

mit $\Theta = (C_0, V)$, wobei C_0 die Anfangskonzentration zur Zeit $t = 0$, K die
Michaelis-Menten-Konstante, V die maximale Abbaugeschwindigkeit darstellen. Nach Wilkinson wird in der BAK-Literatur das Modell (2.5) als
nichtlineare Kinetik bezeichnet. Wir wollen darauf hinweisen, daß dies
nicht eine nichtlineare Abhängigkeit der Parameter meint. Denn durch
die Transformation

$$\widetilde{A}(t) = -(A(t) + K \log A(t))$$
$$\widetilde{C}_0 = -(C_0 + K \log C_0)$$

gelangt man zu

$$\widetilde{A}(t) = V \cdot t + \widetilde{C}_0,$$

einer linearen Beziehungsgleichung.

Da die Michaelis-Menten-Enzymkinetik nur eine idealisierte Annäherung
an die tatsächliche Äthanolelimination im menschlichen Individuum darstellt, ist es evident, daß zur Beschreibung der komplexen metabolischen Vorgänge die Beziehung (2.5) nur eine ungefähre Beziehung zwischen zeitlichem Ablauf und Elimination (über die Zeit beobachtet) beschreibt. Insbesondere kann die in forensischer Hinsicht wichtige Frage
nach dem Übergang von annähernd konstanten Abbauraten ($\beta_{60} = $ const.,
d.h. im linearen Bereich) zu abnehmender Eliminationsrate nicht befrie-
digend beantwortet werden, denn es gibt im Modell (2.5) keinen ins Auge

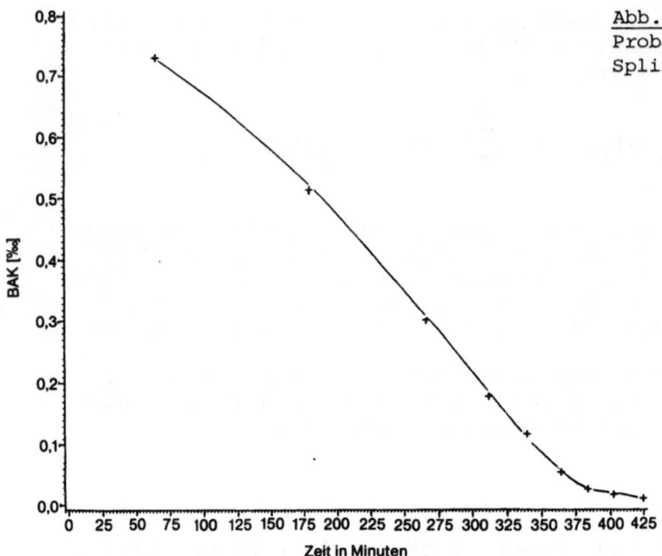

Abb. 1. Blutalkoholkurve eines Probanden. Meßwerte mit Smoothing Spline verbunden

springenden "Knickpunkt" der Eliminationskurve (vgl. Abb.7 Formel (8) Wilkinson 1980).

Wir haben deshalb im Hinblick auf den Verlauf der Enzym-Substratsättigung das folgende Modell näher untersucht und an 24 Probanden angepaßt (vgl. Mattern et al. im Druck). Es basiert auf dem Widmark-Modell und enthält einen Parameter zusätzlich, es gilt ab t= B, also erst nach Abschluß der Resorption. Die Phase der Resorption haben z.B. Mallach u. Stärk (1977) mit mathematischen Modellen beschrieben.

$$(2.6) \qquad A(t) = \begin{cases} -\beta t + C_B \ , \ t \leq t_1 \\ \alpha \exp(-\gamma(t-t_1)) \ , \ t \geq t_1 \ , \end{cases}$$

wobei $\gamma = \beta/(-\beta t_1 + C_B)$, $\alpha = -\beta t_1 + C_B$, die Stetigkeit und Differenzierbarkeit von $A(t)$ in $t = t_1$ garantieren. Das Modell wird also durch 3 Parameter β, C_O und t_1 bestimmt, die aus Abb.2 ersichtlich sind.

Da der "Knickpunkt t_1" ein Parameter des Modells ist, bestimmt er sich selbst aus den Beobachtungen. Der Parametervektor Θ wurde durch eine nichtlineare Kleinste-Quadrate-Anpassung ermittelt (Prozedur NLIN von SAS 1980). Explizit ausgeführt, bedeuten:

t_1 = Umschwenkpunkt der Konzentrationskurve, d.h. Übergangspunkt von linearer in verlangsamte, ausklingende Elimination

α = Konzentration bei t_1

γ = Skalierungsparameter

C_B = Konzentrationsniveau nach Beendigung der Resorptionsphase, d.h. bei t = B

β = (positive) zeitunabhängige Abbaurate im linearen Bereich

Im Vergleich zu einem rein linearen Modell wie $A(t) = -\beta t + C_B$ ($t_1 = \infty$) ergab sich für Modell (2.6) bei der erwähnten Probandengruppe eine weitaus bessere Anpassung an die Meßwerte.

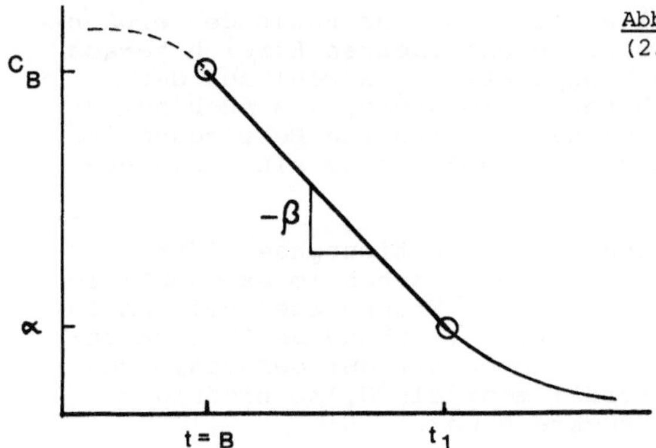

Abb. 2. Graphische Darstellung des Modells (2.6). Definition der Parameter s. Text

Schätzung von BAK-Werten, Rückrechnungsmöglichkeiten

Wir werden uns im folgenden nur mit dem Modell (2.6) beschäftigen. Es ist klar, daß die Abbauraten, mehr noch: der gesamte Parametervektor $\theta = (\beta, C_B, t_1)$, individuell verschieden sein werden. Ein individuelles θ ist vor allem abhängig von der Alkoholverteilung und dem Körpergewicht (Wilkinson 1980). Wir wollen jedoch hier nicht auf diese Problematik eingehen, sondern vielmehr annehmen, daß die interindividuelle Variabilität gering ist, d.h., daß Messungen an einem hinreichend homogenen Probandenkollektiv ausgeführt wurden. Auf der Basis der bereits erwähnten Gruppe von 24 Probanden erhielten wir einen bestimmten Parametervektor $\hat{\theta}$ und eine gewisse Streuung um die so ermittelte Modellkurve. Die in der rechtsmedizinischen Praxis wesentliche "Rückrechnung" soll anhand des Modells (2.6) exemplifiziert werden (Abb. 3).

Aus dem Kollektiv erhielten wir eine mittlere Konzentrationskurve A(t) und eine durch die interindividuelle Variation bedingte Streuung. Wird nun eine Konzentration C'= A(t') gemessen, so kann zu jedem Zeitpunkt t" die zugehörige mittlere BAK C" bestimmt werden. Die erwähnte Variation der Probandengruppe erlaubt natürlich nur eine probabilistische Aussage. Nehmen wir an, in Abb. 2 wären 95% Konfidenzintervalle eingezeichnet, so erhält man $P(\underline{C} \leq C" \leq \bar{C}) = 95\%$, d.h. die Annahme, $C" < \underline{C}$ oder $C" > \bar{C}$ ist mit 5% Irrtumswahrscheinlichkeit abzulehnen.

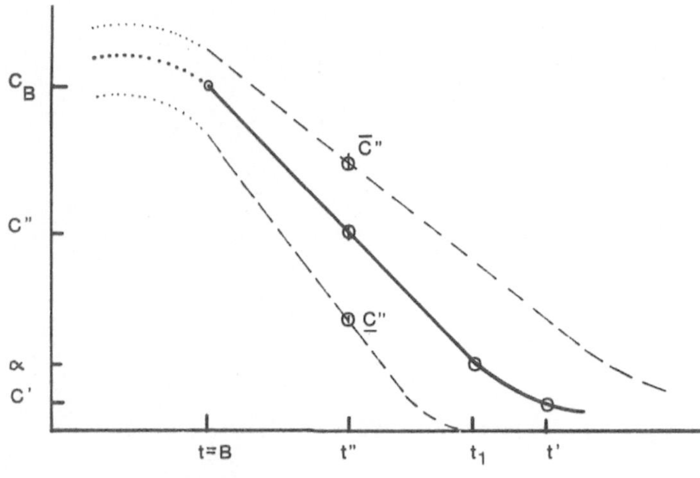

Abb. 3. "Rückrechnung" mit Modell (2.6) unter Beachtung der Konfidenzintervalle (s. Text)

Das hier vorgeschlagene Modell (2.6) erlaubt auf der Basis des erwähnten Kollektivs eine Rückrechnung aus dem nichtlinearen Bereich heraus und gestattet die Schätzung des Umschlagpunktes t_1 sowohl aus der Kenntnis der verstrichenen Zeit nach Resorptionsende, als auch aus der Konzentration. Eine statistisch ausreichend gesicherte Festlegung des Modellvektors Θ erfordert die Anpassung des Modells an ein repräsentatives Probandenkollektiv.

Bei einem gegebenen Meßwert in der späten Eliminationsphase läßt sich somit entscheiden, ob er noch im linearen, oder schon im exponentiellen Bereich der Elimination liegt. Nach diesen Ergebnissen sollten in der Praxis unterhalb des Umschlagpunktes t_1 zeitabhängige Rückrechenwerte verwendet werden. Die Schätzwerte, berechnet auf der Basis von Modell (2.6), dürften nur im Ausnahmefall mehr als 0,1‰ niedriger liegen, als bei einer rein linearen Rückrechnung.

Literatur

Boor C de (1978) A practical guide to splines. Springer, Berlin Heidelberg New York
Gasser T, Rosenblatt M (eds) (1979) Smoothing techniques for curve estimation. Lecture notes 757. Springer, Berlin Heidelberg New York
Mallach HJ, Stärk M (1977) Über Mathematische Funktionen zur näherungsweisen Beschreibung von Blutalkoholkurven. Blutalkohol 14:161-171
Mattern R, Bösche J, Birk M, Härdle W (im Druck) Experimentelle Untersuchungen zum Verlauf der Alkoholkurve in der späten Eliminationsphase. Springer, Heidelberg Berlin New York
SAS Users Guide (1980) Statistical Analysis System. SAS Institute, North Carolina, USA
Widmark E (1932) Die theoretischen Grundlagen und die praktische Verwendbarkeit der gerichtlich-medizinischen Alkoholbestimmung. Urban & Schwartzenberg, Berlin Wien
Wilkinson P (1980) Pharmakokinetics of ethanol: A review. Alcoholism (N4)4:1

Zur Berechnung der Blutalkoholkonzentration aus dem Harnalkoholgehalt in forensischen Fällen

E. Klug und W. Hopfenmüller

Zusammenfassung

Konventionelle Umrechnungsfaktoren sollten wegen der verhältnismäßig großen Schwankungsbreite in forensischen Fällen nicht zur Berechnung der BAK aus der Harnalkohol-
konzentration herangezogen werden. Sicherere Aussagen über die Mindestblutalkohol-
konzentration (99% Vertrauensbereich) sind durch Anwendung der Regressionsgleichung
$$BA = 0,788 \times HA - 0,96$$
für Harnalkoholkonzentrationen größer als 1‰ möglich, die durch die statistische
Auswertung von 155 Blut- und Harnalkoholkonzentrationen gewonnen wurde. Die Resultate entsprechen im forensisch wichtigen Bereich über 0,8‰ praktisch den Ergebnissen
von Froentjes und Verburgt (1966).

Summary

Due to the wide fluctuations observed in forensic cases, conventional conversion factors should not be used to calculate blood-alcohol concentration on the basis of
urine-alcohol concentration. Reliable determination of the minimum blood-alcohol
concentration (99% reliability) is possible by using the regression equation:
$$BA = 0.788 \times UA - 0.96$$
for urine-alcohol concentrations of more than 1‰ , this equation was obtained by statistically evaluating 155 blood and urine samples. The results in the forensically
significant range above 0.8‰ for all practical purposes, correspond to the results
obtained by Froentjes and Verburgt (1966).

Einleitung

Urin ist neben Blut das bevorzugte Untersuchungsmaterial, wenn es um
den Nachweis einer Alkoholisierung und deren Beurteilung geht. Dies
vor allem, weil Harn leicht und ohne körperliche Eingriffe zu gewinnen
ist und auch bei fortgeschrittener Fäulnis - von bestimmten Ausnahmen
abgesehen - noch verwertbare Ergebnisse zu erhalten sind.

Der Harnalkoholwert (HAK) kann

1. zur Bestätigung der nachgewiesenen Alkoholisierung,
2. zusammen mit der parallel gewonnenen Blutalkoholkonzentration (BAK)
   zu Aussagen über die Phase der Alkoholkurve im Meßzeitpunkt und
3. wie Iffland et al. (1982) vor kurzem gezeigt haben, auch bei Fragen
   eines behaupteten Nachtrunks herangezogen werden.

Über die Beziehungen zwischen BAK und HAK liegen zahlreiche Untersuchungen vor, die sich auf Trinkversuche unter kontrollierten Bedingung-
en, auf polizeilich angeordnete Blut- und Harnentnahmen und auf Leichenmaterial stützen (Lundquist 1961; Rupp et al. 1969; Staak et al. 1976;
Weinig et al. 1970; Zink u. Reinhardt 1971). Die ermittelten Quotienten
(HAK/BAK) liegen zwischen 1,25 und 1,60, wobei allerdings auch höhere

und niedrigere Faktoren beobachtet wurden (Weinig et al. 1970). Das Bild ist somit nicht einheitlich und hängt u.a. von der Miktionsfolge, dem Zeitpunkt der Harnentnahme im Verlauf der BA-Kurve, der Getränkeart (Rupp et al. 1969) und weiteren Faktoren ab, so daß im Einzelfall nach Weinig "weder ein sicherer Rückschluß auf die Phase der BAK-Kurve noch auf den wirklichen Wert der BAK möglich ist, auch nicht, wenn Harn unter Clearence-Bedingungen gewonnen werden kann". Schon kleinere Bestimmungsfehler können, wie Lundquist (1961) gezeigt hat und wie leicht zu überprüfen ist, den Quotienten in weiten Grenzen verändern.

Trotzdem muß der Sachverständige hin und wieder auch zur Höhe einer Alkoholisierung aufgrund eines Harnbefundes Stellung nehmen, wie folgender Fall zeigt:

Ein 45jähriger Kraftfahrer wurde ohne Verschulden in einen Verkehrsunfall verwickelt. Da er einen verlangsamten Eindruck machte und Tabletteneinnahmen angab, wurde eine Harnprobe entnommen. Alkoholgeruch wurde nicht festgestellt, eine Blutentnahme fand nicht statt. Die chemische Untersuchung der Harnprobe ergab Spuren von Psychopharmaka sowie 2,96‰ Ethanol. Eine daraufhin angestrengte Anklage wegen Trunkenheit im Straßenverkehr wurde jedoch eingestellt, nachdem ein anderer Sachverständiger konkrete Aussagen zu einer Mindestalkoholisierung ablehnte.

Fragen dieser Art können nicht durch Anwendung der in den Trinkversuchen ermittelten Faktoren gelöst werden. Es handelt sich vielmehr um ein statistisches Problem. Froentjes und Verburgt haben 1966 ausgehend von 7653 willkürlich ausgewählten Blut- und Harnwerten eine Korrealtionsrechnung durchgeführt. Sie fanden einen ausgeprägten linearen Zusammenhang zwischen Blut- und Harnalkoholkonzentrationen und berechneten für den Blutalkoholgehalt (mit einer Irrtumswahrscheinlichkeit von 1%) folgende Formel:

$$BA = 0{,}658 \times HA - 0{,}608 \ (‰).$$

Ein Korrelationskoeffizient wurde nicht angegeben. Die Autoren haben in ihre Untersuchungen den gesamten Promillebereich von 0 - 4,8‰(für HA) einbezogen. Wie eigene Voruntersuchungen ergaben und auch der Literatur zu entnehmen ist, findet man jedoch bei BA-Konzentrationen unter 0,5‰ einen wesentlich niedrigeren Korrelationskoeffizienten zu den entsprechenden Harnwerten als bei höheren Blutalkoholkonzentrationen, so daß insgesamt bei Verwendung aller Werte eine Verfälschung der Regressionsgleichung im forensisch wichtigen Bereich zwischen 0,8 und 1,5‰ möglich erscheint. Weiterhin wurden keine Angaben zur Entnahmezeit der Blut- und Harnproben gemacht, bzw. nicht angegeben, ob eine Umrechnung auf eine gleiche Entnahmezeit stattgefunden hat. Wie eigene Überprüfungen von Polizeiprotokollen ergeben haben, streuen die Differenzen der Entnahmezeiten zwischen 5 min und 3 h, wobei sich aus 50 willkürlich entnommenen Vorgängen eine mittlere Zeitdifferenz von 49 min ergab.

Um eigene Erfahrungen unter Berücksichtigung der angesprochenen Fragen zu sammeln, wurden 155 Blut- und Harnalkoholproben aus dem Obduktionsgut des Jahres 1978 einer statistischen Analyse unterzogen. Harnwerte unter 1‰ wurden in den Untersuchungen nicht berücksichtigt, ebensowenig Proben, bei denen Fäulnisveränderungen nicht auszuschließen waren.

Material und Methode

Aus dem Obduktionsgut des Jahres 1978 standen in 155 Fällen BA und HA Werte zur Verfügung. Die Bestimmungen wurden stets im Anschluß an die Leichenöffnung durchgeführt, so daß eine Alkoholneubildung in vitro nicht anzunehmen war. Alle Werte wurden sowohl nach der Gaschromatographie (Head-space Verfahren nach Machata) als auch nach Vidic durchgeführt. Die gemessenen BA-Werte wurden auf einen Wassergehalt von 76% berechnet (Klug et al. 1970). Die Harnalkoholwerte wurden ohne weitere Umrechnung eingesetzt.

Ergebnisse und Diskussion

In Abb. 1 sind neben der errechneten Ausgleichsgeraden der 95% bzw.
99% Vertrauensbereich für die Schätzung der BAK aus der HAK angegeben
(Sachs 1978). Es besteht eine streng lineare Abhängigkeit, wobei sich
die Regressionsgerade (Bereich HA > 1‰) zu

$$BA = 0,788 \times HA - 0,167 \; (‰)$$

berechnet. Der Korrelationskoeffizient beträgt 0,939.

Die Sicherheit dieser Gleichung ist für forensische Zwecke jedoch nicht
ausreichend, da 50% der danach berechneten Blutalkoholkonzentrationen
größer bzw. gleich dem wirklichen Wert sind. Es war daher erforderlich,
die Vertrauensgrenzen um die Regressionsgerade abzuschätzen. Beim Vorliegen von mehr als 30 Punkten lassen sich diese Vertrauensgrenzen in
guter Näherung bestimmen nach der Formel von Sachs

$$y = a + bx \pm t \; (n-2); \; 0,01 \cdot s_{EE} \; .$$

Für den 99%-Vertrauensbereich in Abb. 1 der forensisch allein relevanten unteren Grenzgerade ergibt sich somit:

$$BA = 0,788 \times HA - 0,96 \; (‰) \; . \tag{1}$$

Die Gerade von Froentjes liegt gut im 95% Vertrauensbereich dieser Beziehung.

In Tabelle 1 sind die mit Hilfe der Gleichung (1) bestimmten Mindestalkoholwerte den von Froentjes und Verburgt berechneten gegenübergestellt. Wie ersichtlich weichen die Resultate in den höheren wie auch

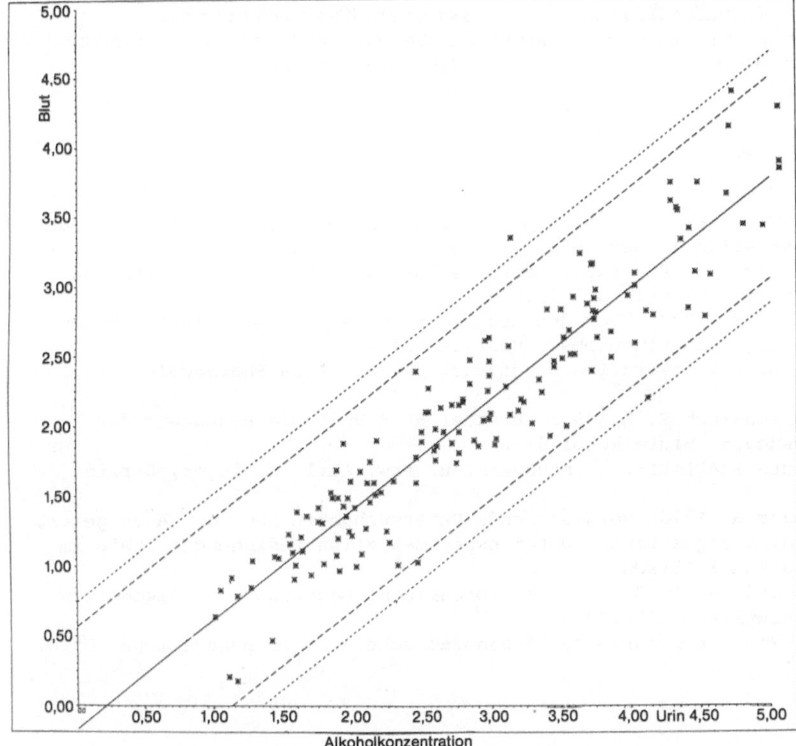

Abb. 1.
Ausgleichsgerade
HAK-BAK mit Ver-
trauensbereichen

Tabelle 1. Mindestalkoholwerte berechnet nach Gleichung 1 im Vergleich zu den von Froentjes angegebenen BAK-Werten bezüglich HAK

HAK	BAK ber. n. (1)	BAK n. Froentjes	HAK	BAK ber. n. (1)	BAK n. Froentjes
1,20	---	0,20	3,20	1,56	1,50
1,30	0,06	0,25	3,30	1,64	1,60
1,40	0,14	0,30	3,40	1,72	1,65
1,50	0,22	0,40	3,50	1,80	1,70
1,60	0,30	0,45	3,60	1,88	1,80
1,70	0,14	0,50	3,70	1,96	1,85
1,80	0,46	0,60	3,80	2,03	1,90
1,90	0,54	0,65	3,90	2,11	2,00
2,00	0,62	0,70	4,00	2,19	2,05
2,10	0,69	0,80	4,10	2,27	2,10
2,20	0,77	0,85	4,20	2,35	2,20
2,30	0,85	0,90	4,30	2,43	2,25
2,40	0,93	1,00	4,40	2,51	2,30
2,50	1,01	1,05	4,50	2,59	2,40
2,60	1,09	1,10	4,60	2,66	2,45
2,70	1,17	1,20	4,70	2,74	2,50
2,80	1,25	1,25	4,80	2,82	2,60
2,90	1,33	1,30	4,90	2,90	2,65
3,00	1,40	1,40	5,00	2,98	2,70
3,10	1,48	1,45			

in den niedrigeren Bereichen voneinander ab, während sie im forensisch wichtigen Bereich zwischen 0,8-1,5 ‰ praktisch übereinstimmen. Man wird diese Werte, die an völlig verschiedenen Kollektiven berechnet wurden, somit einer Beurteilung zugrunde legen können.

Literatur

Froentjes W, Verburgt JW (1966) Über die Ermittlung des Alkoholgehaltes im Blut aus der Urinalkoholkonzentration in gerichtlichen Fällen. Blutalkohol 3:476

Iffland R, Staak M, Rieger S (1982) Experimentelle Untersuchungen zur Überprüfung von Nachtrunkbehauptungen. Blutalkohol 19:235

Klug E, Krauland W, Vidic E (1970) Über den Beweiswert einer zweiten Blutalkoholbestimmung in länger gelagerten Blutproben. Blutalkohol 7:52

Lundquist F (1961) The urinary excretion of ethanol by man. Acta Pharmacol Toxicol (Copenh) 18:231

Rupp W, Raudonat HW, Muschaweck R, Hajdú P, Brettel HF (1969) Die Bedeutung der Diurese bei Trinkversuchen. Blutalkohol 6:325

Sachs L (1978) Angewandte Statistik. 5. neubearb. u. erw. Aufl. Springer, Berlin Heidelberg New York

Staak M, Springer E, Baum H (1976) Vergleichende Untersuchungen über den Aussagewert des Harnalkohol-Blutalkoholquotienten unter experimentellen Bedingungen sowie im Probenmaterial. Blutalkohol 13:100

Weinig E, Zink P, Reinhardt G (1970) Über die forensische Bedeutung der Alkoholkonzentration im Urin. Blutalkohol 7:307

Zink P, Reinhardt G (1971) Zur Theorie der Äthanolausscheidung im menschlichen Urin. Blutalkohol 8:1

Optimierung der gaschromatographischen Blutalkoholbestimmung

G. Machata

Zusammenfassung

Durch sorgfältige Auswahl von GC-Parametern, insbesondere der Trennsäule, gelingt
es, flüchtige Stoffe, die als Begleitsubstanzen bei der Blutalkoholbestimmung auftreten können, vom Äthylalkohol abzutrennen und gesondert zu bestimmen. Geeignete
Trennphasen werden vorgeschlagen und die Ergebnisse von zwei Rundversuchen mit Al-
kohol/Serumproben und "unfreundlicher Matrix", bestehend aus Acetaldehyd, Methanol,
i-Propanol und Aceton, angegeben.

Summary

With carefully selected *gc* parameters, especially the quality of the column, it is
possible to separate volatile congeners from ethanol in blood samples and to determine them. Proper stationary phases are recommended. The results of two interlaboratory quality control trials with serum with a "disagreeable matrix" containing acet-
aldehyde, methanol, isopropanol, and acetone are presented.

Genau 15 Jahre sind seit der Einführung eines kommerziell erhältlichen
Gaschromatographen für die automatische Dampfraumanalyse vergangen. Dabei handelte es sich um das Gerät "Multifract F 40" der Firma Bodenseewerk Perkin-Elmer, Überlingen (Machata 1967, Jentzsch et al. 1968).
Zwar standen bei der Entwicklung dieses Gerätes die allgemeinen Erfor-
dernisse der Dampfraum- oder Head-Space-Analyse im Vordergrund, der
Schwerpunkt der Anwendbarkeit wurde aber damals auf die Bestimmung
flüchtiger Substanzen in biologischem Material gelegt, insbesonders
auf den Nachweis von Äthylalkohol. Dies entsprach weitgehendst den bekannten Erfordernissen nach einer weiteren spezifischen Bestimmungsmethode mit der Möglichkeit, gleichzeitig andere flüchtige Stoffe nachzuweisen. Des weiteren sollten eine niedere Nachweisgrenze, eine hohe
Spezifität und entsprechende Präzisionsdaten die bis dahin bekannten
Verfahren übertreffen.

Rückblickend kann zweifelsfrei gesagt werden, daß diese Ziele erreicht
wurden. Die Gaschromatographie (GC) hat sich weltweit als Standardver-
fahren für die Blutalkoholbestimmung eingebürgert, der Applikations-
bereich umfaßt heute eine Anwendung in Kriminaltechnik, Umweltanalytik,
Arbeitsmedizin, klinisch-chemischer Untersuchung, Riechstoff-, Lebens-
mittel- und Pharmaindustrie, um nur einige zu nennen.

Es ist aber angebracht, einiges über die Spezifität des Verfahrens bei
der Blutalkoholanalyse anzuführen. Diese Spezifität kann nur erzielt
werden, wenn die GC-Bedingungen so gewählt werden, daß praktisch alle
in biologischem Material vorkommenden flüchtigen Stoffe getrennt erscheinen und damit erkannt werden können. Sind die GC-Bedingungen in-
suffizient, das heißt, besteht die Möglichkeit einer Überlagerung mehrerer Stoffe zu einem einzigen Peak, sind Fehlbestimmungen unvermeidlich. Dies gilt natürlich auch für gaschromatographische Bestimmungen

mittels direkter Einspritzung. Untersucht man nun, welche flüchtigen
Substanzen in biologischem Material vorkommen, die zu einer möglichen
Koinzidenz mit Äthanol führen könnten, so sind folgende hauptsächlich
zu nennen: Acetaldehyd, Methanol, Aceton und i-Propanol. Diese vier
Substanzen sind neben Äthanol und dem inneren Standard - meist t-Butanol - zu detektieren. Über t-Butanol als inneren Standard soll nicht
weiter diskutiert werden; die Verwendung ergibt sich wegen der zum
Äthanol ähnlichen Dampfdruckkurve und seiner Abwesenheit im Probenmaterial. Aus diesem Grund muß z.B. das in England übliche n-Propanol
für die gerichtsmedizinische Praxis abgelehnt werden (obwohl es reten-
tionsmäßig sehr günstig liegt), da es besonders in faulen Bluten in
erheblichen Mengen vorkommen kann. Bei der Untersuchung von ausschließlich frischen Blutproben wäre dagegen nichts einzuwenden, bedingt aber
eine längere Analysenzeit pro Probe.

Gerade die Analysenzeit ist aber ein Parameter, der sehr stark willkürlich variierbar ist und auch die Qualität der Analyse, das heißt
die Selektivität, sehr beeinflußt.

Bei der Verwendung der üblichen Standards für die Blutalkoholanalyse,
die in der Regel nur aus wäßrigen Äthanollösungen bestehen, erhält
man bei den unterschiedlichsten GC-Bedingungen sehr leicht zwei gut
getrennte Peaks in einer relativ kurzen Analysenzeit. Sogar bei nicht
ganz getrennten Peaks (unvollständige Basislinientrennung von Äthanol
und t-Butanol) liefern moderne Integratoren verläßliche Werte für die
quantitative Bestimmung. Die Verkürzung der Analysenzeit um eine Minute bewirkt bei einem Rundlauf eines automatischen Gerätes (30 Proben)
bereits eine Zeitersparnis von einer halben Stunde. Solange in den
Proben nur Äthanol enthalten ist, sind die Analysenergebnisse korrekt.
Bei gleichzeitiger Anwesenheit der oben angeführten Begleitstoffe treten unter Umständen nicht zu erkennende Koinzidenzen auf und führen
zu Fehlbestimmungen, die den Alkoholwert verringern oder vergrößern
können, je nachdem, ob die Begleitsubstanzen mit dem inneren Standard
zusammenfallen oder mit dem Peak des Äthanols.

Im Rahmen der Deutschen Forschungsgemeinschaft, Senatskommission für
Klinisch-toxikologische Analytik, wurde deshalb in Zusammenarbeit mit
der Firma Behringwerke AG, Marburg, ein Testserum entwickelt, das die
erwähnten vier Substanzen Acetaldehyd, Methanol, Aceton, i-Propanol
und Äthanol enthält. Im Rahmen zweier Rundversuche wurde dieser Test
mit "unfreundlicher Matrix" untersucht, wobei es zuerst galt, den
Äthanolgehalt zu bestimmen und im zweiten Rundversuch die einzelnen
Komponenten quantitativ festzustellen.

Die beteiligten Laboratorien, denen an dieser Stelle für ihre Mitarbeit
herzlich gedankt sei, wurden beim ersten Rundversuch gebeten, alle zur
Verfügung stehenden (und auch routinemäßig angewandten) Verfahren zur
Blutalkoholbestimmung einzusetzen (Tabelle 1). Der zweite Rundversuch
sollte nur mit einem GC-Verfahren ausgeführt werden (Tabelle 2).

Die beiden Tabellen geben die Ergebnisse der Versuche wieder, wobei die
Mehrfachbestimmungen gemittelt und auf zwei Dezimalen gerundet wurden.

Beim ersten Rundversuch (Tabelle 1) traten zwei Fehlbestimmungen (Labor
1 und 4) mittels GC auf, bei denen typisch Aceton zusammen mit Äthanol
erfaßt wurde. Die Spezifität der ADH-Bestimmung für Äthanol ist sehr
gut, das Ergebnis von Labor 5 dürfte auf einen Rechenfehler (Serum
statt Blut) zurückzuführen sein.

Für die Werte nach dem Widmark-Verfahren ergibt sich die zu erwartende
Erhöhung gegenüber den spezifischen Methoden, bedingt durch die miter-

Tabelle 1. 1. Rundversuch. Äthanolbestimmungsergebnisse im Testserum von 16 Laboratorien unter Anwendung unterschiedlicher Verfahren (Äthanolkonzentration in ‰)

Labor	Gaschromatographie	ADH	Widmark
1	1,20	1,07	
2	1,00	1,03	1,29
3	1,00		1,22
4	1,23	1,04	
5		0,88	
6	1,02	0,97	
7	0,99	1,01	
8	1,06	1,03	
9	0,97	1,02	1,07
10	1,05		1,25
11	1,00		1,36
12	0,98	0,98	1,29
13	1,05	0,99	
14	1,00	1,01	
15	1,00	0,94	
16	1,00	1,04	

$\overline{\Sigma}$ 1,01 (-1,4) $\overline{\Sigma}$ 1,01 (-5) $\overline{\Sigma}$ 1,28 (-9)

S 2,78   S 3,58   S 5,26

Tabelle 2. 2. Rundversuch. Ergebnisse der geschromatographischen Bestimmungen von Begleitstoffen im Testserum aus 14 verschiedenen Laboratorien (Konzentrationen in ‰)

Labor	Methanol	Aceton	i-Propanol
1	0,11	0,09	0,10
2	0,06	0,10	0,11
4	-	0,11	0,13
6	0,28	0,14	0,14
7	0,13	0,10	0,14
8	+	0,10	0,10
9	0,09	0,09	0,10
10	0,10	0,11	0,11
11	0,10	0,10	0,10
12	+	0,11	0,10
13	0,10	0,10	0,11
14	-	0,08	0,11
15	0,08	0,10	0,10
16	0,10	0,11	0,11

$\overline{\Sigma}$ 0,10 (-6) $\overline{\Sigma}$ 0,10 $\overline{\Sigma}$ 0,11

S 0,94   S 1,38   S 1,46

faßten Begleitstoffe. Da diese aber in Mengen zugefügt wurden, die
durchaus im Bereich der Möglichkeiten liegen, sollte der alleinige
Einsatz dieser Verfahren als obsolet gelten. Überraschenderweise ergibt der Wert von Labor 9 eine Zahl, die nahe der theoretischen Größe
liegt. Die gegenständliche Analyse wurde nach dem Vidic-Verfahren
durchgeführt. Das Oxydationspotential der Vanadin-Schwefelsäure dürfte
Äthanol selektiver erfassen als dies die Chromschwefelsäure kann.

Die Tabellen geben auch die Mittelwerte (abzüglich der Ausreißer) an
und ebenso die Standardabweichung in Prozent.

Die Folgerungen aus dieser Untersuchung lassen sich kurz zusammenfassen:

Für die GC-Untersuchung auf Äthanol ist eine sorgfältige Einstellung
der Parameter zur Trennung aller in Betracht kommenden Komponenten erforderlich. Zumindest müssen diese Substanzen im Routinechromatogramm
erkannt werden, um danach bei anderen GC-Bedingungen - zum Beispiel
andere Säule - eine Trennung, und damit eine exakte Bestimmung des
Äthanols und allenfalls der Begleitsubstanz, zu ermöglichen.

Dies ist bei sorgfältiger Säulenwahl und Optimierung der GC-Parameter
auch in relativ kurzer Analysenzeit (3-4 min) möglich. Als empfohlene
Trennphasen können zum Beispiel unter anderem Polyäthylenglykol 1500
oder Hallcomid M 18 auf verschiedenen Trägermaterialien gelten. In den
Abbildungen von Chromatogrammen sind Beispiele gezeigt.

In Abb. 1 ist die bei uns verwendete Standardsäule (Polyethylenglykol
1500) gezeigt, wobei i-Propanol von Äthanol zwar nicht vollständig abgetrennt wird, aber deutlich erkannt werden kann. Methanol fällt mit
dem inneren Standard (t-Butanol) zusammen. Da eine Methanolvergiftung
oder -belastung sehr selten vorkommt und eine entsprechende Untersuchung besonders verlangt wird, ist diese Säule, auch wegen der über
Jahre reichenden Stabilität und Konstanz der Retentionszeiten, sehr
gut für die Blutalkoholbestimmung geeignet.

Ein Chromatogramm des Behring-Testserums auf Hallcomid M 18 ist in
Abb. 2 wiedergegeben. Zwar liegt i-Propanol sehr dicht bei dem Peak
von t-Butanol, ohne inneren Standard sind jedoch alle 5 Komponenten
vollständig getrennt. Wir verwenden diese Säule zur Prüfung von biologischem Material auf Lösungsmittel, wobei im Screeningverfahren vorerst kein innerer Standard zugesetzt wird.

Die in Abb. 3 dargestellte Testsäule ist ebenfalls Hallcomid M 18,
aber nun auf Graphit. Mit und ohne innerem Standard ist das Testge-
misch vollständig getrennt. Das gleiche Ergebnis mit etwas längerer
Analysenzeit kann auch mit der stationären Phase SP-1000 auf Graphit
erzielt werden (Abb. 4).

Mit Hilfe des Testserums für die Blutalkoholanalyse läßt sich eine Optimierung rasch durchführen. Die Verwendung dieses Testserums oder
einer selbsthergestellten Testmischung sollte für Laboratorien, die
eine gaschromatographische Blutalkoholuntersuchung durchführen, obligat
sein.

Literatur

Jentzsch D, Krüger H, Lebrecht G, Dencks G, Gut J (1968) Arbeitsweise zur automatischen gas-chromatographischen Dampfraum-Analyse. Z Anal Chem 236:96-118
Machata G (1967) Über die gaschromatographische Blutalkoholbestimmung. Blutalkohol
4:3-11

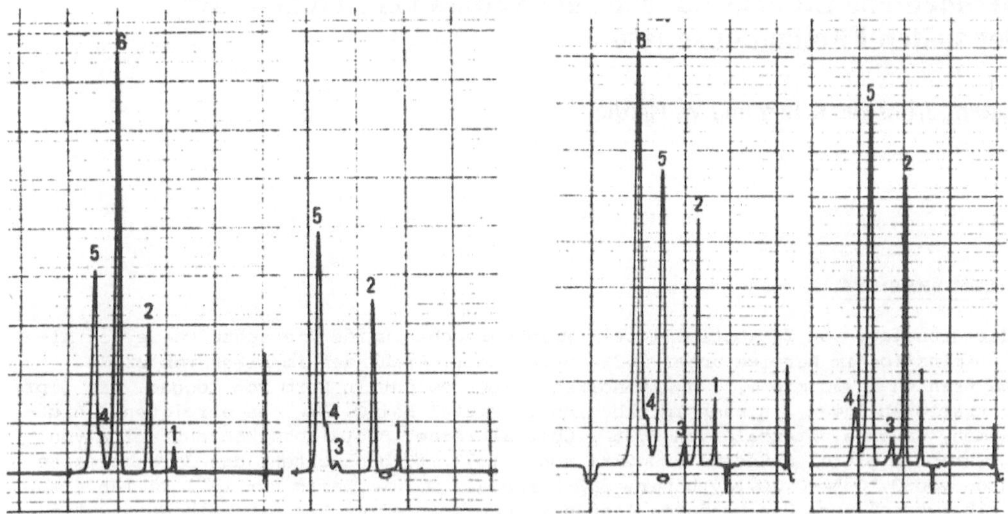

Abb. 1

Abb. 2

Abb. 1. Gaschromatographische Dampfraumanalyse des Testserums der Behringwerke.
1 Acetaldehyd, *2* Aceton, *3* Methanol, *4* i-Propanol, *5* Äthanol, *6* t-Butanol, das
dem Testserum jeweils nur bei den linken Chromatogrammen zugesetzt war. Trennsäule: 15% Polyethylenglykol 1500 auf Kieselgur 60–100 mesh, Säulentemperatur:
80° C, Stahlsäule 2 m

Abb. 2. Testserum wie in Abb. 1, Trennsäule: 15% Hallcomid M 18 auf Kieselgur
60–100 mesh, Säulentemperatur: 75° C, Stahlsäule 2 m

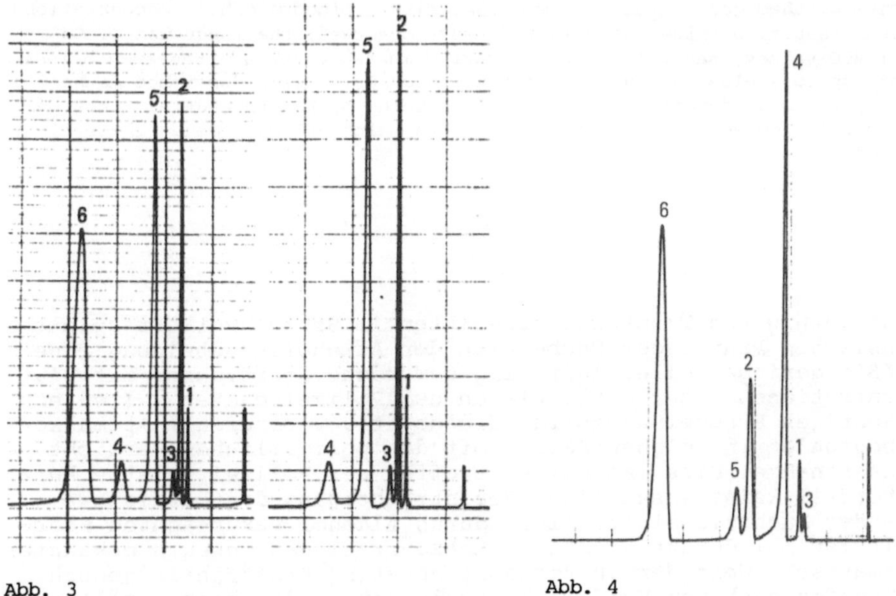

Abb. 3

Abb. 4

Abb. 3. Testserum wie in Abb. 1, Trennsäule: 0,8% Hallcomid M 18 auf Graphit
60–100 mesh, Stahlsäule 1 m, 22° C

Abb. 4. Testserum wie in Abb. 1, Trennsäule: 0,1% SP-1000 auf Carbopack C
80–100 mesh, Stahlsäule 2 m, 60° C

Experimentelle Untersuchungen zum Verlauf der Alkoholkurve in der späten Eliminationsphase

R. Mattern, J. Bösche, K. Birk und W. Härdle

Zusammenfassung

Auf der Grundlage von 24 kontrollierten Trinkversuchen wurde die späte Phase der Alkoholelimination im Bereich unter 0,3‰ untersucht. Probanden im Alter von 22-33 Jahren tranken in 30 min 0,77 g Alkohol/kg Körpergewicht in Form von Cognac. Die Gipfelkonzentrationen lagen 2 h nach Trinkbeginn im Mittel bei 0,71‰ , es erfolgten 9 Blutentnahmen, davon 5 unterhalb von 0,3‰ . Oberhalb einer Blutalkoholkonzentration von 0,1‰ waren im Mittel Stundenabbauwerte von 0,137‰ zu beobachten, die Streubereiche reichten von 0,103‰ -0,207‰ , höhere β60-Werte als 0,15‰ kamen nur in 2 Fällen als "Ausreißerwerte" vor. Die Meßdaten ließen sich bis zu einer Blutalkoholkonzentration von 0,1‰ mathematisch am besten durch eine lineare Funktion, unterhalb dieses Wertes durch eine exponentielle Funktion beschreiben. Der Umschlagpunkt zwischen beiden Bereichen lag im Mittel bei 0,052‰ mit 95‰ Konfidenzintervallen von 0,033 bis 0,070‰ .

Summary

On the basis of 24 controlled drinking tests, the late phase of alcohol elimination in the range below 0,3‰ was investigated. Test persons of 22-33 years of age drank 0.77 g alcohol (cognac)/kg body weight in 30 min. Two hours after the start of drinking the mean peak concentrations amounted to 0.71‰ ; nine blood tests were then carried out; five of them gave values below 0.3‰ . With a blood alcohol concentration above 0.1‰ , mean reduction values of 0.137‰ /h were observed; the range was 0.103‰ - 0.207‰ ; higher β60-values than 0.15‰ only occurred in two cases as "run-away values." The measurements up to a blood alcohol concentration of 0.1‰ were described mathematically best by a linear function, and below this value by an exponential function. The mean turning point between both ranges was 0.052‰ with 95% confidence intervals of 0.033‰ -0.070‰ .

Einleitung

Bei der Begutachtung von Trunkenheitsdelikten im Straßenverkehr spielt in der forensischen Praxis der Endbereich der Alkoholausscheidung eine verhältnismäßig geringe Rolle. Auffällig gewordene Kraftfahrer mit Blutalkoholkonzentrationen unter 0,5‰ bieten dem Polizeibeamten selten ein alkoholverdächtiges Erscheinungsbild; die negativ verlaufende Atemalkoholprüfung begründet in solchen Fällen oft den polizeilichen Verzicht auf eine Blutentnahme. Dies mag bei Eintreffen der Polizei relativ kurz nach einem Vorfall keine wesentliche Beeinträchtigung der Beweislage darstellen - der Nachweis einer allein durch Alkohol verursachten Fahruntüchtigkeit ist bei derart niedrigen Konzentrationen ohnehin bekanntermaßen problematisch. Wenn der in Verdacht geratene Kraftfahrer jedoch erst viele Stunden nach dem Vorfall kontrolliert werden kann, sollten trotz negativem Erscheinungsbild und fehlendem Atemalkoholnachweis mindestens eine, besser zwei Blutproben gesichert werden. Wird nun bei derartigen Blutproben Alkohol im untersten Bereich, etwa nur um 0,1‰,

nachgewiesen, so stellt sich für den Gutachter die Frage, ob, und wenn
ja, wie eine Rückrechnung auf der Basis wissenschaftlicher Erkenntnisse
durchgeführt werden kann.

Fallschilderung

Ein Fall aus der eigenen Begutachtungspraxis, zu dessen forensischer
Abwicklung mehrere Sachverständige mit verschiedenen Auffassungen in
3 Instanzen und im Wiederaufnahmeverfahren tätig waren, gab uns Anlaß,
die frühere Lehrmeinung zu überprüfen, wonach auf der Grundlage von
Werten unterhalb $0,15$ bis $0,2\%_{00}$ nicht zurückgerechnet werden sollte.

Ein an Hyperurikämie und Leberparenchymschaden leidender Polizeibeam-
ter mittleren Lebensalters verursachte mit seinem Dienstkraftfahrzeug
einen Verkehrsunfall, beging Unfallflucht und wurde erst mehrere Stunden später gefunden. Unfallzeugen hatten deutliche Trunkenheitssymp-
tome beobachtet. Es wurde eine Doppelblutentnahme durchgeführt, nachdem ein nach Umfang, Getränkeart und Trinkzeit spezifizierter Nachtrunk
angegeben worden war.

Die Beweislage erlaubte keinen Ausschluß des Nachtrunkes; unter Zugrun-
delegung eines Abbauwertes von $0,1\%_{00}/h$ war zu berechnen, daß die als
Nachtrunk aufgenommene Alkoholmenge im Zeitpunkt der ersten Blutentnahme bereits eliminiert war, so daß der noch nachgewiesene Blutalkohol als Beweis für eine vor dem Unfall vorhandene Alkoholbeeinflussung
angesehen werden mußte.

Strittig war nun die Frage, ob einerseits für den Abbau des Nachtrunkes
die Annahme eines $\beta 60$-Wertes von $0,1\%_{00}$ berechtigt war, zum anderen, ob
die gemessenen Blutalkoholkonzentrationen als Grundlage einer Rückrechnung dienen durften.

Die Blutalkoholkonzentrationen der im zeitlichen Abstand von 45 min
vorgenommenen Blutentnahmen betrugen gaschromatographisch in der ersten
Probe $0,08\%_{00}$, in der zweiten $0,03\%_{00}$ im Mittel. Die entsprechenden fer-
mentchemischen Werte lagen bei $0,10\%_{00}$ und $0,04\%_{00}$.

Aus dieser Konstellation der Blutalkoholwerte war zu schließen, daß
hier offenbar gerade die Endphase der Alkoholausscheidung erfaßt worden
war.

Eine Rückrechnung schien uns geboten, zumal an der Präzision, insbesondere der gaschromatographischen Messung und der beobachteten Differenz von $0,06\%_{00}$ in 45 min, kaum Zweifel bestanden. Die Deutung der gemessenen Blutalkoholkonzentrationen als "endogener Alkohol" schied aus,
nachdem selbst bei stoffwechselkranken Probanden im Nüchternblut allenfalls Tausendstel-Promille endogenen Äthanols zu erwarten sind (Sprung
et al. 1981).

Problemstellung

Bei der Frage, welcher Abbaufaktor zugrunde zu legen war, hätte man im
vorliegenden Fall rein rechnerisch aus der Doppelblutentnahme einen
stündlichen Abbauwert von $0,08\%_{00}$ ableiten können. Dem stand entgegen,
daß nach gängiger Auffassung aus einem einzigen gemessenen Abbauwert
nicht auf die individuelle Abbauleistung geschlossen werden sollte.

Im Schrifttum findet man vergleichsweise wenige, meist ältere experimentelle Daten, die sich als Grundlage für solche Berechnungsprobleme

in der späten Eliminationsphase anbieten (z.B. Wille u. Steigleder
1966; Scheer 1967; Wolf u. Wiens 1982). Eine für forensische Zwecke
vorgeschlagene Methode fanden wir in der Dissertation von Klepsch
(1969), die auch Forster u. Joachim in ihrem Band "Blutalkohol und
Straftat" (1975) zitieren. Klepsch wies darauf hin, daß die Größe
von $\beta 60$ zum Teil als Funktion der Blutalkoholkonzentration beschrieben
werden könne (Abb. 2). Er schlug daher eine "gestaffelte Rückrechnung"
vor, wonach von Bereichen unter $0,5\%_{00}$ an $\beta 60$-Werte von weniger als
$0,1\%_{00}$ einzusetzen sind, falls Rückrechnungen auf eine Tatzeitmindest-
konzentration gefordert werden. Für den Konzentrationsbereich $0,2\%_{00}$-
$0,1\%_{00}$ gab er sogar stündliche Eliminationsraten von nur $0,05\%_{00}$ an,
Werte, die uns sehr niedrig vorkamen.

Eigene Untersuchungen

In einer Versuchsreihe erhielten 24 klinisch gesunde Versuchspersonen
im Alter von 22-33 Jahren, darunter 7 weibliche Probanden, in der frühen Nachmittagszeit nach vorangegangener 4stündiger Nahrungskarenz
0,77 g Alkohol/kg KG in Form von Cognac. Die Leberenzyme der Versuchspersonen lagen im Normbereich. Die Trinkzeit betrug max. 30 min. 90 min
nach Trinkende erfolgte die erste Blutprobe. Zu diesem Zeitpunkt lagen
die Blutalkoholwerte im Durchschnitt bei $0,71\%_{00}$.

Die weiteren Blutentnahmezeiten wurden individuell über Kontrollen
durch Atemalkoholbestimmungen mit dem Infrarotmeßgerät Atalmeter so
festgelegt, daß 5 der insgesamt 9 Blutproben in die Endphase unter
$0,3\%_{00}$ fielen. In unmittelbarem Anschluß an die Blutentnahme wurde nach
Möglichkeit eine Urinprobe gesichert. Alle Blutentnahmen erfolgten, wie
in der Praxis, mit Venülen aus Cubitalvenen der rechten und linken
Seite im Wechsel (Zink u. Blauth 1982). Die Alkoholkonzentrationen
wurden gaschromatographisch durch Doppelbestimmungen im Serum mit dem
Multifract F 40 der Firma Perkin-Elmer gemessen.

Ergebnisse und Diskussion

Die graphische Auswertung der Versuchsergebnisse (Abb. 1) bestätigte,
im Gegensatz etwa zu Rietbrock u. Abshagen (1971), die im neueren
Schrifttum hinreichend bekannte Tatsache, daß der Konzentrationszeitverlauf der Alkoholkurve in der späten Eliminationsphase erkennbar
nicht linear verläuft. (z.B. Wagner et al. 1976; Koppun u. Propping
1977; Wilkinson et al. 1980) (Abb. 1). Die Stundenabbauwerte im sog.
linearen Bereich lagen zwischen $0,103$ und $0,207\%_{00}$, wobei $0,15\%_{00}$ nur in
2 Fällen überschritten wurde. Der Mittelwert der gesamten Gruppe war
in diesem Bereich mit $0,137\%_{00}$ bemerkenswert niedrig, erhärtet aber die
Befunde von Zink (1982) und bestätigt die Ergebnisse früherer Trinkversuche (z.B. Widmark 1932; Kulpe u. Mallach 1960; Forster et al. 1961;
Springer 1972). Aber auch mit der durchschnittlichen Umsatzkapazität
des Körpers bei Alkoholinfusion unter Bedingungen des Fließgleichge-
wichts stimmen diese Stundenabbauwerte gut überein (Förster u. Hartmann 1980).

Das Hauptinteresse galt nun dem Konzentrationsbereich, in dem sich der
Übergang der linearen in eine exponentielle Elimination so deutlich
vollzog, daß eine Änderung des $\beta 60$-Wertes abzuleiten war. Wir untersuchten deshalb die Abhängigkeit der $\beta 60$-Werte von der Blutalkoholkonzentration (Abb. 2). Hierzu wurden aus den Meßdaten der Blutalkoholbe-
stimmungen Konzentrationsgruppen von $0,1\%_{00}$ Breite gebildet. Die in
diesen Gruppen beobachteten $\beta 60$-Werte wurden arithmetisch gemittelt
und mit ihren Streubereichen aufgetragen. Die Darstellung zeigt, daß
sogar bis in den Bereich von $0,1\%_{00}$ hinab die stündlichen Abbauwerte

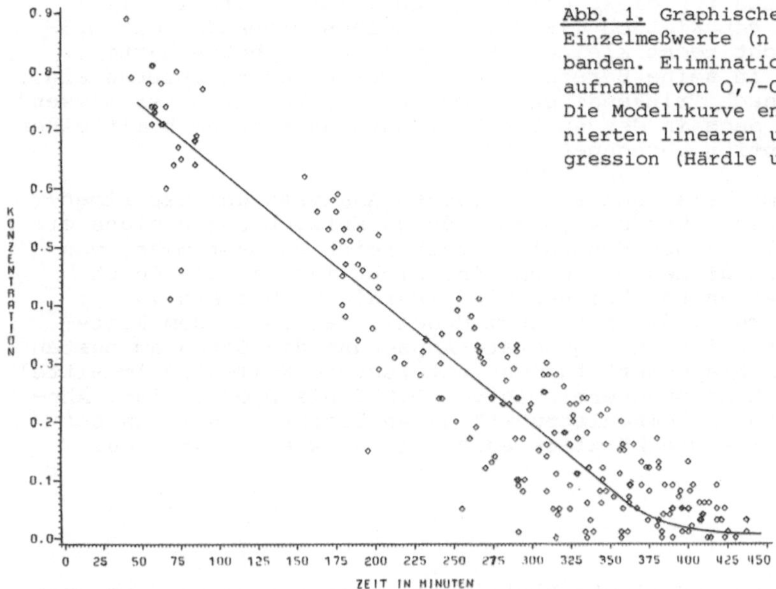

Abb. 1. Graphische Darstellung aller Einzelmeßwerte (n = 216) von 24 Probanden. Eliminationsphase nach Alkoholaufnahme von 0,7–0,8 g/kg Körpergewicht. Die Modellkurve entspricht einer kombinierten linearen und nichtlinearen Regression (Härdle u. Mattern 1983)

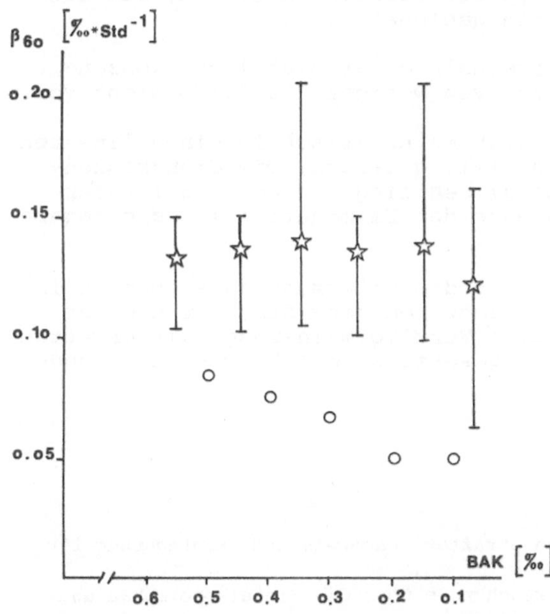

Abb. 2. β_{60}-Werte in der späten Eliminationsphase. ☆ Mittelwerte mit Streubereichen der eigenen Untersuchungen (24 Probanden). O Minimalwerte nach Klepsch (1969)

immer mindestens 0,1‰ betrugen. Auch unterhalb von 0,1‰ – hier wurde der Bereich von 0,03 bis 0,09‰ als Gruppe zusammengefaßt – ergab sich mit 0,127‰ ein mittleres β_{60} über 0,1‰, die Streubereiche umfaßten hier Werte von 0,064–0,162‰.

Projiziert man in diese Darstellung die Ergebnisse von Klepsch (1969), so fällt auf, daß seine Untersuchungen deutlich niedrigere β_{60}-Werte lieferten, selbst wenn man unsere unteren Extremwerte berücksichtigt.

Ein wesentlicher Grund für diese Unterschiede liegt zweifellos im methodischen Ansatz von Klepsch (1969), der seinen Probanden mit 0,3-0,5 g/kg Körpergewicht recht kleine Alkoholmengen angeboten hatte. Außerdem bezieht er in seine Berechnungen Meßwerte von Blutproben ein, die bereits 45 min nach Trinkende entnommen worden waren. Unter diesen Voraussetzungen muß auch in der späten Eliminationsphase noch mit einer ausklingenden Resorption gerechnet werden.

In weiterführenden mathematisch-statistischen Analysen der experimentell gewonnenen Meßwerte wurde versucht, durch Entwicklung geeigneter mathematischer Modelle jenen Konzentrationsbereich zu bestimmen, von dem ab der Kurvenverlauf besser durch eine nichtlineare, als durch eine lineare Elimination beschrieben wird (Härdle u. Mattern 1983). Es konnte gezeigt werden, daß mit jenem Modell, das unter dem Kriterium der nichtlinearen Kleinste-Quadrate-Anpassung die Daten am besten beschreibt, der "Umschlagpunkt" für das untersuchte Kollektiv im Mittel bei $0,052\%_0$ mit 95% Konfidenzbereichen von $0,033$ bis $0,070\%_0$ lag. Ähnliche Konzentrationen am "Umschlagpunkt" gaben Lester (1962), Larsen (1959), Scheer (1967) sowie kürzlich auch Wolf u. Wiens (1982) an.

Schlußfolgerungen

1. Gaschromatographisch bestimmte Blutalkoholkonzentrationen sind auch in der Größenordnung von $0,02-0,1\%_0$ zuverlässige Meßwerte, die als Grundlage für Alkoholbegutachtungen geeignet sind.

2. In der Eliminationsphase kommen oberhalb einer Blutalkoholkonzentration von $0,1\%_0$ Stundenabbauwerte von weniger als $0,1\%_0$ nicht vor.

3. Die späte Eliminationsphase läßt sich mathematisch in einen linearen und nichtlinearen (exponentiellen) Teil gliedern. Die Grenzkonzentration zwischen diesen beiden Bereichen liegt in der Regel unter $0,1\%_0$. In der exponentiellen Endphase der Elimination ist die Angabe eines $\beta 60$-Wertes nicht mehr sinnvoll.

4. Diese Feststellungen 1.-3. gelten für die untersuchten Probanden in der reinen Eliminationsphase. Die recht homogene Struktur und der Umfang des Kollektivs erlauben keine Verallgemeinerung; wir erwarten jedoch auch für ein anders zusammengesetztes Kollektiv keine grundsätzlich anderen Ergebnisse.

Literatur

Forster B, Joachim H (1975) Blutalkohol und Straftat. Nachweis und Begutachtung für Ärzte und Juristen. Thieme, Stuttgart
Forster B, Schulz G, Starck HJ (1961) Untersuchungen über den Blutalkoholabbau und seine forensische Bedeutung. Blutalkohol 1:2-7
Förster H, Hartmann H (1980) Kann die alkoholbedingte Fahruntüchtigkeit beeinflußt werden? Dtsch Apoth Z 23:1045-1050
Härdle W, Mattern R (1983) Mathematische Modellierung der Eliminationsphase des Ethanols. In: Barz J (Hrsg) Fortschritte der Rechtsmedizin. Springer, Berlin Heidelberg New York
Klepsch D (1969) Die Alkoholelimination im Bereich niedriger Blutalkoholkonzentrationen. Inauguraldissertation, Universität Göttingen
Koppun M, Propping P (1977) The kinetics of ethanol absorption and elimination in twins and supplementary repetitive experiments in singleton subjects. Eur J Clin Pharmacol 11/5:337-344

Kulpe W, Mallach HJ (1960) Blutalkohol bei Leberkranken. Med Sachverst 56:270-274
Larsen SA (1959) Determination of the hepatic blood flow by means of ethanol. Scand
J Clin Lab Invest 11:340-347
Lester D (1962) The concentration of apparent endogenous ethanol. Q J Stud Alcohol
23:17-23
Rietbrock N, Abshagen U (1971) Pharmakokinetik und Stoffwechsel aliphatischer Alko-
hole. Arzneim Forsch 21:1309-1319
Scheer H (1967) Über die Möglichkeiten einer Rückrechnung von niedrigen Blutalkohol-
werten. Inauguraldissertation, Universität Frankfurt/Main
Springer E (1972) Blutalkoholkurven nach Gabe von wässrigen Äthanollösungen verschie-
dener Konzentrationen. Blutalkohol 9:198-206
Sprung R, Bonte W, Rüdell E, Domke M (1981) Zum Problem des endogenen Alkohols. Blutalkohol 18:65-70
Wagner JG, Wilkinson PK, Sedmann PK, Kay DR, Weidler DJ (1976) Elimination of alcohol from human blood. J Pharm Sci 65:152-154
Widmark EMP (1932) Die theoretischen Grundlagen und die praktische Verwendbarkeit
der gerichtlich-medizinischen Alkoholbestimmung. Urban & Schwarzenberg, Berlin
Wien
Wilkinson PK, Reynolds G, Homes OD, Yang S, Wilkin LO (1980) Nonlinear pharmacokine-
tics of ethanol: The disproportionate AUC-dose relationship. Alcoholism (N4) 4:
384-389
Wille R, Steigleder E (1966) Zur Frage der Rückrechnung von niedrigen Blutalkohol-
konzentrationen. Blutalkohol 3:419-435
Wolf M, Wiens N (1982) Zum Verlauf der Blutalkholkurve im niedrigen Konzentrations-
bereich. Beitr Gerichtl Med 40:63-67
Zink P (1982) Über den Abfall der Blutalkholkurve in Trinkversuchen und bei Doppel-
blutentnahmen. Blutalkohol 19:200-210
Zink P, Blauth M (1982) Zur Frage der Beeinflussung der Blutalkoholkonzentration im
Cubitalvenenblut durch die Blutentnahmetechnik. Blutalkohol 9:15-27

Blutalkoholkonzentration und Gamma-Glutamyltransferase bei verkehrsauffälligen Kraftfahrern

M. R. Möller, D. Buhmann, H. Franke und H.-J. Wagner

Zusammenfassung

Bei 482 auffällig gewordenen Kraftfahrern wurde neben der routinemäßigen Blutalkohol-
konzentrationsbestimmung das Enzym Gamma-Glutamyl-Transferase als Parameter eines
alkoholbedingten Leberschadens untersucht. Die erhaltenen Werte wurden in Beziehung
gesetzt zum Lebensalter, zur Blutalkoholkonzentration und zur ärztlichen Beurteilung.
In 60% aller Fälle war die GGT pathologisch erhöht, wobei sie mit steigendem Lebensalter zunahm. Sieht man von Erkrankungen ab, die in geringen Prozentsätzen ebenfalls
eine GGT-Erhöhung verursachen, so sprechen hohe GGT-Werte bei hohen Blutalkoholkonzentrationen, für einen chronischen Alkoholabusus, insbesondere dann, wenn sie mit
einer günstigen ärztlichen Beurteilung verbunden sind.

Summary

In 482 car drivers suspected of intoxication, not only the routine determination of
the blood alcohol concentration was made, but also the enzyme gamma glutamyltrans-
ferase (GGT) was investigated as a parameter of alcohol-caused hepatic disease. The
values obtained were related to age, blood alcohol concentration, and medical judgement. In 60% of all cases GGT was pathologically increased, even increasing with age.
Apart from illness, which also caused increased GGT values in a low percentage, high
GGT values at high blood alcohol concentration provide evidence for chronic alcohol
abuse, especially if associated with a suitable medical judgement.

Die Zahl der auf Alkohol zu untersuchenden Blutproben verkehrsauffälli-
ger Kraftfahrer stieg in der Zeit von 1975–1981 am Institut für Rechtsmedizin der Universität des Saarlandes um ca. 60% an. Dabei war der Anteil der hohen Blutalkoholkonzentrationen überproportional vertreten.
Die 30- bis 39jährigen Verkehrsteilnehmer hatten in fast 50% aller
Fälle eine Blutalkoholkonzentration von mehr als 2‰.

Die ärztliche Beurteilung der untersuchten Verkehrsteilnehmer stand dabei oft im krassen Gegensatz zu der festgestellten Blutalkoholkonzentration.

Wegen der daraus zu folgernden Anpassung an eine hohe Alkoholkonzentration, die in der Regel erst nach chronischer Zufuhr großer Alkoholmengen erreicht wird, wurde versucht, mit Hilfe eines laborchemischen Parameters ein derartiges Trinkverhalten nachzuweisen. Als Parameter
wurde die Gamma-Glutamyl-Transferase (GGT) gewählt. Dieses Leberenzym
wird in der Klinik als Selektionstest bei dem Verdacht auf chronischen
Alkoholabusus eingesetzt, seit Rosalki u. Rau (1972) feststellten, daß
bei ca. 75% der Fälle von Alkoholismus und langjährigem Alkoholabusus
ohne körperliche Abhängigkeit die GGT pathologisch erhöht ist. Von Bedeutung ist ferner, daß eine einmalige starke Alkoholbelastung zu
keiner Erhöhung dieses Enzyms im Serum führt (Leube u. Mallach 1980;
Luchi et al. 1978).

Material und Methode

Im Rahmen einer epidemiologischen Studie zum Nachweis von Alkohol und Medikamenten bei verkehrsauffälligen Kraftfahrern (FP 7819 der Bundesanstalt für Straßenwesen, Köln) wurden aus dem Gesamtkollektiv der innerhalb eines Jahres (15.9.78-14.9.79) eingegangenen (4037) Blutproben 482 mittels Zufallszahlen ausgewählt. Nach der BAK-Bestimmung wurde die GGT nach dem Verfahren von Szasz (1970) bei 25° C bestimmt (GGT-Monotest, Boehringer Mannheim).

Wegen der unterschiedlichen Normobergrenze bei Männern und Frauen (Männer: 28 U/L; Frauen: 18 U/L) wurden weibliche Verkehrsteilnehmer nicht berücksichtigt. Bei jeder GGT-Meßserie wurde ein Standard im Bereich der Normobergrenze sowie im pathologischen Bereich mitgeführt. Die Qualitätskontrolle erfolgte unter den klinisch üblichen Bedingungen. Die VK betrug 9,1% (GGT = 34 U/L) bzw. 7,6% (GGT = 109 U/L). Die GGT-Werte wurden in 4 Gruppen eingeteilt (Tabelle 1). Die Einteilung enthält keine klinisch bedeutsame Norm. Sie erfolgte aus statistischen Gründen: Die Gruppen II-IV enthalten jeweils ein Drittel der Werte über der Normbereichsgrenze für Männer.

Tabelle 1. Gruppeneinteilung der festgestellten GGT-Werte

Gruppe I	bis 28 U/L	(Normobergrenze für Männer)
Gruppe II	29-40 U/L	(leicht erhöhte Werte, bis 43% über Normgrenze)
Gruppe III	41-70 U/L	(deutlich erhöhte Werte, bis 150% über Normgrenze)
Gruppe IV	über 70 U/L	(stark erhöhte Werte, über 150% über Normgrenze)

Ergebnisse

In der Gesamtstichprobe (Tabelle 2) finden sich nur 39,8% der untersuchten Blutproben mit GGT-Werten unter 28 U/L (der Normobergrenze für Männer), bei 60,2% finden sich also pathologische Werte.

Tabelle 2. GGT-Gesamtverteilung

GGT (U/L)	Anzahl	%
0-28	192	39,8
29-40	107	22,2
41-70	94	19,5
über 70	89	18,5
n	482	100

Bei der Abhängigkeit der festgestellten GGT-Werte vom Lebensalter ergeben sich die in Tabelle 3 zusammengestellten Befunde.

Bei den unter 20jährigen Verkehrsteilnehmern ist die GGT im Serum in 62% der Fälle im Normbereich und lediglich in 2% der Fälle im hochpathologischen Bereich. Mit zunehmendem Alter nimmt dann der prozentuale Anteil der pathologischen, insbesondere der hochpathologischen GGT-

Tabelle 3. Prozentuale Verteilung der GGT-Werte in Abhängigkeit vom Lebensalter

GGT (U/L)	Alter in Jahren					Gesamtverteilung
	0-19	20-29	30-39	40-49	50 u. mehr	
0-28	62	45	38	29	22	40
29-40	26	23	20	20	25	22
41-70	11	18	18	26	28	20
71 u. mehr	2	14	24	25	25	19
n	47	172	138	92	32	482
	10%	36%	29%	19%	7%	100%

Tabelle 4. Prozentuale Verteilung der Blutalkoholkonzentration (BAK) in Abhängigkeit vom Lebensalter

BAK (%)	Alter in Jahren					Gesamtverteilung
	0-19	20-29	30-39	40-49	50 u. mehr	
0,0-0,8	4	8	6	4	12	7
0,8-1,3	30	15	10	9	16	14
1,3-2,0	51	43	40	43	41	43
2,0-2,7	15	27	39	33	28	31
2,7 u. mehr	0	7	5	11	3	6
n	47	172	138	93	32	482
	10%	36%	29%	19%	7%	100%

Werte über 70 U/L, zu und erreicht bei den über 30jährigen ca. 25% der Fälle. Die Werte im Normbereich sinken bei den über 5ojährigen auf weniger als ein Viertel ab. Diese Abhängigkeit vom Lebensalter steht im Einklang mit der festgestellten Blutalkoholkonzentration der Stichprobe (Tabelle 4).

Bei den bis zu 29jährigen Verkehrsteilnehmern liegt die Blutalkoholkonzentration überwiegend unter $2\%_0$, während fast 5o% der 3o- bis 39jährigen über $2\%_0$ aufweisen. Vergleicht man die festgestellten BAK-Werte mit den GGT-Werten (Tabelle 5), so finden sich nur bei Blutalkoholkonzentrationen bis $1,3\%_0$ 56 bzw. 58% normale Werte der Gamma-Glutamyl-Transferase und nur wenige hochpathologische Werte. Mit höherer BAK nimmt der Anteil der pathologischen GGT-Werte immer mehr zu und erreicht ein Maximum bei Werten über $2,7\%_0$. Eine normale GGT ist hier nur noch in 10% der Fälle feststellbar.

Vergleicht man die ermittelten GGT-Werte mit dem Lebensalter bei einer Blutalkoholkonzentration über $2\%_0$, so ergibt sich das gleiche Bild (Tabelle 6). Hochgradig pathologische GGT-Werte finden sich bei den bis zu 19 Jahre alten Verkehrsteilnehmern nicht. Die Werte steigen mit zunehmendem Lebensalter immer mehr an; bei den über 5ojährigen sind keine normalen GGT-Werte mehr feststellbar. Bei Werten unter $2\%_0$ ist eine derartige Abhängigkeit nicht feststellbar (Tabelle 7). Zwar nimmt auch hier der Anteil erhöhter GGT-Werte mit steigendem Alter zu, der Anstieg bleibt aber weit hinter demjenigen der Gruppe über $2\%_0$ zurück.

Ein Vergleich der Verteilung der GGT-Werte mit dem Chi-Quadrattest ergibt statistisch gesicherte Unterschiede zwischen den beiden Gruppen

Tabelle 5. Prozentuale Verteilung der GGT in Abhängigkeit von der Blutalkoholkonzentration

GGT (U/L)	Blutalkoholkonzentration in ‰					Gesamt-verteilung
	0,0-0,8	0,8-1,3	1,3-2,0	2,0-2,7	2,7 u. mehr	
0-28	56	58	45	27	10	40
29-40	16	21	26	20	17	22
41-70	19	18	18	21	23	20
71 u. mehr	9	3	11	32	50	19
n	32	67	206	147	30	482
	7%	14%	43%	31%	6%	100%

Tabelle 6. Prozentuale Verteilung der GGT in Abhängigkeit vom Lebensalter bei einer Blutalkoholkonzentration über 2‰

GGT (U/L)	Alter in Jahren					Gesamt-verteilung
	0-19	20-29	30-39	40-49	50 und mehr	
0-28	57	23	28	20	0	24
29-40	43	29	16	10	10	20
41-70	0	22	18	24	40	22
71 u. mehr	0	26	38	46	50	53
n	7	58	61	41	10	177
	4%	33%	35%	23%	6%	100%

Tabelle 7. Prozentuale Verteilung der GGT in Abhängigkeit vom Lebensalter bei einer Blutalkoholkonzentration unter 2‰

GGT (U/L)	Alter in Jahren					Gesamt-verteilung
	0-19	20-29	30-39	40-49	50 und mehr	
0-28	63	56	46	37	32	49
29-40	23	20	23	29	32	24
41-70	13	16	18	27	23	18
71 u. mehr	3	8	13	8	14	9
n	40	114	77	52	22	305
	13%	37%	25%	17%	7%	100%

über und unter 2‰ Blutalkoholkonzentration in den Altersgruppen der 20- bis 29jährigen und der über 50jährigen. Die Beziehung zwischen ärztlicher Beurteilung der Alkoholisierung und gefundenen GGT-Werten ist aus Tabelle 8 und Tabelle 9a,b ersichtlich.

Bei Blutalkoholkonzentrationswerten unter 2‰ und günstiger ärztlicher Beurteilung sind in 54% der Fälle die GTT-Werte normal. Demgegenüber finden sich bei Blutalkoholkonzentrationen über 2‰ und gleich günstig beurteilter Alkoholisierung nur noch 15% normale GGT-Werte (Tabelle 9a+b).

Tabelle 8. Ärztliche Beurteilung der Alkoholisierung

Ärztliche Beurteilung	Anzahl	%
I nicht merkbar betrunken	55	12,1
II leicht betrunken	162	35,5
III deutlich betrunken	148	32,5
IV stark betrunken	64	14,0
V sehr stark betrunken	27	5,9
VI sinnlos betrunken	0	0

456 Fälle[+]

[+]94,6% der untersuchten Fälle

Tabelle 9a,b. Prozentuale Verteilung der GGT bei Blutalkoholkonzentrationen über (a) bzw. unter (b) 2‰ bei einer günstigen ärztlichen Beurteilung (nicht merkbar oder leicht unter Alkoholeinfluß stehend)

a) GGT (U/L)	%	b) GGT (U/L)	%
0-28	15	0-28	54
29-40	13	29-40	23
41-70	25	41-70	16
71 u. mehr	47	71 u. mehr	7
n	60	n	157

Diskussion

Eine Erhöhung des GGT-Serumspiegels wird für eine Reihe von Krankheiten berichtet (Agostini et al. 1965; Ewen u. Griffiths 1973; Schmidt E u. Schmidt FW 1973): u.a. Erkrankungen von Leber und Pankreas, Diabetes, Herzinfarkt und Epilepsie. Epidemiologisch spielen diese Krankheiten jedoch eine untergeordnete Rolle. Jacobson (1980) fand bei der Überprüfung von 9000 schwedischen Nichtalkoholikern nur bei 3% pathologische GGT-Werte. Aron (1976) stellte bei einer französischen Sekte mit striktem Alkoholverbot bei 380 Personen nur in 3,7% der Fälle erhöhte GGT-Werte fest.

Bei BAK-Werten unter 2‰ und günstiger ärztlicher Beurteilung sind in 54% der Fälle die GGT-Werte normal. Demgegenüber finden sich bei BAK-Werten über 2‰ bei Geringbeurteilung der Alkoholisierung nur noch zu 15% normale GGT-Werte. Diese Beobachtung läßt den Schluß zu, daß die günstige ärztliche Beurteilung, die im Widerspruch zur festgestellten Blutalkoholkonzentration zu stehen scheint, durch einen chronischen Alkoholabusus über Jahre hinaus bedingt ist. Wer 3‰ nicht nur überlebt, sondern auch mit mäßigen Ausfallserscheinungen "übersteht", kann dieses nur durch ein jahrelanges "hartes" Training im Umgang mit alkoholischen Getränken erreicht haben. Eine GGT-Erhöhung in Zusammenhang mit einer hohen Blutalkoholkonzentration spricht somit für einen chronischen Alkoholabusus. Da aber eine Vielzahl anderer Erkrankungen ebenfalls zu einer Erhöhung der Gamma-Glutamyl-Transferase-Werte im Serum führt, ist ihre Erhöhung jedoch im Einzelfall für den Alkoholabusus kein Beweis.

Danksagung. Für die finanzielle Unterstützung des Projektes danken wir der Bundesanstalt für Straßenwesen, Köln (7819); Freunde der Universität des Saarlandes, Saarbrücken; Gregor-Maria-Kirschbaumstiftung, Düsseldorf; Wissenschaftliche Gesellschaft des Saarlandes, Saarbrücken; Allgemeiner Deutscher Automobilclub, München.

Literatur

Agostini A, Ideo G, Stabilini R (1965) Serum Gamma-Glutamyl-Transpeptidase activity in myocardial infarction. Br Heart J 27:688–690

Aron E (1976) Dépistage et contrôle de l'alcoolisme chronique. Méd Hygiène 34:1274–1277

Ewen LM, Griffiths J (1973) Gamma-Glutamyl Transpeptidase: Elevated activities in certain neurologic diseases. Am J Clin Pathol 59:2–9

FP 7819 der Bundesanstalt für Straßenwesen, Köln

Jacobson K (1980) GGT och alkoholism nykert sett. Läkartidningen 77:987

Leube G, Mallach HJ (1980) Zur Alkoholelimination bei einem Leberkranken mit portocavalem Shunt. Blutalkohol 17:15

Luchi P, Cortis G, Bucarelli A (1978) Forensic considerations on the comparison of "Serum Gamma-Glutamyl-Transpeptidase". Activity in experimental acute alcohol intoxication and in alcoholic car drivers who caused road accidents. Forensic Sci 11:33

Rosalki SB, Rau D (1972) Serum Gamma-Glutamyl-Transpeptidase activity in alcoholism. Clin Chim Acta 39:41

Schmidt E, Schmidt FW (1973) Classification of acute and chronic liver disease. Scand J Gastroenterol 8:13–35

Szasz G (1970) Gamma-Glutamyl-Transpeptidase. In: Bergmeyer HU (Hrsg) Methoden der enzymatischen Analyse, 2. Aufl. Verlag Chemie, Weinheim, S 733

Virtuelle Inkongruenzmöglichkeiten zwischen dem r-Faktor von Widmark und dem Körperwassergehalt

H.D.Wehner und U.Heifer

Zusammenfassung

Wegen der Beziehung $r = \ddot{A}_{tot} / c_O \cdot p$ kann ein zu hoher r-Wert formal dadurch vermieden werden, daß statt der total verabreichten Äthanolmasse $\ddot{A}_{tot}$ eine kleinere Äthanolmasse in die obige Formel eingesetzt werden muß, bzw. daß statt der fiktiven Konzentration c_O eine größere in die obige Beziehung eingesetzt werden muß. Es werden physiologisch begründbare Überlegungen mitgeteilt, die zur Annahme solcher Veränderungen der Größen $\ddot{A}_{tot}$ bzw. c_O führen.

Summary

Too high an estimation of r from the formula $r = \ddot{A}_{tot} / c_O \cdot p$ can be avoided by using an ethanol quantity which is lower than the total ethanol mass applied or by using a higher concentration than the theoretically received one, c_O. For physiological reasons an assumption can be perhaps made that the sizes of $\ddot{A}_{tot}$ and c_O should be changed before calculating r according to the formula written above.

Würde der reelle Äthanollösungsraum des menschlichen Körpers seinem Wassergehalt entsprechen, so ergäbe sich die Identität:

$$\rho_{\ddot{A}} = \omega \cdot r \; ; \quad \rho_{\ddot{A}} = \rho_W \tag{1}$$

mit $\rho_{\ddot{A}}$: Anteil des Äthanollösungsraumes am Gesamtvolumen des Körpers, der bezüglich der Löslichkeit als homogen vorausgesetzt wird; dimensionslos

ρ_W: Anteil des Wasserraumes am Gesamtvolumen des Körpers; dimensionslos

ω: Blutwassergehalt, Dimension $\left[\dfrac{\text{Masse}}{\text{Volumen}}\right]$

r: Widmark-Reduktionsfaktor; Dimension $\left[\dfrac{\text{Volumen}}{\text{Masse}}\right]$

Grüner u. Salmen (1961) stellten für eine Alkoholbelastung von 0,5 g Äthanol/kg Körpergewicht eine solche Identität (1) fest, indem sie die Mittelwerte $\rho_{\ddot{A}} = 0,53$ und $\rho_W = 0,538$ bestimmten[1]. Zwar bedeutet abstrakt gesehen diese numerische Übereinstimmung von $\rho_{\ddot{A}}$ und ρ_W nicht zwingend eine Identität des Äthanollösungsraumes und des Wasserraumes, wohl aber deren Gleichheit hinsichtlich der Volumenausdehnung.

---

[1] Der Körperwasseranteil ρ_W wurde als wirksamer N-Acetyl-4-Aminoantipyrin-Lösungsraum bestimmt

Indes gibt es 1822 von Zink u. Wendler (1978) statistisch ausgewertete
Messungen, die bestätigen, daß der Widmark-Reduktionsfaktor r mehr als
in der Hälfte der Fälle über 0,7 liegt, ja sogar Werte erreichen kann,
die über 1 liegen. Extrem hohe r-Werte lassen aber an der Identität
(1) zweifeln, womöglich das Vorhandensein eines den Wasserraum an Volumen übersteigenden Äthanollösungsraumes zu; denn sie führen offensichtlich zu dem Inkongruenzphänomen:

$$\rho_{\ddot{A}} > \rho_{W} \tag{2}$$

welches mit der Annahme, der Äthylalkohol löse sich nur in Wasser,
nicht so ohne weiteres in Einklang zu bringen ist.

Mag die Diskrepanz (2) reellen oder virtuellen Charakters sein, jedenfalls muß sie zu einer kritischen Überprüfung der von Widmark (1932)
angegebenen Bestimmungsformel für r und einem methodischen Zweifel der
Interpretation der dort eingesetzten Größen führen - erst recht dann,
wenn man geneigt ist, an dem Wasserraum als für die Äthanollösung zu
Verfügung stehendem Raum festzuhalten.

Daher ist es das Ziel der folgenden Überlegungen, experimentell veri-
fizierbare, grundsätzliche Lösungsideen aufzuzeigen, die - einzeln
oder in Kombination angewandt - das Zustandekommen eines hohen Widmark-
Rekuktionsfaktors r auf kinetischer Basis erklären könnten, ohne daß
sie prinzipiell im Widerspruch zu dem umfangreichen, experimentell be-
legten Datenmaterial stehen und insbesondere mit der durch exakte Messung gewonnenen Feststellung der Identität $\rho_{\ddot{A}} = \rho_{W}$ bei einer Belastung
von 0,5 g Äthanol/kg Körpergewicht Grüners u. Salmens (1961) konsistent
sind.

In der Bestimmungsformel für den Widmark-Reduktionsfaktor

$$r = \frac{\ddot{A}_{tot}}{c_{o} \cdot p} \tag{3}$$

sind die Größen

$\ddot{A}_{tot}$: gesamte, oral verabreichte Äthanolmenge [g]

p   : Körpermasse [kg]

c_{o} : fiktive Blutalkoholkonzentration, die durch Extrapolation des
        linearen Teiles der Blutalkoholkurve als Ordinatenabschnitt
        der Äthanolkonzentrationsachse gewonnen wird,

verknüpft. Offensichtlich kann aufgrund der Beziehung (3) ein zu hoher
r-Wert formal dadurch vermieden werden, daß statt $\ddot{A}_{tot}$ nur eine beispielsweise um ein mögliches Äthanoldefizit $\Delta\ddot{A}$ verringerte Äthanolmasse
eingesetzt werden darf oder (inklusiv!), daß statt des in angegebener
Weise ermittelten fiktiven c_{o}-Wertes eine höhere Konzentration c_{or} eingesetzt werden muß.

Auf die Möglichkeit eines während der Äthanolresorption einsetzenden
Defizites $\Delta\ddot{A}$ weist bereits Widmark hin, indem er schreibt: "Es scheint
demnach, als ob ein kleinerer Teil des Alkohols, der im Zusammenhang
mit der Nahrung genossen wird, nicht als Äthylalkohol resorbiert, sondern im Darmkanal oder während seiner Passage durch die Darmschleim-
haut gebunden oder umgewandelt würde. Dieser Prozeß findet während des
Digestionsaktes statt." Aichinger u. Mallach (1973) kommen zur Feststellung, daß die Differenz $\Delta\ddot{A}$ zwischen konsumiertem und im Körperge-
webe nachweisbarem Alkohol ein echtes nach Nahrungsaufnahme beobachte-
tes Alkoholdefizit sein dürfte, welches durch Maskierung infolge von

Veresterung von Äthanol und Aminosäuren oder Dipeptiden entsteht.
Krämer u. Grüner (1982) weisen auf die Möglichkeit eines prähepatischen enzymatischen Abbaues hin, denn sie fanden auch im Intestinalgewebe das Enzym ADH.

Formal würde das Vorhandensein eines so gearteten Defizites in der Tat zu einem Äthanolschwund $\Delta\ddot{A} = \int_0^\infty b_E(t) \cdot dt$ noch vor dem Einsetzen des enzymatischen Abbaus durch die Leber führen, wenn mit $b_E(t)$ die auf die Zeit bezogene Maskierungsleistung bezeichnet würde. Eine um $\Delta\ddot{A}$ verminderte Äthanolmenge $\ddot{A}_r = \ddot{A}_{tot} - \Delta\ddot{A}$ in die Beziehung (3) statt $\ddot{A}_{tot}$ eingesetzt, würde den r-Wert verkleinern und damit möglicherweise das Inkongruenzphänomen erklären und es somit als ein virtuelles offenbaren.

Leider ist das Äthanoldefizit bisher quantitativ experimentell nicht erfaßt worden, was durch die große Schwierigkeit seiner direkten Messung zu erklären ist. Hilfsweise kommt allerdings von der experimentellen Anordnung Brettels (1975) ausgehend eine indirekte quantitative Bestimmung in Betracht, indem zumindest beim Tier durch den Vergleich der kontinuierlich gemessenen Konzentrationsverläufe im arteriellen Blut ($c_a(t)$) und im portalvenösen Blut ($c_p(t)$) und durch eine zeitlich parallele kontinuierliche Registrierung des Blutflusses in der Portalvene $\Phi_p(t)$ die resorbierte Menge:

$$\ddot{A}_r = \int_0^\infty \Phi_p(t) \, [c_p(t) - c_a(t)] \, dt \qquad (4)$$

quantitativ mit der oral verabreichten Äthanolmenge $\ddot{A}_{tot}$ verglichen wird.

Es versteht sich, daß ein so geartetes Äthanoldefizit bereits vor Erreichen der linear abfallenden Phase der Blutalkoholkurve abgeschlossen sein muß und auch dann keinen linearen Beitrag mehr liefern darf, denn sonst würde es zumindest teilweise aufgrund der Ermittlungsvorschrift für c_0 durch die Relation (3) miterfaßt und eben nicht als Äthanoldefizit auffallen. Theoretisch ist es durchaus denkbar, daß sich die Kinetik eines mit der Resorptionsphase beginnenden Äthanoldefizites mit dem Erreichen der Eliminationsphase am Verlauf der Blutalkoholkonzentrationskurve nicht mehr bemerkbar macht.

Brettel (1975) und Brettel et al. (1977) weisen auf die Bedeutung eines möglichen Äthanolverlustes aufgrund des Phänomens der ersten Leberpassage hin. Dieser plausible Vorschlag, dem auch die Verfasser lange angehangen haben, steht aber mit der Annahme eines konzentrationsunabhängigen, zeitlich konstanten, ausschließlich enzymatischen Abbaus (b = const.) im Widerspruch, was bewiesen werden kann.

Die Blutalkoholkonzentration möge in die asymptotische Gerade

$$c^{As} = A - \beta \cdot t$$

übergehen, die den Konzentrationsverlauf des gesamten, sich bezüglich seiner Kompartimente homogen verhaltenden Äthanollösungsraumes in der Eliminationsphase wiedergibt. Diese schneide die Zeitachse an der Stelle t_s. Die über die Zeit konstante, konzentrationsunabhängige, körpervolumenbezogene Äthanolverbrennungsleistung darf:

$$\beta = \frac{b}{r \cdot p} \; ; \; b = \text{const. (Verbrennungsleistung)}$$

gesetzt werden. Beginnt diese Verbrennungsleistung bei t = o und endet sie bei $t = t_s$, so gibt wegen

$$O = A - \frac{b}{r \cdot p} \cdot t_s$$

der Wert

$$r \cdot p \cdot A = b \cdot t_s$$

die gesamte verbrannte Äthanolmenge wieder, unabhängig davon, ob sie zum einen Teil bei Lebererstpassage oder aber zum anderen Teil auf dem Wege der Rezirkulation abgebaut wurde. Damit gewinnt die Größe A aber ihre alte Interpretation zurück, und zwar handelt es sich um die Konzentration

$$c_O = A = \frac{b \ t_s}{r \cdot p} = \beta \cdot t_s$$

die entstehen würde, wenn sich die gesamte linear bis zum Zeitpunkt t_s verbrannte Äthanolmenge zum Zeitpunkt $t = o$ im gesamten als homogen anzunehmenden Äthanollösungsraum verteilen würde. Entsteht während des Digestionsvorganges kein prähepatischer Schwund, so entspricht die so verbrannte Äthanolmenge der gesamten oral applizierten, q.e.d.

Die kritischen Überlegungen bezüglich der Größe $\ddot{A}_{tot}$ in der Beziehung (3) lassen theoretisch damit nur die Möglichkeit eines während des Digestitionsaktes noch vor Einsetzen des lebergebundenen enzymatischen Abbaues erfolgenden Defizites zu, dessen Kinetik bereits bei Eintreten des negativ linearen Teiles des Blutalkoholkurvenverlaufes abgeschlossen sein müßte.

Die zweite Möglichkeit, zu einem überhöhten Widmark-Reduktionsfaktor r zu kommen, besteht in der Möglichkeit, daß die fiktive Blutalkoholkonzentration c_O durch die angegebene Vorschrift systematisch zu klein bestimmt wird und damit eben nicht der Blutalkoholkonzentration entspricht, die entstehen würde, wenn der gesamte applizierte Äthylalkohol im homogenen Äthanolraum gelöst würde.

Sind die Voraussetzungen hinsichtlich der Homogenität der kompartimentierten Äthanollösungsräume nicht gegeben, so hat man für den zwischen einem Raum B und seinem Komplementärraum $\bar{B}$ stattfindenden diffusiven Äthanoltransport die allgemeine Gleichung

$$\frac{dm_B}{dt} = - \frac{dm_{\bar{B}}}{dt} = - k_B \cdot c_B + k_{\bar{B}} \cdot c_{\bar{B}}$$

aufzustellen. Es bedeuten:

m_B bzw. $_{\bar{B}}$: die aktuelle Äthanolmasse im Raum B bzw. $\bar{B}$

c_B bzw. $_{\bar{B}}$: die aktuelle Äthanolkonzentration im Raum B bzw. $\bar{B}$

k_B bzw. $_{\bar{B}}$: die Geschwindigkeitskonstante des Äthanolübertritts vom Raum B bzw. $\bar{B}$ in den Komplementärraum $\bar{B}$ bzw. B

Dieser Ansatz unterscheidet sich von jenem von Widmark (1932), in welchem der Spezialfall

$$k_B = k_{\bar{B}} = \alpha$$

angenommen wird und der dann zur Widmarkformel führt, in der α die für die Resorption verantwortliche Konstante ist.

Für den quasistationären Zustand des Diffusionsausgleiches gilt, daß der Äthanolnettotransport durch die Diffusionsbarriere Null sein muß:

254

$$\frac{dm_B}{dt} = - \frac{dm_{\bar{B}}}{dt} = 0 \; .$$

Daraus folgt in Verbindung mit der Gleichung (5):

$$c_B = \frac{k_{\bar{B}}}{k_B} \cdot c_{\bar{B}} \quad \text{und} \quad \frac{dc_B}{dt} = \frac{k_{\bar{B}}}{k_B} \cdot \frac{dc_{\bar{B}}}{dt} \; . \tag{6}$$

Insbesondere gilt dann in der Eliminationsphase für die lineare aufgrund der konstanten Verbrennungsleistung b herrschende Änderung der Konzentration in beiden Räumen

$$\beta_{\bar{B}} = \frac{k_B}{k_{\bar{B}}} \cdot \beta_B \quad \text{mit} \quad \beta_{\bar{B}} = \frac{dc_{\bar{B}}}{dt} \quad \text{und} \quad \beta_B = \frac{dc_B}{dt} \; . \tag{7}$$

Das bedeutet, daß trotz konzentrationsunabhängiger, zeitlich konstanter Äthanolverbrennungsleistung der lineare Konzentrationsabfall in zueinander komplementären Räumen verschieden sein kann, mit anderen Worten, die in einem Raum gemessene volumenbezogene Eliminationsgeschwindigkeit β_B nicht unbedingt repräsentativ für die im Komplementärraum herrschende ist, wo sie nämlich in Wahrheit

$$\beta_{\bar{B}} = \frac{k_B}{k_{\bar{B}}} \cdot \beta_B \quad \text{sein kann.}$$

Diesem Umstand muß natürlich bei der Bilanzierung der Äthanolmenge mittels der retrograden Extrapolation der linear abnehmenden Phase Rechnung getragen werden. Ist nämlich μ_B der Anteil des Raumes B am Äthanollösungsvolumen und $\mu_{\bar{B}}$ derjenige des Komplementärraumes, so errechnet sich unter Berücksichtigung von (7) die totale, in beiden Räumen verbrannte Äthanolmenge zu:

$$\ddot{A}_{tot} = r \cdot p \left(\mu_B + \mu_{\bar{B}} \frac{k_B}{k_{\bar{B}}} \right) \cdot \beta_B \, t_s \; . \tag{8}$$

Wird der Raum B mit dem Intravasalraum identifiziert, so ergibt sich für den Widmark-Reduktionsfaktor aus (8) unter Berücksichtigung der Relation $\beta_B \cdot t_s = c_0$:

$$r = \frac{\ddot{A}_{tot}}{c_0 \cdot p \left(\mu_B + \mu_{\bar{B}} \frac{k_B}{k_{\bar{B}}} \right)} \; . \tag{9}$$

Daraus erhellt, daß eine Ungleichheit der rein kinetischen Parameter im Sinne $k_B > k_{\bar{B}}$ einen zu großen Widmark-Reduktionsfaktor und damit einen zu großen Äthanollösungsraum vortäuscht, weil eine Inkongruenz zwischen einem realen physiologischen Raum und einem virtuellen "kinetischen" Raum existieren kann.

Vermag zwar die Relation (9) grundsätzlich unter den gegebenen Umständen eine Überhöhung des r-Wertes zu erklären, so haftet ihr doch der wesentliche Mangel an, daß sie die von Zink u. Wendler (1978) festgestellte statistisch eindeutig ermittelte positive Korrelation ($r \longleftrightarrow \ddot{A}_{tot}$) zwischen dem Widmark-Reduktionsfaktor r und der körpergewichtsbezogenen Äthanolbelastung nicht enthält. (Übrigens erhält Zink für Belastungen bis 0,5 g Äthanol/kg Körpergewicht in Übereinstimmung mit Grüner r-Werte, die knapp über 0,7 liegen). Eine solche Korrelation ist wegen der Invarianzannahme der Beziehung (9) gegenüber Äthanolbelastung unvereinbar mit der Möglichkeit einer fiktiven Ermittlung von c_0 mit Hilfe einer belastungsunabhängigen Äthanolverbrennungsleistung b in der Weise

$$c_O = \frac{b}{V} \cdot t_s .$$

Eine Modifikation der Formel (9), in der statt $c_O = \frac{b}{V} \cdot t_s$ der äthanol-belastungsabhängige Ausdruck $c_O = \frac{b(\ddot{A}_{tot})}{V} \cdot t_s$ einzusetzen ist:

$$r = \frac{\ddot{A}_{tot}}{b(\ddot{A}_{tot}) \cdot t_s} \cdot \frac{V}{(\mu_B + \mu_{\bar{B}} \frac{kB}{k_{\bar{B}}}} \tag{10}$$

kommt der Erklärung der von Zink (1982) statistisch ermittelten Korrelation näher; denn setzt man eine Äthanolbelastungsinvarianz der Größe des totalen Äthanollösungsraumes $\rho_{\ddot{A}} = \frac{r}{\omega} \neq f(\ddot{A})$ voraus, so kann die Konstanz des r-Wertes zu höheren Belastungen hin nur durch das Einsetzen einer entsprechend höheren mittleren Eliminationsleistung b = $b(\ddot{A}_{tot})$ aufrecht erhalten werden.

Speziell erleichtert die Möglichkeit (10) die Deutung des zuletzt von Zink (1982) festgestellten, schon von Grüner u. Ludwig (1971) durch Messungen erhärteten Phänomens, wonach statistisch die Blutalkoholkonzentrationskurven in der frühen postresorptiven Phase im Durchschnitt stärker abfallen als in der Zeit danach.

Eine ausschließlich anhand von kontinuierlich gemessenen Kurven erfolgende Überprüfung der Belastungsabhängigkeit der Eliminationsleistung b, die zudem möglicherweise über eine Konzentrationsabhängigkeit b = b(c) gehen kann, ist aus zwei Gründen prinzipiell fragwürdig:

1. In der Resorptionsphase kann die Eliminationsleistung grundsätzlich nicht echt gemessen werden, sondern ihre Ermittlung beruht aufgrund retograder Extrapolation des linearen Teiles der Blutalkoholkurve nur auf einer Annahme.
2. Unterstellt man eine belastungsabhängige Eliminationsleistung, so ist für diese nicht die aktuelle venöse Blutalkoholkonzentration als maßgebend anzusehen, sondern eher die für die Verbrennung relevante Äthanolanflutung der Leber, die in ihrem Konzentrationsverlauf, besonders in der resorptiven Phase, erheblich von der venösen abweicht, wie Brettel (1975) gezeigt hat.

Diese prinzipiellen Schwierigkeiten umgehend, kommt man zu folgendem experimentellen Vorschlag der Ermittlungsmöglichkeit einer in Frage stehenden Belastungs- bzw. Konzentrationsabhängigkeit der Abbauleistung: Per parenteraler Infusion stellt man eine gewünschte venöse Blutalkoholkonzentration ein. Den so erreichten Blutalkoholspiegel hält man aufgrund durch Rückkopplung der Blutalkoholkonzentration geregelter weiterer intravenöser Zufuhr für einen längeren Zeitraum konstant. Die für die Konstanterhaltung des venösen Blutalkoholwertes benötigte Äthanolmenge entspricht der Äthanolverbrennungsleistung bei der eingestellten Konzentration.

Eine (möglicherweise experimentell feststellbare) positive Äthanolbelastungsabhängigkeit des Äthanolumsatzes b ($\ddot{A}_{tot}$) zieht folgerichtig aufgrund der Tatsache:

$$c_O = \frac{b(\ddot{A}_{tot})}{V} \cdot t_s$$

eine Erhöhung der fiktiven Konzentration c_0 in (3) und damit eine Senkung des Widmark-Reduktionsfaktors nach sich, was wiederum dafür spricht, daß das Phänomen (2) möglicherweise nur virtuellen Charakters ist.

Zusammenfassend kann daher aufgrund der ausgeführten Überlegungen gesagt werden, daß zwar die Feststellung Grüners u. Salmens (1961), wonach zwischen ρ_W und ρ_A Gleichheit besteht, möglicherweise mit der von Zink u. Wendler (1978) statistisch erwiesenen Tatsache eines Widmark-Reduktionsfaktors von r = 0,7 bei einer (wie bei Grüner erfolgten) speziellen körpermassenspezifischen Äthanolbelastung von 0,5 g/kg Körpergewicht in zufälliger Koinzidenz stehen kann, daß aber dennoch hohe Widmark-Faktoren keineswegs die Identität von Wasser- und Äthanollösungsraum ausschließen, weil sowohl ein möglicher, ein Defizit produzierender Chemismus, der prähepatisch während des Digestionsaktes auftreten kann, wie auch eine Inhomogenität der Äthanollösungskompartimente wie auch eine äthanolbelastungsabhängige Eliminations- inklusive Verbrennungsleistung zu einer virtuellen Überhöhung des Anteiles des Äthanollösungsraumes am gesamten Körpervolumen führen kann.

Literatur

Aichinger R, Mallach HJ (1973) Bemerkungen über das Resorptionsdefizit von Äthylalkohol. Beitr Gerichtl Med 30:1–6

Brettel HF (1975) Die Rolle der Leber beim sog. Resorptionsdefizit. Eine Hypothese. Z Rechtsmed 76:31–35

Brettel HF, Rupp W, Schleyerbach R (1977) Die Rolle der Leber beim sogenannten Resorptionsdefizit. Ergebnisse tierexperimenteller Untersuchungen. Z Rechtsmed 79: 217–223

Freudenberg K, Mallach HJ (1965) Bemerkungen über die Konstanten c_0 und r von Widmark. Blutalkohol 3: 372–380

Grüner O (1957) Die Bedeutung des Körperwassers für die Verteilung des Alkohols im Organismus. Dtsch Z Gerichtl Med 46:53–65

Grüner O (1958) Der Einfluß von Körperwasser- und Blutverschiebungen auf den Verlauf der Blutalkoholkurve. Dtsch Z Gerichtl Med 46:744–760

Grüner O, Salmen A (1961) Vergleichende Körperwasserbestimmungen mit Hilfe von N-Acetyl-4-aminoantipyrin und Alkohol. Klin Wochenschr 39:92–97

Grüner O, Ludwig O (1971) Die Problematik der BAK-Rückrechnung. Beitr Gerichtl Med 28:180

Krämer M, Grüner O (1982) Proceedings of the XIIth Congress of the International Academy of Forensic and Social Medicine 1982. Egermann, Wien, vol I, pp 233–235

Widmark EMT (1932) Die theoretischen Grundlagen und die praktische Verwendbarkeit der gerichtlich-medizinischen Alkoholbestimmung. Urban & Schwarzenberg, Berlin Wien

Zink P (1982) Über den Abfall der Blutalkoholkurve in Trinkversuchen und bei Doppelblutentnahme. Blutalkohol 19:200–210

Zink P, Wendler K (1978) Der Widmark-Faktor r und seine Streubreite. Eine Auswertung experimentell gewonnener Blutalkoholkurven der Literatur. Blutalkohol 15:409–420

Zink P, Blank I, Manger M (1981) Zur Rückrechnung im Bereich hoher Blutalkoholkonzentrationen. Zentralbl ges Rechtsmed Grenzgeb 23:6

Forensische Toxikologie

Pharmakokinetik und Metabolismus im Hinblick auf Überlebenszeit und Dauer bei akuten Vergiftungen

R. Aderjan

Zusammenfassung

Der Zeitspanne zwischen Giftaufnahme und Todeseintritt kommt forensische Bedeutung zu, vor allem bei Fragen der unterlassenen Hilfeleistung. Soweit sich die Vorgänge der Resorption, der Verteilung, des Metabolismus und der Exkretion durch Konzentrationsmessungen des Giftes erfassen lassen, weisen sie auf den Giftaufnahmezeitpunkt hin. Das Zusammentreffen mehrerer Stoffe mit unterschiedlichen kinetischen und metabolischen Eigenschaften beinhaltet zusätzliche Informationen.

Summary

The time between the uptake of a poison and the occurrence of death is of forensic interest, especially in cases of drug intoxication and exposure. The examination of the process of resorption, distribution, metabolism, and excretion of a poison according to the lapse of time since uptake makes it possible to estimate the time of death. The coincidence of several compounds with different kinetic and metabolic properties provides additional information.

Einleitung

Der klassische Auftrag des forensischen Toxikologen besteht zunächst darin, bei Vergiftungsverdacht die Wirkstoffe nachzuweisen und deren kausalen Zusammenhang mit dem Todeseintritt aufzuzeigen, d.h. zu verdeutlichen, daß eine Giftmenge tödlich wirken konnte. Die Frage, wann der Tod eintrat, wird vorerst nach pathologisch-anatomischen und physikalischen Kriterien zu beurteilen sein. Hierfür sind in der Rechtsmedizin eine Reihe von Methoden bekannt, zu denen auch bislang sich schon chemisch-toxikologische Hinweise für die Einwirkungsdauer eines Giftes gesellten. Es setzt jedoch ein toxikologisches Bewußtsein voraus, schon bei der Sektion bei Vergiftungsverdacht die mögliche Klärung zeitlicher Aspekte bei der umfassenden und zielgerichteten Einbehaltung von Asservaten zu berücksichtigen.

Da mit dem Eintritt des Todes die Stoffwechselaktivität des Körpers rasch zum Erliegen kommt, bietet die Ermittlung der Verstoffwechslung eines aufgenommenen Giftes zu diesem Zeitpunkt eine weitere Möglichkeit, den Todeseintritt in einem zeitlichen Rahmen zu bestimmen. Die Vorgänge der Resorption, Verteilung, Metabolisierung und Ausscheidung von Giften verlaufen nach pharmakokinetischen bzw. toxikokinetischen Gesetzen und Reaktionsmechanismen. Werden Monointoxikationen betrachtet, so muß die Bildung von Metaboliten entsprechend dem Aufnahmezeitpunkt des Giftes fortgeschritten sein. Gelangen mehrere Stoffe zur Aufnahme, so treffen die unterschiedlichen Kinetiken von Verteilung und Elimination der einzelnen Stoffe zusammen. Sie können jedoch zu den gleichen oder unterschiedlichen Zeitpunkten aufgenommen worden sein.

Der Zeitspanne zwischen Giftaufnahme und Todeseintritt kommt forensische Bedeutung vor allem bei Fragen der unterlassenen Hilfeleistung
bei Intoxikationen mit Arzneistoffen oder Betäubungsmitteln zu. Oft
ergeben die Vorgeschichten, polizeilichen Ermittlungen, Zeugenaussagen
keine ausreichenden Hinweise auf den Applikationszeitpunkt. Zeugenaussagen können unzutreffend sein, um die strafrechtliche Verfolgung zu
vereiteln. Allgemein können toxikologische Hinweise die Rekonstruktion
des Tatablaufs ergänzen.

Welche Gesichtspunkte sind für eine toxikologische Aussage zu berücksichtigen, welche Befunde sind zu erheben?

Resorption und Verteilung

Abhängig von der galenischen Zubereitung werden Arzneistoffe entsprechend ihrer Bioverfügbarkeit aus dem Magen-Darm-Trakt resorbiert.
Lipophile und gut wasserlösliche Stoffe sind in der Regel rasch resorbierbar und besitzen eine hohe Bioverfügbarkeit. Demgegenüber ist die
Bioverfügbarkeit bzw. Resorbierbarkeit von organischen Stoffen polarer,
aber wenig wasserlöslicher Natur, auch abhängig vom Molekulargewicht,
zwischen 30 bis 50% schlechter. Die Erhebung von toxikologischen Daten
muß aus dem Inhalt des Magen-Darm-Traktes quantitativ erfolgen und kann,
wenn in sukzessiven Abschnitten untersucht, den Fortschritt der Resorption mit der Wanderung des Giftstoffes in den Darm widerspiegeln. Diese
durchaus gängigen Feststellungen der rechtsmedizinischen Praxis können
mit der aus der pharmakokinetischen Literatur in Fülle vorhandenen Information gestützt und erweitert werden. Zumindest bei therapeutischer
Anwendung ist die Resorptionsgeschwindigkeit eines Stoffes aus der Betrachtung von Ein- oder Mehrkompartmentmodellen zu ermitteln und kann
für die toxikologische Beurteilung herangezogen werden. Die bei Vergiftungen höheren Stoffmengen können jedoch zu verändertem Resorptionsver-
halten führen, durch Überlastung der Diffusions- bzw. Transportwege
oder deren toxische Hemmung.

Dies ist von Bedeutung für noch im Magen-Darm-Trakt aufgefundene Gift-
reste. Für die Vollständigkeit der Resorption ist deren Bioverfügbarkeit jedoch zu berücksichtigen, die ja nach Polarität und Lipophilie
eines Stoffes in weitem Rahmen zwischen 20 u. 90% schwanken kann. Aus
diesem Grund kann aus dem Auffinden von Giftresten noch nicht geschlossen werden, daß die Resorption nicht vollständig war, was ggf. zu einer
Unterschätzung der Überlebenszeit führen könnte. Die insbesondere über
den Pfortaderkreislauf aus dem Darm aufgenommenen Stoffe werden über
den Körper verteilt. Bei injizierten wie bei infundierten Substanzen
ist zu unterscheiden, ob die Anflutungsphase mit Verteilungsgleichge-
wicht zwischen Blut und Geweben vorliegt, oder ob die postresorptive
Phase nach Einstellung eines Verteilungs(pseudo)gleichgewichtes erreicht worden ist.

Recht gut sind die Verteilungsverhältnisse beim Äthylalkohol als wasserlösliche Substanz untersucht. Die Verteilung ist direkt von der
Durchblutung der einzelnen Gewebe abhängig und die Gleichverteilung
ist nach Resorptionsschluß recht rasch erreicht (z.B. Iffland u. Palm
1979; Kühnholz u. Bilzer 1982). Auch an den Diffusionsbarrieren des
Kammerwassers des Auges sowie des Liquors lassen sich Verteilungsun-
terschiede zwischen Anflutungs- und Eliminationsphase gut erkennen
(Gelbke et al. 1978), weshalb es zur rechtsmedizinischen Routine gehört, daß die Alkoholkonzentrationen in Blut und Urin durch die von
Liquor, Augenflüssigkeit, Gallenflüssigkeit und Mageninhalt ergänzt
werden.

Auch bei Digitalisvergiftungen sind Verteilungsgleichgewichte durch
die Bildung von Blut-Gewebequotienten sowie durch das Eindringen der
Glykoside in Liquor und Augenflüssigkeit relativ deutlich erkennbar.
In diesem Zusammenhang wurden aus dem eigenen Untersuchungsgut 15
Fälle suizidaler und fremdbeigebrachter Vergiftungsfälle mit 45 therapeutisch mit Digoxin bzw. 10 therapeutisch mit Digitoxin behandelten
Patienten nach Erreichen des Verteilungsgleichgewichtes miteinander
verglichen (Aderjan 1981; Aderjan et al. 1982). Der Vergleich von
Digoxin und Digitoxin zeigt beispielhaft, daß die Eiweißbindung in
Blut und Geweben die pharmakokinetische Größe des Verteilungsraumes
bestimmt, obwohl die tatsächliche Verteilung der beiden Glykoside
kaum wesentlich unterschiedlich ist. Die Eiweißbindung von Digitoxin,
die im Plasma ca. 90-95% beträgt, führt dazu, daß dieses Glykosid sich
im Körper nicht wesentlich mehr anreichert, als Digoxin, das bei einer
Eiweißbindung von nur 20-30% als polareres Glykosid weniger an Blut-
bestandteile gebunden wird. Die Folge sind therapeutische Blutspiegel
von Digitoxin, die bei 10-30 ng/ml ca. 10- bis 15fach höher sind als
die von Digoxin (0,7-2 ng/ml), woraus sich die sehr stark unterschiedlichen Verteilungsvolumina erklären. Der Verteilungsraum zwischen 32 l
und 42 l für Digitoxin und 340 bis 940 l für Digoxin stellt ja nur
eine fiktive Größe dar, die Ausdruck dessen ist, auf welchen Raumin-
halt sich eine gegebene Dosis verteilen müßte, wenn in diesem die Konzentration des Blutes angenommen wird.

Bei Verteilungsungleichgewicht ist für das Auffinden der Giftstoffe in
Geweben die Durchblutungsgeschwindigkeit bzw. die Extraktionsgeschwin-
digkeit der Stoffe aus dem Blut in die Gewebe wesentlich. Bei Herzglykosiden, die neben unspezifischen Bindungsstellen auch Rezeptoren aufweisen, läßt sich die Anreicherung in den stark durchbluteten Organen
Herz und Niere über die Bildung von Blut-Gewebequotienten früh nachweisen (Tabelle 1). Mit der Anreicherung am Herzmuskel geht auch die
toxische Wirkung einher, wie der Vergleich pharmakokinetischer Modelle
bei therapeutischer Dosierung und das Auftreten der Vergiftungserschei-
nungen zwischen der 2. und 6. Stunde nach Aufnahme zeigt (Aderjan 1981).

Für den allgemeinen Nachweis von Giftstoffen besitzt die Leber als Ort
der Entgiftung wegen ihrer bedeutenden Stoffwechselfunktion eine besondere Rolle. Die Leber gehört zu den am stärksten durchbluteten Organen
pro Zeiteinheit, jedoch auf das Gewicht bezogen wird sie weniger stark
durchblutet als Herz, Niere und Lunge, etwa vergleichbar dem Gehirn
(Tabelle 1). Im Hinblick auf Verteilungsungleichgewichte stellt die
Leber jedoch in der Regel ein relativ unspezifisches Organ dar.

Den Bezug der Organdurchblutung zur im Verteilungsungleichgewicht erreichten Konzentration der Gewebe konnte auch Käferstein 1982 zeigen,
indem er 2 Fälle von Pentobarbital-Vergiftungen (1 Fall nach Schmidt
u. Bösche 1979, sowie 1 Fall nach oraler Überdosierung) einem Vergiftungsfall nach suizidaler Infusion einander gegenüber stellte.

Die Lunge gehört mit einer Durchblutungsgeschwindigkeit von 5700 ml/
min zu den am besten versorgten Organen. Die Lipidmembran der Lunge
wird unabhängig vom pH-Wert der extravasalen Flüssigkeit von lipophi-
len Stoffen relativ leicht durchdrungen. Deshalb ist Lungengewebe besonders dafür geeignet, nach intravasaler Applikation rasch zentral
wirkende Giftstoffe nachzuweisen. Die initiale Anreicherung bei kurzer
Überlebenszeit ist von Chi u. Dixid (1977) an Rattenlungen nachgewiesen worden. Für Pentazocin und Heroin hat v. Meyer (1982) ebenfalls
eine Speicherung nachgewiesen, wobei Heroin die des Morphins übertrifft.
Für das Eindringen von Basen in Gewebe wird allgemein eine Verschiebung
des Plasma-pH-Wertes ins alkalische Milieu zu einem höheren Anteil von
nicht ionischer Substanz führen, die Lipidmembranen besser passiert.

Tabelle 1. Durchblutung verschiedener Organe eines 63 kg schweren Mannes nach Ganong (1974), Lehrbuch d. Physiologie

Region	Masse kg	Durchblutung ml/min	ml/g . min	% v. Gesamtherzmin.- Volumen
Leber	2,6	1500	0,577	27,8
Niere	0,3	1260	4,2	23,8
Gehirn	1,4	750	0,54	13,9
Haut	3,6	462	0,128	8,6
Skelettmusk.	31,0	840	0,027	15,6
Herzmuskel	0,3	250	0,84	4,7
übriger Körper	23,8	336	0,014	6,2
Gesamt	63,0	5400	0,086	100

Weist der extravasale Raum einen niedrigeren pH-Wert auf, so wird der Stoff angereichert. In der Lunge beträgt der pH-Wert im extravasalen Raum ca. 6,69, so daß sich basische Stoffe anreichern können. Eine Azidose des Gewebes wird ebenso im Sinne einer verstärkten Anreicherung basischer Substanzen wirksam. Werden Vergiftungen mit stark wirksamen Schmerzmitteln länger überlebt, werden in der Lunge wieder niedrige Konzentrationen gefunden und die Leber enthält höhere Konzentrationswerte (v. Meyer 1982).

Zu diesen Zusammenhängen sind nur erste Forschungsansätze unternommen worden. Für die systematische Beurteilung zeitabhängiger Organverteilungen muß jedoch noch eine Menge Detailarbeit geleistet werden, um aus dem Bereich der Spekulation über Erfahrungen zu gesicherten wissenschaftlichen Erkenntnissen zu kommen.

Metabolismusverhältnisse von Muttersubstanz zu Metaboliten

Viele Substanzen werden im Organismus mehr oder weniger stark metabolisiert. Dafür, daß ein Metabolit in die Begutachtung zeitlicher Zusammenhänge einbezogen werden kann, gibt es bestimmte Voraussetzungen. Begünstigend sind relativ rasche Bildungsgeschwindigkeiten und Plasmahalbwertszeiten, die mit der Muttersubstanz vergleichbar oder länger sind. Der Abbau der Muttersubstanz sollte noch erkennbar sein. Begünstigend ist ein gewisses Kumulationsverhalten der Metaboliten im Blut. Aus dem zeitlichen Auftreten der Metaboliten nach Aufnahme und aus dem Konzentrationsverhältnis kann auf die Intoxikationsdauer geschlossen werden.

Einige Stoffe, für die Erfahrungen an therapeutischen und toxischen Fallbeispielen gewonnen wurden, sind Diazepam und Desmethyldiazepam (Aderjan u. Schmidt 1980, auch als Begleitsubstanz bei Aufnahme von mehreren Stoffen), Carbromal und Carbromid (Käferstein u. Sticht 1978, wiesen im Endstadium von Vergiftungen stets nur noch Carbromid nach und schlossen aus der Höhe der Spiegel und den Quotienten von Carbromid zu Carbromal auf die Vergiftungsdauer), Captagon/Amphetamin, Heroin/Morphin. Für Flurazepam und Metaboliten wurden deren zeitabhängiges Auftreten untersucht (Aderjan et al. 1981), um die Verhältnisse bei einem Vergiftungsfall mit Flurazepam zu klären (Aderjan u. Mattern 1979). Auch für Mylepsin und Phenobarbital (Käferstein 1982) sowie für Diphenhydramin und dessen nach oxidativer Desalkylierung entstehenden Carbonsäuremetaboliten (Aderjan et al. 1982) sind Befunde erhoben worden,die u.U. auf die Überlebenszeit schließen lassen.

In allen angesprochenen Beispielen sind jedoch chronische Dauerdosie-
rungen vor der letztmaligen Anwendung zu berücksichtigen. Auch die
Bildung identischer Metaboliten aus unterschiedlichen Muttersubstan-
zen, z.B. bei den Benzodiazepinen (Chlorazepat, Valium, Oxazepam) kann
stören.

Medikamente mit mehreren Wirkstoffen oder gleichzeitiger Aufnahme verschiedener Gifte

Für die Herausbildung forensisch-toxikologischer Grundlagen sind naturgemäß Monointoxikationen von besonderem Interesse. Für die hier angesprochenen Fragen bieten jedoch Mischpräparate und verschiedene Stoffe,
die zum gleichen Zeitpunkt zur Aufnahme gelangen, begünstigende Voraussetzungen.

Sybirska u. Gajdzinska, die 1971 über die Aufnahme eines Schlafmittels,
das Gluthetimid und Amobarbital enthielt, berichteten, verfolgten den
gleichen Ansatz wie Pollak u. Vycudilik (1976), die den Zusammenhang
zwischen Verteilung und Verstoffwechselung bei einem zweiphasigen
Schlafmittel über das Mengenverhältnis in Bezug zur Vergiftungsdauer
aufzeigten. Sticht u. Käferstein (1980) sowie Käferstein (1982) konnten bei Vergiftungen mit Vesparax, einem Schlafmittel, in dem die Barbiturate Secobarbital und Brallobarbital in einem Mengenverhältnis von
3,1 : 1 vorkommen, feststellen, daß in den Organen andere Verteilungsverhältnisse vorlagen als im Medikament. Sie hingen im wesentlichen
von der Lipophilie bzw. von der Wasserlöslichkeit ab, worin sich die
beiden Stoffe unterscheiden: Brallobarbital dürfte als relativ wasser-
lösliches Barbiturat sowohl rascher resorbiert, als auch glomerulär
filtriert und in den Urin eliminiert werden. Secobarbital ist lipophi-
ler und wird demgegenüber rascher metabolisiert werden bzw. aus dem
Blut in die Gewebe abwandern. Folglich kommt der Konzentration im Gehirn als Wirkort bei unterschiedlich rascher Anflutung der Wirkstoffe
besondere Bedeutung zu: Abhängig von der Überlebenszeit dringt Secobarbital rascher durch die Bluthirnschranke als Brallobarbital. Aus der
Arbeit von Sticht u. Käferstein (1980) ist zu entnehmen, daß der Quo-
tient zwischen Seco- und Brallobarbital im Gehirn und in der Leber
über 3 liegt, wenn der Tod nur wenige Stunden nach Aufnahme während
der Anflutung der Wirkstoffe eingetreten ist. Nach längerer Überlebenszeit fallen die Quotienten wieder unter 3. Allerdings fehlt zur Absicherung dieser Befunde eine größere Anzahl von Daten von weiteren
Vergiftungsfällen. Verglichen mit zwei eigenen beobachteten Vergiftungsfällen, bei denen die Überlebenszeit zwischen 10 und 15 h betrug, sind
ähnliche Verhältnisse festzustellen (Tabelle 2). Es wird jedoch zukünftig darauf zu achten sein, daß Etodroxyzin als dritte, zwar weniger
giftige, jedoch hypnotisch wirksame Komponente zusätzlich untersucht
wird. Am exemplarischen Beispiel von Secobarbital und Brallobarbital
wird offenkundig, daß unterschiedliche pharmakokinetische Verhältnisse
in ihrer Auswirkung auf die Körperverteilung auf den gleichen Aufnahmezeitpunkt zurückweisen müssen. Unter diesen Prinzipien wären theoretische Grundlagen bei anderen Mischintoxikationen zu schaffen, um die
Begutachtungsgrundlage zu erweitern.

Mit der angesprochenen Problematik eröffnet sich ein weites Betätigungs-
feld, das in seinem Umfang wohl nur durch die Kooperation und den Er-
fahrungsaustausch verschiedener Arbeitsgruppen umfassend angegangen
werden kann. Es ist nicht zu erwarten, daß genauere Zeitangaben zur Intoxikationsdauer erhältlich sind. Mit einer zunehmenden Anzahl untersuchter Vergiftungsfälle dürfte es jedoch gelingen, bei beurteilbaren
Wirkstoffkombinationen nachzuweisen, ob der Tod praktisch sofort, nach
wenigen Stunden oder nach mehreren Stunden eingetreten ist, oder ob ein
tagelang andauernder Intoxikationsverlauf dem Tod vorausgegangen ist.

<u>Tabelle 2.</u> Nachweis von Seco- und Brallobarbital bei zwei tödlich verlaufenen Vergiftungen mit 10 Tabletten Vesparax (GC-Bedingungen: Säule Dexsil, OT 175-180°C nach Methylieren der Extraktrückstände mit Diazomethan. Extraktion von 1 ml Blut oder Gewebehomogenat (0,2 g/ml) mittels Amberlite XAD-2)

	Secobarbital (mg/l bzw. mg/g)	Brallobarbital (mg/l bzw. mg/g)	Sonstiges
Fall 1			
Herzblut	8,3	16,6	kein
Schenkelvenen-			Methaqualon mehr,
blut	8,3	15,7	sonst kein Befund
Lunge	16,7	14,6	
Leber	25,6	7,7	
Niere	19,8	8,8	
Gehirn	27,0	15,0	
Muskulatur	12,8	8,1	
Fall 2			
Schenkelvenen-			
blut	14,8	7,3	
Herzblut	nicht untersucht	nicht untersucht	SV-Blut: Diazepam 0,55 mg/l
			Desmethyldiazepam 0,55 mg/l
			Ethanol 0,0‰
Lunge	5,7	2,9	
Leber	16,4	6,6	
Niere	13,7	2,9	
Gehirn	6,5	3,9	
Muskulatur	9,4	6,9	

Literatur

Aderjan R (1981) Tödliche Vergiftungen mit Herzglykosiden. Habilitationsschrift, Universität Heidelberg

Aderjan R, Mattern R (1979) Eine tödlich verlaufene Monointoxikation mit Flurazepam - Probleme der toxikologischen Beurteilung. Arch Toxicol 43:69-75

Aderjan R, Fritz HP, Mattern R (1981) Zur Bedeutung des Metabolismus und der Pharmakokinetik von Flurazepam. Arzneim Forsch 30:1944-1947

Aderjan R, Bösche J, Schmidt G (1982) Vergiftungen mit Diphenhydramin - Rechtsmedizinische Bewertung quantitativer Analysenbefunde. Z Rechtsmed 88:263-270

Aderjan R, Schmidt G (1980) Die Bedeutung der quantitativen Benzodiazepin-Analyse in Urin- und Blutproben. Med. Sachverst. 76:92-96

Chi CH, Dixid BN (1977) Characterisation of (L)-Methadone uptake by rat lung. Br J Pharmacol 59:539-549

Ganong WF (1974) Lehrbuch der Medizinischen Physiologie. Springer, Berlin Heidelberg New York

Gelbke HP, Lesch P, Spiegelhalder P, Schmidt G (1978) Postmortale Alkoholkonzentrationen I.II. u. III. Die Konzentrationen in Blut und in der Glaskörperflüssigkeit. In Blut und Liquor cerebrospinalis. In Liquor cerebrospinalis und Glaskörperflüssigkeit. Blutalkohol 15:1-11, 11-17, 115-124

Iffland R, Palm W (1979) Untersuchungen zur postmortalen Alkoholverteilung in Blutgefäßen und Körperflüssigkeiten. Blutalkohol 16:81-96

Käferstein H (1982) Aussagemöglichkeiten eines Toxikologen über die Dauer einer akuten Vergiftung. Proceedings of the XII. Congress of the international academy of forensic and social medicine, Wien 1982, vol II, pp 769-772, Egermann, Wien

Käferstein H, Sticht G (1978) Nachweis der Bromureide in Leichenorganen. Z Rechtsmed 83:269-283
Kühnholz B, Bilzer N (1982) Weitere Erfahrungen mit postmortalen Äthanol- und Wasser-
gehaltsbestimmungen an Organen und Körperflüssigkeiten von Leichen. Blutalkohol
18:120-130
Meyer L von (1982) Die Arzneistoffkonzentration im Lungengewebe und ihre Bedeutung
für die forensische Toxikologie. Proceedings of the XII. Congress of the international academy of forensic and social medicine, Wien 1982, vol I, pp 179-182,
Egermann, Wien
Pollak S, Vycudilik W (1976) Das Mengenverhältnis der Komponenten eines Zweiphasen-
schlafmittels in Abhängigkeit von der Vergiftungsdauer. Z Rechtsmed 78:167-171
Schmidt G, Bösche J (1979) In Gadamers Lehrbuch der chemischen Toxikologie und An-
leitung zur Ausmittelung der Gifte, 3. Aufl, Bd I/2. Vandenkoeck & Ruprecht,
Göttingen
Sticht G, Käferstein H (1980) Toxikologische Untersuchungsbefunde bei Vesparax-In-
toxikationen. Z Rechtsmed 85:169-175
Sybirska H, Gajdzinska H (1971) Bestimmung der Bestandteile eines Kombinationsprä-
parates aus Glutethimid, Amobarbital, Promethazin in Sektionsmaterial einiger
Selbstmordfälle. Arch Toxicol 27:226-232

Ungewöhnlich schneller Tod bei Doppelselbstmord mit Paraquat[1]

J. Barz, J. Bösche und U. Gundert-Remy

Zusammenfassung

Zwei ältere Eheleute tranken absichtlich jeweils den gesamten Inhalt eines 250-ml-Originalgefäßes des Kontaktherbizids Gramoxone. Sie wurden knapp eine halbe Stunde später bereits bewußtlos aufgefunden, sofort notärztlich versorgt und auf eine Intensivstation verbracht, wo bei der Frau nach 5 h und beim Mann nach 7 h der Tod unter einer ausgeprägten Acidose im massiven Lungenödem eintrat. Bei der Sektion waren in beiden Fällen Verätzungen der Speiseröhre und des Magens festzustellen. Hier fanden sich massive Paraquatkonzentrationen, ebenso aber außergewöhnlich hohe Paraquatspiegel in Körperflüssigkeiten und Organen. Es werden die pathoanatomischen sowie die toxikologischen Befunde dargestellt und mit Ergebnissen aus der Literatur verglichen.

Summary

Both spouses of an elderly couple intentionally drank the complete contents of a 250-ml original bottle of the contact herbicide Gramoxone (paraquat). They were found unconscious half an hour later, were given emergency medical treatment, and were taken to an intensive ward, where the wife died 5 h later and her husband 7 h later from pronounced acidosis in a massive pulmonary edema. In both cases, the esophagus and the stomach were cauterized, and massive paraquat concentrations were found in these areas as well as an extremely high paraquat level in the body fluids and organs. Pathoanatomical and toxicological findings are presented and compared with results from the literature.

Einleitung

Vergiftungen mit dem Kontaktherbzid Paraquat (1,1'-Dimethyl-4,4'-bipyridyliumdichlorid) führen in den meisten Fällen erst nach Tagen oder Wochen zum Tod. Dabei ist der Vergiftungsverlauf dreiphasig (Grabensee et al. 1971; Pasi 1978): Zunächst kommt es unmittelbar, manchmal auch erst Stunden nach der Giftaufnahme zum Erbrechen sowie zu Ulzerationen im Magen-Darm-Trakt. In der zweiten Phase treten toxische Nieren- und Leberschäden auf, bis sich in der dritten Phase, etwa nach 5-10 Tagen Lungenveränderungen zeigen, die morphologisch unter dem Bild einer alveolären, interstitiellen und peribronchialen Fibrose zur Ateminsuffizienz und somit zum Tod führen.

Neben der peroralen Ingestion und der Giftaufnahme durch Inhalation kann eine Vergiftung sogar über Hautkontakt erfolgen, wie Wohlfahrt (1982) an 5 tödlichen Fällen aufzeigte.

Nur bei sehr hohen Paraquatdosen sind kürzere Vergiftungsverläufe beschrieben, wobei in den von Carson u. Carson (1976) mitgeteilten Fällen

---

[1] Auszugsweise vorgetragen auf der 61. Jahrestagung der Deutschen Gesellschaft für Rechtsmedizin, 21.-25.9.1982, in Würzburg

als kleinstes Intervall zwischen Giftaufnahme und Tod 11 h genannt werden. Wir selbst haben vor einiger Zeit den Doppelselbstmord eines Ehepaares untersucht, bei dem die Einnahme einer außergewöhnlich großen Paraquatmenge bereits nach 5 bzw. 7 h tödlich endete.

Fallschilderung

Die Eheleute, beide 58 Jahre alt, hatten gegenüber ihrem Sohn schon des öfteren Selbstmordabsichten geäußert. Die Frau stand wegen depressiver Verstimmungen in ärztlicher Behandlung; bei dem Mann soll ein Alkoholmißbrauch bestanden haben. Am Morgen des Tattages kaufte er, wie polizeilich ermittelt wurde, gegen 11.00 Uhr 2 Flaschen mit je 250 ml Gramoxone. Als der Sohn gegen 11.30 Uhr nach Hause kam, fand er die Eltern auf dem Bett im Schlafzimmer nicht mehr ansprechbar mit Schaum vor dem Mund vor. Er veranlaßte über Polizeinotruf die Verständigung des Notarztes. Nach der Primärversorgung am Tatort erfolgte sodann der Transport in die Klinik mit dem Hubschrauber.

Bei Ermittlungen am Tatort wurden die beiden leeren Gramoxone-Flaschen in der Küche abgestellt aufgefunden; die Verschlüsse befanden sich im Mülleimer. Es wurde angenommen, daß die Eheleute das Mittel unmittelbar nach dem Nachhausekommen des Mannes direkt aus den Flaschen vollständig getrunken haben, wobei die Zeitspanne bis zur Auffindung nicht mehr als eine halbe Stunde betragen haben kann.

Beim Eintreffen der Patienten in der Klinik bestand bereits keine Spontanatmung mehr. Nach Durchführung einer Magenspülung mit 50 l Wasser unter Zugabe von Adsorbentien wurde eine Hämoperfusion eingeleitet. Es entwickelte sich eine ausgeprägte metabolische Azidose mit pH-Werten von 6,9 bei dem Mann und 7,0 bei der Frau, die trotz massiver Bicarbonatgabe nicht ausgeglichen werden konnte. Gleichzeitig fiel die Urinproduktion ab bis zur Anurie, der Kreatininwert stieg bei der Frau auf 3,3 und bei dem Mann auf 3,0 mg/dl, wobei der Harnstoff bei beiden Patienten im Normbereich blieb. Schließlich kam es bei der Ehefrau zu einem Blutdruckabfall und unter heftigem Erbrechen um 16.10 Uhr etwa 5 h nach der Giftaufnahme zum Herz- und Kreislaufstillstand. Der Mann verstarb um 18.30 etwa 7 h nach Giftaufnahme im protrahierten Kreislaufschock.

Sektionsbefunde

1. Leiche eines 58 Jahre alt gewordenen Mannes, Körperlänge 170 cm, Gewicht 78 kg. Geringe Verätzungszeichen an der Zunge, ausgedehnte, frische Verätzungen der Schleimhaut der Speiseröhre mit fetziger Ablösung der Epithelschicht, frische Verätzungsspuren der Magenschleimhaut mit ödematöser Verdickung der Wandschichten von Ösophagus und Magen. 250 ml blutige, kaffeesatzartige Flüssigkeit im Magen. Akute schleimig-katarrhalische Bronchitis mit hochroter Verfärbung der Schleimhaut, hämorrhagische Tracheitis mit frischen Dekubitalulcera als Zustand nach Intubation. Lungenödem (Lungengewicht links 670 und rechts 740 g). Trübe Schwellung der Nieren. Herzdilatation mit disseminierten Abblassungen des Myokards. Lebervergrößerung (1810 g) und Leberzellverfettung.

   Histologie: Ablösungen und Nekrosen der Mukosa des Ösophagus, flache hämorrhagische Erosionen der Magenschleimhaut mit Ödem hauptsächlich in der Submukosa von Magen und Ösophagus. Teilweise blutiges Lungenödem vielfach mit Abschilferung der Pneumozyten. Epithelnekrosen der proximalen und distalen Tubuli in der Niere und Austamponierung zahlreicher Tubuli mit nekrotischem Zellmaterial. Zentrolobuläre Leberzellverfettung.

2. Leiche einer 58 Jahre alt gewordenen Frau mit einer Körperlänge von 169 cm und
einem Gewicht von 79 kg. Frische Verätzungen des Ösophagus mit weitgehender Ablösung seiner Schleimhaut, mäßiggradige Verätzung mit einzelnen oberflächlichen
Schleimhauterosionen im Magen bei insgesamt schwächerer Ausprägung der Verätzungen als bei dem Ehemann. Lungenödem (Lungengewicht links 550 g und rechts 620 g),
akute Tracheitis mit Druckulcera als Zustand nach Intubation. Disseminierte Abblassungen der Herzmuskulatur. Trübe Schwellung der Nieren. Auffallend brennspiri-
tusartiger Geruch der Organe.

Histologie: Epithelnekrosen und -ablösungen der Speiseröhre; oberflächliche, blu-
tige Erosionen der Magenschleimhaut, Ödem der Submukosa von Ösophagus und Magen.
Hämorrhagisches Lungenödem. Tubulonekrosen der Nieren mit scholligem Zerfall der
Kanälchenepithelien und Anfüllung der Lichtungen durch Zelltrümmer und Eiweiß.
Zentrolobuläre Leberzellverfettung.

Chemisch-toxikologische Untersuchungen

In beiden Fällen verlief der Nachweis von Paraquat in den verfügbaren
kleinen Anteilen der noch zu Lebzeiten gewonnenen Magenspülflüssig-
keiten mittels Natriumdithionit-Test stark positiv.

Die Leichenblute waren alkoholfrei. Weitere Untersuchungen der Blutproben ergaben keine Hinweise auf erfaßbare Arzneiwirkstoffe.

Es erfolgten nunmehr die quantitativen Bestimmungen von Paraquat in
Körperflüssigkeiten und Organen in Anlehnung an die von Beyer (1970)
und von Tompsett (1970) beschriebenen Verfahren der spektralphotome-
trischen Bestimmung des Bipyridylium-Kations nach Umsetzung mit Na-
triumdithionit in alkalischer Lösung. Hierbei mußten wegen der hohen
Paraquat-Konzentrationen allerdings wesentlich stärkere wäßrige Verdünnungen der Körperflüssigkeiten bzw. der Organ-Homogenate eingesetzt
werden, die nach üblicher Umsetzung mit Trichloressigsäure auf stark
saurem Kationen-Austauscher (Zeo Karb 225) gegeben worden waren und
mit gesättigter Ammoniumchlorid-Lösung zur Lösung von adsorbiertem
Paraquat weiterbehandelt wurden. Die Ergebnisse der chemisch-toxiko-
logischen Untersuchungen sind in Tabelle 1 zusammengestellt.

Diskussion

In den vorliegenden Vergiftungsfällen wurden von den Eheleuten jeweils
250 ml Gramoxone getrunken, was einer Wirkstoffmenge von 50 g Paraquat entspricht. Es ist zwar nicht bekannt, welche Mengen durch die
initiale Magenspülung noch eliminiert werden konnten, dennoch waren
in den Körperflüssigkeiten und Organen derartig hohe Paraquatkonzentrationen festzustellen, wie sie in der Literatur bisher nicht angegeben wurden. Dabei haben Carson u. Carson (1976) sogar einen Fall mit
Einnahme von 500 ml Gramoxone beschrieben, der 22 h überlebt worden
sein soll mit einem Blutspiegel von 1,4 mg Paraquat/l im Zeitpunkt des
Todes. In anderen tödlichen Fällen beschreiben diese Autoren einen
maximalen Blutspiegel von 52 mg/l bei einer aufgenommenen Giftmenge
von "4 Schluck" und einer Überlebenszeit von 18 h (Tab. 2); das ist
immerhin noch 2- bis 5mal niedriger als in unseren Fällen. In Tabelle
2 soll deshalb ein Teil unserer Ergebnisse einigen Werten aus der Literatur gegenübergestellt werden, um die von uns gefundenen ungewöhnlich
hohen Paraquatkonzentrationen nochmals zu verdeutlichen.

Nach Mitteilungen von van Dijk et al. (1975) und Okonek (1976) wird
Paraquat nur zu etwa 5 bis 15% der aufgenommenen Menge aus dem Magen-
Darm-Trakt resorbiert. Eine Gesamtbilanz aus den in Tabelle 1 aufge-

Tabelle 1. Akut tödliche Vergiftung eines Ehepaares nach oraler Aufnahme von jeweils 250 ml Gramoxone (50 g Paraquat)

	R.St. ♀ 58 J. (S326/81) Tod nach 5 h	W.St. ♂ 58 J. (S325/81) Tod nach 7 h
Untersuchungsmaterial	Paraquat-Konzentration	
Mageninhalt	11 mg/l	4 mg/l
Oberer Dünndarm	168 mg/l	452 mg/l
Mittlerer Dünndarm	448 mg/l	330 mg/l
Unterer Dünndarm	461 mg/l	340 mg/l
Herzblut	278 mg/l	129 mg/l
Leber	530 mg/kg	229 mg/kg
Lunge	652 mg/kg	225 mg/kg
Muskulatur	110 mg/kg	72 mg/kg
Gehirn	70 mg/kg	16 mg/kg
Niere	1600 mg/kg	352 mg/kg

Tabelle 2. Vergleich von Paraquat-Konzentrationen akut tödlicher Vergiftungen aus der Literatur mit eigenen Befunden

Aufgenommene Paraquat-Menge	Alter (Jahre)	Geschl.	Überlebens-Zeit (h)	Paraquat-Konzentration (mg/l bzw. mg/kg)			Autoren
				Blut	Leber	Niere	
50 g	58	w	5	278	530	1600	Eigener Fall (1981)
50 g	58	m	7	129	229	352	"
30 g	49	w	16	7,6	32	34,4	Carson u. Carson (1976)
30 g	22	m	16	3,6	22,8	66,6	"
4 Schluck Gramoxone	59	w	18	52	141	279	"
12 g	18	w	35	3,5	4,0	3,79	Nakai et al. (1981)

führten Konzentrationen unter Berücksichtigung der entsprechenden Organgewichte ergibt in den vorliegenden Fällen für die Ehefrau eine im Körper vorhandene Paraquatmenge von etwa 7,3 g und für den Ehemann eine solche von etwa 3,8 g, was bei einer aufgenommenen Menge von 50 g innerhalb der obigen Resorptionsrate liegen würde. Die Resorptionsquote kann jedoch höher als 15% gewesen sein, wenn man berücksichtigt, daß ein Teil der Gesamtmenge durch die Magenspülung und die Hämoperfusion eliminiert wurde, so daß die tatsächlich im Körper verbliebene Menge geringer als 50 g war. Bei dieser Bilanz sind die noch im Magen-Darm-Trakt vorhanden gewesenen Paraquatmengen nicht berücksichtigt.

Die pathoanatomischen Veränderungen entsprachen dem klinischen Verlauf. Die von uns neben den Verätzungen im oberen Verdauungstrakt festgestellten Degenerationen und Nekrosen im Tubulussystem der Nieren wurden auch von anderen Autoren (Nakai et al. 1981; Pasi 1978) in der Frühphase von Paraquat- und auch von Diquatvergiftungen beschrieben (Schönborn et al. 1971; Vanholder et al. 1981). Offenbar kommt es bei massiver Giftzufuhr bereits nach kurzer Zeit, und nicht erst in der sekundären Vergiftungsphase, zu schweren toxischen Nierenschäden. Die in beiden Fällen trotz intensiver Gifteliminationstherapie außerordentlich hohen Paraquatkonzentrationen in den Nieren sprechen in diesem Zusammenhang ebenfalls für einen Angriff der Giftwirkung in erster Linie an diesem Organ. Daneben kann durch den Verätzungsschock die klinisch im Vordergrund stehende metabolische Acidose verstärkt werden (von Clarmann 1982, persönliche Mitteilung).

Auch Lungenödeme sind bereits in der frühen Vergiftungsphase beschrieben worden (Okonek 1976; Grabensee et al. 1971; von der Hardt u. Cardesa 1971; Pasi 1978). Erwartungsgemäß waren bei unseren Fällen nach so kurzer Überlebenszeit noch keine Anzeichen der für Paraquatintoxikationen typischen Fibrosierungen der Lungen nachweisbar. Hinweise auf Rupturen im Bereich der alveolären Basalmembran als Auslöser für die Lungenfibrose konnten von der Hardt u. Cardesa (1971) in einem Vergiftungsfall mit 48stündiger Überlebenszeit in Semidünnschnitten feststellen. Nach Payan et al. (1982) wird die interstitielle und alveoläre Fibrose nach 8 Tagen elektronenmikroskopisch evident.

Die von uns untersuchten Fälle zeigen, daß bei massiver Giftzufuhr auch kürzere Vergiftungsverläufe möglich sind, als dies bisher bekannt war.

Danksagung. Für die Durchführung zahlreicher Paraquat-Bestimmungen möchten wir Frau Erika Borchard an dieser Stelle danken.

Literatur

Beyer KH (1970) Zur analytischen Bestimmung und Toxikologie des Paraquat (Gramoxone). Dtsch Apoth Z 110:633-635
Carson DJL, Carson ED (1976) The increasing use of paraquat as a suicidal agent. Forensic Sci 7:151-160
Dijk A van, Maes RAA, Drost RH, Douze JMC, Heyst ANP van (1975) Paraquat poisoning in man. Arch Toxicol (Berl) 34:129-136
Grabensee B, Veltmann G, Mürtz R, Borchard F (1971) Vergiftung durch Paraquat. Dtsch Med Wochenschr 96:498-506
Hardt H von der, Cardesa A (1971) Die histopathologischen Frühveränderungen nach Paraquat-Intoxikation. Klin Wochenschr 49:544-550
Nakai K, Sawa H, Konishi T et al. (1981) Paraquat poisoning, a case report and review of the literature. Mie Med J 31/1:1-6
Okonek S (1976) Vergiftungen durch Paraquat oder Deiquat. Med Welt 27:1401-1404
Pasi A (1978) The toxicology of paraquat, diquat and morfamquat. Huber, Bern Stuttgart Vienna
Payan H, Monges G, Jouve MP, Saux MA, Pellegrin E, Garbe L (1982) Intoxication par le paraquat. Etude ultrastructurale des lésions pulmonaires à propos d'une oberservation. Arch Anat Cytol Pathol 31:33-38
Schönborn H, Schuster HP, Kössling FK (1971) Klinik und Morphologie der akuten peroralen Diquatintoxikation (Reglone). Arch Toxicol (Berl) 27:204-216
Tompsett SL (1970) Paraquat poisoning. Acta Pharmacol Toxicol (Copenh) 28:346-358
Vanholder R, Colardyn F, Reuck J de, Praet M, Lameire N, Ringoir S (1981) Diquat intoxication. Report of two cases and review of the literature. Am J Med 70:1267-1271
Wohlfahrt DJ (1982) Fatal paraquat poisoning after skin absorption. Med J Aust 1:512-513

Schwermetallbelastung in Nordbaden durch Thallium und Cadmium — Ergebnisse von Nierenuntersuchungen

J. Bösche und I. Magureanu

Zusammenfassung

1. Thallium scheint als Schwermetallgift für den Menschen auch bei möglicher erhöhter Exposition keine Gefahr zu bringen, da es eine ausreichende Eliminationsgeschwindigkeit aus dem Körper aufweist und sich daher nicht anreichert.

   In 259 Obduktionsfällen der Jahre 1980/81 aus dem Raum Nordbaden fanden sich praktisch ausnahmslos Thalliumkonzentrationen in dem Anreicherungsorgan Niere im Spurenelementbereich mit Mittelwerten zwischen 0,5 und etwa 3 µg/kg, ohne daß eine altersspezifische Konzentrationsverschiebung erkennbar war.

2. Cadmium ist ein ökologisch bedeutsames Umweltgift, das sich im Verlaufe des Lebens in der Niere des Menschen stark anreichert und erst nach dem 5.-6. Lebensjahrzehnt wieder abfallende Konzentrationen in der Niere aufweist.

   Es wurden insgesamt 248 Nieren von Obduktionen der Jahre 1980/81 quantitativ auf Cadmium untersucht, wobei in keinem Fall toxische Konzentrationen feststellbar waren. Die hier durchgeführten Untersuchungen bestätigen die bekannten altersspezifischen Konzentrationsunterschiede von Cadmium in der Niere des Menschen. Es ergaben sich darüberhinaus keinerlei Anhaltspunkte dafür, daß im Raum Nordbaden eine höhere Belastung der Bevölkerung mit Cadmium als in anderen vergleichbaren Gebieten vorliegt.

Summary

1. The toxic heavy metal thallium is apparently not dangerous in man, even in cases of possibly chronic intake of increased doses, because of its sufficiently rapid elimination rate from the body. In 259 autopsy cases from 1980 and 1981 in the German district of North Baden, thallium levels in the kidneys were determined. Concentrations were in the known range for thallium as a trace element, with values between 0,5 and 3 µg/kg, and there were no changes according to the age.

2. Cadmium is an ecologically important environmental poison which accumulates during the course of life, and it is only after the 5th or 6th decade that decreasing concentrations are seen in the kidneys. In 248 autopsy cases from the years 1980 and 1981 no toxic concentrations were found in the kidneys. The highest concentrations were up to about 65 mg/kg kidney. The results from the investigation were comparable to results from other districts, for example, Sweden and Bavaria.

Einleitung

Die ab dem Jahr 1979 aus dem nordbadischen Raum, insbesondere Leimen – Wiesloch/Walldorf, bekanntgewordenen Umweltbelastungen durch die Schwermetalle Thallium und Cadmium waren Anlaß zu umfangreichen Untersuchungen im ökologischen Bereich. Inwieweit dabei der Mensch in seinem individuellen Lebensraum durch derartige Schwermetalle geschädigt werden kann und ob eine unterschiedlich starke Speicherung dieser Schadstoffe im menschlichen Körper vorkommt, sollte anhand einer größeren Stichprobe bei Verstorbenen aller Altersgruppen aus dem Raum Nordbaden an dem Sektionsgut des Instituts für Rechtsmedizin der Universität Heidelberg geprüft werden.

In der Literatur ist wiederholt belegt, daß die Nieren des Menschen in der Regel die relativ höchsten Schwermetall-Konzentrationen aufweisen. Insbesondere gilt dies auch für Thallium und Cadmium, und es wurden die hier durchzuführenden Untersuchungen deshalb auf die Nieren von Leichen festgelegt.

Methodik

Die quantitativen Bestimmungen von Thallium und von Cadmium erfolgten mittels flammenloser Atomabsorptions-Spektralphotometrie. Als Gerät diente das Atomabsorptionsphotometer Modell 300 der Firma Perkin-Elmer mit elektrodenlosen Entladungslampen und der Graphitrohr-Küvetten-Einheit HGA 72.

Da aus dem Schrifttum, insbesondere über Cadmium (z.B. Geldmacher -v. Mallinckrodt u. Opitz 1968) schon lange bekannt war, daß sehr unterschiedliche Konzentrationen im Nierenmark (niedriger) und in der Nierenrinde (höher) bestehen, wurde für unsere Untersuchungen stets homogenisierte Niere verwendet. Dabei handelte es sich um Homogenat aus frischen Nieren, die bis zum Untersuchungszeitpunkt tiefgefroren asserviert worden waren.

Als optimale Veraschungsmethode bot sich die Tieftemperaturveraschung (Plasmaveraschung im Vakuum unter Sauerstoff) an. Da die aus Literaturangaben bekannten Thalliumkonzentrationen in Nieren sehr niedrig waren und wir etwa gleiche Werte erwarteten, mußte für die Thalliumbestimmung noch ein Anreicherungsverfahren an die Veraschung angeschlossen werden, um in den Meßbereich der untersten Thalliumwerte zu kommen.

Für das Nierenmaterial wurde bei Einwaagen im Bereich von jeweils 4 bis 5 g Organ und einer Veraschungsdauer von 30 bis 40 h für jeweils 10 Einzelproben sowie Anreicherung von Thallium aus der in Bromwasserstoffsäure gelösten Nierenasche nach Geilmann (1950) Erfassungsgrenzen von 0,04 bis 0,05 µg Thallium/kg Niere (bezogen auf das Feuchtgewicht) erreicht. Für die Cadmiumbestimmungen, welche wegen der bekannten wesentlich höheren Cadmiumspiegel in normalen Nieren kein Anreicherungsverfahren erforderlich machten, wurde eine Teilmenge der Veraschungslösungen vor der Extraktion des Thalliums abgezweigt.

Zur Prüfung der Präzision wurden für unterschiedliche Konzentrationsbereiche Mehrfachmessungen durchgeführt, wobei die Variationskoeffizienten für Thallium bei 1,10-6,8% und für Cadmium bei 1,71-5,25% lagen.

Die Prüfung der Richtigkeit erfolgte - wie bei allen Analysen - durch die sog. Additionsmethode. Für Thallium wurde eine mittlere Wiederfindungsrate von 92,9% und für Cadmium eine solche von 97,9% bestimmt.

Material

Es wurden Nieren von insgesamt 297 frischen Leichen (199 männliche und 98 weibliche) mit einem Todesalter zwischen 1/2 Monat und 89 Jahren

untersucht. Dabei wurde in 259 Fällen (174 männliche und 85 weibliche)
Thallium und in 248 Fällen (169 männliche und 79 weibliche) Cadmium
bestimmt.

<u>Ergebnisse</u>

1. Thallium (Tl)

In den von uns untersuchten Fällen lagen die Meßwerte für Thallium
zwischen 0,03 und 8,6 µg/kg frischer Niere, in 87 Fällen im Bereich
unter 0,1 µg Tl/kg, bei 126 Fällen zwischen 0,1 und 2 µg Tl/kg sowie
in 46 Fällen im Bereich von 2 bis 5 µg Tl/kg.

Es zeigten sich bei den Vergleichen der Untersuchungsbefunde des Materials aus dem Raum Leimen - Wiesloch/Walldorf mit den aus den übrigen
Gebieten Nordbadens auch keinerlei erkennbare Unterschiede, so daß auf
eine getrennte Darstellung und Gegenüberstellung der Befunde aus diesen Gebieten verzichtet werden konnte.

Zur Frage nach möglichen Unterschieden der Tl-Konzentrationen in Abhängigkeit von Geschlecht und/oder Alter wurden die Meßergebnisse für
Thallium in Tabelle 1 als Mittelwerte entsprechend aufgelistet. Dabei
wurden die Altersgruppen in 10Jahresabschnitte unterteilt mit Ausnahme
der weniger als 1 Jahr alten und mehr als 70 Jahre alt gewordenen
Menschen.

Beurteilung für Thallium

Das für den Menschen zweifellos sehr toxische Schwermetallgift Thallium,
welches in Form seiner Salze in der Bundesrepublik Deutschland seit
Jahrzehnten und auch heute noch als Schädlingsbekämpfungsmittel (Nage-
tiere) angewendet wird und auch als erhöht ausgeschiedener Schadstoff,
z.B. bei der Zementherstellung erkannt wurde, scheint sich offensichtlich im Körper des Menschen nicht anzureichern.

Aus zahlreichen, überwiegend durch absichtliche Beibringung bekanntgewordenen Vergiftungsfällen mit Thalliumsalzen, welche überlebt wurden,
ist bekannt, daß Thallium vielmehr mit einer Halbwertszeit von etwa
9 bis 11 Tagen aus dem menschlichen Körper ausgeschieden wird (Weinig
u. Schmidt 1962).

Für die aus der Literatur bekannten physiologischen Thalliumwerte im
menschlichen Körper, deren Höchstwerte im Nierengewebe vorliegen, werden
1 bis 5 µg Tl/kg angegeben. Bei den vorliegenden Untersuchungen wurden
diese Konzentrationen praktisch ausnahmslos bestätigt. Nur in einem
einzigen Fall war eine geringfügige Überschreitung dieser Normalkonzen-
tration feststellbar.

Daraus ist abzuleiten, daß Thallium auch bei einer möglichen überdurch-
schnittlich hohen Exposition keine toxische Bedrohung für den Menschen
darstellen dürfte, da für dieses Metallgift eine ausreichende Eliminationsgeschwindigkeit besteht.

2. Cadmium (Cd)

Die Untersuchungen von 248 Leichen-Nieren ergaben Meßwerte zwischen
0,25 und 65,8 mg Cd/kg Frischgewicht. Hierbei muß darauf hingewiesen
werden, daß diese Konzentrationen das Tausendfache der zuvor genannten

Tabelle 1. Thalliumkonzentrationen im Nierengewebe von 259 Leichen in Abhängigkeit von Alter und Geschlecht, Sektionsmaterial 1980/81

Alter in Jahren	Männliche Personen µg Tl/kg Niere n = 174	Weibliche Personen µg Tl/kg Niere n = 85
< 1	1,15	1,64
1-10	2,87	1,05
11-20	1,35	1,58
21-30	1,62	2,34
31-40	0,79	0,68
41-50	1,55	0,69
51-60	1,10	0,47
61-70	0,70	1,20
> 71	0,53	0,83

Thalliumwerte ausmachten und wiederum auch ausnahmslos im physiologischen Bereich für Cadmium in der Niere des Menschen lagen.

Der kritische Wert für Cadmium wird von verschiedenen Untersuchern (Thürauf et al. 1981, dort weitere einschlägige Literatur) beim Menschen für die Nierenrinde mit 200 mg/kg Frischgewicht angegeben.

Unsere Untersuchungen bezogen sich - wie beim Thallium - auf die durchschnittliche Cadmiumkonzentrationen im gesamten Nierengewebe. Die Ergebnisse sind, getrennt nach Altersgruppen und Geschlecht, in Tabelle 2 aufgelistet.

Durch die zwischenzeitlich bekanntgewordenen vermutlich erhöhten Cadmiumexpositionen der Bevölkerung im Raum Wiesloch/Walldorf war eine besondere Erfassung dieses Gebietes von Interesse, wobei die Fälle (n = 18) aus einem Umkreis von jeweils etwa 5 km Radius dieser beiden Orte getrennt nach Altersgruppen und Geschlecht herausgenommen und den Gesamtergebnissen in Tabelle 3 gegenübergestellt wurden.

Aus Tabelle 3 geht hervor, daß die Cadmiumkonzentrationen in den Nieren der einzelnen Altersgruppen bis zu 40 Jahren praktisch keine Abweichungen der Mittelwerte bei dem Material aus Wiesloch/Walldorf gegenüber dem Gesamtkollektiv erkennen lassen.

In dem Material der 3 Gruppen 41-50 Jahre (männlich) und 51-60 Jahre (männlich und weiblich) der Tabelle 3 war in den Fällen aus Wiesloch/ Walldorf jeweils nur ein Ergebnis verfügbar, das aber in keinem dieser Fälle die jeweiligen oberen Extremwerte (s. Tabelle 2) erreichte.

Beurteilung für Cadmium

Die im ökologischen Bereich zu beobachtende Tendenz steigender Cadmiumkonzentrationen in Luft, im Trinkwasser und in der Nahrung haben in letzter Zeit zunehmende Beachtung gefunden und auch Anlaß zu dem Verdacht gegeben, daß der Gehalt an Cadmium im menschlichen Körper ansteigen könne. (Thürauf et al. 1981; Umweltbundesamt Berlin 1977; Szadkowski 1981, 1982).

Tabelle 2. Cadmiumkonzentrationen im Nierengewebe von 248 Leichen aus den Jahren 1980/81 in Abhängigkeit von Alter und Geschlecht

Alter in Jahren	Männliche Personen mg Cd/kg Niere (Extremwerte) n = 169	Weibliche Personen mg Cd/kg Niere (Extremwerte) n = 79
< 1	1,03 (0,24-2,67)	0,26 (0,13-0,37)
1-10	2,42 (0,99-4,94)	14,39 (14,39[1])
11-20	9,24 (1,49-20,00)	9,87 (7,09-15,24)
21-30	12,90 (2,88-28,04)	12,92 (9,87-18,00)
31-40	23,80 (5,49-40,00)	22,23 (10,55-37,61)
41-50	24,95 (7,05-65,78)	22,95 (6,92-58,90)
51-60	29,53 (12,13-47,62)	18,95 (8,66-32,43)
61-70	24,09 (7,75-45,50)	14,65 (2,63-26,66)
> 70	15,60 (2,68-39,00)	13,45 (0,25-35,18)

[1] Nur 1 Fall

Tabelle 3. Cadmiumkonzentrationen im Nierengewebe in Abhängigkeit von Alter, Geschlecht (w = weiblich, m = männlich) und Lebensraum

Alter in Jahren	Raum Wiesloch/Walldorf		Raum Nordbaden	
	Geschlecht	mgCd/kg Niere	Geschlecht	mgCd/kg Niere
1	w	0,28	w	0,26
11-20	m	7,23	m	9,24
21-30	m	11,56	m	12,90
21-30	w	12,41	w	12,92
31-40	m	19,08	m	23,80
41-50	m	4,60[1]	m	24,95
51-60	m	36,74[1]	m	29,53
51-60	w	30,88[1]	w	18,95

[1] ein Fall

Zahlreiche Arbeiten befaßten sich schon mit Untersuchungen des Cadmiums im menschlichen Körper, wobei sich immer wieder das Nierengewebe als der beste Indikator für den Grad der Cadmiumbelastung erwies. Thürauf et al. (1981) nennen allein 20 Studien aus Europa und Amerika über Cadmium in der Niere des Menschen aus den Jahren 1968 bis 1979. Sie selbst untersuchten Nierengewebe von Autopsiefällen aus dem bayerischen Raum der Jahre 1969, 1971/72 und 1980, wobei sie eine Zunahme der Cadmiumkonzentrationen in diesem Zeitraum *nicht* feststellen konnten. Drasch (1982) berichtete jüngst über Cadmium in Nieren von 263 Sektionsfällen, ebenfalls von 1980/81, aus dem südbayerischen Raum, wobei eine große Abhängigkeit der Cd-Konzentrationen vom Rauchen in 79 Fällen bestätigt werden konnte.

Übereinstimmend finden sich in der Literatur Berichte, wonach der Cadmiumspiegel in der menschlichen Niere mit ansteigendem Lebensalter bis zu 50-60 Jahren ständig zunimmt, um danach dann wieder abzufallen.

Elinder et al. (1976) untersuchten insgesamt 292 Autopsiefälle in Stockholm hinsichtlich des Cadmiumgehaltes in der Nierenrinde. Die niedrigsten Cd-Mittelwerte erhielten sie in der Altersgruppe 0-9 Jahre mit 2,39 mg Cd/kg Naßgewicht und die höchsten in der Altersgruppe 40-49 Jahre mit 21,7 mg Cd/kg. Eine ähnliche Altersabhängigkeit fanden auch Thürauf et al. (1981) mit vergleichbaren Konzentrationen.

Die in unseren Untersuchungen hier vorliegenden Untersuchungsbefunde von insgesamt 248 Obduktionen aus Nordbaden ergaben hinsichtlich der Cd-Konzentrationen im Nierengewebe völlig vergleichbare Befunde mit den zuvor erwähnten Untersuchern, welche auch größere Kollektive geprüft hatten. So lagen z.B. die Mittelwerte in der Altersgruppe 1 bis 10 Jahre mit 2,42 mg Cd/kg gleichhoch mit den Ergebnissen aus Stockholm. Auch bei unseren Ergebnissen (s. Tabelle 2) war ein steter Anstieg in der Cadmiumkonzentration bis zur Altersgruppe 51 bis 60 Jahre mit 29,53 mg Cd/kg erkennbar, danach wieder ein deutlicher Abfall der mittleren Konzentrationen.

Die höchste Cadmiumkonzentration wurde in unserem Untersuchungsgut mit 65,78 mg/kg in der Niere eines 49jährigen Mannes aus Bruchsal gefunden, ohne daß in Erfahrung gebracht werden konnte, ob bei ihm eine berufliche Exposition bestanden hatte. Aber auch dieser Wert lag noch weit unter dem kritischen Wert von 200 mg Cd/kg.

Die in den einzelnen Altersgruppen hier festgestellten oberen Extremwerte lagen insbesondere hinsichtlich ihrer Absolutwerte im gleichen Bereich wie beispielsweise die von den Untersuchungen aus Stockholm oder Bayern bekanntgewordenen Ergebnisse. Insbesondere zeigen auch unsere Untersuchungsergebnisse in den Altersgruppen bis zu 20 Jahren, also bei Menschen, die in den letzten 20 Jahren einer stetig steigenden Cadmiumbelastung ausgesetzt waren, deutlich, daß hier trotzdem die wesentlich niedrigeren Cadmiumkonzentrationen gegenüber denen bei älter gewordenen Menschen (bis zu 60 Jahren) bestanden.

Danksagung. Wir danken dem Ministerium für Ernährung, Landwirtschaft, Umwelt und Forsten Baden-Württemberg für die Finanzierung dieses Forschungsprogramms "Umwelt" UFO I - Forschungsprojekt Nr. 55.

Literatur

Drasch G (1982) Kadmium-Belastung im südbayerischen Raum. Münch Med Wschr 124:1129
Elinder CG, Kjellström T, Friberg LV (1976) Cadmium in Kidney Cortex, Liver and Pancreas from Swedish autopsies. Arch Environ Health 31:292
Geilmann W (1950) Zur Erkennung der Thalliumvergiftungen. Pharmazie 5:531
Geldmacher-v.Mallinckrodt M, Opitz O (1968) Zur Diagnostik der Cadmiumvergiftung. Arbeitsmed Sozialmed Arbeitshyg 3:276
Szadkowski D (1981) Cadmium-Ängste und Fakten. Arbeitsmed Sozialmed Arbeitshyg 16:213
Szadkowski D (1982) Kadmium: arbeits- und umweltmedizinische Aspekte. Ärztl Fortb 32:28
Thürauf JRE, Schaller KH, Valentin H, Weltle D (1981) Zur gegenwärtigen Belastung der Bevölkerung durch Kadmium. Fortschr Med 99:1312
Umweltbundesamt Berlin (1977) Berichte 4/77. Luftqualitätskriterien für Cadmium, Berlin
Weinig E, Schmidt G (1962) Über den Konzentrationsabfall des Thalliums im Harn bei subletalen Vergiftungen am Menschen. Beitr Gerichtl Med 22:331

Quantitative Toxicology: Clinical and Forensic Aspects

M. Bogusz

> "Many tests are done for the benefit of the clinician,
> not for patient, which is an important distinction."
>
> (L. Prescott [42])
>
> "A poor doctor will ask for more and a poor technician
> will do less."
>
> (A. Curry [15])

Zusammenfassung

Dieses Übersichtsreferat befaßt sich mit der Bedeutung und auch der Anwendbarkeit
quantitativ erhobener Untersuchungsbefunde in der klinischen und in der forensischen
Toxikologie. Anhand zahlreicher Literaturbeispiele wird auf Interpretationsschwie-
rigkeiten und die zahlreichen Irrtumsmöglichkeiten kritisch aufmerksam gemacht.

Summary

The importance and the usefulness of obtaining quantitative data in clinical and
forensic toxicology are reviewed. With the aid of many examples, the difficulties
of the interpretation of the results and the numerous possible errors are pointed
out.

Toxicology may be defined as a science which explores and estimates
the interactions between the endogenous compounds entering the living
organism, and biological disturbances in this organism. In other words,
toxicology establishes the causal relationships between the chemical
substance present in the organism in given dose, and the measurable
biological effect.

Both sides of this relationship, i.e., dose and response, should be
reliably measured. When only one side of the relationship can be determined, establishing a quantitative relationship becomes very difficult, if not impossible. The most reliable data can be obtained in experimental toxicological investigations, when at least one side of the
relationship - the exposure - can be controlled and exactly measured.
In experimental investigations on animals the use of invasive techniques is also allowed, which makes possible better insight, into the
biological effect of exposure. The situation is far more difficult in
human toxicology, particularly in the case of acute, nonoccupational
poisoning.

The purpose of this paper is to discuss and evaluate the main difficulties connected with the interpretation of quantitative data in human
toxicology. The scope was limited to the problems of the clinical and
forensic aspects of acute poisoning.

From the beginnings of toxicology, the main efforts of scientists have
been focused on the detection, identification, and quantitative determination of toxic substances in accessible biological fluids and organs. Due to rapid progress in analytical chemistry, a great number of
poisons can now be measured at the nanogram or picogram level. It must
be clearly stated, however, that the progress in toxicological analysis is only a first step in establishing a dose-response relationship.
This statement is particularly important, because the aggressive

reclame of analytical instrumentation may suggest that in the age of "intelligent" laboratory processors the difficulties of toxicology are gone. In fact, difficulties arise, and we should not be mesmerized by colorful advertisements in analytical journals, which sometimes resemble fashion magazines.

The problems of use and need of quantitative data are different in clinical and in forensic toxicology. This is related to the differences between these two disciplines; toxicological examination in hospital is ordered by a doctor, acting for the benefit of the patient, whereas forensic analysis is ordered by a lawyer, acting in the name of state, or community. According to the needs and expectations of the ordering bodies, each discipline has different functions. The main functions of clinical toxicological analysis are:

Establishing a proper diagnosis.
Monitoring of therapy with some drugs (e.g., cardiac glycosides, lithium, antiepileptics, theophylline).
Monitoring of the poisons′removal (e.g., during hemoperfusion).
   The main functions of forensic toxicological analysis are:
Establishing the proper cause of death (in fatal cases).
Providing evidence of the presence of poison in the organism (in medicolegal investigation of living persons). In these cases the mere presence of the poison in the body (e.g., alcohol in the blood of a driver) may be regarded as sufficient evidence of intoxication.

Keeping in mind these main problems of clinical and forensic toxicology, the following questions may be posed:
To what extent is quantitative analysis useful for fulfilling these functions?
What is the decisive value of the result?
What is the chance of a false result - positive or negative?
What countermeasures are taken against erroneous results?

Usefulness of Quantitative Data in Clinical and Forensic Toxicology

In clinical toxicology, as in any other clinical medical discipline, proper decision-making is based on the assessment of three elements: anamnestical, i.e., circumstances of the event, reported by witnesses or the patient himself [56]; clinical, i.e., detailed medical documentation with regard to signs and symptoms; and analytical - detection of exogenous compounds in body fluids or disturbances in the biochemical functions of the organism. The decisive value of these elements, nowever, is different than in internal medicine; in clinical toxicology, due to particular therapeutical strategy, the decision-making (i.e., the effective therapy) is related more to the clinical picture of the patient than to the determination of exact diagnosis. This approach may be illustrated by Fig. 1.

The intensive supportive treatment of acute poisonings, known as the "Scandinavian method" and introduced for the treatment of barbiturate poisoning [13,30], can be applied without any specific antidotes in the treatment of various intoxications: with hypnotic drugs, neuroleptics, or psychosedatives. This means that in these intoxications the effective therapy can be performed without toxicological investigations, using only other laboratory tests (acid-base balance and electrolyte level).

Let us briefly review these intoxications, where the exact diagnosis is of definite importance for introducing a specific therapy. Among

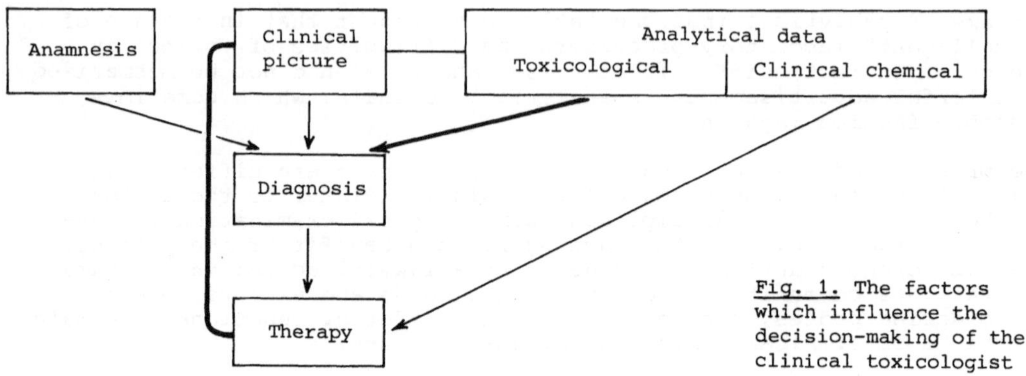

Fig. 1. The factors which influence the decision-making of the clinical toxicologist

these should be mentioned poisonings with organophosphates, opiates, cyanides, paracetamol, paraquat, iron, some heavy metals, and carbon monoxide. The diagnosis of opiate poisoning, however, may be more quickly and more reliably made on the base of a clinical examination and the naloxone test [35]. In the case of suspected cyanide or sublimate poisoning there is not enough time to wait for laboratory confirmation, and antidote therapy should be introduced without delay. Therefore, the group of poisons which require immediate laboratory identification is even smaller and consists of organophosphates, paraquat, iron, paracetamol, and carbon monoxide. In the view of epidemiological reports on the frequency of poisonings with various agents, about 80%-90% of all intoxications are treated in the same way, irrespective of exact diagnosis [11,22,31,35].

Such situations lead some clinical toxicologists to extreme standpoints: Newton [35] stated that only analysis for paracetamol, iron, and salicylates are of definite value in treatment, and the latter can be performed by the physician as a simple bedside test. He questioned the need for an emergency toxicology laboratory in general. Also Prescott [42] listed half a dozen drugs which clinicians are anxious to exclude or to obtain more information about.

The needs for quantitative data in clinical toxicology are different from the qualitative needs. The definite importance of these determinations depends on the change of the therapeutical strategy according to the concentration of poison. This is true particularly in qualification of patients for such therapeutic methods, like hemoperfusion or hemodialysis. A very high level of drugs in serum is - as well as severe clinical appearance - an indication for hemoperfusion [48,49]. Several authors listed exact borderline concentrations of particular drugs in plasma, above which the hemoperfusion should be introduced. For barbiturates and glutethimide these levels are in the order of 40-100 mg/ liter, for digitoxine 80 µg/liter, for parathion 200 µg/liter [37,38, 42,48,51]. It should be stressed that the quantitative determination of poisons in blood or plasma is important also for monitoring of the removal of poisons during hemoperfusion or hemodialysis. The efficiency of such therapy is usually expressed as total amount eliminated or in the terms of plasma clearance [37,38,48,51].

The determination of paracetamol concentration in plasma is particularly important in the case of acute poisoning. It was shown that the level of the drug in plasma at a given time after ingestion is a reliable indicator of the possibility of liver damage [28,43,55]. The nomogram for predicting liver toxicity was developed based on the paracetamol level in plasma [45]. Also treatment of paracetamol poisoning is related to the drug concentration. British clinicians advocate cysteamine or acetylcysteine in such cases [35,44].

The treatment of acute salicylate poisoning is also related to the level of the drug in the plasma; a value greater than 350 mg/liter is regarded as an indication for forced diuresis [31].

Apart from the above-mentioned situations, the quantitative determinations are important in the monitoring of therapy with several drugs, such as lithium, cardiac glycosides, phenytoin, methadone, or theophylline [1,26,33,53]. This problem, however, is related rather to the prevention of poisoning and is therefore beyond the scope of this paper.

The need for and importance of quantitative determinations are more obvious in forensic than in clinical toxicology. They ensue from the two general functions of forensic toxicology:

1. Forensic toxicologists in the fatal case should help to determine accurately the cause of death. Their strategy may be illustrated by the scheme in Fig. 2.

   The main difficulty in the work of forensic toxicologists results from the fact that their evidence cannot be verified in practical terms. In clinical toxicology the proof of therapy is in its efficiency. And what is the proof of forensic testimony? Death is an irrevocable effect in the forensic case, and the possibility of a wrong determination of causal relationship in a fatal case is always serious. Finkle, in his recent paper [19], stated: "There is really only one critical issue, and that is: can mechanisms of toxicity uniquely characteristic of particular drugs and poisons be demonstrated in humans? If there is cause and effect, can the analytical toxicologist, alone or with colleagues from allied professions, especially pathology, provide proof sufficient for legal adjudication?"

   These difficulties in determining a causal relationship between exposure and effect illustrate the great need for reliable determination of poisons in human organs. It should also be kept in mind that in modern society exposure to drugs is remarkable: a good example is provided by a study of Norton et al. [36], who, examining a randomly selected group, found various drugs and ethanol in 54% out of 247 autopsy cases. Such high exposure to drugs may suggest that an analytical screening in every sudden death case should be carried out; on the other hand, economic reasons show the great importance of correct use of circumstantial and autopsy data. Ernst

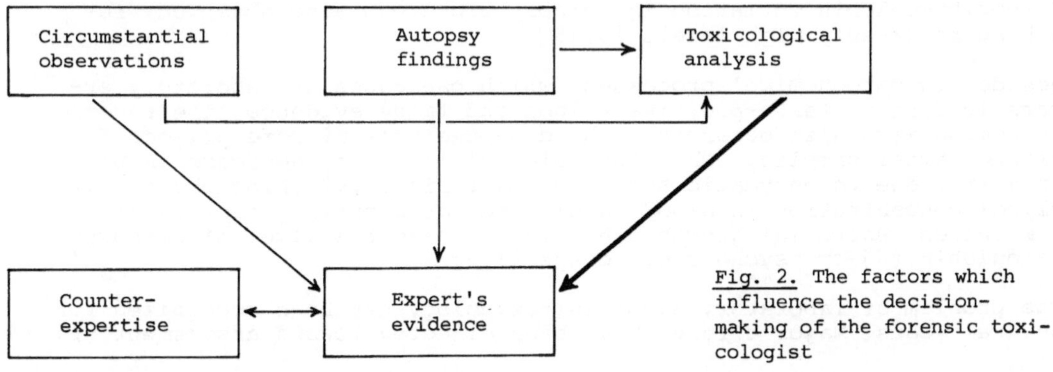

Fig. 2. The factors which influence the decision-making of the forensic toxicologist

et al. [18] stated that forensic toxicologists were able to indicate accurately the direction of analysis in 84% of cases, based on the family information.

2. The second function of forensic toxicology is the detection of some compounds in the body fluids of living subjects. In certain situations (suspicion of illicit drug use and driving a motor car or operating a machine such as a crane) the determination of the poison at a certain level is regarded as evidence of intoxication. In these cases toxicologists do not serve as experts - their intellectual potential and experience are not involved in the determination of the causal relationship. Therefore, the reliable numerical value, which is the ultimate result of such analysis, can be performed by the plain analytical chemist, using automated instrumentation.

The Limiting Factors in Quantitative Toxicology

After presenting the needs of the quantitative data in clinical and forensic toxicology, the limitations of these tests need to be discussed. The limitations can be divided into two groups:

1. The erroneous determination of poison
2. The difficulties of the interpretation of correct results

Erroneous determination, defined as estimation of value significantly different from the "true" value, may be caused by external reasons (prelaboratory error) and by the analyst himself (laboratory error). Prelaboratory error in clinical toxicology concerns mainly these substances, the presence of which is transient in the body. For example, not properly taken and too long stored blood samples taken from the patient poisoned with carbon monoxide may show false low COHb values. The same applies to the MetHb value in cases of poisoning with methemoglobin-forming agents. Prelaboratory error in forensic toxicology arises from neoformation of some poisons in autopsy samples in vitro, as well as decrease in concentration of some compounds. The neoformation of ethanol in autopsy blood is a well-known phenomenon. The main source of ethanol in this case is glucose, split by microorganisms present in the blood sample. It has repeatedly been shown that more than 1 ‰ of ethanol can be produced in vitro in this way [7,15,20, 25,54]. Also glucose-containing urine, taken from diabetic subjects, may produce ethanol in high concentrations [25]. Cyanide can be produced in autopsy blood and stored in the refrigerator, and its concentration can reach values of up to 8 mg/liter [2,4,15]. The older publications on cyanide levels in blood should be treated with some caution; Vesey has shown that cyanide can be artifactually produced from plasma thiocyanate during acidification of the sample [3,50]. Carboxyhemoglobin formation in autopsy blood was also observed, reaching remarkably high levels [5,15].

Besides thanatochemical processes, which can cause prelaboratory errors leading to false-positive values and false evidence, the reverse phenomena were also observed - the disappearance of some poisons from tissues after sampling. The ethyl alcohol level may decrease in blood in vitro, due to enzymatic action of bacteria [9,47].Also the ethylene glycol concentration in blood samples can drop rapidly from fatal to low values. Bacterial growth can also decrease the level of carboxyhemoglobin [5] or psychotropic drugs [14].

The problem of laboratory error in toxicology has been recognized for several years. Major efforts have been directed toward assessment of

the real informative value of analytical results. The methodology of
this assessment is based on experience gained in implementation of
quality control programs in clinical chemistry. As in clinical chemistry, in analytical toxicology also the main goal of the quality
control is to improve the reliability of results. This may be achieved by the recognition of appearent situations in the field, and by
taking countermeasures in the case of unacceptable quality of work.
It must be noted that the functions of clinical chemistry are different from those of toxicology; therefore also the quality control
should be adequate for toxicological needs [6,29,32,52].

From the methodical point of view, the quality control in toxicology
may be divided into two directions: Proficiency testing and performance monitoring. In proficiency testing the toxicologist must identi-
fy and quantitate the unknown poison, whereas the performance monitoring concerns only the quantitative determination of a priori known
substances. It has been shown that accuracy and precision are remarkably better in the case of performance monitoring [16,17]. Therefore,
this kind of quality control, not properly applied, may lead to the
false overestimation of laboratory work. It is known and understand-
able that the control sample, if recognized, is treated with more
attention than the routine material. The best solution of this problem is to arrange so-called blind proficiency testing, when the analyst ist unaware of whether he is examining the control sample [29].
This is particularly important in forensic toxicology, when most often
the analysis is not limited to the particular kind of poison.

Most experience with the proficiency testing in toxicology has been
gained in the United States, where some standards of proficiency have
also been established, below which the laboratory may be deprived of
its licence. Such a situation exists, e.g., in New York State, and the
limits of proficiency were established as a deviation from the target
value of ± 30% [10]. In the proficiency testing for drug of abuse, organized by the Center for Disease Control in the United States, the
80-point score is regarded as a passing grade, i.e. the laboratory
should report a maximum of 20% false-positive or false-negative results [21]. According to the 1977 report, such a level was achieved
by 78% out of 114 participant laboratories in the Unites States [21].
The results of the recent proficiency testing program organized in the
United States show a high incidence of false-negative results for low
concentrations of morphine and codeine (75% of false-negative answers
for both drugs at the levels of 0.05 mg/liter, and 0.15 mg/liter, res-
pectively) [41]. Also the blind study organized by the Center of Disease Control for laboratories which were the subject of complaint
shows that the incorrect responses were almost entirely false negatives
- in the order of 50%-100% for such drugs of abuse as: amphetamine, codeine, morphine, and methaqualone [29]. The quantitative data show a
satisfactory situation for ethanol and phenobarbital determination,
and wide variations for other drugs and poisons. Some examples are
listed in Table 1.

The results of the quality control of drug assay carried out in the
Netherlands [16] show clearly that the accuracy is strictly related to
the information about the direction of analysis. In the case of performance monitoring of cardiac and antiepileptic drug assay, in most cases
variation was less than 20%, whereas in the proficiency-testing pro-
gramm results were less satisfactory. Therefore, the performance monitoring may be used only for assessment of the quality of laboratories
which are engaged in drug monitoring and not in the analysis of unknown poisons. From the results of the quality control programs in
toxicology another conclusion can be drawn, i.e., that in the cases

Table 1. Some results of proficiency testing, taken from [29,41]. All concentrations but COHb are expressed in mg/liter

Poison	Target	Mean	Range	C.V.%
COHb	60%	60%	20%-85%	20
Diazepam	1.0	1.2	0.3-3.3	48
Diazepam	4.0	3.9	0.3-10.2	47
Imipramine	0.4	0.275	0.01-0.80	66
Acetaminophen	200	179	76-332	32
Acetaminophen	-	146	13-780	133
Amobarbital	3	2.8	1.0-4.5	30
Phenobarbital	20	17.3	7.4-36.0	32
Methanol	50	53	20-90	21
Ethanol	50	59	30-87	22

of general screening not only the detection of poison but also the quantitation may be affected, in comparison with a priori directed analysis used frequently in clinical toxicology.

Assuming that the result of quantitative determination is "true," i.e., does not exceed the arbitrary limits of error, let us try to assess the second kind of limitation which influences the dose-response relationship. This limitation is related to difficulties in interpretation of events concerning the biological effect of exposure which are not predictable or imaginable.

In this context the difficulties in establishing the relationship between the applied dose and consecutive level of substance in body fluids should be mentioned. This problem is well recognized by clinical toxicologists, e.g., Schuetz [46] gathered information about the levels of benzodiazepines after single acute doses. Some of these data are presented in Table 2.

Koch-Weser [27] stated that it is impossible to predict the level of drug after a single application, e.g., phenytoin given at a dose of 300 mg/day shows serum levels ranging from 5 to 30 mg/liter.

Observed discrepancies, assuming absolute correctness of the determination, can be caused by individually different pharmacokinetic behavior and temporal fluctuations of the drug levels. Such fluctuations were reported by de Zeeuw [57,58], both in intoxication with carbamazepine and after controlled, single-dose application of clomipramine. The levels of drugs in plasma can be greatly influenced by displacement mechanisms as a consequence of such physiological functions, like food intake or physical exercise. Therefore it is obvious that the single determination of drug level in clinical toxicology has little informative value, despite its analytical correctness.

The time factor is also important in the interpretation of the levels of rapidly eliminated poisons. Carbon monoxide poisoning may serve as a classic example. A distinct negative correlation between the COHb level and the time from the cessation of exposure to blood sampling has been found [8]. In this context, a special nomogram for retrograde calculations of COHb levels has been developed [12].

Table 2. Plasma levels of some benzodiazepines (µg/liter) after a single dose. Data taken from [46]

Drug	Dose (mg)	Plasma level
Chlordiazepoxide	20	700-2200
Diazepam	10	100-600
Oxazepam	30	350-1100
Nitrazepam	5	10-50

The comparison of the "toxic" and "lethal" concentrations of poisons shows that there is no clear-cut borderline between these two groups. This was shown, e.g., in carbon monoxide, ethanol, or barbiturate intoxication [23,30,31,39,40]. Such variability is obviously related to various individual factors, like age, general health status, etc. But also the unsuspected presence of additional poisons may greatly modify biological response. In the case of acute carbon monoxide poisoning occurring during fire the victim may be exposed also to cyanide fumes, liberated from the burning synthetic materials [12,34].

Attempts have been made to estimate the relationships between the liver and blood concentrations versus time, using computer techniques [24]. The results, however, seem to be of doubtful value, probably due to analytical error and inexact timing.

Summing up the considerations presented, it may be stated that in clinical toxicology the need for reliability of the quantitative data should be proven, whereas in forensic toxicology a great need for reliable data exists.

This does not mean that quantitative data are of little value in clinical toxicology and should be rejected; it only means that they should be properly used and evaluated. Perhaps it would be possible to run a toxicological ward without quantitative determinations of poisons; however, besides a lower quality of medical care, such a ward would be useless as a potential source of important scientific observations. Therefore, if quantitative analyses are performed, the data should be stored in such manner that they can easily be retrieved and used scientifically. The need for multiple, exactly timed determinations is obvious. Such determinations can be a unique source of toxicokinetic data in acute poisonings with various drugs.

In forensic toxicology, despite the introduction of sophisticated and extremely expensive methods of quantitation, the accuracy of determinations is not satisfactory. This is probably caused by the earlier steps of toxicological investigation, like sampling, storing, or pretreatment of biological material. Rigorous and adequate proficiency testing is of basic importance in assessing the real value of the results obtained. Only after fulfilling these conditions, which are shown schematically in Fig. 3, may the left-hand side of the dose-response relationship be regarded as reliable.

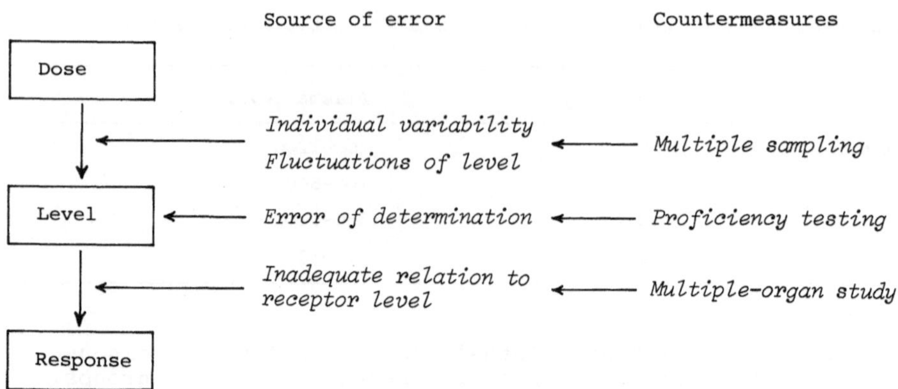

Fig. 3. General overview of the sources of error and adequate countermeasures in quantitative toxicology

References

1. Adler D (1979) Phenytoin. Clin Toxicol 14:147
2. Ballantyne B (ed) (1974) Forensic toxicology. Wright, Bristol, p 99
3. Ballantyne B (1979) Letter to the editor. Clin Toxicol 14:131
4. Bernt A, Kerde C, Prokop O (1961) Zur Frage der Verwendbarkeit von Cyanidbefunden in Leichenmaterial. Dtsch Z Ges Ger Med 51:522
5. Blackmore D (1974) Interpretation of carbon monoxide levels found at post-mortem. In: Ballantyne B (ed) Forensic toxicology. Wright, Bristol, p 114
6. Blanke R (1978) Quality control in the toxicology laboratory. Clin Toxicol 13: 141
7. Bogusz M, Guminska M, Markiewicz J (1970) Studies on the formation of endogenous ethanol in blood putrefying in vitro. J Forensic Med 17:156
8. Bogusz M, Cholewa L, Mlodkowska K, Pach J (1972) Biochemical criteria of hypoxia in acute carbon monoxide poisoning. Eur J Toxicol 5:306
9. Brown A, Neykam D, Reynolds W, Smalldon K (1963) The stability of ethanol in stored blood. Anal Chim Acta 66:271
10. Buhl S, Kowalski P, Vanderline R (1978) Quantitative toxicology: interlaboratory and intermethod evaluation in New York State. Clin Chem 24:442
11. Cholewa L, Pach J, Bogusz M, Mitka A, Pach K (1980) A study of incidence and prognosis of acute poisoning among inhabitants of Krakow. Toxicological Aspects, Thessaloniki, p 295
12. Clark C, Campbell D, Reid W (1981) Blood carboxyhemoglobin and cyanide levels in fire survivors. Lancet I:1332
13. Clemmesen C, Nilsson E (1961) Therapeutic trends in the treatment of barbiturate poisoning: the Scandinavian method. Clin Pharmacol Ther 2:20
14. Coutselinis A, Dimopoulos G, Dritsas C (1974) Fatal intoxication with chlorpromazine with special regard to the influence of putrefaction on its toxicological analysis. Forensic Sci Int 4:191
15. Curry A (1972) Advances in forensic and clinical toxicology. CRC Press, Cleveland
16. Dijkhuis I (1979) Quality control of drug assays in therapy and toxicology. Doctoral thesis, University of Leiden
17. Dinovo E, Gottschalk L (1976) Results of a nine-laboratory survey in forensic toxicology profiency. Clin Chem 20:846
18. Ernst M, Poklis A, Gantner G (1982) Evaluation of medicolegal investigators suspicion and positive findings in 100 drug deaths. J Forensic Sci 27:61
19. Finkle B (1982) Forensic toxicology in the 1980s. Anal Chem 54:433A
20. Gormsen H (1954) Alcohol production in the dead body. J Forensic Med 1:314
21. Guerrant G, Hall C (1977) Drug abuse proficiency testing. Clin Toxicol 10:209

22. Helliwell M, Campbell G, Sinclair E, Huggett A, Flanagan R (1979) Value of emergency toxicological investigation in differential diagnosis of coma. Br Med J II:819
23. Heyndrickx A, van den Heede M (1975) Interpretation of toxicological results in criminal and clinical poisoning cases by man. Eur J Toxicol 8:14
24. Horncastle D (1977) Toxicology: quantitative aspects. Med Sci Law 17:37
25. Joachim H, Wuermeling H, Wüst U (1975) Die postmortale Entstehung von Äthanol im Diabetikerblut und -harn. Blutalkohol 12:217
26. Kalman S, Clark D (1979) Drug assay: the strategy for therapeutic monitoring. Masson, New York
27. Koch-Weser J (1975) The serum level approach to individualization of drug dosage. Eur J Clin Pharmacol 9:1
28. Managuerra A (1979) Acetaminophen intoxication. Clin Toxicol 14:151
29. Mason M (1981) Some realities and results of proficiency testing of laboratories performing toxicological analyses. J Anal Toxicol 5:201
30. Matthew H (ed) (1971) Acute barbiturate poisoning. Excerpta Medica, Amsterdam
31. Matthew H, Lawson A (1970) Treatment of common acute poisoning. Livingstone, Edinburgh
32. McCloskey K, Finkle B (1977) Proficiency testing in forensic toxicology. J Forensic Sci 22:675
33. Merkus F (ed) (1980) The serum concentration of drugs. Excerpta Medica, Amsterdam
34. Meyer v L, Drasch G, Kauert G (1979) Zur Bedeutung der Bildung von Cyanwasserstoff bei Bränden. Z Rechtsmed 84:69
35. Newton R (1974) The clinical requirements from the laboratory in the treatment of the acutely poisoned patient. In: Prescott L (ed) The poisoned patient: The role of the laboratory. Elsevier, Amsterdam
36. Norton L, Garriott J, Dimaio V (1982) Drug detection at autopsy: a prospective study of 247 cases. J Forensic Sci 27:66
37. Okonek S (1976,1977) Hämoperfusion mit beschichteter Aktivkohle zur Behandlung akuter Intoxikationen durch Arzneimittel, Pflanzenschutzmittel oder Pilze. Med Klin 71:1120; 72:862
38. Okonek S (1978) Toxikologische Analytik - eine unabdingbare Forderung oder überflüssige Untersuchung. Notfallmed 4:157
39. Pach J, Marek Z, Bogusz M, Stasko W (1977) The clinical appearance and blood alcohol level in acute poisoning and blood ethanol level in fatal non-treated poisoning. Acta Pharmacol Toxicol [Suppl II] 41:362
40. Pach J, Cholewa L, Marek Z, Bogusz M, Grosyek B (1978) The factors influencing the clinical picture and mortality in acute carbon monoxide poisoning. Folia Med Cracov 20:159
41. Peat M, Finkle B (ohne Jahreszahl) Forensic toxicology laboratory proficiency testing research program. Final report. Center for human toxicology. University of Utah, Salt Lake City, USA
42. Prescott L (1974) The poisoned patient: The role of the laboratory. Elsevier, Amsterdam
43. Prescott L, Roscoe P, Wright N, Brown S (1971) Plasma paracetamol half-life and hepatic necrosis in patients with paracetamol overdosage. Lancet I:519
44. Prescott L, Sutherland G, Parks J (1976) Cysteamine, methionine and penicillamine in the treatment of paracetamol poisoning. Lancet II:109
45. Rumack B, Matthew H (1975) Acetaminophen poisoning and toxicity. Pediatrics 55:871
46. Schütz H (1982) Benzodiazepines. Springer, Berlin Heidelberg New York
47. Smalldon K, Brown S (1973) The stability of ethanol in stored blood. Anal Chim Acta 66:285
48. Trafford A, Horn C, Shorpstone P, O'Neal H, Evans R (1980) Hemoperfusion in acute drug toxicity. Clin Toxicol 17:545
49. Vale J, Rees A, Widdop B, Goulding R (1975) Use of charcoal hemoperfusion in the management of severely poisoned patients. Br Med J 1975:5
50. Vesey C, Wilson J (1978) Red cell cyanide. J Pharm Pharmacol 30:20
51. Volans G, Vale J, Crome P, Widdop B, Goulding R (1976) The role of charcoal hemoperfusion in the management of acute poisoning by drugs. In: Kenedi R (ed) Artificial organs. University Park Press, Baltimore

52. Walberg C (1979) California association of toxicologists profiency testing program. Clin Toxicol 14:199
53. Weibert R (1979) Theophylline. Clin Toxicol 14:157
54. Weinig E, Schwerd W, Lautenbach L (1961) Die Neubildung von Äthanol, Methanol u.a. Alkoholen in Leichenblut und ihre forensische Bedeutung. Beitr Gerichtl Med 21:114
55. Winchester J, Edwards R, Titston W, Woodcock B (1975) Activated charcoal hemoperfusion and experimental acetaminophen poisoning. Toxicol Appl Pharmacol 31:120
56. Wright N (1980) An assessment of the unreliability of the history given by self-poisoned patients. Clin Toxicol 16:381
57. de Zeeuw R, Westenberg H, van der Kleijn E, Ginbrere J (1979) An unusual case of carbamazepine poisoning with a near-fatal relapse after two days. Clin Toxicol 14:263
58. de Zeeuw R, Westenberg H, von Praag H, de Cuyper H (1980) Unusual plasma level oscillations of clomipramine in man: a pharmacokinetic and pharmacodynamic dilemma. Postgrad Med [Suppl I] 56:120

Zur einfachen Gewinnung sauberer Extrakte für die flüssigchromatographische Bestimmung therapeutischer Pharmakaspiegel in Blutproben

T. Daldrup, P. Michalke und E. Schönemann

Zusammenfassung

Durch ein einfaches Extraktionsverfahren mit Hexan lassen sich zahlreiche niedrig dosierte Pharmaka aus Serum bzw. Blut nach therapeutischer Einnahme extrahieren.

Die Extrakte zeigen im HPLC mit UV-Detektor (220 nm) einen extrem niedrigen Störsubstanzpegel, so daß mit hohem Verstärkungsgrad gearbeitet werden kann. Hierdurch lassen sich Serumspiegel im Bereich unter 20 ng/ml ohne Schwierigkeiten quantitativ und reproduzierbar bestimmen. Das routinemäßig durchführbare Verfahren wurde unter anderem zur Kontrolle zahlreicher mit Antidepressiva (Mianserin, Nomifensin, Nortriptylin) therapierter Patienten eingesetzt. Auch findet es Anwendung bei der Untersuchung von Blutproben mit forensischen Fragestellungen, insbesondere zur Bestimmung der Benzodiazepine.

Summary

Numerous low dose drugs can be extracted from blood or serum with hexane. The extracts show only very low interferences in HPLC with UV detection (220 nm), so that the determination of drug serum levels is no problem, even below 20 ng/ml. This method was used to control patients who were treated with the antidepressants mianserin, nomifensine, or nortriptyline. It was also used in forensic cases, especially to determine benzodiazepines in blood samples.

Einleitung

Um therapeutische Serumspiegel von hochwirksamen Pharmaka quantitativ nachweisen zu können, ist es notwendig, Absolutmengen unter 1 ng reproduzierbar zu erfassen. Häufig erreicht man hierbei die Grenzen der Detektoren bzw. des gesamten Analysensystems. Sollen diese geringen Mengen in einem Extrakt aus biologischem Material nachgewiesen werden, beobachtet man häufig einen so hohen Störsubstanzanteil, daß auch mit stoffspezifischen Detektoren (ECD, NFID, MS) keine vernünftige Analyse möglich ist.

Die HPLC mit UV-Detektor ist in der Regel nicht so empfindlich wie die GC mit den stoffspezifischen Detektoren. Dieser scheinbare Nachteil wird dadurch z.T. behoben, daß die Säule wesentlich größere Stoff- aber auch Lösungsmittelmengen (0,1-0,2 ml) toleriert als übliche GC-Säulen. Hierdurch kann die fehlende Empfindlichkeit teilweise durch höhere Substanzaufgabe ausgeglichen werden. Dies bedingt auch, daß biologische Extrakte in größeren Volumina Lösungsmittel aufgenommen werden können, so daß Fehler durch Inhomogenität der Untersuchungsprobe, aber auch Einspritzfehler geringer werden.

Aufgrund dieser Überlegungen reicht es in der HPLC aus, wenn Absolutmengen eines Wirkstoffes im Bereich von 1-10 ng reproduzierbar nachzuweisen sind. Wenn es nun gelingt, den Störsubstanzanteil im Vergleich

zum Wirkstoffanteil in den Extrakten möglichst niedrig zu halten, so
lassen sich z.B. auch Pharmaka in Serum- oder Vollblutproben sehr
empfindlich nachweisen.

Material und Methodik

1. *Extraktion*

0,5 ml Serum (bevorzugt, sonst Vollblut) werden in einem vorher mit
96%igen Äthanol ausgespülten Zentrifugenröhrchen durch Zugabe von
50 µl 5 n HCL auf pH < 4 gebracht und zur Zerstörung säurelabiler Kon-
jugate 10 min inkubiert und dann mit konz. Ammoniak auf pH 12-13 eingestellt. Nach ca. 3stündiger Äquilibrierung wird mit 10 ml Hexan (pA
Merck) durch 15 min Schütteln extrahiert.

Die abzentrifugierte Hexanphase (5 min bei 2500 U/min) wird in ein Vial
pipettiert und unter leichtem Erwärmen durch Aufblasen von Stickstoff
bis zur Trockne eingeengt. Der Rückstand wird in 100 µl Methanol (Uva-
sol Merck) aufgenommen, am Vortex kräftig durchgemischt und erneut bis
zur Trockne unter Stickstoff eingedampft, in Methanol (20-50 µl) aufgenommen und aliquote Teile der Lösung in den LC eingespritzt.

2. *HPLC-Daten*

Gerät: Perkin Elmer Serie 3/2 mit UV-Durchflußphotometer LC 75

Säule: C 18 SIL - × 10, 250 × 4 mm (Perkin Elmer, Überlingen)

Mobile Phase: 156 g Acetonitril und 340 g Puffer (4,8 g 85%ige
                  Orthophosphorsäure und 6,66 g KH_2PO_4), 1 ml/min

Detektion: 220 nm, Absorbance: 2 × 0,01

Ergebnisse

Das Extraktionsverfahren wurde in Anlehnung an Vorschriften von Chamberlain u. Hill (1977) sowie Vink u. van Hal (1980) erarbeitet. Hiermit läßt sich ein störsubstanzarmer Serum- bzw. Vollblutextrakt für
die HPLC gewinnen (Abb. 1), der das Arbeiten bei hoher Detektorempfind-
lichkeit erlaubt.

Das gesamte Analysensystem zeigt auch bei niedrigen Wirkstoffmengen
ein lineares Verhalten, wie am Beispiel der Eichkurve für das Nomifensin im Bereich von 2-16 ng in 4 µl injizierter Lösung gezeigt werden
kann (Abb. 2). Dieses Verfahren wurde zur quantitativen Bestimmung der
Antidepressiva Mianserin, Nomifensin und Nortriptylin in Patientenseren
eingesetzt.

Abb. 3 zeigt das Chromatogramm eines Patienten 11 Tage nach Therapiebeginn mit Nortriptylin und einem Serumspiegel von 46 ng/ml. Als Standard wurde Amitriptylin vor Extraktionsbeginn dem Serum zugesetzt.

Abb. 4 zeigt die Änderung der Nortriptylinspiegel in Abhängigkeit von
der Therapiedauer für zwei andere Patienten. Nach 5 bis 10 Tagen wird
das Fließgleichgewicht (steady state) erreicht.

Hexan als Extraktionsmittel wird von zahlreichen Autoren, u.a. zum
Nachweis der Benzodiazepine, Phosphorsäureester, Cannabinoide usw.,
genannt (Higuchi et al. 1979; Kanter u. Hollister 1978; Siek 1978;
Stahr et al. 1979; Vree et al. 1977), so daß das beschriebene Verfahren
auf zahlreiche Wirkstoffe ausgedehnt werden kann und in gewissen Grenzen ein Screening auf niedrig dosierte Pharmaka erlaubt. Gerade im

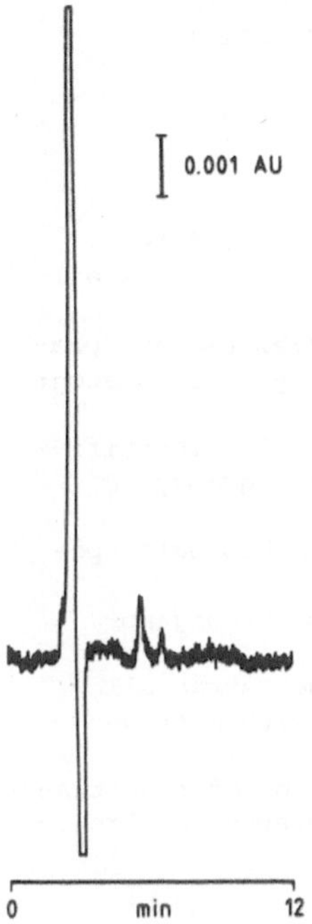

◁ **Abb. 1.** HPLC-Chromatogramm eines Leerblutextraktes

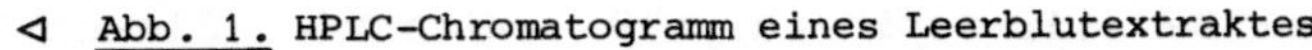

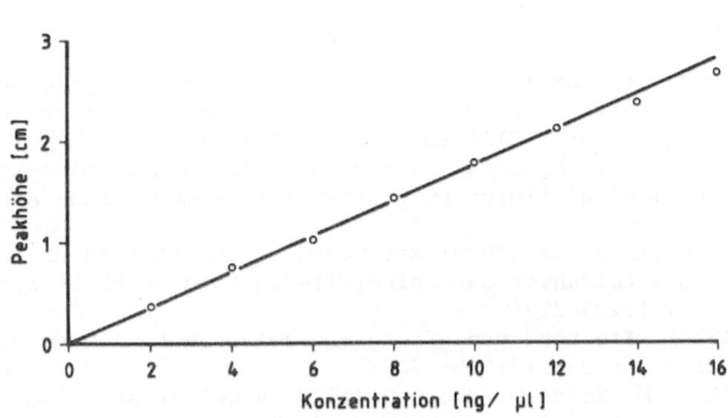

Abb. 2. Eichkurve für Nomifensin

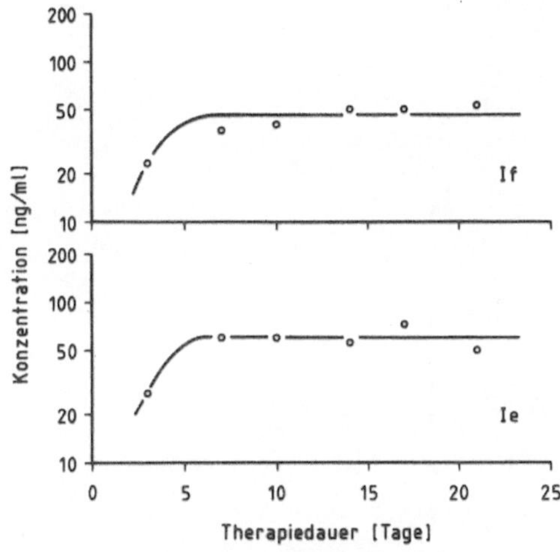

Abb. 4. Nortriptylinspiegel von 2 Patienten in Abhängigkeit von der Therapiedauer

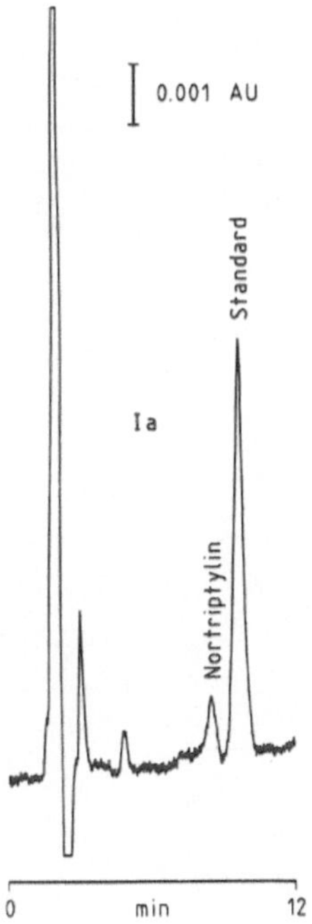

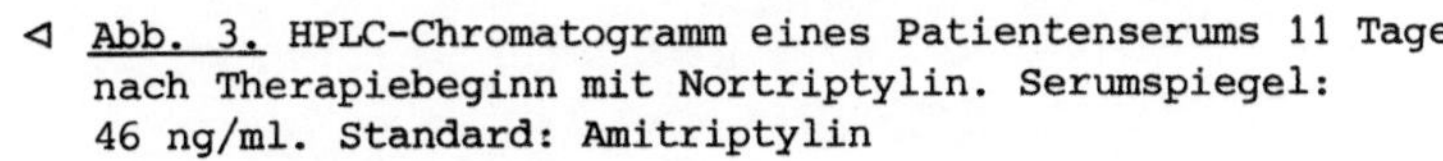

◁ **Abb. 3.** HPLC-Chromatogramm eines Patientenserums 11 Tage nach Therapiebeginn mit Nortriptylin. Serumspiegel: 46 ng/ml. Standard: Amitriptylin

Bereich der Benzodiazepinanalytik erwies sich dieses Verfahren als
sehr gut geeignet u.a. zur Bestimmung therapeutischer Spiegel des
immer weiter Verbreitung findenden Bromazepams.

Literatur

Chamberlain J, Hill HM (1977) A simple gas chromatographic method for the determination of nomifensine in plasma and a comparison of the method with other available techniques. Br J Clin Pharmacol 4:1175-1215
Higuchi S, Urabe H, Shiobara Y (1979) Simplified determination of lorazepam and oxazepam in biological fluids by gas-chromatography – mass spectrometry. J Chromatogr
164:55-61
Kanter SL, Hollister LE (1978) Marihuana metabolites in urine of man. IX. Identification of Δ 9-tetrahydrocannabinol-11-oic acid by thin-layer chromatography. J
Chromatogr 151:225-227
Siek TJ (1978) Effective use of organic solvents to remove drugs from biologic specimens. Clin Toxicol 13:205-230
Stahr HM, Gaul M, Heyde W, Moore R (1979) A cellulose column cleanup for organo-
phosphorus pesticides. Microchem J 24:97-101
Vink J, van Hal HJM (1980) Simplified method for determination of the tetracyclic
antidepressant mianserin in human plasma using gas chromatography with nitrogen
detection. J Chromatogr 181:25-31
Vree TB, Lenselink B, van der Kleijn E, Nijhuis GM (1977) Determination of flunitrazepam in body fluids by means of high-performance liquid chromatography. J Chromatogr 143:530-4

Bencyclan (Fludilat) als tödlich wirkende Noxe

M. Erkens und H. Althoff

Zusammenfassung

Es wird über eine tödliche Bencyclan-Intoxikation bei einer 16jährigen Schülerin berichtet. Das pathophysiologische Wirkprinzip sehen wir in einer raschen generalisierten toxischen Schockreaktion mit Störungen der Membranfunktionen, der Mikrozirkulation und Ausbildung von Schockorganen. Der chemische Nachweis im biologischen Material gelingt nur nach entsprechender Aufarbeitung und kann bei üblicher Analytik
nicht geführt werden. Bei einer vermutlichen Überdosis von 4,5 g Bencyclan wurden
im Leichenblut 10 mg/l in dem hier vorliegenden Vergiftungsfall gemessen.

Summary

The lethal bencyclane intoxication of a 16 year-old school girl is reported. The
pathophysiological action principle is seen in a fast generalized toxical shock reaction with destruction of the membrane functions, the microcirculation, and development of shock organs. Chemical evidence in biological material is only of use
after it has been suitably processed and cannot be used in normal analysis. With
an overdose of 4.5 g bencyclan, 10 mg /liter was measured in the blood of the cadaver in the case reported on here.

Die Suche nach wirksamen Vasodilatantien führte durch die von Palos et
al. (1965) synthetisierte Substanz N-[3-(1-Benzyl-cycloheptyl-oxy)-
propyl]-N,N'-dimethyl-ammonium-hydrogenfumarat (Bencyclan) zu einem
Wirkstoff, der nach experimenteller und klinischer Prüfung u.a. von
Komlos u. Petöcz (1970), Erczy (1970), Leonard (1970) therapeutisch
einsetzbar wurde. Seit 1970 wird Bencyclan von der Fa. Dr. Thiemann
GmbH, Lünen, unter der Handelsbezeichnung Fludilat angeboten und zwar
zur Behandlung u.a. von peripheren Durchblutungsstörungen, z.B. bei
diabetischer Angiopathie, Zerebralsklerose und nach Apoplex.[1]

Bei intravenöser oder intraarterieller Applikation soll Bencyclan je
nach Bedarf bis maximal 500 mg/die sehr langsam injiziert werden. Bei
oraler Einnahme soll die Dosis 4 x 1 Dragee (forte) bzw. 3 x 1 Dragee
(retard) nicht übersteigen. Die kleinste Abpackung enthält 50 Dragees.

Bencyclan soll nach entsprechenden experimentellen Untersuchungen eine
ähnliche antispasmodische Wirkung entfalten wie Papaverin (Komlos u.
Petöcz, 1970). Als spasmolytisches Mittel erhöht es die Fließeigen-
schaften des Blutes, beeinflußt die Membranfunktionen der Gefäßwand,
verhindert einen stärkeren intrazellulären Kalziumeinstrom, so daß z.B.

---

[1] Bencyclan wird vertrieben:
 a) als Injektionslösung (500 mg in 5 ml) und
 b) in Drageeform. 1 Dragee enthält 100 bzw. 150 mg (forte) bzw. 200 mg (retard)
    Bencyclan.

die Erregbarkeit der glatten Muskulatur und dadurch der Gefäßwiderstand
reduziert wird. Im Gegensatz zu Papaverin besitzt Bencyclan den Vorteil, sich nicht an Serumproteine zu binden. Es wird auch als weniger
toxisch bezeichnet (Komlos u. Petöcz 1970). Weitere pharmakologische
Studien haben ergeben (Köhler et al. 1975), daß Bencyclan die funktionelle Refraktärzeit des Herzens verlängert und eine starke negativ ino-
trope und negativ chronotrope Wirkung entfaltet. Bei hoher Dosierung
wird deshalb eine Überwachung der Herzfunktion angeraten.

Obwohl Bencyclan noch lokalanästhetische und tranquilisierende Wirkungen zugeschrieben werden, wird es unter diesen Indikationen nicht empfohlen.

Als Kontraindikationen gelten u.a.: Schwere Nieren-, Leber- und Herz-
insuffizienz, akuter Myokardinfarkt und akute Apoplexie sowie gleichzeitige Therapie mit β-Blockern.

Bekannte Überdosierungssymptome sind: Blutdruckabfall, Kollapsneigung.
Herzrhythmusstörungen bis zum Block sowie Atemstörungen, auch das Auftreten von Verwirrtheit und Halluzinationen sowie apoplexähnliche Symptome. Auch tonisch-klonische Krämpfe wurden beobachtet.

In dem uns zugänglichen einschlägigen Schrifttum gibt es keine Mitteilungen über eine Fludilat-Intoxikation mit tödlichem Ausgang. Einen
solchen Fall wollen wir im folgenden vorstellen.

Kasuistik

S.-Nr. 271/81, 16 Jahre, weiblich.
Angaben zur Anamnese: 1975 Otitis media, 1976 und 1977 banale Infekte. 1978 Append-
ektomie, 1980 Struma diffusa, aber durch eingehende Untersuchungen euthyreote Stoff-
wechsellage. In der letzten Zeit keine auffälligen körperlichen oder psychischen
Symptome. Am Abend vorher, wie üblich zu Bett gegangen. Später wurde im Zimmer eine
leere Fludilat-Packung gefunden, die 50 Dragees enthalten hatte. Dieses Medikament
war dem-Bruder der Gestorbenen verordnet worden, der bis zum Vortag 5 Dragees ver-
braucht haben soll.

Obduktionsbefunde

Außer einer vorzeitigen Schädelnahtverknöcherung kein auffälliger
makroskopischer pathologischer Organbefund.

Mikroskopische Untersuchungsergebnisse

Gefügeauflockerung, interstitielle Ödematisierung des Herzens. Verdäch-
tige akute Myokardfasernekrosen. Akute Blutstauung. Beginnendes Hirnödem, besonders des Hirnstamms. Teils hämorrhagisches diffuses Lungenödem mit interstitieller starker Ödematisierung. Ausgedehnte Parenchym-
nekrosen der Leber mit trüber Schwellung des Organs. Perikapilläres
Ödem und Sternzellverfettung. Blutverteilungsstörungen in der Milz. Beginnende Nephrose und akute generalisierte Schockzeichen.

Chemische Untersuchungen

Bei routinemäßiger Aufarbeitung nach saurer Hydrolyse ist der Wirkstoff
Bencyclan in biologischen Asservaten nicht nachweisbar. Dies liegt daran, daß Bencyclan extrem leicht einer Ätherspaltung unterliegt, wobei
Bencyclanol und Dimethylaminopropanol gebildet werden (Kigasawa et al.
1981).

Extrahiert man ohne vorherige saure Hydrolyse, kann man Bencyclan als
Formiat, teilweise auch als freie Base isolieren, aber nur in einer
Wiederfindungsrate von unter 25%. In Anlehnung an eine Serumspiegelbe-
stimmungsmethode der Dr. Thiemann GmbH verfuhren wir wie folgt:[1]

2 g Untersuchungsmaterial wurden mit 4 ml 4%iger Dinatriumtetraboratlösung gepuffert,
mit 5 ml Benzin (60-80°) mit einem Vortex-Mischer 10 min geschüttelt und zentrifugiert. 2 ml Überstand wurden zur Trockne eingedampft und der Rückstand in 20 µl Äthanol aufgenommen. Die Eichlösung erhält man aus mit Bencyclanhydrogenfumarat versetz-
tem Leerblut, das dann 30 min bei 37° inkubiert und wie beschrieben extrahiert wird.
Diphenhydramin dient als innerer Standard. Bei dieser Verfahrensweise liegt die
Wiederfindungsrate für Bencyclan bei über 80%.

Die Lösungen wurden mit einem Perkin Elmer F 22 bei einer Injektortemperatur von
220° C und einer Säulentemperatur von 220° C auf einer 2m-SE 52-Säule (2,5%) chro-
matographiert. Detektor: N-FID, 300° C, Helipot ca. 440,
Trägergas: N_2, 40-45 ml/min.

Bei diesen Chromatographiebedingungen ergibt sich eine Retentionszeit von 6,1 min.
Die Auswertung erfolgte mit einem Sigma 10 von Perkin Elmer. Die Identifizierung
erfolgte zusätzlich massenspektrometrisch.
Die GC/MS-Bedingungen:
Gerät: Varian MAT 212: GC 3700 mit offener Kopplung (Koppeltemperatur 200° C)
Säule: OV 101 10 m
Ionenquelle: 200° C, 70 eV, 0,6 mA
Unter o.a. Bedingungen konnten in den Organextrakten Bencyclan und Desmethylbency-
clan eindeutig nachgewiesen werden.
Bencyclan m/e = 289 (M^+, 0.12%), 198 (13), 102 (78.2)
                91 (13), 86 (93.8), 58 (100)
Desmethyl-
bencyclan m/e = 184 (11%, M^+-91), 91 (20.1), 88 (28.6),
                72 (100), 44 (28,6)

Das Spektrum von Bencyclan und den Hauptfragmenten bzw. das Spektrum
des aus der Leber extrahierten Bencyclans sind in den Abbildungen 1
und 2 wiedergegeben. Diese Spektren zeigen gute Übereinstimmung mit
dem von Kimura et al. (1979) vorgestellten Spektrum der Reinsubstanz.
Die Fragmentierung wird durch das Spektrum von Desmethylbencyclan mit
den um jeweils 14 Einheiten niedrigeren Fragmenten bestätigt (Abb. 3).

Folgende Bencyclan-Konzentrationen konnten unter Berücksichtigung der
Wiederfindungsrate gemessen werden:

Blut: 10   mg/l
Magen: 14,7 g/l (Absolutmenge 560 mg)
Leber: 165   mg/kg
Gehirn: 30   mg/kg
Niere: 31   mg/kg

Urin stand nicht zur Verfügung, da die Harnblase völlig leer war.

Diskussion zur Toxikologie

Da keine pathoanatomischen Ursachen und keine anderen Noxen nachweisbar waren, konzentriert sich die Folgediskussion auf die Frage: Kann
Bencyclan, von dem zwar Nebenwirkungen sowie Komplikationen bei Überdosierung bekannt sind, auch einen tödlichen Intoxikationsverlauf verursacht haben?

---

[1] Wir danken Herrn Dr. Weyhenmeyer, Thiemann GmbH, Lünen, für wertvolle Hinweise zur
Methodik und über bekanntgewordene Nebenwirkungen

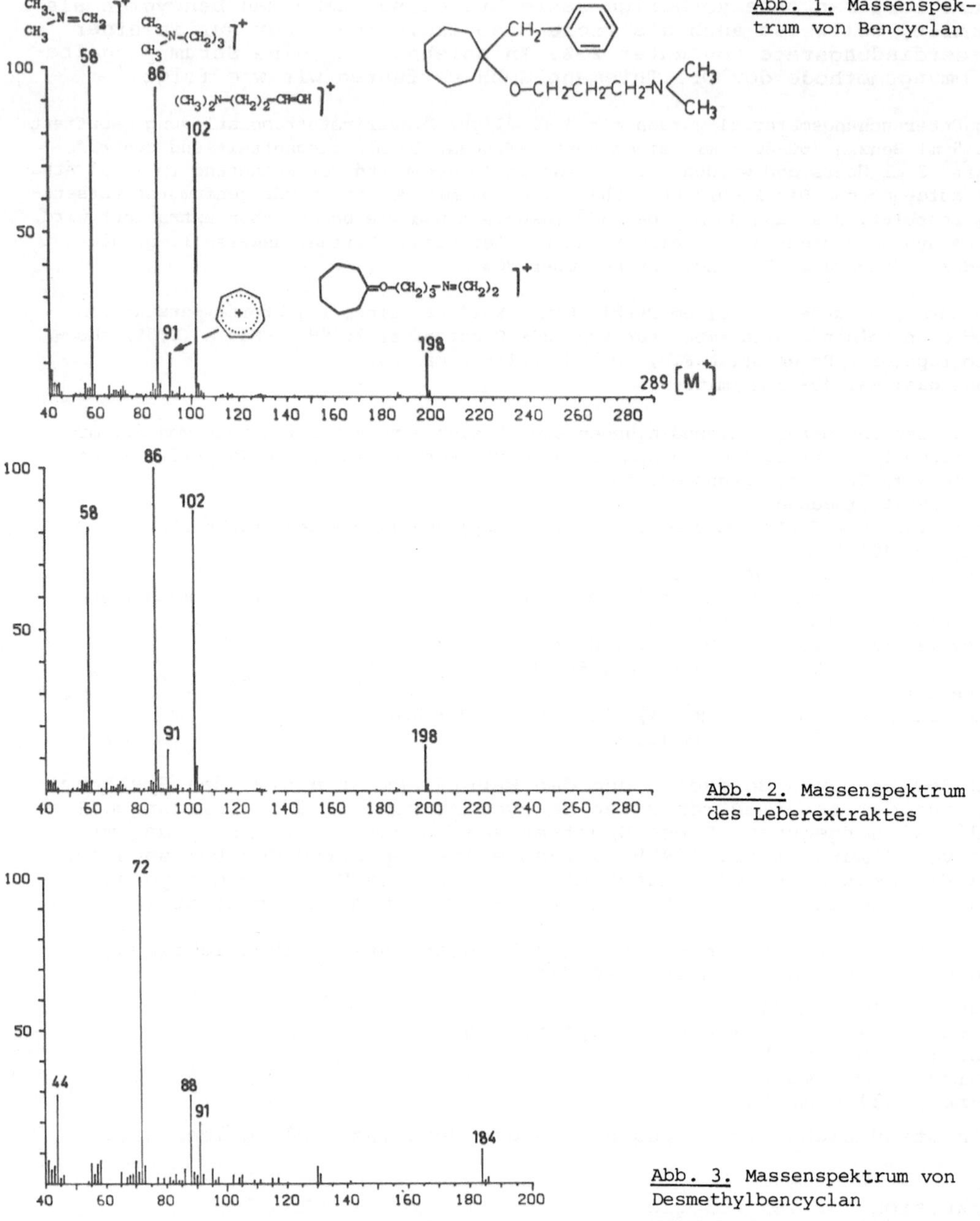

Abb. 1. Massenspektrum von Bencyclan

Abb. 2. Massenspektrum des Leberextraktes

Abb. 3. Massenspektrum von Desmethylbencyclan

Vom makroskopischen und mikroskopischen Obduktionsbefund bestand der Eindruck wie bei einer wenige Stunden dauernden, tödlich endenden Schlafmittelintoxikation. Die vorherrschenden morphologischen Befunde lassen sich im Sinne eines generalisierten schweren toxischen Schocks interpretieren. Bereits in der frühen Intoxikationsphase müssen generalisierte Membranschäden im Vordergrund gestanden haben. Dies hat sich besonders in Form des interstitiellen und interalveolaren Lungenödems dargestellt. Der Nachweis von typischen Metaboliten in nur sehr

geringer Menge, andererseits die bewiesene Resorptionsleistung des aufgenommenen Bencyclans unterstreichen diese Verlaufsform.

In Kenntnis der biochemischen Reaktionsverschiebungen bei therapeutischer Dosierung und bekannt gewordener Komplikationen bei mäßiger Überdosierung ergibt sich zwingend die Überlegung, daß bei extremer Überdosierung irreversible periphere Zirkulationsstörungen und Membran-
defekte toxische, d.h. in diesem Fall auch tödliche Folgen gehabt haben.
Vergleiche mit tierexperimentellen Ergebnissen bestätigen diese Vorstellungen.

So haben Farago u. Simon (1970) Untersuchungen über die Verteilung von
Bencyclan unternommen. Hunde, die einen Blutspiegel zwischen 7 und 9
mg/l aufwiesen, befanden sich im Zustand tiefster Bewußtlosigkeit. Bei
10 mg/l trat der Tod ein. Die Versuchstiere hatten eine Bencyclandosis
von 300 mg/kg in 3 Dosen à 100 mg verteilt an einem Versuchstag erhalten.

Nach therapeutischer Dosierung, z.B. nach oraler Applikation von 3 x
150 mg oder i.v.-Gabe von 200 mg Bencyclan wird ein Bencyclan-Spiegel
im Blutplasma von 0,3 mg/l erreicht. Dadurch soll nach Heidrich et al.
(1979) das Herzminutenvolumen um mehr als 17% reduziert werden.

Die von uns bestimmten Bencyclan-Konzentrationen in Blut und Organen
entsprechen jenen, bei denen im Tierexperiment ein tödlicher Verlauf
beobachtet wurde.

Nach den anamnestischen Angaben und toxikologischen Ergebnissen muß
man davon ausgehen, daß 45 Fludilat-Dragees, also 4,5 g Bencyclan =
85 mg/kg, wahrscheinlich in ganz kurzer Zeit eingenommen wurden. Es
erscheint uns nach diesen Erkenntnissen sinnvoll, beim Vertrieb dieses
Medikamentes der Toxizität des Gesamtpackungsinhaltes Rechnung zu tragen.

Literatur

Bundesverband der Pharmazeutischen Industrie e.V., Frankfurt (Hrsg) (1982) Rote Liste
  1982. Cantor, Aulendorf
Erczy L (1970) Klinische Beurteilung von Bencyclan. Arzneimittelforsch 20:1414
Faragò E, Simon J (1970) Tierexperimentelle Untersuchungen über die Verteilung von
  Bencyclan im lebenden Organismus. Arzneimittelforsch 20/10a:1385
Gyarmati L, Màtè L (1970) Die Metaboliten von Bencyclan. Arzneimittelforsch 20:1387
Heidrich H, Paeper H, Schneider B (1979) Herzminutenvolumen und zentral-hämodyna-
  mische Parameter unter Bencyclan (Fludilat). Z Kardiol 68:53-56
Kigasawa K, Shimizu H, Hayashida S, Fujiu M (1981) Decomposition and stabilisation
  of drugs. XIX. Kinetic studies on the hydrolysis of Bencyclan fumarat. Chem Pharm
  Bull (Tokyo) 29/5:1398-1402
Kimura K, Nagata A, Miyawaki H (1979) The metabolism of Bencyclane 1-Benzyl-1-(3-N,N-
  Dimethylaminopropoxy) cycloheptane in rat and man. Xenobiotica 9/2:119-127
Köhler E, Motzer S, Greeff K (1975) Die kardiodepressive Wirkung des Bencyclans. Res
  Exp Med (Berl) 165:111
Köhler E, Motzer S, Noack E, Greeff K (1975) Die kardiale Nebenwirkung des Bencyclan
  (Fludilat). Dtsch Med Wochenschr 100:427
Komlos E, Petöcz LE (1970) Pharmakologische Untersuchungen über die Wirkung von N-
  [3-(1-Benzyl-cycloheptyl-oxy)-propyl]-N,N'-dimethylammoniumhydrogenfumarat. Arznei-
  mittelforsch 20:1338
Leonard W (1970) Ergebnisse der Therapie peripherer Durchblutungsstörungen mit dem
  Vasodilatator Bencyclan. Arzneimittelforsch 20/10a:1440
Palos L, Zòlyomi G, Budai Z, Komlos E, Petöcz LE (1965) Ungarisches Patent 151865
  (1965). C.A. 62 16125b

Solti F (1970) Die Wirkung von Bencyclan auf die Blutdurchströmung der Extremitäten. Arzneimittelforsch 20/10a:1358
Solti F, Krasznai F, Iskum M, Gyertyànfi G (1970) Die Neuverteilung des Herzminuten-volumens auf einzelne Organe unter der Wirkung von Bencyclan. Arzneimittelforsch 20/10a:1360
Szekers L (1970) Die hämodynamische Wirkung von Bencyclan. Arzneimittelforsch 20/10a:1362

Das Chemikaliengesetz aus der Sicht des forensischen Toxikologen

H. P. Gelbke und H. Fleig

Zusammenfassung

Für den forensischen Toxikologen haben zwei Aspekte des Chemikaliengesetzes besondere Bedeutung, nämlich die Einstufungs- und Kennzeichnungspflicht sowie die Prüfungsverpflichtung bei neuen Stoffen.

Die Verpflichtung zur Einstufung und Kennzeichnung gilt für die "alten" und "neuen" Stoffe gleichermaßen. Bei "neuen" Stoffen leiten sich Einstufung und Kennzeichnung aus den Prüfergebnissen ab (Definitionsprinzip). "Alte" Stoffe können entweder in EG-einheitlichen Listen aufgeführt sein, in denen stoffspezifisch die Kennzeichnungs- und Einstufungsvorschriften enthalten sind (Listenprinzip), oder aber der Hersteller bzw. Einführer hat die Einstufung selbst vorzunehmen (Definitionsprinzip). Damit wird es dem forensischen Toxikologen möglich, die wichtigsten Gefährdungspotentiale einer Substanz sofort aus ihrer Kennzeichnung abzulesen. Bei "sehr giftigen", "giftigen" und "mindergiftigen" Stoffen sollte man sich als Maßstab die in der Tabelle aufgeführten Einstufungsgrenzwerte für die akuten Toxizitätsdaten (LD_{50} und LC_{50}), vor Augen halten. Da auf der Verpackung ferner die Bezeichnung des Stoffes und die Anschrift des Herstellers bzw. Einführers angegeben sein muß, besteht die Möglichkeit, unverzüglich weitere Auskünfte von kompetenter Stelle, nämlich dem Hersteller, einzuholen.

Die grundsätzliche Verpflichtung zur Durchführung toxikologischer Untersuchungen besteht nach diesem Gesetz nur für "neue" Stoffe, die in Mengen von mehr als 1 t pro Jahr in den Verkehr gebracht werden (Ausnahmen vergl. § 5). Als Basisprüfungen sind in jedem Fall die akuten Toxizitätsuntersuchungen durchzuführen, die für die Beurteilung akuter Vergiftungsfälle – die in der forensischen Praxis die größte Bedeutung haben - maßgeblich sind. Für "alte" Stoffe besteht eine allgemeine gesetzliche Prüfverpflichtung nicht. Es ist jedoch damit zu rechnen, daß auch für "alte" Stoffe die Hersteller in zunehmendem Maße die toxikologischen Basisdaten erstellen werden, da sie diese für eine fundierte Einstufung und Kennzeichnung benötigen, so daß diese Wissenslücken sukzessive aufgefüllt werden.

Summary

Two aspects of the *Chemikaliengesetz* (Chemicals Act) are of particular importance for the forensic toxicologist, i.e., compulsory classification and labeling and the requirement for the testing of new substances.

Compulsory classification and labeling apply equally to "old" and "new" substances. The classification and labeling of "new" substances are based on the test results (principle of definition). "Old" substances can either be entered onto lists which are uniform throughout the EC, in which substance-specific provisions for classification and labeling are contained (principle of listing), or the manufacturer or importer must classify the substance himself (principle of definition). The forensic toxicologist will thus be immediately aware of the most important potential hazards of a substance from its labeling. The limits for the classification of acute toxicity data (LD_{50} and LC_{50}) should be borne in mind as criteria for "very toxic," "toxic," and "harmful" substances. Since, moreover, the name of the substance and the address of the manufacturer or importer must be shown on the package, it is possible to obtain further information from a competent authority, i.e., the manufacturer, immediately.

According to this act, the basic obligation for carrying out toxicological investigations applies only to "new" substances which are placed on the market in quantities of more than 1 tonne/year (for exceptions see §5). Acute toxicity studies, which are decisive for the assessment of acute poisonings - of major importance in forensic practice - must be carried out in any case as base tests. A general statutory obligation for testing does not exist for "old" substances. However, it is expected that the manufacturers will increasingly compile the basic toxicological data also for "old" substances, since they need them for a well-grounded classification and labeling so that these gaps in knowledge will be gradually filled in.

Einleitung

Als zwangsläufige Folge unserer modernen Industriegesellschaft nimmt die Zahl der chemischen Substanzen, mit denen der Mensch umgeht oder in Kontakt kommen kann, stetig zu. Daß diese Substanzen zu versehentlichen oder auch zu beabsichtigten Vergiftungen führen können, ist selbstverständlich. In solchen Fällen stellt sich dem forensischen Toxikologen die Aufgabe, nicht nur den analytischen Giftnachweis zu führen, sondern auch aus der aufgenommenen Substanzmenge abzuschätzen, ob tatsächlich ein ursächlicher Zusammenhang zwischen den beobachteten Symptomen bzw. dem Tod und der aufgenommenen Giftmenge bestehen kann. Solche Abschätzungen können allenfalls semiquantitiv sein; als Hilfsmittel stehen bestenfalls tierexperimentell bestimmte Toxizitätsdaten oder am Tier beobachtete Vergiftungssymptome zur Verfügung, in Einzelfällen auch gut dokumentierte Vergiftungen am Menschen.

Aber schon das Auffinden dieser einfachen Daten bereitet, auch bei seit langem bekannten Substanzen, oftmals große Schwierigkeiten. In Zukunft dürfte jedoch das "Gesetz zum Schutz vor gefährlichen Stoffen (Chemikaliengesetz = ChemG)" [1] hilfreich sein, das zum 01.01.82 in Kraft trat. Hiermit wurde die sogenannte "6. Änderungsrichtlinie" des Rates der europäischen Gemeinschaften [2] in nationales deutsches Recht umgesetzt. Diese 6. Änderungsrichtlinie ist verbindlich für alle EG-Mitgliedsstaaten und daher auch von allen Mitgliedern in ihr nationales Recht umzusetzen, jedoch sind bisher noch nicht alle Staaten dieser Aufforderung gefolgt. Einen bedeutenden Einfluß auf die Chemikaliengesetzgebung der EG und somit auch Deutschlands übte der "Toxic Substances Control Act" (TSCA) der USA aus dem Jahre 1976 [3] aus. - Selbstverständlich existierten auch schon vor dem Chemikaliengesetz vielfältige gesetzliche Regelungen zum Schutze des Menschen und der Umwelt vor gefährlichen Stoffen: auf dem Gebiet des Gesundheits-, Verbraucher-, Arbeits- und Umweltschutzes, z.B. Ländergiftverordnungen [4], das Pflanzenschutzgesetz [5] und das Gesetz über gesundheitsschädliche und feuergefährliche Stoffe [6]. Mit dem ChemG trat nun ein umfassendes Gesetz in Kraft, das diese in der Regel voneinander unabhängigen Gesetze ergänzt, Lücken füllt und übergreifend Teilaspekte für alle oben genannten Gebiete regelt; weiterhin wird eine Zersplitterung bestimmter Rechtsvorschriften (z.B. Ländergiftverordnungen) durch eine bundeseinheitliche Regelung beendet.

Im folgenden werden aus dem ChemG diejenigen Bestimmungen dargelegt, die zukünftig die Arbeit des forensischen Toxikologen beeinflussen dürften:

Zweck des Gesetzes (§ 1) und Anwendungsbereich (§ 2)

Das Gesetz soll den Menschen und die Umwelt vor schädlichen Einwirkungen durch gefährliche Stoffe schützen. Im Sinne eines Vorsorgeprinzips wird dem Hersteller die Verpflichtung auferlegt, seine Stoffe auf gefährliche Eigenschaften zu prüfen und den Behörden anzumelden. Lassen die Stoffe bei der Prüfung gefährliche Eigenschaften erkennen, so sind sie vom Hersteller entsprechend einzustufen, zu kennzeichnen und zu verpacken; durch diese Informationsverpflichtung wird deutlich auf Gefahren aufmerksam gemacht. Verbote und Beschränkungen sowie besondere giftrechtliche und arbeitsschutzrechtliche Regelungen können vom Gesetzgeber getroffen werden.

Das ChemG gilt in seinen wesentlichen Aspekten für alle industriell hergestellten Stoffe und mit Einschränkungen auch für Zubereitungen, sofern sie nicht durch andere Gesetze schon geregelt sind. Zu den für den forensischen Toxikologen wichtigsten Ausnahmen gehören:

- Lebensmittel, Tabakerzeugnisse und kosmetische Mittel im Sinne des Lebensmittel- und Bedarfsgegenständegesetzes

- Futtermittel und Zusatzstoffe im Sinne des Futtermittelgesetzes

- Arzneimittel, die einem Zulassungs- oder Registrierungsverfahren nach dem Arzneimittelgesetz unterliegen

- Abfälle im Sinne des Abfallbeseitigungsgesetzes und

- Stoffe im Sinne des Sprengstoffgesetzes.

Ferner gilt das Gesetz nicht für die Beförderung gefährlicher Güter im Eisenbahn-, Straßen-, Binnenschiffs-, See- und Luftverkehr.

Gefährlichkeitsmerkmale (§ 3)

In § 3, Abs. 3, werden die Merkmale aufgelistet, aufgrund derer ein Stoff oder eine Zubereitung als "gefährlich" anzusehen ist. Die für den forensischen Toxikologen wichtigsten Gefährlichkeitsmerkmale sind:

- sehr giftig
- giftig
- mindergiftig (gesundheitsschädlich)
- ätzend
- reizend
- krebserzeugend
- fruchtschädigend
- erbgutverändernd
- sonstige chronisch-schädigenden Eigenschaften besitzend.

Bei den einzelnen Gefahrenarten handelt es sich also einerseits um Gesundheitsgefahren, andererseits um die für den forensischen Toxikologen weniger wichtigen Brand- und Explosionsgefahren:

- explosionsgefährlich
- brandfördernd
- hochentzündlich
- leichtentzündlich
- entzündlich.

Die Zuordnung zu einem (oder mehreren) dieser Gefährlichkeitsmerkmale wird als Einstufung bezeichnet. Selbstverständlich ist anhand solcher Schlagworte eine rechtsverbindliche Einstufung nicht möglich; eine

Definition, was unter den jeweiligen Begriffen zu verstehen ist, ist
erforderlich. Einstufungskriterien aufgrund tierexperimenteller akuter
Toxizitätsdaten lassen sich unschwer festlegen und wurden auch schon
im Anhang VI der 6. Änderungsrichtlinie der EG [2] festgeschrieben.
Danach dient der LD_{50}-Wert nach einmaliger oraler oder dermaler Verabreichung bzw. der LC_{50}-Wert nach inhalativer Verabreichung über 4 h
zur Einstufung sehr giftiger, giftiger und mindergiftiger (gesundheits-
schädlicher) Substanzen entsprechend nachfolgender Tabelle:

Kategorie	LD_{50}-Wert, oral Ratte mg/kg	LD_{50}-Wert, dermal Ratte oder Kaninchen mg/kg	LC_{50}-Wert inhalativ Ratte mg/l/4 h
sehr giftig	≤ 25	≤ 50	$\leq 0,5$
giftig	25 - 200	50 - 400	0,5 - 2
gesundheits-schädlich	200 - 2000	400 - 2000	2 - 20

Die Gefährdung bei einmaliger Aufnahme einer großen Menge ist für die
forensische Toxikologie von besonderer Bedeutung, so daß man sich dieses Klassifizierungsschema zukünftig stets vor Augen halten sollte.
Zu beachten ist selbstverständlich stets die Problematik der Übertragung akuter Toxizitätsdaten vom Nager oder auch Kaninchen auf den
Menschen, jedoch erlauben die LD_{50}-Werte sehr wohl ein erstes grobes
Abschätzen der akuten Toxizität einer Substanz.

Natürlich können auch aus der mehrfachen oder häufigen Aufnahme kleinerer Mengen Gefährdungen erwachsen, die sich aus den Ergebnissen sub-
chronischer und chronischer Toxizitätsuntersuchungen abschätzen lassen.
Die Vorgabe verbindlicher Einstufungskriterien anhand tierexperimenteller Untersuchungsergebnisse nach längerdauernder Verabreichung ist
allerdings sehr problematisch, so daß sich im Anhang VI der 6. Änderungsrichtlinie [2] nur die sehr weiche Formulierung findet, daß "die
Einstufung je nach Stärke dieser Wirkungen zu erfolgen" hat. Definitionen für ätzende, reizende, krebserzeugende, fruchtschädigende oder
erbgutverändernde Wirkungen werden von der EG z.Zt. erarbeitet.

Aufgrund der noch unvollständigen Definitionen der Gefährlichkeitsmerkmale in der 6. Änderungsrichtlinie der EG wurden diese Definitionen
vorab in einer Rechtsverordnung für das Chemikaliengesetz festgelegt
[7]. Die in der Tabelle aufgeführten Klassifizierungsgrenzwerte für
akute Toxizitätsdaten wurden dabei übernommen und die übrigen toxikologisch relevanten Gefährdungsmerkmale etwas näher präzisiert. Es soll
hierauf nicht weiter eingegangen werden, da diese Definitionen für den
forensischen Toxikologen nur von untergeordneter Bedeutung sind und da
sich die Rechtsverordnung nach Vorliegen der EG-Definitionen diesen
angleichen muß.

Anmeldepflicht (§§ 4 und 5)

Der Kernpunkt des ChemG ist die Anmeldepflicht für neue Stoffe. Danach
darf der Hersteller einen Stoff nur dann *Erstmalig* in einem Mitglieds-
land der EG in den Verkehr bringen, wenn er ihn mindestens 45 Tage zuvor bei der Anmeldestelle angemeldet hat. Gleiches gilt für die erst-
malige Einfuhr eines Stoffes in den Geltungsbereich dieses Gesetzes,

sofern eine Anmeldung nicht schon in einem anderen Mitgliedsstaat der
EG erfolgt ist.

Von dieser generellen Anmeldepflicht sind Stoffe ausgenommen, die *Vor*
dem 18.09.81 in einem Mitgliedsstaat der EG in den Verkehr gebracht
wurden (sog. "Altstoffe"). Bestehen allerdings für einen Altstoff tatsächliche Anhaltspunkte dafür, daß sie sehr giftig, giftig, krebserzeugend, fruchtschädigend, erbgutverändernd oder chronisch schädigend
wirken, so kann die Bundesregierung durch Rechtsverordnung Untersuchungen auf diese gefährliche Eigenschaften fordern. Die besondere Behandlung dieser "Altstoffe" soll die herstellende Industrie davon entlasten, die zahlreichen Stoffe (mehrere 10000), die oftmals schon seit
Jahrzehnten gehandhabt werden, entsprechend der Anmeldepflicht experimentell zu untersuchen. Prüfungen sind allerdings dann durchzuführen,
wenn es für den Schutz von Mensch und Umwelt erforderlich ist.

Diese sog. "Altstoffe" wurden in einem "Inventar" aufgelistet, das als
Chemikalien-Altstoff V [8] Gesetzeskraft erlangte; es lehnt sich eng
an eine entsprechende Liste der Vereinigten Staaten an. Stoffe, die
nicht in diesem "Inventar" enthalten sind, sind als "neue Substanzen"
anzusehen, die der Anmeldepflicht unterliegen.

Im § 5 sind "Ausnahmen von der Anmeldepflicht" aufgeführt, die aufgrund
der spezifischen Situation als sinnvoll anzusehen sind. So sind "neue
Stoffe" auch dann nicht anzumelden, wenn

- es sich um ein Polymerisat, Polykondensat oder Polyaddukt handelt,
  das nicht mehr als 2% eines "neuen" Monomers in gebundener Form
  enthält,

- die Substanz für die Höchstdauer eines Jahres ausschließlich zur Erforschung seiner Eigenschaften oder zu seiner Weiterentwicklung in
  den Verkehr gebracht wird.

- von dieser Substanz weniger als 1 t jährlich in den Verkehr gebracht
  wird.

Damit werden unnötige Prüfungen für Polymere vermieden, die erfahrungsgemäß ein sehr geringes Schädigungspotential besitzen, es wird der Innovation Rechnung getragen, indem eine zeitlich begrenzte Erprobung un-
geprüfter Stoffe ermöglicht wird, und es werden Substanzen, die nur in
untergeordneter Menge hergestellt werden, von der Untersuchungspflicht
befreit.

Inhalt der Anmeldung (§ 6) und Prüfnachweise (§ 7)

Der Anmeldestelle sind mitzuteilen

- Name und Anschrift des Anmeldenden
- die Identitätsmerkmale der Substanz
- Hinweise zur Verwendung
- die schädlichen Wirkungen bei der Verwendung
- die Menge des Stoffes, die jährlich in den Verkehr gebracht wird
- Verfahren zur sachgerechten Beseitigung, Wiederverwendung und Neutra-
  lisierung.

Bei gefährlichen Stoffen sind grundsätzlich Empfehlungen über Vorsichtsmaßnahmen beim Umgang, über Sofortmaßnahmen bei Unfällen, die vorgesehene Einstufung entsprechend § 3, die Verpackung und die Kennzeichnung anzugeben.

Ferner sind Prüfnachweise vorzulegen, die eine Abschätzung möglicher
schädlicher Einwirkungen auf den Menschen oder die Umwelt erlauben.
Diese beziehen sich auf die

- Ermittlung der physikalischen, chemischen und physikalisch-chemischen Eigenschaften, der Verunreinigung und Zersetzungsprodukte

- Prüfung auf akute Toxizität

- Prüfung auf Anhaltspunkte für eine krebserzeugende oder erbgutverändernde Eigenschaft

- Prüfung auf reizende, ätzende oder Überempfindlichkeitsreaktionen
  auslösende Eigenschaften

- Prüfung auf subakute Toxizität

- Prüfung auf umweltgefährliche Eigenschaften.

Diese Untersuchungen sind nicht erforderlich, soweit sie "technisch
nicht möglich oder nach dem Stand der wissenschaftlichen Erkenntnisse
nicht erforderlich" sind. Wird auf Prüfungen verzichtet, so hat der
Anmelder dies zu begründen.

Die in sehr allgemeiner Form umschriebenen Prüfnachweise werden im Anhang VII der 6. Änderungsrichtlinie [2] und in einer Rechtsverordnung
[9] näher präzisiert. Betrachtet man nur die toxikologischen Prüfungen, so sind folgende Untersuchungen gefordert:

- Bestimmung der LD_{50} bei oraler Verabreichung

- Bestimmung der LD_{50} bei dermaler *Oder* der LC_{50} bei inhalativer Gabe
  (bei Gasen und flüchtigen Flüssigkeiten ist der inhalative Zufuhr-
  weg zu wählen)

- Bestimmung der Hautreizwirkung

- Bestimmung der Reizwirkung am Auge

- Bestimmung der Sensibilisierung der Haut

- Bestimmung der subakuten Toxizität bei Verabreichung über 28 Tage

- Untersuchung auf (Anhaltspunkte für) mutagene/kanzerogene Eigenschaften an zwei Testsystemen (bakteriell und nichtbakteriell).

Für diese Untersuchungen werden im Anhang V B der 6. Änderungsrichtlinie von der EG präzisierende Vorschriften für die Versuchsdurchführung erlassen. Diese Prüfrichtlinien lehnen sich eng an Methodenvorschläge an, die von einer internationalen Expertengruppe im Rahmen der
OECD (Organisation of Economic Co-operation and Development) erarbeitet
wurden. Im Interesse einer internationalen Harmonisierung der Chemikaliengesetzgebung und der Vergleichbarkeit toxikologischer Daten ist
die Anlehnung der EG an die OECD und die Standardisierung der Test-
methoden nur zu begrüßen.

Zusätzliche Prüfnachweise (§ 9)

Die oben aufgeführten Untersuchungen sind erforderlich, sofern mehr
als 1 t jährlich in den Verkehr gebracht werden. Übersteigt die in
den Verkehr gebrachte Menge 100 t jährlich oder insgesamt - über Jahre
kumuliert - 500 t, so kann die Anmeldestelle folgende zusätzliche Untersuchungen fordern:

- Prüfung auf subchronische Toxizität
- Prüfung auf Beeinträchtigung der Fruchtbarkeit

- Prüfung auf umweltgefährliche Eigenschaften
- Prüfung auf krebserzeugende, erbgutverändernde und fruchtschädigende Eigenschaften.

Diese Untersuchungen können allerdings auch schon bei einer in den Verkehr gebrachten Menge von 10 t jährlich oder 50 t insgesamt gefordert werden, wenn die bisherigen Kenntnisse über den Stoff, seine Verwendungszwecke oder die Prüfungsergebnisse nach § 7 dies erforderlich machen.

Übersteigt die in den Verkehr gebrachte Menge 1000 t jährlich oder 5000 t insgesamt, so kann die Anmeldestelle vom Anmeldepflichtigen Prüfungen verlangen auf:

- biotransformatorische und toxikokinetische Eigenschaften
- chronische Toxizität
- krebserzeugende Eigenschaften
- akute und subakute Toxizität (an anderen Tierarten)
- verhaltensstörende Eigenschaften
- fruchtbarkeitsverändernde und fruchtschädigende Eigenschaften
- weitere umweltgefährdende Eigenschaften.

Auch für die in § 9 festgelegten Prüfnachweise gilt, wie schon zu den Prüfnachweisen in § 7 bemerkt, daß die erforderlichen toxikologischen und ökotoxikologischen Untersuchungen in der 6. Änderungsrichtlinie [2] der EG (Anhang VIII) und in einer Rechtsverordnung [9] näher spezifiziert sind. Einzelheiten zur technischen Durchführung dieser Untersuchungen sind im Anhang V der 6. Änderungsrichtlinie [2] gegeben und lehnen sich wiederum eng an Methodenvorschläge eines OECD-Expertengremiums an. Da es sich überwiegend um Versuche mit längerfristiger Verabreichung handelt, die in der Praxis des forensischen Toxikologen nur von untergeordneter Bedeutung sind, soll auf weitere Einzelheiten an dieser Stelle nicht eingegangen werden.

Faßt man die geforderten toxikologischen Untersuchungen nach § 7 und § 9 zusammen, so ergibt sich folgendes Bild: Übersteigt die in den Verkehr gebrachte Menge 1 t jährlich, so müssen die für die forensische Toxikologie interessanten Untersuchungen auf akute Schädigungsmöglichkeiten durchgeführt werden, wie Bestimmung der LD_{50}/LC_{50} bei verschiedenen Zufuhrwegen, Prüfung auf Haut- und Schleimhautreizung und Sensibilisierung; erste Hinweise auf chronische Schädigungsmöglichkeiten ergeben sich aus der subakuten Toxizitätsprüfung über 28 Tage und aus den sog. "Kurzzeittests" auf mutagene/kanzerogene Wirkung. Ab 100 t jährlich (bzw. 500 t insgesamt) und in Ausnahmen schon ab 10 t jährlich (bzw. 50 t insgesamt) werden auf Verlangen der Anmeldestelle weitere Untersuchungen erforderlich, die zunehmend die Schädigungsmöglichkeiten bei längerdauernder Einwirkung abdecken. Die in der letzten Stufe ab 1000 t jährlich (bzw. 5000 t insgesamt) angesprochenen Prüfungen umfassen das gesamte Gebiet der Toxikologie, bis hin zur Prüfung auf chronische Toxizität und Karzinogenität mit lebenslanger Verabreichung der Prüfsubstanz an die Versuchstiere. Es kann davon ausgegangen werden, daß diese teueren und aufwendigen Versuche keinesfalls automatisch nach Überschreitung der Mengenschwelle gefordert werden, sondern das Untersuchungsprogramm dürfte wohl substanz- und verwendungsspezifisch auf den jeweiligen Einzelfall zugeschnitten werden.

Gute Laborpraxis (§ 10, Abs. 2)

Für die Validität der erhaltenen Untersuchungsergebnisse ist die Forderung von § 10 von besonderer Bedeutung, daß besondere Anforderungen an die Sachkunde der versuchsdurchführenden Personen, an die Beschaffen-

heit der Laboratorien und an die Versuchsdurchführung gestellt werden.
Dies ist im Zusammenhang mit den weltweiten Bestrebungen zu sehen, für
toxikologische Untersuchungen einen formalisiert festgeschriebenen Qua-
litätsstandard vorzuschreiben. So wurden schon 1978 von der amerikanischen Food and Drug Administration (FDA) die "Good Laboratory Practice (GLP) Regulations" erlassen [10], denen sich toxikologische Unter-
suchungslabors zu unterwerfen haben, wenn ihre Untersuchungen für die
Registrierung neuer Produkte bei der FDA herangezogen werden sollen.
Auch die OECD hat jetzt entsprechende GLP-Regeln erarbeitet (12.05.81).
Hiernach obliegt das Erstellen einer GLP-Regulierung aufgrund der OECD
Guideline den einzelnen OECD-Mitgliedsstaaten. Die Untersuchungsinsti-
tute haben sich den Anforderungen zu unterwerfen und von den nationalen
Behörden überprüfen zu lassen. So sollen die Untersuchungsergebnisse
innerhalb der OECD Anerkennung finden. Eine entsprechende Rechtsver-
ordnung ist von den deutschen Behörden noch zu erlassen.

Weitere Befugnisse der Anmeldestelle (vorgezogene Prüfungen bei Gefahr, § 11)

Wenn "sich aus tatsächlichen Anhaltspunkten eine erhebliche Wahrscheinlichkeit dafür ergibt, daß von dem Stoff eine Gefahr für Leben oder Gesundheit des Menschen oder die Umwelt ausgeht", kann die Anmeldestelle
jede der im § 7 und § 9 aufgeführten Prüfungen, bezogen auf das vorliegende Gefahrenmoment, fordern. Dies gilt unabhängig von den erreichten Mengenschwellen und auch für Substanzen, die nach § 5 ganz von der
Untersuchungspflicht ausgenommen sind.

Anmeldestelle (§ 12)

Als Anmeldestelle ist die Bundesanstalt für Arbeitsschutz und Unfallforschung (BAU) durch Rechtsverordnung vom 02.12.81 [11] von der Bundesregierung festgelegt worden. Bewertungsstellen sind die BAU, das
Bundesgesundheitsamt (BGA) und das Umweltbundesamt (UBA). Fachlich beratende Funktion haben die biologische Bundesanstalt für Land- und
Forstwirtschaft (BBA) und die Bundesanstalt für Materialprüfung (BMA)
[12].

Auf die Formalitäten der Anmeldung und die Zusammenarbeit zwischen
Bund, Ländern und der EG soll hier nicht eingegangen werden.

Grundsätzlich sind die Angaben in einer Anmeldung, die ein Betriebs-
oder Geschäftsgeheimnis darstellen, vertraulich zu behandeln. Von der
Vertraulichkeit ausgenommen sind:

- die Handelsbezeichnung des Stoffes

- seine physikalisch-chemischen Eigenschaften nach § 7

- die Verfahren zur sachgerechten Beseitigung, Wiederverwendung oder
  Neutralisation nach § 6

- die Empfehlungen über Vorsichtsmaßnahmen, die vorgesehene Einstufung
  und die Kennzeichnung nach § 6

- die Auswertung der toxikologischen und ökotoxikologischen Versuche.

Diese Ausnahmen von der Vertraulichkeit sind für den forensischen Toxikologen von besonderer Bedeutung. Sie ermöglichen ihm, in Vergiftungsfällen rasch an die für ihn relevanten Daten gelangen zu können. Dabei
sind von besonderer Bedeutung die Ergebnisse der toxikologischen Prüfung, die physikalisch-chemische Charakterisierung der Substanz und die

empfohlenen Vorsichtsmaßnahmen für den Umgang. Die zentrale Verfügbarkeit dieser Daten bei der Anmeldestelle könnte in Zukunft bei "neuen Substanzen" einen raschen Zugriff ermöglichen.

Einstufungs-, Verpackungs- und Kennzeichnungspflicht (§ 13)

Grundsätzlich ist jede Substanz, die in den Verkehr gebracht wird, vom Hersteller oder Einführer ausreichend zu verpacken und zu kennzeichnen. Für ca. 1000 "alte Substanzen", die in verbindlichen Listen der EG und in der Verordnung über gefährliche Arbeitsstoffe (Arbeitsstoffverordnung) [13] aufgeführt sind, ist die Kennzeichnung EG-einheitlich festgeschrieben; diese Stoffe mußten auch schon vor Inkrafttreten des Chemikaliengesetzes entsprechend gekennzeichnet und verpackt werden (Listen-Prinzip). Die EG-Listen werden im sog. Anpassungsausschuß der EG ständig überarbeitet und ergänzt. Die Änderungen in Form von EG-Richtlinien sind wiederum nach entsprechender Übergangsfrist von den Mitgliedsländern in nationales Recht umzusetzen. Dies geschieht für die Bundesrepublik Deutschland in Form von Änderungen der Arbeitsstoffverordnung, die seit dem 01.01.82 ihre Rechtsgrundlage im ChemG hat.

Der Hauptanteil aller heute im Handel befindlichen Stoffe und zwangsläufig alle "neuen Substanzen" sind anhand der Kriterien für die Gefahrenmerkmale (Gefährlichkeitsmerkmale-Verordnung) [7] nach den Ergebnissen der Prüfungen von § 7 und § 9 bzw. nach "gesicherter wissenschaftlicher Kenntnis" einzustufen (Definitionsprinzip). Substanzen, die nach § 5 von der Anmeldung und somit Prüfung ausgenommen sind, sind mit dem Hinweis "Achtung - noch nicht vollständig geprüfter Stoff" zu kennzeichnen.

Die Kennzeichnungsvorschrift gilt auch für Zubereitungen. Da aber die Zahl der Zubereitungen, die aus den verschiedenen chemischen Grundkomponenten hergestellt und in den Verkehr gebracht werden, unermeßlich ist, ist eine umfassende Prüfung nach § 7 bzw. § 9 jeder einzelnen Zubereitung in der Praxis nicht möglich. Es wurden daher von der EG Berechnungsverfahren erarbeitet, um aus den Toxizitätsdaten der Einzelkomponenten auf die Toxizität der Mischung schließen zu können.[1] Bei allen Vorbehalten gegenüber der wissenschaftlichen Grundlage dieser Berechnungsverfahren bleibt doch festzuhalten, daß angesichts der Vielzahl von Mischungen und Zubereitungen, die sich auf dem Markt befinden, ein solches Vorgehen häufig den einzigen praktikablen Weg darstellt. Gemäß § 13.3 ChemG haben experimentell bestimmte Toxizitätsdaten jedoch den Vorrang vor rechnerisch extrapolierten Werten.

Art der Verpackung und Kennzeichnung (§ 14)

Zur Kennzeichnung gefährlicher Stoffe sind auf der Verpackung folgende Angaben erforderlich:

- Bezeichnung des gefährlichen Stoffes oder der in einer Zubereitung enthaltenen gefährlichen Stoffe

- Name und Anschrift des Herstellers oder Einführers

---

[1] Dies gilt insbesondere für die im Haushalts- und Handwerkerbereich weit verbreiteten Lösungsmittel [14], Lacke, Farben, Anstrichmittel etc. [15] und für Pflanzenschutzmittel [16]; die beiden ersten Richtlinien [14, 15] sind in der Arbeitsstoffverordnung bereits in deutsches Recht umgesetzt. Eine allgemeine Zubereitungsrichtlinie, die alle übrigen Zubereitungen erfaßt, wird zur Zeit bei der EG erarbeitet

- Gefahrensymbol

- Gefahrenbezeichnung

- Hinweise auf besondere Gefahren (R-Sätze)

- Sicherheitsratschläge (S-Sätze)

Die Gefahrensymbole und die Gefahrenbezeichnungen sowie R- und S-Sätze sind für den Raum der EG verbindlich standardisiert worden. Sie wurden gleichlautend in die Arbeitsstoffverordnung [13] und das Chemikaliengesetz übernommen. Die für den forensischen Toxikologen wichtigsten Gefahrensymbole und Gefahrenbezeichnungen sind:

- Totenkopf = sehr giftig bzw. giftig
- Andreaskreuz mit Index n = mindergiftig; mit Index i = reizend
- C = ätzend

Als Beispiele für toxikologisch relevante R- und S-Sätze seien aufgeführt:

- R 20 = Gesundheitsschädlich beim Einatmen
- R 24 = Giftig bei Berührung mit der Haut
- R 28 = Sehr giftig beim Verschlucken
- S 22 = Staub nicht einatmen
- S 45 = Bei Unfall oder Unwohlsein sofort Arzt zuziehen (wenn möglich, dieses Etikett vorzeigen).

Zur Zeit wird bei der EG gemäß Anhang VI, Abs. II D, der 6. Änderungsrichtlinie [2] ein Leitfaden für die Kennzeichnung erarbeitet, der Einstufungskriterien und eine Anleitung zur Zuordnung von R- und S-Sätzen umfaßt.

Mitteilungspflichten (§ 16)

Damit die der Anmeldestelle vorliegenden Daten stets dem neuesten Stand entsprechen, besteht für den Anmeldenden die Verpflichtung, grundlegende Änderungen der Behörde mitzuteilen. Dazu zählen:

- Änderungen in der Verwendung einer Substanz

- Änderungen der Menge, die jährlich in den Verkehr gebracht werden soll, sofern dadurch die Mengenschwellen von § 9 berührt werden können

- neue Erkenntnisse über die Wirkungen auf Mensch oder Umwelt

- Änderung der Eigenschaften des Stoffes

- Beendigung von Herstellung oder Einfuhr des Stoffes.

Für Stoffe nach § 5, die zeitlich begrenzt zur Erprobung oder in geringerer Menge als 1 t jährlich in den Verkehr gebracht werden, besteht, wie oben ausgeführt, keine Anmelde- oder Prüfverpflichtung. Dennoch hat der Hersteller oder Einführer der Anmeldestelle die Identitätsmerkmale, die vorgesehene Kennzeichnung und die Menge des Stoffes, die jährlich in den Verkehr gebracht wird, mitzuteilen. Ausnahme sind die Stoffe, die ausschließlich zur Verwendung in Laboratorien bestimmt sind. Für sehr giftige und giftige Stoffe, die nach § 5 von der Anmeldung ausgenommen sind, sind der Anmeldestelle Empfehlungen über die Vorsichtsmaßnahmen beim Umgang, über Sofortmaßnahmen bei Unfällen, die vorgesehene Einstufung, die Verpackung und die Kennzeichnung anzugeben. Dies gilt grundätzlich für alle Stoffe, die zeitlich befristet zur Erprobung in den Verkehr gebracht werden; bei ihnen sind zusätzlich nach § 6 und § 7 mitzuteilen:

- die Identitätsmerkmale

- Hinweise zur Verwendung

- schädliche Wirkungen bei der Verwendung

- die Menge des Stoffes, die jährlich in den Verkehr gebracht wird
  und

- die physikalischen, chemischen und physikalisch-chemischen Eigenschaften sowie die Verunreinigungen.

Ermächtigung zu Verboten und Beschränkungen (§ 17)

Soweit es zum Schutz des Menschen oder der Umwelt erforderlich ist,
kann die Bundesregierung durch Rechtsverordnung Verbote und Beschränkungen erlassen:

- Es können bestimmte Anforderungen an die Beschaffenheit der Stoffe,
  die in den Verkehr gebracht oder verwendet werden, gestellt werden

- Herstellungs- oder Verwendungsverfahren können verboten werden

- Anforderungen an die Sachkunde, Zuverlässigkeit und Gesundheit des
  Herstellers oder Verwenders können vorgeschrieben werden (Giftprü-
  fung)

- Eine Anzeige- oder Genehmigungspflicht für die Herstellung oder Verwendung kann erlassen werden

- Die Aufbewahrung oder Abgabe eines solchen Stoffes kann eingeschränkt
  werden.

Diese Ermächtigung kann zu erheblichen Maßnahmen in der Praxis führen,
doch soll hierauf nicht näher eingegangen werden, da sie die forensische Toxikologie nur mittelbar beeinflußt. Desgleichen sollen die "Vorschriften über betriebliche Maßnahmen (§ 19)" nicht beschrieben werden.

Literatur

1. Gesetz zum Schutz vor gefährlichen Stoffen (Chemikaliengesetz - ChemG) vom 16.09.
   80, BGBl 1980, Teil I, S 1718
2. Richtlinie des Rates vom 18.09.79 zur 6. Änderung der Richtlinie 67/548 EWG zur
   Angleichung der Rechts- und Verwaltungsvorschriften für die Einstufung, Verpackung,
   und Kennzeichnung gefährlicher Stoffe (79/831/EWG); Amtsblatt der EG Nr. L 259,
   S 10
3. Toxic Substances Control Act/TSCA (1976) Public law 94-469, Oct. 11, 1976
4. Niedersächsische Verordnung über den Handel mit Giften vom 13.02.78; NGVBl, S 137
5. Pflanzenschutzgesetz vom 10.05.68; zuletzt geändert durch das 3. Gesetz zur Änderung des Pflanzenschutzgesetzes vom 16.06.78; BGBl, Teil I, S 749
6. Gesetz über gesundheitsschädliche und feuergefährliche Stoffe vom 25.03.39; zuletzt
   geändert am 02.03.74, BGBl, Teil III, Gliederungsnummer 8053-2
7. Verordnung über die Gefährlichkeitsmerkmale von Stoffen und Zubereitungen nach
   dem Chemikaliengesetz (ChemG Gefährlichkeitsmerkmale-V vom 18.12.81, BGBl, Teil I,
   S 1487)
8. Chemikalien-Altstoff-Verordnung (ChemG Altstoff V vom 02.12.81, BGBl, Teil I,
   S 1239)
9. Verordnung über Anmeldeunterlagen und Prüfnachweise nach dem Chemikaliengesetz
   (ChemG Anmelde- und Prüfnachweis V) vom 30.11.81, BGBl, Teil I, S 1234
10. Nonclinical laboratory studies, Good laboratory practice regulations, FDA, Fed.
    Reg., 22.12.78, vol 43, S 599-86
11. Verordnung zur Bestimmung der Anmeldestelle nach dem Chemikaliengesetz vom 02.12.
    81, BGBl, Teil I, S 1238

12. Allgemeine Verwaltungsvorschrift zur Durchführung der Bewertung nach § 12 Abs. 2 Chemikaliengesetz vom 18.12.81, Bundesanzeiger Nr. 240, S 2

13. Verordnung über gefährliche Arbeitsstoffe (Arbeitsstoffverordnung - ArbStoffV) vom 29.07.80, zuletzt geändert durch die 2. Verordnung zur Änderung der Verordnung über gefährliche Arbeitsstoffe vom 11.02.82, BGBl, Teil I, S 140

14. Richtlinie des Rates vom 22.07.80 zur Änderung der Richtlinie 73/173/EWG zur Angleichung der Rechts- und Verwaltungsvorschriften der Mitgliedsstaaten für die Einstufung, Verpackung und Kennzeichnung von Zubereitungen gefährlicher Stoffe (Lösemittel; 80/781/EWG); Amtsblatt der EG Nr. L 229, S 57

15. Richtlinie der Kommission vom 05.10.81 zur Anpassung der Richtlinie 77/728/EWG des Rates zur Angleichung der Rechts- und Verwaltungsvorschriften der Mitgliedsstaaten für die Einstufung, Verpackung und Kennzeichnung von Anstrichmitteln, Lacken, Druckfarben, Klebstoffen und dergleichen an den technischen Fortschritt (81/916/EWG); Amtsblatt der EG Nr. L 342, S 7

16. Richtlinie des Rates vom 26.06.78 zur Angleichung der Rechtsvorschriften der Mitgliedsstaaten für die Einstufung, Verpackung und Kennzeichnung gefährlicher Zubereitungen (Schädlingsbekämpfungsmittel) (78/631/EWG); Amtsblatt der Europäischen Gemeinschaften; Nr. L 206, S 13

Prüfung einer Korrelation zwischen dem enzymatischen Abbau von Heroin und Paraoxon im menschlichen Serum

M. Geldmacher-v. Mallinckrodt, H. W. Schütz, H. S. Kim-Berger und Th. L. Diepgen

Zusammenfassung

Smith u. Cole (1976) nehmen aufgrund ihrer Untersuchungsergebnisse (Celluloseacetat-Elektrophorese, Gelfiltration, Aktivitätsbestimmung mit verschiedenen Substraten) an, daß Heroin und Paraoxon im menschlichen Serum von ein und demselben Enzym an dem gleichen aktiven Zentrum hydrolysiert werden. Trifft diese Annahme zu, so sollte auch beim Heroinabbau der mit Paraoxon als Substrat gefundene genetisch gesteuerte Polymorphismus der menschlichen Serumparaoxonase feststellbar sein. Wir fanden jedoch bei 32 europiden Probanden eine unimodale Verteilung des Heroinabbaus und keine Korrelation zwischen Heroin- und Paraoxon-Hydrolyse im Serum.

Summary

Smith an Cole (1976) assume, on the basis of their experimental data (cellulose acetate electrophoresis, gel filtration, activity determination using different substrates), that heroin and paraoxon are hydrolyzed by a single enzyme on the same active center in human serum. If this assumption is correct, it would then necessarily follow that the genetically determined polymorphism of human serum paraoxonase as identified using paraoxon as the substrate should become evident when using heroin as the substrate. In our study of heroin metabolism in the 32 sera of Caucasian test subjects, however, we found a unimodal distribution of degradation and no correlation between heroin and paraoxon hydrolysis in serum.

Einleitung

Die Vorgänge, die zur Ausbildung einer Abhängigkeit führen, sind trotz der Anstrengungen zahlreicher Forschergruppen im Grunde genommen immer noch ungeklärt.

Wenn auch wohl nicht so sehr Reaktionen in der Peripherie, als vielmehr im Zentralnervensystem von ausschlaggebender Bedeutung sein dürften, so kann doch der Stoffwechsel der zur Abhängigkeit führenden Substanzen bzw. Substanzgruppen nicht unberücksichtigt bleiben.

Daß genetisch bedingte Unterschiede bestimmter Enzyme eine Rolle spielen könnten, zeigt das Beispiel des Alkoholismus: Harada fand unter 100 japanischen Alkoholikern nur zwei Patienten mit defizienter ALDH, während die Inzidenz in der Gesamtbevölkerung etwa bei 50% liegt (Harada 1982; Goedde u. Agarwal 1981). Personen mit defizienter ALDH werden möglicherweise durch das unangenehme Flush-Syndrom schon bei geringfügiger Alkoholaufnahme vor einem exzessiven Usus geschützt.

In diesem Zusammenhang interessant ist eine Veröffentlichung von Smith u. Cole (1976), die den enzymatischen Abbau von Heroin (Diacetylmorphin) im menschlichen Plasma (Heparin) untersuchten. Sie trennten das Plasma durch Celluloseacetatelektrophorese auf und färbten die Streifen über die Hydrolyse von Naphthylacetat als Substrat. Danach konnten sie

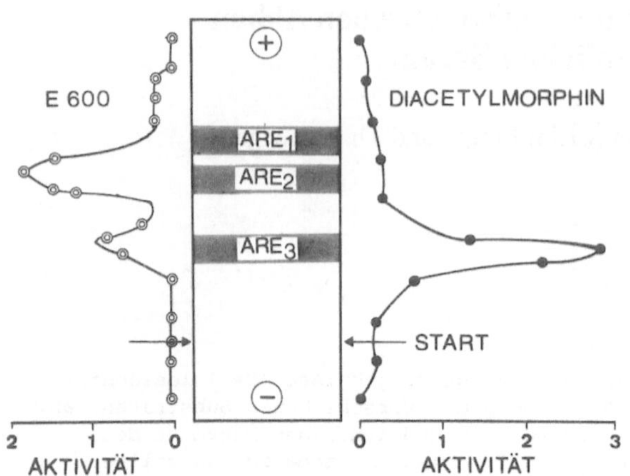

Abb. 1. Auftrennung von menschlichem Serum nach Smith u. Cole (1976) mittels Elektrophorese auf Celluloseacetat und enzymatischer Aktivität der aufgetrennten Fraktionen

drei Fraktionen ARE 1, 2 und 3 feststellen (s. Abb. 1). Eine Heroinhydrolyse erfolgte nur im Eluat von ARE 3. Diese Fraktion hydrolysierte
außerdem Paraoxon. Eine stärkere Paraoxonspaltung jedoch erfolgte in
Fraktion ARE 2. Die beiden Fraktionen hydrolysierten außerdem schnell
p-Nitrophenylacetat. Smith u. Cole (1976) fanden für Fraktion ARE 3
eine kompetitive Hemmung der Paraoxonspaltung durch Heroin. Sie konnten
ihre Ergebnisse durch Untersuchungen nach Gelfiltration mit Sephadex
stützen. Das ließ sie annehmen, daß Paraoxon und Heroin durch ein und
dasselbe Enzym und an dem gleichen aktiven Zentrum hydrolysiert werden,
und daß dieses Enzym für die Heroinhydrolyse im menschlichen Plasma verantwortlich ist.

Für die Paraoxonspaltung in Serum bzw. Heparinplasma aber konnten wir
bei Europiden einen genetisch bedingten Polymorphismus nachweisen.
Dieser müßte, wenn die Annahme von Smith u. Cole richtig ist, auch für
die Heroinspaltung gegeben sein.

Die menschlichen Serum-Paraoxonasen

Paraoxon, O,O-Diäthyl-O-p-nitrophenylphosphat, ist das hochtoxische
Stoffwechselprodukt von Parathion. Im menschlichen Serum wird es enzymatisch zu p-Nitrophenol und Diäthylphosphorsäure abgebaut (Aldridge
1953a,b; Poore u. Neal 1972). Erdös u. Boggs (1961) und Skrinjaric-
Spoljar u. Reiner (1968) fanden Paraoxon spaltende Aktivitäten in den
Cohn-Fraktionen IV-1 und V des menschlichen Serums. Das Enzym in IV-1
wurde durch EDTA völlig gehemmt, das Enzym in V war EDTA-stabil. Darum
nehmen die Autoren an, daß es mindestens zwei paraoxonhydrolysierende
Enzyme im menschlichen Serum gibt.

Unsere Untersuchungen über die menschliche Serumparaoxonase (Geldmacher-
v. Mallinckrodt et al. 1979, im Druck) zeigten, daß mehrere definierte
Enzyme im Serum der untersuchten Probanden vorhanden waren, die von Bedeutung für den Abbau von Paraoxon sind:

1. EDTA-labile Paraoxonasen, die in der Cohn-Fraktion IV-I zu finden
sind. Die EDTA-labilen Serumparaoxonasen zeigten bei Europiden einen
Polymorphismus, der von zwei Allelen gesteuert wird (Abb. 2). Das erste
Allel hat eine Genfrequenz p_{low} von 0,728-0,755 und führt bei homozy-
goten Individuen zur Manifestation einer niedrigeren Aktivitätsgruppe.
Mehr als 50% aller europäischen Probanden sind dieser Gruppe zuzuordnen.
Bei den typisch europiden Kollektiven wurde ein zweites Allel (Genfre-

quenz q_{high} = 0,245 - 0,272) gefunden, das verantwortlich für die Ausbildung einer zweiten, heterozygoten, und einer dritten, homozygoten
Gruppe mit höheren Enzymaktivitäten war. Die Hardy-Weinberg-Regel für
ein 2-Allelemodell galt nur für diese typischen europiden Verteilungen.
Die Genfrequenz p_{low} des ersten Allels nahm bei den untersuchten Populationen in Richtung auf Afrika und Asien mehr und mehr ab. In asiatischen und negriden Kollektiven konnten weniger als 10% der Bevölkerung
der niedrigen Aktivitätsgruppe zugeordnet werden. Diese niedrige Aktivitätsgruppe war bei australischen Ureinwohnern nicht mehr vorhanden
(Abb. 3). Diese besitzen offenbar eine andere EDTA-labile Paraoxonase
mit unimodaler Verteilung, die u.U. identisch ist mit dem größten Anteil der mittleren bis hohen Aktivitäten bei Asiaten und Negriden.

2. Eine EDTA-stabile Paraoxonase, die sich in der Cohn-Fraktion V findet. Die Aktivitäten dieses Enzyms, untersucht mit der spektrophotome-
trischen Methode von Krisch (1968), waren in allen untersuchten europäischen, asiatischen, negriden und australischen Kollektiven sehr
ähnlich und lagen zwischen 0 und 80 U/l. Sie wiesen eine unimodale Verteilung auf (Abb. 4).

Die Aktivität der Paraoxonasen zeigte weder Altersabhängigkeit noch ge-
schlechtsspezifische Unterschiede.

Abbau von Heroin in Vollblut und Serum

Heroin wird schon in wässriger Lösung bei pH-Werten zwischen 6,4 und
7,4 Phosphatpuffer) und Zimmertemperatur teilweise zu 6-Monoacetylmor-
phin (MAM) hydrolisiert (Smith et al. 1978).

Nakamura et al. (1975) untersuchten in vitro die Hydrolyse von Heroin
in Vollblut sowie Serum und fanden deutliche Unterschiede. Im Vollblut
erfolgte die Umwandlung von Heroin zu 6-MAM etwa doppelt so rasch wie
im Serum, die biologische Halbwertszeit war mit 9 gegenüber 22 min
deutlich kürzer. Die 6-MAM-Konzentration blieb sowohl im Gesamtblut als
auch im Serum relativ hoch. Nur im Gesamtblut konnte die weitere Desacetylierung zu Morphin beobachtet werden, die einsetzte, sobald Heroin
vollständig in 6-MAM umgewandelt war.

Problemstellung

Ziel der vorliegenden Arbeit war es zu prüfen, ob bei Europiden zwisch-
en der Hydrolyse von Heroin im menschlichen Serum zu 6-Monoacetylmor-
phin und der Paraoxonaseaktivität eine Korrelation besteht.

Dabei wurde sowohl die Gesamtaktivität, als auch die Aktivität der
EDTA-stabilen und der EDTA-empfindlichen Paraoxonasen, alle gemessen
nach Krisch (1968), in die Untersuchung einbezogen.

Eigene Untersuchungen

1. Gewinnung der Seren

32 gesunden westdeutschen Probanden wurden jeweils 10 bis 15 ml Blut
entnommen. Etwa 30 min nach der Entnahme wurde 15 min lang bei 2000
U/min zentrifugiert. Das überstehende Serum wurde sofort abgetrennt
und im Kühlschrank aufbewahrt. Die Messungen erfolgten innerhalb von
4 Tagen.

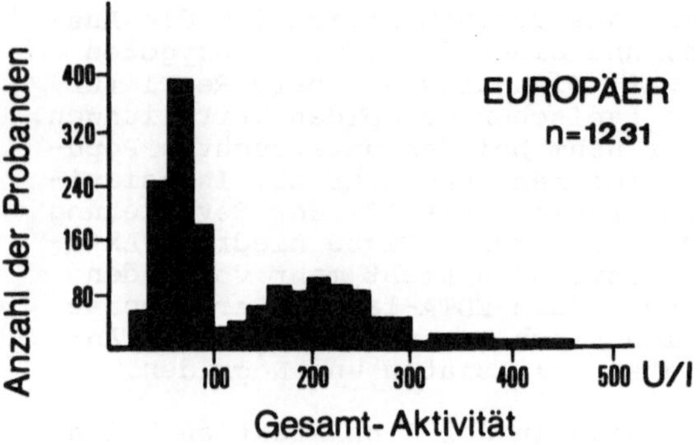

Abb. 2

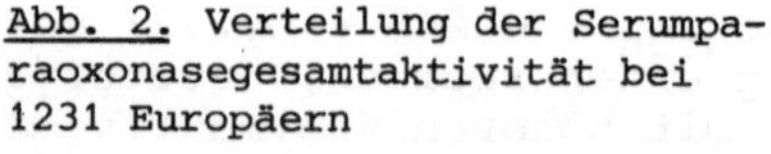

Abb. 2. Verteilung der Serumparaoxonasegesamtaktivität bei 1231 Europäern

Abb. 3. Verteilung der Serumparaoxonasegesamtaktivität bei verschiedenen Rassen: Asiaten (Indonesier), Negride (Nigerianer) und Australier (Aborigines)

Abb. 4. Verteilung der EDTA-stabilen Serumparaoxonaseaktivität bei verschiedenen Rassen: Europide (Malteser), Asiaten (Indonesier), Negride (Nigerianer) und Australer (Aborigines)

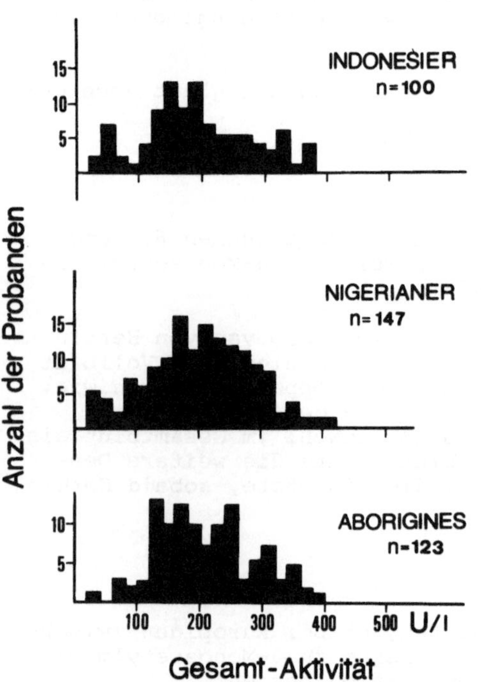

Abb. 3

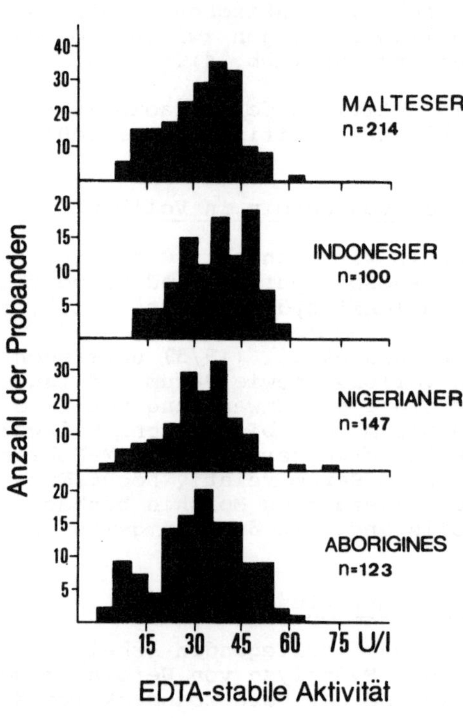

Abb. 4

2. Gaschromatographische Bestimmung des in-vitro-Abbaus von Heroin im Serum

Die Bestimmung der Heroinkonzentration im Ansatz wurde gaschromatographisch 0, 10, 20 und 30 min nach Starten der Reaktion durch Zugabe von Heroin durchgeführt. Als innerer Standard wurde Codein gewählt, das unter den gewählten Bedingungen keine Veränderung zeigte. Die Extraktion aus dem Untersuchungsmaterial erfolgte mit Dichlormethan bei einem pH-Wert von 7,5, welches bereits bei diesem niedrigen pH-Wert eine quantitative Extraktion, und durch die niedrige Siedetemperatur eine schonende Eindampfung des gewonnenen Extraktes ermöglichte. Eine nichtenzymatische Desacetylierung des Heroins bei der Aufarbeitung war nicht zu beobachten.

a) Gaschromatographische Arbeitsbedingungen

Gaschromatograph: Hewlett Packard HP 5840 A mit automatischem
                       Probengeber
Säule: 40 cm Glas, ID = 2 mm
Füllung: 10% OV 17 auf Chromosorb WHP 80/100
Detektor: FID
Trägergas: N_2, 30 ml/min
Säulentemperatur: 250° C
Injektortemperatur: 270° C
FID-Temperatur: 300° C

Retentionszeit: Codein ca. 1,25 min
                 Heroin ca. 2,25 min

b) Codein- und Heroinstammlösungen

Codein: 100 mg/10 ml Wasser (als Phosphat)
Heroin: 100 mg/10 ml Wasser (als Hydrochlorid)
          80 µl dieser Lösung enthalten 2,16 µMol Heroin

Die Lösungen waren im Kühlschrank 14 Tage haltbar.

c) Messung des Heroinabbaus

1 ml Phosphatpuffer (pH 7,50; 0,05 m) und
1 ml Serum

wurden in ein Zentrifugenglas pipettiert und 5 min im Wasserbad bei
37° C temperiert. Sofort nach Zugabe von je 80 µl Codein- und Heroin-
lösung (gut schütteln) wurden 0,4 ml des Ansatzes in ein Reagenzglas,
das mit 6 ml Dichlormethan gefüllt war, pipettiert. Für eine effektive
Extraktion wurde etwa 15 s lang mit einem Vibrationsmixer gut durch-
mischt. Anschließend wurde mit ca. 1 g wasserfreiem Natriumsulfat die
wässrige Phase gebunden. Der Dichlormethanextrakt wurde in einem Wasserbad bei 80° C eingedampft, der Rückstand in 150 µl Benzol gelöst und
jeweils in ein Gläschen für den automatischen Probengeber des Gaschromatographen gegeben. Injizierte Menge: 1 µl.

Die Präzision in der Serie für dieses Vorgehen beträgt VK = 3,7%, die
Wiederfindung liegt im Mittel bei 103%.

Die quantitative Auswertung wurde über die Peakflächen bezogen auf den
inneren Standard durchgeführt.

3. Bestimmung der Paraoxonaseaktivitäten

Die Messung der Paraoxonasegesamtaktivität erfolgte photometrisch nach
Krisch (1968) über das aus Paraoxon enzymatisch abgespaltene p-Nitrophenol.

Zur Ermittlung der Aktivität der EDTA-stabilen Paraoxonase enthielt der
verwendete Glycin-Puffer 10^{-3} mol/l EDTA in Wasser.

Die Aktivität der EDTA-empfindlichen Paraoxonase ergibt sich für jedes
Serum aus der Differenz beider Werte.

4. Statistische Auswertung

Die Daten wurden auf Lochkarten übertragen, und in den Computer Siemens
7738 eingelesen. Die Datenbeschreibung, Aufstellung der Histogramme und
Berechnung der Korrelationskoeffizienten wurden am Fachbereichsrechner
Siemens 7541 der Universität Erlangen-Nürnberg mit Hilfe des Programm-
paketes Statsys (Victor et al. 1973) durchgeführt.

Ergebnisse

In Abb. 5a-c sind die Histogramme der Verteilung des abgebauten Heroins
(eingesetzte Menge - wiedergefundene Menge) nach 10, 20 und 30 min bei
den 32 Probanden dargestellt.

Abbildung 6a gibt für die gleichen Probanden die Verteilung der Serumparaoxonasegesamtaktivität, gemessen nach Krisch (1968), Abb. 6b die
Aktivitätsverteilung des EDTA-empfindlichen Paraoxonaseanteils (Gesamtaktivität abzüglich EDTA-stabile Aktivität), Abb. 7 die Verteilung der
Aktivität des EDTA-stabilen Paraoxonaseanteils wieder.

In Tabelle 1 sind für alle Parameter Mittelwerte, Standardabweichungen,
Schiefe, niedrigste und höchste Werte sowie die Konfidenzbereiche für
P = 0,01 und P = 0,05 zusammengestellt. Die Korrelationskoeffizienten-
matrix ist in Tabelle 2 wiedergegeben.

Diskussion

Für die untersuchten 32 Seren ergab sich unter den gewählten Versuchs-
bedingungen in 1 ml Serum ein mittlerer Heroinabbau von 0,43 µMol nach
10 min, 0,72 µMol nach 20 min und 1,89 µMol nach 30 min. Es lagen Nor-
malverteilungen vor.

Die Paraoxonasegesamtaktivitäten, gemessen nach Krisch (1968), lagen
zwischen 77,1 und 468,8 U/l und widersprachen nicht, soweit das bei
dem relativ kleinen Kollektiv darzustellen ist, der Annahme einer mindestens bimodalen Verteilung.

Zunächst wurde auf eine Abhängigkeit des gaschromatographisch gemessenen Heroinabbaus von der Paraoxonasegesamtaktivität, gemessen nach
Krisch (1968), geprüft. Mit Korrelationskoeffizienten von 0,1968 (10
min), 0,1955 (20 min) und 0,1867 (30 min) ergab sich keine Abhängigkeit.

Für die EDTA-empfindliche Paraoxonase ergab sich eine ähnliche Verteilung der Aktivitäten wie für die Gesamtaktivität. Eine Abhängigkeit
von der Heroinspaltung war mit Korrelationskoeffizienten von 0,1738,
0,1686 bzw. 0,1563 gleichfalls nicht gegeben. Das überrascht nicht, da
der Korrelationskoeffizient für die Abhängigkeit der Aktivitäten der
EDTA-empfindlichen Paraoxonase und der Paraoxonasegesamtaktivität
0,9959 beträgt.

Die Aktivitäten der EDTA-stabilen Serumparaoxonase der Probanden wiesen
Normalverteilung mit Werten zwischen 18,9 und 51,4 U/l auf. Mit Korrelationskoeffizienten von 0,2768 (10 min), 0,3188 (20 min) und 0,3555
(30 min) war keine signifikante Abhängigkeit von der Heroinspaltung
gegeben.

Nach diesen Ergebnissen halten wir es für unwahrscheinlich, daß Heroin
und Paraoxon durch ein und dasselbe Enzym gespalten werden. Man muß
vielmehr annehmen, daß in den von Smith u. Cole (1976) elektrophore-
tisch aufgetrennten Fraktionen ARE 3 und ARE 2 keine hinreichende Trennung der für die Spaltung von Heroin einerseits und Paraoxon andererseits verantwortlichen Enzyme bzw. Enzymsysteme erfolgte.

Unsere Untersuchungsergebnisse werden gestützt durch eine Arbeit von
Lockridge et al. (1980), wonach die Serumcholinesterase (EC 3.1.1.8)
eine rasche Hydrolyse von Heroin im menschlichen Serum zu 6-Acetylmor-

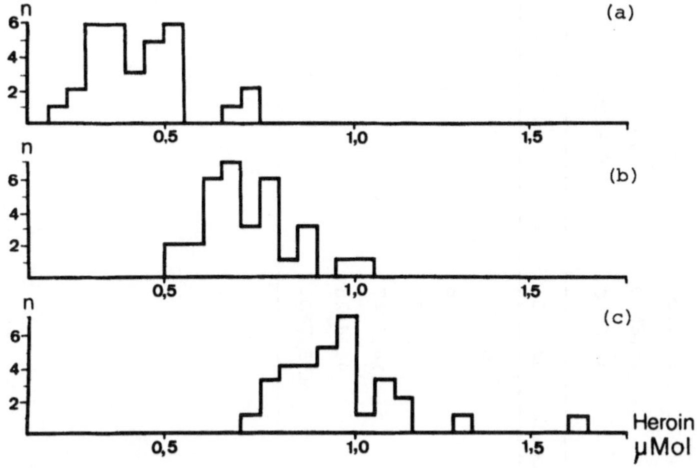

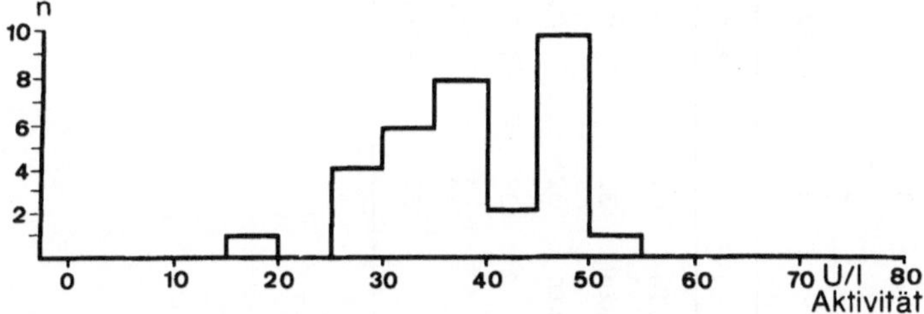

Abb. 5a-c. Histogramme der Verteilung des Heroinabbaus nach (a) 10 s, (b) 20 s und (c) 30 g Inkubation mit 1 ml Serum bei 32 Probanden

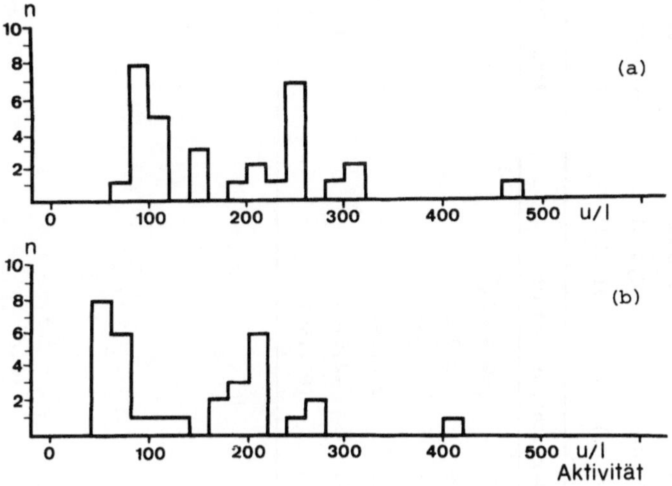

Abb. 6. (a) Verteilung der Serumparaoxonasegesamtaktivität, (b) Verteilung der EDTA-empfindlichen Serumparaoxonaseaktivität bei 32 Probanden

Abb. 7. Verteilung der EDTA-stabilen Serumparaoxonaseaktivität bei 32 Probanden

phin bewirkt. Die Autoren verwenden u.a. ein gereinigtes Cholinesterasepräparat aus menschlichem Serum. Cholinesterasen werden durch Paraoxon gehemmt.

Für die menschliche Serumcholinesterase ist ein Polymorphismus bekannt. Außerdem wurden einige Träger eines "silent gene" ohne meßbare Cholineseraseaktivität im Serum gefunden (Goedde u. Altland 1975). Interessant ist, daß Lockridge et al. (1980) bei einem Probanden mit "silent gene" im Serum keine Hydrolyse von Heroin feststellen konnten.

Tabelle 1. Mittelwerte, Minima- und Maximawerte, sowie Konfidenzbereiche für den Heroinabbau

Nr.		n	Mittelwert	Stand.-Abw.	Schiefe	Min.-Wert	Max.-Wert
1	Heroinabbau 10 min	32	0,4327 µMol	0,1223	0,5937	0,2160	0,7128
2	Heroinabbau 20 min	32	0,7184 µMol	0,1204	0,7380	0,5400	1,0152
3	Heroinabbau 30 min	32	0,9561 µMol	0,1640	1,8891	0,7236	1,5768
4	Gesamtaktivität	32	181,1884 U/l	92,6849	0,9922	77,1300	468,7800
5	Restaktivität	32	38,4275 U/l	8,4181	-0,1945	18,8500	51,4200
6	Diff.-Aktivität	32	142,7609 U/l	91,5283	0,9035	42,8500	419,9300

Nr.		n	Konf.-Bereich für P=0.01		Konf.-Bereich für P=0.05	
1	Heroinabbau 10 min	32	0,3733	0,4920	0,3886	0,4768
2	Heroinabbau 20 min	32	0,6600	0,7768	0,6749	0,7618
3	Heroinabbau 30 min	32	0,8766	1,0357	0,8970	1,0152
4	Gesamtaktivität	32	136,2293	226,1476	147,7722	214,6047
5	Restaktivität	32	34,3441	42,5109	35,3925	41,4625
6	Diff.-Aktivität	32	98,3628	187,1591	109,7617	175,7602

Tabelle 2. Korrelationskoeffizientenmatrix[1]

	1	2	3	4	5	6
1	1.0000 **					
2	0.8866 **	1.0000 **				
3	0.8387 **	0.9197 **	1.0000 **			
4	0.1968 –	0.1955 –	0.1867 –	1.0000 **		
5	0.2768 –	0.3188 –	0.3555 –	0.1820 –	1.0000 **	
6	0.1738 –	0.1686 –	0.1563 –	0.9959 **	0.0923 –	1.0000 **

[1] 1,2,3 = Heroinabbau nach 10 min, 20 min, 30 min (μMol)
    4 = Paraoxonasegesamtaktivität (U/l)
    5 = EDTA-stabile Paraoxonaseaktivität (U/l)
    6 = EDTA-empfindliche Paraoxonaseaktivität (U/l)
  ** = signifikant von Null verschieden
  – = nicht signifikant von Null verschieden

"Atypische" Cholinesterase hydrolysierte zwar Heroin, jedoch betrug die k_m 0,45 mM statt 0,11 wie bei dem am häufigsten vorkommenden Cholinesterase-Typ ("usual").

Literatur

Aldridge WN (1953a) Serum esterases. 1. Two types of esterase (A and B) hydrolysing p-nitrophenyl acetate, propionate and butyrate, and a method of their determination. Biochem J 53:110–117

Aldridge WN (1953b) Serum esterases. An enzyme hydrolysing p-nitrophenyl phosphate (E 600) and its identity with the A-esterase of mammalian sera. Biochem J 53: 117-124

Erdös EG, Boggs LE (1961) Hydrolysis of paraoxon in mammalian blood. Nature 190: 716-717

Geldmacher-v. Mallinckrodt M, Hommel G, Dumbach J (1979) On the genetics of the human serum paraoxonase (EC 3.1.1.2). Hum Genet 50:313-326

Geldmacher-v. Mallinckrodt M, Diepgen TL, Duhme C, Hommel G (im Druck) A study of the polymorphism and ethnic distribution differences of human serum paraoxonases.

Goedde HW, Agarwal DP (1981) Alkohol-metabolisierende Enzyme: Eigenschaften, genetisch bedingte Heterogenität und Bedeutung für den Alkoholstoffwechsel des Menschen. J Clin Chem Clin Biochem 19:179-189

Goedde HW, Altland K (1975) Genetisch bedingte Variabilität der Arzneimittelwirkung. Med Klin 65:1507-1517

Harada S (1982) Diskussionsbemerkung International Titisee-Symposium on alcohol metabolism in humans and its enzymes. Titisee 21.-24.1.1982

Krisch K (1968) Enzymatische Hydrolyse von Diäthyl-p-nitrophenyl-phosphat durch menschliches Serum. Z Klin Chem Klin Biochem 6:41-45

Lockridge O, Mottershaw-Jackson N, Eckerson HW, La Du BN (1980) Hydrolysis of diacetylmorphine (Heroin) by human serum cholinesterase. J Pharmacol Exp Ther 215: 1-8

Nakamura GR, Thornton JI, Noguchi TT (1975) Kinetics of heroin deacetylation in
  aqueous alkaline solution and in human serum. J Chromatogr 110:81-89
Poore RE, Neal RA (1972) Evidence for extrahepatic metabolism of parathion. Toxicol Appl Pharmacol 23:759-768
Skinjaric-Spoljar M, Reiner E (1968) Hydrolysis of diethyl-p-nitrophenylphosphate
  and ethyl-p-nitrophenyl-ethylphosphonate by human sera. Biochim Biophys Acta
  165:289-292
Smith DA, Cole WJ (1976) Identification of an arylesterase as the enzyme hydrolysing diacetylmorphine (Heroin) in human plasma. Biochem Pharmacol 25:367-370
Smith PT, Hirst M, Gowdey CW (1978) Spontaneous hydrolysis of heroin in buffered
  solutions. Can J Physiol Pharmacol 56:665-667
Victor N, Hörmann A, Eder L (1973) Statsys, Beschreibung und Anleitung zur Benutzung
  der Programme unter dem Betriebssystem BSV der Siemens 40004/46, GSF-Bericht MD
  24. Ges. für Strahlen- und Umweltforschung mbH, München

Butalbital- und Propyphenazonspiegel im Blut nach Einnahme von therapeutischen Dosen Optalidon

K.-J. Goebel und S. Goenechea

Zusammenfassung

Die Blutspiegelkurven von Butalbital und Propyphenazon werden nach ein- und zweimaliger Optalidoneinnahme (je 2 Dragees) dargestellt. Während Propyphenazon schnell
resorbiert und eliminiert wird, verweilt Butalbital sehr lange im Blut; noch 38 h
nach der zweiten Einnahme (je 100 mg Butalbital innerhalb von 5 h) wurden Butalbitalkonzentrationen zwischen 1,1 und 1,2 mg/l Blut festgestellt.

Summary

The blood levels of butalbital and prophyphenazone are given after taking Optalidon
once or twice (two dragees for each dose). While prophyphenazone is quickly reabsor-
bed and eliminated, butalbital remains in the blood for a long time; even 38 h after
the second dose (100 mg butalbital within 5 h) butalbital concentrations of between
1.1 and 1.2 mg/liter blood were determined.

Einleitung

Bei Verdacht auf eine medikamentöse Beeinflussung der Fahrleistung von
Kraftfahrern wird meistens Harn, manchmal Blut und in einigen Fällen
beides asserviert.

Der Harn stellt ein ausgezeichnetes Material für die Durchführung von
allgemeinen Analysen auf Arzneimittel dar. Der Beweiswert quantitativer Harnuntersuchungen ist aber meistens sehr beschränkt.

Anderes erwartet man von einer quantitativen Blutspiegelmessung. Aus
der Höhe des Arzneimittelspiegels versucht man Rückschlüsse auf die
Dosis bzw. auf die zu erwartende Wirkung zu ziehen; sie sollte jedenfalls - meistens zusammen mit anderen Daten - als Grundlage für die
Beurteilung der Stärke einer Medikamentenbelastung dienen.

Eine zuverlässige Deutung von Arzneimittelspiegeln im Blut ist allerdings nur möglich, wenn - unter Berücksichtigung der interindividuel-
len Unterschiede - die bei therapeutischer Einnahme erreichbaren Konzentrationsbereiche bekannt sind.

Von vielen der gängigen Wirkstoffe fehlen aber die entsprechenden Daten, so z.B. von Butalbital (5-Allyl-5-isobutyl-barbitursäure), das in
den Optalidon-Dragees enthalten ist. Auch über Propyphenazon - ebenfalls eine Komponente des Optalidon - ist bisher wenig bekannt.

Bei den vorliegenden Untersuchungen wurden die Butalbital- und Pro-
pyphenazon-Blutspiegel nach einmaliger und nach zweifacher Einnahme
von Optalidon-Dragees in Abhängigkeit von der Zeit bestimmt.

Material und Methodik

1. Geräte

Gaschromatograph (Doppelsäulengerät) Modell 3400 der Fa. Dani (Mailand)
mit FID
Glassäulen: 2 m Länge und 3 mm Innendurchmesser
Zentrifugengläser (30 ml Inhalt) mit Schliffstopfen
Pipetten 1, 2, 4, 5, 6, 10, 12 ml
Hamilton-Spritzen 1 µl und 100 µl
Zentrifuge.

2. Chemikalien

Butalbital (Fa. Sandoz AG, Nürnberg)
Propyphenazon (Fa. Hoffmann-La Roche AG, Grenzach)
Hexamethyldisilazan (HMDS) und Dimethyldichlorsilan (DMCS) (Fa. Fluka,
Neu-Ulm)
Toluol zur Analyse (Fa. E. Merck, Darmstadt)
Dichlormethan z.A. (Fa. E. Merck, Darmstadt)
Natriumsulfat wasserfrei (Fa. E. Merck, Darmstadt)
Docosan und Tricosan (Fa. Fluka, Neu-Ulm)
Stickstoff (nachgereinigt)
Trägermaterialien und Gase für die Gaschromatographie werden in Ab-
schnitt 5 angegeben.

3. Versuchsanordnung

Drei freiwillige Probanden (im Alter zwischen 27 und 48 Jahren) führr-
ten insgesamt 5 Versuche durch.
Versuchsreihe 1: Zwei Probanden nahmen hier je einmal 2 Dragees Optalidon (entsprechend 100 mg Butalbital und 250 mg Propyphenazon). Bei
einem Probanden wurden dann 30 min bis 9 h nach Einnahme 5 Blutproben,
bei dem anderen 30 min bis 11,5 h 6 Blutproben abgenommen und untersucht.

Versuchsreihe 2: Drei Probanden nahmen hier im Abstand von 5 h jeweils
2 Optalidon-Dragees. Von den Probanden wurden dann zwischen 30 min
nach der ersten Einnahme bis ca. 43 h nach Versuchsbeginn insgesamt
10 Blutproben entommen und analysiert.

4. Extraktion des Blutes

2 ml Blut wurden in einem Zentrifugenglas mit 12 ml Dichlormethan mind.
5 min lang geschüttelt, zentrifugiert und 10 ml der organischen Phase
abgetrennt. Die Extraktion wurde dann mit 4 ml Dichlormethan wiederholt;
4 ml der organischen Phase wurden abgenommen. Die Dichlormethanphasen
wurden vereinigt und über Na_2SO_4 getrocknet (Spatelspitze).

Dann wurden 12 ml der Dichlormethan-Phase in einem Zentrifugenglas mit
6 ml einer 0,05 N NaOH-Lösung extrahiert. Zur Bestimmung des Propyphena-
zons wurden 10 ml der Dichlormethan-Phase (Extrakt 1) entnommen, über
Na_2SO_4 getrocknet und nach Zugabe von 1 ml Tricosan-Lösung (1 µg/ml)
als innerem Standard im N_2-Strom eingedampft. Der Rückstand wurde in
25 µl CH_2Cl_2 gelöst und davon 1 µl in den Gaschromatographen eingespritzt.

Zur Bestimmung des Blutalbitalspiegels wurden 5 ml der 0,05 N NaOH-Lösung durch Zugabe von 0,1 ml 5 N HCl angesäuert und mit 10 ml Dichlormethan im Zentrigugenglas extrahiert (Extrakt 2).

9 ml der organischen Phase wurden nach Trocknung mit Na_2SO_4 mit 1 ml
Docosan-Lösung (1 µg/ml) als innerem Standard im N_2-Strom eingedampft.

Der Rückstand wurde in 25 µl Dichlormethan gelöst; 1 µl davon wurde in den Gaschromatographen gespritzt.

5. Gaschromatographie

Die Glassäulen wurden vor der Füllung 1 h lang mit einer 5%igen Lösung von HMDS-DMCS (2:1) in Toluol vorbehandelt.

Die gaschromatographischen Arbeitsbedingungen waren:

a) Butalbital
Stationäre Phase: GP 2% SP-2110/ 1% SP 2510 DA auf Supelcoport 100/120 mesh.; Trägergas: He, 35 ml/min; Ofentemperatur: 190° C (Isotherm).

b) Propyphenazon
Stationäre Phase: GP 3% SP-2250 DB auf Supelcoport 100/120 mesh.; Trägergas: He 35 ml/min; Ofentemperatur: 195° C (isotherm).

Ergebnisse und Diskussion

In Abb. 1 ist die Konzentration von Propyphenazon und Butalbital im Blut im Verlauf von 8 bzw. 11,5 h nach einmaliger oraler Einnahme von zwei Optalidon-Dragees dargestellt. Das Maximum des Propyphenazon- und Butalbitalspiegels wurde etwa 60 min nach Versuchsbeginn erreicht.

Die Butalbitalkonzentration (etwa 2,0 bzw. 2,2 mg/l) lag bei beiden Probanden deutlich über der von Propyphenazon (ca. 1,4 bzw. 1,7 mg/l).

Abb. 1 zeigt, daß der Propyphenazonspiegel danach rasch absinkt; 5 h nach der Einnahme lagen die Konzentrationen bei beiden Versuchspersonen unter 0,2 mg/l Blut.

Die Kurvenverläufe des Propyphenazon stehen im Einklang mit den Untersuchungsergebnissen von Harzer (1981) und Sioufi u. Marfil (1978); allerdings lagen die von Sioufi u. Marfil (1978) und uns gemessenen Maximalkonzentrationen deutlich unter den von Harzer (1981) angegebenen Werten (2,3 mg/l eine Stunde nach Einnahme von nur 125 mg Propyphenazon).

Wie ersichtlich (Abb. 1), ist der Kurvenverlauf bei Butalbital ganz anders. Der Butalbitalspiegel fiel zunächst relativ schnell ab. Dann, etwa 5 bis 11 h nach Einnahme, beobachtete man eine nur geringfügige Verringerung der Konzentration (von etwa 1,56 auf etwa 1,40 mg/l). Bei einem Probanden wurde 11,5 h nach Einnahme ein Butalbitalspiegel von 1,38 mg/l festgestellt; bei den anderen betrug die Konzentration 9 Stunden nach Einnahme 1,44 mg/l.

Abbildung 2 zeigt die Kurvenverläufe des Propyphenazon- und Butalbitalspiegels nach 2maliger Einnahme von je 2 Optalidon-Dragees, wobei die zweite Einnahme 5 h nach der ersten erfolgte.

Auch hier wurden die Höchstkonzentrationen von Propyphenazon etwa 1 h nach Einnahme festgestellt. Sie waren nach der zweiten Applikation aufgrund der raschen Elimination mit Werten zwischen 1,8 und 1,2 mg/l größenordnungsmäßig mit denen nach der ersten Einnahme (ca. 1,5 bis 0,9 mg/l) vergleichbar (Abb. 2).

Fünf h nach der zweiten Einnahme lagen die Propyphenazonkonzentrationen bei einem Probanden bei 0,46 mg/l; bei den beiden anderen Versuchspersonen wurden Blutspiegel von 0,21 bzw. 0,17 mg Propyphenazon pro Liter gemessen.

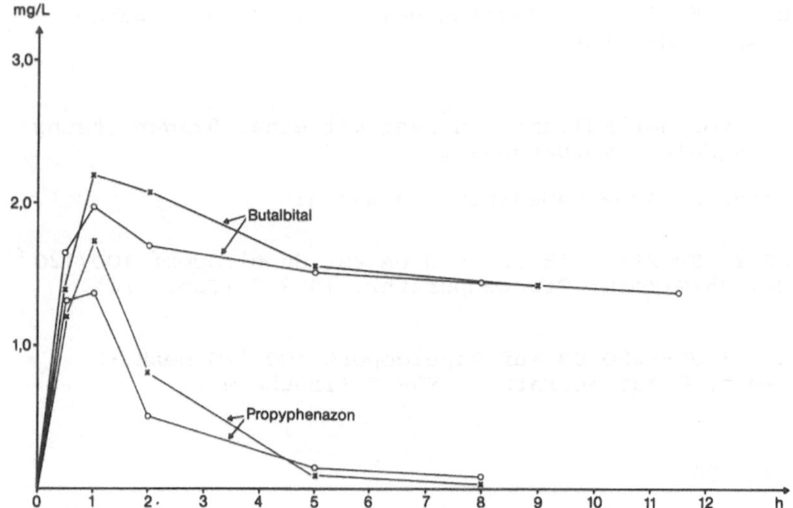

Abb. 1. Konzentration von Butalbital und Propyphenazon im Blut nach einmaliger Einnahme zweier Optalidon-Dragees in Abhängigkeit von der Zeit

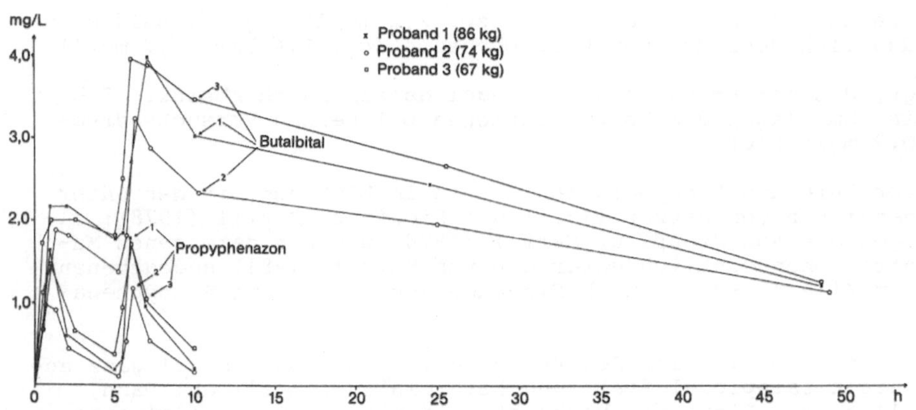

Abb. 2. Blutspiegelkurven von Butalbital und Propyphenazon nach 2maliger Einnahme von je 2 Optalidon-Dragees innerhalb von 5 h

Erwartungsgemäß sehen die Blutspiegelkurven des Butalbital ganz anders aus.

Nach der zweiten Einnahme wurde der Gipfel bei zwei Probanden nach einer Stunde erreicht; die Blutspiegel lagen bei 3,23 und 3,96 mg/l. Bei der dritten Versuchsperson wurde die maximale Konzentration (3,97 mg/l) nach 2 h gemessen.

Auch hier beobachtete man in den nächsten 3–4 h, mit einer Ausnahme (Proband 3), einen relativ raschen Abfall des Butalbitalspiegels.

Forensisch besonders hervorzuheben sind – in Anbetracht der relativ geringen Butalbitaldosis (100 mg/Einnahme) – die Höhe des gemessenen

Blutspiegels (v.a. nach der zweiten Einnahme) und die sehr lange Eliminationshalbwertzeit dieses Barbiturats. Noch 43 h nach Versuchsbeginn, d.h. 38 h nach der zweiten Optalidoneinnahme, lagen die Butalbitalkonzentrationen bei allen drei Probanden zwischen etwa 1,1 und 1,2 mg/l.

Diese Tatsache ist besonders zu beachten bei der Beurteilung von Barbituratbefunden in Blutproben von Verkehrsteilnehmern, da hier die Befragung über eine eventuelle Medikamenteneinnahme sich auf die letzten 24 h vor der Tat- bzw. Blutentnahmezeit beschränkt.

Literatur

Harzer K (1981) Blutspiegel von Arzneimitteln. Toxichem 18:12-13
Sioufi A, Marfil F (1978) Gaschromatographie determination of Phenazone derivates in human plasma. II. Propyphenazone. J Chromatog 146:508-511

Tödliche Isopropanolvergiftung

R. Iffland

Zusammenfassung

Es wird über eine tödliche Isopropanolvergiftung einer 32jährigen Frau berichtet.
Neben Isopropanol, seinem Metaboliten Aceton wurde in Geweben, Organen und Körperflüssigkeiten noch Äthanol nachgewiesen. Diskutiert wird anhand der zu Isopropylal-
koholvergiftungen vorliegenden Literatur für den berichteten Fall die Problematik
der Klärung der Todesursache

Summary

The fatal intoxication of a 32-year-old female by isopropanol is reported. Isopropanol and its metabolite acetone and ethanol were determined in several tissues
and body fluids by head space, gas chromatography. The case is compared with results
in the literature, and the uncertainty of the cause of death in discussed.

Einleitung

Als Ersatz für den besteuerten Äthylalkohol wird Isopropylalkohol in Kosmetika wie Haarwässern, Desinfektions- und Reinigungsmitteln verwendet
(Velvart 1981; Wirth u. Gloxhuber 1981). Im Gebiet der Bundesrepublik
Deutschland ist er für innere Arzneimittel nicht zugelassen (Wirth u.
Gloxhuber 1981). Seine narkotische und toxische Wirkung soll 2- bis
3mal so stark sein wie die des Äthanols (Velvart 1981; Wirth u. Gloxhuber 1981). Der Ausscheidung als unveränderte Substanz mit dem Urin
oder der Atemluft kommt wie beim Äthylalkohol nur geringe Bedeutung
zu. Im Körper wird Isopropanol durch das ADH-System weitgehend zu Aceton abgebaut. Im Gegensatz zum Äthanol soll es sich dabei jedoch um
eine Reaktion 1. Ordnung mit einer Halbwertszeit von 2,5-3 h handeln
(Daniel et al. 1981). Über tödliche Isopropanolvergiftungen mit umfas-
sender chemisch-toxikologischer Analytik von Körperflüssigkeiten und
Organen findet sich in der Literatur nur wenig. Aus den USA wurde kürzlich eine Arbeit bekannt, in der die Blutspiegel bei 57 tödlich verlaufenen Isopropanolvergiftungen genannt werden (Alexander et al. 1982).

Kasuistik

(L.-Nr. 789/80) Eine 32jährige, 77 kg schwere und 177 cm große Frau
wurde von ihrem Lebensgefährten, als dieser am Abend von der Arbeit
zurückkehrte, tot auf dem Bett vorgefunden. Vor dem Mund soll Schaum
gestanden haben. Von ihr war bekannt, daß sie zeitweise zu übergroßem
Alkoholkonsum neigte. Deswegen hatte der Lebensgefährte sie am Morgen
des Todestages in der Wohnung eingeschlossen und, wie er glaubte, sämtliche alkholischen Getränke entfernt. Neben der Toten wurden zwei leere
Flaschen - Mineralwasser und Tonic Water - gefunden. Bei genauerer
Durchsicht der Wohnung wurden noch eine leere Flasche Korn (32 Vol %),

die ursprünglich halb gefüllt gewesen war, und ebenfalls leere Flaschen
Franzbranntwein - 250 ml -, Birkenhaarwasser - 500 ml - und Schaumbad-
Badezusatz - 100 ml - entdeckt. Franzbranntwein besteht fast zu 100%
aus Äthanol und Birkenhaarwasser fast vollständig aus Isopropylalkohol.

Den Obduzenten war nur bekannt, daß es sich um eine Alkoholikerin handelte, die sehr wahrscheinlich einen Badezusatz getrunken habe. Die
Obduktion ergab keinen Hinweis auf äußere Gewalteinwirkung oder krankhafte Organveränderungen, die den Tod erklären könnten. Von dem Schaum-
bad wurden Reste bis in die Einmündung des Dünndarms in den Dickdarm
gefunden.

Chemisch-toxikologische Untersuchungen

Eine toxikologische Untersuchung auf die wichtigsten Medikamentenwirkstoffe im Blut ergab keinen Hinweis auf eine Medikamenteneinwirkung.
Dagegen wurden bei einer gaschromatographischen Screeninguntersuchung
des Blutes auf leichtflüchtige organische Lösungsmittel Äthanol, Aceton und Isopropanol gefunden.

Die quantitative gaschromatographische Untersuchung auf Äthanol, Ace-
ton und Isopropanol in Körperflüssigkeiten und Geweben wurde nach der
Head-space-Methodik mit einem Gaschromatograph Modell F 45 der Fa. Per-
kin-Elmer Bodenseewerk, ausgerüstet mit FID-Detektor, durchgeführt. Die
Substanzen wurden auf einer 2 m Stahlsäule 1/8" i.D., gefüllt mit 2,5%
Carbowax 1500 auf Chromosorb G AW-DMCS 80/100 mesh, getrennt. Bei einer
Temperatur des Säulenofens von 50° C ergaben sich folgende Retentions-
zeiten: Aceton 1.25 min, Isopropanol 2.10 min, Äthanol 2.35 min und
Diäthylketon als innerer Standard 2.55 min. Die Temperatur des Proben-
tisches war auf 60° C eingestellt.

In Tabelle 1 sind die Konzentrationen der Lösungsmittel und die Wasser-
gehalte für die einzelnen Körperflüssigkeiten und Gewebe zusammengestellt. Dabei wurden die Konzentrationen im Blut auf einen mittleren
Wassergehalt des Blutes von 80%, bei Galle und den Flüssigkeiten des
Intestinalraumes auf die Gesamtflüssigkeitsmenge und bei den Geweben
auf den Wasseranteil berechnet.

Diskussion

Die Verwendung der Head-space-Injection macht den Untersucher unabhängig von langwierigen Vorbereitungen und Fehlereinschleppungen durch
Extraktionen oder Homogenisieren der biologischen Asservate zur Bestimmung der Lösungsmittel. Ebenso sind Verschmutzungen im Einspritz-
block wie bei der direkten Injektion von Blut oder Urin (Manno BR u.
Manno JE 1978; McDonald et al. 1975) ausgeschlossen. Gegenüber Porapak-
Säulen (Laham et al. 1979; McDonald et al. 1975) ergeben mit Carbowax 1500 oder Carbowax 20 M belegte Säulen (Laham et al. 1979; Manno
BR u. Manno JE 1978) für Äthyl- und Isopropylalkohol ein geringeres
Tailing. So wurde auch bei der Untersuchung der Gewebeproben eine mittlere Abweichung an jeweils 3 Einzelbestimmungen von 2-3% erreicht.

Wie eine Literaturübersicht zu Isopropanolvergiftungen aus den letzten
20-30 Jahren zeigt, besteht bei rechtzeitiger Entdeckung und Aufnahme
in ein Krankenhaus eine hohe Wahrscheinlichkeit, daß die betreffenden
Personen gerettet werden können. Als wirksame Behandlungsmethoden außer
Magenspülungen werden Hämodialyse (Freireich et al. 1967; King et al.
1970), Peritonealdialyse (Dua 1974) und forcierte Diurese (Daniel et
al. 1981) beschrieben. Ursachen für Isopropanolvergiftungen sind bei

Tabelle 1. Isopropanol-, Aceton- und Äthanolgehalte in Körperflüssigkeiten, Organen und Geweben zu L.-Nr. 789/80

Asservat	Wasser-gehalt	Isopropanol	Aceton	Äthanol
	%	‰	‰	‰
Blut Ven.fem.[1]	72,3	0,61	0,68	0,15
Blut Herzkammern[1]	74,9	0,69	0,58	nicht gemessen
Mageninhalt[2]	92,7	0,25	0,28	0,15
Dünndarminhalt[2]	88,5	0,37	0,28	0,28
Galle[2]	83,8	0,77	0,46	0,26
Leber[3]	63,3	1,34	0,20	0,05
Niere[3]	77,5	0,75	0,64	0,14
Hirn[3]	78,2	0,55	0,72	0,17
Muskulatur Ober-schenkel[3]	74,0	0,57	0,66	0,19
Psoas[3]	74,5	0,57	0,68	0,16

[1] Konzentrationen berechnet auf mittleren Wassergehalt des Blutes von 80%

[2] Konzentrationen berechnet auf Gesamtmenge

[3] Konzentrationen berechnet auf Wasseranteil

Kindern falsche Behandlungsmethoden (Garrison 1953; Newman 1951; Senz u. Goldfarb 1958), bei Erwachsenen Suizidversuche (Adelson 1962) und vorwiegend bei Trinkern ein Ersatz für fehlende andere alkoholische Getränke (Adelson 1962; Ashkar u. Miller 1971; Daniel et al. 1981; King et al. 1970; McCord et al. 1948). Die Angaben über die aufgenommenen Isopropanolmengen sind naturgemäß ungenau, Mengenangaben von 500 bis zu 1000 ml liegen vor. Nicht zu ersehen ist, ob es sich in all diesen Fällen um reine oder auch verdünnte Isopropylalkohollösungen gehandelt hat. Gemeinsam ist allen Fällen, daß die Patienten in komatösem Zustand in die Krankenhäuser eingeliefert wurden.

Bei den Kindern wurde Isopropanol in einem Fall rektal (McDonald et al. 1975) und in zwei Fällen perkutan aufgenommen (Garrison 1953; Senz u. Goldfarb 1958), wobei im Blut Konzentrationen von 1.3 ‰ erreicht wurden. McCord et al. (1948) fanden bei Erwachsenen, die die Vergiftung überlebten, nach peroraler Aufnahme Blutkonzentrationen in einem Fall von 4,5 ‰ und in zwei weiteren Fällen von 1,5-1,6‰. Über hohe überlebte Isopropylalkoholkonzentrationen im Blut berichten auch Freireich et al. (1967) - 3,46‰ - und King et al. (1970) - 4,4‰ -. Daniel et al. (1981) stellten bei zwei Patienten unmittelbar nach der Einlieferung in das Krankenhaus 1,7‰ bzw. 1,0‰ Isopropanol im Blut fest. Vergleicht man mit diesen Konzentrationen die Werte, die bei tödlich verlaufenen Vergiftungen im Blut gemessen wurden, so ergibt sich aus den Isopropanolkonzentrationen im Blut kein Hinweis darauf, daß bestimmte Konzentrationen zwangsläufig zum Tode führen. Adelson (1962) beschreibt zwei tödliche Vergiftungen mit Isopropylgehalten von 1,5‰ im Blut. In einem Fall trat der Tod noch auf dem Transport in das Krankenhaus ein, in dem anderen 3 h nach der Einlieferung in das Krankenhaus bzw. 4 h nach dem Isopropanolgenuß. In beiden Fällen war kein Äthylalkohol im Blut nachweisbar.

Neben Isopropanol ist dessen Metabolit Aceton bei diesen Vergiftungen im Körper in hohen Konzentrationen nachweisbar und als toxisches Agens zu berücksichtigen. So sollen nur 10-20% des Isopropylalkohols unabgebaut über Urin und Atemluft ausgeschieden werden, während der Rest durch die Alkoholdehydrogenase vorwiegend in der Leber metabolisiert wird (Ashkar u. Miller 1971; Nordmann et al. 1973). Auffallend ist der lange Verbleib des Acetons im Körper in hohen Konzentrationen auch noch nach Tagen, wenn Isopropanol bereits vollständig abgebaut oder ausgeschieden ist (Daniel et al. 1981; Freireich et al. 1967; McDonald et al. 1975). Aceton wird im Körper nur in geringem Maße in andere Stoffe umgewandelt und muß daher vorwiegend über die Nieren und die Lunge ausgeschieden werden. Es zeigt sich, daß die Vergiftungssymptome nach Isopropylalkoholaufnahme weniger mit den Aceton- als den Isopropanolkonzentrationen korrelieren (Dua 1974; June 1978).

Der hier mitgeteilte Fall einer Isopropanolvergiftung weist gegenüber den in der Literatur beschriebenen Fällen im Blut nur relativ geringe Konzentrationen von 0,6-0,7 %o an Aceton und Isopropanol und zusätzlich einen Äthanolgehalt von 0,1-0,2% auf. Aus dem Verhältnis Metabolit/Ausgangssubstanz ließe sich bei Kenntnis der Abbaurate des Isopropanols der ungefähre Zeitabstand zwischen Todeseintritt und Isopropanolaufnahme ableiten. Bei Ratten stellten Laham et al. (1979) nach Isopropanolgaben von 0,5 g/kg - 2,5 g/kg 2-4 h später im Blut gleiche Konzentrationen von Ausgangssubstanz und Metabolit fest. Gleichzeitige Messungen der Isopropanol- und Acetongehalte beim Menschen in Vergiftungsfällen teilten King et al. (1970), Freireich et al. (1967) und Daniel et al. (1981) mit. So fanden Daniel et al. (1981) beim Menschen Halbwertszeiten von 2,5-3 h für die Isopropanolentgiftung und für den Abbau im Gegensatz zum Äthanol eine Reaktion erster Ordnung. Daraus ließe sich ableiten, daß bei der jungen Frau zwischen dem Tod und dem Trinken des Haarwassers nur ein Zeitraum von etwa 3 h gelegen hätte, wenn nicht konkurrierend zum Isopropanol auch Äthanol mit der Leber-ADH abgebaut würde. Dies bedeutet, daß bei gleichzeitiger Anwesenheit von Äthylalkohol sich der Zeitraum verlängert, in dem durch den Abbau gleiche Konzentrationen von Aceton und Isopropanol im Körper erreicht werden. Der Annahme, daß Isopropanol langsamer als Äthanol abgebaut wird, widersprechen die Ergebnisse von Freireich et al. (1967) und Daniel et al. (1981).

Die in den Intestinalräumen, Organen, Körperflüssigkeiten und -geweben festgestellten Konzentrationen an Isopropanol, Aceton und Äthanol entsprechen einer Gleichverteilung. Daraus ließe sich ableiten, daß ca. 100-150 ml des Birkenhaarwassers getrunken wurden, eine Menge, die im unteren Bereich der als letal angesehenen Dosen liegt und ausreicht, einen komatösen Zustand herbeizuführen. Nach Adelson (1962) kommt der Dauer dieses Zustandes erhebliche Bedeutung für die Letalität einer aufgenommenen Dosis zu. Durch Äthanol, das in keinem der in der Literatur berichteten Vergiftungsfälle durch Isopropylalkohol auch nachgewiesen wurde, wird die atemdepressive Wirkung des Isopropanols gesteigert (Daniel et al. 1981). Synergistisch sind möglicherweise auch die Inhaltsstoffe des im Magen-, Darmbereich befindlichen Schaumbades zu berücksichtigen, wobei die Obduktion eine Schaumaspiration in der Lunge ausschloß.

Literatur

Adelson L (1962) Fatal intoxication with isopropyl alcohol (rubbing alcohol). Am J Clin Pathol 38:144-151
Alexander CG, McBay AJ, Hudson RP (1982) Isopropanol and isopropanol deaths - ten years' experience. J Forensic Sci 27:541-548

Ashkar FS, Miller R (1971) Hospital ketosis in the alcoholic diabetic. South Med J 64:1409–1411
Daniel DR, McAnalley BH, Garriott JC (1981) Isopropyl alcohol metabolism after acute intoxication in humans. J Anal Toxicol 5:110–112
Dua SL (1974) Peritoneal dialysis for isopropyl alcohol poisoning. JAMA 230:35
Freireich AW, Cinque TJ, Xanthaky G, Landau D (1967) Hemodialysis for isopropanol poisoning. N Engl J Med 277:699–700
Garrison RF (1953) Acute poisoning from use of isopropyl alcohol in tepid sponging. JAMA 152:317–318
June CH (1978) Alcoholic ketoacidosis and isopropyl alcohol intoxication. Arch Intern Med 138:660
King LH, Bradley KP, Shires DL Jr (1970) Hemodialysis for isopropyl alcohol poisoning. JAMA 211:1855
Laham S, Potvin M, Schrader K (1979) Microméthode de dosage simultané de l'alcohol isopropylique et de son métabolite l'acétone. Chemosphere 8:79–81
Manno BR, Manno JE (1978) A simple approach to gas chromatographic microanalysis of alcohols in blood and urine by a direct-injection technique. J Anal Toxicol 2:257–261
McCord WM, Switzer PK, Brill HH (1948) Isopropyl alcohol intoxication. South Med J 41:639–642
McDonald IA, Hackett LP, Dusci LJ (1975) The identification of acetone and the detection of isopropanol in biological fluids by gas chromatography. Clin Chim Acta 63:235–237
Newman AJ (1951) Isopropanol administered rectally. Am J Dis Child 81:798–800
Nordmann R, Ribiere C, Rouach H, Beauge F, Giudicelli Y, Nordmann J (1973) Metabolic pathways involved in the oxidation of isopropanol into acetone by the intact rat. Life Sci 13:919–932
Senz EH, Goldfarb DL (1958) Coma in a child following use of isopropyl alcohol in sponging. J Pediatr 53:322–323
Velvart J (1981) Toxikologie der Haushaltsprodukte. Huber, Bern Stuttgart Wien
Wirth W, Gloxhuber C (1981) Toxikologie. Thieme, Stuttgart New York

Nachweis schwer flüchtiger extrahierbarer Gifte in fäulnisverändertem Organmaterial

H. Käferstein

Zusammenfassung

In hochfaulem Leichenmaterial ist die Durchführung chemisch-toxikologischer Analysen zum Nachweis schwer flüchtiger extrahierbarer Gifte wesentlich erschwert. Zur Probenaufarbeitung auf unbekannte Giftstoffe sind unter Berücksichtigung der Aufarbeitungsverluste und der Reinheit der Extrakte die Verfahren nach Turner (1964) (Perchlorsäure), Alha u. Lindfors (1959) (Aceton, abgekürzte Methode) und Stevens (1967) (Aluminiumchlorid-Salzsäure) besonders geeignet. Durch Analyse verschiedener Organe sind auch in vielen Fällen weit fortgeschrittener Leichenerscheinungen Vergiftungen noch nachweisbar. Es fehlt in der Literatur allerdings für eine Beurteilung vielfach noch an Vergleichsfällen.

Summary

In badly decayed cadavers it is very difficult to conduct chemical-toxicological analyses to detect heavy volatile extractible poisons. For examination of a specimen for unknown poisons, the techniques of Turner (1964; perchloric acid), Alha and Lindfors (1959; acetone, shortened method), and Stevens (1967; aluminium chloride, hydrochloric acid) are particularly suitable with regard to losses form examination and cleanliness of the extracts. In many cases poisoning is still evident from analysis of various organs in cadavers in advanced stages of decay. However, there is still a lack of cases for comparison in the literature.

Einleitung

Ein für den forensischen Toxikologen wichtiges Problem ist der Giftnachweis in Leichen mit fortgeschrittenen Leichenerscheinungen, vereinfachend oft als "Fäulnisleichen" bezeichnet. Dabei ist keineswegs nur an exhumierte Leichen zu denken, denn die anaeroben Fäulnisprozesse setzen bei höheren Temperaturen, z.B. bei im Bett gefundenen Leichen, in stark geheizten Räumen oder im Hochsommer, sehr rasch ein, so daß bereits innerhalb weniger Tage ausgeprägte Leichenerscheinungen beobachtet werden können. Daher werden etwa 5-6% unseres Obduktionsgutes bereits im Zustand mehr oder minder weit fortgeschrittener postmortaler Prozesse eingeliefert.

Durch die Leichenfäulnis werden die organischen Gifte, ebenso wie organische Körperbausteine zersetzt. Eine schematische Darstellung für Barbiturate ist von Schmidt (1958, 1969) gegeben. In dieser Arbeit (1969) wird auch ausführlicher auf den postmortalen Abbau, ferner auf die Bildung von Störsubstanzen eingegangen. Denn bei unspezifischen Nachweismethoden sind durch Fäulnisprodukte falsch positive Ergebnisse nicht auszuschließen, z.B. durch Fäulnisalkaloide (Selmi 1878) oder Fäulnisbarbiturate (Nickolls 1951).

Aussagekräftige Untersuchungsergebnisse können daher von dem Toxikologen nur dann vorgelegt werden, wenn für die jeweilige Fragestellung

geeignete Aufarbeitungs- und spezifische Nachweisverfahren bekannt
sind. Gerade bei fäulnisveränderten Leichen ist in vielen Fällen ein
gerichteter Verdacht jedoch nicht gegeben oder ein vager Verdacht aus
der Vorgeschichte bestätigt sich nicht. Daher ist häufig eine allgemeine Untersuchung auf schwer flüchtige extrahierbare Giftstoffe vorzunehmen. Dazu müssen Verfahren angewendet werden, die es gestatten,
Gruppen von Noxen zu erfassen.

Probenaufarbeitung

Der Aufarbeitung des Probenmaterials kommt bei faulen Geweben eine besondere Bedeutung zu. Nicht nur sollen - wie bei frischem Material -
möglichst alle potentiellen Noxen trotz ihrer großen chemischen Unterschiede quantitativ erfaßt werden, sondern es sollen auch bereits
durch diesen Untersuchungsgang die bei Fäulnisgeweben reichlich vorhandenen Störsubstanzen weitestgehend abgetrennt werden. Beide Forderungen stehen allerdings zumindest teilweise in Widerspruch zueinander, so daß gerade bei der Aufarbeitung fauler Organe hinsichtlich
der Reinheit und Ausbeute an Wirksubstanzen Kompromisse eingegangen
werden müssen.

In der Literatur sind - ohne speziell auf die Problematik fäulnisveränderten Untersuchungsmaterials einzugehen - eine Vielzahl von Methoden beschrieben, mit denen ein allgemeines Screening auf neutrale,
saure und basische Pharmaka und Drogen vorgenommen werden kann. Übersichten geben Niyogi (1970) bzw. Müller (1976). Seitdem sind noch
mehrere neue Vorschriften publiziert worden. - Ein Vergleich verschiedener Verfahren hinsichtlich ihrer Leistungsfähigkeiten als "general
screening method" unter dem Gesichtspunkt der Aufarbeitung fäulnisver-
änderter Gewebe ist von Käferstein (1979, 1980) vorgenommen worden. In
Tabelle 1 sind Ergebnisse vergleichender Untersuchungen wiedergegeben.
Insgesamt 8 Verfahren wurden überprüft, jeweils 4 Aufarbeitungen mit
organischen Lösungsmitteln:

Äthanol (Stas 1851; Otto 1856)
Aceton (abgekürztes Verfahren nach Alha u. Lindfors 1959)
Äthanol-Chloroform-Verfahren (Grusz-Harday 1965)
Kupfersulfat-Methanol-Verfahren (Wawschinek u. Petek 1977)

bzw. Fällungen mit Säuren oder Salzen:

Perchlorsäure-Verfahren (nach Turner 1964)
Aluminiumchlorid-Salzsäure (Stevens 1967)
Wolframat-Verfahren (Valov 1946, zit. nach Curry 1961; Curry 1969)
Ammoniumsulfat-Methode (nach Dusci u. Hacket 1977; Borkowski 1968).

Die Verfahren wurden standardisiert. Jeweils 10 g Gewebe wurden auf-
gearbeitet und die Ausschüttelung mit organischen Lösungsmitteln (zumeist Chloroform) erfolgte in gleicher Weise mit dem 1,5fachen Volumen der wäßrigen Phase. Zur Überprüfung wurden Zusätze zu wirkstoff-
freien Fäulnisgeweben gemacht bzw. faule Organe von Vergiftungsleichen
wurden analysiert. In diese Untersuchungen wurden jeweils Hirn-, Leber-
und Nierengewebe sowie Muskulatur einbezogen, um eine für alle interessierenden Gewebe gültige Aussage treffen zu können.

Das für eine Wirksubstanz jeweils beste Verfahren ist gleich 100 gesetzt, auch wenn die Ausbeuten bei den Zusätzen z.T. deutlich unter
100% lagen. Relevante Unterschiede bei den verschiedenen Organen bezüglich der Wiederfindung zugesetzter Noxen fanden sich nicht.

Unbrauchbar als "general screening method" sind besonders die Ammonium-
sulfat-Aufarbeitungen und die Wolframat-Methoden. Mit Ammoniumsulfat-

Tabelle 1. Vergleich der relativen Ausbeuten verschiedener Aufarbeitungsmethoden zur Untersuchung auf: *1* Phenobarbital, *2* Cyclobarbital, *3* Secobarbital, *4* Carbromal, *5* Carbromid, *6* Bromisoval, *7* Methaqualon, *8* Novonal, *9* Diazepam (*n.u.*: nicht untersucht)

Aufarbeitungsmethode	Wirkstoffe								
	1	2	3	4	5	6	7	8	9
Äthanol	99	100	86	69	75	54	83	91	67
Aceton	90	73	98	90	97	100	68	82	49
Äthanol-Chloroform	100	76	100	57	67	56	52	71	55
Kupfersulfat-Methanol	67	75	62	4o	53	50	42	71	44
Aluminiumchlorid-HCl	73	45	74	57	66	59	100	100	100
Perchlorsäure	73	55	89	100	100	96	100	97	28
Wolframat	79	76	64	38	54	71	6	n.u.	3
Ammoniumsulfat	34	22	5	9	17	33	5	2	13

Aufarbeitungen werden besonders lipophilere Wirksubstanzen ungewöhnlich schlecht erfaßt. Bei den Wolframat-Methoden erbringen bereits die nur schwach basischen Wirkstoffe Methaqualon und Diazepam sehr unbefriedigende Resultate. Für alle getesteten Wirksubstanzen sind unter Berücksichtigung der aufgefundenen Wirkstoffmengen die Aufarbeitungen mit Aceton – abgekürztes Verfahren nach Alha u. Lindfors –, Äthanol, Perchlorsäure und Aluminiumchlorid-Salzsäure am besten geeignet. Von diesen an sich brauchbaren Methoden erweist sich jedoch die Äthanol-Aufarbeitung von Fäulnisgeweben unter dem Gesichtspunkt der abzutrennenden Störsubstanzen als sehr problematisch. Eine so starke und häufige Emulsionsbildung, wie nach Aufarbeitung mit Äthanol, besonders von Hirngewebe, haben wir bei keinem anderen Verfahren feststellen können. – Für ungerichtete Untersuchungen von fäulnisverändertem Untersuchungsgut sind die Aufarbeitungen mit Aceton nach Alha u. Lindfors (1959), Perchlorsäure nach Turner (1964) oder Aluminiumchlorid-Salzsäure (Stevens 1967) vorzuziehen. Es kann keinem dieser Verfahren der Vorzug gegeben werden, da sichere Unterschiede, die für alle Substanzklassen und Organe gelten würden, zwischen diesen Methoden nicht nachweisbar sind. Diese Verfahren sind alle als relativ schonend anzusehen, so daß die Gefahr hydrolytischer Spaltungen säureempfindlicher Pharmaka als gering einzuschätzen ist. Bei einzelnen Benzodiazepinen, wie Camazepam oder Clonazepam wird allerdings zumindest beim Perchlorsäureverfahren mit einer – reversiblen – Ringöffnung zu rechnen sein.

Untersuchungsmaterial

Ebenso wie bei frischen Leichen gilt bei Leichen mit fortgeschrittenen Leichenerscheinungen, daß für eine Beurteilung der Frage, ob eine Vergiftung vorgelegen hat, der Nachweis eines Giftes nur im Magen-Darm-Trakt i.a. nicht ausreichend ist. Zumeist muß auch eine Resorption durch Untersuchung der Organe des zweiten Giftweges bewiesen werden. Dies kann allerdings nur dann gelingen, wenn die Leiche noch soweit erhalten ist, daß verschiedene Gewebe differenziert und asserviert werden können.

Bei der frischen Leiche kann eine Resorption theoretisch durch Untersuchungen jedes beliebigen Organs des zweiten Giftweges oder durch eine Harnanalyse nachgewiesen werden. Bei Leichen im Zustand erheblicher Fäulnis ist die Lage wesentlich komplizierter. Blut, beim Lebenden und bei frischen Leichen in ausreichendem Maße zu gewinnen und zumindest für alle neutral und sauer extrahierbaren Gifte besonders aussagekräftig (Garriott 1971), ist oft nicht mehr asservierbar. Befindet sich jedoch noch Flüssigkeit in den großen Gefäßen, so ist diese durch Wasserverschiebungen und häufig besonders weit fortgeschrittene Fäulnisprozesse oft keine geeignete Untersuchungsprobe mehr. Empfindliche Wirksubstanzen wie Bromureide, Carbromid, aber auch Secobarbital (Käferstein 1981) sind vollständig oder weitgehend zersetzt. Fäulnisprodukte überlagern noch unzerstörte Wirksubstanzen und erschweren deren Identifizierung und den chromatographischen Nachweis. Bei fortgeschrittenen Leichenerscheinungen müssen daher im allgemeinen ausschließlich andere Gewebe untersucht werden.

Leber- und Nierengewebe, an sich für chemisch-toxikologische Untersuchungen gut geeignet, da bei Vergiftungen hohe Konzentrationen vieler Wirksubstanzen auftreten, weisen bei fortgeschrittener Fäulnis den beträchtlichen Nachteil auf, daß sie dem Magen-Darm-Trakt eng benachbart sind. Bei oral aufgenommenen Noxen und noch nicht abgeschlossener Resorption zum Zeitpunkt des Todeseintrittes können Wirkstoffe aus dem Magen-Darm-Trakt in diese benachbarten Bauchorgane diffundieren. Parker (1975) weist darauf hin, daß durch den Druck der Fäulnisgase in Magen und Darm Medikamentenwirkstoffe auch Membranen überwinden können. Bei sehr weit fortgeschrittenen Leichenerscheinungen und größeren Mengen Fäulnisflüssigkeit im Bauchraum wird an eine weitgehende Gleichverteilung zwischen den Organen und dem Inhalt des Magen-Darm-Traktes zu denken sein. Somit sind bei Leichen mit erheblichen postmortalen Veränderungen für in diesen Geweben bestimmte Giftkonzentrationen nur eingeschränkte Beurteilungsmöglichkeiten gegeben. Es ist eine völlige Verfälschung der Spiegel, die bei Todeseintritt vorlagen, denkbar.

Diese Probleme treten naturgemäß nicht bei der Analyse von Hirngewebe auf. Eine chemisch-toxikologische Untersuchung dieses Organs erscheint generell besonders wichtig, da es sich für alle zentral wirkenden Gifte um das Erfolgsorgan handelt. Wegen der im Hirngewebe häufig nur verzögert ablaufenden Fäulnisprozesse werden auch empfindliche Pharmaka nur langsam zersetzt. Daher ist bei Bromureidvergiftungen Hirngewebe, insbesondere bei fortgeschrittenen Leichenerscheinungen, das Untersuchungsmaterial der Wahl (Käferstein u. Sticht 1978). Allerdings ist Hirngewebe nicht in jedem Fall noch zu asservieren. Verflüssigtes Hirnmaterial kann z.B. bei der Sektion auslaufen. Bei einer Leiche mit hochgradigen Fäulnisveränderungen befand sich bei der Eröffnung der Schädelhöhle darin nur noch ein Klumpen Maden, während andere Organe noch in ausreichendem Maße zu asservieren waren.

Die Skelettmuskulatur macht bei der frischen Leiche etwa 30-40% der Gesamtkörpermasse aus. Daher finden sich auch bei weit fortgeschrittenen Leichenerscheinungen häufig zumindest noch Muskelreste. Weinig (1939) nennt Muskulatur insbesondere bei Leichen mit Fäulnisveränderungen für einen Barbituratnachweis als besonders gut geeignet. Dies gilt allerdings weniger für Muskeln, die - wie der Psoasmuskel - dem Bauchraum benachbart sind. Bei Leichen mit postmortalen Flüssigkeitsverschiebungen und Zersetzungen der interessierenden Noxen und Bildung von Fäulnisprodukten ist es sinnvoll, Muskulatur von verschiedenen Körperstellen zu entnehmen, insbesondere makroskopisch noch frischer wirkende Anteile sollten bevorzugt werden.

Bei Leichen im Zustand fortgeschrittener Fäulnis sollten daher zum Nachweis oder Ausschluß einer Vergiftung neben dem Magen-Darm-Inhalt - in erster Linie zum qualitativen Nachweis - Hirngewebe, Muskulatur von verschiedenen Stellen, Leber- und Nierengewebe analysiert werden. Gegebenenfalls vorhandene Wirkstoffe und - soweit faßbar - Wirkstoffmetaboliten müssen quantifiziert werden. Bei Organen des Bauchraumes sowie der angrenzenden Gewebe hat jedoch eine Interpretation mit äußerster Vorsicht zu erfolgen, sofern noch größere Wirkstoffmengen in Magen und Dünndarm vorhanden sind.

Beurteilung von Wirkstoffkonzentrationen

Häufig wird es auch trotz weit fortgeschrittener Leichenveränderungen möglich sein, bei fraglichen Vergiftungsfällen Wirkstoffe nicht nur im Magen-Darm-Trakt, sondern auch in den Geweben des zweiten Giftweges nachzuweisen, die eindeutig eine Resorption belegen. Dies gilt selbst für die sich rasch zersetzenden Bromureide. Die Aussicht, auch ein organisches Gift noch nach längerer Leichenzeit qualitativ und quantitativ bestimmen zu können, sollte nicht zu skeptisch beurteilt werden. Allerdings ist bei positivem Giftnachweis die Frage der Todesursache noch nicht gelöst. Die Beurteilung ist immer dann besonders schwierig, wenn Noxen - wie etwa Schlafmittel - auch therapeutisch einmalig oder chronisch in Überdosierung genommen worden sein können und im konkreten Fall zu der Frage "akute Intoxikation" Stellung bezogen werden soll. Durch eine Analyse verschiedener Organe sind jedoch oft noch so weitgehende Aufschlüsse zu erzielen, daß zwischen therapeutischen Dosierungen und Vergiftungen differenziert werden kann, ohne daß allerdings im letzteren Fall die akute tödliche Vergiftung schlüssig zu beweisen wäre, wenn konkurrierende morphologische, möglicherweise vorhanden gewesene Todesursachen, nicht mehr abzuklären sind.

Eine Beurteilung der in Leichen mit erheblichen Leichenerscheinungen nachgewiesenen Wirkstoffkonzentrationen hängt in starkem Maße von der Kenntnis vergleichbarer Fälle ab.

An der Darstellung von Vergleichsfällen mangelt es jedoch noch in starkem Maße; die Aussage von Weinig (1966) gilt unverändert: "Jeder gerichtsmedizinische und toxikologische Sachverständige weiß aus seiner Praxis, daß Giftnachweise bei exhumierten Leichen gar nicht so selten möglich gewesen sind. Überblickt man die einschlägige Literatur, so überrascht die relativ geringe Anzahl von Publikationen auf diesem Gebiet. Es ist aber anzunehmen, daß eine Vielzahl von Einzelbeobachtungen im nicht veröffentlichten Erfahrungsgut zahlreicher Untersucher vorhanden ist". Es wäre daher sehr wünschenswert, wenn durch häufige Darstellung gelungener Giftnachweise in Leichen mit extrem fortgeschrittenen Leichenerscheinungen - nicht nur in exhumierten Leichen - die Erfahrungen Einzelner einem weiteren Kreis zugänglich gemacht werden könnten und dadurch eine sicherere Beurteilung von Wirkstoffkonzentrationen in hochfaulem Leichenmaterial ermöglicht würde.

Literatur

Alha AR, Lindfors RO (1959) Use of acetone in the isolation of organic poisons from biological material. Ann Med Exp Biol Fennae 37:149-156
Borkowski T (1968) The method of isolating organic poisons from biological material. Arch Med Sadowej Kryminol 18:95-100
Curry AS (1961) In: Stewart CP, Stolman A (eds) Toxicology mechanisms and analytical methods, vol 2. Academic Press, New York London
Curry AS (1969) Poison detection in human organs, 2nd edn. Thomas, Springfield, p 123
Dusci LJ, Hackett LP (1977) A comparison of the borate-celite column screening technique with other extraction methods in forensic toxicology. J Forensic Sci 22:545-549

Garriott JC (1971) Toxicology - choice of specimens, drug distribution and metabolism. Forensic Sci 2:1-3
Grusz-Harday E (1965) Neues Verfahren zur Extraktion organischer Arzneimittel und Gifte aus Leichenteilen bei toxikologischen Analysen. Microchim Ichnoanal Acta, 1:75-80
Käferstein H (1979) Vergleich verschiedener Aufarbeitungsmethoden zum Nachweis schwer flüchtiger Gifte. Vortrag auf der 58. Jahrestagung der Deutschen Gesellschaft für Rechtsmedizin, Münster 18.-22. September
Käferstein H (1980) Zum Nachweis von schwer flüchtigen extrahierbaren Giften in faulen Leichen. Habilitationsschrift, Universität Köln
Käferstein H (1981) Schwer flüchtige organische Gift in Fäulnisleichen - Nachweisbarkeit und Beurteilungsmöglichkeiten -. Beitr Gerichtl Med 39:119-124
Käferstein H, Sticht G (1978) Nachweis der Bromureide in Leichenorgangen. Z Rechtsmed 81:269-283
Müller RK (1976) Die toxikologisch-chemische Analyse. Verlag Chemie, Weinheim New York
Nickolls LC (1951) Occurrence of β-p-hydroxyphenylpropionic acid in viscera. Analyst 76:609-610
Niyogi SK (1970) Methods of separation of drugs from biological materials. A quantitative evaluation. J Forensic Med 17:20-41, 72-94
Otto FJ (1856) Zur Ausmittelung der Gifte. Ann Chem Pharm (NR) 24:39-52
Parker JM (1975) Postmortem drug level changes. In: Winek CL (ed) Toxicology annual 1974. Dekker, New York
Schmidt G (1958) Der intravitale und postmortale Abbau von Barbituraten. Arch Toxicol 17:93-150
Schmidt G (1969) Postmortale Veränderungen von Arzneistoffen und Giften in Organen und Körperflüssigkeiten einschließlich Neubildung von Störsubstanzen. In: Graf E, Preuss FR (Hrsg) Gadamers Lehrbuch der chemischen Toxikologie und Anleitung zur Ausmittelung der Gifte, Bd I/1. Vandenhoeck & Ruprecht, Göttingen
Selmi F (1878) Sulle ptomaine od alcaloidi cadaverici. Zanichelli, Bologna
Stas JS (1851) Recherches médico-légales sur la nicotine, snivies de quelques considérations sur la manière générale dans le cas d'empoisonnement. Bull Acad Med Belg 11:202
Stevens HM (1967) A rapid general screening method for drugs in post mortem viscera. J Forensic Sci Soc 7:184-193
Turner LK (1964) A study of barbiturate estimation. In decomposing samples of postmortem whole blood. J Forensic Med 11:24-30
Wawschinek O, Petek W (1977) Isolierung von Arzneistoffen und Drogen aus biologischem Material. Mikrochim Acta 2:15-23
Weinig E (1939) Der Nachweis von Barbituraten in faulen und exhumierten Leichen. Dtsch Z Ges Gerichtl Med 31:189-193
Weinig E (1966) Gift und Vergiftung. In: Sivert R (Hrsg) Handwörterbuch der Kriminologie. Gruyter, Berlin, S 333-350

A Statistical Analysis of Suicides in Japan During the 30 Years from 1950 to 1979

S. Kamiyama, S. Utsugi and M. Yoritaka

Summary

In this paper we statistically examined the suicides in Japan during the 30 years from 1950 to 1979. The results can be summarized as follows: (1) The suicide rate (average, 18.6 ± 3.4 per 100 000 persons) is high compared with the international average. (2) There were two remarkable peaks in the suicide rate: one in the second half of the 1950s and the other after 1975. The former peak was from a prevailing trend of young men taking poison, and the second peak seemed to have been caused by suicide in adult males. (3) Suicide rate increased with age, except for the twenties age group. Since 1975, however, the difference between age groups has tended to become smaller. (4) As for the main suicidal means, hanging ranks first, followed by taking poisons, drowning, gas, and jumping from height. The "industrial type of suicide," such as poisoning and jumping from height, showed much more remarkable changes than the "primitive type of suicide," such as hanging and drowning. Legal regulations against toxic substances succeeded in greatly decreasing suicides by taking poisons. Suicides by gas and jumping from height are still increasing, suggesting limitations or difficulties in enforcing adequate and effective regulations. (5) The average total sex ratio of suicide was 72.0 ± 5.6 (females per 100 males). The highest sex ratio was seen in "drowning" (209.3 ± 13.0) and the lowest in "firearms and cutlery") (31.3 ± 4.3).

Zusammenfassung

Es wurden statistische Untersuchungen von Suiziden in Japan über 30 Jahre von 1950 bis 1979 durchgeführt. Die Suizidrate in Japan (durchschnittlich 18,6± 3,4 auf 100 000 Einwohner) war im internationalen Vergleich ziemlich hoch. Bei Suizidraten gab es zwei Gipfel: einer in der letzten Hälfte der 1950er Jahre, der aus Suiziden jugendlicher Männer durch Vergiften gebildet wurde; der zweite nach 1975 ist auf Suizide erwachsener Männer zurückzuführen. Die Suizidrate stieg mit dem Alter mit Ausnahme der 20jährigen. Nach 1975 verringerten sich die Unterschiede zwischen den verschiedenen Altersgruppen. Die häufigste Methode war Erhängen, gefolgt von Vergiften, Ertrinken, Gasvergiftung und Stürzen aus der Höhe. Die "industriellen Suizidtypen" wie Vergiften und Stürzen aus der Höhe zeigten stärkere Wechsel als die "primitiven Suizidtypen" wie Erhängen und Ertrinken. Gesetzliche Vorschriften gegen giftige Substanzen haben einen guten Erfolg bei der Verminderung der suizidalen Vergiftungsfälle gehabt. Der durchschnittliche Anteil der Suizide von Frauen (pro 100 Männer) war 72,0–5,6, der höchste fand sich beim Ertrinken (209,3 ± 13,0), der niedrigste beim Erschießen und Erstechen (31,3 ± 4,3).

The annual number of suicides in Japan exceeded 20 000 in 1979, which corresponds to about 3% of the total number of deaths, nearly 700 000. In the present study, we reviewed the suicides observed in Japan during the 30 years from 1950 to 1979, and examined the changes in the rate of suicide as a whole and with age, the changes in suicidal means and in sex difference, and the effects of legal regulations against toxic substances. We also examined some characteristics of suicide in Japan.

Materials and Methods

The fundamental data reviewed in this paper were from the *Vital Statistics of Japan* (1952–1981), and their special report titled *Statistics of Suicidal Death* (*Vital Statistics of Japan* 1977). For international comparison, the *World Health Statistics Annual* (1978) was also used. The suicide rate, the suicide rate by age distribution, the average annual number, the coefficient of variation, and the sex ratio classified by suicidal means were calculated during the 30 years from 1950 to 1979. We examined and discussed the changes that occurred. The years in which legal regulations against the main toxic substances were in effect were also taken into consideration.

The coefficient of variation was obtained by dividing the standard deviation by the average and then multiplying by 100, while the sex ratio was expressed by the number of female suicides against 100 male suicides.

Results

1. *Changes in the Rate of Suicide*

Figure 1 shows the change in overall suicide rate during the 30 years of the study, comparing it with the death rate and homicide rate. The average suicide rate was 18.6 ± 3.4 per 100 000 persons (male 22.1 ± 4.5, female 15.2 ± 2.4), with a maximum of 25.7 in 1958 and a minimum of 14.2 in 1967.

There was no correlation between the change in suicide rate and that in death rate ($r = 404$). A weak correlation was noted between the suicide and homicide rates ($r = 746$). Dividing the whole period in 1967, a fairly strong correlation was seen in the former period ($r = 814$), and a weak negative one in the latter ($r = -759$). The suicide rate was only slightly correlated with the unemployment rate, showing a tendency to become higher during a period of severe economic fluctuations.

Figure 2 shows the changes in suicide rate with age. In general, the suicide rate was higher with the advanced ages. In recent years the rates in different age groups have begun to become more similar, especially in the age groups from the twenties to the fifties. The most noteworthy change in suicide rate was that seen in the twenties age group, where the rate was considerably higher than that in the sixties age group for a period in the 1950s, but rapidly decreased thereafter. A strong correlation was found ($r = 942$) between the change of suicide rate in the twenties age group and the change in the overall rate. In particular, there was a very strong correlation during the period from 1951 to 1962 ($r = 996$).

Only the suicide rate in the forties age group still presented an increasing trend after 1975. The rate in the aged showed a peak around 1973 and distinctly decreased thereafter. One of the causes might be the "free-medicare" system for the aged started in 1973.

2. *Changes in Suicidal Means*

In Fig. 3 the changes in numbers of suicide classified by means are shown along with the total number of suicides, and the average numbers of suicide by various means and the coefficients of variation are listed in Table 1.

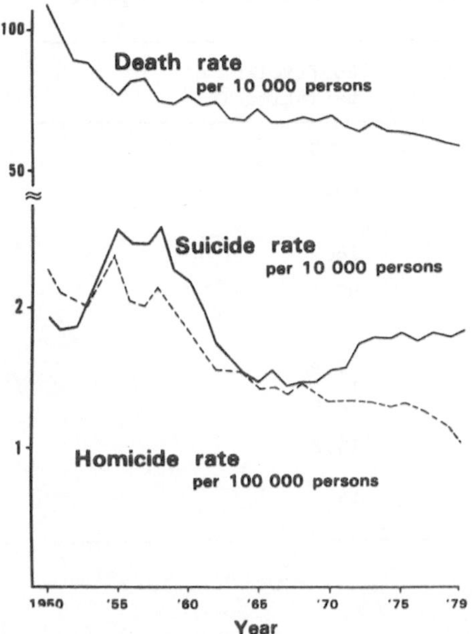

Fig. 1. Changes in suicide rate, death rate, and homicide rate in Japan (1950–1979)

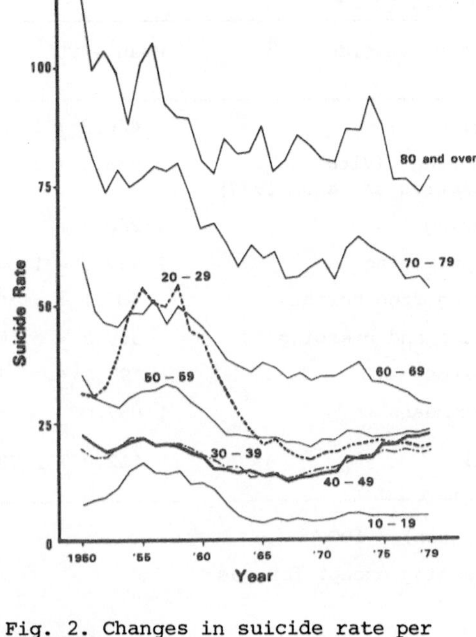

Fig. 2. Changes in suicide rate per 100 000 persons by age group

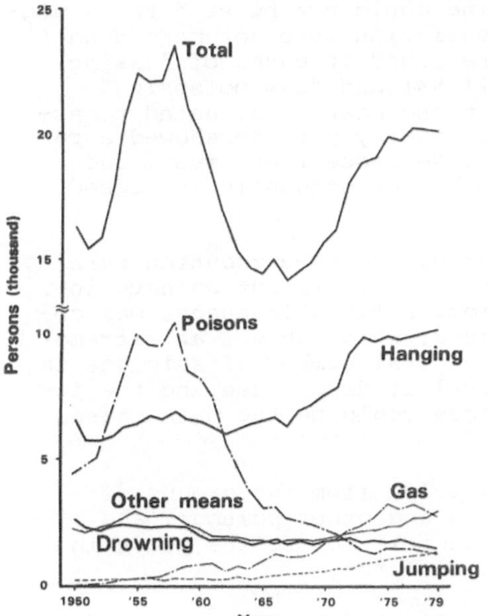

Fig. 3. Changes in the number of suicides by various means

<u>Table 1.</u> Average numbers of suicide in Japan classified by means in the 30 years from 1950 to 1979

Means of suicide	Mean $\pm$ SD	Coefficient of variation (%)[a]
Hanging	7 486.3 $\pm$ 1 563.2	20.9
Poisoning[b] (Vital Statistics of Japan 1977)	4 589.5 $\pm$ 3 069.8	66.9
Drowning	1 960.2 $\pm$ 316.8	16.2
Gas poisoning	1 299.5 $\pm$ 1 040.5	80.1
Jumping from height	502.1 $\pm$ 361.0	71.9
Cutting and piercing	369.2 $\pm$ 66.1	17.9
Firearms	97.0 $\pm$ 33.5	34.5
Other means	1 857.0 $\pm$ 357.9	19.3
Total	18 162.9 $\pm$ 2 785.8	15.3

[a] (SD/mean) $\times$ 100

[b] Poisoning except for gas

On average, suicide by hanging ranks first, followed by taking poisons, drowning, "others or unclear," gas poisoning, jumping from height, "cutting and piercing," and firearms. In 30 years, changes in suicide by drowning, cutting and piercing, and hanging could not be said to be significant, because their coefficients of variation were not more than 20%. Higher coefficients of variation were found in cases of "taking poison" (66.9%), "jumping from height" (71.9%) and "gas poisoning" (80.1%), indicating that the suicides by these means fluctuated remarkably during the 30 years. Among them, suicide by poisons showed a rapid temporal increase in 1950s and a rapid decrease thereafter, and suicide by gas poisoning and jumping from height gradually increased almost consistently.

Among the other means, being run over, burns, and electrocution were included. In particular, suicides by burns and electrocution have increased remarkably in recent years. The most noticeable change was observed in suicide by taking toxic substances, which showed an extremely high correlation with the change in the total number of suicides in the period 1950-1967 (r = 985). A high level of drug abuse and the influence of legal control of toxic substances could be the main causes of this fluctuation.

In Fig. 4 the changes in the numbers of suicide from two groups of toxic substances [(1) agricultural chemicals and other poisons, and (2) soporifics and analgesics] are shown in relation to the years in which legal regulations against them were in force.

Suicides using "agricultural chemicals and other poisons" rapidly decreased after the peak in 1955. The abrupt decrease was probably caused by legal regulations against dealers of poisons, and the assignment of prussiate and parathion to "special virulent poisons." A certain slowing down in decrease of suicide rate by these poisons from 1965 was probably due to difficulties in enforcing restrictions against lower toxic alkylphosphates, carbamate, and paraquat.

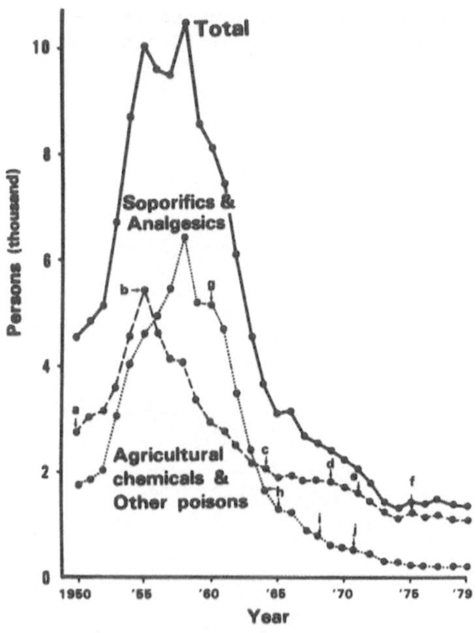

Fig. 4. Changes in the number of suicides by taking poisons and changes in legal regulations against them. *a* introduction of inspector system for poisons; *b* restrictions on dealers of poisons, and assignment of prussiate and parathion to "special virulent poisons"; *c* registration of factory use of prussiate; *d* prohibition of production of agricultural chemicals (organic chlorine and organic phosphorus); *e* guidelines for safe use of agricultural chemicals; *f* guidelines for the inspectorate against poisons; *g* the Medicine Act, newly enacted; *h* assignment of various soporifics to "violent drugs" and "prescription-needing drugs"; *i* reinforcement of restriction on "prescription-needing drugs"; *j* assignment of various analgesics to "prescription-needing drugs"

On the other hand, suicides using soporifics, compared with those using agricultural chemicals, showed a higher peak in 1958, and a more striking decrease thereafter. The assignment of soporifics and analgesics to "violent drugs" or "prescription-needing drugs" and mitigation of their efficacy could be pointed out as the main two reasons for this decrease.

3. Suicidal Means and Sex Distribution

It is known that there is a sex difference in the selection of suicidal means. The changes of sex ratio classified by the suicidal means during the 30 years of the study are shown in Fig. 5. The total average sex ratio was 72.0 ± 5.6; the maximum was 80.12 in 1969, and the minimum was 62.03 in 1979, showing a remarkable decreasing trend from 1973.

With regard to the means, the highest sex ratio was found in "drowning" (209.3 ± 13.0), followed by "gas" (121.1 ± 38.7), "taking poisons" (81.4 ± 13.6), "hanging" (56.3 ± 4.4), "jumping from height" (53.2 ± 7.6), and "weapons" (31.3 ± 4.3). However, the sex ratio for "gas" markedly decreased after 1973, while that for "poisons" has gradually increased since 1965.

In recent years, the sex ratios by means other than hanging have tended to approach that of overall suicide; therefore, it can be said that the sex difference in selection of means is now decreasing.

Discussion

1. The Suicide Rate in Japan from 1950 to 1979

According to the WHO statistics in 1975 and 1976, the rate of suicide in Japan ranks eighth among 48 countries; that for females was especially high, ranking fourth.

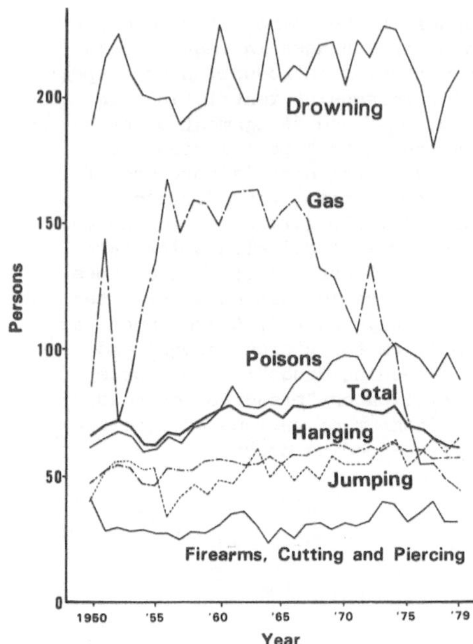

Fig. 5. Changes in sex ratio (number of females against 100 males) for suicides by the main means

The abnormally high level of suicide rate during the 10 years from 1951 to 1962 was extraordinary even from an international view-point. The suicide rate exceeded 25 per 100 000. During this period, the change of the overall suicide rate showed an extremely strong correlation with the change in the suicide rate for males in their twenties on one hand, and also with that by taking poisons on the other hand. Ueda (1975) pointed out as the cause nihilism due to social inequality and superficial prosperity, following the straitened period immediately after the war, especially in the male youth. As another cause of this increase we would like to add a great influence of the so-called prevalence of suicide by taking poison, mainly soporifics. The decrease of suicide rate around 1960 might be attributed to an economic stabilization and prevailing feeling of satisfaction in the people, as well as the influence of regulations against various toxic substances.

Ruzicka (1978) characterized "Japan type" suicide rate as having a lower incidence in adult men compared with younger or older people, differentiating it from "Hungary type," which gradually increases with advanced ages, and "Finland type," which gradually increases with advanced ages but decreases after the age of 60. An increasing suicide rate in Japanese adult men observed recently may indicate a shift from Japan type to Hungary type. In addition, if the decreasing trend of the suicide rate in the aged is taken into consideration, we can predict a further shift toward the Finland type in the near future.

Durkheim (1960) pointed out that there are two types of societies, one where the number of homicides correlates well with the number of suicides, and the other, where the former is inversely correlated with the latter. In Japan, the type of society may have shifted from 1967, when the rate of homicide was correlated with that of suicide, to a type of society showing the inverse correlation of these two.

2. *Suicidal Means and Legal Regulation*

Kamiyama (1980) classified suicidal means into two groups: the "primitive type" such as hanging and drowning, and the "industrial type" such as taking poisons and gas, and he suggested that there was wide variation in the number of suicides using the industrial type. This indication has been supported by the present study.

Among suicidal means having higher coefficients of variation during 1950-1979, "gas" and "jumping from height" have increased almost consistently, indicating that effective legal regulations have not yet been introduced. On the contrary, suicide by taking poisons showed a temporary increase but a rapid decrease thereafter, suggesting the legal regulations introduced during this period favorably influenced them.

In general, it seems that a legal regulation against a given suicidal means does not provide a great influence in decreasing the total number of suicides itself, because anybody wanting to kill themself can select other more available means. This may be supported by the lowest value of the coefficient of variation for the total number of suicides, compared with that for individual means. However, as seen from the suicide rate of the male youth by taking poisons in the latter half of the 1950s, an effective legal regulation against a given means is estimated to have some effect on decreasing the total number of suicides, when use of this means for suicide is increasing, and has a large influence on the total number of suicides.

3. *Sex Difference*

Möllhoff and Mueller (1975) and Inamura (1977) classified suicidal means into two groups: "hard" or "positive" means, such as "firearms and cutlery" and hanging, and "soft" or "negative" means, such as drowning, gas, and taking poisons. They suggested that males were more frequent in the former, and females more frequent in the latter. Our study has shown this to be true only for "drowning" and "firearms and cutlery." The sex ratio for "gas," despite the high average for the 30 years, decreased rapidly after 1965, and has now become lower than the overall sex ratio. The sex difference for suicidal means used has tended to decrease since 1975. Okazaki (1975) considered the higher value of the overall sex ratio as a characteristic of suicide in Japan. According to the world statistics in 1975 and 1976, countries having a sex ratio of more than 70 were mainly Asian, while countries in Europe had a sex ratio of about 50. Okazaki's suggestion has become unacceptable, because the sex ratio in Japan has tended to decrease from the 70 to the 50 level.

References

Durkheim É (1960) Le suicide. Étude de sociologie, nouvelle 3e edn. Presses Universitaires de France

Inamura H (1977) Suicidology (in Japanese). Tokyo University Press, Tokyo

Kamiyama S (1980) On death by external factors. In: Tomita K, Kamiyama S (eds) Textbook of legal medicine and medical laws (in Japanese). Igaku-shoin, Tokyo, pp 69-74

Möllhoff G, Mueller B (1975) Suizid, Selbstverletzungen. In: Mueller B (Hrsg) Gerichtliche Medizin, Bd 1. Springer, Berlin Heidelberg New York, pp 305-325

Okazaki F (1975) Ecology of suicide. In: Oohara K (ed) Suicidology, vol III (in Japanese). Shibun-do, Tokyo, pp 105-156

Ruzicka LT (1978) Suicide, 1950 to 1971. World Health Statistics, Special Subject. WHO, Genf, pp 396–413
Ueda F (1975) Statistical review of suicide in Japan. In: Ôohara K (ed) Suicidology, vol III (in Japanese). Shibun-do, Tokyo, pp 13–53
Vital statistics of Japan in 1950 to 1979 (1952–1981) The Ministry of Health and Welfare, Japan
Vital statistics of Japan (1977) Statistics of suicidal death, a special report. The Ministry of Health and Welfare, Japan, pp 40–77
World Health Statistics Annual (1978) WHO, Genf, pp 19–145

Das Heroinproblem — Überlegungen zu Ursprung, Entstehung und Bedeutung der Heroinsucht

A. Pasi und H. Hartmann

Zusammenfassung

Die vorliegende Arbeit geht von den Definitionen und Begriffen des Mißbrauchs giftiger Substanzen aus (Toxikomanie). Danach wird die epidemiologische Ausdehnung des
Problems des intravenösen Narkotismus und anderer Toxikomanien in der Welt und in
der Schweiz dargestellt. Die Beschreibung der rechtlich-medizinischen Aspekte ist
im wesentlichen auf das Problem der Todesart des Fixers beschränkt. Eine ausführliche historische Beschreibung der Entwicklung der intravenösen Heroinomanie folgt.
Die Mechanismen und die epidemiologischen Charakteristika der epidemischen Heroinsucht werden dargestellt. Unter den individuellen Faktoren wird die Rolle der Endorphine, der Enkephaline und der Exorphine beschrieben. Solche Substanzen könnten eine
wichtige Bedeutung haben für das Verständnis von Ursache und Natur der Drogensucht
sowie ihrer Therapie. Ferner könnten sie zu einer besseren Auffassung der Physiologie von Schmerz und Verhalten, sowie der Pathogenese gewisser psychischer, endokri-
nologischer und neurologischer Krankheiten beitragen. In der Therapie der intravenösen Heroinsucht präsentiert die Arbeit Überlegungen zum relativen Wert verschiedener Therapiemethoden. Die Arbeit kommt zum Schluß, daß die Toxikomanie nicht nur
durch Umweltfaktoren, sondern auch durch tiefe individuelle Instinkte beeinflußt wird.

Summary

This study starts with the definitions and terms used in connection with the abuse
of toxic substances (toxicomania). An outline is then given of the epidemiological
scope of the problem of intravenous narcotism and other forms of toxicomania in both
Switzerland and the world in general. A description of the legal medical aspects is
essentially limited to the question of how the addict died. This is followed by a detailed historical description of the development of intravenous heroin addiction.
The mechanisms and the epidemiological characteristics of epidemic heroin addiction
are described. Among the individual factors the role of endorphines, enkephalines, and
exorphines is described. Substances of this kind could be important in understanding
the cause and nature of drug addiction and related therapy. Moreover, they could
also contribute to a better understanding, not only of the physiology of pain and
behavior but also of the pathogenesis of certain psychic, endocrinological, and neu-
rological illnesses. The study discusses the relative value of various forms of
therapy for intravenous heroin addiction. It is concluded that toxicomania is not
only influenced by environmental factors but also by deep-seated individual instincts.

Die Toxikomanie stellt wahrscheinlich den Ausdruck der Übertreibung
einer tief verwurzelten Tendenz der Organismen und des Menschen dar,
welche darauf ausgerichtet ist, psychologisch und somatisch angenehme
Erfahrungen zu wiederholen, beziehungsweise unangenehme Situationen zu
vermeiden.

Die Drogen (das Heroin und der Alkohol stehen im Zentrum des aktuellen
Problems der Toxikomanie) und die Medikamente zeigen ihren Januskopf.
In der Tat haben sie zwei gegensätzliche Aspekte: einen positiven und

einen negativen; sie eignen sich nicht nur für die Behandlung von
Krankheiten, sondern auch zum Mißbrauch, und sie können, sowohl im
ersten als auch im Zweiten Falle, zu Manien (Toxikomanien) und zu akuten und chronischen Vergiftungen führen. Die negativsten Aspekte sind
vielleicht darauf zurückzuführen, daß gewisse Drogen illegal sind.

In der wissenschaftlichen Forschung haben die Opiatdrogen zur Entdek-
kung der endogenen Opioide, der Endorphine und Enkephaline geführt.
Diese Stoffe kommen auch im Gehirn des Menschen vor und sind sowohl
für das Funktionieren des Zentralnervensystems als auch für das Studium des Verhaltens und für das Verständnis der Pathogenese gewisser
Krankheiten und Toxikomanien wichtig.

Mißbrauch und Toxikomanie, Beschaffung des Stoffes

Unter Sucht versteht die Weltgesundheitsorganisation einen psychischen
und manchmal auch körperlichen Zustand, der aus der Wechselwirkung des
Individuums mit einem Stoff entsteht. Es ist wesentlich für den Begriff
der Sucht, daß eine solche Interaktion das Individuum zwingt, den be-
sagten Stoff fortwährend oder periodisch wieder einzunehmen, um dessen
psychische Wirkungen zu erleben und oftmals auch, um die quälenden
Empfindungen zu vermeiden, welche in seiner Abwesenheit auftreten [26].

Die Sucht nach Medikamenten und Drogen[1] kann im Anschluss an eine therapeutische Anwendung als unerwünschte Nebenwirkung derselben oder
auch als Folge eines Mißbrauches auftreten, welcher direkt und auf mehr
oder weniger bewußte Weise entstanden ist [75]. Der Mißbrauch und dessen Ausmaß wird nicht nur von den pharmakologischen Eigenschaften der
Drogen oder der Medikamente bestimmt, sondern auch von der Meinung über
die Droge, die in einer bestimmten Gesellschaft zu einer bestimmten
Zeit, bisweilen ohne durchschaubares Rationale vorherrscht [26].

Im Unterschied zu Krankheiten[2], die ebenfalls epidemisch und schwer zu
behandeln sind, wird die Abhängigkeit von der chronischen intravenösen
Verabreichung narkotischer Stoffe (intravenöser Narkotismus) - zur Zeit
steht das Heroin im Vordergrund - nicht nur als Leiden betrachtet, das
man medizinisch behandeln muß, sondern auch als ein Delikt angesehen
[83]. Eigentlich ist es "nur" die Beschaffung der Droge, sowie deren
Besitz, Verkauf und Konsum, die den Fixer (das toxikomane Opfer des intravenösen Narkotismus) in Konflikt mit Gesetz und Polizei bringen [83].
An diesem Punkt stehen wir vor der Tatsache, daß sich unsere Gesetze,
die auf Bestrafung und Abschreckung als Form der Drogenkontrolle und
Rehabilitation der Süchtigen abzielen, nicht bewährt haben [83].

Primär sind die Fixer, das heißt die Patienten, die von der intravenösen Zufuhr von Heroin und anderen Betäubungsmitteln abhängen, in der
großen Mehrzahl keine Verbrecher. Ihre Kriminalität ist vorwiegend sekundärer Natur[3] und praktisch "nur" darauf ausgerichtet, durch Einbruch,

---

[1] In der angelsächsischen Sprache bedeutet das Wort "drug" sowohl Medikament als auch
Droge

[2] Ob die Toxikomanie eine eigentliche Krankheit, eine Gewohnheit, eine schlechte Gewohnheit oder ein Laster darstellt, ist schwer zu sagen [6,74]. Fest steht, daß gewisse Toxikomanien zu ernsthaften Vergiftungen und sekundären Krankheiten führen
können [7,63,65]

[3] In dieser Beziehung distanzieren sich die Autoren dieser Arbeit klar von anderen
Autoren [62], welche glauben, daß sich die Fixer schon illegal betätigen, bevor
sie drogenabhängig werden

Raub, Diebstahl oder Prostitution das Geld für das horrend teure illegale Heroin zu beschaffen. Es ist vielleicht nur wenigen bekannt, daß ein Herointag den Fixer in Extremfällen bis zu 1000–1500 Schweizerfranken, wenigstens in Zürich (Schweiz), kosten kann. Diese Preisschätzung gilt für Fälle von ernsthafter Toxikomanie, bei denen der Fixer 2–3 Gramm Heroin pro Tag bedarf (Schönbächler R, 1981, persönliche Mitteilung).

Trotz dieses unverhältnismäßig hohen Betrages erhält der Fixer die Droge meist unrein, d.h. vermischt mit anderen Drogen und Fremdstoffen – zum Beispiel Talk und Laktose – und somit in einer besonders gefährlichen Form. In der Tat zeigt die chemische Analyse der biologischen Asservate (Gewebe und Körperflüssigkeiten) von Drogenopfern, die am Gerichtlich-Medizinischen Institut der Universität Zürich untersucht worden sind, nicht selten zusätzlich zu Heroin (oder Morphin) noch eine oder zwei andere Drogen (Tabelle 1).

Tabelle 1. Drogen, die in den Geweben und Körperflüssigkeiten bei 91 außergewöhnlichen Todesfällen von Fixern nachgewiesen worden sind [84]

Verwendete Drogen	Anzahl Fälle
Natürliche und synthetische Opiate	
Heroin	17
Morphin (meistens stellte das nachgewiesene Morphin den Metaboliten des Heroins dar)	44
Methadon	14
Dextromoramid	2
Pethidin	2
Dihydromorphon	2
Ketobemidon	1
Codein (als alleiniges Opiat)	2
Stimulantien	
Metamphetamin	1
Dexamphetamin	1
Methylphenidat	3
Lokalanästhetika	
Kokain	5
Lidokain (als Streckmittel)	5
Sedativa/Hypnotika	
Alkohol	27
Barbiturate	10
Chloralhydrat	1
Benzodiazepine	2
Andere	
Pyrazolon	6
Phenol	1
Coffein	8

Die heutige Situation

Die Toxikomanie ist zu einem Problem von weltweiter Bedeutung geworden. Berichte der Vereinten Nationen [77] zeigen, daß der Mißbrauch von Drogen und Medikamenten praktisch auf der ganzen Welt stark verbreitet ist. Dabei werden neben dem Opium, seinen Bestandteilen, wie dem Morphin und dessen Derivaten - zum Beispiel dem Heroin -, zunehmend auch andere synthetische Verbindungen vom Morphintyp mißbraucht. Ferner werden auch andere Drogen, wie z.B. Alkohol (enthalten in Wein, Bier, Likör usw.), Schlaf- und Beruhigungsmittel, nicht opiathaltige Schmerzmittel, Amphetamin- und Kokainpräparate, sowie neuerdings auch Lidokain (ein dem Kokain analoges Lokalanästetikum[4]), Haschisch und Marihuana, allein oder miteinander kombiniert, mit steigender Häufigkeit mißbraucht.

Das schwerwiegendste Problem schafft aber, neben dem Alkoholismus (der Alkohol ist der am meisten mißbrauchte Stoff), der Mißbrauch von Heroin und anderen Opiaten, also von Narkotika[5], vor allem in der Form der suchtmäßigen intravenösen Injektion (intravenöser Narkotismus sensu strictu) [55], allein oder mit anderen Drogen und Medikamenten kombiniert (intravenöser Narkotismus sensu latu) [55].

Diese Form von Toxikomanie hat sich auf epidemische Weise [77] ausgebreitet und häufig als therapeutisch widerstandsfähig erwiesen. Deshalb hat sie im wesentlichen die Perspektive bestimmt, auf der sich die vorliegende Arbeit begründet.

Das Drogenproblem in der Schweiz

Die Drogenwelle hat die Schweiz im Jahre 1967 erreicht und schon 1969 wachsende Bedeutung erlangt [3]. Damals war es wahrscheinlich nur eine geringe Anzahl von Fixern, die sich regelmäßig Heroin intravenös verabreichten. In der Folge nahm die Anzahl der Fixer eindrucksvoll zu und erreichte 1978 minimal geschätzt 5700 (Schönbächler R 1981, pers. Mitteilung). Davon lebten allein in Zürich 1500. Am Anfang handelte es sich vor allem um Leute aus sozial bescheidenen Schichten; in den letzten Jahren ist aber der intravenöse Narkotismus in alle sozialen Schichten eingedrungen.

Die statistische Kurve von Abb. 1 zeigt, daß die Häufigkeit der polizeilich erfaßten Todesfälle von Fixern, die direkt oder indirekt an den Folgen der Sucht gestorben sind (Schönbächler R 1981, pers. Mitteilung) in den letzten Jahren ständig - mit Ausnahme einer isolierten Frequenzsenkung im Jahre 1980 [56] - ständig zugenommen hat, und zwar sowohl in der ganzen Schweiz als auch im Kanton und in der Stadt Zürich. Analog dazu haben die medizinischen, autoptischen und analytischen Untersuchungen zugenommen, die in den gerichtlich-medizinischen Instituten auf Verlangen der Untersuchungsbehörden durchgeführt worden sind*.

---

[4] Ob es, in Analogie zum Kokainismus, zu einem Lidokainismus [55] kommen wird, kann zum jetzigen Zeitpunkt nicht vorausgesagt werden

[5] Unter Narkotika verstehen die Autoren dieser Arbeit, im Sinne der klassichen Pharmakologie [38], lediglich die narkotischen Analgetika, im wesentlichen die exogenen Opiate, und analog zu diesen auch die endogenen Opioide, und nicht alle Stoffe, welche narkotisch wirken

* Pasi A (1978) Außergewöhnliche Todesfälle bei Fixern. Probevorlesung vor der Med. Fakultät der Universität Zürich; nicht publiziert

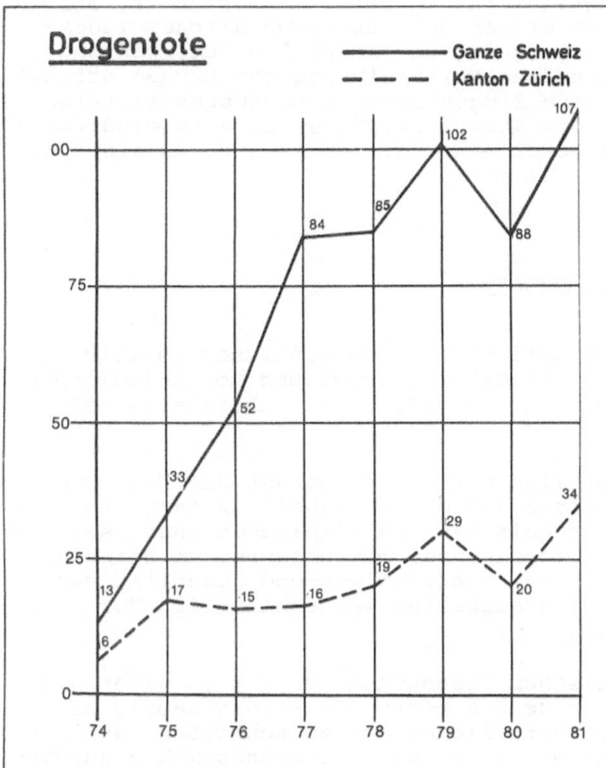

Abb. 1. Die sog. Drogentodesfälle stellen die direkte oder
indirekte Folge der "Toxikomanie" dar. Die hier gezeigte
Statistik bezieht sich auf diejenigen Todesfälle, die der Polizei gemeldet worden sind

Abb. 2. Klassifizierung [55]
der Todesart bei 48 außergewöhnlichen Todesfällen, die
am Gerichtlich-Medizinischen
Institut der Universität
Zürich von 1974 bis Ende Oktober 1978 untersucht wurden

▽

1971	1972	1973	1974	1975	1976	1977	1978 (Ende Oktober)	
1	4	0	0	11	10	8	14	TOTAL FAELLE

Am Gerichtlich-Medizinischen Institut der Universität Zürich (s. Abb.2)
untersuchte man im Jahre 1971 den ersten der außergewöhnlichen Todesfälle von Fixern. Es handelte sich häufig um Todesfälle, die während
oder unmittelbar nach der intravenösen Verabreichung von Drogen erfolgt
waren*. Im Jahre 1975, als das neue Eidgenössische Betäubungsmittelge-
setz in Kraft trat[6] [83], stieg die Anzahl der Todesfälle in eindrucks-
voller Weise*. Dabei ist es den Autoren unklar, ob es sich um ein "post
hoc"- oder "propter hoc"-Phänomen handelt.

Einige gerichtlich-medizinische Aspekte

(Pasi*; Pasi 1980: Gutachten des Gerichtlich-Medizinischen Institutes
der Universität Zürich über die "Pharmakologischen und toxikologischen
Eigenschaften des Cocains und des Lidokains"; nicht publiziert) [53,
78, 84].

Bei den außergewöhnlichen Todesfällen des Fixers beruht die Diagnose
des Drogentodes im großen und ganzen auf den in Tabelle 2 dargestellten
Parametern, nämlich Daten der forensischen und klinischen Anamnese, der
forensischen Leichenschau, der Autopsie, der mikroskopischen Untersuchung der Organe des Opfers sowie der qualitativen und quantitativen
chemischen Analyse seiner Körperflüssigkeiten (einschließlich der
Galle!) und Organe (Pasi*; [53]).

Vom forensischen und kriminologischen Standpunkt aus ist es wichtig zu
unterstreichen, daß die Situation am Sterbeort des Fixers häufig erlaubt, mit vernünftiger (praktischer) Sicherheit zu schließen, daß der
Tod auf eine Selbstverabreichung der Droge auf intravenösem Weg zurückzuführen ist; deshalb kann die kriminelle Wirkung von Drittpersonen
fast immer ausgeschlossen werden*. Auf der anderen Seite ist es bei solchen selbstinduzierten Drogentodesfällen schwierig zu unterscheiden, ob
der Fixer infolge eines Suizides oder unfallmäßig[7] gestorben sei, etwa
infolge einer ungewollten Drogenüberdosierung, häufig einfach als "overdose" bezeichnet*. Zusätzlich zur "overdose"-Hypothese (es ist i.allg.
schwer, diese Hypothese anläßlich der postmortalen Untersuchung eindeutig zu beweisen) gibt es andere Mechanismen, die berücksichtigt werden
müssen: z.B. die tödliche Drogeninteraktion (illegale Drogenmischungen

---

[6]Die Zürcher Bezirksanwältin Irma Weiss gelangt - aufgrund einer Analyse der aus
zahlreichen Entscheidungen der Schweizer Gerichte stammenden Angaben, sowie nach
Berücksichtigung des Bestehens von persistierenden und ungelösten Problemen des
Schweizerischen Strafrechtes - zu folgendem Schluß: Die Art der strafrechtlichen
Behandlung des Süchtigen sei inkohärent und den Problemen des Toxikomanen nicht
angemessen. Im Bezug auf die Drogen seien die Prohibitionsmethoden in der Schweiz
und andernorts gescheitert, so wie vor Jahrzehnten diejenigen gegen den Alkoholmißbrauch in den Vereinigten Staaten von Amerika. Deshalb drängte sich im Rahmen
des bestehenden Rechtes eine Änderung der Praxis der Erlaubnis für die Drogenthera-
pie auf [83] Für Details bezüglich der weiteren strafrechtlichen Entwicklung des
Heroinproblems in der Schweiz verweisen die Autoren auf die ursprünglichen Artikel
von Weiss I. [83]

[7]Außergewöhnliche Todesfälle analog akzidenteller Art sind die forensisch gut bekannten "autoerotischen Betriebsunfälle", bei welchen sich das Opfer zwar selbst er-
hängt, der Tod dabei aber unfreiwillig eintritt

*s. Fußnote S 346

Tabelle 2. Untersuchungsschritte und Parameter für die Diagnose des Drogentodes*

Anamnese	Drogenmißbrauch, Arbeitslosigkeit, Aufenthalt in Psychiatriespitälern, Gefängnisaufenthalte, Registrierung bei der Polizei
Sterbeortsituation	Toilette, Zimmer, öffentlicher Platz, Zug; geschlossene oder offene Türe; Injektionsutensilien, Drogenreste (inkl. Medikamente und Alkohol)
Leichenschau	Reduzierter Ernährungszustand, Tätowierungen, Narben, Einstichstellen, Schaumpilz, Zyanose, Tardieu-Blutungen
Autopsie und mikroskopische Untersuchungen	Blutstauung, Tardieu-Blutungen, flüssiges Blut; Ödem, Atelektase und Entzündung der Lungen; Hirnödem, intrazerebrale Blutungen. Hirnnekrosen (Globus pallidus), Hepatitis, Lymphoadenitis, Endokarditis, Lungengranulome usw.
Chemische Analyse	(siehe Tabelle 1)

enthalten häufig mehrere Substanzen, die pharmakologisch aktiv sind); oder Luftembolien (selten bewiesen), Fremdkörperembolien (selten beweisbar), Septikämie u.s.w. [78,84].

Das Vorgehen des Fixers bei der Vorbereitung der zu injizierenden Drogenlösung sowie bei der Durchführung der intravenösen Injektion selbst ist ziemlich stereotyp [55]. Es handelt sich sozusagen um einen Ritus, dessen Endziel die (bewußte oder unbewußte) Befreiung von der Angst ist. Dieser Ritus, welcher einem Zeugen, der nicht von der intravenösen Drogeneinnahme abhängig ist, ziemlich traurig erscheint, geht mehr oder weniger wie folgt vor sich:

Der Fixer führt die Injektion ein- oder mehrmals pro Tag aus, manchmal nur periodisch [17], in eine beliebige sichtbare oder auch verborgene Vene. Neben den Kubitalvenen werden auch andere Extremitätenvenen oder anscheinend auch die sublingualen, interdigitalen und genitalen Venen benützt [84] Manchmal werden die Injektionen im Bereich von Tätowierungen[8] durchgeführt, die bei Fixern recht häufig beobachtet werden (Pasi*; [78,84]). Es kommt auch vor, daß die gleichen Stellen wiederholt verwendet werden.

Sterilitätskautelen werden kaum beachtet*. Als die Plastikspritze noch nicht im Verkauf war, benutzte der Fixer mehr oder weniger phantasievolle, selbstgebastelte Geräte, wie zum Beispiel eine Tropfpipette, auf die eine Injektionsnadel montiert wurde. In den letzten Jahren bedienen sich die Fixer der leicht erhältlichen und einfach zu handhabenden Plastikspritzen mit kurzen dünnen Injektionsnadeln. Obwohl solche Spritzen wegwerfbar sind, behält sie der Fixer für weitere Injektionen. In

---

[8]Manche Schweizer Fixer tätowieren sich drei Punkte, welche als die Ecken eines gleichseitigen imaginären Dreiecks imponieren, in die Schwimmhaut zwischen Daumen und Zeigefinger der linken oder der rechten Hand [84] Es handelt sich angeblich (Willax A 1982, persönliche Mitteilung) um ein Kennzeichen antiautoritären Charakters

*s. Fußnote S 346

der Mehrzahl der Fälle appliziert er die Injektionen selbst, häufig in der isolierten Ruhe einer privaten oder öffentlichen Toilette[9] (Abb. 3), hinter der geschlossenen Türe und somit sicher in Abwesenheit von anderen Personen. Es handelt sich um
Situationen, die leider nunmehr klassisch geworden sind*. Um die Droge aufzulösen,
vermischt sie der Fixer in einem Löffelchen mit aus dem Waschbecken oder gar aus der
Toilettenschüssel stammendem Wasser und neuerdings auch mit Zitronensaft oder Essig
(Pasi*; [84]). In der naiven Meinung, die Drogenlösung so zu sterilisieren, kocht
sie der Fixer - im Löffel - auf der kleinen Flamme eines Zündhölzchens oder eines
Feuerzeuges kurz auf*. Die Lösung wird dann durch Watte oder einen Zigarettenfilter
- letzterer wird zwischen die Lösung und die Spritzennadel gebracht - filtriert, im
Glauben, sie dadurch von Fremdsubstanzen zu befreien. Darauf wird sie, manchmal noch
heiß und oft zu rasch in eine Vene injiziert*. Um auch die letzten in der Spritze
zurückgebliebenen Drogenreste auszuwerten, wird das venöse Blut mehrmals in die
Spritze aufgesogen und reinjiziert [84].

Kein Wunder, daß eine derartig rudimentäre und grobe Applikation der
Injektion und der Drogenverabreichung zu einer ganzen Reihe von Erkrankungen und sekundären Komplikationen führt. Erwähnenswert sind
darunter: akute, schwere oder tödliche Intoxikationen, Entstehung von
sekundären organischen Krankheiten, wie Virus-Hepatitis, Vaskulitis,
Endokarditis, hypoxämische Enzephalopathie, Vorhandensein von Fremd-
körpergranulomen in den Lungen usw. Die Übersicht aller möglichen
medizinischen Komplikationen ist bereits von verschiedenen Autoren
[7,63,65] ausführlich beschrieben worden.

Die soeben beschriebene Art, wie der Fixer mit der Droge umgeht, steht in krassem
Gegensatz zu den früheren kultivierten Umgangsformen mit ihr. Es sei hier an das
1898 erschienene Traktat für Opiumraucher von Abu el Qasem Jasdi erinnert, welches
minutiöse Anweisungen enthält, die das Opiumrauchen zu einem regelrechten ästheti-
schen Zeremoniell werden ließen [68].

Historische Anmerkungen zur Entwicklung der Heroinomanie

Der Gebrauch von Drogen "um den Körper von Schmerzen und die Seele
von Angst zu befreien" scheint bereits in prähistorischen Zeiten aufgetreten zu sein [68]. In der Tat scheint es, daß der Mensch schon vor
einigen Tausend Jahren zu diesem Zweck suchterzeugende Drogen gebraucht
hat, wie zum Beispiel Alkohol und Opium [42]. Im alten Griechenland
propagierte Epikur die Idee, daß der persönliche Genuß das wichtigste
Gut des Menschen sei [25,42]. Aber unter Genuß verstand Epikur, der
selbst ein gemäßigtes und einfaches Leben führte, nicht, wie häufig
angenommen, irgendeine Sinnesfreude, sondern das Freisein des Körpers
von Schmerzen und der Seele von Angst [42]. Darin unterscheidet sich
der epikureische Hedonismus [42] wesentlich vom Hedonismus des modernen Lebens, gegen den sich auch Sir John Eccles entschieden wehrt [23].

---

[9]Von 100 außergewöhnlichen Todesfällen von Fixern war der Tatort in 52 Fällen ein
verschlossener, isolierter Raum, in 35 Fällen ein offener Einzel- oder Gruppenraum.
In 13 Fällen war er in den Fallakten nicht angegeben [56]
*s. Fußnote S 346

Abb. 3. Leiche eines jungen Mannes, welcher unmittelbar nach der intravenösen Drogenverabreichung starb. Das normal bekleidete Opfer hält die Spritze noch in der linken Hand. Die übrigen sichtbaren Fixerutensilien sind ein Feuerzeug und ein Zigarettenfilter, der zur Filtration der Drogenlösung verwendet wurde

1. Die Anfänge des Opiums

Historisch kann das Auftreten des intravenösen Narkotismus als jüngste Stufe der langen Geschichte des Opiumgebrauches und -mißbrauches angesehen werden. Die Geschichte des Opiums ihrerseits fängt mit der Entdeckung an, daß die Fruchtkapsel des Schlafmohns, wenn sie in frischem Zustand eingeschnitten wird, einen Saft (opos = Saft) ausscheidet, welcher narkotisch, d.h. schlaferzeugend, wirkt [44]. Schon die Pfahlbauer der heutigen Schweizerdörfer Robenhausen, Moosseedorf, Niederwil und Steckborn kultivierten den Schlafmohn. Weil ihnen andere ölliefernde Pflanzen zur Verfügung standen, deren Material leichter zu verarbeiten war als die winzig kleinen Mohnsamen, hat Hartwich angenommen [33], daß sie den Mohn nicht in erster Linie als Ölpflanze, sondern als Rauschdroge verwendeten.

2. Das Opium im Altertum

Als historische Heimat des Opiums und seiner Verwendung als Narkotikum gilt Kleinasien. Viertausend Jahre alte sumerische Keilschriften bezeichnen den Mohn als Pflanze der Freude. Sukzessive lernten auch die Assyrer, die Ägypter, die Griechen und die Römer das Opium kennen [68,75]. Homer, zum Beispiel, erwähnt es in der Ilias, und Hippokrates [68] empfiehlt es als Schlafmittel [44]. Aber schon die alten Griechen waren sich bewußt, daß Opium nicht nur die willkommene, einschläfernde Wirkung hat, sondern auch den Tod bringen kann. Sehr zutreffend bezeichneten sie deshalb das Opium sowohl als "Hypnos", d.h. als Gott des Schlafes, als auch als "Thanatos", d.h. als Gott des Todes [68]. Dieses Janusgesicht des Opiums zeigte sich auch im alten Rom. Neben der von Celsus, Galenus und anderen Ärzten praktizierten medizinischen Anwendung der Droge kam es bereits zu regem Handel damit und zu krassem Mißbrauch [68]. Cornelius Nepos brachte seinen Vater in krimineller Weise mit Opium ums Leben [68]. Von anderen Römern wird berichtet, daß sie an selbst induzierten Opiumvergiftungen verstorben seien [68].

3. Paracelsus und Sertüner

Nach dem Mittelalter wurde das Opium, in Form von "Laudanum", auch von
Paracelsus (1493-1541) verwendet [68]. Obwohl ihm die Unberechenbar-
keit der Opiumwirkung aufgefallen und er auf der Suche nach den aktiven Prinzipien des Laudanums war, gelang es erst Sertüner zu Beginn
des 19. Jahrhunderts, das wichtigste Wirkungsprinzip des Opiums, das
Morphin [48] zu isolieren. Sertüner testete das Morphin an Hunden,
Freunden und an sich selbst und brachte sich dabei in Lebensgefahr.
Seine Experimente zeigten, daß das Morphin, im Gegensatz zum Opium,
die narkotische Wirkung in dosiszuverlässiger Weise entfaltet [48].

4. Das Aufkommen des Spritzennarkotismus

Das große Suchtpotential des Morphins manifestierte sich epidemisch
erst in der zweiten Hälfte des 19. Jahrhunderts [75]. So wurde 1851
von Rynd entdeckt und von Wood verbreitet, daß Medikamente, darunter
Opiumtinkturen und Morphinlösungen, mittels Spritzen unter die Haut
verabreicht werden können [45]. 1861, als der amerikanische Bürgerkrieg begann, kam man auf die Idee, den verwundeten und invaliden Soldaten freigebig große Mengen Morphin und Injektionsspritzen zu verteilen und sie in der subkutanen Injektionstechnik zu unterrichten [51].
Die daraus entstandene Sucht der subkutanen Morphinverabreichungen ver-
breitete sich unter den Soldaten derart, daß sie als "Soldatenkrank-
heit" bezeichnet wurde [51]. Diese Geschichte wiederholte sich,
"mutatis mutandis", auch bei späteren Kriegen bis hin zum Vietnamkrieg
(1964-1975) [56].

Die Technik der intravenösen Injektion von Medikamenten wurde schon
1656 von Sir Christopher Wren praktiziert [45]. Diese Technik wurde
von Johann Daniel Major (1634-1693) in die Therapie eingeführt [11].
Sir Wren war Mitglied der "Royal Society of London". Obwohl er von
Beruf Astronom und zudem ein begabter Mathematiker (er genoß die Be-
wunderung des ebenso berühmten Isaac Newton) und einer der bekannte-
sten Architekten seiner Zeit war (von ihm ist die Saint Paul's Cathe-
dral in London erbaut worden), fand er noch Zeit, um biologische Experimente durchzuführen [45]. Es ist für die Entwicklungsgeschichte
des intravenösen Narkotismus recht interessant, daß Sir Wren für die
erste historisch dokumentierte intravenöse Injektion eines Medikamentes ausgerechnet eine opiumhaltige Lösung wählte [45]. Wie aus
der Abb. 4 ersichtlich, bestand das von Wren verwendete Injektionsgerät aus einer langen, groben Nadel und aus einer Tierblase, die als
Behälter für die medikamentöse Lösung diente [11]. Es ist auffallend,
daß es Wren für nötig hielt, ein solches Injektionsgerät selbst zu
entwickeln, obwohl die ärztliche Spritze schon [11] seit dem Alter-
tum in Gebrauch war.

5. Das Aufkommen des Heroins

Trotz der im amerikanischen Bürgerkrieg gemachten Erfahrung wurde die
Erkenntnis, daß Opium - und Morphinpräparate - zur Sucht führen erst
um das Jahr 1900 publik. Unglücklicherweise wurde diese fortschrittliche Erkenntnis durch neue Ereignisse zunichte gemacht. Schon 1874
hatte Wright Heroin hergestellt (der Name Heroin wurde vom griechischen Wort "Heros" (Held) abgeleitet, um anzudeuten, daß diese Droge
dem, der sie anwendet, heroische Kraft und Mut verleiht). 1898, also
24 Jahre nach dieser Entdeckung, gab Dreser von den Bayer-Werken einem
Arzt der Fabrikpoliklinik (Dr. Floret) den Auftrag, das Heroin am
Menschen pharmakologisch zu testen [75]. Schon 6 Monate später brachte
Dreser, der schon das "Aspirin" in den Handel eingeführt hatte, mit

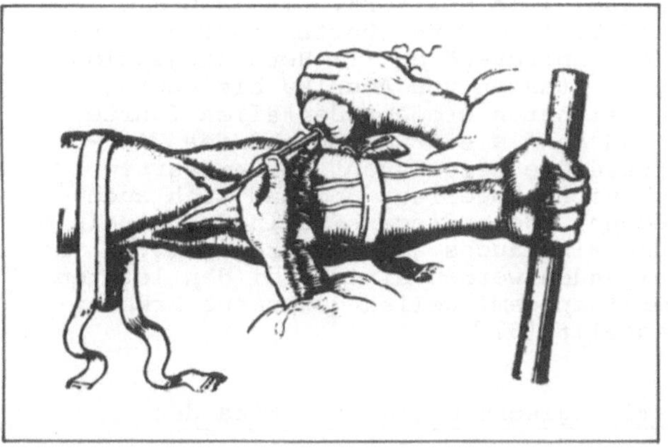

großer Begeisterung auch das Heroin auf dem Markt [75]. Das neue Präparat, das 6mal stärker als das Morphin wirkt [55], wurde von ihm als
ideales Schmerzmittel angepriesen, da es nicht zur Sucht führe und
deshalb anstelle von Morphin verordnet, ja zur Behandlung der Morphi-
nomanie (Morphinsucht) [75] eingesetzt werden könne. Zahlreiche euro-
päische und amerikanische Mediziner schlossen sich dieser Ansicht
enthusiastisch an, obwohl Strube schon im ersten Jahr der kommerziellen Einführung des Heroins das Vorkommen von Heroinsuchtfällen publiziert und Zweifel an der "Vollkommenheit" der Herointherapie geäußert
hatte [75]. Sieben Jahre später, das heißt 1905, attackierte dann auch
Sollier, der in Frankreich eine große Zahl von Heroinsuchtfällen beobachtet hatte, energisch die Praxis, Heroin zur Behandlung der Morphinsucht zu verschreiben [75]. Trotzdem vergingen, z.B. in den Vereinigten Staaten von Amerika, noch weitere sieben Jahre, bis (1911)
sich auch die Mehrheit des ärztlichen Standes entschloß, das Heroin
als Therapeutikum ausdrücklich nicht mehr zu empfehlen [75].

In der Zwischenzeit hatte sich auch die Unterwelt mit dem neuen Stoff
auseinandergesetzt und herausgefunden, daß das Heroin ein äußerst
starkes Suchtmittel war und im Gegensatz zu Morphin mit Fremdsubstanzen
wie Milch, Zucker und Teerkohleprodukten gestreckt werden konnte [75].
Sehr rasch verdrängte nun das Heroin das Morphin und wurde in diesen
Kreisen die Droge der Wahl [75]. Inzwischen hatte eine Veränderung der
Stellungnahme des medizinischen Standes zur Anwendung von Heroin in
der Gesetzgebung ihren Niederschlag gefunden [75]. 1912 erschien das
Gesetz von Harrison über die Narkotika ("Harrison Narcotic Act"),
welches Herstellern, Apothekern und sogar Ärzten[10] gewisse Restriktionen
nen bezüglich des Heroins auferlegte [75]. Solche Restriktionen bewirk-
ten aber in der Unterwelt nur, daß der bis dahin sporadisch gebliebene
Heroinhandel jetzt systematisch organisiert wurde. So breitete sich
die Heroinsucht weiter aus und stellte 1925 in Ägypten und anderen Mit-
telmeerländern sowie auch in den Vereinigten Staaten von Amerika eine
regelrechte Volksseuche dar [75]. Wie stark verbreitet die Nachfrage
nach Heroin war, läßt sich aus dem Umstand erkennen, daß zum Beispiel
in Ägypten eine Vielzahl von Unternehmern ihre Arbeiter teilweise mit
Heroin entlöhnten. Die Droge, die oral nur schlecht resorbierbar ist,
wurde in jenen Jahren vor allem intranasal aufgenommen. Dann wurde sie
zunehmend subkutan mit der Spritze verabreicht [75]. Das Spritzen von

---

[10]Das vollständige Verbot der medizinischen Rezeptur von Heroin persistiert noch,
außer in England, wo auf Drogenprobleme spezialisierte Ärzte gewisser Kliniken
die Herointherapie nach Gesetz praktizieren dürfen [83]

Heroin unter die Haut war, zum Beispiel in New York, bis 1930 die
Hauptursache für die Drogentodesfälle [4]. Dann führten Matrosen unglücklicherweise die Gewohnheit der intravenösen (!) Heroininjektion
ein [75], welche in den Vereinigten Staaten von Amerika bis heute
nicht verschwand und zu noch zahlreicheren Drogentodesfällen führte.
Während des Zweiten Weltkrieges und dann wiederum während des Viet-
namkrieges breitete sich die intravenöse Heroinsucht epidemieartig
aus. Die letzte Epidemie ist noch nicht abgeflaut und hat sich auch
auf andere Länder der Erde ausgedehnt. Neuerdings sind in den Vereinigten Staaten von Amerika Wellen des Mißbrauchs anderer Drogen (z.B. von
Phencyclidin) aufgetreten. Im folgenden werden einige bei den letzten
amerikanischen und englischen Heroinepidemiewellen gewonnene Erkenntnisse über die Heroinsucht dargestellt [37].

Kollektive Mechanismen und epidemiologische Charakteristika der Ausbreitung der Heroinsucht

1. Funktion der Neugier und des Konformismus

Die meisten Jugendlichen werden offenbar durch Freunde und Bekannte
zur Einnahme der Droge animiert [37,66]. Neugierde und das Bedürfnis,
gruppenkonform zu sein, verleiten sie, den angebotenen Stoff auszu-
probieren [66]. Die Angst, nicht "in" zu sein, verführt sie also zum
Drogenmißbrauch. Es handelt sich somit um ein Verhalten, das auch anderen Modetrends zugrundeliegt, zum Beispiel dem Tragen gewisser mo-
discher Kleider oder dem Pflegen bestimmter Musikformen usw. [37].

2. Der Heroingebrauch verbreitet sich von Individuum zu Individuum wie eine Epidemie

Das in Abb. 5 dargestellte Schema demonstriert, anhand des Beispiels
von Crawley in England [1], daß ein paar wenige Heroinsüchtige, die
von außen - im Falle von Crawley kamen sie aus London, Brighton und
Wrighton - zu einer Bevölkerungsgruppe stoßen, zunächst nur vereinzel-
te Individuen zu verseuchen brauchen, um eine Bevölkerung, die den
Heroingebrauch nicht kennt, anzustecken. Zuerst werden nur wenige Individuen involviert. Diese, ihrerseits zu Süchtigen geworden - man
nennt sie "die Nachfolger" - stecken weitere, für den Heroingebrauch
empfängliche Individuen an [37]. Deshalb steigt, wie der Fall von
Grosse Pointe (Michigan, USA, Abb. 6) zeigt, die Zahl der Süchtigen
schon wenige Jahre nach dem Auftauchen der ersten Heroinomaniefälle
in epidemischer Art und Weise unter jener Bevölkerung [37] an. Für
Grosse Pointe sinkt ihre Anzahl rasch, und es treten im gleichen Segment keine weiteren Heroinomaniewellen auf [37]. In der Schweiz
(Abb. 1) ist hingegen ein Abebben der Drogenwelle, die 1967 eingesetzt
hat [3], im Jahre 1982 offensichtlich noch nicht festzustellen.

3. Geographische Ausbreitung der epidemischen Heroinomanie

Abbildung 7 veranschaulicht, wie die letzte Heroinepidemie in den Vereinigten Staaten von den großen Städten der Ost- und Westküsten ausging
und sich dann wellenartig gegen das Innere des Landes ausbreitete [37].
Im allgemeinen wurden die großen Städte - das ist jedoch aus der Abbildung nicht ersichtlich - vor den kleineren von dieser Welle erfaßt
[37]. Eine ähnliche Art der Ausbreitung ist auch im Kanton Zürich
(Schweiz) beobachtet worden und entspricht [37] in analoger Weise der
Verbreitung der meisten kommerziellen Neuerungen.

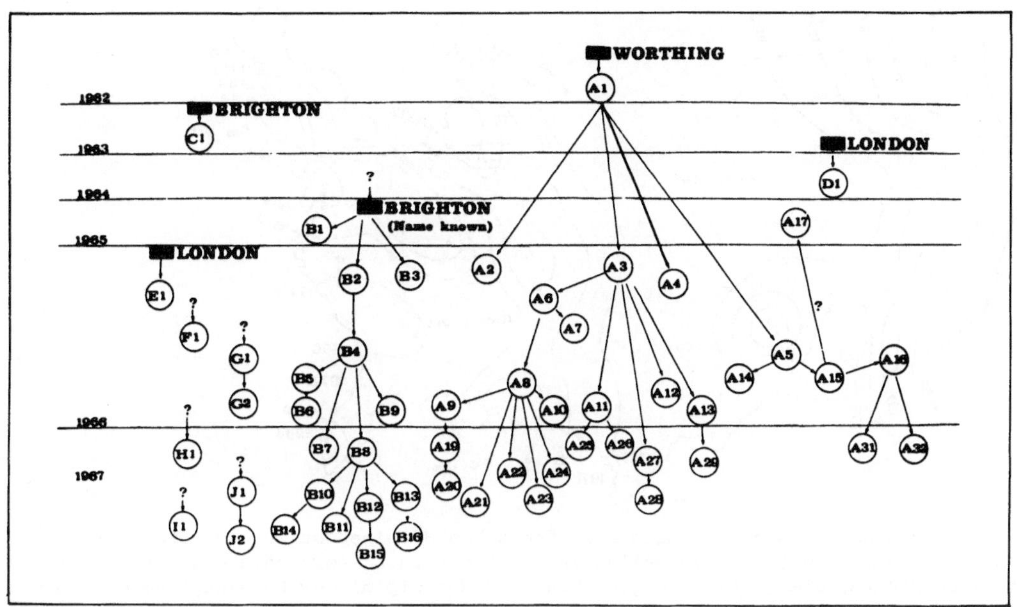

Δ

Abb. 5. Ausbreitung der neu aufgekommenen Heroinsucht in der Bevölkerung von Crawley (England), wo bis zum Jahre 1962 kein einziger Heroinfixer vorgekommen war [1]

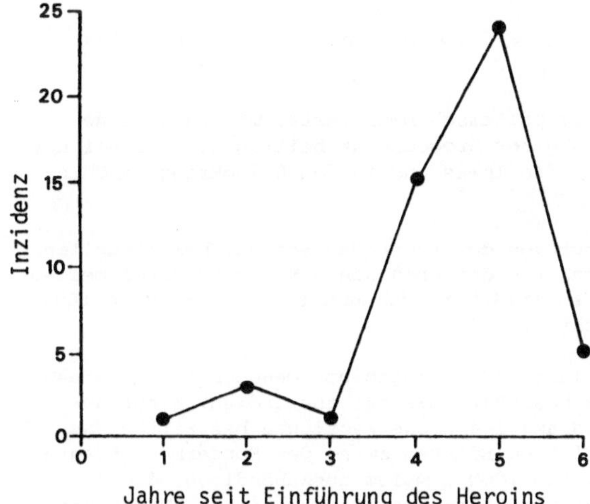

Abb. 6. Wellenartiger Verlauf einer Epidemie von neuen Fällen von Heroinsucht in der Stadt Grosse Pointe (USA) [37]

4. Die Rolle der Illegalität

Bei der Ausbreitung der Heroinepidemie spielen die illegale Produktion großer Heroinmengen, die mit modernen Methoden arbeitet, und die Verteilung durch effiziente Transportmittel eine große Rolle [77]. Man schätzt, daß auf der ganzen Welt jährlich mehr als 1000 t Opium unerlaubt produziert werden [77]. Daneben werden auch zunehmend Medikamente aus legitimen Quellen in illegale Kanäle abgezweigt [77]. Millionen von Menschen, darunter auch Nichtsüchtige, sind an diesem illegalen Verteilungssystem beteiligt [77]. Das große illegale Angebot [77] sowie die Verwendung der heute üblichen, wegwerfbaren und auch für den Fixer leicht erhältlichen Plastikspritzen sind wichtige Faktoren für die Aufrechterhaltung des intravenösen Narkotismus.

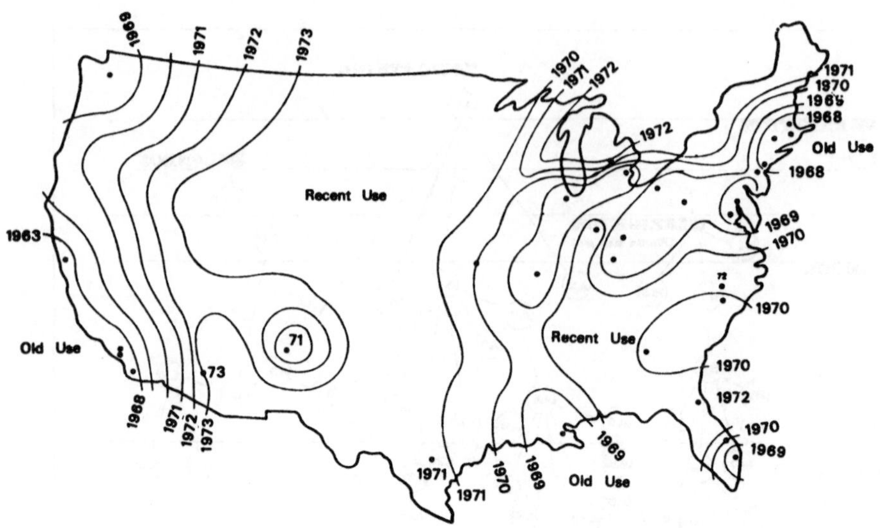

Abb. 7. Geographische Ausbreitung der epidemischen Heroinsucht in den Vereinigten Staaten 1968-1973 [37]. Die Wellenlinien (Isochronen) verbinden die verschiedenen Städte, die jeweils im gleichen Jahr den Gipfel der Heroinepidemie
erlebten.

5. *Politische Aspekte: Das Beispiel des Gebrauches von Kokain unter den Inkas und von Opium in China*

Nicht nur die Illegalität, sondern auch die politisch motivierte, mißbräuchliche
Verwendung von Drogen können zur Verbreitung der Drogensucht beitragen. Hier sei nur
an die Geschichte des Kokaingebrauches bei den Inkas und an den Opiumkrieg in China
erinnert.

Das Kokain wurde bei diesem Volk zuerst nur von der führenden Schicht bei rituellen
Handlungen verwendet. Später, als die Inkas von den spanischen Konquistadores besiegt
wurden, verbreiteten diese den Genuß der Kokablätter auch unter dem Volk; dies führte zu verheerender epidemischer Kokainsucht [2].

In China wurde der Schlafmohn schon seit langer Zeit angebaut. Dennoch importierte
man im 19. Jahrhundert große Mengen Opium besserer Qualität aus Indien. Nicht nur
englische, sondern auch portugiesische und amerikanische Kaufleute bestritten das
lukrative Geschäft. Aufgrund eines kaiserlichen Ediktes zwang der Sonderbeauftragte
Lin Tsê-Hsü die westlichen Handelsherren, ihm 1000 t Opium auszuhändigen, die anschließend vernichtet wurden. In der Folge wurde dann von der britischen Regierung
der sogenannte Opiumkrieg (1839-1842) - zu dem die Droge nicht der eigentliche Anlaß, sondern vielmehr eine Gelegenheit war - gegen China geführt und gewonnen. Sei
dem wie es wolle, dieser Krieg machte die Anstrengungen von Lin Tsê-Tsü gegen den
Drogenmißbrauch zunichte [68].

6. *Soziogenetische Aspekte: Die Theorie von Charles Winick [85]*

Zur Erklärung der Entstehung von Drogenepidemien hat Charles Winick
[85] eine umfangreiche soziogenetische Theorie aufgestellt. Im wesentlichen besagt diese, daß die Entstehung von Drogenepidemien durch 3
Faktoren bestimmt wird:

(1) durch den Zugang zu abhängigkeitserzeugenden Drogen;

(2) durch das Fehlen von Verboten des Drogengebrauches; und
(3) durch das Vorhandensein von Gruppen in der Bevölkerung, die ihre
    soziale Rolle verloren haben, bzw. diese nur mit übermäßiger An-
    strengung aufrechterhalten können.

Die nach dem Zweiten Weltkrieg in Japan und in Schweden bzw. in der
Schweiz aufgetretenen Amphetamin- bzw. Phenazetinepidemien bestätigen
Winicks Theorie vollständig. Zwischen 1945 und 1955 verabreichten sich
zwei Millionen Japaner das Aufputschmittel Metamphetamin intravenös.
Es handelte sich dabei um Menschen, die wegen der sozialen Veränderungen nach dem Krieg frustriert waren. Sie konnten die Droge ohne Rezept
beziehen, es sei sogar dafür Reklame gemacht worden, da die kriegs-
mäßigen Lagerbestände von Metamphetamin liquidiert werden mußten! [15].

Was die jetzige Heroinepidemie in der westlichen Welt betrifft, so sind
die von Winick formulierten Voraussetzungen gegeben, mit der offensicht-
lichen Ausnahme, daß es bezüglich des Heroins nicht an Verboten fehlt.
Dagegen ließe sich aber einwenden, daß die Einhaltung dieser Verbote
nicht genügend kontrolliert wird[11].

Die Geschichte der Volksdroge Chinas, des Opiums, zeigt, daß es durch
streng kontrolliertes Verbot einerseits und durch das Anbieten einer
Ersatzdroge andererseits möglich ist, der überhandnehmenden Opiatsucht
Einhalt zu gebieten. Das Opium wurde in China ursprünglich als Medizi-
nalstoff und bei den häufigen Hungerkatastrophen angeblich auch als
Appetithemmer verwendet [68]. Als Genußmittel stand den Chinesen neben
dem Opium auch der Tabak zur Verfügung [68]. Als Kaiser Tsung 1644 den
Tabak verbot, gingen die Tabakraucher zum Opiumrauchen über [68]. Nachdem während etwa 200 Jahren verschiedene erfolglose Versuche - der
Opiumkrieg wurde oben beschrieben - unternommen worden waren, gelang
es Mao Tse-tung, das Opium und andere Rauschdrogen durch streng kontrolliertes Verbot zu eliminieren [68]. Dafür gestattete er, der selbst
ein starker Zigarettenraucher war, das Tabakrauchen wieder [68].

7. Die Rolle von Technisierung und Automatisierung in der Gesellschaft

Einige Autoren [86] sehen in der wachsenden Technisierung und Automatisierung und den damit verbundenen menschlichen Problemen sowie im
psychosozialen Streß einen wesentlichen Grund dafür, daß der moderne
Mensch zum Zweck der Selbstheilung oder als Suizidersatz zu Alkohol
und anderen Drogen greift.

Individuelle Faktoren der Entwicklung der Toxikomanie

1. Individuelle psychologische Empfindlichkeit

Nicht jeder Mensch, der Heroin oder Morphin konsumiert, wird davon
süchtig [67]. Während zum Beispiel Picasso Morphin versuchte und nicht
süchtig wurde, kam Cocteau nur nach langen Kämpfen davon los [68].
Auch die Erfahrung jener Rehabilitationszentren, in denen der Süchtige
vom Bedürfnis nach Heroin und anderen Drogen befreit werden soll, und
zwar mittels einer im wesentlichen psychiatrischen Therapie, bestätigen
die Hypothese einer individuellen psychologischen Empfindlichkeit als
ätiologischen Faktor der Toxikomanie.

---

[11]Trotzdem sehen Pommerehne u. Hartmann [62] aufgrund einer minutiösen Analyse der
   Strategien der Bekämpfung des Heroinproblems, keine Erfolgsmöglichkeit in der Ver-
   schärfung der Strafen und in der Intensivierung der Anstrengungen seitens der
   staatlichen und internationalen Kontrollbehörden, welche die Unterdrückung des illegalen Angebotes der Droge bezwecken

Es mag sein, daß der Grund für das individuell verschiedene suchtmäßige
Verlangen nach Heroin oder Morphin davon abhängt, ob der erste Konsum
der Droge als angenehm empfunden wurde oder nicht. Es ist bekannt, daß
die meisten Individuen, die nicht von Schmerzen geplagt sind, nach der
erstmaligen Morphinverabreichung nur unangenehme Wirkungen verspüren,
zum Beispiel Unwohlsein, Dysphorie usw. Im Gegensatz zu den an Schmerzen leidenden oder süchtigen Patienten bleibt bei solchen Individuen
die euphorisierende Opiatwirkung aus [38].

Nach Wurmser [86] werden die Drogen und Medikamente von verschiedenen
Individuen verschieden intensiv verwendet, unabhängig davon, ob sie
aus Konformitäts-, Heilungs- oder selbstdestruktiven Gründen eingenommen werden: die einen werden zu Gelegenheits-, die anderen zu zwang-
haften Drogenkonsumenten. Die Zahl der Gelegenheitskonsumenten ist weit
größer, verursacht aber nur geringe Probleme im Vergleich zur viel
kleineren Gruppe der intensiven Drogenbenützer. Letztere weisen im
Gegensatz zu den Gelegenheitskonsumenten oft schon vor dem eigentlichen
Drogenmißbrauch schwere Persönlichkeitsstörungen auf. Es scheint, daß
die intensiven Drogenbenützer die Droge zur Abwehr ihrer überwältigenden Affekte brauchen.

Es besteht eine Beziehung zwischen Wahl der Droge und Art des Affektes.
So werden die Opiate - wie übrigens auch die in vielen Schlafmitteln
enthaltenen Barbiturate - zur Besänftigung intensiver Gefühle von Wut,
Scham oder Einsamkeit eingenommen. Diese entstehen nach Wurmser als
Folge massiver Enttäuschung der archaischen Größenansprüche des Individuums an sich selbst sowie seiner Ansprüche an die Macht und das Geben der Menschen [86]. So gesehen wäre es möglich, daß der Fixer nicht
mehr auf sein Suchtmittel verzichten könnte oder wollte, weil er sich,
wenn auch unbewußt, vor der Verantwortung drücken möchte. Er würde also
seine Sucht - wie unter Umständen ein anderer Kranker seine Krankheit -
zur Regressionsflucht benutzen [74]. Eine wirksame Therapie müßte deshalb psychologisches Verständnis mit einer gewissen Härte und Forderung
verbinden, damit der Fixer nicht durch allzu wohlgemeinte Befreiung
von der Verantwortung und durch übermäßige Sicherheit an der Rückkehr
zur Gesundheit gehindert wird [74].

2. Interaktionsfaktoren zwischen Droge und Individuum

Von den verschiedenen Drogen des schwarzen Marktes kauft der Fixer
heutzutage, wenn ihm das Geld reicht, mit konstanter Vorliebe Heroin.
Es scheint, daß nur das Heroin und seine intravenöse Applikation zum
für den Fixer höchsten hedonistischen Zustand, d.h. dem "High" [18,49],
führt. Möglicherweise hängt diese "High"-Wirkung mit der besonderen
Struktur und den physiochemischen und pharmakologischen Eigenschaften
des Heroins zusammen. Heroin wird aus dem Morphin durch den Einbau von
zwei Acetylgruppen in das Morphinmolekül gewonnen. Diese kleine strukturelle Modifikation bewirkt, daß Heroin viel löslicher [50] ist als
das Morphin und deshalb aus dem Blut leichter in das Gehirn gelangt.
Spätestens im Gehirn wird das Heroin durch enzymatische Wirkung in
Morphin zurückverwandelt [79,81,82]. Dann wird das Morphin - wie alle
Opiate [40] - in bestimmten Hirnzentren - und in diesen an spezifischen
Rezeptoren [28,34,61 etc.] mit großer Affinität gebunden und zwar in
einer Art und Weise, die spezifisch von der Opiatstruktur [28] abhängt.

In Abb. 8 sind schematisch verschiedene Gebiete des Gehirns dargestellt
[35], die das Etorphin, ein Opiat, das 1000mal wirksamer ist als das
Heroin [73], an sich binden. Ein Teil dieser Hirnzonen dient der Wahrnehmung von Schmerzen [34,73]. Die Bindung der Opiate an solche Hirnzentren erklärt ihre Fähigkeit, dumpfe chronische Schmerzen [34,73]
aufzuheben. Andere von Etorphin besetzte Hirnzonen gehören zum limbi-

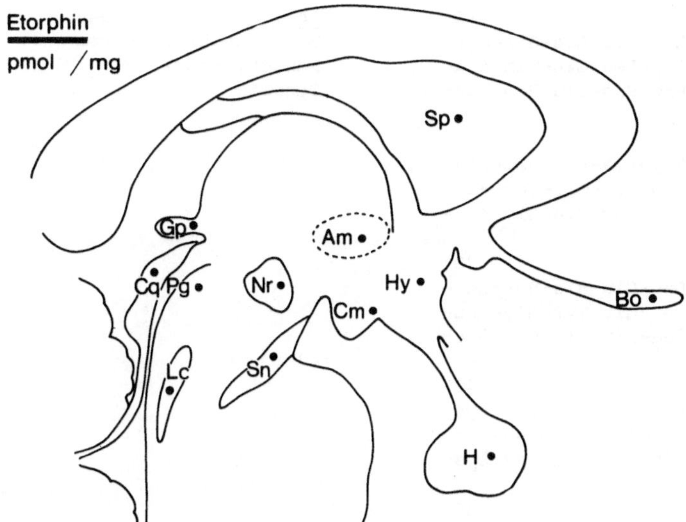

Abb. 8. Schematische Darstellung der regionalen Distribution des Etorphins im Gehirn und in der Hypophyse des Menschen (nach Hiller et al. [35]). *Sp* = Septum pellucidum, *Bo* = bulbus olfactorius, *H* = Hypophyse, *Hy* = Hypothalamus, *Cm* = Corpus mamillare, *Am* = Amygdala, *Nr* = Nucleus ruber, *Sn* = Substantia nigra, *Gp* = Glandula pinealis, *Cq* = Colliculus superior, *Pg* = Periaqueductal gray (Substantia grisea centralis), *Lc* = Locus coeruleus

schen System [34,73], welches bei der Regulierung der Affekte [73] eine große Rolle spielt. Die Bindung der Opiate in den Zentren der Schmerzwahrnehmung und des limbischen Systems wird mit der Entstehung der Heroinsucht in Zusammenhang gebracht [29].

Das Etorphin - wie alle anderen Opiate - bindet sich auch an das Atemzentrum[12] [34,48]. Diese Bindung, die auf Abb. 8 allerdings nicht sichtbar ist, hat zur Folge, daß die Atemfunktion gehemmt wird [48]. Wird dem Organismus eine Überdosis von Opiaten - speziell von Heroin - zugeführt, so kann es sehr rasch, mitunter innerhalb einer Minute [24], zum gefürchteten Atemstillstand kommen. Es ist hauptsächlich dieser Mechanismus, welcher für die Mehrheit der Herointodesfälle des Fixers verantwortlich ist. Dabei hilft es im Falle des einsamen Todes des Fixers wenig, daß es chemische Verbindungen gibt - z.B. Naloxon - die zu Heroin rein antagonistisch wirken, indem sie es aus den von ihm besetzten Hirnzentren verdrängen [48] und dadurch lebensrettend wirken.

3. Spekulationen über die Funktion der Endorphine und der Exorphine in der Entwicklung der Toxikomanie

Neuerdings erwägt man [29], ob der Grund für die individuell verschiedene Prädisposition zur Opiatsucht auf eine angeborene Störung des Endorphin- und Enkephalinhaushaltes zurückgeführt werden könnte. Endorphine und Enkephaline sind körpereigene Substanzen, die im wesentlichen wie die Opiate wirken [73] und deshalb endogene Opioide genannt werden. Sie wurden im Jahre 1975 von Hughes, Kosterlitz und seinen Kollegen sowie von Terenius entdeckt. Abbildung 9 zeigt die Struktur des Beta-Lipotropins (Beta-LPH), eines Polypeptids, das unter anderem auch die Aminosäuresequenzen des Beta-Endorphins, des met-Enkephalins und des Beta-Melanotropins (Beta-MSH) enthält [43]. Seinerseits stammt

---

[12] Es sei hier folgende Spekulation gestattet: Es könnte sein, daß die Hirnhypoxie, welche die Opiate mittels einer Hemmung des Atemzentrums induzieren, für ihre euphorische Wirkung, d.h. für das "High" verantwortlich sein, die von den Alpinisten auf großer Meereshöhe erlebt wird, wo stark reduzierte atmosphärische Sauerstoffdruckverhältnisse herrschen. Auch die Opfer der Höhenhypoxämie erleiden, gleichermaßen wie diejenigen übermäßiger Heroindosierungen, ein hämorrhagisches Lungenödem

<table>
<tr><td></td><td style="text-align:center">5</td><td style="text-align:center">10</td></tr>
<tr><td>Human:</td><td colspan="2">H-Glu-Leu-Thr-Gly-Gln-Arg-Leu-Arg-Gln-Gly-</td></tr>
<tr><td>Ovine:</td><td colspan="2">H-Glu-Leu-Thr-Gly-Glu-Arg-Leu-Glu-Gln-Ala-</td></tr>
<tr><td>Porcine:</td><td colspan="2">H-Glu-Leu-Ala-Gly-Ala-Pro-Pro-Glu-Pro-Ala-</td></tr>
</table>


```
                    15                  20
        Asp-Gly-Pro-Asn-Ala-Gly-Ala-Asn-Asp-Gly-
        Arg-Gly-Pro-Glu-Ala-Gln-Ala-Glu-Ser-Ala-
        Arg-Asp-Pro-Glu-Ala-Pro-Ala-Glu-Gly-Ala-

                    25                  30
        Glu-Gly-Pro-Asn-Ala-Leu-Glu-His-Ser-Leu-
        Ala-Ala-Arg-Ala-Glu-Leu-Glu-Tyr-Gly-Leu-
        Ala-Ala-Arg-Ala-Glu-Leu-Glu-His-Gly-Leu-

                    35                  40
        Leu-Ala-Asp-Leu-Val-Ala-Ala-Glu-Lys-Lys-
        Val-Ala-Glu-Ala-Glu-Ala-Ala-Glu-Lys-Lys-
        Val-Ala-Glu-Ala-Gln-Ala-Ala-Glu-Lys-Lys-

                    45                  50
        Asp-Glu-Gly-Pro-Tyr-Arg-Met-Glu-His-Phe-
        Asp-Ser-Gly-Pro-Tyr-Lys-Met-Glu-His-Phe-
        Asp-Glu-Gly-Pro-Tyr-Lys-Met-Glu-His-Phe-

                    55                  60
        Arg-Trp-Gly-Ser-Pro-Pro-Lys-Asp-Lys-Arg-
        Arg-Trp-Gly-Ser-Pro-Pro-Lys-Asp-Lys-Arg-
        Arg-Trp-Gly-Ser-Pro-Pro-Lys-Asp-Lys-Arg-

                    65                  70
        Tyr-Gly-Gly-Phe-Met-Thr-Ser-Glu-Lys-Ser-
        Tyr-Gly-Gly-Phe-Met-Thr-Ser-Glu-Lys-Ser-
        Tyr-Gly-Gly-Phe-Met-Thr-Ser-Glu-Lys-Ser-

                    75                  80
        Gln-Thr-Pro-Leu-Val-Thr-Leu-Phe-Lys-Asn-
        Gln-Thr-Pro-Leu-Val-Thr-Leu-Phe-Lys-Asn-
        Gln-Thr-Pro-Leu-Val-Thr-Leu-Phe-Lys-Asn-

                    85                        91
        Ala-Ile-Ile - Lys-Asn-Ala-Tyr-Lys-Lys-Gly-Glu-OH
        Ala-Ile-Ile - Lys-Asn-Ala-His-Lys-Lys-Gly-Gln-OH
        Ala-Ile-Val - Lys-Asn-Ala-His-Lys-Lys-Gly-Gln-OH
```

das Beta-Lipotropin von einem größeren Molekül, genannte Proopiocortin
[15,31] bzw. Proopiomelanocortin, ab. Bereits seit einigen Jahren stehen dem Forscher synthetisch hergestellte Endorphine und Enkephaline
zur Verfügung. Werden Endorphine und Enkephaline einem Versuchstier
oder einem Menschen verabreicht, so entfalten sie die wesentlichen
Wirkungen der Opiate, d.h. sie wirken schmerzaufhebend, euphorisierend,
atemhemmend und suchterzeugend [12,29,70].

Im Gehirn [31,32,39], in der Hypophyse [13,14,18] und im Rückenmark
[47] sowie im Plasma [36] des Menschen kommen die Endorphine und Enkephaline (Abb. 10) in denselben Hirnzentren vor, welche - wie oben gezeigt - die exogenen Opiate an sich binden.

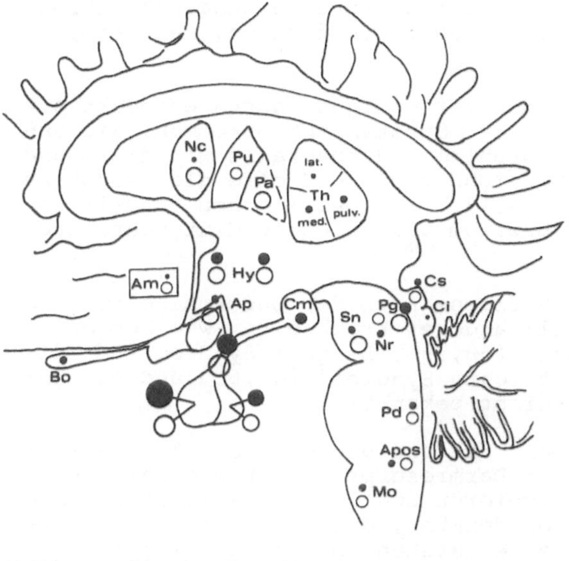

Abb. 10. Regionale Distribution der endogenen Opioide Endorphin und Met-Enkephalin im Gehirn (vgl. Abb.8 Verteilung des Endorphins im Gehirn) Abkürzungen s. Abb.8; Th = Thalamus; lat = lateralis; med = medialis; $pulv$ = pulvinar; Pa = Globus pallidus; Pu = Putamen; Nc = Nucleus caudatus; Pd = Pons dorsalis; $Apos$ = Area postrema; Mo = Medulla oblongata; Ci = Colliculus inferior; Cs = Colliculus superior (nach Gramsch [30])

Es ist deshalb nicht abwegig zu postulieren, daß Patienten, die möglicherweise in ihrem Gehirn einen Mangel an Endorphinen und Enkephalinen haben, für die Regulierung der Schmerzfunktion und eventuell gewisser psychischer Funktionen vermehrt auf die Zufuhr von exogenen Opiaten, demnach auch von Heroin, angewiesen wären [29,73]. Unter denselben Bedingungen von Heroinverfügbarkeit und psychosozialem Streß wären dann solche Patienten zur Entwicklung einer Drogensucht eher prädisponiert[13] als andere Individuen [29]. Entgegen dieser Theorie hat sich aber aufgrund von Untersuchungen des Max-Planck-Institutes für Psychiatrie in München [30] gezeigt, daß sich die Konzentration der Endorphine und Enkephaline in zahlreichen Hirnzentren von Nichtsüchtigen nicht wesentlich unterschied von derjenigen bei Morphin- oder Heroinsüchtigen. Auch im Gehirn von Alkoholsüchtigen war die regionale Distribution der beta-endorphinähnlichen Aktivität und des met-Enkephalins nicht wesentlich anders als bei nicht alkoholsüchtigen Opfern außergewöhnlicher Todesfälle, obwohl Alkohol anscheinend zu einer Störung des Endorphinhaushaltes im Gehirn führen kann [72].

Die Resultate [30] des Max-Planck-Institutes für Psychiatrie (München) sprechen auch gegen eine andere Spekulation, die dahin geht, daß die fortgesetzte Zufuhr von exogenen Opiaten die normale Produktion der endogenen Opioide im Gehirn hemmt [29]. Dies würde bei plötzlichem

---

[13] Auf der anderen Seite könnten Individuen, die einen Überschuß an Endorphinen und/ oder Enkephalinen in gewissen Zentren und Bahnen des zentralen Nervensystems ("tractus spinothalamicus") hätten, schmerzunempfindlich und opiatüberempfindlich sein. Die indirekte Evidenz, die diese Hypothese stützt, geht aus der Tatsache hervor, daß bei gewissen Patienten [16], wenn auch nicht bei allen [57], die an kongenitaler Analgesie leiden, die Schmerzempfindung zurückkehrt, wenn man ihnen Naloxon, d.h. einen Antagonisten der exogenen Opiate und der endogenen Opioide, verabreicht [16]. Ferner wurden kürzlich auch neue Krankheitszustände beschrieben, bei denen hyperendorphinergische Störungen bestanden [8,22]

Absetzen der exogenen Opiatzufuhr zu Abstinenzerscheinungen[14] führen
und den Süchtigen zwingen, das Opiat wieder einzunehmen, das heißt,
rückfällig zu werden [29].

Schließlich sei noch erwähnt, daß man vor einigen Jahren entdeckt hat,
daß in der Milch [9] und im Weizen [19] Substanzen vorkommen, die ähnlich strukturiert sind wie die Endorphine und ebenfalls wie diese und
die exogenen Opiate wirken. Man bezeichnet diese Stoffe als Exorphine,
d.h. als Endorpine exogener Natur [9,19]. Im spezifischen handelt es
sich um Beta-Casomorphin (Milch) bzw. um verschiedene Glutenderivate
(Weizen).

Die Bedeutung der Exorphine, wie übrigens auch der Endorphine für die
Entstehung der Sucht oder eventuell anderer Krankheiten wie kongeni-
tale Analgesie [16,57], Narkolepsie [58,59], Leigh's Syndrom [8], die
apnoeische Form des "Sudden Infant Death Syndrom" [41,60] und psycho-
pathologische Störungen ist noch nicht bekannt.

Rein theoretisch ist es vorstellbar, daß Individuen - durch eine kon-
genital bedingte Beschleunigung der Darmresorption der Exorphine -
solche Stoffe aus der Nahrung resorbieren und so eine alimentär bedingte
Exorphinsucht entwickeln. So ist es denkbar, daß eine derartige Exorphinsucht bereits im Säuglingsalter entstehen könnte und zwar im Rahmen der physiologischen Laktation bzw. der Kuhmilchnahrung. In einem
solchen Fall wäre es nicht möglich, die Sucht nach Exorphinen vom
Trieb des Durstes und des Hungers zu trennen.

4. Die Bedeutung der bedingten Reflexe

Die Bedeutung der bedingten Reflexe nach Pawlow als Ursache für Rück-
fälle in die intravenöse Heroinsucht [10] wird durch das Beispiel il-
lustriert, daß gewisse Fixer, die sich seit längerer Zeit von der
Heroinomanie befreit hatten, beim einfachen Anblick von Instrumenten,
welche zur Vorbereitung der Drogeninjektion verwendet werden (zum Beispiel eines geschwärzten Löffelchens), das floride Bild der typischen
Entzugserscheinung entwickelten und den intravenösen Heroingebrauch
wieder aufnahmen [55].

Einige Gedanken über die Bedeutung der endogenen Opioide in Bezug auf die Therapie der Heroinomanie

Wir haben die Tatsache erwähnt, daß die Konzentrationen der Endorphine
und Enkephaline im Gehirn von heroinabhängigen und heroinfreien Individuen nicht wesentlich voneinander verschieden waren [30]. Deshalb
darf - wenigstens vorläufig - geschlossen werden, daß die Konzentration der endogenen Opioide in verschiedenen Gehirnzentren durch Zufuhr
von Heroin und anderen exogenen Opiaten nicht entscheidend gestört wird.
Aus diesen Gründen ist es ebenfalls gestattet zu folgern, daß die Sub-
stitutionstherapie mit pharmazeutisch reinem Methadon - diese Therapie wird z.B. in den Vereinigten Staaten von Amerika und in der Schweiz
praktiziert - oder die Therapie mit pharmazeutisch reinem Heroin, wie
sie teilweise in England [20,62,83] angewendet wird, als vernünftig betrachtet werden kann.

---

[14] Die Erscheinungen des Opiatentzuges sind vor allem auf einen hyperadrenergischen
Zustand [27] zurückzuführen. Kürzlich hat man entdeckt, daß die Verabreichung
von Clonidin (Catapresan[R]) solche Entzugserscheinungen aufzuheben vermag [27].
Das antihypertensive Medikament Clonidin [48] wirkt auf die alpha-noradrenergischen
Rezeptoren des im Hirnstamm gelegenen "Locus coeruleus", die in jenem Hirnzentrum
"gemeinsam" mit den Opiatrezeptoren vorkommen [27]

Das Methadon ist ein synthetisches Opiat [48], das qualitativ wie
Heroin und Morphin wirkt. Seine Wirkungsintensität liegt zwischen derjenigen von Heroin und Morphin [48]. Die Verabreichung von Methadon
- auch wenn sie aus therapeutischen Gründen erfolgt - führt deshalb
zwangsweise zur Sucht. Im Vergleich zu Heroin, Morphin, Oxymorphon und
anderen Narkotika scheint Methadon allein (in täglicher peroraler Ein-
zeldosierung) stabile Drogenwerte im Blut zu erzeugen. Ferner scheint
die Entwöhnung von Methadon mit dem Verschwinden der Sucht nach anderen Drogen und ihren Wirkungen assoziiert zu sein. Bei der Methadonsucht sollen die Abstinenzerscheinungen weniger ausgesprochen und
weniger langdauernd sein als bei der Sucht nach Morphin und Heroin
[48]. Dennoch ist auch das Methadon nicht eine Wunderdroge. Um zu verhindern, daß der Fixer zum von ihm bevorzugten intravenösen Gebrauch
von Heroin zurückkehrt [46], muß man ihn ständig (in nicht wenigen
Fällen für das ganze Leben!) [20] unter Methadonwirkung halten. In der
Tat fallen auch nach Vinzenz Dôle, der vor mehreren Jahren die therapeutische Methadonsucht als Ersatz für die Heroinsucht eingeführt hat,
die meisten Patienten, die vor der Methadontherapie lange heroinsüch-
tig waren, bald nach Absetzen der Methadontherapie in ihre alte Heroin-
gewohnheit zurück [21]. Manchmal (und das wird durch die Analyse der
am Gerichtlich-Medizinischen Institut der Universität Zürich gemachten
Erfahrungen[15] bestätigt) (Pasi A 1978: Außergewöhnliche Todesfälle bei
Fixern. Probevorlesung vor der Med. Fakultät der Universität Zürich,
nicht publiziert) [56,78,84] zieht der Fixer die intravenöse Heroininjektion vor, auch wenn er Zugang zu täglichen peroralen Methadon-
dosierungen hat. In anderen Fällen verwendet er die Methadontablette
so, daß er die rituellen und pharmakologischen Wirkungen des intravenösen Heroins möglichst nachahmen kann, indem er trotz Verbot, die
Methadontablette auflöst und sich eine derartige mißbräuchlich zube-
reitete Lösung intravenös injiziert. Bisweilen wird diese Technik vom
Fixer auch auf andere Medikamente ausgedehnt (z.B. nicht selten auf
Optalidon, ein populäres Medikament, das Propyphenazon, Koffein und
Butalbital enthält). In solchen und anderen Fällen muß daher die Bezeichnung "intravenöser Narkotismus" durch den Ausdruck "intravenöse
Polytoxikomanie" ersetzt werden. Diese Polytoxikomanie wird außerdem
häufig nicht nur intravenös praktiziert, sondern auch auf anderen
Wegen: peroral, inhalatorisch, rektal, intranasal, subkutan und so
weiter, so daß der Terminus "pluriportale Polytoxikomanie" eingeführt
worden ist [56].

Bezüglich der Effizienz der Methadonprogramme läßt sich mit Dôle behaupten, daß diese nicht so sehr in den im Vergleich zum Heroin günstigeren pharmakologischen Eigenschaften des Methadons liegt, sondern
vielmehr in den Vorteilen, die dem Fixer angeboten werden, wenn er
den illegalen Heroinkonsum zugunsten des Methadonprogrammes verläßt
[21]. In der Tat erhält der Fixer

(1) das benötigte Opiat in pharmazeutisch geeigneter Form, preisgünstig
und straffrei, was ihm dazu verhilft, aus dem Drogenmilieu und damit
aus der Beschaffungskriminalität herauszukommen [21], und

(2) muß der Fixer während des Methadonprogrammes regelmäßig eine Apo-
theke, eine ärztliche Praxis oder eine Klinik aufsuchen, wo er kompe-
tente Hilfe und Kontakte zu anderen nützlichen Institutionen, wie zum
Beispiel einer Medizinalperson, einer Arbeitsvermittlungsstelle usw.
erhält [21].

---

[15]Bis Ende 1981 stand das Methadon unter denjenigen Drogen, die für Drogentodesfälle
von Fixern in der Hauptsache verantwortlich waren, gleich nach dem Heroin an
zweiter Stelle (Pasi A 1978: Außergewöhnliche Todesfälle bei Fixern. Probevorlesung
vor der Med. Fakultät der Universität Zürich, nicht publiziert) [56,84]

Wie schon erwähnt, gelingt es aber dem Fixer nicht immer, auch von Methadon frei zu werden. Dies ist ein wichtiger Unterschied zwischen den Therapieprogrammen mit und ohne Methadon oder anderen Drogen; bei den letzteren wird der Fixer ausschließlich mit Hilfe psychiatrischer Mittel stabilisiert und auch nach der Entlassung aus der Drogenklinik ohne Droge gehalten. Diese Erfahrungen sind z.B. bei der Ulmenhof-Klinik (in der Nähe von Zürich) gemacht worden [5].

Literatur

1. Alarcon de R (1969) The spread of heroin abuse in a community. Bull Narc 21/3:17
2. Aldrich MR, Barker RW (1976) Historical aspects of cocaine use and abuse. In: Mulé SJ (ed) Cocaine: Chemical, biological, clinical and social treatment aspects. C.R.C. Press, Cleveland Ohio
3. Angst J (1973) Drogenkonsum im Kanton Zürich. Repräsentative Umfrage bei 6315 Zürchern und 1381 Zürcherinnen (Alter 19 Jahre). Recht und Praxis 7:1
4. Baden MM (1972) Narcotic abuse: A medical examiner's views. NY State J Med 72: 834-840
5. Bernath C (1978) Katamnese drogenabhängiger Jugendlicher aus dem Rehabilitations-zentrum Ulmenhof in Ottenbach ZH. Dissertation, Universität Zürich
6. Berridge V (1979) Morality and medical science: Concepts of narcotic addiction in Britain, 1820-1926. Ann Sci 36:67-85
7. Bombara R, Girardi B, Massari A, Mensi F, Rossi F, Santi G, Visca U (1978) Aspetti di fisiopatologia e clinica. Contributo casistico. Rass Clin Sci 54: 176-184
8. Brandt NJ, Terenius L, Jacobsen BB et al. (1978) Hyperendorphinsyndrome in a child with necrotizing encephalomyelopathy. N Engl J Med 303/16:914-916
9. Brantl V, Teschenmacher H, Henschen A, Lottspeichen F (1979) Novel opioid peptide derived from Casein (Beta-Casomorpin). Hoppe Seylers Z Physiol Chem 360:1211-1216
10. Brien O' CP, Testa T, Brien O' TJ, Brady JP, Wells B (1977) Conditioned narcotic withdrawal in humans. Science 195/4282:1000-1002
11. Buess H (1946) Die Injektion. Ciba Zeitschrift, 9. Jahrgang, Basel
12. Catlin D, Gorelick DA, Gerner RA, Gerner H, Gui KK, Li CH (1980) Clinical effects of beta-endorphin infusions. Biochem Psychopharmacol 22:535-548
13. Celio MR, Pasi A, Bürgisser E, Herz A (1979) Distribution and ultrastructural characterization of beta-endorphin immunoreactive cells in the human pituitary: the same cells stains with ACTH-antisera. Experientia 35/7:959-969
14. Celio MR, Höllt V, Buetti G et al. (1980) Immunohistochemical study of beta-en-dorphin and related peptides in the "Invading cells" of the human neurohypophysis during ontogenesis and adulthood. In: Costa E, Trabucchi M (eds) Neural Peptides and neuronal communication. Raven Press, New York, pp 271-283
15. Celio MR, Pasi A, Bürgisser E, Buetti G, Höllt V, Gramsch C (1980) "Proopiocortin fragments" in normal human adult pituitary. Distribution and ultrastructural cha-racterization of immunoreactive cells. Acta Endocrinol (Copenh) 95:27-40
16. Dehen H, Willer JC, Boureau F, Cambier J (1977) Congenital insensitivity to pain and endogenous morphine-like substances. Lancet I/8032:292-294
17. Deissler K (1977) Der periodische Suchtanfall. Schweiz ÄrzteZ 58/13:514-518
18. Deissler K (1977) Die "High"-Sucht. Schweiz ÄrzteZ 58/16:657-660
19. Dohan FC (1980) Hypothesis: Genes + neuroactive peptides from food as cause of schizophrenia. Adv Biochem Psychopharmacol 22:235-248
20. Dôle VP (1980) Addictive behaviour. Sci Am 24/6:136-143
21. Dôle VP, Herman J (1978) Long-term outcome of patients treated with methadone maintenance. In: Recent developments in chemotherapy of narcotic addiction. Ann NY Acad Sci 311:181-196
22. Dunger DB, Wolff OH, Leonard JV, Preece MA (1980) Effect of naloxone in a pre-viously undescribed hypothalamic syndrome. A disorder of the endogenous opioid peptides system? Lancet I/8181:1277-1281

23. Eccles JC (1980) Facing reality: Philosophical adventures by a brain scientist. Springer, Berlin Heidelberg New York
24. Garriot JC (1980) Forensic toxicology: General considerations. In: Curran WJ, McGarry AL, Petty S (eds) Modern legal medicine psychiatry and forensic science. Davis, Philadelphia
25. Geymonat L (1970) Storia del pensiero filosofico scientifico, vol I. Garzanti, Milano, pp 95, 308
26. Glatt MM (ed) (1977) Drug dependence. Introductory chapter. MTP Press, Lancaster
27. Gold MS, Pottash ALC, Sweeney DR, Kleber HD (1980) Efficacy of clonidine in opiate withdrawal: A study of 30 patients. Drug Alcohol Depend 6:201-208
28. Goldstein A (1976) Opioid peptides (endorphins) in pituitary and brain: Studies on opiate receptors have led to the identification of endogenous peptides with morphine-like actions. Science 193/4258:1081-1086
29. Goldstein A (1978) Endorphins physiology and clinical implications. In: Recent developments in chemotherapy of narcotic addiction. Ann NY Acad Sci 311:51-58
30. Gramsch C, Höllt V, Mehraein P, Pasi A, Herz A (1979) Regional distribution of methionine enkephalin and beta-endorphin-like immunoreactivity in human brain and pituitary. Brain Res 171/2:261-270
31. Gramsch C, Kleber G, Höllt V, Pasi A, Mehraein P, Herz A (1980) Pro-opiocortin fragments in human and rat brain: beta-endorphin and alpha-MSH are the predominant peptides. Brain Res 192:109-119
32. Gramsch C, Höllt V, Pasi A, Mehraein P, Herz A (1982) Immunoreactive dynorphin in human brain and pituitary. Brain Res 233:65-74
33. Hartwich C v (1899) Ueber Papaver somniferum und speziell dessen an Pfahlbauten vorkommende Reste. Vortrag in der "Section Pharmacie der Naturforscherversammlung" in Düsseldorf, 1.8.1898. In: "Deutsche Apothekerzeitung". Schweiz Wochenschr Chem Pharm 223-226
34. Herz A (1978) Sites of opiate action in the central nervous system. Mod Pharmacol Toxicol 14:153-180
35. Hiller MJ, Pearson J, Simon EJ (1973) Distribution of stereospecific binding of the potent narcotic analgesic Etorphin in the human brain: Predominance in the limbic system. Res Commun Chem Pathol Pharmacol 6/3:11 nicht numerierte Seiten
36. Höllt V, Müller OA, Gramsch C, Kleber G, Pasi A, Herz A (1979) Beta-lipotropin (Beta-LPH), Beta-endorphin (Beta-E), ACTH and alpha-MSH in human plasma, pituitary and brain. Acta Endocrinol (Copenh) 91:69-69
37. Hunt IG, Chambers CD (1976) A study of heroin use in the United States, 1965-1975. Spectrum, New York
38. Jaffé JH (1970) Narcotic analgesics. In: Goodman LS, Gilman A (eds) The Pharmacological basis of therapeutics, 4th edn. Macimillan, London
39. Kleber G, Gramsch C, Höllt V, Mehraein P, Pasi A, Herz A (1980) Extrahypothalamic Corticotropin and alpha-Melanotropin in human brain. Neuroendocrinology 30:30-45
40. Kuhar MJ, Pert CB, Snyder SH (1973) Regional distribution of opiate receptor binding in monkey and human brain. Nature 245:447-451
41. Kuich TE, Zimmermann D (1981) Could endorphins be implicated in sudden-infant-death-syndrome? N Engl J Med 304/16:973-973
42. Leake CD (1973) What are we living for? Practical philosophy. I. The ethics. P.J.D., Westbury New York
43. Li CH (1979) Chemistry of beta-endorphin. In: Loh HH, Ross DH (eds) Neurochemical mechanisms of opiates and endorphins. Raven, New York
44. Macht DJ (1915) The history of opium and some of its preparations and alkaloids. JAMA 64/6:477-481
45. Macht DJ (1916) The history of intravenous and subcutaneous administration of drugs. JAMA 66/12:856-860
46. Martin WR, Fraser HF (1961) A comparative study of physiological and subjective effects of heroin and morphine administered intravenously in postaddicts. J Pharmacol Exp Ther 133:388-399
47. Maysinger D, Höllt V, Seizinger BR, Mehraein P, Pasi A, Herz A (1982) Parallel distribution of immunoreactive alpha-neo-endorphin and dynorphin in rat and human tissue. Neuropeptides 2/3-4:211

48. Meyer FJ, Jawetz E, Goldfien A (1974) Review of medical pharmacology, 4th edn. Lange, Los Altos
49. Meyer RE, Mirin SM (1979) The heroin stimulus: implications for a theory of addiction. Plenum, New York
50. Misra AL (1977) Dispositions and metabolism of drugs of dependence. In: Mulé SJ, Brill H (eds) Chemical and biological aspects of drug dependence. C.R.C., Cleveland
51. Murphee HB (1971) Narcotic analgesics I: opium alkaloids. In: Di Palma JR (ed) Drill's pharmacology in medicine, 4th edn. McGraw-Hill, New York, pp 324-359
53. Pasi A (1980) Erfahrungsbericht. In: Bschor F (Hrsg) Drogen: Der Drogennotfall (Erkennung und Behandlung). Die Opiatvergiftung, FU-Workshop, 1979, Berlin. Diskussionsberichte Nr.3: 33-35. Nicholaische Verlagsbuchhandlung, Berlin
55. Pasi A (1981) Il problema dell'eroina: riflessioni sull'importanza, l'origine e lo sviluppo dell'eroinomania. Riv Med Svizz Ital 46/10:499-514
56. Pasi A, Willax A, Hartmann H (1982) Der Tod des Fixers. XII. Kongress der internationalen Akademie für Gerichtliche und Soziale Medizin, Wien, 17.-22. Mai 1982, Proceedings, Bd. II, S 773-777
57. Pasi A, Meyer M, Boltshauser E, Foletta D, Gramsch C (1982) Failure of naloxone to reverse analgesia in patients with congenital insensitivity to pain, and variable plasma levels of beta-endorphin-like activity. Lancet I/8272:622-622
58. Pasi A, Wettstein A, Foletta D, Gramsch C (1982) Naloxone effects and beta-endorphin-like immunoreactivity plasma levels in idiopathic narcolepsy. Proceedings of the 6th European Congress of sleep research, March 22, 1982, Zürich (Switzerland)
59. Pasi A, Wettstein A, Foletta D, Gramsch C (1982) Idiopathic narcolepsy (IN): Effect of naloxone studied in one of three patients with unelevated beta-endorphin-like immunoreactivity (beta-ELIR) plasma levels. J Clin Psychopharmacol 2/3:216-217
60. Pasi A, Foletta D, Hartmann H, Gramsch C (1982) Sudden infant death syndrome (SIDS) and endogenous opioids (EO). Endorphins and radioimmunoassay. Advanced course on free hormone assays and neuropeptides. Venedig 15.-17. Juni 1982, Abstract, p 80
61. Pfeiffer A, Pasi A, Mehraein P, Herz A (1981) A subclassification of kappa-sites in human brain by use of dynorphin 1-17. Neuropeptides 2:89-97
62. Pommerehne WW, Hartmann HC (1980) Ein ökonomischer Ansatz zur Rauschgiftkontrolle. Jahrb Sozialwiss 31/24:101-143
63. Pradhan SN, Dutta SJ (eds) (1977) Drug abuse: clinical and basic aspects. Mosby, St. Louis
64. Pui-Nin Mo B, Way EL (1966) An assessment of inhalation as a mode of administration of heroin by addicts. J Pharmacol Exp Ther 15/1:142-151
65. Sappira JD (1968) The narcotic addict as a medical patient. Am J Med 45:554-582
66. Schär M, Biener K (1971) Jugend und Drogen. Z Präventivmed 16:343-347
67. Schasre R (1966) Cessation patterns among neophyte heroin users. Int J Addict 1/2:23-31
68. Schmidbauer W, Scheidt J von (1971) Handbuch der Rauschdrogen. Nymphenburger, München
70. Shaw JS, Turnbull MJ, Dutta AS, Gormley JJ, Hayward CF, Stacey GJ (1978) Structure-activity study with enkephalin analogues: further evidence for multiple opiate receptor types. In: Van Ree JM, Terenius L (eds) Characteristics and functions of opioids. Elsevier/North-Holland, Amsterdam
72. Silvaner M (1980) Alkoholismus: eine Erbkrankheit? Kontrolliertes Trinken für Alkoholabhängige, eine Illusion. Neue Zürcher Z 282:61
73. Snyder SH (1977) Opiate receptors and internal opiates. Sci Am 226/3:44-56
74. Stucki A (1973) Sucht, Krankheit oder Laster? Schweiz Rundsch Med (Prax) 62:16-20
75. Terry CI, Pellens M (1928) The opium problem. Haddon Craftsmen, Camden
77. United Nations (1978) Economic and social council, Commission on narcotic drug. 28th session, item 3 of the provisional Agenda. Drug abuse: Extent. Patterns and trends. E/CN 7/629, Geneva
78. Vontobel HP (1979) Forensische Untersuchungen letaler Vergiftungen mit Opiaten und analogen Wirkstoffen. Doktorarbeit unter der Leitung von Pasi A, Universität Zürich

79. Way EL (1968) Disposition and metabolism of morphine and its surrogates. Assoc Nev Mental Dis 46:13-31
81. Way EL, Adler IK (1960) The pharmacologic implications of the fate of morphine and its surrogates. Pharmacol Rev 12:383-446
82. Way EL, Young JM, Kemp JW (1965) Metabolism of heroin and its pharmacologic implications. Bull Narc 17/1:25
83. Weiss I (1980) Betrachtungen zur Rauschgiftkriminalität. Schweiz Jur Z 13:205-212
84. Willax A (1982) Todesart und Todesursache bei außergewöhnlichen Todesfällen von Fixern. Doktorarbeit (unter der Leitung von Pasi A), Universität Zürich
85. Winick C (1974) A sociological theory of the genesis of drug dependence. In: Winick C (ed) Sociological aspects of drug dependence. pp 3-13, CRC Press, Cleveland, Ohio
86. Wurmser L (1974) Entwicklung und Bedeutung der Rauschgiftsucht in den USA. Vortrag, gehalten am 16. August 1973 in der Psychiatrischen Klinik Münsterlingen (Schweiz). Schweiz Med Wochenschr 104:189-197

Zur Bedeutung niedriger Kohlenmonoxyd-Hämoglobinwerte bei plötzlichen Todesfällen [1]

C. Rittner, R. Hänig, H.-D. Wehner und K. Sellier

Zusammenfassung

Wir haben 157 plötzliche Todesfälle des Institutes der Jahre 1963 bis 1982 mit Bestimmungen des Kohlenmonoxydgehaltes nach der Zweilängenmethode auf dessen todes-
ursächliche bzw. -mitursächliche Bedeutung hin analysiert.

Von 1963 bis 1982 nahm die mittlere Höhe der gemessenen Kohlenmonoxyd-Hämoglobin-
konzentrationen signifikant ab. Diese Feststellung gründet sich auf eine signifikante Abnahme der durch Leuchtgas und Autoauspuffgas verursachten Unglücksfälle
und Suizide und einen Anstieg der mit niedrigeren CO-Hb-Werten einhergehenden Vergiftungsfälle mit Butan- und Propangas bzw. Naturgas aus defekten Gasdurchlauferhitzern. Während der Gesamtanteil an Unglückfällen (ca. 2/3) und Suiziden (ca. 1/3)
über den genannten Zeitraum konstant blieb, nahmen die Fälle mit niedrigeren CO-
Hb-Werten, jedoch zusätzlichen Intoxikationen (überwiegend Alkohol) bzw. kombinierten Begehungsarten beim Suizid, signifikant zu. Eine synergistische Wirkung von
Kohlenmonoxyd und Äthylalkohol konnte nicht gesichert werden. Der Anteil der Fälle
mit vorbestehenden Organschäden als zusätzlicher Herz- und Kreislaufbelastung blieb
über den Gesamtzeitraum konstant.

Wir meinen, daß diese Entwicklung eine wachsende Gefahr bedeutet, daß Kohlenmonoxydvergiftungen wegen fehlender Charakteristika bei der Obduktion übersehen werden
können. Ihr todesursächlicher Beitrag ist andererseits nur nach umfassenden toxikologischen Untersuchungen abzuschätzen. Nur dann können Fehlbegutachtungen vermieden werden.

Summary

One hundred and fifty-seven cases of sudden death were analyzed at our Institute
during the years 1963-1982 with respect to carbon monoxide content with the two-
wave method of Heilmeyer (1933) in order to determine its contribution to death.
From 1963 to 1982, the mean concentration of carbon monoxide decreased significantly. This decrease is due to the lack of cases of accident and suicide with coal gas
and by exclusively inhaling the exhaust of internal combustion engines after 1972.
In addition, this decrease is counterbalanced by a significant increase in cases
with intoxication from propane, butane, and incompletely combusted natural gas.
Whereas the contribution of accidents (about two-thirds) and suicides (about one-
third) remained constant over the whole period, the cases with low CO-Hb values
and additional intoxication, mainly ethanol, increased significantly in the second
period. The number of cases with combined suicidal commitment rose significantly
as well. A synergistic action of carbon monoxide and ethanol was not found in this
study. The proportion of cases with pathological findings prior to the carbon monoxide intoxication remained constant.

In conclusion, there may be an increasing danger of overlooking carbon monoxide intoxication due to the lack of criteria during the autopsy. In order to avoid misjud-
gement, the contribution of this intoxication to the cause of death can only be estimated after comprehensive toxicological investigations.

---

[1] Auszugsweise vorgetragen auf der 61. Tagung der Gesellschaft für Rechtsmedizin vom
22.-25.9.82 in Würzburg

Einleitung

Über die Tatsache, daß bei plötzlichen Todesfällen Kohlenmonoxyd-Hämoglobinwerte unterschiedlicher Höhe und unterschiedlichen Beweiswertes
im Hinblick auf die Todesursache festgestellt werden können, ist oft
berichtet worden (Bode u. Kampmann 1982; Geldmacher-v.Mallinckrodt 1975;
Mueller 1953; Pollak 1978). Die Bedeutung dieser früher häufigsten Ver-
giftungsart ist inzwischen gegenüber anderen Intoxikationen zurückge-
gangen (Schwerd 1979). Im Hinblick auf die Zunahme von Kombinationsver-
giftungen war uns wie anderen (Bode u. Kampmann 1982) in den letzten
Jahren eine Zunahme der Fälle mit niedrigen Kohlenmonoxyd-Hämoglobin-
konzentrationen aufgefallen, deren Ursachen nicht unbedingt auf der
Hand lagen. Wir wollten wissen, welche Bedeutung der Feststellung eines
bestimmten CO-Hb-Wertes bei einem plötzlichen Todesfall heutzutage
kommt.

Material und Methoden

Wir haben alle Fälle des Institutes der vergangenen zwanzig Jahre, in
denen eine Bestimmung des Gehaltes an Kohlenmonoxyd-Hämoglobin nach
Heilmeyer (1933) mit der Zweilängenmethode bei 560 und 575 nm, modifiziert nach Schwerd (1962), wie von einem von uns beschrieben (Sellier
1953), vorgenommen worden war, aufgeschlüsselt. 45 Fälle mit einem Wert
von 0% wurden von vornherein ausgeschieden, weil es sich offenbar um
Routinekontrollen bei anderer gesicherter Todesursache gehandelt hatte.
In 17 Fällen war die Feststellung von 0% CO-Hb von forensischer Bedeutung. Ausgehend von einer Gefährdungsgrenze von = 50% CO-HB (Mueller
1953; Prokop u. Göhler 1976; Schwerd 1979) wurden in den Jahren 1963
bis 1982 insgesamt 26 Fälle mit Werten zwischen 0 und $\leq$ 50% analysiert.
Bei etwa gleichbleibender Bestimmungsrate von ca. 3% der gerichtlichen
Leichenöffnungen verblieben 69 Fälle mit Werten von > 50% CO-Hb (n =
157). Die folgenden Parameter wurden in einem Erhebungsbogen berücksichtigt: Alter; Geschlecht; Todes- und Obduktionszeitpunkt; gemessene
CO-Hb-Konzentration; Fäulnis; Brandschädigung; vitale Reaktionszeichen,
Überlebenszeit; Alkoholisierung, toxikologische Befunde; makroskcpische
und mikroskopische Vorschädigungsbefunde; Brandursache, Brandmaterial;
Art des Gases; Auffindungsort (Wohnung/geschlossener Raum, Pkw, Wohn-
wagen) oder im Freien; Todesart [natürlicher Tod, unnatürlicher Tod
(Unglücksfall, Suizid, Tötungsdelikt)].

Die statistische Auswertung erfolgte ausschließlich mit der Vier-Felder-
Tafel im Chi^2-Test (1 F.G.).

Ergebnisse

Aus Abb. 1 ist der Panoramawandel der am Institut für Rechtsmedizin
Bonn im Zeitraum von 1963 bis 1982 festgestellten Kohlenmonoxyd-Hämoglobin-Konzentrationen erkennbar: bei einem Gleichbleiben der Frequenz
von Untersuchungen mit negativen CO-Hb-Befunden fehlten vor 1972 Bestimmungen mit Werten unter 50% fast völlig (4 in 10 Jahren). Dagegen
sind es in den späteren Jahren 40% aller Untersuchungen, die weniger
als 50% CO-Hb ergaben (Chi^2 = 12,90, p = 0,0003).

Fragt man zuerst nach den Ursachen der ebenso offenkundigen Abnahme
der Untersuchungen mit den höchsten Werten (> 70% CO-Hb), so finden
sich hierfür zwei miteinander korrelierende Ereignisse:

1. die Umstellung von Leuchtgas auf (teil-)entgiftetes Naturgas im
   Raume Bonn im Jahre 1972 und einem damit verbundenen drastischen
   Rückgang der Unglücksfälle und Suizide mittels Gas
2. ein gleichzeitiger auffallender Rückgang der Suizide (und Unglücks-
   fälle) mittels Einleitung von Autoauspuffgasen ins Wageninnere oder
   Laufenlassen des Motors bei geschlossener Garagentür.

Berücksichtigt man diese beiden gleichgesinnten Entwicklungen, so ist
der Unterschied zwischen beiden Zeitabschnitten hochsignifikant (Chi^2
= 15,55, p = 0,0001). Dabei ist der Anteil der Unglücksfälle und Suizide im Gesamtmaterial konstant geblieben (ca. 2/3 Unglücksfälle, ca.
1/3 Suizide).

Fragt man weiter (Abb. 2) nach den Faktoren, die die toxische Wirkung
des Kohlenmonoxyds verstärken können, so ergeben sich zwei Komplexe:

1. Zusätzliche Intoxikation(en)
2. Organschäden als zusätzliche vorausgehende Herz- und Kreislaufbelastung.

Die Zahl der Fälle mit zusätzlichen Intoxikationen (überwiegend Äthylalkohol) hat im zweiten Zeitabschnitt signifikant zugenommen (Chi^2 =
9,10, p = 0,003). Dagegen bleibt der Anteil vorbestehender Organschäden im Gesamtzeitraum konstant. Diese Feststellung wird gestützt durch
die Tatsache, daß sich weder die Geschlechtsverteilung noch das mittlere Lebensalter in den beiden Zeitabschnitten bzw. Konzentrationsberei-
chen geändert hat.

In 7 Fällen blieb ein festgestellter CO-Hb-Befund $\leq$ 50% ohne todesur-
sächliche Bedeutung.

Fragt man weiter nach der Todesart der einzelnen Fälle (Abb. 3), so
handelt es sich folgerichtig bei den Fällen mit positiven CO-Hb-Werten
um unnatürliche Todesfälle, und zwar fast ausschließlich um Unglücksfälle und Suizide. Schlüsselt man die Unglücksfälle in den beiden Kon-
zentrationsbereichen auf, so erkennt man eine signifikante Zunahme der
Fälle mit Werten unter 50% in den Jahren 1972-1982 (Chi^2 = 7,42, p =
0,006).

Fragt man nach den Ursachen dieser Zunahme, so finden sich in diesem
Zeitabschnitt gegenüber früher zunehmend azidentelle Propan- und Butan-
gas- sowie Unglücksfälle mit defekten Gasdurchlauferhitzern bzw. infolge
Sauerstoffmangels bei unzureichender Belüftung der Baderäume (Chi^2 =
7,65, p = 0,006).

Wählt man denselben Konzentrationsbereich, so hat sich das Spektrum
der Suizide scheinbar nicht verändert. Setzt man die Grenze der absolut
tödlichen Werte aber bei 70% an, so findet sich von 1963-1972 kein einziger Suizid unter 70% CO-Hb, 1973-1982 dagegen 11 (Chi^2 = 13,59, p =
0,0002). Diese Tatsache bestätigt sich auch, wenn wir unser Material
danach aufgliedern, ob es sich jeweils um einen einfachen oder einen
kombinierten Suizid gehandelt hat: Die kombinierten Begehungsarten
haben 1973-1982 signifikant zugenommen (Chi^2 = 6,91, p = 0,009).

Abschließend haben wir uns gefragt, ob - angesichts des hohen Anteils
von Mischintoxikationen mit Äthylalkohol - eine Beziehung zwischen der
Höhe der gemessenen Kohlenmonoxyd-Hämoglobin-Werte und der Höhe der
Blutalkoholkonzentration besteht (s. Abb. 4). Eine solche Beziehung
scheint zu bestehen, sie ist jedoch wegen der kleinen Zahlen nicht
signifikant (Chi^2 = 3,77, p = 0,052).

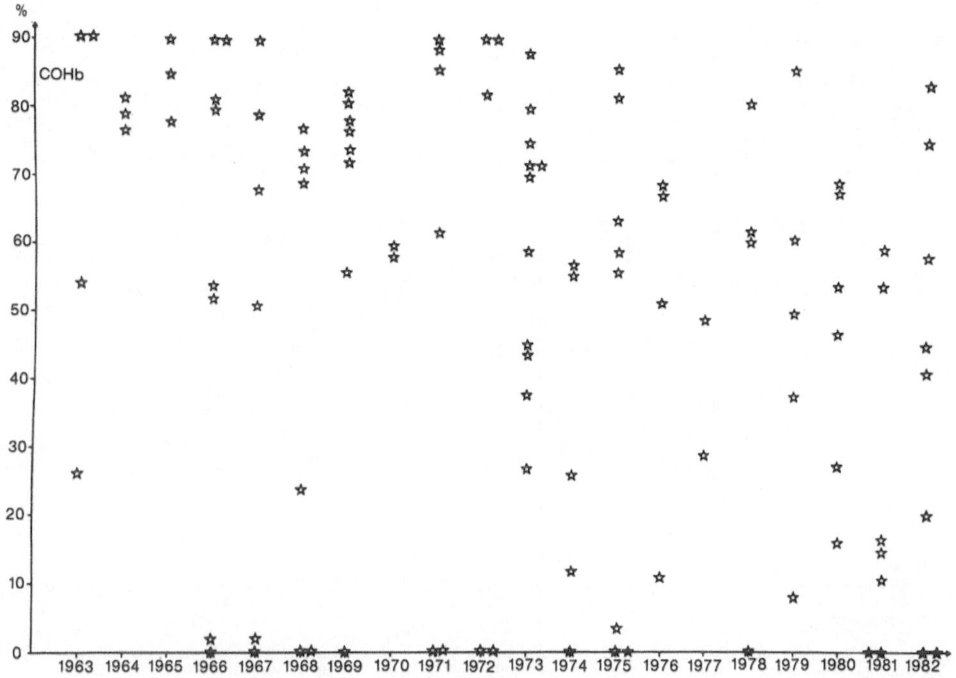

Abb. 1. Gemessene Kohlenmonoxyd-Hämoglobinwerte in den Jahren 1963-1982 (Institut für Rechtsmedizin, Bonn)

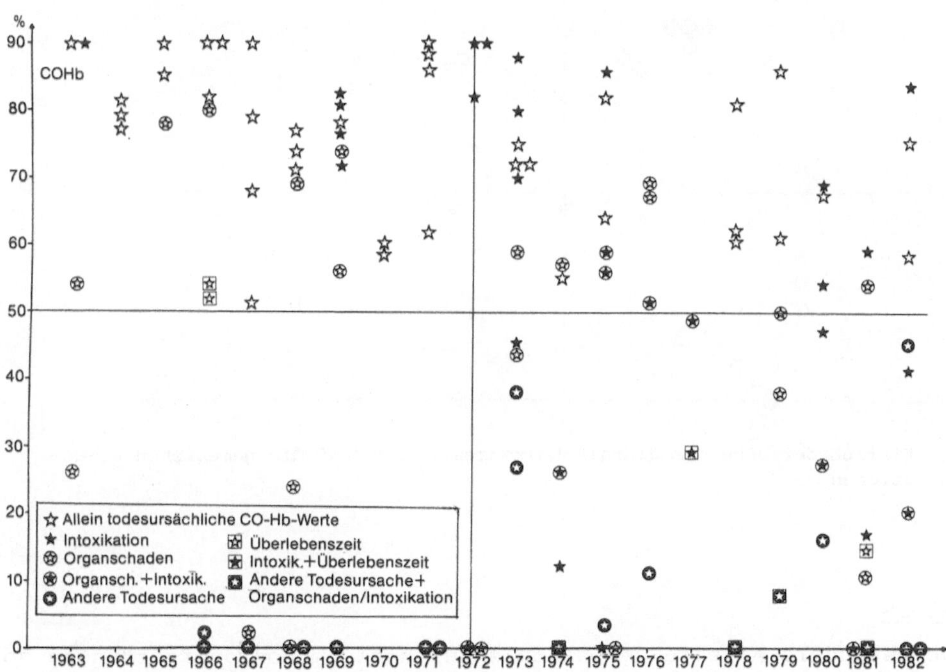

Abb. 2. Fallcharakteristiken der CO-Hb-Werte aus Abb. 1

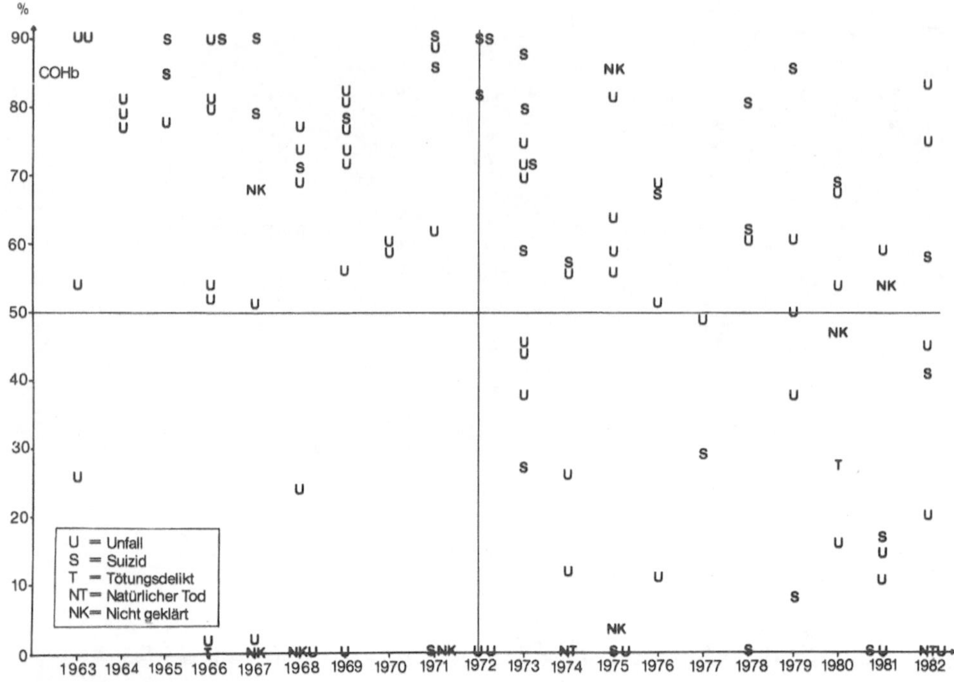

Abb. 3. Todesart der Fälle aus Abb. 1 und 2

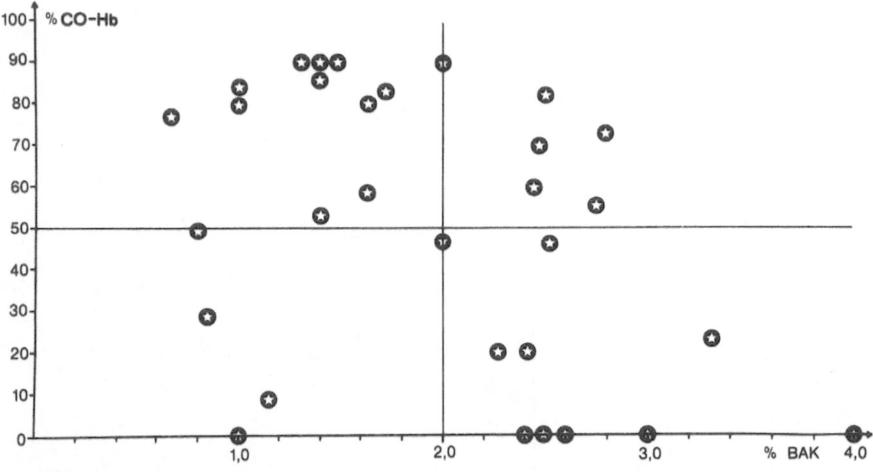

Abb. 4. Einfluß der Höhe der Blutalkoholkonzentration auf die gemessenen CO-Hb-Konzentrationen

Kasuistik

Einige besondere Aspekte des Wandels der Kohlenmonoxydvergiftungen sollen aus phänomenologischer Sicht noch kurz kasuistisch angesprochen werden:

1. Explosionen und explosionsartige Brände

Wie bekannt (Mueller 1953), können bei Explosionen durch den plötzlichen Sauerstoffverbrauch bzw. die weitgehende Verbrennung der Leichen erhebliche CO-Hb-Konzentrationen fehlen. Andererseits kann bei Bränden von leichtentzündbarem Material und niedriger Kohlenmonoxydentwicklung rasches Ersticken eintreten.

Fall No. 55: In der Wohnung dieser 86jährigen Frau explodierte ein defekter Gasofen. Sie erlitt großflächige Verbrennungen und starb nach 4 1/2 h. Rußeinatmung war nachweisbar, der CO-Hb-Gehalt war 0%. Sie wies schwere Vorschäden mit Atrophie und Dilatation des Herzens, Hirnrindenatrophie, chronischer Leberstauung und hochgradiger Arteriosklerose auf.

Fall No. 77: Dieser 59jährige Mann entzündete bei einer BAK von 2,6%o und einer UAK von 3,69%o mehrere Benzinkanister im Kofferraum seines PKW, den er von rückwärts in eine offene Scheunentür gefahren hatte. Rußeinatmung war nachweisbar, die Brandschädigung betrug 50% der Körperoberfläche. Es bestanden Vorschädigungen: Schwielenherz mit chronischer Stauungslunge. CO-Hb-Gehalt 0%.

Fall No. 69: Der PKW dieser 20jährigen Frau wurde von einem entgegenkommenden Kraftfahrer beobachtet, wie er die Fahrt verlangsamte, eine Stichflamme aufschoß, der Wagen seitlich gegen die Leitplanke geriet und in Minutenschnelle ausbrannte, so daß selbst das sofortige Hinzueilen des Kraftfahrers zu spät kam. 16% CO-Hb, 80%ige Brandschädigung der Leiche, Rußeinatmung. Der Brandsachverständige kam zu dem Schluß, daß sich beim Entzünden einer Zigarette aus einer defekten Benzinleitung Benzin entzündet haben mußte.

Fall No. 28: Dieser 24jährige Bundeswehrsoldat trennte sich von seinen Kameraden, um in einer Scheune zu nächtigen. Minuten später beobachteten sie ein explosionsartiges Abbrennen der Scheune. Brandschädigung 100%, CO-Hb-Konzentration 0%.

Fall No. 45: Dieser 10jährige Junge pflegte sich auf einem Hochsitz zum Rauchen einzuschließen. Zeugen beobachteten ein rasches Entflammen und Abbrennen des Hochsitzes. CO-Hb-Konzentration 38%, 90%ige Brandschädigung, Rußeinatmung.

Fall No. 93: Dieser 9jährige Junge verursachte einen Brand in einem Stallgebäude. CO-Hb 51%, 80%ige Brandschädigung, keine Organschäden.

2. Der kombinierte Suizid

Während früher einfache Begehungsarten überwogen, zeigt sich in unserem Material wie nach allgemeiner Erfahrung (Dotzauer u. Berghaus 1979; Pollak 1978; Rittner 1980) im zweiten Zeitabschnitt eine zunehmende Kombination der Mittel:

Fall No. 44: Dieser 36jährige Nordafrikaner befestigte im Wald an einem Baum einen Wandteppich mit Abbildungen der Brüder John F. und Robert Kennedy. Das mit einem Bundeswehrdolch durchstochene Gesicht J.F.K's. wies in Richtung einer Mulde, in der Fichtenscheite aufgeschichtet angezündet worden waren. Unmittelbar neben der Mulde und unter einer Fichte lag die völlig verbrannte Leiche des Mannes, über der man am Baum noch Reste einer Aufhängung erkannte. Drei Gürtelschnallen lagen dabei. Herzblut 0,6%, Lungenpreßsaft 27% CO-Hb, kein Alkohol. Ekchymosen der Konjunktiven, Cyanose des Schlundes, Rußeinatmung. Wahrscheinlich Selbstverbrennung nach (mißlungenem?) Erhängungsversuch.

Fall No. 58: Diese 28jährige Frau trank nach zwei mißlungenen Suizidversuchen Alkohol (BAK 0,84%o), nahm Diazepam, schloß die Garagentür und ließ den Motor laufen. Sie verstarb nach einstündigen Reanimationsbemühungen (CO-Hb 29%).

Fall No. 65: veröffentlicht (Rittner 1980). Dieser 44jährige Mann hatte erst Benzin-kanister im Kofferraum angezündet, ehe er mit einem Abschleppseil um den Hals, be-festigt an einer Zaunverstrebung, mit dem Pkw Gas gab, den Brand desselben offenbar noch erlebte (CO-Hb 8%), ehe der Kopf abgeschert wurde.

Fall No. 74: Dieser 37jährige Mann trank Alkohol (BAK 2,15‰, UAK 2,51‰), und Pro-panol, nahm Allobarbital und Diazepam, ehe er den Sessel, auf dem er saß, in Brand setzte (20% CO-Hb).

Fall No. 54: Diese 64jährige Frau trank nach zwei vergeblichen Suizidversuchen exzessiv Alkohol (BAK 3,01‰, UAK 3,34‰), ehe sie sich im Badezimmer einschloß und eine Kunststoffdose in Brand setzte (0% CO-Hb, HCN nicht untersucht).

Fall No. 141: Diese 58jährige Ärztin nahm insgesamt 6 Barbiturate, schloß sich in der Küche ein, stellte mehrere elektrische Geräte auf Höchststufen und verursachte damit einen Brand, auch von Kunststoffbehältnissen. Neben Verbrennungen dritten Grades findet sich eine CO-Hb-Konzentration von 41%, die Blausäurekonzentration wurde mit 0,2 mg/l bestimmt.

3. Mögliche kombinierte CO-CN-Vergiftungen

Die beiden zuletzt dargestellten Fälle weisen darauf hin (Lüpke u. Schmidt 1977; Moss et al. 1951; Napier 1977), daß Cyanidvergiftungen auch in unserem Material eine Rolle gespielt haben können:

Fall No. 16: Bei diesem 2jährigen Jungen wurden bei fast 100%iger Brandschädigung nach einem Schwelbrand in der Wohnung mit ungewöhnlicher Rauchentwicklung lediglich 6% CO-Hb gemessen.

Fall No. 34: Bei dieser 27jährigen Hausfrau hatte ein defekter Tauchsieder in einer modernen Küche zu starker Rauchentwicklung beim Brand geführt, mäßige Brandschädi-gung, 0% CO-Hb.

Diskussion

Unsere Ergebnisse zeigen einen eindrucksvollen Bedeutungswandel gemes-sener Kohlenmonoxyd-Hämoglobin-Konzentrationen im Raume Bonn in den letzten beiden Jahrzehnten. Als Ursachen sind tiefgreifende Verände-rungen in der Phänomenologie sowohl des CO-bedingten Unglücksfalles wie auch des Suizids anzusprechen:

Nach der Umstellung der Gasversorgung und weiterer Verbreitung gasbe-heizter Campingwagen finden sich statt der Leuchtgasvergiftungen zu-nehmend solche mit (teil-)entgiftetem Natur-, Butan- und Propangas. Der Anteil der Mischintoxikationen, insbesondere mit Äthylalkohol, ist im gleichen Zeitraum ebenfalls gestiegen.

Ob dabei die von Mallch u. Röseler (1961) geäußerte Vermutung eines synergistischen Zusammenwirkens von Kohlenmonoxyd und Äthylalkohol eine Rolle spielt, kann - wie auch von anderen Autoren (Pankow et al. 1974) - möglicherweise wegen zu kleiner Zahlen - allenfalls als Trend bestätigt werden. Die Frage eines Beitrages eventueller HCN-Vergiftun-gen konnte in unserem Material nicht geprüft werden. Bei gleichbleiben-der Rate der Unglücksfälle und Suizide mit CO-Beteiligung haben jeden-falls die kombinierten Verursachungen in den letzten Jahren eindeutig zugenommen. Damit ist heute der todesähnliche Anteil der im allgemeinen niedrigen Sättigung des Blutes mit Kohlenmonoxyd schwieriger einzu-schätzen als früher. Einerseits entsteht bei der Verbrennung der heute

allgemein verfügbaren Gase zwar ein geringerer, aber in Verbindung
mit einem Sauerstoffmangel durchaus noch lebensgefährlicher Anteil
an Kohlenmonoxyd. Andererseits sollte jeder CO-Hb-Wert unter 50% die
Frage nach der Todesursächlichkeit aufwerfen. Einer steigenden Anzahl
dieser Fälle mit niedrigen CO-Hb-Befunden lag eindeutig eine andere
Todesursache zugrunde (etwa beim kombinierten Suizid). In allen Fällen
mit niedrigen CO-Hb-Werten sind diagnostische Hinweise bei der Obduktion spärlich; das Ermittlungsergebnis ist zu diesem Zeitpunkt oft
lückenhaft bis dürftig. Damit sehen wir eine wachsende Gefahr, daß
eine (zumeist kombinierte) Kohlenmonoxydvergiftung übersehen werden
könnte, zumal, wenn die Ermittlungsbehörden nur noch bei *konkretem*
Verdacht auf Fremdverschulden weiterführende Untersuchungsaufträge
erteilen sollten. In diesem Falle wären negative Auswirkungen auf die
Rechtssicherheit in der Bundesrepublik nicht auszuschließen.

Somit ist die alte gerichtsmedizinische Regel nach wie vor gültig, bei
jedem Todesfall in einem beheizten oder beheizbaren Raum wie natürlich
auch bei jedem Brand an eine Kohlenmonoxydvergiftung zu denken. Darüberhinaus sollte bei allen CO-Hb-Befunden unter 50% eine umfangreiche toxikologische Untersuchung einschließlich der Cyanidbestimmung
durchgeführt werden. Nur so können Fehlbegutachtungen, vor denen
Schmidt (1969) schon früh gewarnt hat, vermieden werden.

Danksagung. Frau R. Sellier sei für die Durchführung der CO-Hb-Bestimmungen sehr
herzlich gedankt.   Herr Priv.-Doz.Dr. M.P. Baur/Düsseldorf war dankenswerterweise
bei der statistischen Analyse beratend tätig.

Literatur

Bode G, Kampmann H (1982) Toxikologische und morphologische Aspekte der CO-Vergif-
   tung. Zentralbl Rechtsmed 24:640
Dotzauer G, Berghaus G (1979) Der Selbstmord - ein multifaktorielles Problem. Dtsch
   Ärztebl 76:1077
Geldmacher-v.Mallinckrodt M (1975) Forensische Toxikologie. In: Mueller B (Hrsg)
   Gerichtliche Medizin, 2. Aufl. Springer, Berlin Heidelberg New York
Heilmeyer L (1933) Medizinische Spektralphotometrie. Fischer, Jena
Lüpke H v, Schmidt K (1977) Kombinierte Kohlenmonoxyd/Cyanwasserstoff-Vergiftung
   nach Verschmoren von Kunststoff. Z Rechtsmed 79:69
Mallach HJ, Röseler P (1961) Beobachtungen und Untersuchungen über die gemeinsame
   Wirkung von Alkohol und Kohlenmonoxyd. Arzneimittelforsch 11:1004
Moss RH, Jackson CF, Seiberich J (1951) Toxicity of carbon monoxide and hydrogen
   cyanide gas mixture. AMA Indust Hyg 4:53
Mueller B (1953) Gerichtliche Medizin, 1. Aufl. Springer, Berlin Heidelberg New York
Napier DH (1977) Hazardous materials and the gases they produce. Med Sci Law 17:83
Pankow D, Ponsold W, Fritz H (1974) Combined effects of carbon monoxide and ethanol
   on the activities of leucine aminopeptidase and glutamic-pyruvic transaminase in
   the plasma of rats. Arch Toxicol 32:331
Pollak S (1978) Statistik und Phänomenologie kombinierter Selbsttötung und anderer
   suizidaler Mehrfachschädigungen im urbanen Bereich. Arch Kriminol 161:20
Prokop O, Göhler W (1976) Forensische Medizin, 3. Aufl. Fischer, Stuttgart
Rittner C (1980) Über ungewöhnliche Suizidfälle. Arch Kriminol 165:65
Schmidt G (1969) Der forensische Beweiswert toxikologischer Untersuchungsmethoden.
   Beitr Gerichtl Med 25:122
Schwerd W (1962) Der rote Blutfarbstoff und seine wichtigsten Derivate. Schmidt-Röm-
   hild, Lübeck
Schwerd W (1979) Kurzgefaßtes Lehrbuch der Rechtsmedizin, 3. Aufl. Dtsch. Ärze-Verlag,
   Köln-Lövenich
Sellier K (1953) Kritische Untersuchungen zur quantitativen spektrometrischen CO-
   Bestimmung. Klin Wochenschr 31:1006

Verbesserter Benzodiazepinscreening durch Derivatisierung

H. Schütz

Zusammenfassung

Die Analytik der Benzodiazepine wird meist durch geringe Wirkstoffkonzentrationen
und oft umfangreiche Biotransformationsreaktionen erschwert. Durch photolytische
Desalkylierung, reduktive Derivatisierung und Kombination dieser Reaktionen mit der
von Stahl entwickelten Trennung-Reaktion-Trennung-Technik (TRT-Technik) lassen sich
zahlreiche weitere Informationen gewinnen, die den Beweiswert von Dünnschichtchroma-
togrammen beträchtlich erhöhen können.

Summary

Analysis of benzodiazepines is difficult, mostly on account of low concentrations
of active substances and frequently also due to extensive biotransformation reactions. Photolytic dealkylation, reductive derivatization, and a combination of
these reactions with the "SRS technique" (separation-reaction-separation) developed by Stahl provide a number of further results which can considerably increase
the indicative value of thin-layer chromatograms.

Benzodiazepine gehören zu den meistverbreiteten Arzneimitteln. In der
Bundesrepublik werden zur Zeit etwa 18 verschiedene Benzodiazepinderi-
vate angeboten. Vom Wirkungsspektrum her sind sie den Tranquilizern,
Hypnotika, Antiepileptika und Muskelrelaxantien zuzuordnen. Die Benzodiazepine haben in mehrfacher Hinsicht forensisch-toxikologische Bedeutung:

1. Zwar sind wegen der großen therapeutischen Breite und der geringen
   Toxizität schwere Vergiftungen mit Benzodiazepinen alleine selten;
   Benzodiazepine treten aber häufig im Rahmen von Mischintoxikationen
   auf und können die Wirkung von zentral angreifenden Stoffen wie z.B.
   von Barbituraten beträchtlich verstärken.

2. Benzodiazepine spielen im Rahmen der Suchtüberwachung eine große
   Rolle. Sie dienen häufig als Ausweichdroge. Ihr anfänglich niedrig
   eingeschätztes Suchtpotential ist nach neueren Untersuchungen keinesfalls zu verharmlosen.

3. Schließlich wäre die große verkehrsmedizinische Bedeutung hervorzuheben. Selbst geringe Benzodiazepindosen können schon mit niedrigen
   Blutalkoholkonzentrationen in Wechselwirkung treten. Das kann zu ad-
   ditiven oder sogar potenzierten Wirkungsverstärkungen führen; dadurch kann die Verkehrstüchtigkeit oder auch die Schuldfähigkeit beeinträchtigt werden.

Bei Vergiftungsfällen, Suchtüberwachungen, Verkehrsdelikten und anderen
Straftaten sind oft keine konkreten Angaben zur Art der eingenommenen
Medikamente zu erhalten. Deshalb kommt einer Suchanalyse große prakti-

sche Bedeutung zu. Für einen solchen Screeningtest wurden drei neue Methoden entwickelt, die hier vorgestellt werden sollen:

1. die photolytische Desalkylierung

2. die reduktive Derivatisierung

3. eine Kombination dieser Derivatisierungsreaktionen mit der von Stahl entwickelten "Trennung – Reaktion-Trennung-Technik", kurz als TRT-Technik bezeichnet.

Bei der Entwicklung von Screeningtests für Benzodiazepine steht man zunächst vor zwei Problemen.

1. Es stehen für den Nachweis nur sehr geringe Stoffmengen zur Verfügung, und

2. umfangreiche Biotransformationen führen zu komplizierten und oft nur schwer erfaßbaren Metabolitenmustern.

Wie gering die Benzodiazepinkonzentrationen, verglichen mit anderen Wirkstoffen sind, zeigt Abb. 1.

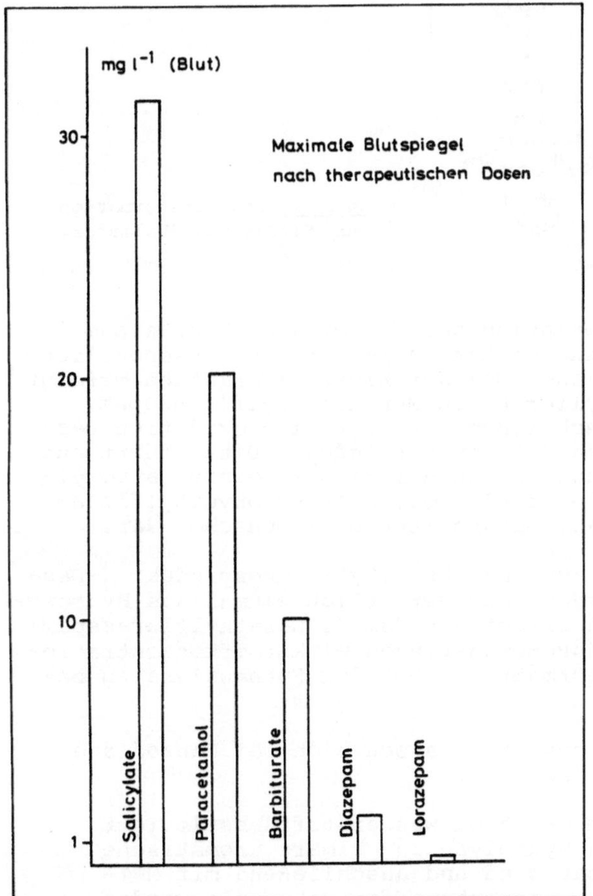

Abb. 1. Maximale Blutspiegel gebräuchlicher Medikamente nach therapeutischen Dosen

Danach liegen die maximalen Blutspiegel nach therapeutischen Dosen bei
Salizylaten, Paracetamol und Barbituraten um ein Vielfaches höher als
bei Benzodiazepinen wie z.B. Diazepam und Lorazepam. Dementsprechend
wird die Schwierigkeit beim Nachweis erheblich größer. Die zweite
Hauptschwierigkeit neben der kleinen Stoffmenge stellt die oft sehr
intensive Biotransformation dar:

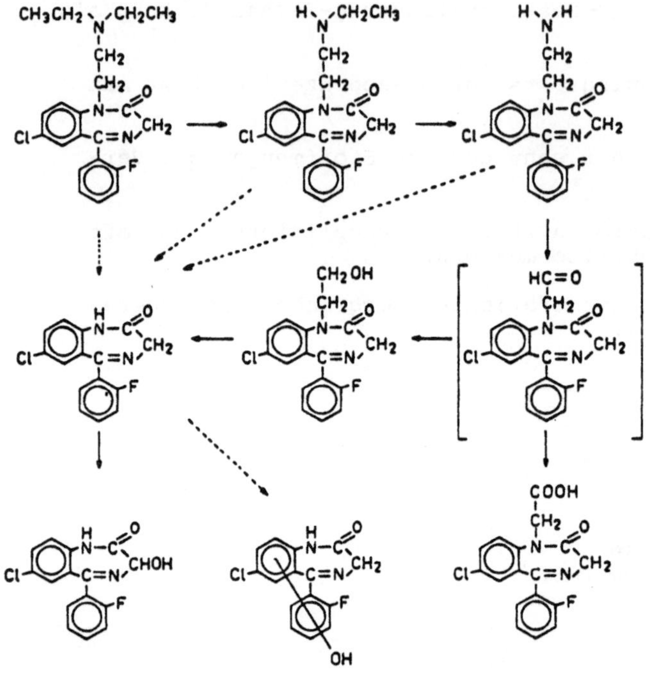

<u>Abb. 2.</u> Biotransformation
von Flurazepam (Dalmadorm)

In Abb. 2 ist z.B. die Biotransformation des Hypnotikums Flurazepam
(Dalmadorm) gezeigt. Nach der Einnahme treten im Harn nur unwesentliche
Mengen an unveränderter Substanz auf. Bei der Biotransformation erfolgt
zunächst eine stufenweise Desethylierung zu Monodesethylflurazepam,
dann zu Didesethylflurazepam. Anschließend erfolgt eine oxidative Desaminierung zu einer hypothetischen Carbonylverbindung. Diese führt entsprechend einer Disproportionierung nach Cannizzaro zu einer Carboxyl-
struktur und zu einem Alkohol. Dieser Alkohol, N-1-Hydroxyethylflura-
zepam, stellt auch den renalen Hauptmetaboliten beim Menschen dar.

Außerdem kann im Harn regelmäßig auch das Desalkylierungsprodukt N-Des-
methylflurazepam nachgewiesen werden, das vermutlich einmal aus Hydroxy-
ethylflurazepam, zum anderen auch direkt aus dem Di-Desethylflurazepam-
metaboliten entsteht. Neben den äußerst geringen Wirkstoffkonzentrationen sind also derartige Biotransformationen bei der Suchanalyse zu beachten.

Im Hinblick auf die Nachweismöglichkeiten lassen sich bei Benzodiazepinen 2 Haupttypen unterscheiden (Abb. 3).

Benzodiazepine des Typs 2, die am N-1-Atom wasserstoffsubstituiert
sind, werden im Rahmen der sauren Hydrolyse in primäre aromatische
Amine umgewandelt, die diazotierbar sind und anschließend mit N-1-
Naphthylethylendiamin zu violetten Azofarbstoffen gekuppelt werden

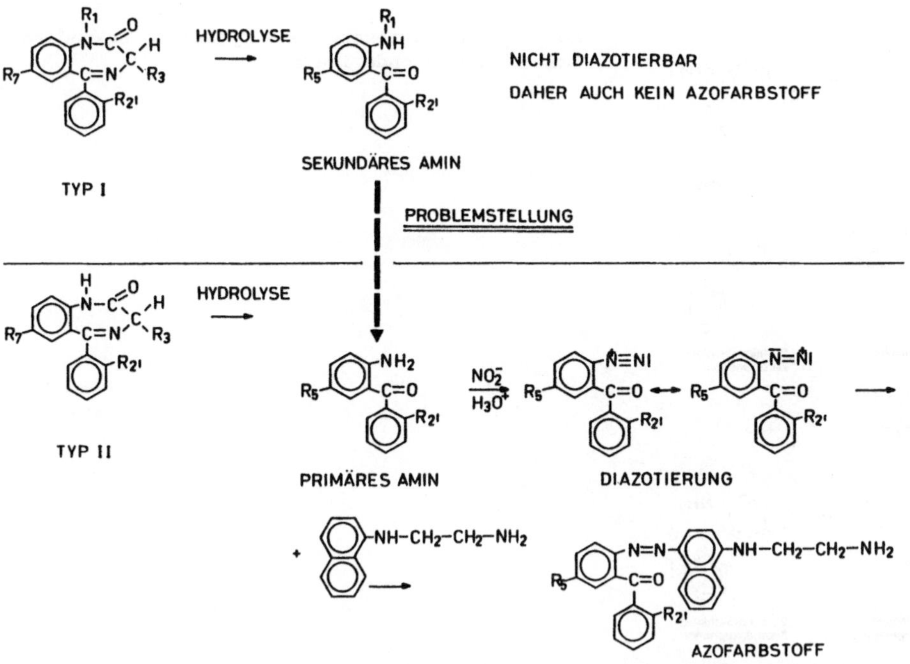

Abb. 3. Einteilung der Benzodiazepine nach ihrer Nachweisbarkeit mit Hilfe von Diazotierung und Kupplung

können. Die Empfindlichkeit dieser Nachweisreaktion liegt in der Größenordnung von 10 ng/Fleck auf der Dünnschichtplatte. Die Identifizierung kann außerdem als spezifisch bezeichnet werden, da sie streng an das Vorhandensein einer primären aromatischen Aminogruppe gebunden ist.

Größte Nachweisschwierigkeiten hatte man aber mit dem Typ 1, der am N-1-Stickstoff alkylsubstituiert ist und bei der sauren Hydrolyse Benzophenonderivate mit sekundären Aminogruppen bildet, die nicht diazotierbar sind und deshalb auch nicht empfindlich nachgewiesen werden können.

Viele wichtige Benzodiazepine (z.B. Diazepam, Prazepam, Flurazepam, Flunitrazepam und Ketazolam) sind dem Verbindungstyp 1 zuzuordnen, der grundsätzlich der geschilderten empfindlichen Nachweisreaktion nicht zugänglich ist. Da Benzodiazepine des Typs 2 leicht nachgewiesen werden können, war es ein wichtiges Ziel, die Benzodiazepine des Typs 1 in Benzodiazepine des Typs 2 zu überführen, d.h. es mußten sekundäre Amine mit Hilfe einer geeigneten Derivatisierungsreaktion in primäre Amine überführt werden, um sie so einem empfindlichen Nachweis zugänglich zu machen. Diese Problemstellung ist in Abb. 3 durch einen stärkeren Pfeil schematisch dargestellt.

Auf der Suche nach einer geeigneten Desalkylierungsreaktion stießen wir auf Schwierigkeiten. Die präparative organische Chemie kennt zwar viele Reaktionen zur Alkylierung von Aminen (z.B. mit Diazomethan oder Dimethylsulfat), praktikable Desalkylierungsreaktionen konnten jedoch nicht ermittelt werden. Nach umfangreichen experimentellen Untersuchungen gelang es schließlich, eine Desalkylierung durch Bestrahlen der Substanzen auf der Dünnschichtplatte mit einem Quarzbrenner (z.B. einer Höhensonne) über Photoreaktion zu erzielen.

Abb. 4. Photolytische Desalkylierung sekundärer Aminobenzophenonderivate

Die Ergebnisse sind in Abb. 4 dargestellt.

Kurz und schlagwortartig läßt sich die Reaktion als photolytische Desalkylierung charakterisieren. Mit Hilfe dieser photolytischen Desalkylierung gelingt es jetzt, die aus Diazepam, Prazepam, Flurazepam und Flunitrazepam gebildeten sekundären Aminobenzophenone in leicht nachweisbare primäre Amine zu überführen, und diese dann in der bereits erläuterten Weise zu diazotieren und in Farbstoffe zu überführen. Diese neuen Nachweismöglichkeiten durch eine photolytische Desalkylierung sind an einigen Beispielen in Abb. 5 dargestellt.

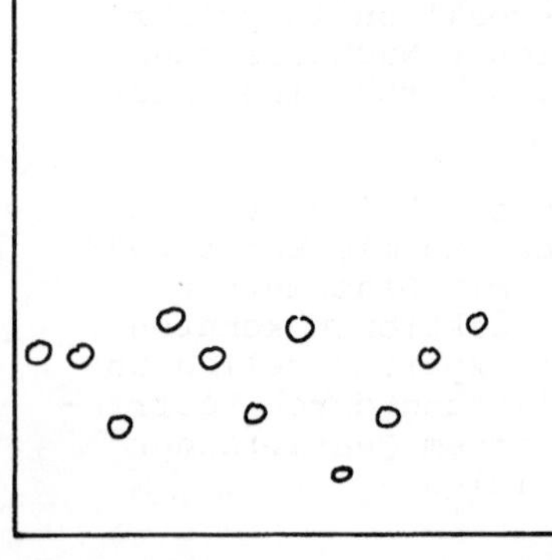
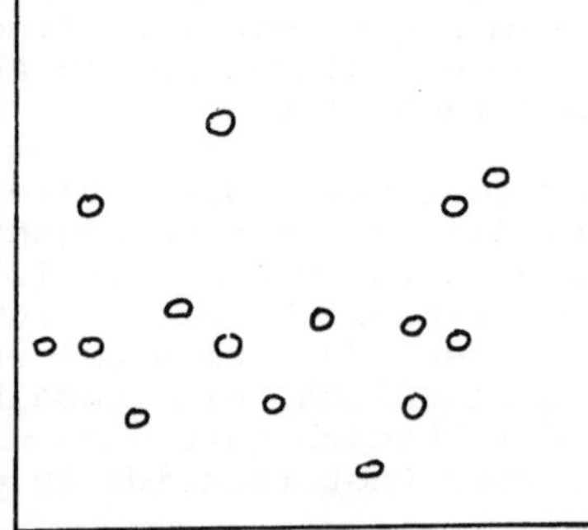

Abb. 5. Dünnschichtchromatographische Befunde mit (*rechts*) bzw. ohne (*links*) Anwendung der photolytischen Desalkylierung

Die linke Hälfte demonstriert Screeningergebnisse ohne Desalkylierungsreaktion. Hier sieht man, daß nur wenige Benzodiazepine von der Nachweisreaktion erfaßt werden und daß sich zwischen den verschiedenen Benzodiazepinen teils keine faßbaren, teils nur geringe Unterschiede darstellen. Rechts dagegen ist deutlich erkennbar, daß es mit Hilfe der
photolytischen Desalkylierung gelingt, zahlreiche unterschiedliche Benzodiazepine und Metaboliten nachzuweisen. Damit wird die Aussagekraft
des Screenings erheblich erhöht. Es sei ausdrücklich darauf hingewiesen,
daß sich alle Substanzen, die auf der rechten DC-Platte zusätzlich erkennbar sind, auch auf dem linken Chromatogramm befinden, aber auf der
linken Seite als sekundäre Amine ohne Desalkylierung der Farbreaktion
nicht zugänglich waren. Neben dieser Methode der photolytischen Desalkylierung konnte die zweite neue Nachweisreaktion der reduktiven Derivatisierung auf folgende Weise entwickelt werden: Während bei der
photolytischen Desalkylierung am N-1-Stickstoffatom derivatisiert wird,
können durch Reduktion der Nitrogruppe in der 7-Position andere, ebenfalls besser nachweisbare Derivate gebildet werden. Das geschieht durch
Reduktion mit Titan-Trichlorid (Abb. 6).

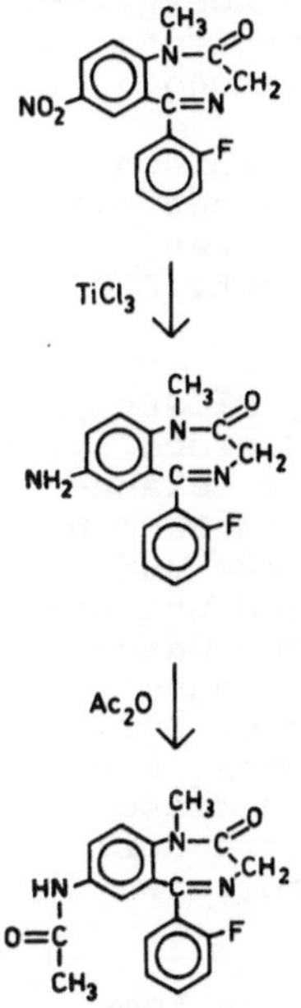

Abb. 6. Reduktive Derivatisierung

Anschließend gelingt die Acetylierung zum 7-Acetamidobenzodiazepin,
wenn man dann mit einem Fließmittel entwickelt, das geringe Mengen
Essigsäureanhydrid enthält. Diese Methode ermöglicht den Nachweis von
Nitrazepam, Clonazepam und Flunitrazepam. Durch die Einführung der
7-Aminogruppe, bei der es sich um eine primäre Aminostruktur handelt,
ist es zunächst möglich, auch diese Benzodiazepine der eingangs erwähnten empfindlichen Diazotierungsreaktion zugänglich zu machen. Das folgende Beispiel zeigt aber darüber hinaus, daß durch sinnvolle Derivati-
sierungen neben einer Erhöhung der Nachweisempfindlichkeit auch eine
bessere Trennung und Unterscheidbarkeit erzielt werden kann.

In Abb. 7 ist zunächst dargestellt, daß sich das Benzodiazepinpaar
Nitrazepam/Clonazepam (1 und 2) dünnschichtchromatographisch auch mit
ausgewählten Fließmittelsystemen nicht unterscheiden läßt, da die
Molekülstruktur (mit Ausnahme eines Chloratoms in 2`-Stellung) identisch

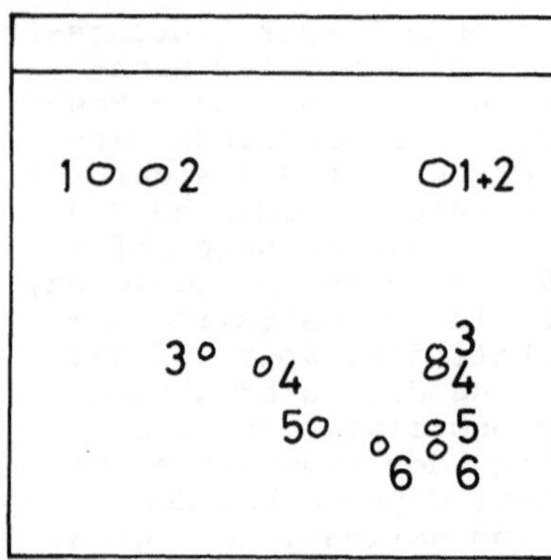

Abb. 7. Dünnschichtchromatographische Befunde
bei reduktiver Derivatisierung bzw. Acetylierung

ist. Reduziert man dagegen zu den 7-Aminoverbindungen (3 und 4), so
beginnt sich bereits eine Trennung abzuzeichnen. Bei weiterer Acetylierung zu den 7-Acetamidoderivaten (5 und 6) gelingt schließlich trotz
vergleichsweise geringerer Laufstrecke eine sichere Unterscheidung.

Eine dritte neue Möglichkeit der Differenzierung von Benzodiazepinen
ergibt sich, wenn man die beschriebenen Derivatisierungsreaktionen mit
der von Stahl ursprünglich für andere Fragestellungen entwickelten
"Trennung-Reaktion-Trennung-Technik", der TRT-Technik, verbindet. Das
Prinzip der TRT-Technik zeigt die Abb. 8.

Der obere Teil der Abbildung zeigt die Trennung in der ersten Fließ-
mittelrichtung (Lauf 1), wobei ein beim Start aufgetragenes Gemisch
in die Komponenten A, B und C zerlegt werden soll, wie bei der bekannten konventionellen dünnschichtchromatographischen Trennung. Im Rahmen
der TRT-Technik werden die nach Lauf 1 vorgetrennten Komponenten auf
der Dünnschichtplatte einer Derivatisierungsreaktion unterzogen und anschließend in der zweiten Dimension (Lauf 2) des Dünnschichtchromato-
gramms nochmals getrennt. Besonders wertvoll sind Derivatisierungsreaktionen, die *verschiedene* Metaboliten in *gleiche* (identische) Derivate überführen können. "Conditio sine qua non" für den Nachweis, daß
es sich tatsächlich um gleiche Folgeprodukte handelt, ist, daß diese
Derivate auf einer Linie angeordnet sind, wie dies in der Skizze der
Fall ist. Die Technik der Derivatisierung auf der Dünnschichtplatte
zeigt Abb. 9.

An einem konkreten Beispiel ist die Anwendung der TRT-Methode in Kombination mit den vorher gezeigten Derivatisierungsreaktionen in Abb.
10 gezeigt. Nach einer Überdosis des Schlafmittels Nitrazepam (Mogadan)
werden mit dem Harn neben Spuren unveränderten Nitrazepams die Hauptmetaboliten 7-Aminonitrazepam und 7-Acetamidonitrazepam sowie das Hy-
drolyseprodukt 2-Amino-5-nitro-benzophenon ausgeschieden. Ein Gemisch
dieser vier Komponenten wird zunächst am Startpunkt auf der Kieselgel-
platte aufgetragen und in der ersten Laufrichtung vorgetrennt, wobei
die einzelnen Komponenten zunächst auf einer Linie im unteren Teil des
Chromatogramms aufzufinden wären. Sie werden anschließend durch Besprü-
hen und Erhitzen mit saurer Titan(III)-chlorid-Lösung reduziert und
hydrolysiert. Dabei bilden zahlreiche Substanzen identische Derivatisierungsprodukte. Dann erfolgt eine erneute dünnschichtchromatographische Trennung in der zweiten Dimension. Nach anschließender Anfärbung
ist deutlich erkennbar, daß jetzt zahlreiche Derivatisierungsprodukte
auf einer Linie liegen, d.h. daß diese Derivatisierungsprodukte identisch sind. Die jetzt zahlreichen Substanzflecken zeigen, wie mit Hilfe
einer Kombination von Derivatisierung und TRT-Technik die Möglichkeiten

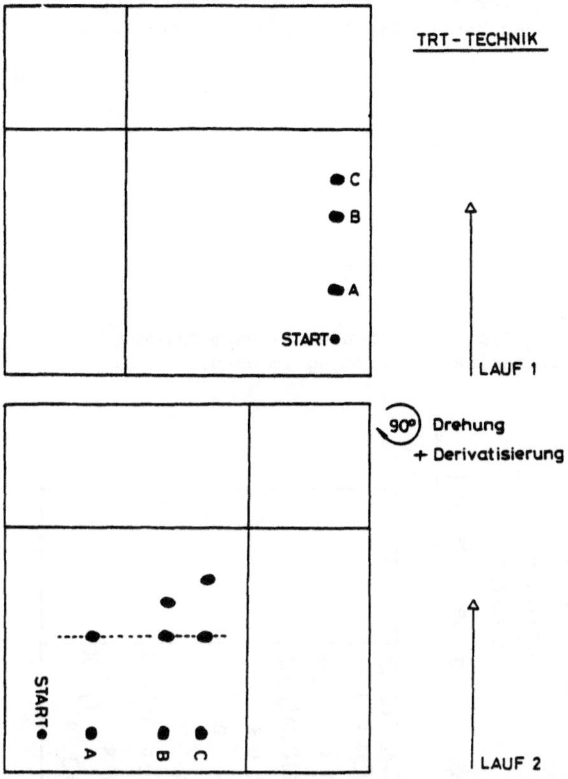

Abb. 8. Prinzip der TRT-Technik

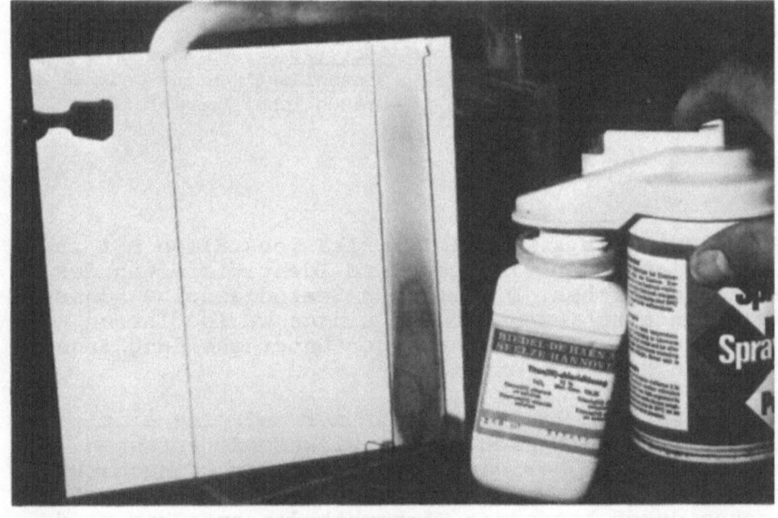

Abb. 9. Praktische Durchführung der Derivatisierung

einer Differenzierung erheblich erweitert werden. Auf diese Weise erhält man für die meisten Benzodiazepine charakteristische Befunde und Ausscheidungsmuster, die man aufgrund von Intoxikationen mit bekannten Substanzen in einer schematischen Darstellung dokumentieren kann. Eine solche Dokumentation ist in Abb. 11 wiedergegeben.

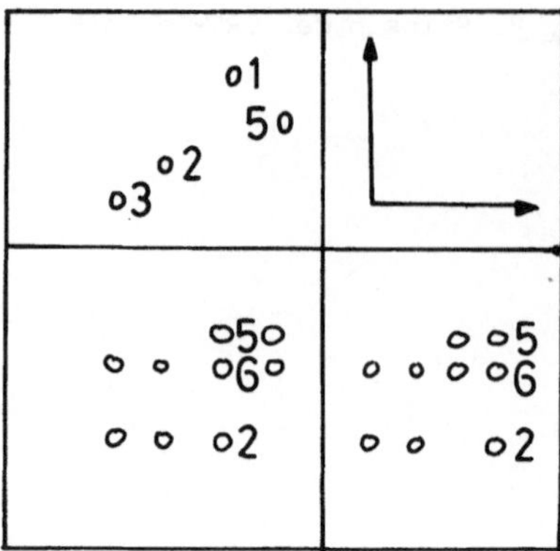

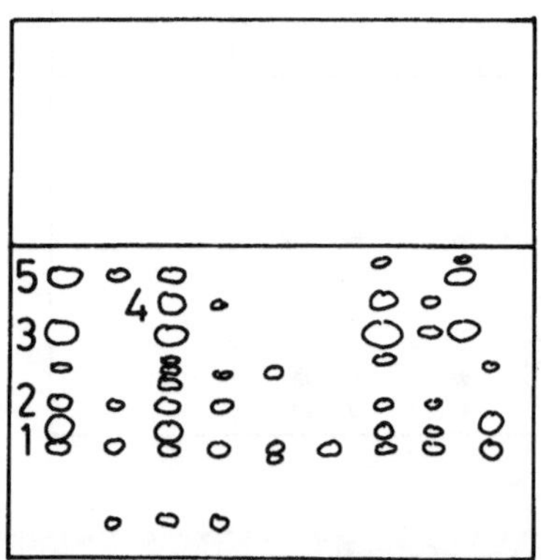

Abb. 10. Verbesserter Nachweis von Nitrazepam und seinen Hauptmetaboliten durch Derivatisierung

Abb. 11. Typische Befunde bei verschiedenen Benzodiazepinen (Screening im Harn)

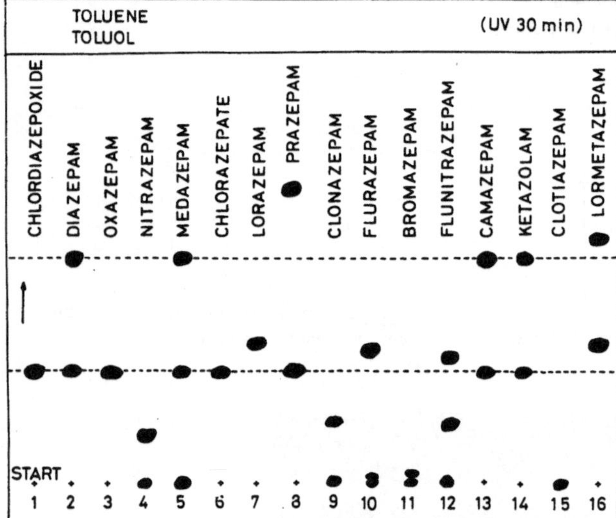

Abb. 12. Screeningbefunde bei Benzodiazepinen und anderen gebräuchlichen Fremdstoffen

Aufgrund dieser Muster läßt sich z.B. bei Intoxikationsfällen mit zunächst unbekannten Benzodiazepinen eine genauere Identifizierung des eingenommenen Präparates erreichen. Die meisten Benzodiazepine können bereits auf diese Weise unterschieden werden, einige wenige lassen sich zu kleinen Gruppen zusammenfassen. Auch zur Unterscheidung innerhalb dieser Gruppen wurden Methoden entwickelt.

Ein Screeningtest sollte nach Möglichkeit nicht nur auf eine einzige Substanzklasse ansprechen, sondern auch andere Wirkstoffe erfassen. Abb. 12 zeigt, wie mit Hilfe der Derivatisierung auf der Dünnschichtplatte, jetzt im eindimensionalen Verfahren, auch noch zahlreiche andere wichtige Substanzen durch besondere Färbemethoden erfaßbar sind:

Neben den bereits erwähnten Benzodiazepinen (Substanzflecken 5 und 4) lassen sich anfärben:

p-Phenetidin (3)   aus Phenacetin
p-Aminophenol (2)   aus Paracetamol

4-Aminophenazon (1)   aus Aminophenazon (Pyramidon) und
                       aus Metamizol (Novalgin)
sowie Sulfonamide (untere Reihe).

In unseren letzten Untersuchungen wurde die Methode der gezielten
Reaktionen auf der Dünnschichtplatte auch für mikropräparative Zwecke
eingesetzt. Auf diese Weise lassen sich Metaboliten im mg-Maßstab auf
der DC-Platte synthetisieren.

Die Anwendung des Verfahrens auf neue Benzodiazepine und andere Wirk-
stoffklassen ist beabsichtigt und teilweise bereits erfolgreich verlaufen.

Literatur

Zur Technik der Derivatisierung auf der DC-Platte:

Schütz H (1974) Möglichkeiten der Reaktionschromatographie, dargestellt am Beispiel
  des reaktionschromatographischen Nachweises von Nitrazepam (Mogadan) und seiner
  Hauptmetaboliten. J Chromatogr 94:159-167
Schütz H (1979) Mikropräparation wichtiger Flunitrazepam-Metaboliten durch Reaktio-
  nen auf der Dünnschichtplatte. J Chromatogr 168:429-434
Schütz H, Ebel S (1980) Reaktionen auf der Dünnschichtplatte. Pharmazie 9:139-151

Zur Analytik, Biotransformation und Pharmakokinetik der Benzodiazepine:

Schütz H (1982) Benzodiazepines - A Handbook. Springer, Berlin Heidelberg New York

Zum Nachweis von Phenolen in biologischem Material[1]

G. Sticht

Zusammenfassung

An 10 Phenolen, die industrielle Bedeutung haben bzw. als Bestandteile von Desinfektionsmitteln vorkommen, wird die Methode der fraktionierten Wasserdampfdestillation und der anschließenden Umsetzung mit 2,6-Dichlorchinonchlorimid auf ihre Brauchbarkeit untersucht. Es werden Beziehungen zwischen Struktur und Reaktionsgeschwindigkeit aufgezeigt und die hochdruckflüssigkeitschromatographische Analyse als alternative Methode angeboten.

Kasuistik und Ergebnisse der toxikologischen Analyse eines tödlich verlaufenen Betriebsunfalls mit 4-Chlor-3-methylphenol werden mitgeteilt.

Summary

Ten phenol derivates which are industrially important or are used as components of disinfectants were tested by a steam distillation method followed by the reaction with 2,6-dichloroquinone-chloroimide. The relationship between chemical constitution and the velocity of the reaction is shown. The results of a fatal industrial accident with 4-chloro-3-methyl-phenol are reported.

Einleitung

Phenole sind in der Arbeitsmedizin als Stoffwechselprodukte von aromatischen Kohlenwasserstoffen von Bedeutung. Desinfektionsmittel enthalten mehrfach substituierte Phenole, die sich bei einer toxikologischen Analyse auf Barbiturate störend bemerkbar machen, weil sie ähnliche spektrophotometrische Eigenschaften besitzen und als schwache Säuren wie die Barbiturate aus einem unpolaren Lösungsmittel mit alkalischem Puffer extrahiert werden. Daldrup wies 1980 darauf hin, daß verschiedentlich in Blutproben die Konservierungsstoffe Chlorkresol und p-Hydroxybenzoesäure-methylester nachzuweisen waren. Ähnliche Befunde in unserem Untersuchungsgut und ein Arbeitsunfall mit p-Chlorm-kresol waren Anlaß für eine nähere Beschäftigung mit den Nachweismöglichkeiten von Phenolen.

Material und Methoden

Phenol 99,5%, Merck, Darmstadt;
4-Chlor-3-methyl-phenol, techn., Bayer, Leverkusen.

---

[1] Im Auszug vorgetragen auf der 58. Jahrestagung der Deutschen Gesellschaft für Rechtsmedizin, 18.-22.9.1979 in Münster (Westf.)

Die übrigen Phenole waren bei der Firma Ega-Chemie, D-7924 Steinheim/
Albuch mit einem Reinheitsgrad von 98 bis 99% erhältlich.

Chromatographiebedingungen: 1010 B Liquid Chromatograph der Firma Hewlett Packard, Säulenmaterial RP 8, 10 μ (Machery und Nagel), Säulen-
länge 250 mm, innerer Durchmesser 4 mm.

Acetonitril (azeotrop), 1 mM Schwefelsäure (1,0 + 1,0 ml)/min, Säulentemperatur 40° C, Detektion 220 nm.

Wasserdampfdestillation: 1 μMol Phenol wurde, gelöst in 10 ml Wasser,
in einer Antona-Apparatur (Antonacopoulos 1960) der fraktionierten
Wasserdampfdestillation unterworfen. In den 10-ml-Fraktionen wurde der
Phenolgehalt mit Hilfe der Dichlorchinonchlorimid-Methode ermittelt.
p-Kresol ließ sich spektrophotometrisch als Phenolat bei 240 nm bestimmen. Bei der Analyse von biologischem Material erfolgte die Destillation unter Zusatz von 4 ml 50% Schwefelsäure, wie es von Browning
(1965) beschrieben wurde.

Gibbs-Reaktion: 4 ml wäßrige Phenollösung wurden mit 2 ml 0,1 M Borat-
puffer pH 10 versetzt und die Reaktion nach Einstellung der Temperatur
auf 25° C mit 40 μl 1% methanol. 2,6-Dichlorchinonchlorimid-Lösung ge-
startet. Die Extinktion wurde bei 600 nm gegen einen Reagenzienleerwert
gemessen.

1. Kasuistik

In einem Chemiebetrieb war es wegen eines Defektes an einer Pumpe erforderlich, das Leitungssystem, das zur Beförderung von 4-Chlor-3-
methylphenol diente, zu leeren. Das in einer Steigleitung auskristal-
lisierte Phenol sollte durch Einblasen von Heißdampf verflüssigt und
durch ein Ventil gepreßt werden. Hierbei platzte der Heißdampfschlauch
und ein Gemisch von Wasserdampf und 4-Chlor-3-methylphenol entwich.
Ein Chemiewerker bekam etwas von dem Gemisch auf seine rechte Gesichtshälfte und seine Kleidung. Er war nach dem Unfall voll bei Bewußtsein
und konnte selbst in den Krankenwagen einsteigen. Nach 50 min verstarb
er plötzlich infolge Herzkreislaufversagens.

Befunde bei der Obduktion: Verätzung der rechten Gesichts- und Halsseite. Hämorrhagische Tracheobronchitis. Hämoorhagisches Lungenödem,
hämorrhagische Gastritis. Zustand nach Aspiration von Mageninhalt in
die kleinen Luftwege.

2. Chemisch-toxikologische Befunde

Die Bestimmung von 4-Chlor-3-methylphenol erfolgte mit 2,6-Dichlorchi-
nonchlorimid nach fraktionierter Wasserdampfdestillation. Die Extraktion wurde nach einstündiger Reaktionszeit gemessen.

Tabelle 1 gibt die Konzentration des Phenols in den untersuchten Kör-
perflüssigkeiten und in der Oberhaut der rechten Gesichtshälfte wieder.
Es ist anzunehmen, daß die Einwirkung des Wasserdampfes die perkutane
Resorption des Phenols beschleunigte.

Die bei der Obduktion festgestellten lokalen Verätzungen weisen auf
eine Aufnahme des Giftes auch durch die Atmungsorgane und den Verdauungstrakt hin.

Tabelle 1. Konzentration von 4-Chlor-3-methylphenol in Körperflüssigkeiten und in der Oberhaut nach einem Betriebsunfall

Material	4-Chlor-3-methylphenol (mg/l)
Serum	14
Urin	2
Mageninhalt	1,5
Oberhaut	180

Kinetik der Gibbs-Reaktion

2,6-Dichlorchinonchlorimid wurde 1927 von Gibbs als Reagens auf Phenole eingeführt und dient u.a. als Sprühreagens bei der Dünnschichtchromatographie von Antioxydantien und Adrenalin sowie zur quantitativen Bestimmung von Phenol und Vitamin B_6. Nach Porteous u. Williams, die 1949 eine Phenolbestimmungsmethode beschrieben, ist auf die Einhaltung eines pH-Wertes von 10 zu achten. Oberhalb von pH 10 ist besonders bei langen Reaktionszeiten die Bildung eines unspezifischen braunen Zersetzungsproduktes von 2,6-Dichlorchinonchlorimid zu beobachten, das die Exaktheit der Bestimmungsmethode beeinträchtigt.

Schon beim qualitativen Nachweis werden die sehr unterschiedlichen Reaktionsgeschwindigkeiten der einzelnen Phenole deutlich (Abb. 1). Während o-Kresol schon nach wenigen Minuten vollständig umgesetzt ist, bildet sich der blaue Farbstoff aus dem unsubstituierten Phenol verhältnismäßig langsam. Das ebenfalls ortho-substituierte Phenylphenol und m-Kresol nehmen Mittelstellungen ein. Nähere Informationen über die Kinetik der Reaktion gibt eine halblogarithmische Auftragung der jeweiligen Phenolkonzentration in Abhängigkeit von der Zeit. Die Differenz zwischen der maximalen Extinktion und der jeweiligen Extinktion E zum Zeitpunkt t ist ein Maß für die Phenolkonzentration. Es zeigte sich bei allen untersuchten Phenolen eine lineare Abhängigkeit, ein Beweis dafür, daß unter den gewählten Bedingungen die Reaktion nach 1. Ordnung verläuft.

Gemische von Phenolen mit unterschiedlicher Reaktionsgeschwindigkeit weichen bei der halblogarithmischen Darstellung mehr oder weniger von der Linearität ab. Dies kann zur Charakterisierung von Phenolgemischen wie etwa käuflichen Desinfektionsmitteln dienen.

Ein Maß für die Umsetzungsgeschwindigkeit ist die Halbwertszeit der Reaktion. In Abb. 2 sind die Strukturformeln der untersuchten Phenole und die Halbwertszeiten wiedergegeben. In o-Stellung besitzen Substituenten 1. Ordnung, die Methyl- und die Benzylgruppe, den stärksten aktivierenden Effekt, so daß die Reaktionsgeschwindigkeit im Vergleich zum Phenol um den Faktor 50 bzw. 30 gesteigert ist. Eine Methylgruppe in m-Stellung aktiviert in geringerem Maße, vermutlich aus sterischen Gründen. o-Phenylphenol reagiert noch langsamer als m-Kresol infolge des Elektronensogs der Phenylgruppe. Während p-Kresol nicht mit Dichlorchinonchlorimid reagiert, wird p-Chlorphenol vermutlich in o-Stellung substituiert, allerdings mit sehr geringer Geschwindigkeit. Eine weitere Methylgruppe beschleunigt die Reaktion vor allem wieder in o-Position, in m-Stellung nur geringfügig. Zwei Methylsubstituenten in m-Stellung zur OH-Gruppe im 4-Chlor-3,5-dimethylphenol bewirken eine Steigerung auf eine Geschwindigkeit, vergleichbar mit der von Phenol.

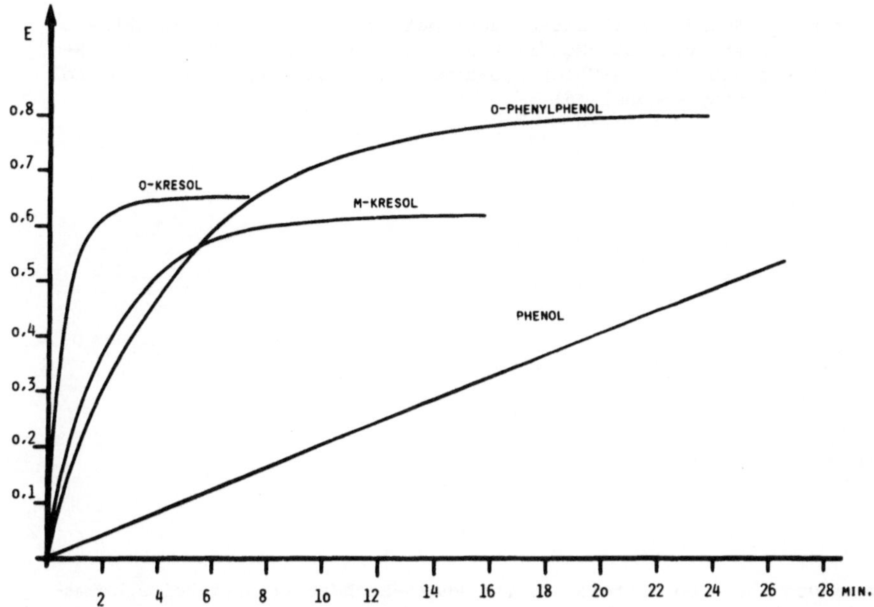

Abb. 1. Umsetzung von Phenolen mit 2,6-Dichlorchinonchlorimid nach Gibbs (1927);
200 nMol Phenol im Reaktionsansatz

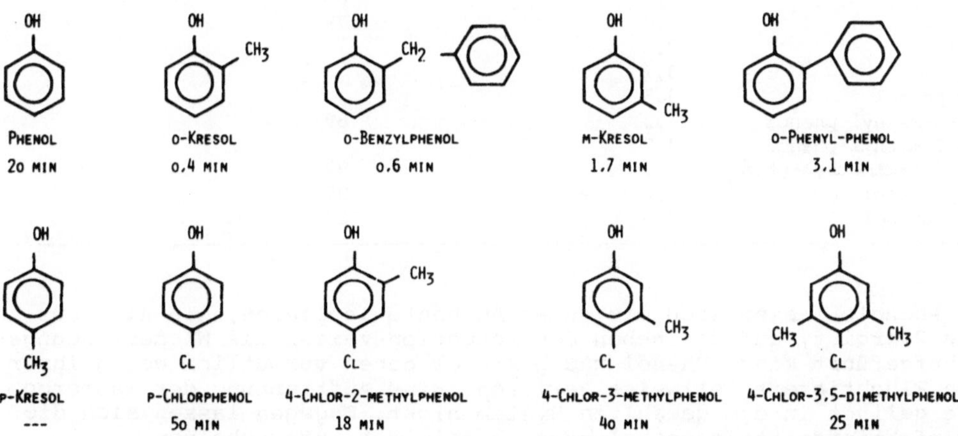

Abb. 2. Halbwertszeiten der Reaktion von Phenolen mit 2,6-Dichlorchinonchlorimid

Isolierung von Phenolen aus biologischem Material

1. Extraktion und Hochdruckflüssigkeitschromatographie von Phenolen

Phenole lassen sich mit Chloroform aus Blut extrahieren. Das Hochdruckflüssigkeitschromatogramm eines Blutextraktes ist in Abb. 3 gezeigt.
Es wurden 2 g Blut mit je 100 nMol/ml Phenol versetzt, mit 5 ml Chloroform extrahiert und das Lösungsmittel vorsichtig abgeblasen. Höhermole-

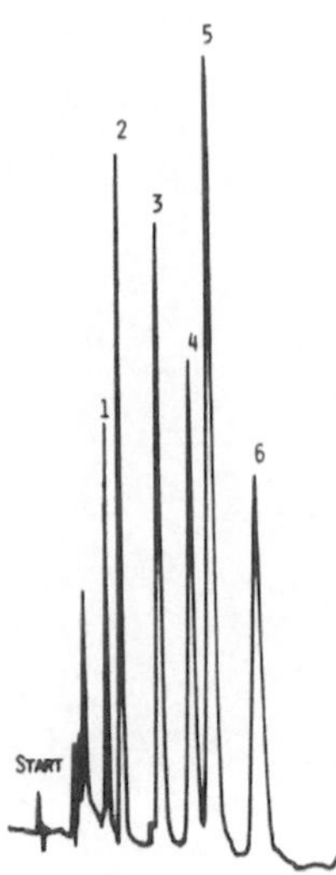

Abb. 3. Hochdruckflüssigkeitschromatogramm eines Blutextraktes nach Zusatz von 100 nMol/ml Phenol (*1*), p-Kresol (*2*), 4-Chlor-3-methylphenol (*3*), 4-Chlor-3,5-dimethylphenol (*4*), o-Phenyl-phenol (*5*), o-Benzyl-phenol (*6*)

Tabelle 2. Nachweis von Phenolen mittels Reverse-Phase-Hochdruckflüssigkeitschromatographie

Substanz	Retentionszeit (min)	Wiederfindungsrate %
Phenol	2,5	60
p-Kresol	3,0	79
m-Kresol	3,0	
o-Kresol	3,2	
p-Chlor-phenol	3,5	
4-Chlor-3-methyl-phenol	4,3	89
4-Chlor-2-methyl-phenol	4,8	
4-Chlor-3,5-dimethyl-phenol	5,5	92
o-Phenyl-phenol	6,2	95
o-Benzyl-phenol	7,8	88

kulare Phenole lassen sich mit guter Ausbeute isolieren, wie sich aus Tabelle 2 ergibt, auf der neben den Retentionszeiten die Wiederfindungsraten aufgeführt sind. Phenol und p-Kresol gehen vermutlich wegen ihrer höheren Flüchtigkeit teilweise verloren. Eine Auftrennung der isomeren Kresole gelingt in dem gewählten System nicht. Dagegen lassen sich die in Desinfektionsmitteln enthaltenen Phenole gut unterscheiden.

2. *Wasserdampfdestillation von Phenolen*

Die Wasserdampfdestillation ist auch für die höhermolekularen Phenole die Methode der Wahl, wie auf Abb. 4 zu erkennen ist. In den ersten 10 ml-Fraktionen werden aus Wasser mehr als 80%, in den ersten 4 Fraktionen mehr als 90% freigesetzt. Das besonders flüchtige o-Kresol findet sich fast vollständig in den ersten beiden Fraktionen. Durch die Fraktionierung der Wasserdampfdestillation wird zum einen die Nachweisempfindlichkeit erhöht, weil sich das Phenol auf kleinere Volumina verteilt und zum anderen kann aus dem Verlauf der Konzentration in den einzelnen Fraktionen abgelesen werden, wann das Phenol vollständig

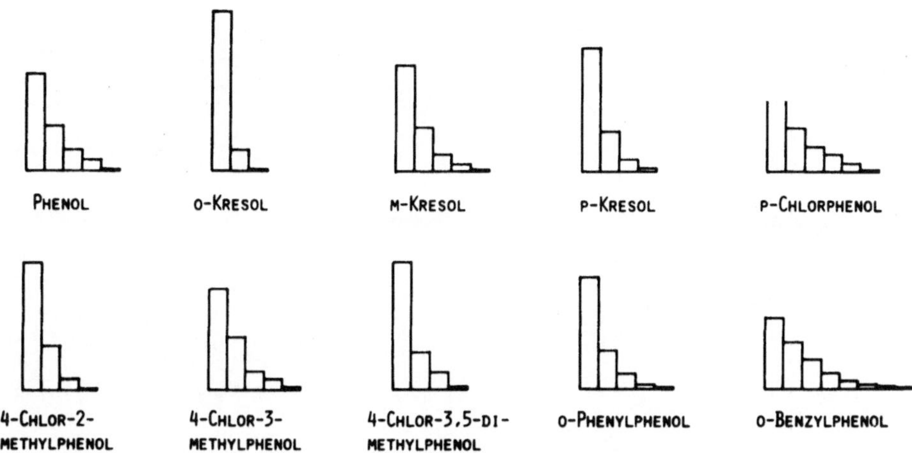

Abb. 4. Fraktionierte Wasserdampfdestillation von Phenolen

übergegangen ist. Je nach Beschaffenheit des Untersuchungsmaterials kann durch die Matrix die Destillation verzögert werden.

Die Carbamate Propoxur und Bendiocarb hydrolysieren unter den Bedingungen der Wasserdampfdestillation zu den Phenolen o-Isopropoxyphenol bzw. 2,3-Isopropylidendioxyphenol, die sich mit 2,6-Dichlorchinonchlorimid ebenfalls bestimmen lassen (Käferstein u. Sticht 1981). Bei der Untersuchung von fäulnisverändertem biologischen Material können wasserdampfflüchtige Substanzen auftreten, die die Farbreaktion stören. Dann empfiehlt sich eine Bestimmung durch Kombination von Wasserdampfdestillation und Hochdruckflüssigkeitschromatographie.

Literatur

Antonacopoulos N (1960) Verbesserte Apparatur zur quantitativen Destillation wasserdampfflüchtiger Stoffe. Z Lebensm Unters Forsch 113:113

Browning E (1965) Toxicity and metabolism of industrial solvents. Elsevier, Amsterdam, p 10

Daldrup T (1980) Störungen durch Konservierungsstoffe bei der Hypnotika-Analytik von Blutproben. Toxichem 13:13

Gibbs HD (1927) Phenoltests. III. The indolphenol-tests. J Biol Chem 72:649

Käferstein H, Sticht G (1981) Chemisch-toxikologische Untersuchungen bei zwei tödlichen Intoxikationen mit Bendiocarb und Alkohol. Symposium Pestizide und Brände-Explosionen, Mosbach 3.-4. April

Porteous JW, Williams RT (1949) Studies in detoxication. Biochem J 44:46-55

Forensische Serologie

Studien zum Polymorphismus der Esterase D bei Deutschen und Türken in Nordrhein-Westfalen

M. Basler und J. Henke

Zusammenfassung

Bei 175 nicht verwandten Türken aus dem Raum Düsseldorf wurden die EsD-Phänotypen unter besonderer Berücksichtigung des Allels EsD^5 untersucht und mit den an Deutschen ermittelten Frequenzen verglichen. Folgende Genfrequenzen ließen sich für die türkische Bevölkerungsgruppe ermitteln: EsD^1: 0,8971; EsD^2: 0,1000; EsD^5: 0,0029. Außerdem wird vom Vorkommen der seltenen Variante EsD^3 und des Defekttyps EsD^0 bei deutschen Probanden berichtet.

Summary

Esterase D-gene frequencies were investigated in 175 unrelated Turkish individuals living in the Düsseldorf area. Data were compared with German frequencies. The gene frequencies for the Turkish population were calculated as follows: EsD^1: 0.8971; EsD^2: 0.1000; EsD^5: 0.0029. Furthermore we present our findings of the rare genes EsD^3 and EsD^0 in the German population.

Einleitung

Hopkinson et al. (1973) beschrieben 1973 den Isoenzym-Polymorphismus der menschlichen erythrozytären Esterase D (EsD - E.C.3.1.1.1). Der EsD-Polymorphismus wird von einem Paar kodominanter autosomaler Allele EsD^1 und EsD^2 gesteuert. Inzwischen wurden in diesem System weitere seltener vorkommende Allele EsD^3, EsD^4, EsD^6 und EsD^0 gefunden (Bender u. Frank 1974; Rittner u. Müller 1975; Berg et al. 1976; Grüner u. Simeoni 1978; Radam et al. 1980; Marks et al. 1977). Mit der Technik der Agarosedünnschichtelektrophorese konnte Martin (1979) ein weiteres Allel EsD^5 nachweisen. EsD(5-1) hat eine etwas langsamere Wanderungsgeschwindigkeit als EsD(2-1). Eine sichere Differenzierung dieser beiden Typen wird erst in der isoelektrischen Fokussierung ermöglicht.

In dieser Arbeit sollen die bei Türken ermittelten EsD-Frequenzen unter besonderer Berücksichtigung des Allels EsD^5 mitgeteilt und mit den entsprechenden Daten von Deutschen aus dem Raum Düsseldorf verglichen werden.

Material und Methode

Die Blutproben stammten von 175 nicht verwandten, gesunden Türken. Die elektrophoretische Darstellung erfolgte zunächst auf Zellulose-Acetatfolien oder mittels Stärkegelelektrophorese. Um das Vorliegen von EsD^5 zu ermitteln, wurden die als EsD(2) oder EsD(2-1) typisierten Proben fokussiert. Die isoelektrische Fokussierung wurde auf LKB-Fertigplatten pH 4-6,5 durchgeführt: Anode: 0,1 mol/l Glutaminsäure in 0,5 mol/l H_3PO_4. Kathode: 0,1 mol/l-Alanin. Die Laufzeit betrug 2,5 h bei Maxi-

malwerten 1200 V, 10 - 12 W und ca. 10 - 12 mA. Die Anfärbung erfolgte
nach der Methode von Hopkinson et al. (1973).

Ergebnisse und Diskussion

Wie in Abb. 1 dargestellt, weist das Muster von EsD(5-1) in der Fokussierung zwei Banden "anodenwärts" der übrigen EsD-Banden auf, was eine
sichere Unterscheidung der Typen EsD(2-1) und EsD(5-1) ermöglicht.

EsD(1), EsD(2-1) und EsD(2) dagegen lassen sich in der isoelektrischen
Fokussierung wegen ihrer sehr ähnlichen isoelektrischen Punkte auch in
einem engen pH-Bereich nicht weit genug voneinander trennen, um eine
sichere Differenzierung zu gewährleisten. Zur Typisierung von EsD(1),
EsD(2-1) und EsD(2) sind daher die herkömmlichen Elektrophoresemetho-
den weiterhin erforderlich.

In Tabelle 1 sind die an Türken ermittelten Phänotyp- und Genfrequenzen zusammgengestellt. Die Erwartungswerte wurden unter der Annahme
von Hardy-Weinberg-Bedingungen berechnet. Seltene Varianten wurden in
diesem Kollektiv nicht beobachtet.

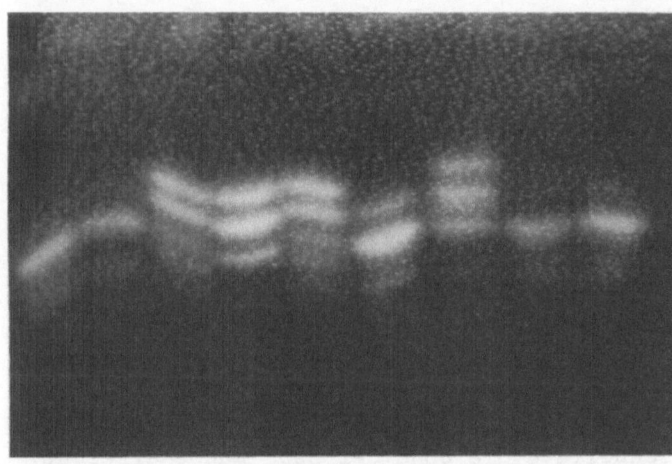

Abb. 1. EsD-Phänotypen
nach isoelektrischer
Fokussierung:
von links:

(2-1), (2-1), (5-2)?,
(5-1), (5-2)?, (2-1),
(5-1), (2-1), (2-1)

Tabelle 1. Phänotypverteilung und Genfrequenzen der Esterase D bei Türken

Phänotyp	beobachtet		erwartet
	n	%	n
EsD(1)	143	81,81	140,8
(2)	4	2,29	1,8
(5)	–	–	–
(2-1)	27	15,43	31,4
(5-1)	1	0,57	0,9
(5-2)	–	–	0,1
	175		175,0

$EsD^1 = 0,8971;\ EsD^2 = 0,1000;\ EsD^5 = 0,0029$

Tabelle 2. Vergleich der EsD-Genfrequenzen bei Türken aus dem Raum Düsseldorf und bisher bei Türken ermittelten Frequenzen

	n	EsD^1	EsD^2	EsD^5	Autoren
Türken	281	0,9644	0,0356	–	Weissmann et al. (1980)
Türken	175	0,8971	0,1000	0,0029	eigene Untersuchungen
Deutsche (Raum Düsseldorf)	793	0,8966	0,0883	0,0151	Günther et al. (1982)

In Tabelle 2 sind Daten zur Frequenz von EsD-Genen bei Türken zusammengestellt. Zum Vergleich sind auch die entsprechenden Frequenzen deutscher Probanden (aus dem Düsseldorfer Raum) aufgeführt (vergl. Günther et al. im Druck). Die Frequenz von EsD^1 ist bei Deutschen und Türken im Raum Düsseldorf annähernd gleich. Ein Unterschied wird bei den Frequenzen von EsD^2 und EsD^5 deutlich. In der deutschen Bevölkerung findet sich EsD^5 ca. fünfmal häufiger als bei Türken.

Neben den Allelen EsD^1, EsD^2 und EsD^5 wurden auch seltener vorkommende Allele beschrieben. So fanden zunächst Bender u. Frank (1974) und Rittner u. Müller (1975) das Allel EsD^3. Von Berg et al. (1976) und Grüner und Simeoni (1978) wurde das Allel EsD^4 und von Radam et al. (1980) das Allel EsD^6 beschrieben.

Das Allel EsD^3 wurde außerdem von Bargagna et al. (1975) in einer italienischen und von Golan et al. (1977) in einer griechischen Familie gefunden.

Auch in unserem Untersuchungsmaterial fanden wir in einem Fall bei Mutter und Kind den Phänotyp EsD(3-1). In Abb. 2 ist dieser Phänotyp nach Stärkegelelektrophorese und in Abb. 3 nach isoelektrischer Fokussierung dargestellt.

Der Phänotyp EsD(3-1) stellt sich in der Elektrophorese mit drei Hauptbanden dar, von denen die schnellste die Höhe der EsD^1-Bande erreicht. Ähnlich ist das Bandenmuster nach I.E.F. zu beschreiben.

In der Abstammungsbegutachtung ist das Vorkommen "stummer" Allele von besonderem Interesse. In einigen Isoenzymsystemen wie PGM_1, GLO und besonders häufig im GPT-System sind amorphe Allele beschrieben worden. Im EsD-System gaben erstmals Marks et al. (1977) den Hinweis auf ein derartiges Gen. Bei populationsgenetischen Studien eines Südwestafrikanischen Stammes - Kwambi - fanden sie das Allel EsD^0 mit einer Frequenz von 0,115.

In den USA beschrieben Sparkes et al. (1979) eine Familie, in der im EsD-System ein "Null"-Allel auftrat. Sie konnten das Vorhandensein dieses Allels mittels elektrophoretischer und quantitativer Bestimmungen belegen.

In Europa wurde erstmals ein Fall einer scheinbaren entgegengesetzten Homozygotie im EsD-System (und Gc-System) von Patscheider u. Dirnhofer (1979) beschrieben. An einer Familienstudie konnten sie die Existenz von EsD^0 belegen.

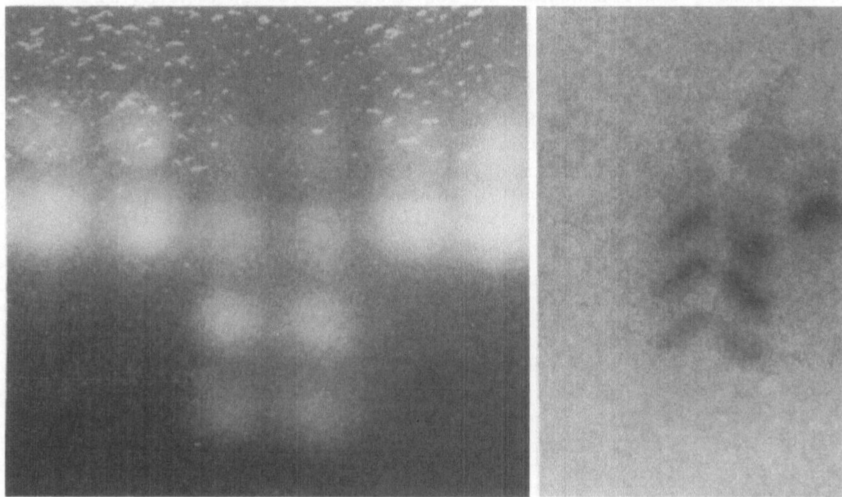

Abb. 2. EsD-Phänotypen nach Stärkegelelektrophorese: von links: (1),
(1), (3-1), (3-1), (1), (1)

Abb. 3. Phänotyp EsD(3-1) nach
isoelektrischer Fokussierung

Aus unserem Material können wir von einem Fall mit entgegengesetzter
Phänotypie bei Mutter und Kind berichten. Der Phänotyp der Mutter
wurde als EsD(2) und der des Kindes als EsD(1) bestimmt. Die weiteren
23 untersuchten Blutgruppensysteme ergaben keinen Hinweis auf eine
Kindesvertauschung und die Mutterschaftswahrscheinlichkeit ließ sich
mit W = 98% berechnen. Dies weist darauf hin, daß in diesem Fall die
Mutter dem Kind das Allel EsD^O vererbt hat. Quantitative Bestimmungen
konnten leider nicht durchgeführt werden. Insgesamt gesehen, scheint
die Frequenz von EsD^O aber außerordentlich gering zu sein. So konnten
Prokop et al. (1981) in 3498 untersuchten Mutter-Kind-Paaren keine
inkompatible Phänotypie finden.

Literatur

Bargagna M, Domenici R, Morali A (1975) Red cell esterase D polymorphism in the population of Tuscuny. Hum Genet 29:251–253
Bender K, Frank R (1974) Esterase D-Polymorphismus: Darstellung in der Hochspannungs-
elektrophorese und Mitteilung von Allelhäufigkeiten. Hum Genet 23:315–318
Berg K, Schwarzfischer F, Wischerath H (1976) Esterase D polymorphism: Description
of the "new" allele EsD[4]. Hum Genet 32:81–83
Golan R, Ben-Ezzer J, Szeinberg A (1977) Esterase D polymorphism in several popula-
tion groups in Israel. Hum Hered 27:298–304
Grüner O, Simeoni E (1978) Polymorphismus der menschlichen Erythrozyten-Esterase D.
Z Rechtsmed 81:261–267
Günther A, Basler M, Henke J, Scheil HG (1982) Zur Häufigkeit des Allels EsD[5]
(Esterase D, E.C.3.1.1.1) in einer westdeutschen Population (Düsseldorfer Raum).
Ärztl Lab 28:355–356
Hopkinson DA, Mestriner MA, Cortner J, Harris H (1973) Esterase D: a new human poly-
morphism. Ann Hum Genet 37:119–137
Marks MP, Jenkins T, Nurse GT (1977) The red cell glutamic-pyruvate transaminase,
carbonic anhydrase I and II an esterase D polymorphisms in the Ambo populations
of South West Africa, with evidence for the existence of the EsD[O] allele. Hum
Genet 37:49–54

Martin W (1979) Die Bestimmung von Isoenzymen in der Abstammungsbegutachtung mit der Agarosegel-Dünnschichtelektrophorese. Referate der 8. Intern Tagung der Ges. für forens. Blutgruppenkunde, London, 23.-27. Sept. 1979, S 469-477

Patscheider H, Dirnhofer R (1979) Scheinbar entgegengesetzte Homozygotie der Gc- und EsD-Merkmale in drei Generationen. Z Rechtsmed 82:243-249

Prokop O, Radam G, Strauch H, Rackwitz A (1981) Häufigkeit der Fälle von inkompatibler Homozygotie in Mutter/Kind-Paaren in den Enzymsystemen der Menschen. Ärztl Lab 27:221

Radam G, Strauch H, Martin W (1980) Der Phänotyp "Rügen" ein Polymorphismus der Esterase D: Hinweis auf die Existenz eines neuen Allels (EsD^6). Blut 40:337-341

Rittner C, Müller G (1975) Esterase D: Some population and formal genetical data. Hum Hered 25:152-155

Sparkes RS, Targum S, Gershon E, Sensabaugh GF, Sparkes MC, Christ M (1979) Evidence for a null allele at the esterase D (E.C.3.1.1.1) Locus. Hum Genet 46:319-323

Weissmann J, Oepen B, Pribilla O (1980) Frequenzen von Enzymmerkmalen der Systeme acP, ADA, AK, EsD, 6-PGD und PGM$_1$ parallel ermittelt für Türken und Deutsche im Raum Lübeck. Z Rechtsmed 85:66-61

Die MCAR zur Beurteilung von letalen Transfusionszwischenfällen im AB0-Blutgruppensystem

W. Keil, I. Ishiyama, O. Prokop und G. Geserick

Zusammenfassung

An histologischem Material von einer Obduktion, bei der die Problematik eines Transfusionszwischenfalls im ABO-System gegeben war, wurde die Mischzellagglutinationsreaktion (MCAR) durchgeführt. Mit dieser Technik konnten inkompatible Erythrozyten
dargestellt werden. Dem Verfahren kommt besonders dann Bedeutung zu, wenn andere
Befunde, auf deren Grundlage in der Regel die Diagnose Transfusionszwischenfall gestellt wird, nicht vorhanden sind. Es wird auf Vorteile hingewiesen, die sich aus
der Herstellung von MCAR-Dauerpräparaten mit angefärbten Testerythrozyten ergeben.

Summary

The mixed cell agglutination reaction (MCAR) was used for the examination of paraffin sections from an autopsy case on the question of an ABO-incompatible transfusion.
Incompatible erythrocytes were demonstrated in the sections. This MCAR technique is
of special importance for the diagnosis of ABO incompatibility when there are no
other signs. The advantages of using fixed MCAR sections with stained test-erythro-
cytes are pointed out.

Die Anwendung der Mischzellagglutinationsreaktion (MCAR) zur Darstellung der ABO(H)-
Antigene von Zellen und Geweben ist unter verschiedenen Fragestellungen möglich. Bei
der Beurteilung von letalen Transfusionszwischenfällen im ABO-Blutgruppensystem ist
das Verfahren bereits erfolgreich genutzt worden, um inkompatible Erythrozyten (z.B.
in Thromben) darzustellen (Ishiyama 1977, Ishiyama et al. 1981). Dies ist besonders
dann von Bedeutung, wenn andere pathologisch-anatomische und serologische Befunde,
auf deren Grundlage die Diagnose Transfusionszwischenfall in der Regel gestellt wird,
nicht oder nicht mehr (infolge längerer Überlebenszeit und/oder therapeutischer Maßnahmen) gefunden werden. Eine Obduktion, bei der die Problematik eines Transfusionszwischenfalls gegeben war, veranlaßte uns zu einer weiteren Untersuchung mit der
MCAR unter dem genannten Aspekt.

Fallbeschreibung

Der 33jährige J. war gegen 2.45 Uhr bei einem Unfall zweimal zwischen zwei Fahrzeugen
eingequetscht worden. Gegen 3.40 Uhr erfolgte Einlieferung in die chirurgische Abteilung eines Krankenhauses.

Klinische Behandlung

Bei der Aufnahme schwerster Blutungsschock. Beckentrümmerfraktur mit stark blutender
Wunde über der Symphyse. Schockbekämpfung (von Erstversorgung bis zur operativen Behandlung etwa 5000 ml Infusionslösungen und 3 TE Erythrozytensediment O d "Universal").
Die fehlerhaft ausgeführte Blutgruppenbestimmung bei J. erbrachte: A d. Anforderung
mehrerer TE Vollblut (A d) aus der regionalen Blutspendezentrale. Gegen 5.OO Uhr

Unterbauchmittelschnitt; im Vordergrund steht die Versorgung von Blutungen aus den gequetschten Weichteilen. Aufgrund eines erneuten Blutdruckabfalls Gabe von 3 TE "Universalblut" (O d). Nach Ende der Operation stärkere Blutung aus zwei im kleinen Becken gelegenen Drainagen. Gegen 8.00 Uhr zweite Operation mit Ligatur und Durchtrennung der linken A. iliaca interna sowie mit Ligaturen der linksseitigen V. iliaca communis, der V. iliaca externa und interna, da sich an den Gefäßen große Zerreißungen finden. Intra operationem Gefahr des Verblutens. Deshalb ohne Kreuzprobe Gabe der inzwischen eingetroffenen Vollblutkonserven der Gruppe A d. Vor den ersten zwei Konserven (Drucktransfusionen) Gewinnung von Empfängerblut für Bed-side-Test nicht möglich. Vor der dritten Konserve Bed-side-Test unauffällig. Nach 3 1/2 TE Mitteilung, daß bei der ABO-Blutgruppenbestimmung des J. ein Fehler unterlaufen sei - J. müsse die Gruppe B. haben. Abbruch der Transfusion, medikamentöse Behandlung (Prednisolut, Calciumthiosulfat, Mannitol). Gegen 13.00 Uhr Verlegung des J. ins regional größte Krankenhaus: Schwerster Schock, Beatmung, Anurie. Hb 5,0 g%, HK 15%, aktueller pH 6,71, pO_2 61 mmHg, K im Serum 6,35 mval/l, Kreatinin 3,83 mg%, deutlich hämolytisches Serum. Gegen 14.00 Uhr AV-Block III. Grades. Um 16.40 Uhr Beginn der Austauschtransfusion, 5 min später irreversibler Herzstillstand.

Obduktionsbefunde

Äußere Quetschungsmarke in der Leistenregion und an der Oberschenkelvorderseite rechts. Beckentrümmerbruch und Abbrüche von Processus costarii der Lendenwirbelsäule, besonders links, mit schwersten Weichteilquetschungen im unteren Rumpfbereich und zahlreichen unvollständigen Rissen großer sowie kleiner Arterien und Venen des Beckens. Regelrechte Ausführung der beschriebenen operativen Maßnahmen. Schwerster Ausblutungszustand. Keine Crush-Nieren. Keine wesentlichen vorbestehenden körperlichen Leiden.

Histologische Befunde

Lunge (HE, HS, Lepehne): Geringe eitrige Bronchitis; einzelne bronchopneumonische Herde. Ausgedehntes akutes Emphysem. Herdförmiges alveoläres Ödem. Kleinherdige alveoläre Blutungen. Mäßige Fettembolie. In den Kapillaren zahlreiche Megakaryozyten. Niere (HE, Lepehne): Einzelne tubuläre Eiweißzylinder. Kein Anhalt für Hämoglobin- bzw. Myoglobinzylinder.

Die übrigen untersuchten Organe ohne gröbere pathologisch-anatomische Veränderungen.

Blutgruppenserologische Befunde

An Blut des J. (Agglutinationstest), welches vor der inkompatiblen Transfusion abgenommen worden war, Bestimmung der Gruppe B d. An postmortal entnommener Glandula submandibularis (Absorptionstest) wurde B festgestellt. Am Leichenblut (Agglutinationstest) Nachweis von Erythrozyten der Merkmale A d und B d, wobei die Reaktion mit humanem Anti-A und mit Anti-A_{Hp} schwächer als mit normalen A-Erythrozyten ausfiel.

Nachweis von Isoantikörpern gegen A_1- und A_2-Erythrozyten. Direkter Coombs-Test positiv.

An den Resten der 4 Vollblutkonserven, von denen dem J. 3 1/2 TE verabreicht worden waren, wurde die Blutgruppe A_1 d bestätigt.

Todesursache

Aufgrund aller Befunde wurde festgestellt: Beckentrümmerfraktur mit
Weichteilquetschungen und Blutgefäßzerreißungen in Kombination mit
Transfusionszwischenfall.

Material und Methode

Verschiedene Organe und eine Weichteilquetschung (linke Gesäßhälfte)
wurden mit Formalin fixiert. Nach einigen Tagen wurden in üblicher
Weise 5 µ dicke Paraffin-Schnitte hergestellt. Das Paraffin wurde
durch Xylol und eine absteigende Alkoholreihe aus den Schnitten heraus-
gelöst. Danach wurden die Präparate in Aqua dest. und anschließend in
PBS, welche 0,1%ig Tween 80 enthielt, gewaschen. Die Sensibilisierung
der Schnitte und die Zugabe der Indikatorerythrozyten erfolgten nach
der Methode von Davidsohn (1972) mit Modifikationen nach Ishiyama et
al. 1981. Die Ablesung der Reaktionen wurde nach drei Verfahren ausgeführt.

Originaltechnik nach Davidsohn – Sofortablesung: Sofortige Ablesung
der MCAR nach Sedimentation der ungebundenen Testerythrozyten.

Technik nach Ishiyama – Dauerpräparate mit HE-Färbung: Fixierung gebundener Testerythrozyten mit 1% Glutaraldehyd enthaltender 0,9%iger
NaCl-Lösung für 1 h. Danach Hämatoxylin-Eosin-Färbung und Eindecken
der Präparate mit Kanadabalsam. Die frisch fixierten Indikatorerythrozyten färben sich intensiver an als die körpereigenen Erythrozyten, die
außerdem in einer etwas anderen optischen Ebene liegen.

Technik nach Ishiyama – Dauerpräparate mit Benzidinreaktion: Vor der
Sensibilisierung Zerstörung der Pseudoperoxidaseaktivität des körpereigenen Hämo- und Myoglobins in den entparaffinisierten Schnitten
mittels eines Methanol-Wasserstoffperoxid-Gemisches. Dann Sensibilisierung und Reaktion mit den Testerythrozyten sowie anschließende Glu-
taraldehydfixierung. Danach Färbung mit einem Diaminobenzidin-Wasser-
stoffperoxid-Gemisch. An der Benzidinreaktion können somit nur die
Testerythrozyten teilnehmen. Eindecken der Präparate mit Kanadabalsam.
Die Benzidinreaktion an Testerythrozyten ist von Ishiyama 1979 bereits
beschrieben worden.

Ergebnisse

Die Abbildungen zeigen, daß sowohl in den Blutgefäßen von Lunge (Abb.
1a,b) und Niere (Abb. 2a,b) als auch in der Quetschung der linken
Gesäßhälfte (Abb. 3a,b) vorwiegend Erythrozyten der körpereigenen Blutgruppe (B) nachweisbar sind. Jedoch finden sich stets auch schwächere,
spezifisch positive Reaktionen, die das Vorkommen der inkompatiblen
A-Erythrozyten beweisen.

Diskussion

Obwohl die Diagnose ABO-Inkompatibilität im gegenständlichen Fall
allein anhand der herkömmlichen serologischen Befunde (Untersuchung
von Blut und Speicheldrüse des Betroffenen sowie Untersuchung der
Blutkonservenreste) hätte gestellt werden können, bestätigt die Anwendung der MCAR, daß diese Methode für die Begutachtung von letalen
Transfusionszwischenfällen im ABO-System von großem Wert sein kann.
Dies gilt besonders dann, wenn sich keine pathologisch-anatomischen

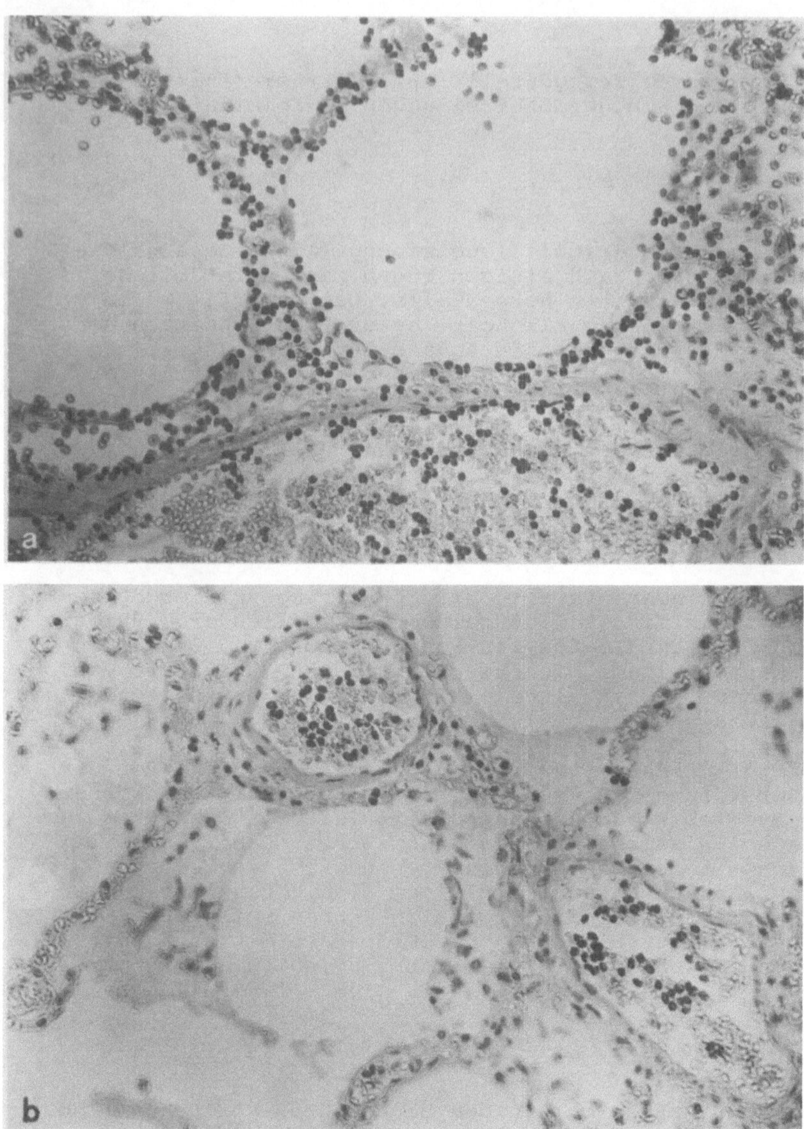

<u>Abb. 1a,b.</u> Lunge (Benzidinreaktion, 470:1). (a) Zahlreiche gebundene B-Testerythro-
zyten intravasal und an den alveolären Kapillaren. (b) Einige gebundene A_1-Testery-
throzyten intravasal und einzelne an den alveolären Kapillaren

Veränderungen finden und die herkömmlichen serologischen Untersuchungsergebnisse die Diagnostik eines Transfusionszwischenfalls nicht gestatten. Aus forensischer Sicht ist hervorzuheben, daß zur Diagnosestellung
von Transfusionszwischenfällen mittels der vorgestellten Technik auch
dann noch beigetragen werden kann, wenn sich der Verdacht auf eine mit
dem Tod in Zusammenhang stehende inkompatible Transfusion erst längere
Zeit nach dem Todeseintritt ergibt (Ishiyama 1977, Ishiyama et al. 1981),
da Material für histologische Untersuchungen bei Obduktionen in der
Regel asserviert wird.

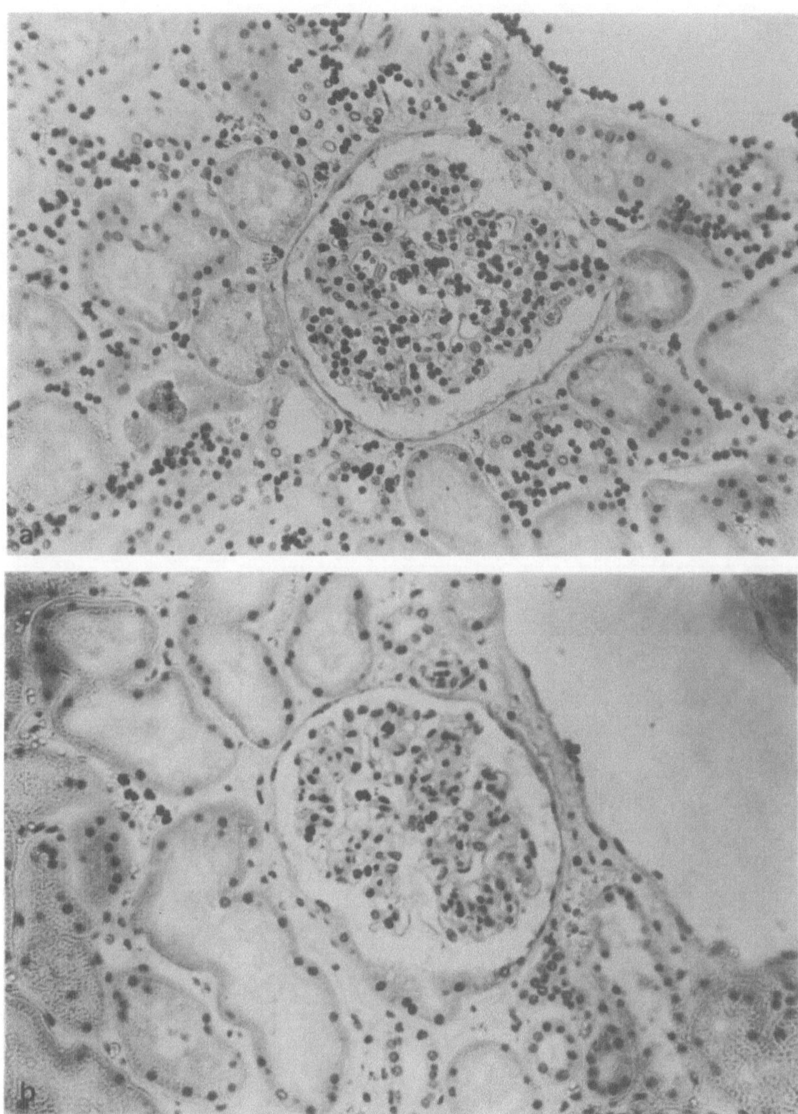

<u>Abb. 2a,b.</u> Niere (Benzidinreaktion, 470:1). (a) Zahlreiche gebundene B-Testerythro-
zyten an den Kapillarschlingen eines Glomerulums und an extraglomerulären Blutgefäßen. (b) Einige gebundene A_1-Testerythrozyten an den Kapillarschlingen eines
Glomerulums und vereinzelt an den extraglomerulären Blutgefäßen

Hinsichtlich des Ablesungsverfahrens ist zu bemerken, daß sich durch
die Herstellung von MCAR-Dauerpräparaten nach Ishiyama erhebliche
Vorteile für die Auswertung und Dokumentation der Befunde ergeben.
Von den zwei angegebenen Färbeverfahren scheint die Benzidinreaktion
in bestimmten Fällen überlegen zu sein, da bei Anwendung von Hämatoxy-
lin-Eosin die Farbintensität der körpereigenen Erythrozyten und der
Testerythrozyten ähnlich sein kann - zumeist ergeben sich jedoch auch
bei der HE-Färbung keinerlei Schwierigkeiten. Mit der Benzidinreaktion
markieren sich die Testerythrozyten stets eindeutig.

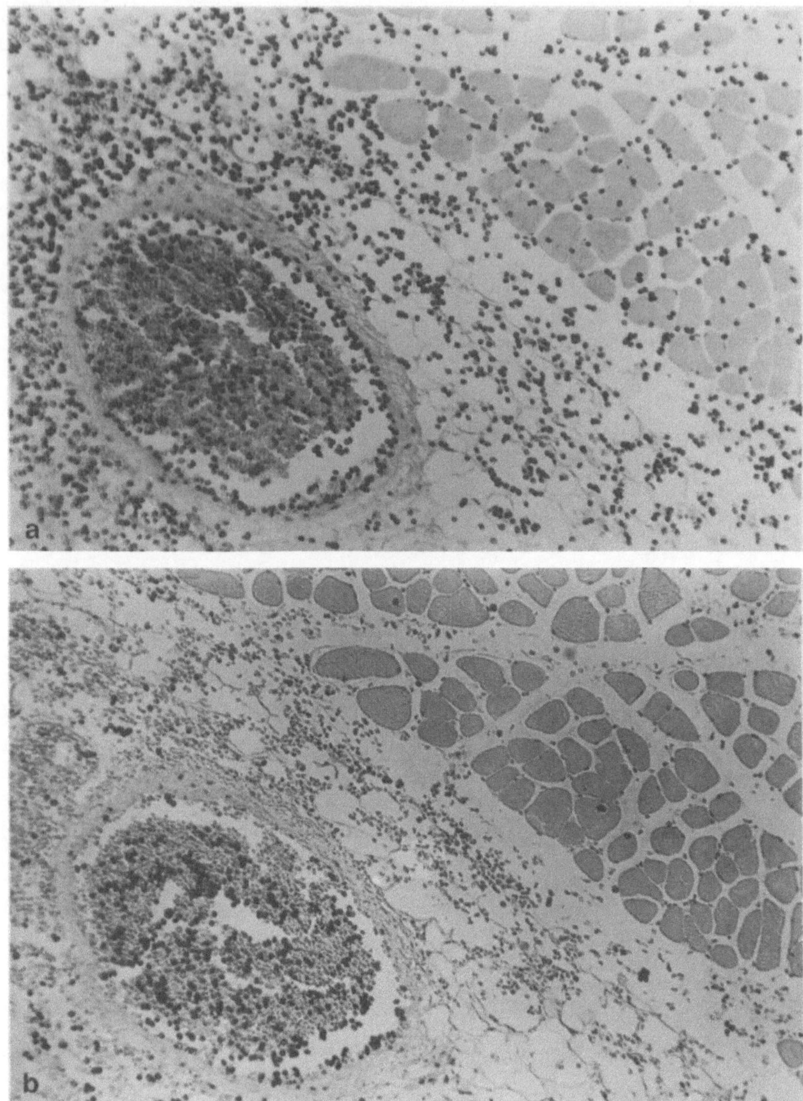

<u>Abb. 3a,b.</u> Weichteilquetschung, linke Gesäßhälfte (Benzidinreaktion, 300:1). (a)
Zahlreiche gebundene B-Testerythrozyten intravasal, an Erythrozyten der Weichteil-
blutung und im Interstitium. (b) Gebundene A_1-Testerythrozyten fast ausschließlich
intravasal

Literatur

Davidsohn I (1972) Early immunologic diagnosis and prognosis of carcinoma. Am J Clin
  Pathol 57:715-73o
Ishiyama I (1977) Topographic determination of transfused cells in incompatible trans-
  fusion from praffin-sectioned tissue slices. Am J Clin Pathol 67:111-113
Ishiyama I (1979) Histochemical demonstration of biosynthetic pattern of ABH isoanti-
  gens in various tissues. Proc Jpn Acad 55:329-334 (Ser B)
Ishiyama I, Komuro E, Hosokawa T, Takatsu A (1981) Neue Verfahren der mikroskopischen
  Untersuchung auf Klebebandstreifen (Histologie, Histochemie, Serologie). Kriminal
  Forens Wiss 44:143-157

Ein neues sensitives Nachweisverfahren für Haptoglobin mittels Agglutination antikörperbeladener Staphylokokken

T. Nagai

Zusammenfassung

Staphylokokken lassen sich aufgrund ihres Oberflächenantigens (Protein A) mit Anti-haptoglobinantikörpern des Schafes beladen und auf diese Weise für ein indirektes Agglutinationsverfahren zum Nachweis von Haptoglobin sensibilisieren.

Die Antikörperbindung an den Protein-A-Haftstellen der Staphylokokken ist relativ stabil.

Die vorgestellten Agglutinationsversuche zeigen eine bemerkenswerte Ähnlichkeit zu entsprechenden Versuchen mit menschlichen Seren an T4-tragenden Streptokokken. Hp-1-1-Seren agglutinieren nicht, Hp-2-1- und Hp-2-2-Seren dagegen kräftig, wobei Hp-2-2-Seren den höchsten Titer aufweisen. Mit Haptoglobinantikörpern beladene Latexpartikelchen weisen dieselbe Phänomenologie bei indirekten Agglutinationsversuchen auf.

Summary

On account of their surface antigen (protein A), staphylococci can be loaded with sheep antihaptoglobin and in this way become sensitized for an indirect agglutination method for the detection of haptoglobin.

The antibody linkage on the protein A combining sites of the staphylococci is relatively stable.

The agglutination tests presented show remarkable similarity to corresponding tests with human sera on T_4-carrying streptococci. Hp 1-1 sera do not agglutinate; Hp 2-1 and Hp 2-2 sera on the other hand do so strongly, and 2-2 sera have the highest titer. Small particles of latex loaded with Hp-antibodies exhibit the same phenomenology when indirect agglutination tests are carried out.

Durch die Arbeitsgruppe Prokop und Köhler (1977–1980) wurde in einer Anzahl wissenschaftlicher Veröffentlichungen nachgewiesen, daß das menschliche und tierische Haptoglobin mit T4-tragenden Streptokokken reagiert und zwar folgendermaßen: Hp 2-1 und Hp 2-2 stellen komplette hochtitrige Agglutinine dar, wogegen Hp-1-1-Seren wie "blocking antibodies" wirken (Köhler u. Prokop 1981). Hp 1-1 agglutiniert die T4-tragenden Streptokokken nicht, reagiert aber mit ihnen wie vergleichsweise Rh+ Blutkörperchen mit inkomplettem (IgG) Anti-Rh. Beweisführung: Hp-1-1-beladene Streptokokken geben einen positiven Moreschi-Coombs-Test (Köhler et al. 1982).

In der vorliegenden Arbeit wird unter Beweis gestellt, daß auch Staphylokokken aufgrund ihres Besitzes an Protein A für Agglutinationsverfahren verschiedener Art herangezogen werden können. Von diesem Staphylokokkenoberflächenantigen (Protein A) ist bekannt, daß es eine Affinität zum Fc-Abschnitt von IgG besitzt, wo es gebunden wird. An der Bindung sind die Domänen C_H2 und C_H3 des IgG-Moleküls beteiligt. Aus dieser Reaktion von Protein A der Staphylokokken mit IgG ergeben sich folgende Tatsachen:

1. Rh-positive humane Erythrozyten, die mit inkomplettem (IgG) Anti-Rh beladen wurden, werden durch Protein-A-tragende Staphylokokken kräftig verklumpt.

2. Rh-positive humane Erythrozyten beladen mit inkompletten Rh-Antikörpern der IgG-Klasse werden bekanntlich durch Anti-human-Gammaglobulinantikörper (Coombs-Seren) agglutiniert. Behandelt man aber die sensibilisierten Erythrozyten mit Protein A, so wird durch Blockade des Reaktionsortes für den Coombs-Antikörper (das ist der Fc-Abschnitt) die Coombs-Fähigkeit der sensibilisierten Erythrozyten aufgehoben (Nagai et al. 1982a).

3. In gleicher Weise werden auch für den Gm-Test durch geeignete Anti-Rh-Seren sensibilisierte Erythrozyten durch Anti-Gm nicht mehr agglutiniert, wenn sie vor Zusatz des Anti-Gm mit Protein A behandelt wurden (Nagai et al. 1982b).

4. Belädt man nach der Boyden-Technik (Tanninmethode) Hühner- oder Froscherythrozyten mit Protein A, so geben diese Protein-A-tragenden Zellen mit Rh-sensibilisierten menschlichen Erythrozyten eine Rosettenbildung (Nagai et al. 1982c).

In einer vorangegangenen Arbeit haben Nagai et al. (1982d) gezeigt, daß man Latexpartikelchen mit Haptoglobin-Antikörpern beladen kann. Dabei wurde Antihaptoglobin vom Schaf auf Latexpartikelchen gebunden und diese konnten durch Hp-2-2- und Hp-2-1-Seren hochtitrig agglutiniert werden, während Seren Hp 1-1 nur ganz schwach reagierten. Auf diesen Grundversuchen aufbauend haben wir einen neuen Test entwickelt, wobei wir als Trägerpartikelchen Staphylokokken benutzten, die auf Grund ihres Besitzes von Protein A den Anti-Haptoglobinantikörper des Schafes anlagerten und auf diese Weise "sensibilisiert" wurden.

Material und Methode

a) Der Antihaptoglobinantikörper wurde schon von Nagai et al. (1982d) beschrieben. Er wurde auch hier verwendet.

b) Der Protein-A-reiche Stamm Staphylococcus aureus Cowan I wurde uns freundlicherweise von Herrn Prof. Köhler, Jena, überlassen. Er stammt aus den Beständen von Prof. Wadström, Uppsala. Die über Nacht auf Tryptic Soy Broth (DIFCO) kultivierten Bakterien wurden 3mal in PBS (phosphatgepufferte Kochsalzlösung pH 7,3 mit 0,1% Natriumazid-Zusatz konserviert), gewaschen und dann für 3 h in 0,5%ige Formollösung in PBS verbracht (Zimmertemperatur). Erneutes 3maliges Waschen in PBS und Aufschwemmung zu einer 5%igen Suspension in PBS. Die Suspension wurde sodann im Wasserbad mit Rührwerk für 1 h bei 80°C erhitzt. Nach weiterem 3maligen Waschen in PBS Resuspension zu einer 10%igen Endkonzentration. Die so aufbereiteten Bakterien und die mit ihnen hergestellte Suspension sind ohne Formolgeruch.

c) Beladen der Bakterien. Das von uns in früheren Arbeiten bereits verwendete Anti-human-Haptoglobinserum wurde zu den Bakterien in drei Verdünnungsstufen und zwar 1:10, 1:100 und 1:1000 zugesetzt. Der Sensibilisierungsvorgang erfolgte bei 36°C und dauerte eine Stunde.

d) Aufbereitung der sensibilisierten Bakterien. Die sensibilisierten Bakterien wurden einmal, 3mal und 5mal gewaschen, um die Stabilität der Protein-A-Antihaptoglobinantikörperbindung zu studieren.

e) Absorptionsversuche: Das Antihaptoglobinantiserum vom Schaf wurde auch nach
einer Absorption mit 1/5 Volumen dicht zentrifugierter unbehandelter Staphylokokken
erprobt. Ebenso wurde der natürliche Antikörper gegen die Staphylokokken aus den
menschlichen Seren durch Absorption mit unbehandelten Staphylokokken getestet. Der
Unterschied zu nichtabsorbierten Seren wird sich aus den folgenden Ausführungen
ergeben.

f) Menschliche Seren: Es wurden Seren von Erwachsenen der 3 Hp-Typen verwendet. Die
Seren waren unbehandelt.

Ergebnisse

1. Die unbeladenen Bakterien wurden gegen 10 menschliche Seren in verschiedenen Titerstufen getestet. Von 10 Mustern gaben 2 Seren einen
Agglutinationstiter von 1:20, 4 Seren ergaben 1:40 und zwei ergaben
1:80. Zur Absorption des natürlichen Antikörpers gegen die von uns
verwendeten Bakterien war es also nötig, die Seren zu absorbieren.

Der Effekt ist aus Tabelle 1 ersichtlich.

Die Tabelle 1 zeigt deutlich, daß die antikörpersensibilisierten Staphylokokken auch mit Ahp-Serum oder Hp 1-1 reagieren. Nach Absorption mit
unbehandelten Staphylokokken reagieren diese Seren praktisch nicht mehr.
Die Hp2-1- und Hp-2-2-Seren hingegen reagieren kräftig.

Tabelle 1. Störung des Haptoglobintests durch den in menschlichen Seren enthaltenen
Staphylokokkenantikörper. Hier wird gezeigt, daß sich dieser durch Absorption entfernen läßt, leicht erkennbar an dem Ahaptoglobinämie-Serum. Der Effekt ist modell-
haft an 4 Seren demonstriert. Die 4 Seren sind gegen die sensibilisierten Staphylokokken geprüft

Haptoglobintyp	Titer vor Absorption mit unbehandelten Cowan-Staphylokokken	nach Absorption
Ahaptoglobinämie	1: 40	unter 1:1
Hp 1-1	1: 80	1: 10
Hp 2-1	1:1280	1:1280
Hp 2-2	1:2560	1:2560

2. Bei der Prüfung der sensibilisierten Staphylokokken gegen 5 verschiedene menschliche Seren der einzelnen Hp-Typen ergibt sich ein
relativ monotones Bild (Tabelle 2).

3. In einer weiteren Untersuchungsreihe wurde überprüft, welche Konzentration des Antihaptoglobinserums vom Schaf für die Beladung der
Staphylokokken am besten geeignet ist. Hierzu wurde ein handelsübliches
Haptoglobinreinpräparat der japanischen Firma Midorijuji Co. Ltd. verwendet. Die Tabelle 3 gibt die Ergebnisse wieder. Es zeigt sich, daß
eine Verdünnung von 1:1000 die besten Resultate ergibt. Höhere Verdünnungen sind nicht angegeben (wirkungslos oder sehr schwach).

4. Eine weitere Untersuchung hatte die Absicht zu überprüfen, wie
stark die Bindung zwischen den Staphylokokken bzw. ihrem Protein A
und dem Antihaptoglobinantikörper ist. Dies wurde durch mehrfaches
Waschen der beladenen Staphylokokken mit PBS im Überschuß und folgender Testung gegen menschliche Seren der einzelnen Haptoglobintypen

Tabelle 2. Titer der sensibilisierten Staphylokokken gegen einige Seren von Erwachsenen verschiedenen Hp-Typs

Seren Hp-Typ	n	Titer <1:1	1:5	1:10	1:160	1:320	1:640	1:1280	1:2560	1:5120	PBS
Ahaptoglobinämie	1	1	-	-	-	-	-	-	-	-	-
Hp 1-1	5	-	1	4	-	-	-	-	-	-	-
Hp 2-1	5	-	-	-	-	-	-	3	2	-	-
Hp 2-2	5	-	-	-	-	-	-	-	5	-	-

Tabelle 3. Agglutinationseffekt eines in Japan (Midorijuji Co. Ltd.) hergestellten Haptoglobinpräparates bei Beladung der Staphylokokken mit Anti-Hp in drei verschiedenen Verdünnungen

Verdünnung des Anti-Haptoglobins	Haptoglobinverdünnungen 10^{-3}	10^{-4}	10^{-5}	10^{-6}	10^{-7}	10^{-8}	10^{-9}	10^{-10}	PBS
1:1000	+	+	+	+	+	+	+	-	-
1: 100	+	+	+	+	-	-	-	-	-
1: 10	+	+	-	-	-	-	-	-	-

Tabelle 4. Überprüfung der Stabilität der Protein-A-Bindung des Antihaptoglobinkörpers durch Waschen bei Raumtemperatur

	Resultierende Titer nach		
	1mal Waschen	3mal Waschen	5mal Waschen
Ahp	1	1	1
Hp 1-1	10-20	1-5	1
Hp 2-1	1280	640	320
Hp 2-2	2560	1280	640

kontrolliert. Um der Praxis nahezukommen, wurde bei Raumtemperatur und auch mit PBS der gleichen Temperatur gearbeitet. Das Ergebnis zeigt die Tabelle 4.

Diskussion

Die Ergebnisse zeigen, daß es möglich ist, Haptoglobin durch ein indirektes Agglutinationsverfahren nachzuweisen, wobei mit einem Antihaptoglobinantikörper vom Schaf gearbeitet wird, der auf Staphylokokken mit dem A-Protein aufgeladen wird. Die Antikörperbindung an die Staphylokokken (an den Protein-A-Haftstellen) ist relativ stabil, wie durch Waschen der beladenen Bakterien bei Zimmertemperatur erkennbar ist. Die Ergebnisse sind damit nicht unähnlich denen beim indirekten

Coombs-Test der Blutgruppenserologie, wo ebenfalls mehrfaches Waschen beladener Blutzellen zu einer Schwächung der Beladung führt (Sievert et al. 1957). Vielleicht wäre wegen des Einflusses der thermischen Elution nach Landsteiner ein Waschen mit eisgekühlter PBS zweckmäßig.

Die Agglutinationsversuche aber zeigen in ihrer Gesamtheit und in ihrem Ergebnis, wie es in Tabellen 2 und 4 verzeichnet ist, eine außergewöhnliche Ähnlichkeit mit den Agglutinationsversuchen mit menschlichen Seren an T4-tragenden Streptokokken. Wiederum agglutinierten Hp-1-1-Seren nicht, wogegen Hp-2-1- und Hp-2-2-Seren kräftig agglutinieren. Trotz der wenigen untersuchten Seren zeigt sich auch hier wieder das Phänomen, daß Hp-2-2-Seren den höchsten Titer haben. Und es ist wichtig zu vermerken, daß auch Latex-Partikelchen, die mit Haptoglobinantikörpern beladen werden, dieselbe Phänomenologie zeigen, wie vor kurzem von uns demonstriert wurde (Nagai et al. 1982d).

Literatur

Köhler W, Prokop O (1981) Neue Ergebnisse über Haptoglobine. DDR Med Rep 10/8:671
Köhler W, Prokop O, Helmbold W (1982) Beiträge zur Antikörpernatur des Haptoglobins. Ein Streptokokken-Coombs-Test. Dtsch Ges Wes 37/3:136
Nagai T, Ishiyama I, Prokop O, Köhler W (im Druck a) Aufhebung der Coombs-Wirksamkeit IgG-sensibilisierter humaner Erythrozyten durch Protein A. Zentralbl Bakteriol
Nagai T, Ishiyama I, Köhler W, Prokop O, Rackwitz A (im Druck b) Hemmung der Gm-Reaktion durch Protein A. Ärztl Labor
Nagai T, Ishiyama I, Köhler W, Prokop O (im Druck c) Nachweis der Beladung menschlicher Blutzellen durch nichtagglutinierende (inkomplette) Rhesusantikörper mittels Protein A durch Rosettenbildung. Dtsch Ges Wes
Nagai T, Köhler W, Prokop O, Helmbold W (im Druck d) Haptoglobinbestimmung mittels Agglutination durch Anti-Hp auf Latex-Partikelchen. Acta Biol Med Germ
Sievert C, Prokop O, Böckeler R (1957) Kritische Bemerkungen zum indirekten Coombs-Test. Geburtshilfe Frauenheilkd 17/9:813

Polymorphismus der Blutgruppensysteme in der polnischen Population

S. Raszeja und Z. Szczerkowska

Zusammenfassung

In der vorliegenden Arbeit sind die Gen- und Phänotypenfrequenzen von 16 Blut- und
Serumgruppensystemen, die bei der polnischen Bevölkerung nachweisbar waren, tabel-
larisch zusammengestellt.

Summary

This study outlines in tabular form the gene and phenotype frequencies of 16 blood
and serum group systems detectable among the population of Poland.

Untersuchungen zur serologischen Differenzierung der menschlichen Populationen werden bei fast allen Rassen und Völkern durchgeführt, wobei der Forschungsbereich, der mit dem Blut-, Serum- und Enzymgruppen-
polymorphismus verbunden ist, gemäß dem wissenschaftlichen Fortschritt
ständig erweitert wird.

Die beobachtete Merkmalsdifferenzierung ist für seroanthropologische,
immunologische und klinische Forschungen verwertbar.

Die bisherigen serologischen Daten der polnischen Population sind meist
fragmentarisch oder umfassen nur einige Gruppensysteme. Da wir eine
volle Charakteristik der polnischen Population im Hinblick auf eine
serologische Differenzierung im Bereich derjenigen Gruppen, welche
aktuell für gerichtlich-medizinische Zwecke bestimmt werden, erhalten
möchten, beschlossen wir, in dieser Publikation die Ergebnisse der
Nachforschungen und Phänotypen- und Genfrequenzen in 16 Gruppensystemen darzustellen: ABO, Se, MN, Rh, Kell, Hp, Ge, Gm(1), AcP, PGM_1,
ADA, AK, EsD, GLO, GPT und PGD. Es wurden dabei einige Ergebnisse aus
früheren populationsgenetischen Arbeiten, welche im Institut für gerichtliche Medizin in Gdańsk durchgeführt wurden, verwendet (Krueger
u. Raszeja 1975, 1976; Raszeja u. Krueger 1974; Szczerkowska u. Raszeja 1979).

Material und Methodik

Man entnahm Blutproben von Personen beiden Geschlechts, welche untereinander nicht verwandt waren, und die sich im Institut für gerichtliche Medizin der Medizinischen Akademie in Gdańsk meldeten, um eine
serologische Vaterschaftsbegutachtung durchführen zu lassen.

Die Blut- und Serumgruppensysteme wurden mit allgemein angewandten
Methoden, unter Verwendung von Antiseren der Firmen Behring und Biotest, bestimmt. Die Enzymgruppensysteme wurden mit Hilfe der Stärkegelelektrophorese unter Anwendung der Zelluloseazetatfolie der Firmen
Biotest und Oxoid ermittelt.

Ergebnisse und Diskussion

Die Ergebnisse der Phänotypen- und Genfrequenzenuntersuchungen in der polnischen Population sind in den Tabellen 1-16 dargestellt. Für jeden Phänotyp sind die beobachtete und die erwartete Inzidenz in absoluten und relativen Werten angegeben.

Die berechneten Phänotypen- und Genfrequenzen in den 16 Gruppensystemen wurden mit den von Turowska (1980) zusammengefaßten Resultaten fragmentarischer populationsgenetischer Untersuchungen in anderen Regionen Polens verglichen. Aus diesem Vergleich ergibt sich, daß die von uns erhaltenen Frequenzen statistisch keine wesentlichen Unterschiede im Verhältnis zu den Frequenzen in den anderen Regionen Polens aufweisen und deswegen als repräsentativ für die ganze polnische Population gelten können.

Die Ergebnisse unserer Berechnungen zeigen zugleich, daß der Polymorphismus der Blutgruppensysteme in der polnischen Bevölkerung keine wesentlichen Unterschiede gegenüber dem Polymorphismus der anderen europäischen Populationen (außer den Lappländern) aufweist. Zwar zeigen Genfrequenzen mancher Eigenschaften, wie z.B. Gm(1), Gc und GPT etwas deutlichere Unterschiede im Verhältnis zu manchen europäischen Populationen, aber statistisch gesehen sind es keine wesentlichen Unterschiede, und sie zeigen auch keine größeren Differenzen als andere Populationen unseres Kontinentes untereinander (z.B. Populationen in Süd- und Nordeuropa).

Tabelle 1. ABO-System

Phänotypenfrequenz						Genfrequenz	
Phänotyp	beobachtet		erwartet			Gen	Frequenz
	abs.	rel.	abs.	rel.			
A_1	3165	0,33832	3164	0,33822		A_1	0,2295
A_2	598	0,06392	597	0,06381		A_2	0,0536
B	1785	0,19081	1785	0,19076		B	0,1484
O	3024	0,32325	3023	0,32319		O	0,5685
A_1B	635	0,06788	637	0,06812			
A_2B	148	0,01582	149	0,01590			
Gesamt	9355	1,00000	9355	1,00000			1,0000

Tabelle 2. MN-System

Phänotypenfrequenz						Genfrequenz	
Phänotyp	beobachtet		erwartet			Gen	Frequenz
	abs.	rel.	abs.	rel.			
M	3335	0,35649	3336	0,35661		M	0,5972
N	1517	0,16216	1518	0,16227		N	0,4028
MN	4503	0,48135	4501	0,48112			
Gesamt	9355	1,00000	9355	1,00000			1,0000

Tabelle 3. Rh-System

Phänotyp	beobachtet abs.	beobachtet rel.	erwartet abs.	erwartet rel.	Genkomplex	Frequenz
ccddee	1287	16,225	1267	15,966	cde	0,3996
ccDee	213	2,685	210	2,642	CDe	0,3712
ccddEe	8	0,101	8	0,099	cDE	0,1501
ccddEE	1	0,013	0	0,000	cDe	0,0318
ccDEE	181	2,282	182	2,290	C^WDe	0,0226
ccDEe	988	12,456	1028	12,962	Cde	0,0198
Ccddee	126	1,589	126	1,585	CDE	0,0037
CcDee	2660	33,534	2549	32,148	cdE	0,0012
C^WcDee	145	1,828	155	1,952		
CcddEe	1	0,013	0	0,005		
CcDEe	906	11,422	963	12,145		
CcDEE	1	0,013	9	0,110		
C^WcDEe	49	0,618	54	0,684		
CCddee	2	0,025	3	0,039		
CCDee	1177	14,839	1210	15,248		
C^WCDee	163	2,055	144	1,819		
CCDEe	22	0,277	23	0,289		
C^WCDEe	2	0,025	1	0,017		
Gesamt	7932	100,000	7932	100,000		1,0000

Tabelle 4. Kell-System

Genotyp	beobachtet abs.	beobachtet rel.	erwartet abs.	erwartet rel.	Gen	Frequenz
KK	18	0,0019	17	0,0018	K	0,0430
Kk	770	0,0823	771	0,0824	k	0,9570
kk	8567	0,9158	8567	0,9158		
Gesamt	9355	1,0000	9355	1,0000		1,0000

Tabelle 5. Se-System

| Genotypenfrequenz | | | | | | Genfrequenz | |
| Genotyp | beobachtet | | erwartet | | | Gen | Frequenz |
	abs.	rel.	abs.	rel.			
Se Se	2377	0,3217	2377	0,3217		Se	0,5672
Se se	3628	0,4910	3628	0,4910		se	0,4328
se se	1383	0,1873	1383	0,1873			
Gesamt	7388	1,0000	7388	1,0000			1,0000

Tabelle 6. Hp-System

| Phänotypenfrequenz | | | | | | Genfrequenz | |
| Phänotyp | beobachtet | | erwartet | | | Gen | Frequenz |
	abs.	rel.	abs.	rel.			
Hp 1-1	1214	0.1399	1211	0.1395		Hp^1	0.3735
Hp 2-2	3410	0.3928	3407	0.3925		Hp^2	0,6265
Hp 2-1	4057	0,4673	4063	0,4680			
Gesamt	8681	1,0000	8681	1,0000			1,0000

Tabelle 7. Gc-System

| Phänotypenfrequenz | | | | | | Genfrequenz | |
| Phänotyp | beobachtet | | erwartet | | | Gen | Frequenz |
	abs.	rel.	abs.	rel.			
Gc 1-1	232	0,455	232	0,455		Gc^1	0,6745
Gc 2-2	54	0,106	54	0,106		Gc^2	0,3255
Gc 2-1	224	0,439	224	0,439			
Gesamt	510	1,000	510	1,000			1,0000

Tabelle 8. Gm(1)-System

| Phänotypenfrequenz | | | | | | Genfrequenz | |
| Phänotyp | beobachtet | | erwartet | | | Gen | Frequenz |
	abs.	rel.	abs.	rel.			
Gm(1)	3040	0,3783	3040	0,3783		Gm^1	0,2115
Gm(-1)	4997	0,6217	4997	0,6217		-	0,7885
Gesamt	8037	1,0000	8037	1,0000			1,0000

Tabelle 9. AcP-System

Phänotypenfrequenz					Genfrequenz	
Phänotyp	beobachtet		erwartet		Gen	Frequenz
	abs.	rel.	abs.	rel.		
A	816	0,1288	788	0,1241	P^a	0,3523
B	2008	0,3171	2014	0,3180	P^b	0,5639
C	47	0,0074	43	0,0069	P^c	0,0826
BA	2498	0,3945	2516	0,3974	P^d	0,0002
CA	324	0,0512	369	0,0583	P^r	0,0007
CB	624	0,0985	590	0,0933	P^o	0,0003
DA	2	0,0003	1	0,0002		
DB	1	0,0001	1	0,0001		
RC	4	0,0006	1	0,0001		
RB	2	0,0003	4	0,0007		
RA	3	0,0005	3	0,0005		
BO	2	0,0003	2	0,0003		
AO	2	0,0003	1	0,0001		
Gesamt	6333	1,0000	6333	1,0000		1,0000

Tabelle 10. PGM_1-System

Phänotypenfrequenz					Genfrequenz	
Phänotyp	beobachtet		erwartet		Gen	Frequenz
	abs.	rel.	abs.	rel.		
1-1	1888	0,5494	1900	0,5539	PGM_1^1	0,7439
2-2	208	0,0605	222	0,0645	PGM_1^2	0,2541
2-1	1328	0,3865	1300	0.3782		
6-1	4	0,0012	5	0,0013	PGM_1^6	0,0009
6-2	2	0,0006	2	0,0005	PGM_1^7	0,0008
7-1	5	0,0015	5	0,0011		
1-0	1	0,0003	2	0,0004	PGM_1^o	0,0003
2-0	1	0,0003	1	0,0001		
Gesamt	3437	1,0000	3437	1,0000		1,0000

Tabelle 11. ADA-System

Phänotypenfrequenz					Genfrequenz	
Phänotyp	beobachtet		erwartet		Gen	Frequenz
	abs.	rel.	abs.	rel.		
1-1	570	0,8742	571	0,8753	ADA^1	0,9356
2-2	2	0,0031	3	0,0042	ADA^2	0,0644
2-1	80	0,1227	78	0,1205		
Gesamt	652	1,0000	652	1,0000		1,0000

Tabelle 12. AK-System

Phänotypenfrequenz					Genfrequenz	
Phänotyp	beobachtet		erwartet		Gen	Frequenz
	abs.	rel.	abs.	rel.		
1-1	603	0,9249	603	0,9248	AK^1	0,9617
2-2	1	0,0015	1	0,0015	AK^2	0,0383
2-1	48	0,0736	48	0,0737		
Gesamt	652	1,0000	652	1,0000		1,0000

Tabelle 13. EsD-System

Phänotypenfrequenz					Genfrequenz	
Phänotyp	beobachtet		erwartet		Gen	Frequenz
	abs.	rel.	abs.	rel.		
1-1	2182	0,8172	2173	0,8143	EsD^1	0,9024
2-2	33	0,0124	25	0,0095	EsD^2	0,0976
2-1	455	0,1704	470	0,1762		
Gesamt	2670	1,0000	2670	1,0000		1,0000

Tabelle 14. GLO-System

Phänotypenfrequenz					Genfrequenz	
Phänotyp	beobachtet		erwartet		Gen	Frequenz
	abs.	rel.	abs.	rel.		
1-1	183	0,2047	165	0,1845	GLO^1	0,4295
2-2	309	0,3456	291	0,3255	GLO^2	0,5705
2-1	402	0,4497	438	0,4900		
Gesamt	894	1,0000	894	1,0000		1,0000

Tabelle 15. GPT-System

Phänotypenfrequenz					Genfrequenz	
Phänotyp	beobachtet		erwartet		Gen	Frequenz
	abs.	rel.	abs.	rel.		
1-1	387	0,2497	382	0,2464	GPT^1	0,4964
2-2	397	0,2561	391	0,2523	GPT^2	0,5023
2-1	762	0,4916	773	0,4987		
3-1	3	0,0019	2	0,0013	GPT^3	0,0013
3-2	1	0,0007	2	0,0013		
Gesamt	1550	1,0000	1550	1,0000		1,0000

Tabelle 16. 6-PGD-System[1]

Phänotypenfrequenz					Genfrequenz	
Phänotyp	beobachtet		erwartet		Gen	Frequenz
	abs.	rel.	abs.	rel.		
A	526	0,9529	526	0,9529	PGD^A	0,9765
CA	26	0,0471	26	0,0471	PGD^C	0,0235
Gesamt	552	1,0000	552	1,0000		1,0000

[1]Es wurde die ursprüngliche Allelenbezeichnung 6-PGD "C" verwendet, entspricht dem inzwischen üblichen 6-PGD "B"

Literatur

Krueger A, Raszeja S (1975) Polimorfizm fosfoglukomutazy/PGM/, dezaminazy adenozynowej/ADA/ i kinazy adenylanowej/AK/ w populacji Polski pólnocnej. Ann Acad Med Gedan 5:219-228

Krueger A, Raszeja S (1976) Polimorfizm haptoglobin, ukladu Gc oraz cechy Gm w populacji Polski pólnocnej. AnnAcad Med Gedan 6:204-215

Raszeja S, Krueger A (1974) Rozklad czestości cech grupowych krwi wśród ludności Polski pólnocnej. Ann Acad Med Gedan 4:225-245

Szczerkowska Z, Raszeja S (1979) Badania populacyjne i rodzinne ukladu aminotransferazy alaninowej w populacji Polski pólnocnej. Ann Acad Med Gedan 9:39-48

Turowska B (1980) Enzymy krwi ludzkiej w medycynie sadowej. PZWL, Warszawa

Lagerungsbedingte Änderungen bei der Isofokussierung von Merkmalen der Phosphoglukomutase (PGM₁) in Blutproben und -spuren

W. Schwerd und M. Hein

Zusammenfassung

Der Vergleich der Befunde bei der Darstellung der PGM_1-Untergruppen durch Isofokussierung mit drei verschiedenen Methoden:

PAA-Gel pH 4-6,5

PAA-Gel pH 5-6,5

und   Agarose-Gel

fiel eindeutig zugunsten des Agarose-Gels aus. Störende Zusatzbanden traten nicht in Erscheinung, und die Zuordnung zu den einzelnen Typen war wesentlich länger möglich. Bei angetrockneten Spuren hatten wir bis mindestens 12 Wochen und bei im Kühlschrank gelagerten Proben bis 3 Monate Lagerungszeit klare Befunde.

Summary

The comparison of the findings by isoelectrofocusing PGM_1 subtypes with three different methods: PAA gel pH 4-6.5, PAA gel pH 5-6.5, and agarose gel showed that the best results are to expect by using agarose gel. Disturbing additional bands did not appear and the classification of single types was much longer possible. Dried traces remained groupable for at least 12 weeks and blood samples stored in the refrigerator for 3 months.

Mit Hilfe der Stärkegelelektrophorese lassen sich 3 verschiedene Phänotypen der Phosphoglukomutase (PGM_1) nachweisen (PGM_1 1, 2-1 u. 2). Durch Isoelektrofokussierung sind die Merkmale PGM_1 1 und PGM_1 2 jeweils in eine rasch und eine weniger rasch laufende Komponente zu trennen, so daß insgesamt 4 Genotypen und 10 Phänotypen erkennbar sind. Diese Feststellung wurde erstmals von Bark et al. (1976) getroffen. Die näher der Anode gelegenen Merkmale wurden von diesen Autoren mit 1^+ bzw. 2^+, die kathodenwärts gelegenen Merkmale mit 1^- bzw. 2^- bezeichnet. Bissbort et al. (1978) haben gezeigt, daß die Trennung in Subtypen auch mit der Stärkegelelektrophorese gelingt.

In der vorliegenden Arbeit haben wir uns an die ursprüngliche Typenbenennung von Bark et al. gehalten. Wie auch sonst in der Serologie blieb es nicht bei der von den Entdeckern vorgeschlagenen Nomenklatur. Es wurden vielmehr ohne triftigen Grund andere Bezeichnungen gewählt, was unnötige Verwirrung stiftet. So gibt es die in Tabelle 1 angegebenen Bezeichnungen.

Durch die Subtypisierung der Phosphoglukomutase ist für die Paternitätsbegutachtung eine erhebliche Bereicherung zu erzielen. Da bereits frühzeitig festgestellt wurde, daß sich die Phosphoglukomutase durch

<u>Tabelle 1.</u> Zusammenstellung der verschiedenen Bezeichnungen der Subtypen des
PGM_1-Systems

$1^+ - 1^+$	a_1	1S	1a
$1^- - 1^-$	a_3	1F	1b
$2^+ - 2^+$	a_2	2S	2a
$2^- - 2^-$	a_4	2F	2b
Bark et al. (1976)	Kühnl et al. (1977)	Bissbort et al. (1978)	In Japan verwendete Bezeichnung (zit. nach Kühnl, keine Jahresangabe)

eine hohe Stabilität auszeichnet, wurden Versuche gemacht, sie für
spurenanalytische Untersuchungen heranzuziehen. Die bisherigen Arbeiten über die Brauchbarkeit der PGM-Bestimmung aus Spuren ergeben
jedoch kein klares Bild.

Culliford hatte bereits 1967 mitgeteilt, daß mit Stärkegel-Elektro-
phorese die Phosphoglukomutase in bis zu 4 Wochen alten Proben zu 90%
leicht ablesbar war. Mit zunehmendem Spurenalter stieg die Zahl der
nicht bestimmbaren Typen an. Ähnlich äußerte sich Rothwell 1970. Bei
bis zu 4 Wochen alten Spuren waren die Typen zu 100%, bis zu 12 Wochen zu 50% und nach 24 Wochen zu 0% bestimmbar.

Oepen (1970) untersuchte Spuren auf Baumwolle und Wolle. Insbesondere
bei Wolle als Spurenträger waren schon nach 6 Wochen Störungen durch
Farbstreifenbildungen und Verlagerungen der "Zonen" zu verzeichnen.

Auf Zelluloseacetatfolie experimentierten Miścicka et al. (1977). Sie
gaben an, daß sie aus Blutspuren bis zu einer Lagerzeit von 24 Wochen
klare Befunde erhalten hatten.

Versuche der Bestimmung von PGM-Typen aus Blutspuren durch Isofokussierung hatten bereits Bark et al. (1976) gemacht und festgestellt,
daß innerhalb der ersten 4 Wochen keine Veränderungen auftraten.

Berg et al. berichteten 1979, daß bei *Blutproben*, die bei 4°C gelagert
worden waren, innerhalb von 200 Tagen eine einwandfreie Typisierung
(PAA, pH 4-6,5) möglich war. 1981 berichteten die gleichen Autoren jedoch, daß nach ihren weiteren Erfahrungen häufige Alterationen ("Konversionsbanden"), besonders im c-Bandenbereich, auftreten. Allerdings
wurden diese Versuche im PAA-Gel, pH-Bereich 5 - 6,5 durchgeführt.
Diese Veränderungen können dazu führen, daß z.B. bei einem Ausgangs-
typ PGM_1 a_1 (= 1^+ - 1^+), ein a_2 - a_1 (= 2^+ - 1^+)-Typ, seltener sogar
ein a_2 (= 2^+ - 2^+)-Typ vorgetäuscht wird. Es wurden sogar Verlagerungen im a-Bandenbereich beobachtet, so daß statt PGM_1 a_2 - a_1 (= 2^+ -
1^+), der Typ a_3 - a_2 (= 2^+ - 1^-) vorgetäuscht wurde.

Schließlich wurden auch Aufspaltungen im c-Bandenbereich beim Typ a_1
(= 1^+ - 1^+) gefunden. Aus der Arbeit ist abzuleiten, daß dies schon
nach wenigen Monaten Lagerungszeit auftreten kann. Bei einem a_4 - a_1
(= 2^- - 1^+)-Typ wurde nach 7 Monaten sogar ein völliges Verschwinden
der Enzymaktivität beobachtet.

Berg et al. fanden bei der Untersuchung von *Blutspuren* auf Baumwolle
bereits nach 11 Tagen Konversionsbanden, wodurch bei a_1 (= 1^+ - 1^+)-
Spuren der Typ a_2 - a_1 (= 2^+ - 1^+) (bei 20°C und 4°C aufbewahrte
Spuren) bzw. a_4 - a_1 (= 2^- - 1^+) (bei -20°C aufbewahrte Spuren) vorgetäuscht wurde.

Ähnliche Veränderungen wurden bei Spuren gefunden, die auf "Pflanzenmaterial" 4 Wochen lang aufbewahrt worden waren. $a_2 - a_1$ (= $2^+ - 1^+$)-Spuren auf Pflanzenfaserstoff zeigten nach 2 Wochen anodale Verlagerungen im c-Bandenbereich, während solche auf Synthetik Aktivitätsverluste im c-Bandenbereich aufwiesen, so daß Verwechslungen mit dem a_1 (= $1^+ - 1^+$)-Typ möglich waren.

Rittner (1981) hat Versuche mit *Blutspuren* der Typen a_1, $a_3 - a_1$, $a_4 - a_1$ und a_2 (= $1^+ - 1^+$, $1^+ - 1^-$, $2^- - 1^+$ und $2^+ - 2^+$) gemacht. Er fand lediglich beim Typ $a_3 - a_1$ (= $1^+ - 1^-$) nach 4 Wochen eine Zusatzbande in der a_2 (= 2^+)-Region. Nach 22 Wochen hatten alle bei 20°C gelagerten Spuren und die Mehrzahl der bei 4°C gelagerten Spuren die Aktivität verloren.

Eigene Untersuchungen

Material und Methode (s. auch Tabelle 2)

In 2 Versuchsreihen wurde von 9 Versuchspersonen der Typen PGM_1 $2^+ - 1^+$, $2^- - 1^-$, $2^+ - 1^-$, $1^+ - 1^+$ frisch entnommenes Venenblut auf die Spurenträger Leinen und Filterpapier (Schleicher & Schüll Nr. 595) getropft und nach Trocknung bei Zimmertemperatur gelagert. Ein Teil des Venenblutes wurde ohne Zusatz bei 4°C aufbewahrt. Der Untersuchungszeitraum betrug 15 Wochen. Die Kontrollen erfolgten bis zur 8. Woche wöchentlich, anschließend in 14tägigen bis 21tägigen Abständen. Die Hämolysatherstellung bei den Kontroll- und den gelagerten Blutproben erfolgte nach der Arbeitsanleitung von Kühnl (1979) zur Bestimmung von Serumprotein- und Isoenzympolymorphismen.

Die 0,5 bis 2 cm^2 großen Spurenträger wurden in 200 µl dest. Wasser oder 200 µl physiologischer Kochsalzlösung oder 200 µl verdünnter Ammoniaklösung 24-72 h lang bei 4°C im Kühlschrank gelöst. Anschliessend wurden sie mit dem jeweiligen Elutionsmittel 10 min bei 3000 U/min zentrifugiert und der Überstand auf 5 x 10 mm große LKB-Plättchen bzw. Desaga-Plättchen (Best. Nr. 121231) aufgetragen.

Die Isofokussierung wurde mit dem Multiphorgerät (LKB Nr. 2117) durchgeführt. Als Polyacrylamiddünnschichtgele verwendeten wir in beiden pH-Bereichen Fertigplatten von LKB (Nr. 1804-102, Nr. 1804-121). Die Herstellung der Agarosegelplatten erfolgte nach der folgenden Arbeitsvorschrift von Martin (persönliche Mitteilung):

Material: Stromafreies Hämolysat und eluierte Spuren
Gel: Schichtdicke 1 mm, Gelgröße 12,5 x 26 cm

Tabelle 2. Zahl der Versuche mit Blutproben und Blutspuren, aufgeschlüsselt nach Methoden

	Agarose	PAA 4 - 6,5	PAA 5 - 6,5	n
1. Versuchsreihe	142	107	219	468
2. Versuchsreihe	304	230	163	697
Insgesamt	446	337	382	1165

375 mg Isogel^{TM}-Agarose - EF (LKB Nr. 2206-111) werden mit 35 ml Aqua bidest. mit Rührer gekocht und auf 56°C abgekühlt. Dann werden folgende Ampholine^R dazugegeben:

1,04 ml pH 4-6   (LKB Nr. 1809-116)
1,04 ml pH 6-8   (LKB Nr. 1809-131)
0,26 ml pH 3,5-10 (LKB Nr. 1809-101)

Ampholyt-Gesamtkonzentration 2,5%. Anschließend wird das 1 mm dicke Gel auf die vorgewärmte (56°C) Gießvorrichtung aufgebracht.

Fokussierung: Elektrolyte: Anode 1M H_3PO_4, Kathode 1M NaOH. Das Material wird mit ca. 5 x 10 mm großen Auftrageplättchen (Desaga-Brücken-papier, Best. Nr. 121231) 1,2 cm vom anodischen Elektrolytstreifen entfernt aufgetragen.

Spannung: Max. 2000 V. Keine Vorfokussierung. Fokussierungsdaten bei Beginn: ca. 400-500 V, 40 mA, 40 W. Fokussierungsdaten am Ende: ca. 1300 V, 30 mA, 40 W. Wegnahme der Plättchen nach 15 min. Danach wird direkt neben den anodischen Elektrodenstreifen ein zweiter mit 1M H_3PO_4 getränkter Streifen gelegt und weitere 30 min fokussiert. Laufzeit insgesamt 45 min.

Bei den Elektrodenlösungen und Fokussierdaten hielten wir uns im pH-Bereich 4-6,5 an die Angaben von Kühnl, im pH-Bereich 5-6,5 an die Angaben von Berg et al. und bei der isoelektrischen Fokussierung im Agarose-Gel an die Angaben von Martin. Die Färbung erfolgte nach Sutton u. Burgess (1978).

Ergebnisse

Bei unseren Versuchen haben wir drei verschiedene Methoden angewendet:

1. *Trennung mit PAA-Gelfertigplatten pH 4-6,5*
   (LKB-Nr. 1804-102)

2. *Trennung mit PAA-Gelfertigplatten pH 5-6,5*
   (LKB-Nr. 1804-121)

3. *Trennung mit Agarose-Gel*
   (Herstellung nach Martin)

Die Lösung der Spuren geschah jeweils mit physiologischer Kochsalzlösung, mit verdünnter Ammoniaklösung (5%ig) und mit dest. Wasser. Dabei ergab sich, daß die Befunde denen der Kontrollproben bei Lösung der Spuren im dest. Wasser am ehesten ähnelten. Aus gleichgroßen Stückchen löst sich wegen der größeren Saugfähigkeit des Materials bei Leinen naturgemäß mehr Enzym als bei Filterpapier.

Eine Verbesserung der Ergebnisse ist bei geringem Spurenmaterial dadurch zu erreichen, daß man die aufzutragende Eluatmenge anreichert, was in Anlehnung an Brinkmann (1969) am einfachsten durch mehrfaches Befeuchten des Teststreifens und zwischenzeitliches Antrocknen durch Abfönen geschieht.

Da die Intensität der einzelnen Banden bekanntlich unterschiedlich
stark sein kann und zudem lagerungsbedingte Aktivitätsverluste in Betracht kommen (nach unserer Erfahrung nach ca. 4 Wochen) muß die Beurteilung bei "schwachen" Spuren mit besonderer Vorsicht erfolgen.

Hinsichtlich der drei verschiedenen Methoden fanden wir folgende Unterschiede:

Bei 1^+ - 1^+ -Typen trat im *PAA-Gel (pH 4 - 6,5)* bereits nach wenigen
Tagen eine schwache Zusatzbande im c-Bandenbereich auf. Sie lag etwas
oberhalb der bei Vergleichsproben zu erwartenden 2^+-Bande. Diese Zusatzbande war nicht immer vorhanden, andere Veränderungen wurden von
uns nie gefunden (Abb. 1). Auffallenderweise war die Zusatzbande in
den bei 4°C aufbewahrten Proben gleicher Provenienz nur selten zu
finden. Nach 12 bis 15 Wochen waren die Typen mitunter nicht mehr
klar differenzierbar. Erwähnenswert ist schließlich, daß die Lage der
1^+-Bande im Vergleich zur Kontrollprobe teils etwas anodisch oder aber
auch kathodisch verschoben war. Bei Beachtung der Abstände zwischen
den Banden und den (unspezifischen) Banden im c-Bereich und der 1^+-
Bande ist jedoch eine Typisierung möglich. Allerdings kam es vor, daß
diese Leitbanden bei älteren Spuren, mitunter schon nach 8 Wochen
nicht mehr in Erscheinung traten. Einen Grund für die Verschiebungen
der Banden konnten wir nicht erkennen.

Auch beim 2^- - 1^+-Typ war die oben erwähnte Zusatzbande, allerdings
nur ausnahmsweise, zu finden. Im übrigen waren geringfügige Verschiebungen der Position der Banden im Vergleich zu den Kontrollproben zu
beobachten, wobei wiederum bei Berücksichtigung der Abstände zu den
unspezifischen Banden im c-Bereich Fehlbeurteilungen vermeidbar waren.

Bei 2^+ - 1^- - und den 2^- - 1^--Typen kam es ebenfalls zu geringen Verlagerungen und dazu, daß die 1^--Bande nach ca. 7-8 Wochen bei nicht
angereicherten (s.o.) Proben häufig nicht mehr erkennbar war (Abb. 2).

Wenn man von der häufig schon bei nur ganz kurz gelagerten Proben
(gleichgültig, ob flüssig oder angetrocknet) auftretenden "Zusatzbande"
(Minorbande) im c-Bereich absieht, die zum 1^--Merkmal gehört, aber
auch beim 1^+-Merkmal in Erscheinung treten kann, fanden wir niemals
die von Berg et al. (1981) sowie Rittner (1981) beschriebenen mehrfachen Zusatzbanden ("Konversionsbanden").

Die Befunde mit *PAA-Gel pH-Bereich 5 - 6,5* brachten bei unseren Versuchen keine Vorteile, im Gegenteil, die Hämoglobinrückstände im a-b-
Bandenbereich traten störend in Erscheinung, was besonders bei der
photographischen Dokumentation zu Fehldiagnosen führen kann.

Wie im PAA-Gel pH 4 - 6,5 waren auch im pH-Bereich 5 - 6,5 Verschiebungen der Banden zu beobachten, die jedoch zum Unterschied vom ersteren pH-Bereich stärker waren und auch hinsichtlich der Abstände zwischen den Banden differierten (Abb. 3).

Im *Agarose-Gel* waren die Typen grundsätzlich über längere Zeiträume
bestimmbar als in den PAA-Gelen. Wie dort erhielten wir die besten
Befunde nach Elution mit dest. Wasser. Anfangs mag im c-Bandenbereich
die Zusatzbande, wie Martin (1981) hervorhebt, beim Vorliegen des
Merkmals 1^- stärker stören als im PAA-Gel und das Merkmal 2^+ vortäu-
schen. Dies ist jedoch vermeidbar, wenn man - was ohnedies selbstverständlich sein sollte - Testproben mitführt. Im Gegensatz zu Martin
hatten wir nie Schwierigkeiten, die 1^--Zusatzbande von der 2^+-Bande
abzugrenzen (Abb. 4).

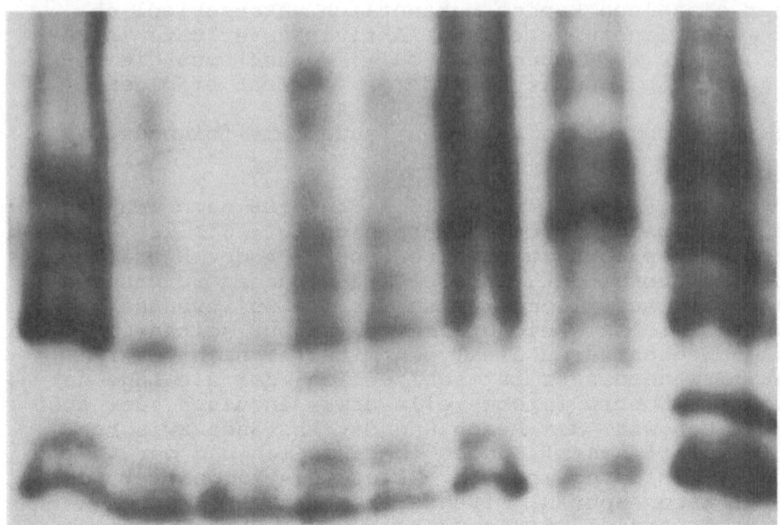

Abb. 1. PAA-Gel (pH 4 - 6,5). *Nr. 1:* 3 Wochen alte Blutprobe, 1^+ - 1^+. Keine Zusatzbande im c-Bandenbereich. *Nr. 2-5:* 3 Wochen alte Blutspuren, 1^+ - 1^+. Zusatzbande im c-Bandenbereich besonders deutlich bei *Nr. 4 u. 5. Nr.6:* Kontrollprobe, 1^+ - 1^+. *Nr. 7:* Spermaprobe, 2^+ - 1^+. *Nr. 8:* 3 Wochen alte Blutprobe, 2^- - 1^+

Abb. 2. PAA-Gel (pH 4 - 6,5). *Nr. 1:* 7 Wochen alte Blutprobe, 2^+ - 1^+. *Nr. 2 u. 3:* 7 Wochen alte Blutspuren (Filterpapier), 2^- - 1^-. 1^--Banden eben noch erkennbar. *Nr. 4:* 7 Wochen alte Blutprobe, 2^- - 1^-. *Nr. 5 u. 6:* 7 Wochen alte Blutspuren (Leinen), 2^- - 1^-. *Nr. 7:* 7 Wochen alte Blutprobe, 2^+ - 1^-. *Nr. 8 u. 9:* 7 Wochen alte Blutspuren (Filterpapier), 2^+ - 1^-. 1^--Banden kaum noch erkennbar. *Nr. 10:* 7 Wochen alte Blutprobe, 2^- - 1^-

Bei länger gelagerten Spuren (u.U. schon nach 7 Tagen) verschwand die Zusatzbande.

Versuche, relativ frische Blutspuren durch direktes Auflegen entsprechend großer, angefeuchteter Stoff- oder Filterpapierteilchen auf die Gele zu analysieren, führten bei allen 3 Methoden regelmäßig zu unbrauchbaren Ergebnissen, weil die Trennungen entweder bogenförmig ver-

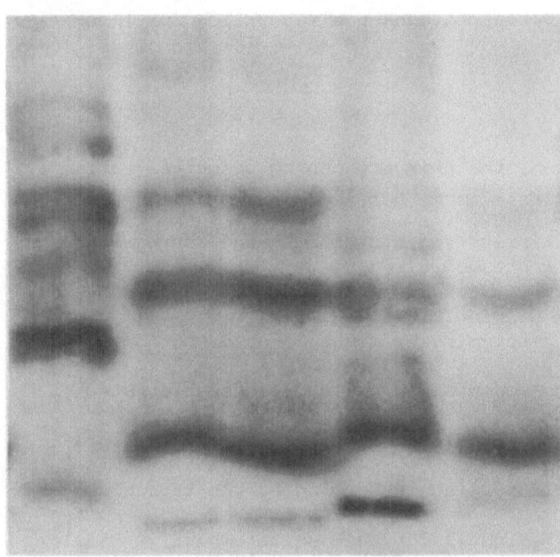

Abb. 3. PAA-Gel (pH 5 - 6,5).
Nr. 1: 4 Wochen alte Blutprobe,
$2^- - 1^-$. *Nr. 2-5:* 4 Wochen alte
Blutspuren, $2^+ - 1^+$. Abstand zwi-
schen der 2^+ und 1^+-Bande bei
Nr. 4 kleiner als bei *Nr. 3 u. 5.*
Störende Hämoglobinbande im 1^--
Bereich bei *Nr. 2-4*

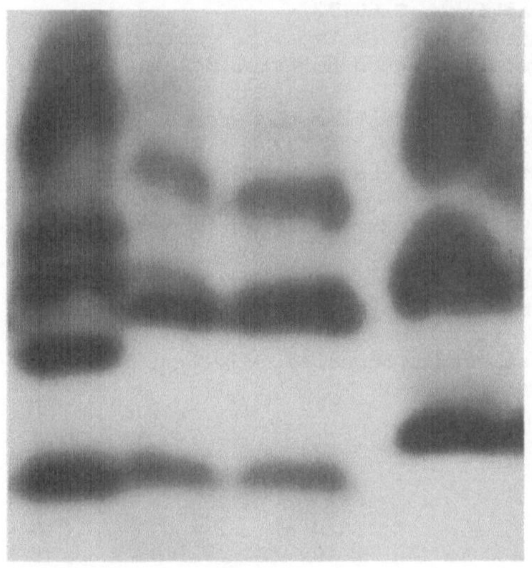

Abb. 4. Agarose. *Nr. 1:* 5 Wochen alte
Blutprobe (-20^oC), $2^- - 1^-$. Minorbande.
Nr. 2 u. 3: 7 Wochen alte Blutspuren,
$2^+ - 1^+$. Schwache Minorbande bei *Nr. 2.*
Nr. 4: 7 Wochen alte Blutprobe, $1^+ - 1^+$

liefen und nicht mehr genau lokalisierbar waren, oder sie liefen zwar
gerade, dann aber meist wesentlich langsamer als bei den Kontrollproben.

Die bei den Blutspuren aufgetretenen Veränderungen im PAA-Gel sahen
wir auch bei den gelagerten Blutproben. Unter Berücksichtigung der Abstände zwischen den Banden und zu den Banden im c-Bereich, war eine
Typisierung im pH-Bereich 4 - 6,5 bis zu 12 Wochen (Versuchsende) möglich.

Ebenso wie bei den Blutspuren beobachteten wir bei den gelagerten Blutproben im Agarose-Gel keine Veränderungen.

Danksagung. Frau I. Gießner und Frau Th. Schantura danken wir herzlich für ihre technische Assistenz.

Literatur

Bark JE, Harris MJ, Firth M (1976) Typing of the common phosphoglucomutase variants using isoelectric focusing - A new interpretation of the phosphoglucomutase system. J Forensic Sci Soc 16:115-120

Berg S, Ladiges ML, Ladiges O (1981) Der Einfluß von Blutproben- und Spurenalterung auf das PGM_1- und Gc-Subtypenmuster. Z Rechtsmed 87:85-94

Berg S, Ladiges O, Ladiges ML (1979) Über die Nachweisbarkeit der Tf^C- und PGM_1-Subtypen in gealterten Blutproben. Arch Kriminol 164:101-106

Bissbort S, Ritter H, Kömpf J (1978) PGM_1 subtyping by means of acid starch gel electrophoresis. Hum Genet 45:175-177

Brinkmann B (1969) Bestimmung der Phosphoglucomutase-Typen aus Blutspuren. Dtsch Z Ges Gerichtl Med 66:31-34

Culliford BJ (1967) The determination of phosphoglucomutase (PGM) types in bloodstains. J Forensic Sci Soc 7:131-133

Kühnl P (1979) Elektrofokussierung in der forensischen Serologie. LKB-Broschüre, Bromma

Kühnl P, Schmidtmann U, Spielmann W (1977) Hinweis für zwei weitere häufige Allele am PGM_1-Locus. Ärztl Lab 23:229-232

Martin W (1981) Die PGM_1-Subtypisierung mit der isoelektrischen Fokussierung im Agarosegel. Prokop-Festschrift. Fresenius, Frankfurt, S 69-73

Miścicka D, Dobosz T, Raszeja S (1977) Determination of phenotypes of phosphoglucomutase (PGM_1) in blood stains by cellulose acetate electrophoresis. Z Rechtsmed 79:297-300

Oepen I (1970) Dünnschicht-Stärkegel-Elektrophorese zur Bestimmung der Phosphoglucomutase-Typen an Blutspuren. Z Rechtsmed 67:309-312

Rittner C (1981) Diskussionsbeitrag. 60. Jahrestagung der Deutschen Gesellschaft für Rechtsmedizin, Kiel

Rittner C, Fohlmeister M, Fittkau-Tombergs M (1981) Die PGM_1-Subtypen in der forensischen Spurenkunde. Krim Forens Wiss 44:27-30

Rothwell TJ (1970) The effect of storage upon the activity of phosphoglucomutase and adenylatekinase enzymes in blood samples and bloodstains. Med Sci Law 10:230-234

Sutton JG, Burgess R (1978) Genetic evidence for four common alleles at the phosphoglucomutase - 1 locus (PGM_1) detectable by isoelectric focusing. Vox Sang 34:97-103

Kritisches zur Paramedizin

Anspruch und Realität der Neuraltherapie

A. Gertler und W. Mattig

Zusammenfassung

Theorie und Indikationen der Neuraltherapie nach Huneke werden analysiert und der wissenschaftlichen Kritik gegenübergestellt. Die Gefährlichkeit der tiefen Injektionen wird an mehreren Beispielen dargestellt. Es wird gezeigt, daß die Neuraltherapie keine Behandlungsart sui generis darstellt.

Summary

The theory and indications of neural therapy according to Huneke are analyzed and subjected to scientific criticism. The danger of deep injections is described on the basis of a number of examples. It is shown that neural therapy is not a method of treatment sui generis.

Die Neuraltherapie nach Huneke erfreut sich im deutschsprachigen Raum, namentlich in der Bundesrepublik Deutschland und in Österreich, in zunehmendem Maße auch in der Deutschen Demokratischen Republik, unter Praktikern gewisser Beliebtheit. Da zahlreiche ihrer Methoden keineswegs ungefährlich sind und ernsthafte Komplikationen keinen Einzelfall mehr darstellen (vgl. Becker 1954; Dietz, pers. Mitteilung 1981; Hartmann 1977; Huneke 1965a; Kazmeier u. Wild 1974; Mattig et al. 1979, 1981; Piscol 1974, Prokop u. Mattig 1979; Raule et al. 1982; Stöhr u. Mayer 1976; Trube-Becker 1964), soll diese Behandlungsform hinsichtlich theoretischer Fundierung, Indikationsstellung und Komplikationen näher beleuchtet werden.

Was ist Neuraltherapie nach Huneke?

Der Begriff "Neuraltherapie" wurde von Ferdinand Huneke kreiert. Die Gebrüder Huneke hatten 1925 ein für ihr weiteres Wirken bedeutungsvolles Erlebnis: Als sie ihrer schwer unter Migräne leidenden Schwester Katha Athophanyl+Procain versehentlich intravenös injiziert hatten, erloschen ihre Beschwerden schlagartig. Ähnliche Erfolge konnten Ferdinand und Walter Huneke auch bei anderen Patienten erzielen. Die Ergebnisse ihrer Therapie, die sie auf die Wirkung des Procain zurückführten, veröffentlichten sie erstmals 1928 unter dem Titel "Unbekannte Fernwirkungen der Lokalanästhesie". Danach ließen sich durch Procaininjektion Erfolge bei Migräne und Kopfschmerzen verschiedener Genese, aber auch bei Verbrennungen, Gasvergiftung, Arteriosklerose, Lues cerebri und Hirntuberkulose erzielen!

F. Huneke baute die Procaintherapie in der Folgezeit zu einer Lehre aus. Dabei stützte er sich vor allem auf die "Relationspathologie" von Ricker (1924) und die "Allgemeine Pathophysiologie" von Speranski (1950). Nach Ricker stehen Erweiterung der Endstrombahn und Gewebsal-

teration in engem Zusammenhang. Durch Nervenreizung würde mit der Beeinflussung der peripheren Durchblutung auch die Gewebstrophik entscheidend beeinflußt. Nach Speranski läuft jede Reizbeantwortung über
das Zentralnervensystem ab.

Huneke stellt nun zwei Ebenen der Wirkung der Procaininjektion heraus,
zum einen via kutiviszerale Reflexe die Wirkung im Hautsegment, zum
anderen über das Segment hinaus die sog. Fernwirkung. Entscheidende
Bedeutung wird der Beeinflussung des Sympathikus beigemessen. Durch
die Fernbehandlung werden sog. "Störfelder" angegangen. Sei eine Therapie im Segment nicht erfolgreich, müßten diese Störfelder "ausge-
testet" werden, wozu vor allem defekte Zähne, Tonsillen, Appendix
vermiformis und alte Narben zählten (Dosch 1975, 1976). Zur Aus-
schaltung der Störfelder kommen vor allem Injektionen an vegetativen
Ganglien und am sympathischen Grenzstrang zur Anwendung. Das Procain
wird in aller Regel als Kombinationspräparat mit Koffein (Impletol[R],
Procoffin[R] u.a.) injiziert.

Die "Theorie" der Neuraltherapie

Was haben wir unter einem Störfeld zu verstehen und wie wird es nach
Ansicht der Neuraltherapie ausgeschaltet? Der Huneke-Schüler Dosch
versteht darunter "ein pathologisch vorgeschädigtes Gewebe, wie eine
Narbe, nervtote oder verlagerte Zähne, chronisch entzündete Mandeln
oder Organe, die irgendwo im Körper Fernstörungen auslösen (aktives
Störfeld) oder auslösen können (potentielles Störfeld)" (Dosch 1975).
Nach Dosch kommt es "durch nicht abbaufähige Schadensreize" zu extremer Dauerdepolarisation im geschädigten Gewebe; die Zellen in
solchen Störfeldern wiesen ein Membranpotential von $\pm$O mV auf (Dosch
1976)! Diese Zellen feuerten nun "Salven unregelmäßiger Erregungsfre-
quenzen aus..., die vom normalen Typ abweichen und zu Störimpulsen
werden." Dadurch werde das "Gesamtmilieu" gestört. Überschritten die
Störimpulse eine gewisse Intensität nicht, bliebe die Störung auf das
Segment beschränkt, seien sie stärker, würden "zerebrale Zentren" involviert und eine "Fernstörungskrankheit" ausgelöst (Dosch 1975, 1976).
Das schuldige Störfeld müsse in beiden Fällen ausgeschaltet werden -
und dazu dient den Neuraltherapeuten das Procain. Es besitze nämlich
ein Eigenpotential von +290 mV und sei deshalb geeignet, das O mV-
Potential der gestörten Zellen wieder "aufzufüllen", auf den Normal-
wert von +90 mV, und somit sei der Störherd beseitigt! Die repolari-
sierten Zellen könnten nämlich keine Störimpulse mehr feuern (Dosch
1975, 1976). Neben den pharmakologisch bekannten Wirkungen besitze
Procain auch noch einen antiphlogistischen Effekt (Dosch 1976; Huneke
1965b, 1977), weshalb bei der Injektion auch nicht desinfiziert zu
werden brauche. Der Haupteffekt des Procains wird von den Neuraltherapeuten anders interpretiert als von den Pharmakologen: Procain
blockiere nicht die Zellmembran - und damit die Informationsweiter-
leitung durch Depolarisationswellen an der Nervenzellmembran - sondern
beseitige eine im Gewebe vorhandene "Reaktionsstarre", es hebe die
"Nervenblockade" im gestörten Feld auf (Dosch 1976). "Selbstheilungs-
kräfte" würden freigesetzt, die Nervenleitung "entkrampft" und norma-
lisiert (Dosch 1975, 1976).

Diese von führenden Neuraltherapeuten vertretene Theorie widerspricht
fundamentalen Erkenntnissen der Erregungsphysiologie (Hodgkin 1957;
Huxley 1957; Katz 1956). Dennoch wurde sie nicht einfach "vom grünen
Tisch" aus von der wissenschaftlichen Medizin verworfen, sondern experimentell überprüft. Dabei bestätigten kürzlich Krause et al. (1981),
daß lebende Zellen niemals ein Membranpotential von O mV besitzen.
Selbst Stunden nach dem Individualtode des Menschen weisen Körperzellen

noch Restpotentiale auf (bis zu 17 h post mortem meßbar!). Weiterhin
wurde festgestellt, daß Procain kein Eigenpotential von +290 mV besitzt (Krause et al. 1981). Im wäßrigen Milieu sind lediglich inkon-
stante sog. Sauerstoffpotentiale von wenigen Millivolt meßbar, die
nach Einleiten von Stickstoff in die Lösung zusammenbrechen.

Die "Depolarisations-Auffüllungs-Theorie" der Huneke-Schule ist also
wissenschaftlicher Unfug. Schon der gedankliche Ansatz ist falsch:
Ein aktiv aufrechterhaltenes Membranpotential der Zelle ist nicht einfach durch einen Ladungsträger "aufzufüllen". Derartige mechanisti-
sche Vorstellungen dürften wohl keinem Medizinstudenten nach dem Phy-
sikum mehr plausibel erscheinen!

Überprüft wurde auch die behauptete antiphlogistische Wirkung des
Procains (Krause et al. 1981). Verschiedene Bakterienstämme wurden
an Ratten verimpft. In keinem der Versuche gelang es, mit Hilfe von
Procain auch nur bei einer Ratte eine infektiöse Entzündung zu verhindern.

Unumstritten ist indes ein kurzzeitiger Effekt des Procains auf die
Zellmembran. Es schränkt nämlich die selektive Membranpermeabilität
ein und wirkt so stabilisierend gegenüber depolarisierenden Reizen.
In vitro ist darüberhinaus im kalziumfreien Milieu eine leichte Hyper-
polarisation festzustellen (hier sind der Eigenregulation der Zellmembran eben Grenzen gesetzt!). Die Stabilisierung der Zellmembran
erklärt die Blockierung der Impulsweiterleitung an der Nervenzelle
eben die Blockade. Aber gerade diese Tatsache wird von der Neuraltherapie energisch bestritten und stattdessen als "allgemeine Umstimmung"
und "Stoß ins System" interpretiert (vgl. Dosch 1975, 1976; Pischinger
1976).

Daß die neuraltherapeutische Schule mit einem anderen Maß mißt und
die vitalistische Philosophie auf ihre Fahne geschrieben hat, erhellt
schon die Widmung, die F. Huneke seinerzeit in das Buch geschrieben
hatte, das er dem Histologen Pischinger überreichte: "Und Ihr werdet
es auch mit dem Mikroskop nicht erforschen" (zitiert aus Privatdruck
der Pascoe-GmbH).

Die Indikation zur Neuraltherapie

Während sich Herget (1975) in bezug auf die Anwendbarkeit der Procaintherapie recht kritisch äußert und betont, daß sie nur bei funktionellen Leiden eingesetzt werden sollte, ist Dosch (1975, 1976) weitaus großzügiger in ihrer Indikation. Er hält sie für angezeigt bei

-Migräne, Kopfschmerzen aller Genese, Trigeminusneuralgien und Durchblutungsstörungen im Kopfbereich,
-allen chronischen Erkrankungen im Augenbereich,
-Otitis media, Morbus Menière, Erkrankungen der Nasennebenhöhlen,
-Schilddrüsenerkrankungen aller Art,
-Asthma bronchiale, funktionellen Herzerkrankungen,
-Leber-, Gallenblasen- und Pankreaserkrankungen, Magengeschwüren und
 funktionellen Störungen im Magen-Darm-Bereich,
-chronisch-entzündlichen Erkrankungen im gynäkologischen Raum, Dys-
 menorrhoe, Hyperemesis, habituellen Aborten, Fluor,
-dem gesamten rheumatischen Formenkreis,
-chronischen Ekzemen und Allergien.

Nach Gosau (1981) ist die Neuraltherapie sogar bei Verlust des Geruchs-
vermögens indiziert.

Kontraindikationen stellen nach Dosch (1975, 1976) neben dem Vorhandensein einer Geisteskrankheit (!) maligne Tumoren, "Mangelkrankheiten" und Erbleiden dar. Relativ kontraindiziert sei die Anwendung der Neuraltherapie bei einer Langzeittherapie mit Antikoagulantien; "allein aus forensischen Gründen" sei bei einem Quick-Wert unter 45% von der Durchführung von Injektionen an den Grenzstrang abzuraten (Dosch 1976). Zwar erwähnt der Autor die Möglichkeit des Auftretens von Zwischenfällen und Procainallergie, bagatellisiert dies aber ohne Zweifel. Ob denn wohl auch die Auskunft der Firma Bayer beruhigt, "daß in den 45 Jahren, in denen Impletol verwendet wird, nicht ein einziger Todesfall bekanntgeworden ist, der dem Medikament zur Last gelegt wird" (Dosch 1976)?

Die Gefährlichkeit der Neuraltherapie

Gegen eine Anwendung der Neuraltherapie wäre vom arztethischen Standpunkt noch nichts einzuwenden, wenn nur ihre theoretische Untermauerung fragwürdig, die Indikationen aber begründet wären und das Risiko in vertretbarem Verhältnis dazu stünde. Die bloße Aufzählung einiger Injektionsarten dürfte jedoch beim Leser ein etwas anderes Bild hinterlassen.

So sehen Huneke (1965b, 1977) und Dosch (1976) in einer Injektion an das Ganglion ciliare keine Gefahr. (Sie wird u.a. bei Glaukom empfohlen). Der Ophthalmologe Straub (1976) warnt zu Recht vor der Gefahr eines möglichen retrobulbären Hämatoms, durch das der Nervus opticus geschädigt werden kann. Huneke (1977) indes empfiehlt, das Auftreten eines solchen Hämatoms "quittiere man am besten mit einem Scherz"; Dosch (1976) vertritt die Meinung, daß - die Nadel nicht weiter als 3,5 cm weit vorgeschoben - ein retrobulbäres Hämatom nur sehr selten einmal vorkommen könne und ohnehin "absolut ungefährlich" sei.

Injektionen an das Ganglion stellare empfiehlt die Neuraltherapie nicht nur bei schweren Verbrennungen und Erfrierungen, sondern auch bei Herpes zoster. Daß diese Injektion nicht ungefährlich ist, muß selbst Huneke (1965a) eingestehen, wenn er von einem Todesfall durch Verletzung der Pleura und 7 weiteren durch versehentliche intravasale Injektion des Procains berichtet. Kazmeier und Wild (1974) nennen als weitere Komplikationen dieser Injektionsart eine tödliche Atem-Kreislauf-Lähmung durch Injektion in den Duraraum, Becker (1954) und Paulsen u. Reinhardt (1970) beschreiben Verletzungen von Ösophagus, Trachea, Nervus recurrens, Nervus phrenicus, Plexus brachialis und Periost, bei beidseitiger Injektion Entzügelungshochdruck sowie Infektionen nach Stellatumblockade. Und das alles bei "schulmäßiger" Ausführung der Technik durch versierte Fachärzte! Mit derartigen Komplikationen muß doch um so mehr ein praktischer Arzt rechnen, der sich in der Technik als Autodidakt versucht, weil er bei Dosch (1976) folgendes liest: "Wir müssen den Kollegen meist erst einmal Mut machen und ihnen vor allem die anerzogene Angst vor den Injektionen mit der langen Nadel nehmen."

Eine Injektion in die Schilddrüse hält Dosch (1976) für angezeigt bei Angst, Struma, Hyper- und Hypothyreose, Morbus Basedow, Herzklopfen(!), nervösem Magen, Hyperhidrosis und vegetativer Dystonie. In dem Lehrbuch mit drei Sternchen versehen (diese Technik sollte von jedem Praktiker beherrscht werden!), sei diese Injektion bei Frauen unbedingt mit einer Injektion in den "gynäkologischen Raum" zu verbinden.

Ebenfalls durch drei Sterne geschmückt wurde von Dosch (1976) die Injektion an den abdominalen Grenzstrang nach Wischnewski (1935).

Przemeck u. Grüger (1949) haben diese 1933 von Wischnewski inaugurierte Methode in die Neuraltherapie integriert. Während letzterer sie nur zur Behandlung trophischer Störungen und "beginnender infektiöser Prozesse" empfahl (und dies in der vorantibiotischen Ära!) und vor häufiger Anwendung der Methode ausdrücklich warnte (Wischnewski 1956), hält Dosch (1976) sie - von ihm leicht modifiziert - bei folgenden Erkrankungen für angezeigt:

- Magen-Darm-Störungen aller Art incl. Diarrhoe, Obstipation, Ileus, Ruhr, Typhus und Cholera,
- Schmerzzuständen aller Art im Epigastrium,
- Erkrankungen von Leber, Gallenblase und Pankreas,
- Eklampsie,
- Anurie,
- Sepsis, eitriger Bein- und Beckenvenenthrombose und Altersgangrän,
- multipler Sklerose und
- Transfusionszwischenfällen.

Bei dieser Injektion wird eine Kanüle 8 bis 12 cm tief etwa drei Querfinger breit von der Wirbelsäule im 11. Interkostalraum "30° nach ventral und 60° nach kranial" beim Patienten vorgeschoben, um das Procain in unmittelbarer Nähe des sympathischen Grenzstranges zu plazieren. Trete nach der ersten Injektion der Erfolg nicht ein, rät Dosch (1976): "Bei der Möglichkeit, gerade hier in der Tiefe das Ziel zu verfehlen, ist es empfehlenswert, die Injektion bei ausbleibender Heilreaktion noch ein- bis zweimal zu wiederholen."

1977 trat in Berlin nach einer solchen Injektion, zur Behandlung eines Ulcus ventriculi durchgeführt [und - wie wir an anderer Stelle (Mattig et al. 1979) nachgewiesen haben - nicht indiziert], ein lebensgefährlicher Zwischenfall auf. Buchstäblich in letzter Minute konnte der Patient durch die Kunst der Chirurgen gerettet werden; ein massives subkapsuläres Nierenhämatom wurde ausgeräumt. Bei der Operation stellte man einen ca. hirsekorngroßen kreisrunden Parenchymdefekt in der Niere fest. Der Neuraltherapeut wurde zur Verantwortung gezogen.

Als der Fall publiziert wurde (Mattig et al. 1979), reagierten auch prompt die Anhänger der Neuraltherapie. In einer Erwiderung auf die Publikation stellte Roeber (1981) fest, daß der eingetretene Schaden offensichtlich durch mangelndes Geschick des Therapeuten entstanden sei und nicht der Methode angelastet werden könne. Entgegen dem wahren Sachverhalt wird behauptet (Dosch 1980), es handele sich bei der Methode nach Wischnewski um eine "rein schulmedizinische". Als Ursache für die Nierenverletzung wird sogar ein stumpfes Trauma unterstellt (Dosch, 1981, persönliche Mitteilung), und das trotz des kreisrunden Parenchymdefektes!

Wir sahen uns daher veranlaßt, die Injektionsmethode nach Wischnewski einer Überprüfung zu unterziehen. An 30 Verstorbenen unseres Berliner gerichtsmedizinischen Obduktionsgutes simulierten wir die Technik unter genauester Befolgung der Vorschrift von Dosch (1976). Die Injektionen wurden an körperlich unversehrten Verstorbenen nach Lösung der Totenstarre vorgenommen.

Von Heimann (1980), später auch von Lippoldt (1981, persönliche Mitteilung) und Dosch (1981, persönliche Mitteilung) ist eingewandt worden, man könne aus Leichenversuchen nicht zwangsläufig auf die Situation beim Lebenden schließen. Dieses Argument muß zurückgewiesen werden, da sich die Lageverhältnisse der Organe im Abdomen nach dem Tode nicht verändern, insbesondere nicht die der Nieren, die retroperitoneal fixiert sind und sonst auch bei Atembewegungen nicht verlagert werden.

Die Befundsicherung erfolgte durch Kombination von Farbstoffinjektion,
Röntgendarstellung bei liegender Kanüle, Verkochung der unmittelbaren
Umgebung der Kanüle durch Elektrokauter und anschließende präparative
Darstellung (ausführliche Beschreibung von Technik und Ergebnissen und
Diskussion bei Dosch o.J. und Lindner 1967). Tabelle 1 gibt die Ergeb-
nisse der Experimente summarisch wieder.

Tabelle 1. Ergebnisse von 60 Simulationen der Injektionsmethode an den abdominalen
Grenzstrang nach Wischnewski in der Modifikation nach Dosch (1976)

regelrechte Kanülenlage	23
Organpunktionen	35
davon: Diaphragma/Pleura	11
Lunge	2
Niere	13
Nebenniere	4
Leber	3
Vena cava inferior	1
Wurzeltasche Segmentnerv	1
Grenzstrangkontakt der Kanülenspitze	11
Gesamtzahl von Injektionen mit "iatrogener Schädigung"	37
Gesamtzahl der Injektionen:	60

Wie man unschwer erkennen kann, ist diese Injektionsmethode ganz und
gar nicht ungefährlich - auch wenn wir uns darüber im klaren sind, daß
keinesfalls jede der registrierten Läsionen beim Lebenden zu einem
klinisch relevanten Schaden hätte führen müssen. Das Bedenkliche in
der Anwendung der Methode liegt vor allem in der Leichtfertigkeit, mit
der der Praktiker zu ihrer Durchführung geradezu verführt wird sowie
in der Unverhältnismäßigkeit von Indikation und Risiko (Dosch 1976).
Nach Meinung verschiedener Autoren (Griessinger 1980; Tilscher 1980)
gehören die rückenmarksnahen Injektionen überhaupt nicht in die Hand
des Allgemeinpraktikers, was durchaus nichts mit einer etwaigen Unterschätzung seines Könnens zu tun hat! Neben großer Übung unter Aufsicht
eines erfahrenen Kollegen bedarf es bei solchen Eingriffen des gesamten Instrumentariums zur Schock- und Zwischenfallbekämpfung sowie
zur Möglichkeit der Röntgenkontrolle, wie sie heute bei Vornahme derartiger tiefer Injektionen gefordert wird. Und damit dürfte so manche
Arztpraxis überfordert sein. Bei der Möglichkeit einer Nervenläsion
(bei unseren Simulationen sahen wir die Kanüle in 11 von 60 Fällen im
oder unmittelbar am Grenzstrang!) muß es jeder verantwortungsbewußte
Arzt als Zumutung empfinden, wenn er dazu liest (Dosch 1976): "Bei
falschem Sitz in den hinteren Wurzeln treten heftige Schmerzen auf,
die aber mit ein paar Schmerztabletten zu beherrschen sind." Weiterhin erfährt man, daß die motorischen Wurzelfasern "angelähmt" werden
können. "Auch dieser Zustand ist harmlos." Stöhr u. Mayer (1976)
stellen angesichts der nach therapeutischen Grenzstrangblockaden bekanntgewordenen schweren Nervenwurzelschäden fest: "Das diesem therapeutischen Eingriffe innewohnende Risiko von Wurzelschäden einerseits,
Querschnittslähmungen andererseits erscheint uns im Hinblick auf das
Grundleiden und den zu erwartenden therapeutischen Gewinn unangemessen
hoch." Darüberhinaus bliebe zu bemerken, daß jeder diese Injektion ins

Kalkül ziehende Arzt bei der Möglichkeit akzidenteller Organpunktionen
(vor allem der Niere) die Kontraindikationen für solche Punktionen berücksichtigen muß (vgl. Dalquen u. Oberholzer 1979; Ditscherlein 1969;
Lindner 1967; Lüdin 1955; Natusch u. Kettler 1976). Nichts dergleichen
findet sich jedoch im neuraltherapeutischen Schrifttum. Ganz im Gegenteil: Nach Dosch (1976) verläuft das "Anstechen" der Niere ohne Folgen!

Unmittelbar nach Erscheinen unserer Publikation "Grenzstranginjektion
nach Wischnewski - eine gefährliche neuraltherapeutische Methode" erhielten wir eine persönliche Mitteilung eines Kollegen (Dietz 1981),
in der er uns über einen Todesfall nach Anwendung dieser Injektion berichtet, der bei ihm vor einer Reihe von Jahren aufgetreten war. Bei
der Obduktion, die von einem berühmten Pathologen durchgeführt wurde,
konnte keine Todesursache festgestellt werden. Obgleich dem Kollegen
keinerlei rechtliche oder disziplinarische Konsequenzen daraus erwachsen waren, versicherte er uns, diese Technik seither nie wieder angewandt zu haben.

Über einen Todesfall durch Neuraltherapie im Jahre 1979 berichten
Raule et al. (1982):

Bei einer 41jährigen Patientin trat nach Injektion von Procain in den
Nacken wegen "Bandscheibenschadens am 7. Halswirbel" der Tod ein. Bei
der Obduktion wurden eine Punktion der linken Wirbelschlagader sowie
Einstiche in den Rückenmarkskanal gefunden. Halsmark und Kleinhirn-
brückenwinkel waren durch Blutkoagula komprimiert worden, die zu
Nekrosen führten, die bis ins Kleinhirn reichten. Der den Tod der
Patientin fahrlässig verursachende Arzt und seine Helferin sind in-
zwischen rechtskräftig verurteilt worden.

Wenn die Neuraltherapeuten davon sprechen, daß sie Komplikationen nach
tiefen Injektionen "kaum jemals gesehen" haben (Huneke 1977), so haben
solche Feststellungen durchaus einen Wahrheitsgehalt. Denn nach leichteren Komplikationen dürfte mancher Patient - enttäuscht von der Kunst
des Therapeuten - der Praxis des Neuraltherapeuten einfach fernbleiben.
Schwerere Fälle bekommt er ohnehin nicht mehr zu Gesicht, denn diese
führen zum Chirurgen oder zu einem anderen Spezialisten, solange es
noch nicht zu spät ist. Im übrigen sei an die Feststellung Wursters
(zitiert aus Piscol 1974) erinnert: "Je intensiver man einen Patienten
überwacht und kontrolliert, um so mehr Komplikationen sieht man."
Typischerweise sind gerade Patienten, die sich von "Außenseitern" behandeln lassen, oft nicht bereit, dies den "Schulmedizinern" mitzuteilen, auch nicht bei Eintritt von Schäden in Zusammenhang mit der
Behandlung. Offenbar ist dies auch Ausdruck einer gewissen Beschämt-
heit, einer quasi Identifikation mit dem Versagen des Therapeuten. So
sehen wir daher auch nur wenige Klagen vor Gericht. In diesem Sinne
ist auch folgendes Zitat zu werten: "Die Zahl der durch Lokalanästhesie verursachten Todesfälle liegt sicher höher als die statistisch
erfaßten. Unter 290 Zwischenfällen bei Lokalanästhesie waren 98 Fälle
mit tödlichem Ausgang, 70 Fälle mit Atemstillstand, 69 Fälle mit
Krämpfen, 39 Fälle mit Sehstörungen, 32 Fälle mit Kollaps" (Forth et
al. 1975).

Neuraltherapie - eine Behandlungsform sui generis?

Neuraltherapeuten betrachten sich offenbar als eine von der "Schulmedizin" nicht verstandene und verunglimpfte Gruppe von Heilern, die
ihre eigene Methode anwendet. Neuraltherapie ist ihrer Meinung nach
mehr als nur eine Summation einzelner Arten von Heilanästhesie (was
ja wohl auch nicht einen eigenen Namen für diese Behandlungsform
rechtfertigte, denn dies wäre quasi "Markenschwindel"!).

Huneke verglich seine Lehre in ihrer Bedeutung mit den Erkenntnissen der Quantenphysik (Huneke 1977). Von Paracelsus bis Planck zitiert er alles, was ihm in sein Konzept passend erscheint, um Argumente der Kritiker in Frage zu stellen. Im Gegensatz zu Wissenschaftlern wie Planck ignoriert Huneke jedoch anerkanntes Grundwissen seines Fachgebietes, wie wir weiter oben mehrfach feststellen mußten. Stattdessen propagiert er vitalistische Philosophie und versucht, wissenschaftliches Denken vulgärmaterialistischen Schlüssen gleichzusetzen: "Der Mediziner ist dem Wesen echter Heilkunst nur völlig entfremdet und zwar durch die Vorherrschaft des Wissens, das sich auf tote Teile bezieht" (Huneke 1977). So lesen wir denn auch an anderer Stelle des eben zitierten Werkes: "Die ganze Welt ist krank, wer könnte das übersehen? Sie kann nur gesunden, wenn die Herren dieser Erde ein neues Fundament gewinnen, das menschliche Hybris nur im eigenen Verstande suchte. Das Erlebnis des Wunders der Heilung führt mit Notwendigkeit zur Anerkennung jenes zweiten Standortes... Das Saatkorn solcher Erkenntnis ist gesät. Der Boden, auf dem es wachsen kann, ist seit Generationen bereit. Die Vorherrschaft der exakten Forschung in der Heilkunde mußte den Tod echter Heilkunst auf großen Gebieten bedeuten. Weltanschaulich gesehen kann man solche Vorherrschaft nur als kurzes Zwischenspiel ansehen, das uns an den Abgrund des Nichts geführt hat. Ein Nichts aber kann niemals zum Schöpfer des Alls werden".

Wohl aber die Lehre der Neuraltherapie? Nicht höher, aber auch nicht geringer schätzt Huneke seine Lehre ein!

So verwundert es auch nicht, daß er und seine Schüler den Doppelblindversuch in der Medizin verketzern und jegliche Statistik als nicht zutreffend für vitale Prozesse ablehnen (Huneke 1965b, 1977). Indem ihre geistigen Väter wissenschaftliche, sorgsam in Indikation und Risiko abgewogene Verfahren durch unbegründete, teilweise sogar kontraindizierte ergänzen oder ersetzen und dem eine unhaltbare Theorie zugrundelegen, ist die Lehre von der Neuraltherapie tatsächlich das Produkt einer Kreativität sui generis, die sich bewußt außerhalb der Grenzen der anerkannten Medizin stellt.

Der Wirkstoff Procain ist für die Wirkung dabei oft von untergeordneter Bedeutung, wie Huneke (1977) selbst feststellt: "Wenn ich Impletol injiziere, so kann das zur Heilung führen, und wir sahen, daß das Medikament dabei zwar eine Rolle spielt, aber nicht die entscheidende. Wir sahen, daß die blanke Nadel der Chinesen grundsätzlich gleichartige Wirkungen auslösen kann. Aus den Ergebnissen der Sympathikuschirurgie wissen wir, daß man das zarte chinesische Heilverfahren auch im Sinne unseres in die Irre gehenden Verstandes völlig unnötigerweise vergröbern kann."

Huneke liefert uns damit das schlagendste Argument für das Wesen der Neuraltherapie und ihre Artverwandschaft mit der Akupunktur. So läßt sich dann auch die Wirkung von Procain bei zahlreichen sog. therapieresistenten (also pharmakologisch nicht zugänglichen) Fällen erklären, oder auch die Wirksamkeit von Procaininjektionen in die Arteria tibialis posterior bei Endangitis obliterans, obwohl wir wissen, daß Procain spätestens nach 20 min durch Blutesterasen völlig abgebaut worden ist und durch Strömungsgeschwindigkeit in den Arterien und Verdünnungseffekt ohnehin am Wirkungsort pharmakologisch so gut wie unwirksam sein muß! Das "Sekundenphänomen", von Huneke erstmals 1940 beobachtet, von den Neuraltherapeuten als völliges Sistieren der Beschwerden nach Injektion bei Anhalten des Erfolges über mindestens 20 h definiert (Dosch 1975, 1976), ist eben nur psychosuggestiv erklärbar (und deshalb auch bei Akupunktur, Baunscheidtismus u.a. Methoden zu beobachten). Nicht zuletzt die Feststellung der Neuraltherapeuten, daß die Methode

bei Geisteskrankheiten kontraindiziert sei (Dosch 1975, 1976),
bestätigt dies. Hier fehlt nämlich in der Mehrzahl der Fälle die
Suggestibilität des Patienten.

Wie für alle anderen Suggestivbehandlungen gilt auch hier, daß der
Erfolg der Behandlung für den Einzelfall nie sicher vorhergesagt wer-
den kann (Viertel 1980) und daß ein Erfolg nur bei einem Teil der
Patienten eintritt.

Wie nicht anders zu erwarten, ist die von den Neuraltherapeuten ange-
führte [und von Dosch (1976) immer wieder zitierte] Sammelstatis-
tik etwas verwaschen: Bei 639 Fällen neuraltherapeutischer Behandlung
sei in 34% Heilung, in 37% "deutliche Besserung" in 14% Besserung und
in immerhin 15% kein Erfolg eingetreten. Von Erfolg ist also allenfalls in zwei Dritteln aller Behandlungen zu sprechen. Die gleiche
Erfolgsrate weist auch die Akupunktur auf - und übrigens auch die
Hypnose! Es nimmt auch nicht wunder, daß "Ärzte aus Leidenschaft"
mehr Sekundenphänomene erzielen als "kühle Routiniers" [nach Ratschow,
zitiert in Dosch (1976), treten in maximal 8% aller Fälle Sekundenphänomene ein]. Leider wissen nur zu wenige Ärzte um die ungeheure Bedeutung der Suggestivität in der Behandlung des Patienten!

Wir setzen uns keineswegs nur deshalb mit einer Heilmethode auseinander, weil ihre Wirkung auf einem nicht oder nur teilweise aufge-
klärten Mechanismus beruht. Wir wenden uns aber entschieden gegen eine
Theorie, die wissenschaftliches Gut verwirft und größtenteils usur-
pierten Methoden ein pseudowissenschaftliches Fundament zugrundelegt.
Wir wenden uns auch gegen eine leichtfertige Propagierung gefährlicher
Methoden ohne wissenschaftliche Begründung ihrer Indikation. Von jedem Arzt erwarten wir, daß er im Interesse der Gesundheit seines Patienten gegenüber einer solchen Theorie wie der der Neuraltherapie
ein Mindestmaß an Kritikfähigkeit behält. In der Deutschen Demokratischen Republik wie in der Schweiz darf im übrigen nur ein approbierter
Arzt invasive Eingriffe, wie sie die neuraltherapeutischen Injektionen
darstellen, vornehmen. Im Gegensatz dazu herrscht in der Bundesrepublik
Deutschland die sog. "Kurierfreiheit". Eine solche wurde neuerdings
auf Grundlage eines Urteils des Bundesgerichtshofes von Texas, USA,
auch dort eingeführt. Verantwortungsbewußte Ärzte wie Juristen bezeichnen dies als "rather a shame" (Curran 1981). Wir wollen jedem Neuraltherapeuten absolute Redlichkeit in seinem Bemühen um den Patienten
unterstellen; mit Selbstüberschätzung und Ignoranz jeglicher, auch
helfender Kritik und unzulässigen Verallgemeinerungen auf Grundlage
unwissenschaftlichen, quasi "undisziplinierten" Denkens (Glowatzki),
verläßt er jedoch das Terrain ärztlichen Verantwortungsbewußtseins
und begibt sich ins medizinische "Abseits".

Aus forensischer Sicht ist daher Oepen (1980) voll zuzustimmen, daß es
von gravierendem Unterschied ist, ob eine Methode indiziert ist oder -
wie in einer Vielzahl neuraltherapeutischer Anwendungen der Fall - ohne
oder mit umstrittener Indikation. Was von der Neuraltherapie im Kern
haltbar bleibt, ist eine große Zahl im Einzelfall durchaus angezeigter
Methoden der Heilanästhesie, gegen deren Anwendung bei Beachtung von
Nutzen und Risiko kein Arzt etwas einzuwenden haben dürfte.

Literatur

Becker J (1954) Zur temporären Sympathikusausschaltung. Dtsch Med Wochenschr 79:972
Curran WJ (1981) Acupuncture, the practice of medicine and the right to demand me-
    dical services. N Engl J Med 305:439
Dalquen P, Oberholzer M (1979) Lung biopsy: Methods, value, complications, timing
    and indications. Pathol Res Pract 164:95

Ditscherlein G (1969) Morphologische Folgen der Nierenpunktion. Exp Med Patholl Klin 29:

Dosch P (1975) Aktuelle Diskussion: Wie wirkt die Neuraltherapie? Ärztl Prax 27:2253

Dosch P (1976) Lehrbuch der Neuraltherapie nach Huneke (Procaintherapie), 6. Aufl. Haug, Heidelberg

Dosch P (1980) Mehr Fairneß, Kollegin! Brief an die Schriftleitung. Z Allg Med 56: 2384

Dosch P (o.J.) Heilerfolg durch Neuraltherapie. Gräfe & Unzer, München

Forth W, Henschler D, Rummel W (1975) Allgemeine und spezielle Pharmakologie und Toxikologie. Bibliographisches Institut, Zürich

Gertler A, Mattig W, Markert K, Prokop O (1981) Grenzstranginjektion nach Wischnewski - eine gefährliche neuraltherapeutische Methode. Z Ärztl Fortbild (Jena) 75: 785

Glowatzki G (1981) Diszipliniertes und undiszipliniertes Denken in der Wissenschaft. In: Fresenius (Hrsg) Otto Prokop zum 60. Geburtstag. Eine Festschrift. Bad Homburg v.d.H. S 9

Gosau D (1981) Der informierte Patient. Eigen Ahlen

Griessinger H (1980) Heilerfolge mit Neuraltherapie? Selecta 20:2138

Hartmann H (1977) Der Tod in der ärztlichen Praxis. Schweiz Rundsch Med (Praxis) 66:461

Heimann KO (1980) Gesundheitspolitische Umschau 31:2553

Herget H (1975) Aktuelle Diskussion: Wie wirkt Neuraltherapie? Ärztl Prax 27:2253

Hodgkin AL (1957) Ionic movements and electrical activity in giant nerve fibres. Proc R Soc Edinb [B] 148:1

Huneke F (1960) Über die Häufigkeit des Sekundenphänomens in meiner Praxis. Hippokrates, Stuttgart

Huneke F (1965a) Zwischenfälle und Gefahrenmomente in der Neuraltherapie. Ärztl Prax 17:1

Huneke F (1965b) Das Sekundenphänomen. Testament eines Arztes, 2.Aufl. Haug, Heidelberg

Huneke F (1977) Das Sekundenphänomen. Testament eines Arztes, 4.Aufl. Haug, Heidelberg

Huneke F, Huneke W (1928) Unbekannte Fernwirkungen der Lokalanästhesie. Med Welt 2:1013

Huxley AF (1957) Muscle structure and theories of contraction. Prog Biophys 7:255

Katz B (1956) The role of the cell membrane in muscular activity. Br Med Bull 12: 210

Kazmeier F, Wild H (1974) Traumatische und iatrogene Schäden. In: Bodechtel G (Hrsg) Differentialdiagnose neurologischer Krankheitsbilder. Thieme, Stuttgart

Krause D, Reimann W, Wichmann G, Le Petit G, Sinz V (1981) Neuraltherapie nach Huneke aus der Sicht der wissenschaftlichen Medizin. Dtsch Gesundh Wesen 36:1569

Lindner H (1967) Grenzen und Gefahren der perkutanen Leberbiopsie mit der Menghini-Nadel. Erfahrungen bei über 80.000 Leberbiopsien. Dtsch Med Wochenschr 92:1751

Lüdin G (1955) Die Organpunktion in der klinischen Diagnostik. Karger, Basel

Mattig W, Buchholz W, Schulz HJ (1979) Schwere iatrogene Schädigung durch Neuraltherapie nach Huneke. Z Gesamte Inn Med 34:143

Mattig W, Buchholz W, HJ Schulz (1981) Schlußwort zu: Schwere iatrogene Schädigung durch Neuraltherapie nach Huneke. Z Gesamte Inn Med 36:113

Natusch R, Kettler LH (1976) Nierenbiopsie. In: Dutz H (Hrsg) Nierendiagnostik. Fischer, Jena

Oepen I (1980) Zum Leserbrief von P. Dosch. Z Allg Med 56:2403

Paulsen K, Reinhardt M (1970) Nil nocere! Die Stellatumblockade und ihre Gefahren. Münch Med Wochenschr 112:817

Pischinger A (1976) Das System der Grundregulation. Haug, Heidelberg

Piscol K (1974) Umschriebene Läsionen peripherer Nerven und ihre Behandlung unter besonderer Berücksichtigung von Injektions- und Infiltrationsfolgen. In: Nolte H, Meyer J, Wurster J (Hrsg) Die peripheren Leitungsanästhesien. Thieme, Stuttgart

Prokop O, Mattig W (1979) Komplikationen durch Nadeltherapie. Krim Forens Wiss 37: 59

Przemeck H, Grüger W (1949) Klinische Beiträge zur Neuraltherapie in der Chirurgie. Zentralbl Chir 74:599

Raule P, Prokop O, Oepen I (1982) Ein letales "Sekundenphänomen" nach Neuraltherapie im Bereich der Halswirbelsäule. Internist Prax 22:165

Ricker G (1924) Pathologie als Naturwissenschaft, Relationspathologie. Springer, Berlin

Roeber G (1981) Erwiderung zu: Mattig W, Buchholz W, Schulz HJ: Schwere iatrogene Schädigung durch Neuraltherapie nach Huneke. Z Gesamte Inn Med 36:111

Speranski AD (1950) Grundlage einer Theorie der Medizin. Sänger, Berlin

Stöhr M, Mayer K (1976) Nervenwurzelläsionen durch Neuraltherapie. Dtsch Med Wochenschr 101:1218

Straub W (1976) Köhnlechner Medizin. Dtsch Ärztebl 73:581

Tilscher H (1980) Heilerfolge mit Neuraltherapie? Selecta 10:2145

Trube-Becker E (1964) Stellatum-Punktion und ärztlicher Kunstfehler. Acta Med Leg Soc (Liége) 17:87

Viertel HJ (1980) Irisdiagnose, Akupunktur, Neuraltherapie, Fußreflexzonenlehre und Zungendiagnostik. Dissertation, Universität Marburg

Wischnewski AW (1935) Der Novocainblock als eine Methode der Einwirkung auf die Gewebetrophik. Zentralbl Chir 62:13

Wischnewski AA, Wischnewski AW (1956) Die Novocainblockade und die Ölbalsam-Antiseptika als besondere Art der pathogenetischen Therapie. Volk und Gesundheit, Berlin

Der Wirrwarr in den Beweisführungen der Akupunkteure, dargestellt anhand der Behauptungen mehrerer Akupunkturärzte

T. Koch

Zusammenfassung

Aus den Publikationen dreier Anhänger der Akupunkturlehre ergibt sich infolge zahlreicher wissenschaftlicher und sich widersprechender Äußerungen - abgesehen von der gläubigen Hinwendung zu altchinesisch-mystischen Vorstellungswelten - die Tatsache, daß das Akupunkturverfahren keine wissenschaftliche Behandlungsmethode darstellt.

Summary

From the publications of three advocates of acupuncture it can be concluded on the basis of unscientific and contradictory statements - not to mention the credulous belief in the minds of ancient China and the mystics - that acupuncture is not a scientific method of treatment.

"Es geht nicht an, daß immer nur negative, weil methodisch unzulängliche Arbeiten zitiert werden", meint Dr. Samlert (1981) und gibt statt dessen "für den Leser, der sich wirklich informieren will", nicht etwa ein Handbuch oder ein Lehrbuch, sondern ganze zwei Zeitschriftenartikel an, die sich mit Laser-Akupunktur und Akupunktur bei Glaucoma simplex befassen. Glaubt Herr Kollege Samlert wirklich, daß sich ein ausgebildeter Arzt durch die Lektüre von zwei Artikeln über Akupunktur tatsächlich von der Wirksamkeit und Richtigkeit dieses Verfahrens überzeugen lassen wird? Da müßten schon ganz andere Geschütze aufgefahren werden, um ein solches Resultat zu erzielen. "Es kann nicht hingenommen werden", schreibt Herr Dr. Samlert weiter, "daß von medizinischen Laien begangene Kunstfehler mit schweren Verletzungen und letalem Ausgang der Methode als solcher angelastet und damit als 'Risiko' bezeichnet werden". Er tut also ernsthaft so, als ob die Akupunktur tatsächlich eine medizinische Behandlungsmethode sei, die von "Laien" nicht ausgeübt werden dürfte, und daß es bei diesem Verfahren "Kunstfehler" gäbe, die diesen "Laien" unterlaufen könnten.

Die Akupunktur ist aber nun einmal kein medizinisches Behandlungsverfahren, denn sie wird nicht im Rahmen der ärztlichen Ausbildung gelehrt und kann von jedem Laien ausgeübt werden und wird auch durchaus von Laien ausgeübt, mit oder ohne Absolvierung eines Kurses. Es gibt kein Gesetz, keine Vorschrift und kein Übereinkommen, die das verböten. Ebensowenig gibt es verbindliche Vorschriften, die das Vorgehen des Akupunkteurs regeln würden, insbesondere existieren keine Anleitungen, die den Akupunkteur zwängen, sich vor seinen Eingriffen zu vergewissern, ob der Patient nicht etwa an irgendwelchen schweren Infektionen (Malaria, Syphilis, Hepatitis usw.) leidet. Er ist, als Akupunkteur, zu nichts anderem verpflichtet, als, der Klage des Patienten folgend, den nach seiner Auffassung und seinem Glauben existierenden, zugehörigen Punkt zu finden und in ihn einzustechen, ohne interkurrente Krankheiten zu berücksichtigen. Auch irgendwelche verbindlichen Desinfektionsvorschriften für die verwendeten Stichinstrumente wie für die betreffende Hautstelle existieren nicht.

Wenn also ein Außenseiter - "Laie" nennt ihn Samlert, wenn es sich um
einen Heilpraktiker handelt - diese Außenseitermethode anwendet, woran
ihn niemand hindert noch hindern kann, so muß es einfach der Methode
angelastet werden, wenn ein Unglück passiert und nicht dem "Laien",
der doch nur tut, was ihm gesagt wird, oder was er irgendwo, nur nicht
in einem medizinischen Lehrbuch, gelesen hat. Und wenn Samlert meint,
daß "Laien" "Kunstfehler" mit schweren Verletzungen und sogar letalem
Ausgang begangen hätten (womit er zugibt, daß so etwas schon passiert
ist!), warum erhob sich nicht die Gilde der Akupunkteure wie ein Mann,
um zu diesem Fall Stellung zu nehmen und *konkret an zuständiger Stelle*
zur Prävention beizutragen? So lange es an adäquaten Reaktionen auf
Zwischenfälle mit konsequenten Schlußfolgerungen z.B. mit entsprechenden Ausführungen zu Indikationsgrenzen fehlt, ist eine Entwicklung als
Ausdruck der Auswertung und Berücksichtigung gewonnener Erfahrungen
nicht zu erkennen. Jedenfalls geht der Patient, der sich akupunktieren
läßt, ein Risiko ein, ob Samlert das eingestehen will oder nicht.

Er fährt fort: "Das gleiche gilt für die Übertragung einer Hepatitis",
womit er offensichtlich meint, das könne nur einem "Laien" passieren,
ohne die von Vanek et al. (1981) beschriebenen Fälle zu berücksichtigen. Ist es denn aber in den Verfahrensvorschriften (falls es überhaupt solche geben sollte) festgelegt, daß jeder Patient, bevor er
akupunktiert wird, auf übertragbare Krankheiten untersucht werden muß?
Und wenn es sie nicht gibt, was der wahrscheinlichere Fall ist, worauf
will Samlert denn dann den Vorwurf eines "Kunstfehlers" begründen?
Bezeichnenderweise lautet gleich der nächste Satz: "Die Forderung nach
Einmalnadeln bei der Akupunktur von Frau Oepen ist eine Überspitzung".
Wie will denn Samlert sonst eine Übertragung von Krankheiten verhindern?
Wenn er die einfachste und selbstverständlichste Schutzmaßnahme gegenüber dem Patienten als "Überspitzung" bezeichnet, wie will er denn
sonst den Patienten vor Ansteckung bewahren? Macht er sich nicht selbst
eines schweren Kunstfehlers schuldig, wenn er seinen Mitakupunkteuren
implicite sagt, sie brauchten sich um solche "Überspitzungen" nicht zu
kümmern? Und meint er wirklich, daß er mit einer solchen Nonchalance
die Akupunktur schätzenswerter und ansehnlicher macht?

Im gleichen Atemzug erklärt Samlert, "Untersuchungen wie die von Baust
sollten nicht mehr erwähnt werden ..." und fordert nur wenige Zeilen
später "es wäre schon viel gewonnen, wenn die Gegner der Akupunktur
bereit wären, auch einmal über die genannte Literatur (gemeint sind
die Arbeiten von Liertzer 1981 und Chrubasik et al. 1978) zu sprechen.
Er selbst zwar lehnt das Lesen selbst einschlägiger Literatur "wie
die von Baust über Akupunktur bei Migräne" ab, verlangt aber, daß der
Gegner seine Literatur lesen sollte. So geht es aber nicht. Samlert
sieht ja an vorliegendem Beispiel, wie man sich fast Satz für Satz mit
seiner Literatur beschäftigt. Es ist nicht Schuld des Verfassers dieser Zeilen, wenn dadurch keine begeisterte Zustimmung zur Akupunktur
herauskommt. -

Um ihm soweit wie möglich dennoch entgegenzukommen, sollen die von ihm
so sehr ersehnten Fragen hiermit gestellt werden: Wie funktioniert
eigentlich die Akupunktur? Bei welchen Krankheiten kann sie - oder darf
sie nicht - eingesetzt werden und warum? Die Frage allerdings, welche
Ausbildung und welche Prüfungen Voraussetzung für die Ausübung des
Akupunkturverfahrens sein sollte, wird hier nicht gestellt; denn damit
würde ja die Akupunktur von vornherein als medizinisches Behandlungsverfahren, ja sogar u.U. als akademisches Fach anerkannt werden. Das
ist sie aber bei weitem nicht und wird es auch nicht sein, solange die
beiden eben gestellten Fragen (die übrigens schon sehr oft gestellt
und nie zufriedenstellend beantwortet worden sind) klar, zweifelsfrei
und logisch-wissenschaftlich geklärt sind. Die Selbstwidersprüche der

Paramediziner gehen so weit, daß selbst die größte Gutwilligkeit und
Glaubensbereitschaft des Lesers solcher Äußerungen bis an die äußerste
Grenze und darüber hinaus beansprucht werden.

So schreibt Martinek (1977) aus Prag, daß die "Lokalisation der Akupunkturpunkte beim Hund" genau bekannt sein müßte, da dies ja "eine
der Voraussetzungen des therapeutischen Akupunktureingriffes" sei. Diese Punkte sind, wie er sagt, Punkte "beträchtlich niedrigeren elektrischen Hautwiderstandes", die durch entsprechend "speziell modifizierte
Ohmmeter" feststellbar sind. Am Ende des gleichen, nur 18 Zeilen langen
Absatzes stellt er aber fest, daß die "Grundfrage", ob die "durch niedrigen Hautwiderstand gekennzeichneten Punkte mit den Akupunkturpunk-
ten in allen Fällen übereinstimmen, keineswegs endgültig geklärt" ist.
Was ist das bloß für eine Wissenschaft?

Diese Punkte sollen außerdem "mikroskopisch feststellbare Besonderheiten" aufweisen, doch gibt es bisher Mikrophotogramme, die diese
"Besonderheiten" (was für welche es sind, wird verschwiegen!) zeigen,
nicht und es ist auch nicht angegeben worden, mit welchen histologischen Methoden sie nachgewiesen werden könnten. Denn Kellner (1974),
dessen histologische Untersuchungen sonst oft angeführt werden, hat
die Frage nach ihrem Beweiswert mit einem "klaren Nein" beantwortet.
Damit ist diese Behauptung Samlerts wissenschaftlich wertlos.

Nun liegen aber diese Punkte, "diese aktiven Punkte", auf den Meridianen, wie Martinek behauptet, die "meistens" in Richtung der Längsachse
des Körpers verlaufen. Er nennt sie auch "Leitlinien" oder "Bahnen",
ohne anzugeben, aus welchen Substanzen sie bestehen, ob sie etwa auch
histologisch nachgewiesen werden können und ebenso ohne anzugeben, ob
es auch andere "Meridiane" gibt, die nicht in Richtung der Körperlängs-
achse verlaufen, wie aus dem "meistens" in der Definition zu vermuten
ist. Es heißt nun weiter: "Die aktiven Punkte liegen ... auf den Leitlinien - den sogenannten Bahnen ('Meridianen')", und mit seltsamer Logik
fährt er fort: "Auf diese Weise" (weil sie auf den Meridianen liegen?)
"gruppieren sich Punkte mit einer Beziehung zu einem bestimmten Organ
bzw. Funktionssystem; sie stellen eine empirisch gefundene Projektion
der inneren Organe auf die Haut dar. In Einklang damit trägt jede Bahn
die Bezeichnung nach dem Organ, das sich von ihr aus (therapeutisch)
beeinflussen läßt ...". Abgesehen davon, daß dieses "empirisch gefundene" (wohl besser: erfundene!) Projektionssystem durch nichts, aber
auch durch gar nichts "wissenschaftlich beweisbar ist", schränkt Herr
Martinek im nächsten Absatz seine Behauptung wieder ein, indem er zugibt, daß dieses Meridianschema beim Hund, das er mit mehreren Strich-
zeichnungen veranschaulicht, "haargenau von analogen Bahnen beim Menschen abgeleitet " ist. "Es ist daher fraglich, ob sich alle angeführten Punktlokalisationen auch in Zukunft bewähren werden". Haben sie
sich denn in der Vergangenheit bewährt? Und wenn ja, wieso ist es dann
fraglich, ob sie sich auch in Zukunft bewähren werden? Ändert sich denn
die Akupunktur mit der Zeit? Wie mag sie dann wohl vor 3000 Jahren aus-
gesehen haben? Seltsame Wissenschaft!

Und auf einmal wird eine dieser Leitlinien, Bahnen oder Meridiane zum
"Gefäß"! Was es enthält, woraus es besteht, woher sein Inhalt kommt -
wird nicht gesagt. Man hat sich eben blind und "vertrauensvoll für
wahr haltend" damit abzufinden. Ist das überhaupt noch Wissenschaft
oder Glaube?

Noch näher an glaubensmäßige - also unwissenschaftliche - Umstände
führt das letzte Kapitel der Arbeit von Martinek heran. Er stützt sich
darin auf die "altchinesische Medizin", die die Krankheit als eine
Folge des gestörten Gleichgewichts der beiden lebenserhaltenden Kräfte

Yang und Yin angesehen hat. Abgesehen davon, daß Yang ebenso wie Yin
reine Fiktion ist, aus grüblerischer Bemühung wissenschaftsloser Zeit
entstanden, läßt Martinek die Ergebnisse medizinischer Forschung seines
eigenen Kulturkreises völlig außer acht und wendet sich den mystischen
Emotionswellen (Gedanken kann man nicht gut sagen) zu, wie die nächsten
beiden Absätze seiner Arbeit zeigen: Da wird der Punkt M 36, also ein
auf der Magenleitlinie gelegener Punkt mit der Organbezeichnung "Magen"
- er befindet sich im Bereich der Tuberositas tibiae, soweit wir der
Strichzeichnung trauen dürfen - und trägt den schönen chinesischen Namen Tsu-san-li, was immer das bedeuten soll. Martinek übersetzt uns
diese Bezeichnung nicht, sondern hebt hervor, daß dies der wichtigste
Punkt der Akupunktur sei, der "große Heiler der Knie und Füße", "die
göttliche Gleichmut"! Mutet man uns Wissenschaftlern des 20. Jahrhunderts wirklich zu, mit solchen Begriffen zu arbeiten?

Welche Gedanken - bzw. Gefühlsverwirrungen aus dieser mystisch altchi-
nesischen Vorstellungswelt herauswachsen, zeigt die folgende sprung-
hafte, völlig unwissenschaftliche Erläuterung: Um zu erklären, warum
die Punkte auf den "Meridianen" einmal in kraniokaudaler, das andere
Mal in kaudokranialer Richtung numeriert sind, wird uns zugemutet, anhand der Yang- und Yinlehre kritiklos zu glauben, daß es zwei Arten
von Meridianen gäbe, nämlich Yang-Meridiane, in denen die Lebensener-
gie (was das ist, bleibt unerklärt und unbewiesen) kaudal fließt (muß
also ein Gefälle haben), und Yin-Meridiane, in denen sie kranial fließt
(also auch ein Gefälle haben muß). Das Groteske dieser Fiktion ist aber
nun, daß am vorderen und hinteren Körperende beide Meridianarten ineinander übergehen und zur größten Befriedigung der Akupunkteure damit
einen Kreislauf schließen. Wie es nun mit den Gefällen steht, ob es
eine Energiepumpe etwa gibt, was das überhaupt für eine Energie sein
soll, worin und womit sie geleitet wird, ob sie objektiv nachweisbar,
meßbar ist, wo sie herkommt - alles Dinge, die den Gläubigen in keinerlei Unruhe versetzen: Credo quia absurdum! Unsereiner fragt sich
aber nun, wo die beiden entgegengesetzten Kräfte Yang und Yin bleiben,
wenn sie kreislaufartig ineinander übergehen? Wir wollen erst gar nicht
fragen, wo das Gleichgewicht der beiden Kräfte Yang und Yin in diesem
Falle ihres Kreislaufs bleibt, inwiefern es dann gestört werden kann
und wieso die Akupunktur dieses nicht vorhandene Gleichgewicht, das so
rätselhaft gestört wurde, wieder herstellen kann? Und woher soll dann
das von Voll (zit. nach Martinek) postulierte Energiedefizit kommen, das
er in bestimmten Körperregionen festgestellt haben will? Das sind doch
alles Märchen, die man uns Europäern des 20. Jahrhunderts erzählen will,
die aber doch, wie Herr Martinek beweist, bedingungslos geglaubt und
nacherzählt werden.

Und um den Wirrwarr gänzlich undurchschaubar zu machen, ruft Martinek
Melzack und Wall zu Hilfe (Impact Sci. Soc. no 23, 1973, 65 und Harmonds-
worth, Middlesex; Penguin Books Ltd. 1973), die noch empfehlen, humorale
Faktoren zu berücksichtigen, ohne daß Martinek die hierzu bekannten
Diskussionen auch nur mit einem Wort erwähnt (Übersichten bei Prokop
u. Dotzauer 1979 sowie bei Oepen 1981).

Und schließlich gibt Martinek, der eingangs eifrigst dafür plädierte,
daß nur geschulte, sachkundige Kräfte die Akupunktur ausüben dürften,
zu, daß es sich bei der Akupunktur um geheimnisvolle mystische Wirkungen handelt, von denen er hofft, daß sie in naher Zukunft ihrer Mystik
beraubt würden. - Bis dahin aber bleibt es bei altchinesisch-mystischen
Glaubensvorstellungen und bei dem paramedizinischen, fiktiven, auf sug-
gestiver Wirkung beruhenden Charakter der Akupunktur.

Literatur

Baust W, Stürtzbecher KH (1978) Akupunkturbehandlung der Migräne im Doppelblindversuch. Med Welt 29:669–673

Chrubasik J, Chrubasik S, Frey R (1978) Akupunktur bei Glaucoma simplex. Akupunktur-Theorie Prax 9:4–9

Kellner G (1974) Offizielle Mitteilung zur Frage des Beweiswertes seiner histologischen Untersuchungen an O. Prokop vom 11.11.1974

Liertzer H (1981) Laser-Akupunktur bei juvenilem Asthma bronchiale. Mk Ärztl Fortbild 31:393–395

Martinek Z (1977) Akupunktur beim Hund. Psychotronik vom 3.4.1977, S 224–237

Oepen I (1981) Wert und Unwert der Akupunktur. Therapiewoche 31:794–804

Prokop O, Dotzauer G (1979) Die Akupunktur. Fischer, Stuttgart

Samlert H (1981) Akupunktur. Dtsch Med Wochenschr 106:1156–1157

Vanek E, Abt C, Keppler A (1981) Hepatitis-B-Virus-Infektionen durch Akupunktur. Therapiewoche 31:788–793

Die abwartende Schulmedizin

I. Oepen und O. Prokop

Zusammenfassung

In einem Appell an die Verantwortung der naturwissenschaftlich begründeten, sogenannten Schulmedizin wird auf die Praktiken von Paramedizinern und Paraforschern aufmerksam gemacht, die sich der Bevölkerung mit Zahlengigantomanie, unbewiesenen "Forschungsergebnissen", ad hoc erfundenen Termini, Diffamierung ihrer Kritiker und Verhöhnung der Schulmedizin in zahlreichen Publikationen präsentieren. Es wird betont, daß es an der Zeit sei, klärende Stellungnahmen sowie Richtlinien zu erarbeiten. Weitere Anregungen betreffen die ärztliche Ausbildung, die z.B. im Rahmen der Medizingeschichte praxisnahe Beispiele wie die mit dem Mesmerismus gemachten Erfahrungen und im klinischen Unterricht die Wirkungen der Plazebos mehr als bisher berücksichtigen sollte. Schließlich wird zu bedenken gegeben, ob den Heilpraktikern nicht doch wenigstens bescheidene fundierte Kenntnisse abverlangt werden sollten.

Summary

In an appeal to the responsibility of allopathy, which is founded on science, attention is drawn to the practice of paramedics and pararesearchers who present themselves to the public in a wealth of publications containing gigantic numbers, unfounded "results of research", terms invented ad hoc, defamation of their critics, and ridicule of allopathy. It is stressed that it is time to draw up statements and guidelines to clarify the situation. Further proposals concern medical training which should devote greater attention to, e.g., practical examples such as mesmerism in medical history or the effects of placebos in clinical training. It is finally suggested that perhaps at least a minimum of well-founded knowledge should be demanded from nonmedical practitioners.

Einleitung

Die Autoren dieses Beitrags haben schon mehrfach zu Fragen der sogenannten "alternativen" Medizin Stellung genommen. Kein Wunder - als Hochschullehrer der Gerichtlichen Medizin kommen sie als Gutachter oder als Sachverständige in ministeriellen Ausschüssen und in der Akademie der Wissenschaften usw. immer wieder mit der zähen Materie in Berührung. Da bei der Unzahl der realiter unsinnigen paramedizinischen Veröffentlichungen den an den Hochschulen herangebildeten Ärzten allmählich die Sicht verstellt wird, und da sich auch renommierte Zeitschriften an der Verbreitung unlogischen Gedankenguts beteiligen, muß von Zeit zu Zeit auf Grenzen hingewiesen werden, die axiomatische Fakten gegen illusionäre Feststellungen und autistische Lehren abgrenzen.

Der vorliegende Beitrag ist auch deshalb notwendig, weil die früher aus dem Hochschulbetrieb eliminierten Fächer Homöopathie und Akupunktur durch erteilte Lehraufträge wieder, wenn auch vereinzelt, in die Hochschulen eingedrungen sind oder wenigstens dort Unterstützung gefunden haben (Heidelberg, Mainz, Hannover, Wien). Besonders die Lehraufträge für Akupunktur und Homöopathie an der Wiener Universität (G. Zimmermann

1981) überraschen, da die Wiener Universität bzw. ihre Medizinische
Fakultät traditionsgemäß international bekannte anatomische, physiologische und biochemische wie auch pharmakologische Institute beherbergt.
Natürlich handelt es sich bei solchen Lehraufträgen für paramedizinische Fächer nicht allein um eine akademische Frage, denn die Verbreitung von paramedizinischem Gedankengut ex cathedra wird in der Öffentlichkeit als Gütezeichen angesehen!

<u>Die Zeichen der Zeit</u>

Einem einigermaßen klar denkenden, wissenschaftlich gebildeten Mitglied
einer medizinischen Fakultät sollte die Vorlage von Mindestbeweisen
eine Grundbedingung sein, ein Verfahren oder eine medizinische Technik
zur Aufnahme in den Lehrstoff zu postulieren. Doch das ist nicht mehr
überall der Fall! Damit ähnelt auch mancher Hochschullehrer den Laien,
die z.B. einen Radioapparat nach seinem äußeren Aussehen - nicht aber
nach seinen technischen Besonderheiten kaufen! Ein Beispiel hierfür ist
die Akupunktur (Schädelakupunktur, Ohrakupunktur, Zungenakupunktur,
Nasenakupunktur, Körperakupunktur, Fußakupunktur, Vaginalakupunktur).
Sie fußt ja auf der Annahme der Existenz von Punkten auf der Haut, in
die oder durch die mit Nadeln aus verschiedenem Metall beträchtlich
tief gestochen wird. Doch wie wurden diese Punkte überhaupt bewiesen?
Die Antwort lautet: sie wurden gar nicht bewiesen. Nicht ein einziger
Punkt ist bewiesen worden.

Wie aber kann eine Medizinische Fakultät eine Lehre zum Unterricht frei-
geben, die mit der Existenz unbewiesener Punkte steht und fällt? Wenn
selbst die eigenen anatomischen Institute nicht in der Lage sein sollten, eine Auskunft über die zu unterrichtenden Punkte zu geben, so würde es doch einen Sinn haben, andere Institute oder eine anatomische
Gesellschaft über die Punkte zu befragen. Dabei würde es vorerst einmal genügen, wenigstens einen einzigen Punkt abzusichern, bevor man die
Lehre, die 1000 Punkte am menschlichen Körper behauptet, zum Unterricht
freigibt. Nehmen wir als Lieblingsmodell der Akupunkturvertreter den
Punkt "Dickdarm 4", so hören wir wohl, er habe seine Bewährungsprobe
schon bestanden.

Einer von uns hat bezüglich dieses leicht auffindbaren Punktes bei seinem Kollegen und Fachvertreter für Anatomie angefragt, wie ein Dick-
darmpunkt auf die Mitte der Schwimmhaut zwischen Daumen und Zeigefinger
gelangt. Das Gespräch war nur kurz und mußte beendet werden, weil der
Anatom eher geneigt war, beim Fragesteller eine geistige Störung anzunehmen. Und Gespräche mit Physiologen über einen von uns besonders
beobachteten Punkt (G 21) auf dem "Gallenblasenmeridian" führte ebenfalls zu keiner Klärung, weil der Physiologe zwischen dem bald mehr in
der Schulterregion, bald mehr in der Halsregion (je nach Lehrbuch) gelegenen Punkt und der Gallenblase keinerlei Zusammenhang erkennen konnte. Wir haben zu beiden Punkten nie eine klare Antwort bekommen; wie
auch ein anderer keine befriedigende Antwort bekommen wird. Denn: Die
Punkte sind frei erfunden! Die Behauptung, sie seien jetzt auffindbar
(Punktsuchgeräte) und brauchten nicht mehr wie vor 3000 Jahren getastet
zu werden, ist unrichtig. Auch bei größtem Wohlwollen kann die Bedeutung der "kartographierten Punkte" nicht festgestellt werden (M. Zimmermann 1978).

Bei dem Eifer, den die Akupunkturforscher an den Tag legen, sollte man
eigentlich meinen, daß (schon unter dem Druck der Öffentlichkeit und der
Patientenschaft) im Schrifttum der Elektrophysiologen nach einigen Jahren
wenigstens *ein* Beweis auftritt. Denn der Staat besoldet an den Universitäten einige hundert Physiologen. Da sich diese um die angeblich so

hochwichtigen Punkte nicht oder zu wenig kümmern, darf man daraus
schließen, daß sie entweder um viele Jahre zurückgeblieben sind oder
solche Untersuchungen wegen ihrer Unsinnigkeit ganz einfach ablehnen.
Nun kann man noch einen Schritt weitergehen: Wir fragen bei einem Ordinarius für Histologie an oder gar bei einer Gesellschaft für Pathologie, deren Sitzungsberichte und Kongreßreferate schon Hunderte von Bänden in Bibliotheken füllen, wie man die Punkte eigentlich histologisch
erkennt. Zur Sicherheit bemühen wir dann in unserer Fakultät auch noch
den Dermatologen und fragen bei ihm an, welche Punkte er die Studenten
lehrt. Effekt: Wir bekommen wieder keine Antwort. Falls man aber auf
dem Punktkonzept besteht, so wäre die Frage zu beantworten: Was geschieht mit Punkten im Bereich von Narben, Verbrennungen, Ulzera,
Psoriasis, Lues? Solche elementaren Studien hätten in den erwähnten
Fächern doch eigentlich schon seit der Französischen Revolution betrieben werden müssen und sollten dann längst vorliegen.

Eine besondere Rüge sollten aber in den Augen einer Gruppe von Laien
die Pharmakologen verdienen, da sie sich - wie behauptet wird - immer
noch nicht genügend mit der Homöopathie auseinandergesetzt haben. Denn
wo ist die Erklärung dafür, daß jeweils dieselben Regeln (Arzneimittel-
prüfung am Gesunden, Gesetz der Wirkungsumkehr, Simile-Regel) bei völlig
heterogenen Stoffen gelten? Und wie können die Regeln in gleicher Form
für Kochsalz, Platin, Ahornrinde, Marienkäferchen, Schwefel, Kohle,
Schwefelsäure, Kupfer, Zaunrübe, Graphit, Phosphor, Eisen, Gold, Arsen,
Bärlappsporen und Silbernitrat gelten? Warum wirken einige der Stoffe
nur auf der linken und andere nur auf der rechten Körperseite des Patienten? Weshalb spielt die Dosis eine völlig untergeordnete Rolle,
wogegen Haarfarbe, Gemüt und Stimmung wichtig sind? Die Pharmakologen
schweigen, was in der Öffentlichkeit so quittiert wird: "Die Pharmakologie hat sich an der wahren Medizin vorbeientwickelt". Dort werden
"nur Tiere zu Tode gequält" oder "man will die Menschen, statt sie ge-
sund (biologisch) zu ernähren, chemisch vergiften!" Diese Art der Brun-
nenvergiftung der eigenen Medizinlehren findet mitunter sogar bei Medi-
zinhistorikern Gefallen, deren Aufgabe es wäre, der Öffentlichkeit mit
der Bekanntgabe der Arzneimittelprüfungen Hahnemanns auch mitzuteilen,
daß Hahnemann (1830-1835) auch Hunderte von Symptomen durch Anwendung
einfacher Permanentmagnete bekommen hatte, was alle Symptomenverzeich-
nisse (Repertorien) der homöopathischen Lehren sinnlos macht (s.a. Ritter 1972, S. 15).

Durch die den Paramedizinern und Paraforschern entgegengebrachte Gleich-
gültigkeit ist eine derartige Stärkung okkultistischer und sogar wissen-
schaftsfeindlicher Fächer eingetreten, daß die "Schulmedizin" (heißt
jetzt auch "Lehrmedizin") in der Öffentlichkeit in die Defensive ge-
drängt wurde, ja geradezu lächerlich gemacht wird. Die Presse gibt hier
vielfach durch unsachliche und fehlerhafte Informationen den Außenseitern Schützenhilfe, so daß es viele Hochschullehrer für besser halten,
sich nicht zu äußern, selbst dann nicht, wenn sie grobe Verstöße erkennen. Hat aber einer doch den Mut, sich zu engagieren, so wird ihm bestenfalls nachgesagt, er sei "bienenfleißig und geradezu ubiquitär", doch
leider gänzlich ohne eigene Erfahrung auf dem speziellen Gebiet. So
hörte einer von uns, er könne in einem Prozeß gegen einen Rutengänger
und Pendler kein sachverständiges Gutachten abgeben, da er selbst
"nicht rutenfähig" sei und vom Pendeln nichts verstehe, oder er sei
zu amusisch, um sich mit den Feinheiten von Pflanzen usw. auseinander-
zusetzen. So kann auch ein versierter Kenner pharmakologischer oder
physiologischer Zusammenhänge rasch zu einem Feind der "Volksmedizin"
und somit als "Volksfeind" deklassiert werden. Mehr noch: Wenn er Pech
hat, gelangt er in die politische Schußlinie und erhält wie einer der
Autoren dieses Beitrags folgende Epitheta: "Beauftragter von Pankow",
"letzter Rückständiger im Ostblock", "Kommunistenforscher". Ja, von

einem prominenten Parapsychologen mußte einer von uns sogar hören, "er
setzt die Tradition der Nazis fort". In einem Prozeß wurde einem von
uns angehängt, er sei "Anhänger und Propagandist des Hauses Ludendorff".
Mit solchen Behauptungen wurden Ablehnungsanträge der Verteidigung
("Befangenheit") in Prozessen gegenüber dem Gutachter begründet.

Unter solchen Bedingungen scheint es dann freilich klüger, sich nicht
zu exponieren, etwa gegen einen "berühmten Heilpraktiker Deutschlands"
aufzutreten, und manche sind gar geneigt, "ungleiche Maßstäbe" anzulegen (Überla 1982), um nur niemandem weh zu tun.

Die kontroversen Diskussionen der letzten Jahre haben aber auch gezeigt,
daß trotz unterschiedlicher Standpunkte hier und da doch Diskussionen
auch auf freundlicher Basis möglich sein können. So gelingt es wenigstens in der Ärzteschaft, Vorwürfe wie das "Futterneidargument" abzu-
bauen.

Die Zahlenwaffe

Um ihren eigenen, verworrenen Ideen eine größere Durchschlagskraft zu
verleihen, ergehen sich Paramediziner und Paraforscher in einer Zahlengigantomanie, gegenüber der der "Schreibtischtäter Hochschullehrer", der
vielleicht mit nur 20 Assistenten in einer Klinik mit 250 Betten arbeitet, schwer im Hintertreffen ist. Denn wer kann schon mit solchen
Zahlen aufwarten:

... Wie die Hessische Niedersächsische Allgemeine Nr. 86 vom 14.4.1982 berichtet,
   hat der Wünschelrutengänger Ernst Hentrich mit einem zu einer Wünschelrute zu-
   sammengebogenen Klaviersaitendraht schon 16 000 verschüttete Brunnen aufgespürt
   und mit einer kleinen, handflächengroßen Rute soll er sogar Granatsplitter im
   Körper finden ...

... In der Zeitschrift für Erfahrungsheilkunde (31, 4, VIII, 1982) findet sich eine
   Anzeige zu einem Buch, in dem beschrieben sei, daß der Autor die Nosodentherapie
   bei Cholezystopathie "an sich selbst und an über 1000 Patienten" angewendet habe.

... Auf S. 351 derselben Zeitschrift überblickt Dosch nach einer Umfrage bei 34 Kollegen 3 554 000 Behandlungsfälle, davon 1 729 000 Injektionen an den Grenzstrang
   und sympathische Ganglien.

... In der Gesundheitspolitischen Umschau vom März 1982 listet Herget mehr als 12 000
   Akupunkturanalgesien zum Teil bei schwersten Operationen auf. Daß er selbst aber
   zusammen im Kollektiv auch erhebliche Bedenken äußerte, wird nicht gesagt (Kramer
   et al. 1981).

... Nach der Stuttgarter Zeitung vom 11.3.1982 soll Köhnlechner 1972 bis 1975 70 000
   Akupunkturbehandlungen und nach dem HP-Journal (5, S 29, 1982) in "über einer
   Million Fällen" Procain-Anwendungen durchgeführt haben.

... Kellner hat in Wien an 11 137 histologischen Schnitten die Charakteristika der
   Akupunkturpunkte ermittelt. Von der Interpretation seiner Leser, es seien Aku-
   punkturpunkte, hat er sich jedoch zwischenzeitlich uns gegenüber distanziert.
   Die Paramediziner aber lassen sich von ihren Deutungen weiterhin nicht abhalten.
   Inzwischen sind es bei G. Zimmermann 12 000 Schnitte aus Hautsubstanzen geworden
   (Kellner u. Feucht, erwähnt bei G. Zimmermann, 1981).

... Nach Meldung einer großen Österreichischen Tageszeitung, in der der Okkultist
   Uccusic diese Materie öfter behandelt, hat die Rutengängerin Käthe Bachler in
   "Tausenden von Fällen" in Wohnungen Erdstrahlen festgestellt und Bettenumstel-
   lungen vorgenommen (Kurier vom 9.12.1978), was natürlich für den "kommunistischen
   Okkultfahnder Prof. Otto Prokop aus Ostdeutschland" ein Greuel ist.

... Der homöopathische Arzt Höveler berichtet, daß er bei rund 15 000 Einzelbehand-
lungen mit "aktiviertem Eigenblut" nie einen Zwischenfall gesehen habe (Höveler
1974).

... Nach einer Mitteilung der Oberhessischen Presse vom 27.9.1980 wurden seit 1953
1,5 Millionen deutsche Patienten mit ampullierten Trockenzellen behandelt.

... Nach Block (1979) prüfte der Heidelberger Forscher Landsberger die Wirkung feta-
ler Schafzellen an 5 600 Ratten.

... In einem persönlichen Schreiben vom 24.9.1980 teilte Wiedemann einem von uns mit,
er besitze über 50 000 Notizen über die "Wirkung der Seren in Krankengeschichten",
darunter einige zehntausend über positive Heileffekte des Bogomoletz-Serums und
über Regeneration durch die Serumtherapie bei über 100 000 Kuren.

... In "Bild" vom 8. Februar 1980 wird unter großer Schlagzeile berichtet, der "Papst
lädt den Arzt ein, der 18 500 Kindern half". Der Arzt ist der Zelltherapeut
Hailer, der diese Zahl auf Anfrage gegenüber dem Pädiater Ewerbeck am 24.3.1980
bestätigt hat. Stein referiert über den 26. Kongreß der Deutschen Gesellschaft
für Zelltherapie. In diesem Referat heißt es: "B. Hailer sprach über die Zelltherapie bei behinderten und mehrfach behinderten Kindern. Aus seinen Erfahrungen, die er in 28 Jahren bei zehntausenden von behandelten Kindern gewann ..."
(Stein 1982).

... Der Arzt Schlebusch berichtet 1982, daß der Akupunkturpunkt eine eigene Psychologie habe, was durch eine Analyse von 18 000 Meßwerten nach dem Croon-Verfah-
ren belegt werde. Croon selbst berief sich in seinen Veröffentlichungen sogar
auf 300 000 Messungen, allerdings ein Jahr später nur noch auf 200 000 Untersuchungen (Leonhardt 1982).

... Im Gegensatz zu den Übertreibungs- und Expansionsbestrebungen hinsichtlich der
Darstellung der "Erfolge" oder der besonderen "Erfahrung" sind bei der Schilde-
rung von Zwischenfällen Verkleinerungs- und Abschiebetendenzen zu beobachten.
Hierauf wurde schon mehrfach, insbesondere im Zusammenhang mit der Zelltherapie,
aber auch mit der Neuraltherapie hingewiesen (Prokop 1977,1980; Oepen 1980,1981;
Raule et al. 1982).

Das alles wirkt auf Laien ungemein, selbst wenn sich manche Arbeiten
und Daten mit Neologismen und ad hoc erfundenen Termini über klare physikalische und physiologische Gesetze hinwegsetzen, worauf der Onkologe
Mayr (1982) kürzlich aufmerksam gemacht hat.

Anregungen zum Verhalten der Ärzteschaft in derartigen Fällen

Aus jahrelanger Erfahrung mit der Materie halten wir es für angezeigt,
Anregungen und Richtlinien zu empfehlen, die aus dem vorherigen abzuleiten sind:

a) Tritt in der Öffentlichkeit ebenso wie unter der Ärzteschaft auf
speziellen Gebieten eines Außenseiterverfahrens Unsicherheit oder Unruhe unter den Patienten auf, so sind Fakultätsgutachten oder Erklärun-
gen hoher wissenschaftlicher Gremien hilfreich. In diesen arbeiten
Fachleute, die nicht leichtfertig Gutachten abgeben, denn es handelt
sich um gewählte und bewährte Wissenschaftler hohen Grades. Hierfür
einige Beispiele:

... 1933 warnte die Tübinger Medizinische Fakultät vor dem Erdstrahlenrummel und
den "Erdstrahlenabschirmgeräten" (s. Prokop u. Wimmer 1977)

... 1958: Nachdem die homöopathische Station der großen Berliner Charieté wegen
therapeutischen Versagens geschlossen worden war, in der Öffentlichkeit aber

weiter für die Homöopathie geworben wurde, gab die Medizinische Fakultät der
Humboldt-Universität zu Berlin eine Erklärung über den pragmatischen Unwert
dieser Therapierichtung ab.

... 1976 und 1978 gab der Wissenschaftliche Beirat der Bundesärztekammer kritische
Stellungnahmen mit Warnungen zur Zelltherapie (1976) und zur Akupunktur (1978)
ab (Dtsch.Ärztebl. 73, 1819,1976; 75,341,1978; 75,1723,1978).

... 1980: Die Klasse für Medizin der Akademie der Wissenschaften der DDR gab eine
Erklärung über die Akupunktur ab, die den Unwert klar herausstellte. (Med aktuell 6,433,1980 sowie Dtsch Med Wochenschr 105:1775,1980).

... 1980: Zahlreiche Ordinarien für Augenheilkunde der Bundesrepublik Deutschland
und Österreichs haben zusammen mit Professoren der Rechtsmedizin eine ganz klare
Stellungnahme abgegeben, in der die Augendiagnose (Irisdeuterei) als völlig un-
brauchbares diagnostisches Verfahren deklariert wird (Rippel-Manss 1981).

Alle erwähnten Warnungen sind heute noch voll gültig, und es ist wichtig, darauf hinzuweisen, daß es so ist. Es gehört nämlich zur Kampf-
taktik der Paramediziner zu sagen: Ja - das war 1933, oder 1976, aber
inzwischen ist "unsere Forschung" weitergegangen und hat einen unglaub-
lichen, nicht geahnten Höhepunkt erreicht.

b) Paramedizinischen "Forschern" sollte in wissenschaftlichen Zeitschriften kein Platz eingeräumt werden, wenn sie haltlose Theorien
vertreten. Ebenso ist es verfehlt, völlig abwegigen und schon vor Jahrzehnten eindeutig widerlegten therapeutischen Verfahren, wie der Homöopathie, Raum im akademischen Unterricht im Sinne einer Lehre zu geben.
Weder der Druck der uninformierten Öffentlichkeit, noch der Druck der
nicht informierten Studentenschaft oder gar sachlich nicht genügend be-
wanderter Abgeordneter darf hier Berücksichtigung finden (Brown 1982;
Schaefer 1980; Sewing 1978). Unbestritten aber muß sein, daß die fra-
genden und unsicheren Studenten Anspruch darauf haben, subtil erläutert zu bekommen, warum das Verfahren untauglich ist, und warum es
schon seit Jahrzehnten aus der Krankenhausmedizin und aus dem Unterricht sowie der wissenschaftlichen Pharmakologie eliminiert wurde. Die
Medizinhistoriker haben den Unterricht praxisnäher zu gestalten. Sie
sollten etwa statt der kuriosen Pulslehre des Galen oder statt der
Medizin des Avicenna (womit sie sich vielleicht gerade habilitiert
haben), die viel wichtigere praxisnähere Geschichte des Franz Anton
Mesmer lehren.

c) Der Unterricht in Psychotherapie und der Umgang mit Plazebos muß an
den Medizinischen Fakultäten immer wieder und in *jedem* therapeutischen
Fach eingehend berücksichtigt werden. Die Wirkungen der Plazebos und
der Plazebomaßnahmen sind ad oculos zu demonstrieren. Spezieller Unterricht in Suggestion, Autosuggestion und Hypnosetherapie etc. muß jedem
Studenten der Medizin den hohen Stellenwert dieser Verfahren zeigen.
Dabei ist zu vermitteln, daß diese Verfahren an verschiedene Vehikel
gebunden werden können, so an Arzneimittelverpackungen, Farben, Nadeln,
Injektionen, magische Beleuchtungen, summende Geräte, Blitze, angeblich
erhöhte Sauerstoffbeibringung, sakrale Medien, geweihte Gegenstände
und gläubige Handlungen, die dem Exorzismus nahekommen (Übersicht bei
Piechowiak 1981).

Die "Letzte Instanz"

Etwas ganz anderes ist es, daß immer in der Medizin, welch hohe Stufe
sie auch erreichen wird, eine "letzte Instanz" (Zauberer) bereit sein
- und geduldet werden muß. Auch "Modeärzte" sollten toleriert werden,

wenn sie genügend Gewissen haben. Die Rechtsmedizin hat dann keinen
Anlaß, hier einzugreifen, wie diese Sphäre auch nicht Gegenstand einer
juristischen Bedrohung sein kann. Es müssen nur bei Überwiegen der ma-
gischen Medizin und bei der Betreibung einer solchen durch "Modeärzte"
ohne Kenntnisse oder auch durch Nichtärzte Grenzen abgesteckt werden,
wenn durch Verhöhnung der klassischen Medizin ein Schaden in der Öffentlichkeit auftritt. Ein solcher Zeitpunkt ist im Augenblick gegeben. Ewerbeck (1982) hat dies neuerdings aus aktuellem Anlaß betont.

Wenn die Gesundheitsbehörden einiger Länder glauben, man könne ohne
Heilpraktiker nicht auskommen (Oepen 1982), so möge man sich darauf
besinnen, daß auch Schneider, Schuster, Klempner, Tischler und Elek-
triker wenigstens Gesellenprüfungen ablegen müssen. Man darf deshalb
erwarten, daß diejenigen, die an lebenden Menschen "arbeiten", wie
Heilpraktiker, Ausbildungen erhalten, die hinsichtlich des Grades der
Leistungsanforderung mindestens an die heranreicht, die Fleischbeschauer am Schlachthof haben, die sich strengen Prüfungen unterziehen müssen. Die Forderung, ebensoviel Kenntnisse der fundierten Medizin erwerben zu müssen wie Hilfskrankenschwestern, wäre ein erster Schritt
in die richtige Richtung.

Literatur

Block S (1979) Erfahrungen aus über 25jähriger Praxis mit der Zelltherapie. Biol Med
 3:392
Brown HG (1982) Unorthodox methods of treatment for cancer. Front Radiat Ther Oncol
 16:184
Ewerbeck H (1982) Paramedizinische Verfahren und ärztliche Ethik. Monatsschr Kinder-
 heilkd 130:78
Hahnemann S (1830-1835) Reine Arzneimittellehre, Bd 2 (Neuausgabe Ulm 1955)
Höveler WV (1974) Behandlung mit aktiviertem Eigenblut. Phys Med Reh 15: (keine
 Seitenangabe im Separatum)
Kramer M, Patschke D, Herget HF (1981) Die Verwendung von Nitroglycerin und der Elek-
 trostimulationschirurgie (offenbar Druckfehler: muß "-anästhesie" heißen!) (ESA)
 in der Herzchirurgie. Zentraleuropäischer Anästhesistenkongreß, Bd 4, Springer,
 Berlin Heidelberg New York, S 117
Leonhardt HW (1982) Elektroneural-Diagnostik und -Therapie nach Croon. Ein pseudo-
 wissenschaftliches Verfahren. Dissertation, Universität Marburg
Mayr AC (1982) Der Krebskranke und sein Arzt im Spannungsfeld von medizinischen und
 paramedizinischen Behandlungsmethoden aus der Sicht des klinischen Onkologen.
 Deutscher Kongreß für ärztliche Fortbildung, Berlin, 1. bis 5. Juni 1982. Der
 Kassenarzt (in Druck)
Oepen I (1980/81) Über Zelltherapie und Zelltherapeuten. Monatsschr Kinderheilkd
 128:453; 129:120
Oepen I (1982) Zur Heiltätigkeit ohne ärztliche Approbation. 12. Kongr. Internat.
 Akad. Gerichtl. Soz. Med., Wien, 17. bis 22. Mai 1982, S 133
Piechowiak H (1981) Die namenlose Pille. Schweiz Med Wochenschr 111:1222
Prokop O (1977) Medizinischer Okkultismus. Fischer, Stuttgart
Prokop O (1980) Paramedizin. Monatsschr Kinderheilkd 128:446
Prokop O, Wimmer W (1977) Wünschelrute, Erdstrahlen, Radiästhesie. Enke, Stuttgart
Raule P, Prokop O, Oepen I (1982) Ein letales "Sekundenphänomen" nach Neuraltherapie
 im Bereich der Halswirbelsäule. Internist Prax 22:165
Rippel-Manss I (1981) Okkultismus und Außenseitermethoden. Wissenschaftliche Medizin
 in der Krise? Nieders Ärztebl 7:239
Ritter H (1972) Homöopathische Propädeutik. Hippokrates, Stuttgart
Schaefer H (1980) Unbehagen mit der Medizin. Landeszentrale für Gesundheitsbildung
 in Bayern, München
Schlebusch KP (1982) Der heutige Stand der Grundlagenforschung in der Akupunktur.
 Ärztezeitschr Naturheilverf 23:259

Sewing KF (1978) Vorsätzliche Irreführung. Dtsch Ärztebl 75:2281
Stein J (1982) Bericht über den 26. Kongreß der Deutschen Gesellschaft für Zell-
  therapie in Frankfurt/Main am 24. und 25. Oktober 1981. Cytobiol Rev 6:42
Überla K (1982) Ungleiche Maßstäbe in der Medizin. Münch Med Wochenschr 124:13
Zimmermann G (1981) Homöopathie und Akupunktur an der Wiener Universität. Pharmazeut
  Z 126:292
Zimmermann M (1978) Gibt es eine physiologische Begründung der Akupunktur? Therapie-
  woche 28:2409

Medizinjuristisches zum gegenwärtigen paramedizinischen Kurpfuschertum

W. Wimmer

Zusammenfassung

Trotz aller Fortschritte der wissenschaftlichen Medizin blüht und gedeiht die Quacksalberei. Nicht nur Laien, sondern auch manche Ärzte bedienen sich paramedizinischer Praktiken, die als geradezu kriminell bezeichnet werden müssen. Es werden Wege aufgezeigt, wie den antisozialen Kurpfuschern mit den Mitteln des geltenden Rechts beizukommen ist. Als Haupthindernis für eine wirksame Bekämpfung der paramedizinischen Scharlatanerien erweist sich immer wieder die Existenz staatlich approbierter "Heilpraktiker", die schon wegen ihrer unzureichenden Ausbildung eine beständige Gefahr für die Volksgesundheit darstellen. Gegen die Humbug-Literatur, die von verantwortungslosen Paramedizinern in steigenden Auflagen unter das Volk gebracht wird, hilft allerdings nur geistige Hygiene durch Aufklärung des Publikums.

Summary

Despite all the progress in scientific medicine, quackery continues to flourish. Not only laymen, but in some cases even members of the medical profession use paramedical practices which must be described as no less than criminal. Means are shown of getting the better of these antisocial charlatans within the framework of the law. Again and again the main obstacle in the way of effectively combating paramedical quackery proves to be the very existence of state-approved "nonmedical practitioners", who, on account of their insufficient training, are a constant threat to public health. The only remedy for the paramedics rubbishy literature with its booming circulation is to enlighten the public and revive mental hygiene.

"Die Kurpfuscherei nimmt zu". Diese Feststellung eines Arztes (Lembeck 1977) kann der teilnehmende Beobachter der gegenwärtigen Medizinszene in der Bundesrepublik nur bestätigen. Kaum ein Tag vergeht, an dem nicht Druckerschwärze für die Propagierung laienhafter Pseudomedizin vergossen wird, und Staatsanwaltschaften und Gerichte registrieren eine stetig schwellende Flut von Prozessen gegen Quacksalber, mit denen verglichen Doktor Eisenbart noch ein harmloser Biedermann war. Es ist hier nicht der Ort, auf die biologischen und gesellschaftlichen Ursachen des Phänomens einzugehen - hierzu sei auf die einschlägige Literatur verwiesen (Prokop 1957,1977,1980, Schaefer 1979 u.a.m.). Für den arztrechtlich interessierten Juristen stellt sich vielmehr in erster Linie die Frage, auf welche Weise die antisozialen Erscheinungen, auf deren Gefahren für die Volksgesundheit insbesondere Rechtsmediziner wiederholt aufmerksam gemacht haben (Glowatzki 1980,1981, Oepen 1980,1981, Prokop 1957,1977,1980, Riese 1980), im Rahmen der Rechtsordnung mit größtmöglicher Effizienz bekämpft werden können.

I. *Was bedeutet Kurpfuscherei?*

Wie immer erscheint es nützlich, sich zunächst die maßgebenden Definitionen zu vergegenwärtigen. Unter "Kurpfuscherei" verstehen wir formal-juristisch: berufs- oder gewerbsmäßige Behandlung kranker Menschen durch Personen ohne entsprechende staatliche Approbation, materiell nach dem Sprachgebrauch: jede Krankenbehandlung entgegen den Regeln der ärztlichen Kunst (lex artis), sei es, daß die Ausbildung für den Einzelfall nicht ausreichte, sei es, daß die Behandlung selbst unsach-gemäß erfolgte. Pfusch in diesem Sinne kann, wie in jedem Beruf, auch bei Ärzten und Heilpraktikern vorkommen.

Hat nun das regelwidrige Vorgehen Methode, so ist der Bereich der sog. Paramedizin betreten. "Para" heißt "daneben". Das Wort ist gut gewählt, denn die Paramedizin liegt immer daneben, außerhalb der gesicherten Erkenntnisse der medizinischen Wissenschaft und der Regeln der ärztlichen Kunst; solche "Außenseitersysteme", deren gemeinsames Kennzeichen darin besteht, daß die spezifische Wirksamkeit ihrer Methoden in bezug auf angegebene Indikationen unbewiesen oder gar widerlegt ist, werden deshalb "von den Vertretern der ärztlichen Wissenschaft weitaus über-wiegend abgelehnt" (vgl. RGSt. 67,24; Glowatzki 1980,1981, Prokop 1957, 1977,1980, Wimmer 1980,1981). Zur Veranschaulichung gleich ein Beispiel:

Ein 71jähriger Handschriftendeuter, der sich selbst zum "Professor" ernannt hatte, machte sich anheischig, mit einem "Radionic-Computer" "Frühdiagnosen" zu erstellen. Ein Blutstropfen des Patienten - es durfte aber auch Speichel oder ein Foto sein - wurde auf den Apparat gelegt. Sodann ließ der "Professor" darüber ein Pendel krei-sen und führte zugleich einen Zeiger an einer Liste wahllos zusammengestellter Krank-heitsbezeichnungen herunter. Wenn das Pendel anfing senkrecht zu schwingen, war die "Diagnose" gestellt. Hierauf fertigte der Behandler sofort aus Zuckerkügelchen, die er einem Waschmitteleimer entnahm, ein "Medikament", indem er die Kügelchen in einen in den Computerkasten eingelassenen Becher legte, wo sie angeblich durch "elektronischen Beschuß" der "Molekularstruktur" des Rohrzuckers zu einem homöo-pathischen Mittel in passender Potenz "umgewandelt" wurden. Auf diese Weise dichtete der "Radioniker" zahlreichen Patienten schwerste Krankheiten an, darunter "Krebs-wucherungen", Leukämie, multiple Sklerose, "Cirrhose der Nieren" und andere lebens-bedrohliche Leiden; eine Frau wurde hierdurch so erschreckt, daß sie in Depression verfiel. 1977 wurde der "Radionikdiagnostiker" - sein "Computer" enthielt lediglich sinnloses Drahtgewirr - wegen Betrugs, Körperverletzung und unbefugter Heilkunde-ausübung zu 1 Jahr Freiheitsstrafe mit Bewährung, Geldbuße und "Berufsverbot" ver-urteilt (1 Ls 38/75 StA Heidelberg).

Hier haben wir den klassischen Fall paramedizinischer Kurpfuscherei vor uns, der typische, häufig wiederkehrende Züge trägt: modern-tech-nische Aufzäumung und pseudowissenschaftliche Ausdrucksweise sollen über die Unsinnigkeit des Ganzen hinwegtäuschen; die zugrundeliegen-den Vorstellungen entstammen okkultistischem d.h. abergläubischem Ge-dankengut.

Nicht immer sind die parawissenschaftlichen Gedankengänge so leicht zu erkennen. Zu ihrer Aufspürung bedarf es oft spezieller Kenntnisse, für deren Vermittlung Rechtsmedizin und Kriminalistik zuständig sind. Mit ihrer Hilfe lassen sich die Indizien ermitteln, welche die falschen Lehren verraten. Auch hierzu wurde Wesentliches bereits veröffentlicht, so daß ich darauf verweisen kann (Gardner 1957, Groß u. Geerds 1977, Gzara 1980, Prokop u. Wimmer 1976,1977, Schäfer 1959 ; vgl. auch Evans 1978 und andere sektenkundliche Darstellungen). An dieser Stelle sei lediglich kurz referiert, welche Verfahren im einzelnen derzeit nach den Erkenntnissen der medizinischen Wissenschaft als paramedizinische Praktiken einzustufen sind. Eine vollständige Aufzählung ist verständ-licherweise nicht möglich, da ständig neue Heillehren dieser Art ent-

stehen und vergehen - der Einfallsreichtum der Grübler und Scharlatane
erscheint unerschöpflich. Die Rechtsmedizin (s. statt aller Oepen 1980,
1981 und Prokop 1957,1977,1980 m. weit. Nachw.) rechnet zur Paramedizin
unter anderem:

Gesundbeten	Geistheilung
Besprechen	spiritistische Heilung
Sympathiezauber	anthroposophische Medizin
Handauflegen	Biorhythmik
Edelsteintherapie	Astromedizin
Magnetopathie	Eigenurinbehandlung
Pendeldiagnostik	Eigenblutbehandlung
Wünschelrutendiagnostik	Lebenswecktherapie
Radionik	Fontanellenbehandlung
Orgontherapie	Akupunktur samt Varianten
Augentraining	Moxibustion
Irisdeuterei	Neuraltherapie und Verwandtes
Aurafotografie	Ozontherapie
Nageldiagnostik	Zelltherapien
Harnschau	Homotoxikologie
außersinnliche Diagnosen	Homöopathie samt Abarten

Die sog. Naturheilverfahren wie physikalische und diätetische Therapie
einschließlich der wissenschaftlichen Phytotherapie gehören nicht hierher, sondern sind anerkannter Bestandteil der wissenschaftlichen Medizin (Nachweise bei Glowatzki 1980,1981). Die Klarstellung erscheint
geboten, nachdem zunehmend mehr Paramediziner diesen Begriff zu usur-
pieren suchen, offenbar um die massenpsychologische Anziehungskraft
des Modeworts "Natur" für sich auszubeuten.

II. *Juristische Bewertung*

Mit der Kennzeichnung eines Verfahrens als "paramedizinisch" ist noch
keinerlei juristische Bewertung verbunden. Vielmehr gilt nach wie vor,
was schon das *Reichsgericht* ausgeführt hat:
"Die allgemein oder weitaus überwiegend anerkannten Regeln der ärztlichen Wissenschaft genießen grundsätzlich keine Vorzugsstellung vor den
von der Wissenschaft abgelehnten Heilverfahren ärztlicher Außenseiter
oder nichtärztlicher Heilbehandler" (RGSt. 67,22). Es ist dies die bekannte geltende Therapiewahlfreiheit (Laufs 1978).

1. Für die rechtliche Behandlung der nicht approbierten Behandler, also
der Kurpfuscher im formellen Sinn, kann es dahingestellt bleiben, ob
die von ihnen angewandten Methoden paramedizinischer Natur sind. Selbst
bei medizinisch einwandfreiem Vorgehen machen sie sich ohne weiteres
nach §§ 1, 5 HeilpraktG wegen unbefugter Ausübung der Heilkunde strafbar, wenn sie berufs- oder gewerbsmäßig zur Feststellung, Heilung oder
Linderung von Krankheiten, Leiden oder Körperschäden bei Menschen tätig
werden. Darunter fällt nach ständiger Rechtsprechung jedes Tun, das bei
den Behandelten den Eindruck erweckt, es ziele darauf ab, sie zu heilen
oder ihnen Erleichterung zu verschaffen (BGHSt. 8,237; BGH, NJW 1978,599;
OLG Bremen, MDR 1957,310; OLG Karlsruhe, Beschl. v. 30.12.1975 - 2 Ws
138/75).

Das Gesetz stellt hier einen verhältnismäßig weiten Tatbestand zur Verfügung, so daß sich bei der Anwendung - außer dem viel zu niedrigen
Strafrahmen - kaum Probleme ergeben. Nach der Rechtsprechung fallen
darunter auch kosmetische Eingriffe (BVerwG, NJW 1966,418 - Warzen-
und Leberfleckenentfernung), individuelle Ernährungsberatung (OLG Stuttgart, NJW 1964,2214), Raucherentwöhnung (AG Kassel, Urt. v. 21.3.1978 -

5O Ls 22797/77), Heilgerätevertrieb nach individueller "Krankheitsbe-
urteilung" (OLG Celle, NJW 1957,1411) sowie Wunderheilung mit vermeintlichen oder vorgetäuschten übernatürlichen Kräften (BGHSt. 8,
237 - Hexenbanner; BGH, NJW 1978,599 - Geistheilung; LG Konstanz,
Urt. v. 9.3.1982 - 5 Ns 219/8O - Geisteroperationen).

Straflos bleibt eigentlich nur die Empfehlung von bekannten Hausmitteln
einfachster Art, die keine besonderen medizinischen Kenntnisse erfordert, vielmehr lediglich auf allgemein bekanntem Wissen beruht, also
wenn etwa ein Drogist seinen Kunden rät, bei akuter Magenverstimmung
Pfefferminztee zu trinken (BGH, Urt. v. 12.7.1957 - 1 ZR 8/56).

Nicht selten versuchen "Wunderheiler" der Strafbarkeit dadurch zu ent-
rinnen, daß sie ihre "Heilmethoden" in "Vorträgen", "Seminaren", "Fe-
rienkursen" u.ä. vor einem größeren Publikum "demonstrieren". Derartige Veranstaltungen dienen jedoch meist nur als Köder für anschließende
individuelle "Beratungen", die dann den Tatbestand erfüllen. Das Gesetz
kann auch nicht mit dem Hinweis auf das Grundrecht der ungestörten Reli-
gionsausübung (Art. 4 II GG) umgangen werden, ein Einwand, den vor allem Gesundbeter und ähnliche Wunderheiler gerne zu erheben pflegen.
Die Tätigkeit dieser Heiler beschränkt sich ja nicht darauf, nach Prie-
sterart die Hilfe Gottes für die Kranken zu erbitten, sondern sie selbst
sind es, die ihrer Behauptung nach über die "heilenden Kräfte" verfügen
und damit Heilbehandlung ausüben (BGH, NJW 1978, a.a.O., zum Fall des
"Wunderheilers von Schutterwald"). Anders bedürfte es nur einer zusätzlichen frommen Geste, um sich gegen die Anwendung des Heilpraktikergesetzes zu sichern - auf das Kreuzschlagen verstehen sich einschlägige
Scharlatane allemal. Eine Krankenbehandlung ist eben keine religiöse
Kulthandlung, auch wenn sie als "Heilgottesdienst" deklariert wird
(LG Konstanz, a.a.O., für philippinische "Geistheilung"). Religion
dient hier nur als Deckmantel für Quacksalberei. Entsprechend kommen
die Geldspenden der Patienten ja auch nicht einer Kultusgemeinschaft
zugute, sondern sorgen als stetig sprudelnde Einnahmequelle für den
Lebensunterhalt des "Heilers", wodurch sie gleichzeitig die Gewerbs-
mäßigkeit seiner Tätigkeit beweisen; auch wenn er das Entgelt nicht
ausdrücklich fordert, sondern bloß entgegennimmt, liegt Gewerbsmäßig-
keit vor (Schönke u. Schröder 1980).

Selbstverständlich ist jeder, der einen derartigen Kurpfuscher durch
Rat und Tat unterstützt, wegen Beihilfe zum Vergehen der unerlaubten
Heilkundeausübung strafbar (§§ 1, 5 HeilpraktG, 27 StGB). Das kann
auch ein Heilpraktiker oder Arzt sein (LG Konstanz, a.a.O.). Da hilft
auch nicht die Einlassung, der nicht approbierte Heiler sei lediglich
als abhängiger "Mitarbeiter" in einer konzessionierten Praxis tätig
geworden. Denn die Ausübung der Heilkunde bedarf nach dem ausdrückli-
chen Wortlaut des Gesetzes auch dann der Erlaubnis, "wenn sie im Dien-
ste von anderen ausgeübt wird" (§ 1 II HeilpraktG).

Sofern sich Kurpfuscher im formellen Sinn und ihre Gehilfen bzw. An-
stifter auf "Verbotsirrtum" berufen, wird dieser grundsätzlich als
vermeidbar anzusehen sein (§ 17 StGB), da jeder Interessent mühelos
bei jedem Gesundheitsamt Auskunft über die Rechtslage einholen kann.
Einem Arzt, der dies unterließ, hat das Landgericht Konstanz dies als
"geradezu leichtfertig" angekreidet (a.a.O.). Ausländischen Kurpfuschern allerdings, insbesondere solchen primitiverer Geistesart - neuerdings werden sogar indianische Medizinmänner eingeflogen - wird man
unzutreffende Informationen durch ihre Manager nicht in jedem Fall ver-
übeln können. Hier hilft die sofortige Ausweisung durch die Ausländer-
behörden wegen "Beeinträchtigung erheblicher Belange der Bunderepublik"
(§ 1O AuslG). Daß die Gefährdung der Volksgesundheit durch Kurpfusche-

rei wesentliche öffentliche Interessen berührt, und daß von Heilbehandlern ohne Approbation immer eine solche Gefährdung ausgeht, bedarf für
Einsichtige keiner besonderen Begründung (Ebermayer 1930).

2. Leider hat das auf den ersten Blick so engmaschig erscheinende Netz
des Heilpraktikergesetzes ein großes Schlupfloch: Ein Kurpfuscher
braucht nämlich nur die Zulassung als Heilpraktiker zu erwirken - und
schon hat er volle Therapiewahlfreiheit! Er muß bloß 25 Jahre alt sein,
die deutsche Staatsangehörigkeit besitzen, die Volksschule besucht haben und darf nicht gerade an ansteckenden Krankheiten leiden (leichte
Vorstrafen schaden nicht), dann hat er einen Anspruch auf die Erlaubnis
zur Heilkundeausübung (§ 2 der 1. DVO z. HeilpraktG i.d.F. v. 18.4.1975,
BGBl. I, 967). Zwar ist auch eine Überprüfung durch das Gesundheitsamt
daraufhin vorgeschrieben, ob der Bewerber als Heilbehandler keine "Gefahr für die Volksgesundheit bedeutet", andererseits darf dies aber
keine Fachprüfung sein (so ausdrücklich einige Ländervollzugserlasse).
Wie jedoch die Volksgesundheit ohne medizinisches Fachwissen gewahrt
bleiben soll, erscheint unerfindlich, weshalb die amtsärztliche "Prüfung" hier nur als Farce betrachtet werden kann. Praktisch können heute
sogar Analphabeten Heilpraktiker werden, so daß durchaus auch primitiven Laienquacksalbern und "Volksmedizinern" die Tür zur Legalisierung
offensteht, wenn sie nur die genannten wenigen Formalbedingungen erfüllen - soweit ersichtlich der einzige Fall in Deutschland, in dem der
Zugang zu einem schwierigen Beruf ohne jeden Nachweis einer Fachqualifikation eröffnet ist.

Es erscheint dies um so bemerkenswerter, als ein solcher "approbierter"
Laienheiler mit Ausnahme einiger weniger Beschränkungen durch das Seuchengesetz, das Geschlechtskrankheitengesetz, das Arzneimittelgesetz,
das Hebammengesetz und die Gesetze über das Bestattungswesen alles machen darf, was dem Arzt zusteht, zum Beispiel:

Operationen	Endoskopie
Anästhesien	Blasenspiegelungen
Blutentnahmen	Röntgendiagnostik
Injektionen aller Art	Laboruntersuchungen
Einrichtung von Knochenbrüchen	Leitung von Kliniken.

Ja, der Heilpraktiker hat sogar mehr Rechte als der Arzt, denn weder
unterliegt er einer Schweigepflicht (s. § 203 StGB) noch ist ihm grundsätzlich die Werbung untersagt (BGH, NJW 1982,1332).

Nach allem kann es keinem Zweifel unterliegen, daß das Ziel des Heilpraktikergesetzes, die unkontrollierte Laienbehandlerei zu beenden,
nicht erreicht worden ist; de facto herrscht heute wieder Kurierfreiheit (Bockelmann 1966, Doepner 1981). Wie das in der Praxis aussieht,
zeige statt vieler anderer der folgende Fall:

Ein ehemaliger Malermeister war Heilpraktiker geworden, um fortan die "Magnetopathie"
auszuüben. Mit einer wünschelrutenähnlichen Vorrichtung aus Kupferdraht und Chromstäben "diagnostizierte" er an Patientenkörpern angeblich krankmachende "Strahlen"
aus "Wasseradern" unter den Betten. Zwecks "Entstrahlung" verkaufte er dann zum Preis
von jeweils DM 150,- (später auch mehr) sog. "Bio-Batterien", kleine, grüne Plastikbehälter, die unter die Matratze gelegt werden sollten; unter den Tisch geklebt, sollten sie auch "das Essen entgiften". Nach Beschlagnahme eines der "Entstrahlungsapparate" stellte ein Rechtsmediziner als Inhalt einige Gummiringe und Glaskügelchen fest.
"Sachverständige" der "Radiästhesie" bestätigten für die Verteidigung die "Wirksamkeit" der "Heilgeräte". Das Gericht folgte jedoch den wissenschaftlichen Gutachtern
und bestrafte den Entstrahlungspraktiker als Betrüger mit DM 7 000,- Geldstrafe
(1 Ns 90/75 StA Heidelberg).

Die Verurteilung wegen Betruges gelang hier nur, weil der Täuschungs-
vorsatz bereits zwingend aus dem Inhalt der Anpreisung zu folgern war
(wozu teure Entstrahlung, wenn nach Sachlage auch bloßes Bettwegrücken
geholfen hätte?). In den meisten Fällen aber, insbesondere wenn die Beschuldigten auf angeblich "wissenschaftliche" Bestätigungen von Außen-
seiterärzten verweisen können, ist der gute Glaube an die "Heilwirkung"
der inkriminierten paramedizinischen Methode nicht zu widerlegen - daß
ein Heilpraktiker als Laie es besser wissen soll als ein akademisch gebildeter Arzt, wird nicht unterstellt werden können. Schon das Reichsgericht hat es zugunsten des Laienbehandlers gewertet, wenn dieser sich
auf Gründe "wissenschaftlich gebildeter Ärzte" verließ (RGSt. 64,272).
Von der Verteidigung wird denn auch in entsprechenden Kurpfurscherpro-
zessen dieser Einwand regelmäßig vorgebracht, so daß auch Fahrlässig-
keitsvorwürfe abprallen.

So konnte beispielsweise ein Heilpraktiker, der Kropfkranke durch Novocainspritzen
direkt in die Schilddrüse und Akupunktur in "den gynäkologischen Raum" paramedizinisch behandelte und dabei eine junge Frau in akute Lebensgefahr brachte - sie wurde
durch eine Notoperation im Krankenhaus in letzter Minute gerettet -, nicht wegen
fahrlässiger Körperverletzung bestraft werden, weil er sich auf ein "Lehrbuch der
Neuraltherapie" eines Arztes beziehen konnte, in welchem ähnlich gefährlich-unsinnige
Methoden propagiert wurden (1 Ns 41/75 StA Mannheim).

Wenn man bedenkt, daß sich für fast alle paramedizinischen Methoden in
Wort und Schrift akademische Befürworter finden, wird man die Schwierigkeiten des Prozedierens gegen die nachahmenden Laien ermessen. Praktisch sind es nur die ganz krassen Fälle, in denen es zur Verurteilung
eines Heilpraktikers kommt. Denn es "kann von dem nichtärztlichen Heilbehandler nicht dasselbe Maß an allgemeiner Ausbildung und Fortbildung
verlangt werden wie vom approbierten Arzt ... Es bedarf vielmehr der
Prüfung, ob und inwieweit der Heilkundige nach seinen persönlichen
Verhältnissen zur Erkenntnis und Erfüllung der im Verkehr erforderlichen Sorgfalt und zur Erkenntnis der ursächlichen Bedeutung seines Verhaltens imstande war" (RGSt. 67,23,25). Von Laienheilern aber wie hier,
an die der Gesetzgeber geringere Anforderungen stellt als an einen
Fleischbeschauer (Prokop 1957,1977,1980), wird man schwerlich solche
Fähigkeiten (Voraussehbarkeit) erwarten dürfen. Allzu häufig stößt der
Untersucher auf die typische Uneinsichtigkeit des Ignoranten, der alles
besser wissen will als der Fachmann; manche Anhänger paramedizinischer
Lehren halten gar ihre Unwissenheit für der Weisheit letzten Schluß und
sind darauf auch noch mächtig stolz, wie dies fanatische Sektierer zu
tun pflegen.

Es liegt auf der Hand, daß die Gerichte in Fällen dieser Art auch nicht
mit dem Korrektiv einer Aufklärungspflicht oder eines Übernahmeverschuldens (vgl. RGSt. 67,24 f.) helfen können. Denn wie soll ein Heilpraktiker, dem selbst alle Aufklärung über die Grundlagen und Erfahrungen der
Medizin fehlt, seinerseits Patienten richtig aufklären? Und müßte nicht
ein solcher Laie, wenn er billig und gerecht dächte, von vornherein jede
Übernahme einer Heilbehandlung ablehnen, einfach weil er mangels Fach-
kenntnissen ja gar nicht in der Lage ist, Kranke lege artis zu behandeln
(vgl. Schleyer 1952). Schwer vorstellbar ist schließlich der Inhalt des
zivilrechtlichen Behandlungsvertrags mit einem Heilpraktiker, der - wie
bekanntlich die meisten dies tun - nach paramedizinischen Methoden vor-
geht. "Sorgfältige Behandlung nach den Regeln der ärztlichen Kunst"
(so Narr 1977 für den Arztvertrag) wird hier ja wie dargelegt nicht geleistet, ebensowenig eine "Diagnose nach dem Stand der Wissenschaft"
(Laufs 1978). Was Paramediziner bieten, ist allenfalls eine symptomati-
sche Therapie mit ungewissem (Placebo-)Effekt, wodurch vorhandene Erkrankungen übersehen werden können, die dann durch Nichtbehandeln möglicherweise zu irreparablem Siechtum oder verfrühtem Tod führen (vgl.

BGH, NJW 1978,600). Es darf bezweifelt werden, daß ein Patient, und
sei er noch so verzweifelt, einen Vertrag dieses Inhalts zu schließen
gewillt ist. Denkt man die Situation logisch zu Ende, so liegt jedes-
mal entweder Dissens oder aber arglistige Täuschung vor, so daß im
Ergebnis der Patient die Zahlung des Honorars verweigern kann (§§ 119,
121,123,155 BGB). Der Behandlungsvertrag ist überdies nichtig, wenn
etwas naturwissenschaftlich Unmögliches versprochen ist, wie z.B. eine
"exakte" Augendiagnose, eine Teufelsaustreibung, eine Geisteroperation
oder ähnliche okkultistisch-parapsychologische "Leistungen" (§ 306 BGB):
"impossibilium nulla obligatio est" - wenn ein Haus abgebrannt ist,
kann es nicht mehr verkauft werden, entschieden schon die alten Römer
(D. 44,7,1,9; 50,17,185).

Hier werden also nicht nur Gefahren für den Patienten sichtbar, sondern
auch Nachteile für den gutgläubigen Heilpraktiker, der auf die Seriosi-
tät paramedizinischer Methoden vertraut und schließlich für die Mängel
des Heilpraktikergesetzes nicht verantwortlich gemacht werden kann.
Ob dies dennoch die Absicht des Gesetzgebers war, derzufolge, wie seinerzeit zynisch formuliert wurde, jenes Gesetz zugleich "Wiege und Grab"
des Heilpraktikerstandes sein sollte? (vgl. Rabe 1978).

3. Klarer und für die Patienten vorteilhafter ist die Rechtslage beim
paramedizinisch behandelnden Arzt. Zwar steht auch und gerade ihm die
Therapiewahlfreiheit zu, und es kann im Einzelfalle nicht etwa schon
deswegen fahrlässige Körperverletzung oder Tötung angenommen werden,
weil die gewählte Außenseitermethode erfolglos blieb (RG, JW 1930,1595;
RGSt. 64,266). Das ist aber nur der Grundsatz! Kein Recht ist schran-
kenlos, und auch der Arzt muß sich, wie jeder Bürger, an die Grenzen
halten, die die Rechtsordnung auch seinen Freiheiten setzt. Dies zur
Entgegnung auf jüngste abwegige Versuche interessierter Kreise, den
Außenseiterarzt im Ergebnis zum Herrn über Willen und Leben des Patienten zu erheben. Was zum Wohl des Kranken ist - und salus aegroti
ist bekanntlich suprema lex -, das bestimmt noch immer zuerst dieser
selbst und erst dann der Arzt, hinterher aber möglicherweise der Richter. Ein angenommener Extremfall mache dies evident:

Einige der kürzlich von der Weltgesundheitsorganisation der Aufmerksamkeit der Ärzte
anempfohlenen exotischen Medizinmänner pflegen noch die steinzeitliche Schädeltrepana-
tion, um Kopfweh verursachende "Plagegeister" auszutreiben. Jüngst wurde von einer
solchen paramedizinischen Operation an einem kleinen Jungen berichtet: "Den Neunjäh-
rigen, der nicht betäubt wurde, hielten 6 Erwachsene, während der Medizinmann den
schreienden Jungen 2 Stunden lang operierte. Der Medizinmann spaltete die Kopfschwar-
te mit einer Rasierklinge an der verletzten Stelle, dann schabte er die Schädelkno-
chen Schicht für Schicht mit primitiven Schabmessern ab" (Welt v. 2.1.1981).

Angenommen, ein Paramediziner wollte dieses "Heilverfahren", vielleicht
als "Ergänzung" zur "Geistchirurgie", bei uns einführen - es bestehe
doch Therapiewahlfreiheit!?

Die Antwort ist klar: Diese Freiheit bedeutet ebensowenig wie alle anderen Freiheiten einen "Freibrief für Gewissenlosigkeit; die im Verkehr
erforderliche Sorgfalt muß auch ... von approbierten Ärzten beobachtet
werden" (RGSt. 67,22). Man sollte meinen, daß dies für jeden redlich
Gesinnten eine Selbstverständlichkeit darstellt, und es stimmt traurig,
daß für derlei Hinweise heute begründeter Anlaß besteht.

Nähere Anhaltspunkte zur Beurteilung der Sorgfaltspflicht bei Paramedizinern liefert wieder das Arztvertragsrecht. Der Patient darf vom approbierten Arzt schon auf Grund von dessen wissenschaftlicher Ausbildung
eine wissenschaftlich fundierte Behandlung erwarten; dies ist seine
Vertrauensbasis (Lembeck 1977). Wer sich als Arzt niederläßt, verspricht

ja nicht unwirksame, unnötige oder schädliche Behandlungen, sondern
außer Diagnosen nach dem neuesten Stand der Wissenschaft die jeweils
wirksamste, einfachste, schnellste und schonendste Therapie nach den
Regeln der ärztlichen Kunst (Laufs 1978).

Entsprechend hat denn auch die höchstrichterliche Rechtsprechung in
Strafsachen der Therapiewahlfreiheit Grenzen gesetzt. Schon das Reichsgericht hat entschieden, daß der Arzt grundsätzlich verpflichtet ist,
das Mittel anzuwenden, das in casu im Verhältnis zu allen anderen als
besonders wirksam anerkannt ist, auch wenn er selbst Anhänger eines anderen Heilverfahrens ist (RGSt. 74,60). Der Bundesgerichtshof hat das
dann in seinem grundlegenden Homöopathie-Urteil vom 30.9.1955 präzisiert:
"Erkennt (d)er (Arzt) aber oder muß er erkennen, daß seine Heilmethode
in einem bestimmten Fall nicht ausreicht oder Schiffbruch erleidet, so
muß er, namentlich bei gefährlichen Krankheiten, wenn für deren Behandlung noch ein anderes, weit verbreitetes und erprobtes Verfahren in
Frage kommt, entweder dieses anwenden oder die Behandlung aufgeben oder
mindestens einen Facharzt hinzuziehen" (BGH, LM Nr. 6 zu §§ 230,222
StGB). "Auch ein Arzt, der im Gegensatz zur sog. Schulmedizin steht,
darf sich über deren Erfahrungen nicht hinwegsetzen" (BGH, NJW 1960,
2253 für Augendiagnose und "biologische" Krebstherapie). Wie die Sach-
verhalte aussehen, die nach diesen Grundsätzen abgeurteilt werden, lehre folgender Fall aus neuerer Zeit:

Ein 62jähriger homöopathischer Arzt, Dr. med., "behandelte" eine an Malaria tropica
erkrankte 23jährige Studentin so lange mit homöopathischen "Potenzen" von Zaunrübe
und Nieswurz, bis sie starb; eine Blutuntersuchung unterließ er trotz Aufforderung
der Angehörigen. Zu seiner Verteidigung brachte er vor, er sei überzeugter Anhänger
der "Naturheilkunde" und verschreibe seit mehr als 20 Jahren homöopathische Arzneimittel. Für ihn seien die Krankheitsbezeichnungen der "Schulmedizin" ohne Bedeutung,
allein die "Symptome" seien wichtig. Das zuständige Schöffengericht verurteilte diesen Paramediziner unter Zitierung der vorerwähnten Präjudizien des Bundesgerichts-
hofs und des Reichsgerichts wegen fahrlässiger Tötung zu DM 9 000,- Geldstrafe
(6 Ls 64/78 StA Göttingen).

Der die Haftung auslösende Kunstfehler lag in diesem Fall nicht erst
in der unsinnigen homöopathischen Therapie, sondern bereits im Unterlassen der indizierten wissenschaftlichen Diagnosestellung, das wiederum durch die paramedizinischen Glaubensvorstellungen des Angeklagten bedingt war. Der Verstoß gegen die lex artis ist hier also in dem
sturen Festhalten an der Außenseitermethode selbst zu erblicken (vgl.
Narr 1977). Zugleich wurde dadurch die in concreto erforderliche Sorgfaltspflicht verletzt, und zwar schuldhaft, denn den Erfahrungen der
medizinischen Wissenschaft in den letzten 20 Jahren durfte sich auch
dieser Außenseiterarzt nicht verschließen, auch nicht aus "Bequemlich-
keit, Eigensinn oder Hochmut" (RGSt. 67,23). Der Fall lehrt im übrigen
auch, wie abwegig die gelegentlichen rabulistischen Versuche von Außen-
seiterverteidigern sind, bei solchen Sachverhalten den Begriff "ärztliche Kunstregeln" abkoppeln zu wollen. Denn wie die Kunst im Einzelfall
auszuüben ist, bestimmt sich doch nach dem vorliegenden allgemeingülti-
gen Wissen - wer ohne oder gegen alle wissenschaftlichen Erkenntnisse
praktiziert, der verstößt gewiß gegen alle Regeln der Kunst. Das sind
gerade die klassischen Fälle der paramedizinischen Kurpfuscherei!

Hinzu kommt noch folgendes: Vielfach ist auch die vorgeschriebene sach-
gemäße Aufklärung des Patienten unterblieben, so daß zudem die Einwilligung in die paramedizinische Behandlung fehlt. Die Aufklärungspflicht
verlangt bekanntlich vom Arzt, daß er den Patienten über Art und Weise,
Erfolgsaussichten und Risiko der Behandlung wahrheitsgemäß informiert
(Laufs 1978). Dazu gehört aber auch die Mitteilung, daß und warum das
beabsichtigte Verfahren "von den Vertretern der ärztlichen Wissenschaft

weitaus überwiegend abgelehnt wird" (RGSt. 67,24; vgl. auch BGH, NJW
1978,1206), also etwa: daß nach der weitaus überwiegenden Ansicht der
wissenschaftlichen Medizin u.U. eine Aspirintablette denselben Dienst
leistet wie eine Akupunktur, nur weit ungefährlicher, schmerzloser und
billiger (s. Lembeck 1977) u.ä.. Unterbleibt solche Aufklärung über
den paramedizinischen Charakter der angewendeten Methode, so haftet
der Außenseiterarzt im Schadensfalle nicht anders als der "Schulmedi-
ziner", der seine Aufklärungspflicht verletzt hat.

Damit keine Mißverständnisse entstehen: Paramedizinische Behandlungen
sind per se keineswegs verboten; der Arzt darf sie grundsätzlich frei
wählen. Die "Feuerprobe der kritischen Situation" kommt erst im Scha-
densfall. Dann erst wird ex post vom Gericht geprüft, ob nicht ein Ausnahmefall vorlag, der nach der oben zitierten Rechtsprechung sub casu
die Therapiewahlfreiheit des Arztes einschränkte. Dies ist das besondere persönliche Risiko, das der Außenseiterarzt eingeht.

Verschärfend tritt hinzu, daß die Gerichte selbstverständlich nur Vertreter der wissenschaftlichen Medizin als Gutachter berufen werden.
Das ergibt sich schon aus dem Begriff des gerichtlichen Sachverständigen. Dessen Aufgabe besteht ja vornehmlich darin, aus seinem eigenen
besonderen Fachwissen dem Richter die zur Beurteilung eines bestimmten
Sachverhalts erforderlichen Erfahrungssätze, die dieser nicht kennt,
zu vermitteln (BGHSt. 3,28; 9,292; Schmidt 1957). Sachverständige können somit nur Wissenschaftler sein, da Parawissenschaftler infolge ihrer Ablehnung gültiger wissenschaftlicher Erkenntnisse gar keine Erfahrungssätze zu bieten haben, die der Richter für sein Urteil verwerten
könnte. Deshalb dürfen z.B. "Parapsychologen" nicht als Sachverständige
vor Gericht zugelassen werden, sie wären ein "völlig ungeeignetes Be-
weismittel" (BGH, NJW 1978,1207). Für den Bereich der Paramedizin hat
das Bundessozialgericht es entsprechend bereits ausdrücklich gebilligt,
daß ein Gericht zur Urteilsfindung als Gutachter nur allgemein aner-
kannte Vertreter der "Schulmedizin" (d.h. der wissenschaftlichen Medizin) herangezogen und Anhänger von Außenseitermethoden abgelehnt hat
(BSozG, Beschl. v. 14.3.1975 - 3 RK 38/73 - Elektroneuraltherapie).

Nur die berufenen wissenschaftlichen Sachverständigen, also neben den
einschlägigen Fachgelehrten vor allem die in Kurpfuschersachen erfahrenen Rechtsmediziner, vermögen denn auch die besonderen Schutzbehaup-
tungen zu parieren, die uns in Prozessen gegen Paramediziner entgegengehalten zu werden pflegen. Inzwischen haben sich auch Kriminalisten
mit den Denkfiguren vertraut gemacht, an denen man die eigenartigen
parawissenschaftlichen Argumentationsweisen mit ihrer vorwiegend magi-
schen Glaubenshaltung erkennen kann, so daß im Gegensatz zu früher,
als es noch regelrechte Außenseiterlehrstühle gab, die Chancen für
eine sachgerechte Beurteilung zumindest der Arztfälle dieses Bereichs
durchaus gestiegen sind (vgl. Prokop u. Wimmer 1976,1977; Schäfer 1959).

III. *Was zu tun bleibt?*

Ungelöst erscheint vor allem das Laienheilerproblem. Wie gezeigt wurde,
hat das Heilpraktikergesetz die Kurpfuscherei nicht eingedämmt, sondern
im Gegenteil noch begünstigt, indem es fachlich unqualifizierten Personen die Möglichkeit zur Heilkundeausübung einräumte. Wenn man liest,
was beispielsweise Byhan u. Wolf (1974) Bizarres und Wunderlich-Grotes-
kes aus der "Praxis" heutiger Heilpraktiker zu berichten wissen, fühlt
man sich an Ebermayers (1930) Klage über die Laienbehandler vor 50 Jahren erinnert, als er schrieb:

"Die meisten dieser Personen entbehren nicht nur jeder Allgemeinbildung, sie haben
auch keine Ahnung vom Bau des menschlichen Körpers und seiner Funktionen, von Entstehung, Natur, Behandlung, Verhütung von Krankheiten; sie haben weder die Fähigkeit,
richtig zu diagnostizieren noch zu behandeln. Trotzdem ziehen sie alle Krankheiten
in den Kreis ihrer oft verderblichen Tätigkeit. Augen- und Ohrenkrankheiten, Lungen-,
Leber- und Nierenleiden, Nerven- und Rückenmarkerkrankungen, Krebs- und Frauenleiden,
Arm- und Beinbrüche, alles wird behandelt. Man diagnostiziert aus den Augen, aus der
Hand, aus dem Urin ..."

Der Mißstand vergrößert sich derzeit fast täglich durch einen stetig
steigenden Zustrom weiterer unqualifizierter Bewerber aus "Schnellkur-
sen", die sogar von Teilen der Heilpraktikerschaft selbst als unseriös
angeprangert werden (Rabe 1978). Schon beläuft sich die Zahl der in der
Bundesrepublik zugelassenen Heilpraktiker auf über 7 000 gegenüber weniger als 3 000 vor 10 Jahren! (Kuni et al. 1982). Die ungeheuren Gefahren für die Volksgesundheit, die sich hier abzeichnen, vermag jeder Einsichtige zu ermessen. Es vergeht denn auch heute regelmäßig nur kurze
Zeit, bis wieder ein neuer Heilpraktiker-Zwischenfall bekannt wird.
Die Gerichte jedoch sind praktisch ohnmächtig, da wie geschildert die
zur Verurteilung erforderliche Voraussehbarkeit des Unheils nur selten
nachzuweisen ist.

Kein Wunder, daß alle Sachkenner seit eh und jeh einmütig auf endliche
Abhilfe durch den Gesetzgeber gedrungen haben (Doepner 1981; Bockelmann 1966; Falk 1982; Krein 1982; Oepen 1980,1981; Riese 1980; Schleyer
1952). In der Tat ist es nicht einzusehen, weshalb ausgerechnet auf
dem diffizilen und schwierigen Gebiet der Medizin, wo mit Leib und Leben der Kranken kostbarste Rechtsgüter auf dem Spiel stehen, nicht gelten soll, was schon Aristoteles sagte: "Nur der Fachmann ist zu fragen!"
Für Laien kann es doch in der Medizin des 20. Jahrhunderts keinen Platz
mehr geben - einen solchen Anachronismus können wir uns schon aus Verantwortung für das Wohl der leidenden Mitmenschen nicht leisten. Entgegen interessierten Behauptungen besteht auch gar kein objektives
Bedürfnis des Publikums nach Laienpfuschern, sondern allenfalls ein
Verlangen nach Zuwendung und Geborgenheit, nach Spenden von Trost und
Hoffnung im Leiden, das erwiesenermaßen auch vom Arzt erfüllt werden
kann, wenn er - wie es seit jeher zu seiner Sendung gehört - über den
Stellenwert des Irrationalen in der Heilkunst Bescheid weiß (vgl. schon
Liek 1927).

Der Gesetzgeber sollte sich daher endlich aus seiner bisherigen Enthalt-
samkeit aufraffen und die Radikalkur verordnen, welche die allermeisten
Kulturstaaten längst erfolgreich hinter sich gebracht haben: das aus-
nahmslose Verbot *aller* gewerbsmäßigen Krankenbehandlung durch Laien.
Auf "Heilpraktiker" sollte für die Zukunft verzichtet werden. Die Kompetenz dazu ergibt sich für den Bundesgesetzgeber aus Art. 74 Nr. 19 GG.
Danach kann der Gesetzgeber als sog. subjektive Zulassungsvoraussetzung
für die berufs- und gewerbsmäßige Ausübung der Heilkunde ein abgeschlos-
senes Medizinstudium verlangen, ohne das Grundrecht der freien Berufs-
wahl zu tangieren (BVerwGE 4,255).

Im übrigen sollte man zunächst versuchen, mit den bestehenden Gesetzen
auszukommen. Ärzte sind im allgemeinen genügend kenntnisreich, um im Einzelfall die Grenzen ihrer Therapiewahlfreiheit erkennen zu können. Auch
den Außenseitern, die an ihre paramedizinischen Systeme glauben, ist ja
der ehrliche Heilwille nicht abzusprechen, und in den Fällen, in denen
lege artis, nach korrekter Diagnose, lediglich eine psychosomatische Beeinflussung angezeigt ist, können ihre "Mittel" als psychotherapeutische
Vehikel durchaus Heilsames bewirken - hier wird niemand einen Vorwurf erheben. In dem Augenblick aber, wo nach dem Prinzip "Ut aliquid fiat" verfahren wird und das spezifisch unwirksame, lediglich als Placebo dienende

Mittel zugleich gefährlich oder gar schädlich ist, verstößt der Anwen-
der gegen den Grundsatz der Arztethik, der da lautet: Primum nil nocere.
Wenn ein dünnes homöopathisches Kräuterwässerchen oder ein zeremoniell-
betuliches Herumhantieren mit einem harmlosen Metallstäbchen genügt,
warum dann schmerzhafte Stiche in verwundbare Nervenknoten oder lebens-
gefährliche Einspritzungen tierischen Gewebes? Zumindest das Verständnis für diese einfachen Unterscheidungen wird man von einem geistesge-
sunden Arzt erwarten dürfen. Andernfalls wäre zunächst, wie dies jeder
Untersucher zugunsten eines Beschuldigten tun muß, zu überlegen, ob
nicht der Behandler selbst einer Behandlung bedarf; wenn auch die
Psychiatrie ihre Mängel haben mag, so weiß sie doch um die Probleme
und Möglichkeiten auch in diesem Bereich einigermaßen Bescheid. Erst
wenn auch hier alles ohne Befund bleibt, muß an eine strafrechtliche
Überprüfung gedacht werden. Man kann es drehen und wenden wie man will:
Der Arzt, der weiß oder in Kauf nimmt, daß eine Methode nicht nur wirkungslos, sondern auch schädlich ist, und sie trotzdem anwendet, um sich
zu bereichern, begeht "nur noch Betrug, und zwar in seiner schäbigsten
Form, Betrug am leidenden und deshalb opferbereiten Mitmenschen" (Ewerbeck 1982).

Es sollte Sache der ärztlichen Ausbildung sein, diese Probleme der sog.
Paramedizin schon dem Medizinstudenten nahezubringen; insbesondere dürften frühzeitig vermittelte Kenntnisse in medizinischer Psychologie und
Psychotherapie einen wirksamen Schutzwall gegen spätere kritiklose Übernahme von Außenseiterverfahren bilden. Krassen Mißbräuchen sollte die
Standesaufsicht mehr Aufmerksamkeit schenken als bisher. Es dürfte dies
kaum zusätzlichen Aufwand erfordern, handelt es sich doch nur um wenige
schwarze Schafe gegenüber der überwältigenden, "weitaus überwiegenden"
Mehrheit der redlichen Ärzte.

Schließlich bleibt jeder Einsichtige aufgerufen, von seiner Freiheit
der Meinungsäußerung Gebrauch zu machen, wo es notwendig erscheint,
um paramedizinischen Unsinn und Schwindel öffentlich zu entlarven.
Auch dadurch können Menschenleben gerettet werden. Weder durch Träg-
heit noch durch Drohungen dürfen wir uns davon abhalten lassen, unsere
Meinung zu sagen und den Hohlköpfen, die heutzutage die gefährlichsten
Dummheiten im salbungsvollen Ton der Weisheit versilbern möchten, coram
publico ins Gesicht zu lachen - die Pressefreiheit ist schließlich für
alle da, auch für die Kritiker. Blödsinn und Schlechtigkeit erledigen
sich ja nicht von selbst, im Gegenteil, sie wuchern und breiten sich
aus wie Unkraut, wenn man sie nicht bekämpft. Wie schon Edmund Burke
sagte: "The only thing necessary for the triumph of evil is for good
men to do nothing."

Literatur

Bockelmann P (1966) Das Ende des Heilpraktikergesetzes. NJW 19:1145
Byhan I, Wolf H (1974) Deutschland, deine Wunderheiler und Außenseiter der Medizin.
   Ratisbona, Regensburg
Doepner U (1981) Heilpraktikerwerbung, GRUR 83:546
Ebermayer L (1930) Fünfzig Jahre Dienst am Recht. Gretlein, Leipzig
Evans C (1978) Cults of unreason. London
Ewerbeck H (1982) Paramedizinische Verfahren und ärztliche Ethik. Monatsschr Kinder-
   heilkd 130:78
Falck I (1982) In der Medizin ist kein Platz für Heilpraktiker. Berl Ärztekammer
   19:567
Gardner M (1957) Fads and fallacies in the name of science, 2. Aufl. Dover, New York
Glowatzki G (1980) Schulmedizin - Außenseitermedizin. Ist eine Synthese möglich?
   Med Klin 75:170
Glowatzki G (1981) Zur Frage der Naturheilverfahren. Hospitals 31:687

Groß H, Geerds F (1977) Handbuch der Kriminalistik, Schweitzer, Berlin, 10. Aufl

Gzara M (1980) Scharlatanerie. Zur Sprache und Beweisführung pseudowissenschaftlicher Literatur. Dissertation, Universität Marburg

Krein P (1982) Unterstützung der Selbsttherapie. Berl Ärztekammer 19:567

Kuni H, Oepen I, Becker P (1982) Der staatliche Qualifikationsanspruch an die Ausübung der Heilkunde. Arzt i. Krankenh 5:286

Laufs A (1978) Arztrecht, 2. Aufl. CH Beck, München

Lembeck F (1977) Die Kurpfuscherei nimmt zu. Wien Med Wochenschr 127:671

Liek E (1927) Der Arzt und seine Sendung, 5. Aufl. Lehmann, München

Narr H (1977) Ärztliches Berufsrecht, 2. Aufl. Deutscher Ärzte-Verlag, Köln

Oepen I (1980) Zum Problem der Außenseitermethoden in der Medizin. Med Welt 31:1106, 1150

Oepen I (1980) Paramedizinische Heilmethoden. ZFA (Stuttgart) 56:1375

Oepen I (1981) Brauchen wir eine "alternative Medizin?" Fortschr Med 99:1759

Prokop O (1957) Kurpfuscher. In: Ponsold A (Hrsg) Lehrbuch der gerichtlichen Medizin, 2. Aufl. Thieme, Stuttgart

Prokop O (1977) Medizinischer Okkultismus, Paramedizin, 4. Aufl. Fischer, Stuttgart

Prokop O (1980) Paramedizin, Monatsschr Kinderheilkd 128:446

Prokop O, Wimmer W (1976) Der moderne Okkultismus. Stuttgart, Fischer

Prokop O, Wimmer W (1977) Wünschelrute, Erdstrahlen, Radiästhesie, 2. Aufl. Enke, Stuttgart

Rabe F (1978) Berufskunde für Heilpraktiker, 6. Aufl. Pflaum, München

Riese M (1980) Zur Heiltätigkeit ohne ärztliche Approbation. Dissertation, Universität Marburg

Schäfer H (1959) Der Okkulttäter. Kriminalistik Hamburg

Schaefer H (1979) Plädoyer für eine neue Medizin. Piper, München

Schleyer F (1952) Wann verhält sich ein nicht approbierter Krankenbehandler strafrechtlich fahrlässig? Med Welt 3:161

Schmidt E (1957) Lehrkommentar zur Strafprozeßordnung. Vandenhoeck & Ruprecht, Göttingen

Schönke A, Schröder H (1980) Kommentar zum Strafgesetzbuch, 20. Aufl. Beck, München

Wimmer W (1980) Schwindel in der Medizin aus der Sicht des Juristen. Med Welt 31:413

Wimmer W (1980) Ärztliche Außenseitermethoden in juristischer Sicht. Monatsschr Kinderheilkd 128:459

Wimmer W (1981) Magische Heilmethoden vor dem Forum des Kriminologen. Niedersächs Ärztebl 9:302

Arztrecht und Versicherungsmedizin

Der Organisationsfehler —
Utilisationsbegriff in der gerichtlichen Medizin

K. Jaegermann und Z. Marek

Zusammenfassung

Ärztliche Fehler beruhen nicht immer nur auf falschen diagnostisch-therapeutischen
Maßnahmen oder mangelhafter Ausführung ärztlicher Verordnungen. In manchen Fällen
führen vielmehr auch Verstöße gegen Regelungen des Gesundheitswesens zu Fehlbehand-
lungen von Patienten. Als Ursache hierfür kommen die Mißachtung der Organisations-
struktur, der Kompetenzverteilung und des Informationsflusses in Betracht. Es wird
vorgeschlagen, den Begriff "Organisationfehler" in die gerichtsärztliche Begutachtung einzuführen, wobei er im weiteren Sinne dem ärztlichen Kunstfehler zugerechnet
werden kann.

Summary

Medical errors are not only constituted by the wrong diagnostic or therapeutical
measures or misapplication of medical regulations. In certain cases violation of
the regulations of the health system can lead to the wrong medical treatment
being given to patients. Disregard of organizational structure, distribution of
responsibility, and flow of information come into consideration as the cause of
this. It is suggested that the term "organizational error" be added to the assessment of legal medicine whereby it can in. the widest sense be attributed to an un-
intentional doctor's mistake.

Der Vorschlag, den Begriff Organisationsfehler im Gesundheitswesen einzuführen, besitzt einen zweifachen Ursprung: den praktischen und den
theoretischen.

Einerseits nämlich tauchen in den an die Sachverständigen gerichteten
Fragen die Probleme des möglichen Kausalzusammenhangs zwischen dem
Schaden eines Patienten und eindeutigen organisatorischen Unzuläng-
lichkeiten im Gesundheitswesen auf.

Andererseits sind wir Zeugen davon, wie sich ein System von Begriffen
und Behauptungen konkretisiert, die insgesamt als das Wissen über das
Leiten und Verwalten bezeichnet werden.

Im Lichte dieses Wissenschaftszweiges kommt eine Lücke in der Begut-
achtungsdoktrin in Bezug auf die sogenannten ärztlichen Angelegenheiten
zum Vorschein. Dies kann durch die Tatsache erklärt werden, daß die
organisatorische Geschicklichkeit des Mitarbeiters im Gesundheitswesen
unter den Ärzten kein hohes Ansehen genießt.

Sie wird - zu Unrecht - als minderwertige Tätigkeit, gewissermaßen
zweitrangig, als etwas anderes und schlechteres als die typische Heil-
praxis betrachtet. Dieser Zustand ergibt sich wohl aus der historisch
bevorzugten zweigliedrigen Relation: Arzt - Patient.

Anfangs schien es manchen, daß es gelingen würde, diese für den Patienten psychologisch günstigste Relation zu behaupten. Das Leben hat aber diesen Standpunkt Lügen gestraft. Willig oder unwillig müssen der heutige Arzt und der heutige Patient sich den Gesetzmäßigkeiten der dreigliedrigen Relation: Institution - Arzt - Patient fügen. Auf diese Weise gelangen Subjekt und Objekt des therapeutischen Prozesses in das Getriebe der Organisation.

Die in Kurzfassung geschilderte Situation entspricht der hoch formalisierten sozialistischen Struktur des Gesundheitswesens und erklärt das Auftreten einer Begriffslücke in der gerichtsärztlichen Begutachtung. Man muß sich dessen bewußt werden, daß, bis entsprechende doktrinäre Regeln ausgearbeitet sind, diese Lücke intuitive, von Juristen vertretene Meinungen und intuitive Begründungen die Gerichtsurteile ausfüllen werden.

Der Versuch, den Begriff Organisationsfehler im Gesundheitswesen zu erklären, erfordert, zum grundlegenden allgemeinen Begriff Kunstfehler zurückzugreifen. Die Entwicklung der Medizin verursachte, daß dieser klassische Begriff in der polnischen Rechtsanwendung verschiedenen Modifikationen unterlag. Juristen und Ärzte haben vielmals über die Kriterien dieses Fehlers diskutiert, was letzten Endes weniger zu Lösungen, als eher zur Verwässerung dieses wichtigen Begriffs geführt hat. Immer schwieriger wurde es, die These über Annahme oder Ablehnung des ärztlichen Fehlers zu erklären. Die meisten Mißverständnisse verursachte das Wort "Kunst". Die Sachverständigen können ja nicht ein Gutachten über die Erfüllung oder Nichterfüllung der Regeln der "medizinischen Kunst" abgeben. Ihre Erkenntnis- und Interpretationsmethode ist doch die Wissenschaft. Es scheint also, daß die Versuche, den Begriff Kunstfehler weiter teilweise zu modifizieren, nicht zu zufriedenstellenden Ergebnissen führen. Man muß sich zu einer Innovation entschließen.

Wir stellen also den Vorschlag einer neuen Gliederung vor. Wir vertreten die Meinung, daß man anstelle des Kunstfehlers ein semantisch umfangreicheres Wort einführen soll, nämlich:
der *medizinische Fehler*, der sich aus a) dem ärztlichen Fehler, alle unrichtigen diagnostisch-therapeutischen Entscheidungen betreffend, b) dem technischen Fehler, alle inkorrekten Arten der Ausführung von ärztlichen Entscheidungen betreffend, und c) dem organisatorischen Fehler zusammensetzen würde.

Zum organisatorischen Fehler würde man alle Abweichungen von den Prinzipien der Steuerung und Verwaltung eines Kollektivs zählen, in deren Rahmen die Ärzte Entscheidungen treffen, welche durch verschiedene Mitarbeiter des Gesundheitswesens realisiert werden.

Der auf diese Weise abgegrenzte organisatorische Fehler kann weiter mit Hilfe von drei Elementen und zwei Kategorien beschrieben werden:

Die für das Gesundheitswesen wesentlichen organisatorischen Elemente sind:

- Struktur
- Kompetenzverteilung und
- Informationsdurchfluß.

Die Abweichungen von diesen Elementen der Organisation können zwei Formen annehmen, bzw. in zwei Kategorien betrachtet werden:

a) als Nichtbeachtung von Regeln, Normen, bzw. Ordnungen, die unter den Bedingungen der typischen Ereignisse den Ablauf organisieren, oder

b) als unbegründete organisatorische "Steifheit", d.h. Unfähigkeit,
   von den Regeln im Falle einer untypischen, besonderen Situation
   abzugehen.

Würde man diese allgemeine, auf die Prinzipien der Steuerung und Verwaltung gestützte Konzeption auf die Bedürfnisse der polnischen gerichtsärztlichen Begutachtung übertragen, könnte man - wie uns scheint - einige Typen des organisatorischen Fehlers beschreiben, sowie auch die Zusammenhänge dieses Fehlers mit dem ärztlichen und dem technischen Fehler
bestimmen.

Wie es sich aus unserer Begutachtungspraxis ergibt, beruht der häufigste organisatorische Fehler auf der Verletzung der ordnungsgemäßen Kompetenz des diensthabenden Arztes im Empfangsraum eines Krankenhauses.
Das grundlegende Recht und zugleich die Pflicht dieses Arztes ist, die
Entscheidung über die Aufnahme oder Nichtaufnahme des Patienten ins
Krankenhaus zu treffen. Dieses Recht darf nicht von der Anweisung verletzt werden, daß der diensthabende Arzt erforderlichenfalls Spezialisten konsultieren soll. Es ist daran zu denken, daß der Konsiliarius
nicht entscheiden soll; er kann und soll mit seinem motivierten Rat
zur Seite stehen (analog dem Sachverständigen gegenüber dem Gericht).
Wenn sich aber z.B. der Oberarzt einer Abteilung nicht nur als ihr
Wirt, sondern auch als Besitzer fühlt, strebt er nach der Verletzung
der Kompetenz des diensthabenden Arztes durch 1. die Bestimmung der
am wenigsten erfahrenen Ärzte zum diensthabenden Arzt, z.B. der Ärzte-
praktikanten oder 2. durch die Erhöhung der Rolle des Konsiliarius um
die Entscheidungsberechtigung.

Der Druck der Umgebung (z.B. der Oberarztrat) kann eine Situation her-
beiführen, in der die Krankenhausleitung tut, als bemerke sie nicht,
daß die Gewohnheiten oder sogar die inneren Ordnungen mit der offiziel-
len einheitlichen Arbeitsordnung der Krankenhäuser in Widerspruch geraten.

Derartige Fehler werden gewöhnlich an den Tag gebracht, wenn es zu
einem Unglück kommt. Wenn man dann nach der wesentlichen Ursache der
ärztlichen Entscheidung sucht (welche die Merkmale des ärztlichen Fehlers trägt), stößt man auf Schwierigkeiten in der Bestimmung: wer
eigentlich war kompetent, um die ärztliche Entscheidung zu treffen.
Die weitere Aufgabe des Juristen und mittelbar auch des Sachverständigen ist, die Kausalzusammenhänge zu enthüllen und zu begründen.

Der gegenwärtige Mangel an doktrinären Regeln bereitet beträchtliche
Schwierigkeiten eben in diesem Bereich.

Der zweite, ziemlich oft vorkommende Typ des organisatorischen Fehlers
besteht im schlechten Informationsfluß. Wir haben hiermit zu tun, wenn
- im gegebenen Milieu - die schlechte Gewohnheit der Einschränkung oder
Entstellung der Information über den Patienten geduldet wird. Der Grund
der Informationseinschränkung ist gewöhnlich Mißachtung oder sogar Faul-
heit. Der Nährboden für die Entstellung von Informationen über die Patienten ist Angst vor Aufdeckung von "nicht genügend guten" Ergebnissen
der Tätigkeit der Institution.

Der fehlerhafte Informationsfluß kommt vor beim Kontakt zwischen dem
Arzt der Rettungsstation und dem diensthabenden Arzt des Krankenhauses,
oder wenn der Patient von einer in eine andere Abteilung, bzw. von
einem in ein anderes Krankenhaus verlegt wird. Ein außergewöhnliches
Beispiel dieses Fehlertyps war die entdeckte Tatsache, daß in einer
chirurgischen Abteilung gewohnheitsmäßig, mit Wissen des Oberarztes,

keine Krankengeschichte geführt wurde, was man mit Mängeln im Ärzte-
kader erklärte. Der genannte Fall betraf die mehrwöchige Behandlung
einer Patientin mit akuter Pankreatitis, bei der in der akuten Phase
der Krankheit eine Probelaparotomie durchgeführt wurde. Die Sachverständigen vertraten nämlich die Ansicht, daß eine korrekte Behandlung
nach der Operation die fortdauernde Beobachtung erforderte, besonders
die ununterbrochene Kontrolle des Elektrolyt- und Wasserhaushalts. Die
unabdingbare Voraussetzung einer solchen Beobachtung war - den Sachverständigen zufolge - die korrekte Führung der Dokumentation, die
eine Gesamtanalyse und Verfolgung der Dynamik des Zustands der Patientin ermöglicht hätte.

Der seltener vorkommende Typ des organisatorischen Fehlers ist der
Mangel an Fähigkeit der Adaptierung des Systems von Verordnungen und Ordnungen und der Mangel an Geschicklichkeit, die steife Struktur zu bre-
chen. Selbstverständlich geht es hier um außergewöhnliche Situationen,
z.B. der Katastrophenfall für die Chirurgie oder eine Epidemie für die
Innere Medizin.

Der Direktor des Krankenhauses, der Oberarzt oder der Leiter des chirurgischen Saals (als Organisatoren) sind verpflichtet:
a) von der Aufteilung der Patienten in Bezirke oder sogar
b) von der Spezialisierung der einzelnen Krankenhausabteilungen abzusehen.

Jeder Spezialist ist dann zur Aufnahme von Patienten verpflichtet, v.a.
der Arzt und die Krankenhausabteilung, die Stelle der medizinischen
Pflege, und zwar unabhängig vom Typ der Krankheit.

In einem der begutachteten Fälle hielt ein Kollektiv von klinischen
Ärzten das Prinzip der Aufteilung in Bezirke für wichtiger und für
weniger wichtig die Tatsache, daß sich die Patientin im Zustand der
akuten Lebensgefährdung befand. Die Sachverständigen haben dies als
Fehler erklärt. Das geschah vor 10 Jahren. Heutzutage, wenn wir unsere
damalige Argumentation analysieren, sind wir geneigt zu erklären, daß
es sich in diesem Fall um den organisatorischen Fehler handelte, ge-
koppelt mit dem ärztlichen Fehler, der in einer nicht präzisen Einschätzung des Zustandes der Patientin bestand.

Mit den dargestellten Bemerkungen wollen wir eine Diskussion über zwei
grundsätzliche Probleme in die Wege· leiten: Kann man die obengenannten
Kriterien des organisatorischen Fehlers als die richtigen erklären?
Sind sie zu weit oder zu eng gestellt? Kann man aufgrund der gerichtsärztlichen Praxis noch andere Typen des organisatorischen Fehlers aus-
sondern und beschreiben?

Wir sind uns dessen bewußt, daß die Einführung dieses Begriffs in die
gerichtsärztliche Begutachtung die Zustimmung der Juristenwelt zur
Voraussetzung hat.

Entwicklungen in der Versicherungsmedizin

G. Möllhoff

Zusammenfassung

Für die Belange von Klinik und Praxis werden, rechtlich unsystematisch zusammengefaßt, einige neuere Entwicklungen in der Gesetzlichen Kranken- und Rentenversicherung zum Krankheitsbegriff der "Berufs-" und "Erwerbsunfähigkeit" vorgestellt. Die Neugliederung der Rehabilitation, Beurteilungskriterien psychoreaktiver Störungen, des chronischen Alkoholismus und der "Drogenkrankheit" spiegeln fortschrittliche Auffassungen der höchstrichterlichen Rechtsprechung wider, die gegenwärtig einiger Kritik ausgesetzt sind. Anmerkungen zur Zumutbarkeit diagnostischer und therapeutischer Eingriffe schließen den Beitrag ab.

Summary

Of concern to both clinics and practices, a number of recent developments in the statutory sickness and social insurance system, summarized unsystematically from a legal point of view, are presented with regard to the terms "disability to work" and "disability to earn a living". The new classification of rehabilitation, criteria of assessment of psychoreactive disturbances, chronic alcoholism, and drug addiction reflect progressive interpretations of supreme court jurisdiction at present open to a certain degree of criticism.

The contribution is concluded by comments on the justifiability of diagnostic and therapeutic intervention.

Die Beziehungen zwischen Versicherungsträgern und Ärzten waren in den letzten 20 Jahren oft durch Mißverständnisse und Spannungen belastet, einige dieser Divergenzen hat kürzlich (1979) der Vorsitzende eines großen Berufsverbandes zum Gegenstand einer Kontroverse gemacht; er beklagte zunächst, daß sich die Ärzte in der Bundesrepublik einer Vielzahl von Sozialsystemen konfrontiert sähen, die in ihren Verflechtungen und Binnenstrukturen nur noch von wenigen Spezialisten zu überblicken seien, gravierender erschien ihm jedoch die Abkehr vom ordnungspolitischen Prinzip der Subsidiarität, das Erlahmen von Selbsthilfe und Eigeninitiative sowie die Nivellierung des Spannungsgegensatzes zwischen persönlicher Verantwortung und kollektiver Absicherung, die mancherorts "mit ausgeklügelter Taktik" betrieben werde.

Unser Exkurs wird sich, unter der Zielsetzung, das sachliche Informationsdefizit zu mindern, mit einigen neueren versicherungsmedizinischen Entwicklungen beschäftigen. Die Auswahl der Probleme ist von der Interessenlage der Ärzte her bestimmt, sie ist in juristischer Sicht unsystematisch, spiegelt aber das wider, was gegenwärtig für Praxis und Klinik wichtig, wenn auch in vieler Hinsicht als problematisch zu werten ist.

Neue rechtliche Bewertungskriterien in der gesetzlichen Rentenversicherung

Das deutsche Rentenversicherungsrecht geht, seit 1956, von einer Zweistufung aus: *"berufsunfähig"* ist der Versicherte, dessen Erwerbsfähigkeit infolge Krankheit oder anderen Gebrechen oder Schwäche seiner geistigen oder körperlichen Kräfte *auf weniger als die Hälfte* vergleichbarer anderer Versicherter herabgesunken ist. *"Erwerbsfähigkeit"* ist als die "Fähigkeit, durch irgendeine Beschäftigung oder Tätigkeit Erwerbseinkünfte zu erzielen", definiert.[1] *"Erwerbsunfähig"*[2] ist ein Versicherter, der "infolge von Krankheit oder anderen Gebrechen oder von Schwächen seiner körperlichen oder geistigen Kräfte eine Erwerbstätigkeit in gewisser Regelmäßigkeit nicht mehr ausüben oder nicht mehr als nur geringfügige Einkünfte durch Erwerbstätigkeit zu erzielen vermag".

Dieser *"Erwerbsunfähigkeitsbegriff"* in der gesetzlichen Rentenversicherung hat im Laufe der letzten Jahre zunehmend mehr soziologische und ökonomische als medizinische Auslegungsaspekte erhalten; Konjunkturlage, Arbeitsort und spezielle Berufszweige, Wettberwerbsfähigkeit und viele andere Komponenten bestimmen es heute mit, ob eine Rente gewährt wird oder nicht, insbesondere nachdem das BSG[3] den Grundsatz der "konkreten Betrachtungsweise" des Arbeitsmarktes und der Vermittlungsfähigkeit vertritt. Im ganzen gesehen gewinnt in diesem Rechtszweig damit das positive Leistungsbild, das verbliebene Leistungsvermögen, die entscheidende Rolle für die tatsächliche und die rechtliche Bewertung.

Nach der höchstrichterlichen Rechtsprechung ergeben sich damit drei Möglichkeiten der Auslegung:

a) "Erwerbsunfähigkeit" ist allein aus dem Gesundheitszustand herzuleiten,
b) der Versicherte ist nicht mehr als halbtätig "erwerbsfähig" und findet keinen Arbeitsplatz (in Erwägung kommt zunächst "Berufsunfähigkeit"),
c) der Versicherte ist weniger als halbtätig "arbeitsfähig" und findet innert eines Jahres keine Arbeit, damit ist er kraft Gesetz "erwerbsunfähig".

Damit ergibt sich in praxi, daß bei der überwiegenden Zahl aller Rentenantragsteller, deren Leistungsvermögen auf "untervollschichtig", z.B. 6 - 7 h täglich in Regelmäßigkeit für den konkreten Verweisungsbereich herabgesunken ist, nicht nur eine Bewertung als "berufsunfähig", sondern auch als "erwerbsunfähig" vorgenommen werden muß, wenn die Prämissen der versicherungsrechtlichen Norm erfüllt sind.[4]

Die *Auslegung der Rechtsbegriffe* "Berufsunfähigkeit" und "Erwerbsunfähigkeit" hat sich damit, in den letzten 10 Jahren, nachhaltig relativiert, die ursprünglich auch unter dem Aspekt einer Lohnersatzfunktion vorgesehene *Berufsunfähigkeitsrente* ist praktisch in Fortfall gekommen; die ursprünglich als sehr positiv empfundene und auch aus ärztlicher Sicht begrüßte Zweistufigkeit der Berentung, die sich insbesondere in der Rehabilitation, z.B. in der Wiedereingliederung in das Erwerbsleben, bewährte, ist damit praktisch verschwunden, wenngleich sie auch, rein formal, noch besteht.

---

[1] Vgl. BSG Soz. R. Nr. 4 zu § 1236, 1246, 1 RVO, § 13 AVG
[2] Vgl. dazu § 1247 RVO, 24 AVG
[3] BSG 30, 192; BSGE 43, 75
[4] GS 2/75, 3/75, 4/75, 3/76 u. Dt. Rentenversicherung No. 7 Sonderausgabe 1-120 (1980)

Die Auffassung des BSG zur Bewertung der Verhältnisse auf dem Teilzeit-
arbeitsmarkt hat den Gesetzgeber veranlaßt, auch eine Neufassung der
Legaldefinition bei der *Zeitrente* (§ 1276 Abs. 1 u. 3 RVO; § 53 Abs. 1
u. 3 AVG) vorzunehmen: Ab 1.7.1977 wird diese Rente, wenn *"begründete
Aussicht"* besteht, daß "Berufs- bzw. Erwerbsunfähigkeit" in absehbarer
Zeit behoben werden kann, vom Beginn der 27. Woche an, längstens für
3 Jahre, ab Bewilligungstermin gewährt; dies gilt insbesondere dann,
wenn "Berufs- bzw. Erwerbsunfähigkeit" nicht ausschließlich (oder, wie
oft, nur partiell) auf dem Gesundheitszustand des Berechtigten beruhten.
Die Rente kann wiederholt, jedoch insgesamt nicht über die Dauer von
6 Jahren und nicht über die Vollendung des 59. Lebensjahres hinaus zu-
gesprochen werden.

Neugliederung der Rehabilitation

Mit dem "Allgemeinen Teil des Sozialgesetzbuches" (SGB) und dem Reha-
bilitationsanpassungsgesetz (RehaAnpG) sind für die medizinischen,
berufsfördernden und ergänzenden Leistungen der Sozialversicherungs-
träger eine Reihe von systemübergreifenden Vereinheitlichungen und Ver-
zahnungen mit der Zielsetzung eingeführt worden, alle körperlich, gei-
stig und seelisch Behinderten, wie auch jene, denen eine Behinderung
droht, wirksamer und besser als bisher in Arbeit, Beruf und Gesellschaft
einzugliedern (Geltungsbereich: gesetzliche Kranken-, Renten- und Unfallversicherung, Altershilfe für Landwirte, Kriegsopferversorgung nach dem
BVG mit seinen Folgegesetzen: SVG, ZDG, BSeuchG, HHG, OEG und Arbeits-
förderungsgesetz[5]). Behandelnde Ärzte und Verwaltungsinstitutionen sind
damit, nach dem Willen des Gesetzgebers, gehalten, frühzeitig, eingehend und individuell Erkrankungen daraufhin zu prüfen, ob *alle* Möglichkeiten der Wiederherstellung genutzt wurden (vgl. §§ 1, 3, 4 RehaAnpG),
darüber hinaus sollten die Beteiligten zusammen mit den Organen der
Bundesanstalt für Arbeit Gesamtpläne der Rehabilitation abstimmen und
den zügigen Ablauf der Maßnahmen in die Wege leiten (§ 368 s RVO). Zu-
ständigkeits- und Kostenfragen (beispielsweise Übergangs- und Kranken-
geld, Rentenbeiträge, Reisekosten, Haushaltshilfen u.a.m.) sind im In-
nenbereich der Träger zu klären, die auch die Harmonisierung der Leistungen zu vertreten haben. Die Ärzte haben hier die Chance und zugleich auch die Pflicht, für ihre Patienten in dieser Hinsicht aufklä-
rend zu wirken und alle erdenklichen Hilfen zu initiieren, u.a. ortho-
pädische Versorgung, Sprach- und Arbeitstherapie, berufsfördernde Leistungen, Hilfen zur Erhaltung oder Erlangung eines Arbeitsplatzes, Ein-
gliederungshilfen, Berufsfindung und -erprobung. Damit erschließt sich
zugleich eine weitere Möglichkeit, den Leistungswillen der Patienten
zu aktivieren, wie andererseits auch aus langem Warten resultierende,
resignative, gelegentlich passiv regressive Verhaltenseinstellungen
und die Fixierung auf Subventionen zu verhindern. Der Arzt ist damit
der Verpflichtung enthoben, den Kostenträger zu ermitteln, es genügt
jetzt, an eine der Institutionen, mit denen der Patient in Konnex
steht, heranzutreten und diese, unter Hinweis auf die einschlägigen
gesetzlichen Bestimmungen, zu veranlassen, die materiell-rechtlichen
Fragen ihrerseits abzuklären.

Zur Beurteilung psychoreaktiver Störungen im Sozialrecht

Bis zum Jahre 1955 wurden für psychoreaktive Störungen, bei Erfüllung
der materiell rechtlichen Prämissen, z.B. in der Gesetzlichen Unfallversicherung der haftungsbegründenden und haftungsausfüllenden Kausa-

---

[5]Soldatenversorgungsgesetz, Zivildienstgesetz, Bundesseuchengesetz, Häftlingshilfe-
gesetz, Opferentschädigungsgesetz, Stand v. 1.1.1982

lität, dann Entschädigungen gewährt, wenn sie den Schweregrad einer
Psychose aufwiesen bzw. organische Veränderungen eine ganz gravierende Gleichgewichtsstörung im psychischen Bereich herbeigeführt hatten
oder wenn es sich, z.B. im Geltungsbereich der Gesetzlichen Rentenversicherung, um eine "Kernneurose" mit nachweislicher Umstrukturierung
der Persönlichkeit handelte. Alle anderen "Neurosen", so führte die
Rechtsprechung aus, seien lediglich psychologisch verständliche Reaktionen, getragen von der Vorstellung der Patienten, krank zu sein; tatsächlich werde aber, abgesehen von den Extremvarianten, die "Erwerbsfähigkeit" durch sie weder eingeschränkt noch aufgehoben. Eine bloße
Krankheitsvorstellung könne schon rein begrifflich nicht "Krankheit"
sein, selbst wenn sie sich unbewußt vollziehe und subjektiv als unüber-
windlich beurteilt werde. "Neurosen" gehörten nicht zu den sozialen
Tatbeständen, gegen die die gesetzlichen Versicherungträger schützen
sollten, ihre Berentung widerspreche zudem therapeutischen Gesichtspunkten, fördere oder züchte sozial unerwünschte Erscheinungen und
öffne der Ausbeutung der Sozialinstitutionen durch ängstliche, lebens-
schwache, unlautere, arbeitsscheue und gewinnsüchtige Elemente Tür und
Tor. Diese gleichsam rigide Einstellung hat das Bundessozialgericht im
Laufe der letzten 20 Jahre in ständiger Rechtsprechung entscheidend
korrigiert. Nach den neueren höchstrichterlichen Entscheidungen, die
sich an den gewandelten Sozialstrukturen und den neueren Erkenntnissen
der Psychiatrie orientieren, geht man seit 1956 im Unfall- und sozialen
Entschädigungsrecht davon aus, daß bei der Prüfung der Frage, welche
Bedingungen "wesentlich" und damit "Ursachen" im Rechtssinne sind, die
Sacherhellung nicht auf Geschehensabläufe beschränkt werden darf, wie
sie sich im Bereich des Somatischen abspielen oder an organische Störungen anknüpfen oder sich untrennbar mit ihnen vermischen. Man müßte
die unabweisliche Erfahrung zugrunde legen, daß *auch* psychische Einflüsse wesentliche Kausalfaktoren darstellen können und somit der
rechtlichen Würdigung bedürfen.[6]

Psychische und physische Anlagen wurden also rechtlich gleichgesetzt,
und bei beiden kann dem Auslösungsfaktor für ein somatisches oder psy-
chisches Krankheitsgeschehen die Bedeutung einer "wesentlichen" Ursache
beigemessen werden. Das BSG hat im einzelnen ausgeführt, daß jede Störung der körperlichen Integrität in mehr oder minder großem Ausmaße das
seelische Gleichgewicht beeinflusse, hieraus resultiere häufiger eine
psychische Beeinträchtigung, als allgemein angenommen werde; ob und inwieweit diese jedoch eintrete, sei von der individuellen Disposition,
den besonderen Verhältnissen des Einzelfalles und den situativen Gegebenheiten zum Zeitpunkt des Geschehens abhängig.[7] Es ist also stets
von den *individuellen Gegebenheiten* des Betroffenen, seiner Situation
und seiner seelischen Tragfähigkeit bzw. seiner Widerstandskraft auszugehen, es darf also *nicht* auf die *"normale Reaktion"* eines Menschen
mit *"durchschnittlicher Empfindlichkeit"* abgestellt werden. Haben mehrere Bedingungen in gleicher Weise "gleichwertig" zum Erfolg beigetragen, so ist jede von ihnen Ursache im Rechtssinne. Im Falle der kausalen Konkurrenz einer äußeren Einwirkung mit einer bereits vorliegenden
Krankheitsanlage ist "Wesentlichkeit" der exogenen Ursache gegeben,
wenn beide Umstände in ihrer Bedeutung und Tragweite für den Eintritt

---

[6]vgl. BSG 10, 209, 213; BSG 11, 50, 55; BSG 2, 29, 35 SozR, BVG § 1 ca 18 Nr. 40,
§ 5 C a 7, Nr. 19; BSG 18, 173, NJW 1963, 1693 m.w.A.; BSG-Urteil v. 18.12.1962
2 RU 189/59; v. 31.10.68 2 RU 1965/67 SGB 1968, 479, 2. Im übrigen E. Schubert
m.n.N; 36 HZ 20, 137; BSG 19, 275, 28, 14 u.a.

[7]vgl. u. a. BSG 8, 209, 213, 214. Möllhoff G (1975) Z Rechtsmed 77:1-16 Zur versicherungsmedizinischen Bewertung psychoreaktiver Störungen (im Geltungsbereich der
gesetzlichen Unfallversicherung (UVNG), der Kriegsopferversorgung (BVG) und des
Impfschadensrechtes i.S. des BSeuchG)

des Erfolges annähernd gleichwertig sind. Ist jedoch die Gesundheits-
störung nur bei Gelegenheit einer durch das Gesetz geschützten (versicherten) Tätigkeit oder einer wehrdienstlichen Exposition hervorgetreten und wäre sie nach menschlichem Ermessen auch bei jedem anderen,
nicht zu vermeidenden Anlaß außerhalb dieser Beschäftigung im Dienst
oder des Aufenthaltes in der Kriegsgefangenschaft oder ohne besondere
Anlässe im Ablauf des täglichen Lebens zum Ausbruch gekommen, so ist
eine *"Gelegenheitsursache"* anzunehmen, bei der es an dem notwendigen
Ursachenzusammenhang fehlt. Rechtlich ist es dabei ohne Bedeutung, ob
diese Einwirkung nur geringfügig oder erheblich war. Man kann also,
ebenso wie bei körperlichen Reaktionen auf äußere Einflüsse, der etwa
vorhandenen organischen Anlage des Betroffenen nicht von vornherein
eine so überragende Bedeutung beimessen, daß äußere Ereignisse als
rechtserhebliche Bedingungen ausscheiden, ebenso dürfen auch bei psychischen Reaktionen äußere Einflüsse nicht primär deshalb schon als
kausale Faktoren ausgeschlossen werden, weil bei dem Betroffenen eine,
in seiner Persönlichkeit begründete "abnorme seelische Reaktionsbe-
reitschaft" vorliegt. Die rechtliche Würdigung ist vielmehr ausdrücklich auf die Persönlichkeit des einzelnen, seine besonderen Verhältnisse, also auch seine besondere psychische Minderbelastbarkeit ebenso abzustellen, wie auf Art und Umfang des Schädigungsereignisses
selbst. Zwar "muß von jedem erwartet werden, daß er seinen Willen gemäß den Anforderungen seiner Situation steuert und etwaigen Begehrungs-
vorstellungen Widerstand leistet", jedoch muß durch individuelle Sachaufklärung geklärt werden, ob und inwieweit er hierzu imstande war. Im
Anschluß hieran hat das BSG 1963 ausgeführt[8], daß allgemein gesehen,
nicht davon ausgegangen werden könne, daß das Abklingen einer psychischen Schädigung zwingend auch den psychischen Leidensprozeß beende.
Unter Beachtung dieser Rechtsprechung sind allerdings viele psychoreaktive Störungen nicht als "Schädigungsfolgen" zu betrachten, insbesondere scheiden alle bewußtseinsnah ablaufenden, final ausgerich-
teten seelischen Fehlhaltungen (Simulation, Aggravation) für eine Anerkennung aus.[9]

Eine besondere Prüfung der Sachlage ist jedoch immer dann erforderlich,
wenn sich psychische Begleiterscheinungen, z.B. bei schädigungsbeding-
ten organischen Störungen, manifestieren, sich mit ihnen durchmischen
oder in ihrem Gefolge auftreten.[10] In Praxis und Rechtsprechung wird
die Theorie der "wesentlichen Ursache" nachhaltig von der allgemeinen Lebenserfahrung und, zumindest was die Anlage- und Ursachen-
problematik angeht, auch von der Verkehrsauffassung, dem Sinn und Zweck
des Anwendungsbereiches und der sprachlichen Auslegung, bestimmt. De
facto beinhaltet auch der Rechtsbegriff weit weniger quantitativ Meß-
bares als qualitative Momente (vgl. Schubert 1972).[11] Vorgegebene Ge-
sundheitsmängel, Konstitution und Alter werden jedenfalls jetzt vom
Recht her dem Ansprucherhebenden nur bedingt zugerechnet, man praktiziert also eine qualitative Abgrenzung von Anlage und Schädigung, da
es, naturgemäß, an metrischen Vergleichssystemen für diesen Bereich
fehlt. Die Wertungen werden ihrerseits von den jeweiligen Interessen-
lagen bestimmt; die Bedeutung subjektiver Einflüsse zeigt sich aber
leider auch in den Ergebnissen der Beweiswürdigung. Mit diesen Vorgehen
können letztlich völlig divergierende Urteile bei gleicher Sachlage
entstehen, z.B. dann, wenn ein Gericht der Auffassung eines Anlage-

---

[8]BSG-Urteil vom 27.8.1963 - 9 RV 482/60
[9]vgl. dazu BSG 10, 209, 213
[10]vgl. dazu BSG-Urteil v. 28.7.59 - 11/8 RV 425/57
[11]Schubert E (1972) Sozialrecht. In: Göppingen H, Witter H (Hrsg) Handbuch der forensischen Psychiatrie, Bd Ia. Springer, Berlin Heidelberg New York

theoretikers oder der Meinung eines behavioristisch eingestellten Psychiaters folgt. Man hat dieser Rechtsauslegung, zutreffend, entgegengehalten, daß sie sich zu einem relativen Indeterminismus und der Auffassung bekenne, daß es relativ leicht sei, exogen Einengungen des Freiheitsspielraumes hervorzurufen (Schubert). Man muß in diesem Kontext aber auch die divergierende Bewertung psychoreaktiver Störungen im Strafrecht bedenken. G. Schubert hat am Beispiel des Suizids kritisch auf die sonst unübliche Notwendigkeit zweimaliger Anwendung der Kausalitätsnorm der wesentlichen Bedingungen im Einzelfall hingewiesen, d.h., 1. den Kontext zwischen Schädigungstatbestand und psychischer Störung, 2. der eingeengten Willensfreiheit, die hieraus erwächst, und dem Suizid. Diese Problematik ist aus rechtsmedizinischer Sicht detailliert kürzlich auch unter Einbeziehung der medizinischen Fakten dargestellt worden (Möllhoff 1976).[12]

Die Bewertung von chronischem Alkoholismus und Drogenkrankheit im Geltungsbereich der gesetzlichen Kranken- und Rentenversicherung

Im Bereich der gesetzlichen Krankenversicherung wird "Krankheit" als "regelwidriger Körper- und/oder Geisteszustand, der ärztlicher Behandlung bedarf und/oder 'Arbeitsunfähigkeit' zur Folge hat"[13] umschrieben, zudem wird "Krankheit" angenommen, wenn Besserung von Schmerzen oder Beschwerden erreichbar bzw. Verschlimmerung verhindert werden kann. Die Ursache der Erkrankung ist dabei unerheblich, Leistungen werden auch für selbstverschuldete Leiden gewährt, allein Art und Schwere der Erkrankung sind für die Kassenleistung entscheidend.[14] In diesem Rechtskreis hat sich, von 1960 an, eine stärkere Beachtung psychosomatischer Wechselwirkungen und eine Einbeziehung sozialer Aspekte durchgesetzt, die sich auch in der Bewertung von "Suchterkrankungen" widerspiegelt. Zweifellos gibt es nun zahlreiche Schwierigkeiten der Abgrenzung in medizinischer und juristischer Hinsicht gegenüber der "Gewöhnung", und oft kann erst die Längsschnittbeobachtung lehren, ob z.B. ein Mittel nur Symptom des Mißbrauchs war oder bereits Symbol süchtiger Abhängigkeit, das dann letztlich zur Krankheit wurde.

Das frühere Vorgehen, somatische Spätfolgen in die Kassenleistung einzubeziehen, dagegen die wesentlichen Vorstufen weitgehend wegzublenden, konnte allein schon aus logischen Denkansätzen, ganz abgesehen von ökonomischen Folgen, nur als unzweckmäßig bezeichnet werden. Die höchstrichterliche Rechtsprechung (BSG[15]) ist seit 1969 fortlaufend davon ausgegangen, daß "Trunksucht" und sinngemäß auch andere Rauschmittelabhängigkeiten immer dann als "Krankheit" im Sinne der §§ 182 ff RVO anzusehen sind, wenn gravierende organische Gesundheitsstörungen und/oder psychopathologisch belangvolle *Einbußen der "Willensfreiheit"* *("Verlust der Selbstkontrolle", "Nichtmehr-aufhören-können")* vorliegen. Die "Sucht" muß die Notwendigkeit einer Heilbehandlung oder die "Arbeitsunfähigkeit" oder beides zur Folge haben. "Arbeitsunfähigkeit" liegt auch dann vor, wenn der Versicherte nicht mehr imstande ist, oder nur auf die Gefahr, in absehbarer Zeit seinen Zustand zu verschlimmern, seiner bisherigen Erwerbstätigkeit nachzugehen. Ist medizinisch gesehen also eine behandlungsbedürftige "Abhängigkeit" vorhanden, so besteht kein Zweifel an der Leistungspflicht der gesetz-

---

[12] Möllhoff G (1976) Suizid in sozial- u. versicherungsmedizinischer Sicht. In: Eger A (Hrsg) Suizid u. Euthanasie. Enke, Stuttgart m w.Ww.
[13] BSGE 35, 10 (12)
[14] BSGE 35, 37 (39 f) "Einheit des Versicherungsfalles"
[15] vgl. dazu die Rechtsprechung des BSG u.a. BSG-Urteil vom 20.3.59 - 3 RK 13/55; 16.12.1960 - 3 RK 50/60; 7.7.1966 - 1 RA 271/61; 28.7.1967 - 3 RK 12/65; 17.12.1969 - 5 RKn 56/67

lichen Krankenkasse. Ein großer Teil aller Kosten, die aus der Therapie
von ca. 1,5 - 2 Millionen Alkoholikern (darunter 200 000 im Alter zwischen 14 und 29 Jahren) erwachsen, wird von der gesetzlichen Krankenversicherung getragen, gleichgültig, ob es sich dabei nun um Versicherte, Familienangehörige oder Rentner handelt.

Hier, wie auch in der gesetzlichen Rentenversicherung, werden die kausalen Faktoren, wie es statistische Analysen zeigen, oft verkannt,
teils kategorial symptomatisch als körperliche Leiden registriert, zum
Teil aber wohl auch mehr oder minder bewußt verdängt. Ca. 10000 Rausch-
mittelabhängige dürften überwiegend als Familienangehörige in diesem
Versichertenzweig mitbetreut werden. Die Fehlbeurteilung vieler Leber-
erkrankungen auf dem Boden chronischer Alkoholintoxikation als autochthone Leiden wird besonders deutlich, wenn man die Statistiken der letzten 10 Jahre bei den Krankenversicherungen, den Kliniken und auch den
Psychiatrischen Landeskrankenhäusern berücksichtigt.

Im Bereich der *gesetzlichen Rentenversicherung*, zu deren vornehmster
Aufgabe Rehabilitation auf medizinischem, beruflichem und sozialem
Gebiet gehört, bestehen divergierende, der Realität nicht entsprechende statistische Korrelationen zu den Diagnosen "Alkoholismus" und
"Drogenkrankheit". In diesem Rechtskreis ist die Diskrepanz zwischen
1-2 Millionen Alkoholikern in unserem Land und einer jährlichen Beren-
tungsziffer wegen des gleichen Leidens von nur rund 3500 Fällen
schlechthin unverständlich, gleiches gilt für die Berentung wegen
·"Drogenkrankheit", selbst wenn man hier in Rechnung setzt, daß ein
großer Teil der letztlich erwerbsunfähig werdenden Jugendlichen bis
zu diesem Zeitpunkt keine oder nur unzureichende Versicherungsansprü-
che begründet hatte.[16a]

Für die versicherungsmedizinische Bewertung gelten in der gesetzlichen
Rentenversicherung die gleichen Kriterien, wie sie für die "Trunksucht"
im Bereich der gesetzlichen Krankenversicherung dargelegt sind, es kann
insoweit auf §§ 182 ff RVO hingewiesen werden, sinngemäß gelten diese
Definitionen für die §§ 1235 RVO, 13 AVG - Rehabilitation, 1246 und
1247 RVO bzw. 24 und 25 AVG - "Berufs-" oder "Erwerbsfähigkeit" mit
den entsprechenden Legaldefinitionen.

Zumutbarkeit diagnostischer und therapeutischer Eingriffe im Bereich der Sozialversicherung

Seit 1976, dem Termin des Inkrafttretens des SGB[16b] haben sich eine
Reihe von neuen Entscheidungskriterien ergeben, die für den gesamten
Bereich des Sozialrechtes richtunggebend sind; sie lösen eine Vielzahl spezieller Regelungen ab, die in einzelnen Rechtskreisen bis
dahin Gültigkeit hatten. Das SGB geht von einem spezifischen Leistungs-
verhältnis mit wechselseitigen Rechten und Pflichten der Versicherungsträger und der Versicherten aus.[17] Pflichten sind jedoch *nicht* mit
Zwangsmitteln durchzusetzen, bei Nichtbeachten und Weigerungen können
also lediglich Minderung oder Entzug gewährter Leistungen in Betracht
kommen bzw. Leistungsgewährung abgelehnt werden (vergl. §§ 62, 63 SGB
AT). Die Frage der "Erforderlichkeit" ist von der Erfüllung objektiver
Tatbestände abhängig zu machen. Allgemein setzt der Gesetzgeber Mit-

---

[16a] Möllhoff G (1980) W. Keup (Hrsg) Frührentnertum. In: Folgen der Sucht. Thieme,
  Stuttgart
[16b] Sozialgesetzbuch (SGB) Allg. Teil v. 11.12.75, BGBl. I S. 3015, i.d.F. v. 27.6.77,
  BGBl. I S. 1040, 1744
[17] Henke VSSR 1976, 44 u. §§ 2 ff SGB AT, Sozialstaatsgrundsatz

arbeit bei der Sachaufklärung und die Duldung einfacher klinischer und auch testpsychologischer Untersuchungen voraus.[18]

In Auslegung der §§ 63 - 65 SGB AT ist jedoch festzuhalten, daß bereits eine geringe Komplikationswahrscheinlichkeit einer Methode ausreicht, eine Weigerung rechtlich abzusichern und materielle Leistungseinschränkungen auszuschließen. Hinsichtlich zu erwartender *"erheblicher Schmerzen"* bei einer Untersuchung, die im übrigen stets die Ablehnung rechtfertigen, sind Intensität, Dauer und individuelle Belastbarkeit zu bedenken, zum anderen wird man aber auch den erstrebten Erfolg in Korrelation zur Belastung der Patienten prüfen müssen. Je wahrscheinlicher etwa bei einer Operation ein Heilerfolg ist, umso eher wird man, vitale Gefährdung ausgeschlossen, die Inkaufnahme subjektiver Belastungen zu ventilieren haben (*Proportionalitätsgrundsatz*). Rechtlich ist zudem zu prüfen, ob die Forderung der Mitwirkung konkret in einem *angemessenen Verhältnis zur Sozialleistung* steht, diese Erwägung ist stets geboten, wenn es z.B. nur um kurzfristige Übergangszahlungen geht, die den medizinischen Aufwand und die individuelle Schmerzbelastung als "unverhältnismäßig" erscheinen lassen. Ausgeschlossen sind im übrigen stets Eingriffe, die als "Abänderungen des körperlichen Zustandes" zu qualifizieren sind (z.B. Teilamputationen, Milzentfernung u.ä.). Allgemein ist die Entscheidung auf den erstrebten Erfolg, das Ergebnis der Untersuchung für die Beteiligten und den eventuellen Heilerfolg zu projizieren.

"Mitwirkungspflicht" besteht nicht, wenn "wichtige Gründe" die Zumutbarkeit ausschließen (z.B. akute schwere Erkrankungen oder Todesfälle im engeren Bezugsfeld) oder wenn der Versicherte die "erforderlichen Kenntnisse", die medizinischen Befunde selbst mit geringem Zeitaufwand beschaffen kann oder wenn vorbehandelnde Ärzte ihre Befunde bereitstellen, die den gleichen Sachverhalt betreffen und die zudem eine verläßliche Urteilsbildung für den medizinischen Sachverständigen gewährleisten (z.B. Ergebnisse von Computertomographien, Elektromyographien u.ä.).

Verweigert ein Versicherter die Mitwirkung, so ist zunächst vom Träger zu prüfen, ob die Eingriffe generell "zumutbar" waren; wird diese Frage verneint, so treten natürlich keine Rechtsfolgen ein (z.B. Ablehnung einer risikobelasteten Untersuchung, einer "nicht ungefährlichen Operation u.ä.), selbst wenn generell zu erwarten gewesen wäre, daß damit z.B. die "Erwerbsunfähigkeit" hätte behoben werden können. Verweigert ein Versicherter eine diagnostische oder therapeutische Maßnahme, die als "zumutbar" gilt, so ist rechtlich abzuwägen, ob Rentenversagung, -minderung oder -entzug gem. § 62 SGB AT zulässig ist, etwa wegen "Nichtbeteiligung an der Sachaufklärung" oder aber deswegen, weil die Besserung des gesundheitlichen Zustandes infolge der Weigerung mit "Wahrscheinlichkeit" verhindert worden sei. Zwingend vorgeschrieben sind schriftliche Hinweise auf die möglichen Rechtsfolgen einer Verweigerung, wie auch die Einräumung einer angemessenen Bedenkfrist (§§ 66 ff SGB AT incl. Nachholen der Mitwirkung). Für die beteiligten Ärzte ergibt sich damit ein sehr verantwortungsvolles Aufgabengebiet,

---

[18]Etwa internistische und neurologische Untersuchungen, Blutentnahmen, Röntgen-Nativaufnahmen und Durchleuchtungen, standardisierte Leistungstests (nicht jedoch projektive Methoden), Injektionen indifferenter Mittel u.a. Risiken, die sich etwa aus Idiosynkrasien, bei Schwangerschaft u.ä. ergeben, sind ebenso zu bedenken, wie erhöhte Strahlenexposition, z.B. bei Mehrfachbelastungen mit Radioisotopen. Ultraschalldiagnostik z.B. gilt nicht als risikobelastet. Vgl. dazu Möllhoff G (1982) Duldungspflicht und Zumutbarkeit bei ärztlichen Untersuchungen. Arbeitsmed Sozialmed Präventivmed 17:5

sie sollen die Versicherten sorgfältig fachlich aufklären und ihnen
Entscheidungshilfen anbieten, andererseits aber auch den Trägern gegen-
über Art, Umfang, Risiken und zu erwartende Ergebnisse medizinischer
Untersuchungs- und Therapiemethoden kritisch darlegen. Verweigert der
Versicherte die von den Sachverständigen für erforderlich erachteten
Untersuchungen und gelangt auch der Versicherungsträger zu der Auffas-
sung, daß die ablehnende Einstellung der Patienten den objektiven Kri-
terien nicht standhält, so muß der Versicherte selbst die "Folgen der
Unbeweisbarkeit einer behaupteten Tatsache" tragen, z.B. die Nichtge-
währung einer Leistung.[19]

---

[19]BSG v. 13.11.56 u. 24.10.57

Urheberrechtliche Aspekte bei der medizinischen Dissertation

O. Grüner und B.-M. Penners

Zusammenfassung

Nach den meisten medizinischen Promotionsordnungen wird vom Doktoranden eine Dissertation, die eine selbständige wissenschaftliche Leistung darstellt, nicht verlangt. Die Voraussetzungen einer Miturheberschaft des Doktorvaters dürften überwiegend gegeben sein. Dies hat Konsequenzen für weitere Publikationen. Bei dem urheberrechtlich nicht geschützten wissenschaftlichen Inhalt eines Werkes sind stets persönlichkeitsrechtliche Gesichtspunkte zu beachten.

Summary

Most regulations on medical doctorates do not require the candidate to write a dissertation which represents his own independent, scientific work. In most cases it is probably true that the doctoral supervisor is a coauthor of the dissertation. This may have consequences for further publications. In the case of a scientific work not protected by copyright, aspects relating to individual rights must always be observed.

Aus dem Verhältnis des Doktoranden zum Doktorvater ergeben sich gelegentlich Probleme, wenn eine weitere Veröffentlichung der Dissertation - z.B. um sie der Öffentlichkeit in geeigneterer Form zugänglich zu machen - oder wesentlicher Teile von ihr geplant ist. Ebenso können Fragen der Verwertbarkeit einzelner neuer wissenschaftlicher Erkenntnisse auftauchen, wenn der Doktorand seine Doktorarbeit abbricht oder nicht der Promotionsordnung entsprechend zu Ende führt. Unter rechtlichen Gesichtspunkten handelt es sich dabei in erster Linie um Probleme, die mit urheber- und persönlichkeitsrechtlichen Bestimmungen zusammenhängen. Solche Fragen sind bisher wissenschaftlich nur vereinzelt bearbeitet worden, insbesondere finden sich keine Mitteilungen, die sich speziell mit der entsprechenden Problematik bei medizinischen Dissertationen befassen. Es wurde vielmehr der Versuch unternommen, eine übergreifende, alle Arten von Dissertationen umfassende urheberrechtliche Bewertung vorzunehmen.[1] Dabei steht außer Frage, daß unter den Fakultäten zum Teil erhebliche Unterschiede der Dissertationen bestehen, daß sich z.B. die Eigenart einer auf selbstentwickelten Laboruntersuchungen basierenden medizinischen Dissertation ganz wesentlich von einer vor allem auf Literaturstudium aufbauenden philosophischen Arbeit unterscheidet. Andererseits ist zu bedenken, daß selbst innerhalb der medizinischen Fakultät erhebliche thematische Unterschiede bestehen und möglicherweise urheberrechtliche Bedeutung gewinnen können. Man denke nur an die retrospektiven Krankenblatt- und Fragebogenauswertungen mit Fallzusammenstellungen, an eine wissenschaftlich unterbaute Kasuistik, an die eine vorwiegend archivarische Bearbeitung erfordernde medizinhistorische Fragestellung und andererseits an experimentelle Arbeiten mit besonderer Arbeitsmethodik. Es fragt sich,

---

[1] Hubmann (1966) S. 28 f., vgl. aber auch Hubmann (1978) S. 189 f.

ob man dieser Vielfalt gerecht wird, wenn man davon ausgeht, daß nach
"den Promotionsordnungen" die Dissertation eine "selbständige wissenschaftliche Leistung" sein müsse und diese Voraussetzung als wesentliches Beurteilungskriterium urheberrechtlicher Fragen ansieht.[2]

Das Urheberrechtsgesetz (UrhG) vom 9. September 1965 (Bundesgesetzblatt
I 1273) geht von der schöpferischen Betätigung als Grundlage urheberrechtlichen Schutzes aus, es schützt "die Urheber von Werken der Literatur, Wissenschaft und Kunst" (§ 1); hierbei handelt es sich um die
grundsätzliche gesetzgeberische Anerkennung des *geistigen Eigentums*
des Urhebers an seinen Werken, woraus sich seine umfassende Herrschafts-
befugnis unmittelbar herleitet.[3] Im Rahmen wissenschaftlicher, insbesondere naturwissenschaftlicher schöpferischer Betätigung sind freilich
von vornherein einige Besonderheiten zu beachten; diese ergeben sich
zum einen daraus, daß wissenschaftliche Betätigung hier ohne Rückgriff
und Verwertung fremden Gedankengutes kaum denkbar ist, und zum anderen
aus dem öffentlichen Interesse, das wissenschaftliche Werke oft mehr
als andere in eine starke, mit dem Individualinteresse konkurrierende
Sozialbindung nimmt. Darüber hinaus sind - worauf auch Katzenberger[4]
hinweist - die Interessen, die den Urheber mit seinem Werk verbinden,
im Bereich der Wissenschaft von "besonderer Art", weil weniger auf
"Verwertung" und kommerziellen Gewinn als vielmehr auf den individuellen wissenschaftlichen Erfolg ausgerichtet. Aus diesen z.T. gegen-
sätzlichen Gesichtspunkten ergeben sich u.U. Konflikte zum Urheberrechtsgesetz, die unmittelbar die Frage nach den Grenzen des urheberrechtlichen Schutzes wissenschaftlicher Werke aufwerfen.

Es besteht Einigkeit darüber, daß der eigentliche Kernbereich wissenschaftlicher Betätigung, der wissenschaftliche Inhalt - Entdeckungen
und Erkenntnisse, Ideen und Theorien, Hypothesen und Lehren - dem urheberrechtlichen Schutz nicht zugänglich ist,[5] daß es sich hierbei
vielmehr sofort nach Veröffentlichung um Gemeingut handelt, das von
jedermann nach Belieben weiterverwertet werden kann (unbeschadet evtl.
patentrechtlicher Beschränkungen). Gewisse Grenzen werden jedoch durch
das allgemeine Persönlichkeitsrecht gesetzt, das - als Ausfluß des
Grundgesetzes (Art. I Abs. 1, Art. II Abs. 2) - den Wissenschaftler
gegen geistigen Diebstahl und Plagiat zumindest nicht völlig schutz-
los läßt, sondern ihm eine rechtlich fundierte Abwehrposition verschafft.[6] Wenn auch der o.a. Kernbereich wissenschaftlicher Betätigung nicht vom Urheberrecht umfaßt wird, so bedeutet dies nicht, daß
Ergebnisse wissenschaftlicher Forschungen grundsätzlich vom Schutze
des Urheberrechtsgesetzes ausgeklammert sind. Im Gegenteil bestimmt
§ 2 Abs. 1 in Ziff. 7 ausdrücklich, daß zu den geschützten Werken der
Literatur, Wissenschaft und Kunst *insbesondere* auch Darstellungen wissenschaftlicher Art gehören. Zwar ist hiermit nicht die einzelne naturwissenschaftliche Formel oder Gleichung gemeint - denn über diese
kann unter urheberrechtlichen Gesichtspunkten jedermann frei verfügen
-, wohl aber die *spezifisch wissenschaftliche Leistung*. Hierunter ist
die individuelle wissenschaftliche Prägung des Werkes zu verstehen,
wie sie durch die besonderen Kenntnisse und Erfahrungen der (des) beteiligten Wissenschaftler(s) entstanden ist. Diese "Physiognomie" der
Arbeit geht über die bloße äußere - also die sprachliche - Form hinaus
und umfaßt auch die sog. *innere Form*, also Aufbau, Gliederung und Ge-
dankenfolge[7] (z.B. gehört hierher auch die individuelle Auswahl von

[2]Hubmann (1966) S. 28
[3]BGHZ 17, 266, 278
[4]Katzenberger (1975) S. 555 f.
[5]Katzenberger (1975) S. 556; Hubmann (1978) S. 189; Hubmann (1954) S. 165
[6]Vgl. BGHZ 13, 334; 24, 72, 76; LG München, UFITA 35, 223 f.; Palandt/Thomas (1981)
§ 823 Anm. 15; Hubmann (1953) S. 178 f.
[7]Katzenberger (1975) S. 556; Ulmer (1967) S. 15; Hubmann (1978) S. 189

Beispielen und Erläuterungen, insbesondere aber auch die individuell geprägte Deduktion in der Arbeit). Lediglich um diese "physiognomonische" Individualität geht es also, wenn im folgenden der urheberrechtliche Schutz medizinischer Dissertationen untersucht wird.

Dissertationen stellen - worauf Hubmann zutreffend hinweist[8] - unabhängig von der darin enthaltenen Leistung Werke der Wissenschaft dar, die nach § 1 und § 2 Abs. 1 UrhG geschützt sind. Nach § 7 UrhG ist Urheber der Schöpfer eines Werkes. Das Urheberrecht ist damit an die Person des Schöpfers gebunden. Schaffen mehrere Personen ein Werk gemeinsam, so sind sie unter bestimmten Voraussetzungen als *"Miturheber"* des Werkes anzusehen, denen sodann das Recht zur Veröffentlichung und Verwertung des Werkes gemeinsam zusteht.

Es fragt sich zunächst, ob Miturheberschaft des Doktorvaters bei der Dissertation seines Doktoranden besteht, was zur Folge hätte, daß er durch seine Stellung als Miturheber in entscheidender Weise bei einer Veröffentlichung und Verwertung dieses Werkes mitbestimmen könnte.

Auf den ersten Blick erscheint es berechtigt, diese Frage zu verneinen, wenn man davon ausgeht, daß die Dissertation "nach den Promotionsordnungen eine *selbständige* wissenschaftliche Leistung sein soll, was nicht zuträfe, wenn der Professor so weitgehend mitgearbeitet hätte, daß er als Miturheber anzusehen wäre"[9].

Danach erscheint es zunächst erforderlich zu prüfen, ob tatsächlich Selbständigkeit der wissenschaftlichen Leistung nach den Promotionsordnungen der bundesdeutschen *medizinischen* Fakultäten gefordert wird.

Überblickt man die Promotionsordnungen der medizinischen Fakultäten (Hochschulen) in der BRD, so kann man sehr unterschiedliche Anforderungen an die Doktorarbeit bzw. Promotion feststellen. Auffällig ist aber, daß von den meisten Fakultäten als Dissertation keine selbständige wissenschaftliche Leistung, sondern lediglich der Nachweis der Befähigung hierzu verlangt wird (vgl. Tabelle 1). Diese - in recht unterschiedlicher Weise formulierte - Forderung ist sinngemäß in fast allen medizinischen Promotionsordnungen anzutreffen.

So verlangt z.B. *Gießen* nur eine besondere "wissenschaftliche Qualifikation"; *Freiburg*, daß die "Dissertation in Form und Inhalt wissenschaftlichen Ansprüchen genügt"; *Düsseldorf* den Nachweis, daß der Kandidat "wissenschaftlich arbeiten kann"; *Kiel*, daß "der Bewerber gelernt hat, selbständig eine wissenschaftliche Frage zu erfassen und mit Erfolg zu bearbeiten". Lediglich die *Bochumer* Fakultät fordert - unter den uns zur Verfügung gestellten Promotionsordnungen - eine "selbständige Leistung des Bewerbers" (jedoch keine selbständige wissenschaftliche Leistung).

Damit trifft die Annahme von Hubmann, es werde eine selbständige wissenschaftliche Leistung nach "den" Promotionsordnungen vorausgesetzt, jedenfalls für die meisten medizinischen Dissertationen nicht zu. Es dürfte kaum zweifelhaft sein, daß dieses wesentlich auf den in der Praxis anzutreffenden Voraussetzungen bei der Vergabe, insbesondere aber bei der Durchführung medizinischer Dissertationsarbeiten, beruht. Denn insbesondere die medizinisch-technischen Arbeiten erfordern Kenntnisse und Fähigkeiten, die der Doktorand weder durch seine schulische Ausbildung noch durch sein Studium erwerben konnte. Daher muß er sich vielfach nicht nur mit dem oft sehr speziellen Thema auseinandersetzen, sondern sich auch in eine subtile Methodik einarbeiten. Dies bedingt einen ständigen, fortführenden Gedankenaustausch mit seinem Doktor-

---

[8]Hubmann (1966) S. 28
[9]Hubmann (1966) S. 28

480

Tabelle 1. Anforderungen an die Dissertation nach der Promotionsordnung medizinischer
Fakultäten an deutschen Universitäten (Hochschulen)

Aachen	Nachweis der Befähigung zum selbständigen wiss. Arbeiten (§ 3 Abs. 3)
Berlin	Nachweis, daß der Kandidat die Wissenschaft zu fördern befähigt ist (A II 4)
Bochum	Nachweis einer besonderen wiss. Qualifikation (§ 2) Selbständige Leistung des Bewerbers (§ 9 Abs. 1)
Bonn	Selbstverfaßte Abhandlung. Nachweis der Fähigkeit zu selbständigem wiss. Arbeiten (§ 3)
Düsseldorf	Nachweis, daß der Bewerber wiss. arbeiten kann (§ 2)
Erlangen-Nürnberg	Selbständig verfaßte wiss. Abhandlung (§ 2). Nachweis der Befähigung, selbständig wissenschaftlich zu arbeiten (§ 6)
Frankfurt/M.	Nachweis der Befähigung, ein wiss. Problem selbständig zu bearbeiten (§ 11)
Freiburg/Breisgau	Dissertation muß ..... wiss. Ansprüchen genügen (§ 7)
Gießen	Nachweis der besonderen wissenschaftlichen Qualifikation (§ 1 Abs. 2)
Göttingen	(Neue Dissertationsordnung in Vorbereitung)
Hannover	Nachweis der Befähigung zu selbständiger wiss. Arbeit (§ 3 Abs. 1)
Heidelberg	(neue Promotionsordnung in Vorbereitung)
Kiel	Nachweis, daß eine wiss. Frage selbständig erfaßt und mit Erfolg bearbeitet werden kann (§ 7)
Köln	Dissertation muß die Befähigung des Bewerbers zu wiss. Arbeiten erkennen lassen (IV)
Lübeck	Vorlage einer "einschlägigen Abhandlung" (§ 1)
Mainz	(außer formalen Kriterien keine besonderen wiss. Anforderungen fixiert)
Marburg	Nachweis der Befähigung zu selbständiger wiss. Arbeit (§ 14)
München	Nachweis der Befähigung zu selbständiger wiss. Arbeit (§ 4)
Münster	Nachweis der Befähigung, ein wiss. Problem zu erfassen und selbständig zu bearbeiten (§ 4)
Würzburg	Nachweis der Fähigkeit zu selbständiger wiss. Arbeit (§ 2)

vater, ohne dessen spezielle Kenntnisse es ihm zumeist gar nicht möglich
ist, sich einer bestimmten Methode zu bedienen, methodische Variationen
vorzunehmen oder gar eine neue Methode zu entwickeln. In extremen Fällen
kann dies dazu führen, daß der Doktorand außer dem unter der Anleitung
des Doktorvaters durchgeführten praktischen Teil der Arbeit und der Zusammenstellung der Ergebnisse nur wenige Leistungen einbringt - selbst
wenn die Arbeit als Ganzes von hohem wissenschaftlichen Niveau ist.

Demgegenüber dürfte es - zumindest im medizinischen Bereich - zu den Seltenheiten gehören, daß das Dissertationsthema vom Doktoranden vorgeschlagen, vom Doktorvater akzeptiert, die Arbeit vom Doktoranden ohne fremde Hilfe vorgenommen und die Dissertation insgesamt selbständig verfaßt wird.

Die bei den dargestellten unterschiedlichen Voraussetzungen vom Doktoranden geforderten und von diesem erbrachten Leistungen dienen bekanntlich auch als Bemessungsgrundlage für die *Benotung* seiner Arbeit. Hier ist nach den Empfehlungen einiger Fakultäten zur Beurteilung von Inauguraldissertationen auf den *Grad* der Selbständigkeit abzustellen. Eine die gesamte Arbeit umspannende Selbständigkeit kann nach den erörterten Voraussetzungen allerdings nicht erwartet werden; sie wird in dieser extremen Form - wie dargelegt - in den meisten medizinischen Promotionsordnungen aber auch nicht gefordert.

Damit sind bei medizinischen Dissertationen Voraussetzungen gegeben, die die Frage nach der *Miturheberschaft* des Doktorvaters als durchaus gerechtfertigt erscheinen lassen.

Die bei der *Miturheberschaft* geforderte Gemeinsamkeit setzt begrifflich Partnerschaft voraus, die sich zu einer gemeinsamen Schöpfung zusammenfindet. Zwar wird von dieser Zusammenarbeit nicht gefordert, daß die Autoren Wort für Wort oder Zeile für Zeile gemeinsam gestalten, vorausgesetzt wird allerdings eine Unterordnung unter eine Gesamtidee. So gelten als typische Beispiele für Miturheberschaft die 1797 entstandenen "Xenien" von Goethe und Schiller, die Kinder- und Hausmärchen der Gebrüder Grimm und die Shakespeare-Übersetzungen von Tieck und Schlegel.[10] Dabei kommt es nicht darauf an, daß sich das Werk aus annähernd gleichen Teilen der Miturheber zusammensetzt, vielmehr ist wichtig, daß das Werk als Ganzes ohne die von den Miturhebern eingebrachten Teile nicht denkbar ist.

Andererseits liegt nicht bereits Miturheberschaft vor, wenn ein Beteiligter dem Gestaltungswillen eines anderen so untergeordnet ist, daß er dessen Willen lediglich auszuführen hat, ohne eigene schöpferische Ideen verwirklichen zu können. Der Betreffende ist nicht Miturheber, sondern Gehilfe.

Wie man sieht, findet sich im Urheberrecht eine detaillierte Betrachtung verschiedener Möglichkeiten wissenschaftlicher Zusammenarbeit, wie sie auch im Rahmen medizinischer Dissertationen - wie dargelegt - in der Regel gegeben sind. Allgemein wird man sagen dürfen, daß bei medizinischen Dissertationen zwischen dem Doktoranden und dem Doktorvater ein komplementäres Verhältnis besteht. Je mehr "Hilfe" und "Ratschläge" des Doktorvaters maßgebend in die Dissertation eingehen, umso geringer wird der Anteil wirklich selbständiger Arbeit des Doktoranden sein - und umgekehrt. Ist dabei auch die seltene Möglichkeit einer völlig selbständigen Doktorarbeit nicht auszuschließen, bei der der Doktorand als alleiniger Urheber des Werkes anzusehen wäre, so kommt das andere Extrem nicht in Betracht, weil dann seitens des Doktoranden noch nicht einmal Miturheberschaft vorläge. Man könnte in solchen Fällen allenfalls an Gehilfenschaft denken, die immer dann anzunehmen ist, wenn der Betreffende "dem Gestaltungswillen eines anderen so untergeordnet ist, daß er dessen Willen lediglich auszuführen hat, ohne eigene schöpferische Ideen verwirklichen zu können".[11] Dabei ist zu bedenken, daß die Gehilfenschaft weder urheberrechtlich geschützt ist, noch die als Gehilfe durchgeführte Tätigkeit einen Hinweis auf die Befähigung

---

[10]Fromm u. Nordemann (1979) § 8 Anm. 1
[11]Fromm u. Nordemann (1979) § 8 Anm. 2c

des Betreffenden zu selbständiger wissenschaftlicher Tätigkeit erlaubt.
In einem solchen Fall wären demzufolge dann auch die Anforderungen der
Promotionsordnung nicht erfüllt.

In der überwiegenden Zahl medizinischer Dissertationen dürften urheberrechtlich gesehen die Voraussetzungen des § 8 UrhG (Miturheber) erfüllt
sein: Der Doktorand hat gemeinsam mit seinem, ihm in Hinblick auf das
gesteckte Ziel partnerschaftlich verbundenen Doktorvater das "Werk" geschaffen. Dieses beruht auf einer *deduktiven Zusammenarbeit*, die über
die Besprechung von auftauchenden Einzelproblemen hinausgeht und von
seiten des Universitätslehrers den Rahmen des bloßen "Anregung-Gebens"
ersichtlich sprengt. Selbst wenn dieser nicht an allen Formulierungen,
d.h. an der gesamten sprachlichen Gestaltung beteiligt gewesen ist,
so hat er an der *inneren Formgebung* (Aufbau, Gliederung und Gedankenführung) i.a. doch erheblichen Anteil gehabt. Dies beruht schon darauf,
daß Gliederung, Aufbau und Gedankenführung mittelbarer oder unmittelbarer Ausfluß des erwähnten fortführenden Gedankenaustausches zwischen
Doktoranden und Doktorvater sind. Sowohl er als auch der Doktorvater
sind demnach als Miturheber im Sinne des Urheberrechts anzusehen. Die
erwähnten, im medizinischen Bereich seltenen Fälle der Alleinurheberschaft berechtigen u.E. ebensowenig wie die Formulierungen in den einzelnen Promotionsordnungen zur regelmäßigen Annahme einer Alleinurheberschaft des Doktoranden.

Dem steht auch nicht entgegen, daß nur der Doktorand als Verfasser des
Werkes genannt wird. Denn es handelt sich hierbei um durchaus unterschiedliche rechtliche Voraussetzungen, nämlich die universitätsinter-
nen, in der Promotionsordnung festgelegten Regelungen und die bundes-
rechtlichen Forderungen des Urheberrechts. Zu bedenken ist aber, daß
es auch nach dem Urheberrechtsgesetz jedem Miturheber (also auch dem
Doktorvater) unbenommen bleibt, auf die Nennung seiner Urheberschaft
zu verzichten (vgl. § 13 UrhG). Immerhin erwähnt der Doktorand üblicher-
weise im Rahmen einer Danksagung seinen Doktorvater und evtl. noch weitere Personen und weist darauf hin, welcher Hilfen oder welchen "Rates"
er sich bei der Anfertigung seiner Dissertation bedient hat. Es mag allerdings der Einwand vorgebracht werden, daß die Annahme einer Miturheberschaft des Doktorvaters an der Dissertation seines Doktoranden
dazu führt, daß dieser als Berichterstatter im Promotionsverfahren
"sein eigenes Werk" kritisch zu würdigen und auch zu benoten hat, daß
insofern also ein Interessengegensatz zu seinem Amte als Universitäts-
lehrer entstehen könnte. Diese Diskrepanz ist indes nur vordergründig
und dürfte in der Praxis kaum je zu ernsthaften Schwierigkeiten führen,
denn selbstverständlich sagt die das gesamte Werk umfassende Zensur
nichts über die Qualität der vom Doktorvater beigesteuerten und mit
dem übrigen Werk verwobenen Anteile aus. Insofern enthält weder die
gute noch eine nur mäßige oder gar schlechte Benotung eine hinreichend
treffende Auskunft über die Selbst- bzw. Fremdeinschätzung der wissen-
schaftlich-intellektuellen Qualitäten des Doktorvaters.

Geht man von der Miturheberschaft des Doktorvaters an der Dissertation
aus, so ergeben sich wichtige urheberrechtliche *Konsequenzen*, die zunächst die Doktorarbeit als solche betreffen, im weiteren aber auch -
z.B. durch Abänderung des Werkes - Rückwirkungen auf etwaige weitere
Veröffentlichungen in Zeitschriften, Monographien usw. haben.

Was zunächst die Doktorarbeit anbelangt, so ist der Doktorvater unter
den dargelegten Voraussetzungen zwar als Miturheber anzusehen, womit
ihm nach § 8 Abs. 2 UrhG "das Recht zur Veröffentlichung und Verwertung
des Werkes" (Dissertation) gemeinsam mit dem Doktoranden zustände;
hieraus kann jedoch schon nach dem Sinn des Urheberrechtes nicht geschlossen werden, daß er befugt wäre, die Veröffentlichung der Doktor-

arbeit ohne wichtige Gründe zu "blockieren". Die im Hinblick auf das
gesteckte Ziel gemeinsam begonnene wissenschaftliche Arbeit enthält
auch Verpflichtungen dem Miturheber gegenüber; der Doktorvater darf
deswegen seine Einwilligung zur Veröffentlichung nicht wider Treu und
Glauben verweigern (§ 8 Abs. 2 UrhG). Mutatis mutandis gilt dies aber
auch für den Doktoranden.

Hieran schließen sich Fragen der *weiteren Verwertung* der Dissertation
an, auf die Hubmann bereits 1966 - allerdings unter anderen Voraussetzungen (Alleinurheberschaft des Doktoranden) - näher eingegangen ist.[12]

Auf medizinischem Gebiet dürfte in sehr vielen Fällen die Frage nach
der Möglichkeit einer weiteren Veröffentlichung der Dissertation in
einer wissenschaftlichen Zeitschrift oder dergl. Bedeutung gewinnen.
Dabei ist die öffentliche *Inhaltsmitteilung* - etwa durch den Doktorvater - ohne weiteres erlaubt.[13] In vielen Fällen jedoch dürfte die
Form der weiteren Veröffentlichung über eine bloße Inhaltsmitteilung
hinausgehen, etwa dann, wenn zwar das durchformte Gerüst der Original-
arbeit bestehen bleibt, umfangreiche Kürzungen jedoch eine Überarbei-
tung des gesamten Werkes erforderlich machen. In derartigen Fällen
würde es sich aufgrund der erneuten schöpferisch-geistigen Betätigung
um eine *Bearbeitung* im Sinne des § 3 Urheberrechtsgesetz handeln, deren Kennzeichen die erhalten gebliebene Abhängigkeit vom Originalwerk
ist; dieses wurde zwar weiterentwickelt und umgeformt, blieb in seinem
Wesenskern jedoch erhalten. In derartigen Fällen würde also ein neues,
urheberrechtlich selbständig geschütztes Werk entstehen. Geschieht
eine derartige Bearbeitung von Doktorvater und Doktorandem gemeinsam,
so ergeben sich keinerlei urheberrechtliche Probleme; hier sind beide
Urheber der auf dem Original beruhenden weiteren Veröffentlichung.

Problemlos ist i.a. auch die im Rahmen einer Bearbeitung erfolgende
Veröffentlichung wesentlicher Teile durch den Doktorvater allein, sofern der Doktorand hierzu seine Zustimmung gibt. Verweigert er diese,
so ist zu beachten, daß Änderungen eines Werkes nur mit Einwilligung
des Miturhebers zulässig sind, der Miturheber seine Einwilligung jedoch
nicht wider Treu und Glauben verweigern darf. In einem solchen Fall
könnte er verklagt werden (§ 8, Abs. 2).

Eine besondere Situation ist dann gegeben, wenn das Ergebnis der Dissertation in eine Veröffentlichung eingebracht werden soll, die ein
neues Werk mit neuem Wesenskern darstellt; hier dürfte es sich in den
meisten Fällen um sogenannte *freie Benutzung* (§ 24 UrhG) handeln, sofern nicht Ideen, Lehren oder Theorien verwertet werden, die *allgemein
frei* benutzbares Material darstellen und primär nur in ihrer *Form* urheberrechtlich geschützt wären. In beiden Fällen ist eine Zustimmung
des Originalurhebers des benutzten Werkes (d.h. der Dissertation) nicht
erforderlich.

Die freie Verfügbarkeit dieser Materialien bedeutet jedoch nicht, daß
auf die Nennung der geistigen Urheberschaft verzichtet werden könnte.
Denn selbst wenn - abgesehen von den Grenzen der Zitierfreiheit nach
§ 51 UrhG - urheberrechtlich geschützte Positionen hier nicht mehr bestehen, greift über das allgemeine Persönlichkeitsrecht der Schutz der
Entdeckerehre ein. Durch diesen wird auch der Doktorvater verpflichtet,
bei etwaigen Entdeckungen seines Doktoranden diesen als geistigen Urheber zu benennen.

---

[12]Hubmann (1966) S. 30 f.
[13]Hubmann (1966) S. 31

Freilich steht die persönlichkeitsrechtlich geschützte Entdeckerehre nur demjenigen zu, der auch tatsächlich eine Entdeckung gemacht bzw. eine Theorie entwickelt hat, so daß der Doktorand keine Ansprüche für vom Doktorvater eingebrachte Ideen geltend machen kann. Unter praktischen, prospektiven Gesichtspunkten mag es sich daher für den Doktorvater bisweilen empfehlen, darauf hinzuwirken, daß der Doktorand bereits in der Dissertation auf die geistige Urheberschaft seines Doktorvaters für einen bestimmten Teil (z.B. auf eine von diesem entwickelte Theorie) hinweist.

Alle bisherigen Ausführungen bezogen sich im wesentlichen auf ein Doktorandenverhältnis außerhalb arbeitsrechtlich geregelter Beziehungen. Sie betreffen demnach vor allem die im medizinischen Bereich zahlenmäßig überwiegenden *studentischen* Dissertationen. Aber auch dann, wenn der Doktorand in einem arbeitsvertraglich geregelten Assistentenverhältnis am Institut/Krankenhaus seines Doktorvaters beschäftigt ist, ergeben sich keine grundsätzlich anderen Gesichtspunkte. Auf die in solchen Fällen zu beachtenden arbeitsrechtlichen Fragen sind Hubmann und Haberstumpf ausführlich eingegangen.[14]

Insgesamt läßt sich demnach für medizinische Doktorarbeiten im Verhältnis zum Urheberschutz folgendes sagen:

1. Nach den meisten medizinischen Promotionsordnungen wird vom Doktoranden eine Dissertation, die eine *selbständige wissenschaftliche* Leistung darstellt, *nicht verlangt;*

2. die Voraussetzungen einer *Miturheberschaft* des Doktorvaters dürften überwiegend gegeben sein;

3. dies hat Konsequenzen für weitere Publikationen;

4. bei dem urheberrechtlich nicht geschützten *wissenschaftlichen Inhalt* eines Werkes sind stets *persönlichkeitsrechtliche Gesichtspunkte* zu beachten.

Literatur

Fromm FK, Nordemann W (1979) Kommentar zum Urheberrechtsgesetz, 4. Aufl. Kohlhammer, Stuttgart
Hubmann H (1953) Das Persönlichkeitsrecht. Bohlan, Münster Köln
Hubmann H (1954) Das Recht des schöpferischen Geistes. De Gruyter, Berlin
Hubmann H (1966) Das Urheberrecht an Dissertationen. MittHV 14:28-32
Hubmann H (1978) Der Schutz der schöpferischen Leistung. MittHV 26:189-193
Hubmann H, Haberstumpf H (1982) Das Recht zur Publikation von Forschungsergebnissen. MittHV 30:211-214
Katzenberger P (1975) Urheberrecht und Naturwissenschaften. Naturwissenschaft 62: 555-564
Palandt/Thomas (1981) Kommentar zum Bürgerlichen Gesetzbuch, 40. Aufl. Beck, München
Ulmer E (1967) Der Urheberschutz wissenschaftlicher Werke. Bayerische Akademie der Wissenschaften, Sitzungsberichte Philosophisch-Historische Klasse. Verlag der Bayerischen Akademie der Wissenschaften, München

---

[14]Hubmann u. Haberstumpf (1982), S. 211 f.

Curriculum vitae Georg Schmidt —
Wissenschaftliche Veröffentlichungen

<u>Lebenslauf</u>

Prof. Dr. med. Georg Schmidt,
Geschäftsführender Direktor des Instituts für Rechtsmedizin
im Klinikum der Universität Heidelberg

Geboren 19. Januar 1923 in Ochsenfurt/Main.

Evangelisch. Seit 1954 verheiratet mit Elisabeth Ostermeyer. Drei Kinder.

Gymnasium Landau in der Pfalz. Abitur 1940.

Wehrdienst als Sanitätsoffiziersanwärter 1940 - 1945.
Letzter Dienstgrad Feldunterarzt. Dreimal verwundet.

Medizinstudium in Berlin, Freiburg, Straßburg und Tübingen.
Medizinisches Staatsexamen und Promotion 1947 in Tübingen.
Volontärarzt in verschiedenen Instituten und Krankenhäusern 1948 - 1950.

Seit 1950 rechtsmedizinische Tätigkeit:

1950 bis 1964 an der Universität Erlangen-Nürnberg,
hier Habilitation 1957, apl. Professor 1963.

Ruf auf den Lehrstuhl für Gerichtliche Medizin an der Universität Gießen 1964
abgelehnt.

Lehrstuhl für Gerichtliche Medizin an der Universität Tübingen 1964 - 1968, dort
zeitweilig Prüfungsvorsitzender für das Ärztl. Staatsexamen.

Seit 1968 Lehrstuhl für Gerichtliche Medizin an der Universität Heidelberg,
stellvertr. Prüfungsvorsitzender für das Ärztl. Staatsexamen.

1975 und 1976 Dekan der Fakultät für Theoretische Medizin und
Dekan der Med. Gesamtfakultät, seit WS 1981/1982 Prorektor der Universität Heidelberg.

Mitglied mehrerer nationaler und internationaler wissenschaftlicher Fachgesellschaften.

163 wissenschaftliche Arbeiten, darunter mehrere Buchbeiträge, 66 wissenschaftliche
Vorträge, 74 Fortbildungsvorträge.
Herausgeber: Zentralblatt Rechtsmedizin.
Mitherausgeber: Zeitschrift für Rechtsmedizin, Archives of Toxicology

Heidelberg, Januar 1983

Wissenschaftliche Arbeiten

Schmidt G (1947) Über die klinische Bedeutung der Falxverkalkung. Dissertation,
   Tübingen
Ostertag B, Stochdorph O, Schmidt G (1949) Zur Spongioblastose und Spongioblasto-
   matose des Gehirns, ihrer Charakteristik und pathogenetischen Bedeutung. Arch
   Psychiatr Z Neurol 182:249
Ostertag B, Stochdorph O, Schmidt G (1950) Die Gliomtypen des Hirnstamms und des
   Allocortex: Spongioblastosen, -blastomatosen und spongioblastische Glioblastome.
   Arch Psychiatr Z Neurol 185:314
Schmidt G (1952) Zur pathogenetischen Stellung der Hirnstamm-Spongioblastome.
   (Spongioblastomatose mit Entartung im Zwischen- und Hinterhirn). Frankf Z Pathol
   63:40
Schwerd W, Schmidt G (1952) Einfache Schnellreaktion im Blut zum Nachweis von Ver-
   giftungen mit dem Schädlingsbekämpfungsmittel E 605. Dtsch Med Wochenschr 77:372
Schmidt G (1954) Arsenbefunde in Leichenaschen. Dtsch Z Gesamte Gerichtl Med 43:245
Weinig E, Schmidt G (1954) Über die Ausscheidung von Arzneimitteln im Schweiß und
   deren Nachweis in Körperwäsche. Kriminalwissenschaft 1:1
Schmidt G (1955) Zur Frage der letalen Dosis und des Nachweises von Polamidon. Zu-
   gleich ein Fall von tödlicher medizinaler Polamidonvergiftung. Arch Toxikol 15:178
- (1955) Toxikologische Erfahrungen bei E 605-Vergiftungen. Arch Toxikol 15:361
Weinig E, Schmitt H, Schmidt G (1955) Zum Beweiswert der Reaktion von Averell und
   Norris beim Nachweis von E 605. Toxikol 15:423
Schmidt G (1956) Vorkommen und Ausscheidung von alpha-Äthyl-alpha-Oxybuttersäure
   nach Adalinaufnahme. Naunyn Schmiedebergs Arch Pharmakol 229:67
-, Arold B (1956) Über die Nachweisbarkeit von Trapanal (= Pentothal) im Harn.
   Arch Toxikol 16:50
- (1957) Kristalloptische Nachweismethoden in der forensischen Toxikologie. Zeiß
   Mitt 1:95
- (1957) Die toxikologische Harnanalyse zum Nachweis von Barbitursäure- und Harn-
   stoffabkömmlingen. Habilitationsschrift, Erlangen
- (1958) Der intravitale und postmortale Abbau von Barbitalen. Arch Toxikol 17:93
- (1959) Ein Vakuumsublimationsgerät zur Trennung und Reinigung kleiner Substanz-
   mengen. Mikrochim Acta Heft 3:406
- (1959) Papierchromatographische Vorprobe bei der toxikologischen Harnanalyse.
   Dtsch Z Gesamte Gerichtl Med 49:259
Weinig E, Schmidt G (1960) Tablettenidentifizierung barbitursäurehaltiger Arzneimittel als Hilfe zur Aufklärung fraglicher Vergiftungen. Arch Kriminol 125:83
Schmidt G (1961) Mikrochemische Identifizierung von Barbituraten mit Zwikkers Reagens.
   Arch Toxikol 19:49
- (1961) Zur Frage des Nachweises und der Ausscheidung von Spartein. Tödliche Spar-
   teinvergiftung bei einem Kleinkind. Arch Toxikol 19:244
Weinig E, Schmidt G (1961) Besondere Identifizierungsmerkmale bei Kraftfahrzeug-
   reifen. Arch Kriminol 127:22
Weinig E, Schmidt G (1961) Die Identifizierung der Bernsteinsäure bei der toxikolo-
   gischen Analyse. Festschrift Prof. Palmieri, Casa Editrice V. Idelson, Napoli
Kobyletzki D von, Schmidt G (1962) Diäthylbarbitursäure in Muttermilch, -blut und
   -harn. Z Geburtshilfe Gynäkol 159:187
Schmidt G (1962) Forensisch wichtige Fragen der Barbiturat-Ausscheidung im Harn.
   Arzneimittelforsch 12:1081
- (1962) Unfallmechanismus bei Kopf-an-Kopf-Zusammenstößen im Straßenverkehr. Hefte
   Unfallheilkd 71:170
- (1962) Detection and estimation of barbituric acid derivatives. In: Lundquist F
   (ed) Methods of forensic science, vol I. Interscience, New York, pp 373-496
Soehring K, Schmidt G (1962) Diäthylbarbitursäure. MMW 104:1939
Weinig E, Schmidt G (1962) Über den Konzentrationsabfall des Thalliums im Harn bei
   subletalen Vergiftungen am Menschen. Beitr Gerichtl Med 22:331
Kobyletzki D von, Schmidt G (1963) Experimentelle Untersuchungen zur Frage der intra-
   uterinen Asphyxie nach Chinin-Wehenkuren. Z Geburtshilfe Gynäkol 160:200
Schmidt G (1963) Beeinträchtigung der Fahrsicherheit durch Medikamente. Bayer Ärztebl
   18:485

- (1963) Differenzierung von Strom- und Brandmarken. Dtsch Med Forsch 1: Nr 4
-, Zink P (1963) Die Verwendung von elektrischen Heizkissen in der Geburtshilfe.
  Süddtsch Hebammenz 60:223
-, Zink P (1963) Gefahren für Neugeborene bei der Verwendung von Heizkissen. MMW
  105:296
Weinig E, Lautenbach L, Schmidt G (1963) Zur Frage der Störung des ADH-Verfahrens
  durch Einatmung flüchtiger Stoffe. Blutalkohol 2:193
Kobyletzki D von, Schmidt G (1964) Klinische Erfahrungen nach Verabreichung von
  Centalun an Wöchnerinnen. Med Welt Nr 31:1655
Schmidt G (1964) Zur diaplacentaren Passage von Arzneimitteln, insbesondere von
  Chinin. Dtsch Z Gesamte Gerichtl Med 55:293
- (1964) Identifizierung von Stromdurchtrittsstellen. Acta Med Leg Soc 17,
  4:51-62
- (1964) Zur Kombination von Chromatographie und UV-Spektrophotometrie in der fo-
  rensisch-toxikologischen Analyse. In: Meinert F (Hrsg) Gerichtliche Medizin und
  Kriminalistik, Festschrift Weinig 1964. Schmidt-Römhild, Lübeck, S 152-159
-, Kobyletzki D von (1964) Quantitativer Nachweis von Chinin in biologischem Mate-
  rial. In: Meinert F (Hrsg) Gerichtliche Medizin und Kriminalistik, Festschrift
  Weinig 1964. Schmidt-Römhild, Lübeck, S 160-163
- (1965) Gerichtliche Medizin in Tübingen. Med Welt Nr 51:2886
Bösche J, Schmidt G (1966) Der Methyprylon-Metabolit 2,4,6-Trioxo-3,3-diäthyl-5-
  methyl-piperidin. Arzneimittelforsch 16:548
Schmidt G (1966) Kristalloptik im sichtbaren und Röntgenlicht. In: Graf E (Hrsg)
  Gadamers Lehrbuch der chemischen Toxikologie und Anleitung zur Ausmittelung der
  Gifte, 3. Aufl, Bd II. Vandenhoeck & Ruprecht, Göttingen, S 561-594
-, Bösche J, Keding H (1966) Nachweis von Antiepileptica in Blut und Harn. Aktuel
  Probl Verkehrsmed Heft 3:45
-, Heunisch E (1966) Zum Nachweis von Theobromin und seinen Metaboliten im Harn.
  Dtsch Z Gesamte Gerichtl Med 57:393
-, Schoyerer R (1966) Zum Nachweis von Coffein und seinen Metaboliten im Harn.
  Dtsch Z Gesamte Gerichtl Med 57:402
Weinig E, Schmidt G (1966) Zur Verteilung des Thalliums im Organismus bei tödlichen
  Thalliumvergiftungen. Arch Toxikol 21:199
Kleihauer E, Stein G, Schmidt G (1967) Nachweis von fetalem Hämoglobin in Blutflek-
  ken in Abhängigkeit von deren Alter. Z Gesamte Exp Med 144:105
Kleihauer E, Stein G, Schmidt G (1967) Beitrag zur Altersbestimmung von Blutflecken.
  Arch Kriminol 140:84
Schmidt G (1967) Schlafmittel. In: Ponsold A (Hrsg) Lehrbuch der gerichtlichen Medi-
  zin, 3. Aufl. Thieme, Stuttgart, S 419-426
-, Heck K (1967) Über den Einfluß unvollständiger Füllung von 15 ml-Venülen auf die
  Blutalkoholkonzentration. In: Schleyer F (Hrsg) Forschungsergebnisse der gericht-
  lichen Medizin (Festschrift für H. Elbel). Schmidt-Römhild, Lübeck, S 225-235
  Auch erschienen in: Arch Kriminol 143:38 (1969)
- (1968) Häufige Fehler bei der Behandlung von Vergiftungen. Ärztl Prax 20:4994, 5009
- (1968) Neuere Methoden der gerichtlichen Medizin mit versicherungsmedizinischer
  Bedeutung. Lebensversicher Med 20:29
- (1968) Hauttopik und Verletzungsspuren. Dtsch Z Gesamte Gerichtl Med 62:87
-, Kühl H (1968) Zum Nachweis von Theophyllin und seinen Metaboliten im menschlichen
  Harn. Wiss Z Martin Luther Univ, Halle-Wittenberg 17:553
Bösche J, Riebel F, Schmidt G (1969) Über die renalen Ausscheidungsverhältnisse von
  Methyprylon (Noludar^R) und seinen Metaboliten beim Menschen. Arch Toxikol 25:65
Keding H, Schmidt G (1969) Isolierung und Identifizierung von Brallobarbital-Metabo-
  liten. Arzneimittelforsch 19:342
Keding H, Schmidt G (1969) Ausscheidungsverhältnisse von Brallobarbital beim Men-
  schen. Arzneimittelforsch 19:666
Schmidt G (1969) Postmortale Veränderungen von Arzneistoffen und Giften in Organen
  und Körperflüssigkeiten einschließlich Neubildung von Substanzen. In: Preuß FR
  (Hrsg) Gadamers Lehrbuch der chemischen Toxikologie und Anleitung zur Ausmittelung
  der Gifte, 3. Aufl, Bd I/1. Vandenhoeck & Ruprecht, Göttingen, S 189-242
- (1969) Der forensische Beweiswert toxikologischer Untersuchungsmethoden. Beitr
  Gerichtl Med 25:122

488

- (1969) Dokumentationsschlüssel für die forensische Toxikologie. Beitr Gerichtl
  Med 26:198
-, Käppner R (1969) Literatursammlung für eine Lochkartei als Ergänzung zur Arbeit
  von D Post. Arch Toxikol 25:43
Kallieris D, Kistler B, Schmidt G (1970) Eine Apparatur für die Untersuchung der
  Dehnbarkeit und Reißfestigkeit der menschlichen Haut. Monatsschr Unfallheilkd
  73:379
Kamiyama S, Schmidt G (1970) Beziehungen zwischen Aufprallgeschwindigkeit, Fahr-
  zeugbeschädigungen, Frakturen und "Wurfweite" bei 50 tödlichen Fußgänger-Pkw-
  Unfällen. Z Rechtsmed 67:282
Schmidt G (1970) Die ärztliche Leichenschau. Therapiewoche 20:3424
Kamyama S, Käppner R, Schmidt G (1971) Verletzungskombination bei tödlichen Ver-
  kehrsunfällen. Monatsschr Unfallheilkd 74:10
Schmidt G (1971) Gerichtsmedizinische Aufgaben bei der Bekämpfung von Vergiftungen.
  Z Allgemeinmed 47:122
- (1971) Der plötzliche Kindestod in der BRD. Stud Gen 24:1144
- (1971) Systemization of injuries in road traffic accidents. In: Int Ass for Accident
  and Traffic Medicine (ed) Proceedings of the 3rd Triennial Congress on Medical and
  Related Aspects of Motor Vehicle Accidents. University of Michigan, Ann Arbor, p 213
- (1971) Zur Systematik von Straßenverkehrsunfallverletzungen. Int Microfilm J Legal
  Med 6 1:Card 8
-, Mletzko M (1971) Die kriminalistische Bedeutung des Fingernagelschmutzes. In:
  Schäfer H (Hrsg) Grundlagen der Kriminalistik, Bd 7. Steintor, Hamburg, S 147-160
-, Möllhoff G (1971) Vertrauenskrise in der Rechtsmedizin? Med Sachverständ 57:53
- (1972) Reconstruction of accidents from injuries of the neck. In: Abstracts of the
  IVth International Congress of Accidents and Traffic Medicine; Paris, p 209
- (1972) Art der Verletzungen und Unfallhergang. Umschau 72:498
- (1972) Rückschlüsse aus Verletzungen der Beteiligten auf Hergang und Ursachen von
  Verkehrsunfällen. Zentralbl Unfalluntersuchung 1:45
- (1973) Gerichtliche Hautpathologie (Elektrische Energie und Strahlenschäden. Haut-,
  Hitze- und Kälteschäden. Kosmetika). Perimortale Reaktionen. In: Eisen G (Hrsg)
  Handwörterbuch der Rechtsmedizin für Sachverständige und Juristen. Enke, Stutt-
  gart, Bd I, S 55,132,277,190
  Juristen. Enke, Stuttgart, Bd I, S 55,132,190,277
- (1973) Die Belastbarkeit des Halses und der Schädelbasis bei indirektem Trauma.
  In: Proc. of the Internat. Conference on the Biokinetics of Impacts, Amsterdam
  1973, p 339
-, Kallieris D (1973) Begutachtung einer seltenen Augenverletzung. Lebensversicher
  Med 25:44
-, Kallieris D (1973) Rekonstruktion des Unfallherganges bei Halsverletzungen. Z
  Rechtsmed 72:1
Kallieris D, Schmidt G (1974) Belastbarkeit gurtgeschützter menschlicher Körper
  bei simulierten Frontalaufprallen. Z Rechtsmed 74:31
Schimkat H, Weissner R, Schmidt G (1974) A comparison between Volkswagen automatic
  restraint and threepoint automatic belt on the basis of dummy and cadaver tests.
  In: Proceedings of 18th Stapp Car Crash Conference. Society of Automotive Engineers,
  Warrendale, p 293
Schmidt G (1974) Bekanntgabe von Eintragungen im Leichenschauschein. Dtsch Med
  Wochenschr 99:312
-(1974) Versuchsdaten als Grundlage einer gerichtsmedizinischen Rekonstruktion von
  Verkehrsunfällen. Beitr Gerichtl Med 32:100
- (1974) Rechtsfragen bei wissenschaftlichen Versuchen an Leichen. Beitr Gerichtl
  Med 32:122
-, Kallieris D, Barz J, Mattern R (1974) Results of 49 cadaver tests simulating
  frontal collision of front seat passengers. In: Proceedings of 18th Stapp Car
  Crash Conference. Society of Automotive Engineers, Warrendale, p 283
Kallieris D, Meister B, Schmidt G (1975) Reactions of the cervical spine during
  frontal impacts of belt protected cadavers. In: Proceedings of the 2nd International Conference of the Biomechanics of Serious Trauma, Birmingham 1975. International Research Committee on the Biokinetics of Impact, Bron/France, p 126
Mattern R, Kallieris D, Schmidt G (1975) Gurtverletzungen alter Menschen beim simulierten Frontalaufprall. Hefte Unfallheilkd 121:449

Schmidt G (1975) Zur Dokumentation chemisch-toxikologischer Befunde. Arch Kriminol 156:153

- (1975) Schlafmittel-Intoxikationen. Beitr Gerichtl Med 33:166
- (1975) Erstickungsablauf und Täterverhalten. Gerichtsmedizinische, kriminalistische und juristische Probleme. Acta Med Leg Soc 23:881
-, Kallieris D (1975) Dynamische Versuche mit Versuchspuppen und menschlichen Leichen zur Untersuchung der Verletzungsmöglichkeiten gurtgeschützter Fahrzeuginsassen während einer Frontalkollision. Verkehrsunfall 13:40
-, Kallieris D, Barz J, Mattern R, Klaiber J (1975) Neck and thorax tolerance levels of belt-protected occupants in head-on collisions. In: Proceedings of 19th Stapp Car Crash Conference. Society of Automotive Engineers, Warrendale, p 225

Bösche J, Connert J, Schmidt G (1976) Nachweis der oralen Antidiabetica in Urin und Blut für rechts- und versicherungsmedizinische Zwecke. Lebensversicher Med 28:96

Kallieris D, Barz J, Schmidt G, Heess G, Mattern R (1976) Comparison between child cadavers and child dummy by using child restraint systems in simulated collisions. In: Proceedings of 20th Stapp Car Crash Conference. Society of Automotive Engineers, Warrendale, p 511

Kallieris D, Klaiber J, Schmidt G (1976) Die Beanspruchung des Thoraxskeletts eines mit 3-Punkt-Gurt gesicherten Insassen. Beitr Gerichtl Med 34:103

Kallieris D, Schmidt G, Heess G (1976) Die Kinematik der Halswirbelsäule eines angeschnallten Insassen beim Frontalaufprall. Acta Med Leg Soc 27:207-215

Kallieris D, Schmidt G, Schulz F, Theis M (1976) Bending and hardness tests of human ribs. Proceedings of the 4th Annual International Workshop on Human Subjects for Biomechanical Research, Dearborn, USA, pp 124-129

Möllhoff G, Schmidt G (1976) Deaths resulting from drugs of abuse. Forensic Sci. 7:31-40

Schmidt G (1976) Kriminologische Indikationen zum Schwangerschaftsabbruch. In: Lau H (Hrsg) Indikationen zum Schwangerschaftsabbruch. Beratung und Begutachtung der Konfliktschwangerschaft. Berichtsband der 148. Tagg. der Mittelrhein. Gesellschaft für Geburtshilfe und Gynäkologie. Demeter, Gräfelfing, S 89-93

- (1976) Nachruf für Berthold Mueller. Z Rechtsmed 78:253

Gelbke HP, Schlicht HJ, Schmidt G (1977) Radioimmunologische Serienbestimmung und gaschromatographische Identifizierung von Diazepam in Blut und Serum. Unfall Sicherheitsforsch Straßenverkehr 10:436

Gelbke HP, Schlicht HJ, Schmidt G (1977) Fatal poisoning with verapamil. Arch Toxicol 37:89

Gelbke HP, Schlicht HJ, Schmidt G (1977) Radioimmunological screening and gas chromatographic identification of diazepam in blood and serum. Arch Toxicol 38:295

Kallieris D, Schmidt G, Heess G, Schulz F (1977) Die Kinematik der Halswirbelsäule eines angeschnallten Insassen beim Frontalaufprall. Beitr Gerichtl Med 35:237

Mattern R, Schmidt G, Kallieris D (1977) Dissection technique, description of injuries, evaluation of injuries, preparation for the loading test and selection criteria of the test subjects. Proceedings of the 5th Annual International Workshop on Human Subjects for Biomechanical Research, New Orleans, USA, pp 28-32

Schmidt G (1977) Die Begutachtung der Vergewaltigung. Sexualmedizin 6:821

-, Kallieris D, Käppner R, Mattern R, Schulz F (1977) Forensic pathological and biomechanical experiences after the first year of mandatory belt wearing in the Federal Republic of Germany. In: Proceedings of the sixth International Conference of the International Association for Accident and Traffic Medicine, Melbourne, Australia 1977, IAATM, p 366

-, Kallieris D, Käppner R, Mattern R, Schulz F (1977) Rechtsmedizinische und biomechanische Erfahrungen nach einem Jahr Gurtanlegepflicht in der Bundesrepublik Deutschland. Arzt Auto 53:28

Aderjan R, Bösche J, Connert J, Schlicht HJ, Schmidt G (1978) Der Nachweis oraler Antidiabetica in Urin und Blut für rechts- und versicherungsmedizinische Zwecke. 2. Mitt.: Neuere Untersuchungsmethoden. Lebensversicher Med 30:91

Aderjan R, Schmidt G (1978) Mehrfach valente Antiseren für Benzodiazepin-Radioimmunoassays im Serum. Unfall Sicherheitsforsch Straßenverkehr 16:424

Barz J, Mattern R, Schmidt G, Kallieris D, Schulz F (1978) Verletzungsmuster und Verletzungsgrad beim simulierten Frontalaufprall. Beitr Gerichtl Med 36:389

Gelbke HP, Grell TH, Schmidt G (1978) Isolation of drugs from blood by column chromatography on amberlite XAD-2. Arch Toxicol 39:211

Gelbke HP, Lesch P, Spiegelhalder B, Schmidt G (1978) Postmortale Alkoholkonzentrationen. I. Die Alkoholkonzentrationen im Blut und in der Glaskörperflüssigkeit. Blutalkohol 15:1

Gelbke HP, Lesch P, Spiegelhalder B, Schmidt G (1978) Postmortale Alkoholkonzentrationen. II. Die Alkoholkonzentrationen im Blut und Liquor cerebrospinalis. Blutalkohol 15:11

Gelbke HP, Lesch P, Schmidt G (1978) Postmortale Alkoholkonzentrationen. III. Die Alkoholkonzentrationen im Liquor cerebrospinalis und in der Glaskörperflüssigkeit. Blutalkohol 15:115

Gelbke HP, Schlicht HJ, Schmidt G (1978) Häufigkeit positiver Diazepam-Befunde in Blutproben alkoholisierter Verkehrsteilnehmer. Z Rechtsmed 80:319

Kallieris D, Schmidt G, Barz J, Mattern R, Schulz F (1978) Response and vulnerability of the human body at different impact velocities in simulated three-point belted cadaver tests. In: Proc of the IIId International Meeting on the Simulation and Reconstruction of Impacts in Collisions, Lyon. IRCOBI Secretariate, Bron, France p 195

Schlicht HJ, Gelbke HP, Schmidt G (1978) Gaschromatographic procedure for the simultaneous determination of five common antidiabetic drugs in blood. J Chromatogr 155:178

Schmidt G (1978) Verletzungsschwere und Aufprallgeschwindigkeit. Hefte Unfallheilkd 132:24

-, Kallieris D, Barz J, Mattern R, Schulz F (1978) Belastbarkeitsgrenze und Verletzungsmechanik des angegurteten Fahrzeuginsassen. Forschungsvereinigung Automobiltechnik, Frankfurt/M (FAT-Schriftenreihe, Nr 6)

Aderjan R, Bösche J, Mattern R, Schmidt G (1979) Diäthyl-allylacetamid - ein eindrucksvolles Beispiel von Arzneimittelmißbrauch. Med Welt 30:485

Aderjan R, Buhr H, Schmidt G (1979) Investigation of cardiac glycoside levels in human post mortem blood and tissues determined by a special radioimmunoassay procedure. Arch Toxicol 42:107

Aderjan R, Doster S, Petri H, Schmidt G (1979) Herzglykoside und Metaboliten - Probleme der Wiederfindung in Gewebsextrakten. Abtrennung sichtbarer Substanzflecke im Nanogrammbereich mittels HPTLC. Z Rechtsmed 83:201

Aderjan R, Schmidt G (1979) Ein Screening-Radioimmunoassay für 1,4-Benzodiazepine in menschlichem Blut, Serum und Urin mit Antikörpern gegen Oxazepamhemisuccinat. Z Rechtsmed 83:191

Kallieris D, Schmidt G, Häusler E (1979) Short-time optical and piezo-electrical investigations at impact loaded head models and skulls. Proc of the XIIth International Conference on Medical & Biological Engineering - Vth International Conference on Medical Physics, Jerusalem, Israel, 1979. Publ. by The Combined Meeting Executive Committee (E.H. Frei, Chairman)

Kallieris D, Schulz F, Barz J, Mattern R, Schmidt G (1979) Thorax acceleration measured at the 6th thoracic vertebra in connection to thorax and spinal column injury degree. In: Proc of the IVth International IRCOBI Conference on the Biomechanics of Trauma, Göteborg. IRCOBI Secretariate, Bron, France, p 184

Lutze J, Gelbke HP, Schmidt G (1979) Zur Leistungsbeeinträchtigung durch Alkohol und Diazepam. Z Rechtsmed 82:327

Mattern R, Barz J, Schulz F, Kallieris D, Schmidt G (1979) Problems arising when using injury scales in the biomechanical investigation with special consideration of the age influence. In: Proc of the IVth International IRCOBI Conference on the Biomechanics of Trauma, Göteborg. IRCOBI Secretariate, Bron, France, p 223

Möllhoff G, Schmidt G, Bösche J (1979) Thalliumvergiftungen - nervenärztliche und rechtsmedizinische Aspekte. Arch Kriminol 163:1

Schlicht HJ, Schmidt G, Gelbke HP (1979) Häufigkeit positiver Diazepam-Befunde bei Sektionsfällen. Z Rechtsmed 82:271

Schmidt G (1979) Rib-cage injuries indicating the direction and strength of impact. Forensic Sci Int 13:103

- (1979) Biomechanische Belastbarkeit menschlicher Körperteile. Sicherheitsingenieur 10:26; Symposium 6:117, Berichtsheft zum Kolloquium "Mensch-Maschine-Umwelt II", Aachen, Oktober 1978

- (1979) Medizinische Erkenntnisse aus Aufpralltests zur Unfallrekonstruktion und zur Datengewinnung. Unfall Sicherheitsforsch Straßenverkehr 21:285

- (1979) The age as a factor influencing soft tissue injuries. Proc. of the IVth International IRCOBI Conference on the Biomechanics of Trauma, Göteborg. IRCOBI Secretariate, Bron, France, p 143

-, Bösche J (1979) Beruhigungs-, Schlaf- und Narkosemittel. 60 Einzelartikel. In: Preuß FR (Hrsg) Gadamers Lehrbuch der chemischen Toxikologie und Anleitung zur Ausmittelung der Gifte, 3. Aufl, Bd I/2. Vandenhoeck & Ruprecht, Göttingen

-, Gelbke HP (1979) Radioimmunologische Serienbestimmung von Diazepam in Blutproben von Verkehrsteilnehmern. Arzt und Kraftfahrer S 239 (Kongreßbericht - 3. Internationaler Verkehrs- und Kraftfahrmedizinischer Kongreß in Wien, November 1977)

Aderjan R, Bösche J, Schmidt G (1980) In der Praxis beobachtete Auswirkungen hoher Diazepam-Blutspiegel unter gleichzeitigem Alkoholeinfluß. Zentralbl Gesamte Rechtsmed 20:40

Aderjan R, Schmidt G (1980) Die Bedeutung der quantitativen Benzodiazepin-Analyse in Urin- und Blutproben - Pharmakokinetischer Ansatz zur gutachterlichen Beurteilung von Dosis und Wirkung bei Diazepam. Med Sachverständ 76:92-96

Aderjan R, Schmidt G (1980) Pharmakokinetically based forensic interpretation of benzodiazepine blood levels. Abstracts of the 8th International Conference on Alcohol, Drugs and Traffic Safety, Stockholm, Juni 1980, p 1

Barz J, Mattern R, Schmidt G (1980) Der tödliche Verkehrsunfall aus rechtsmedizinischer Sicht. Unfallheilkd 83:288-295

Kallieris D, Barz J, Schmidt G (1980) Influence of the belt width in regard to the injury severity and injury pattern at the thorax. In: Reich H (ed) Proceedings of the 8th International Conference of the Int Association for Accident and Traffic Medicine Aarhus/Dänemark, Juni 1980. Danish Society of Traffic Medicine, Aarhus, pp 120-126

Kallieris D, Schmidt G, Häusler E (1980) Brain injuries under high speed loadings - a study with models and cadaver heads. In: Proceedings of the Vth International IRCOBI Conference on the Biomechanics of Impacts, Birmingham 1980. IRCOBI Secretariate, Bron, France, pp 229-240

Schmidt G, Barz J, Kallieris D, Mattern R, Schüler F (1980) Verkehrsmedizinische Aspekte der Belastbarkeitsgrenzen des menschlichen Organismus. Unfallheilkd 83: 284-287

-, Bösche J (1980) Effects of high levels of diazepam and alcohol in practice. Abstracts of the 8th International Conference on Alcohol, Drugs and Traffic Safety, Stockholm, Juni 1980, p 106

-, Kallieris D (1980) Rechtsmedizinische Röntgenuntersuchungen. Zentralbl Gesamte Rechtsmed 20:42

Aderjan R, Schmidt G (1981) Pharmakokinetically based forensic interpretation of benzodiazepine blood levels. In: Goldberg L (ed) Proceedings of the 8th International Conference on Alcohol, Drugs and Traffic Safety 1980, vol III. Almquist & Wiksell, Stockholm, pp 996-1008

Barz J, Schmidt G, Kallieris D (1981) Rechtsmedizinische Untersuchungen bei Unfällen. Unfall Sicherheitsforsch Straßenverkehr 31:27-31

Kallieris D, Barz J, Schmidt G (1981) Thoraxbelastung und Verletzungsmuster bei der Schrägkollision. Zentralbl Gesamte Rechtsmed 23:18

Kallieris D, Mattern R, Schmidt G, Eppinger RH (1981) Quantification of side impact responses and injuries. In: Proceedings of 25th Stapp Car Crash Conference. Society of Automotive Engineers, Warrendale, pp 329-366

Kallieris D, Mattern R, Schmidt G, Glitsch GD, Harres M, Leis B (1981) Behavior and response of wheel chair, passenger and restraint systems used in buses during impact. In: Proceedings of 25th Stapp Car Crash Conference. Society of Automotive Engineers, Warrendale, pp 613-647

Schmidt G, Bösche J (1981) Effects of high levels of diazepam and alcohol in practice. In: Goldberg L (ed) Proceedings of the 8th International Conference on Alcohol, Drugs and Traffic Safety 1980, vol III. Almquist & Wiksell, Stockholm, pp 984-995

-, Kallieris D, Barz J, Mattern R, Schulz F, Schüler F (1981) Belastbarkeitsgrenzen des angegurteten Fahrzeuginsassen bei der Frontalkollision. Forschungsvereinigung Automobiltechnik, Frankfurt/M. (FAT-Schriftenreihe, Nr 15)

Schüler F, Barz J, Kallieris D, Mattern R, Schmidt G (1981) Biomechanische und un-
  fallanalytische Aspekte zur Benutzung des Sicherheitsgurtes in Kraftfahrzeugen.
  In: Proceedings of "Euro-Seatbelt 1981", Gelsenkirchen. Enka, Wuppertal
Aderjan R, Bösche J, Schmidt G (1982) Vergiftungen mit Diphenhydramin – Forensisch-
  toxikologische Beurteilung von Analysenbefunden. Z Rechtsmed 88:263-270
Collins R, Kivity Y, Kallieris D, Mattern R, Schmidt G, Mohan D (1982) Thoracic
  impact: Injury mechanisms. In: Ghista DN (ed) Human body dynamics: Impact, occupa-
  tional, and athletic aspects. Clarendon, Oxford (Oxford Medical Engineering Series),
  pp 38-126
Kallieris D, Mattern R, Schmidt G, Eppinger RH (1982) Thoraxbelastung bei der Seiten-
  kollision. In: Proceedings of the XIIth Congress of the International Academy of
  Forensic and Social Medicine 1982, vol I. Egermann, Wien, pp 515-520
Kallieris D, Mattern R, Schmidt G, Klaus G (1982) Comparison of 3-point belt- and
  air bag – knee bolster systems. Injury criteria and injury severity at simulated
  frontal collisions. In: Proceedings of the VIIth International IRCOBI Conference
  on the Biomechanics of Impacts, Köln 1982. IRCOBI Secretariate, Bron, France,
  pp 166-183
Kallieris D, Mellander H, Schmidt G, Barz J, Mattern R (1982) Comparison between
  frontal impact tests with cadavers and dummies in a simulated true car restrained
  environment. In: Proceedings of 26th Stapp Car Crash Conference. Society of Automotive Engineers, Warrendale, pp 353-367
Kallieris D, Schmidt G, Schüler F (1982) Thoraxbelastung und Verletzungsmuster bei
  der Schrägkollision. Beitr Gerichtl Med 40:275-281
Schmidt G (1982) Möglichkeiten und Grenzen der Verkehrsunfallanalyse. 20. Deutscher
  Verkehrsgerichtstag in Goslar 1982. VGT 82:303-321. Herausgeber: Deutsche Akademie
  für Verkehrswissenschaft e.V., Hamburg 1982
- (1982) Kriminologische Indikationen zum Schwangerschaftsabbruch. In: Lau H (Hrsg)
  Indikationen zum Schwangerschaftsabbruch, 2. Aufl. Gesetz und Beratung der Konfliktschwangerschaft. Demeter, Gräfelfing, S 155-159
-, Kallieris D (1982) Use of radiographs in the forensic autopsy. Forensic Sci Int
  19:263-270
-, Kallieris D, Gerstner T, Kemna H (1982) Retrospektive Untersuchung von 385 tödlichen Fußgängerunfällen. Zentralbl Rechtsmed 24:647
- (im Druck) Research in forensic medinice and biomechanics at the University of
  Heidelberg. Jpn J Leg Med 36:40-50

Zeitschrift für Rechtsmedizin – Journal of Legal Medicine

Organ der Deutschen Gesellschaft für Rechtsmedizin

Geschäftsführender Herausgeber/Coordinating Editor:
J. Gerchow, Frankfurt a. M., FRG

Herausgeber/Editors:
G. Adebahr, Essen, FRG; J. B. Dalgaard, Aarhus, Denmark;
W. Janssen, Hamburg, FRG; S. Kamiyama, Chiba, Japan;
K. Mant, London, Great Britain; W. Maresch, Graz, Austria;
J. Markiewicz, Kraków, Poland; O. Prokop, Berlin, GDR;
J. Raekallio, Turku, Finland; G. Schmidt, Heidelberg FRG;
E. Somogyi, Budapest, Hungary; F. Thomas, Gent, Belgium;
M. Valverius, Solna, Sweden

Diese Zeitschrift mit alter Tradition wird von einem internationalen Herausgeber- und Gutachtergremium sorgfältig betreut. Spezialisten aller Gebiete der Rechtsmedizin gehören zu ihren ständigen Mitarbeitern.

Das breite Spektrum der Rechtsmedizin wird berücksichtigt bei besonderer Betonung der Grundlagenforschung auf folgenden Gebieten:
Forensische Pathologie, Traumatologie, Verkehrsmedizin, forensische Toxikologie, forensische Serologie, forensische Psychiatrie, Mißbrauch von Alkohol und Drogen, Versicherungsmedizin, ärztliche Rechts- und Standeskunde.

Die ZEITSCHRIFT FÜR RECHTSMEDIZIN publiziert Übersichtsreferate, Originalarbeiten und Kasuistiken. Abgesehen von den unterschiedlichen, nationalen Rechtsformen hat die Rechtsmedizin weltweit eine gemeinsame wissenschaftliche Basis, verfügt über gleichartige Methoden und strebt deren ständige Verbesserung an. Um diesen internationalen Gedankenaustausch zu gewährleisten, erscheinen die Beträge fast ausschließlich in englischer Sprache.

Bitte fragen Sie nach einem Ansichtsexemplar der ZEITSCHRIFT FÜR RECHTSMEDIZIN bei Ihrem Buchhändler oder direkt beim Springer-Verlag, Wissenschaftliche Information Zeitschriften Medizin, Postfach 105280, 6900 Heidelberg.

Springer-Verlag
Berlin
Heidelberg
New York

J. F. Bergmann Verlag
München